상담과 심리치료 ^{2판}

이론과 실제

강진령 저

Counseling and Psychotherapy
: Theory and Practice (2nd ed.)

학지사

머리말

우리는 생애 첫 2~3년에 대해서는 아무것도 기억하지 못한다. 우릴 보살펴 주는 타자들이 없었다면, 우린 지금·여기에 있지 못했을 것이다. 우리가 이 땅에 존재하는 것은 중요한 타자들의 도움 덕분이다. 그런데 우리가 지금·여기에서 어떤 일을 하든 하지 않든, 전적으로 우리 자신에게 달려 있다. 우리가 항상 운명을 결정할 수는 없지만, 그렇다고 단순히 환경의 희생자이기만 한 것도 아니다. 사람들은 삶이 마음에 들지 않거나, 삶이 잘 풀리지 않을 때면 이런 질문을 떠올리곤 한다. "어떻게 살아가야 하는 것일까?" 사람들은 수천 년 전부터 이 물음의 답을 찾으려고 애써 왔다.

프리드리히 니체(Friedrich Nietzsche, 1844~1900)는 『인간적인, 너무나 인간적인(Menschliches, Allzumenschliches)』에서 "일단 한 번 선택한 길을 끈질기게 고수하는 사람은 많지만, 목표를 끈질기게 추구하는 사람은 별로 없다."라고 말했다. '우연치고는 너무나 우연히' 이 책을 대하게 된 독자들은 어떤 삶의 목표를 추구하고 있는가? 삶에는 늘 변화와 갈등과 함께 어려운 시절이 찾아오기 마련이다. 이런 경험은 마음에 흉터로 남기도 하지만, 어려움을 겪는 사람들을 돕는 이로서 새로운 삶을 시작할 계기가 되기도 한다.

상담자가 된다는 것은 단지 다른 이들의 아픔을 함께 나누는 것만으로는 충분치 않다. 누군가를 돕는 일은 한 세계를 끌어안는 일이며, 내가 모르는 그 세계를 이해하고 수용하는 일이다. 이를 위한 과정은 상담과 심리치료 이론과 실제에 관한 지식과의 만남에서 시작된다. 이 책은 상담자 또는 심리치료자가 되는 데 필요한 지식이 담겨 있는, 실무 역량에 관한 지침서다. 이 책에는 상담전문가가 되려는 이들이 갖춰야 할 지식과 실무에 관한 내용이 핵심 영역별로 나누어 제시되어 있다. 초판과 비교할 때, 2판에는 교류분석이 인지행동적 접근(제6장)에, 놀이·미술·음악·독서치료가 활동 중심적 접근(제8장)에 추가되었다. 상담자와 심리치료자의 레퍼토리를 더 풍성하게 하는 데 도움을 주려는 저자의 의도에서였다. 또한 독자들이 이론별 기법을 상담과 심리치료 실무에 적용할 역량을 갖추는 데 도움을 주기 위해 기법을 적용한 대화 예시가 대화상자에 제시되어 있다.

이 책은 총 3부, 15개 장으로 되어 있다. 제1부는 상담과 심리치료의 기초에 관한 부분으로, 제1장에는 상담과 심리치료의 이해, 제2장에는 상담자 윤리와 법에 관한 내용이 수록되어 있다. 제2부는 상담과 심리치료의 이론에 관한 부분으로, 이론의 접근 방법별로 묶어 7개 범주, 즉 제3장 정신역동적 접근, 제4장 행동주의적 접근, 제5장 인본주의적 접근, 제6장 인지행동적 접근, 제7장 포스트모던 접근, 제8장 활동중심적 접근, 제9장 통합적 접근으로 구성되어 있다. 제3부는 상담과 심리치료의 실제에 관한 부분으로, 제10장 상담 과정과 절차, 제11장 상담기술, 제12장 진단, 제13장 사례개념화, 제14장 치료계획, 제15장 사례관리로 구성되어 있다.

이 책은 전문적인 상담과 심리치료에 관심 있는 독자들을 위해 집필되었다. 저자는 상담자와 심리치료자들이 최소한 갖추어야 할 태도, 지식, 실무 역량을 염두에 두고 내용을 구성했다. 또 이론 창시자와 독자의 만남을 돕기 위해 창시자들이 창안한 개념에 원어를 병기했다. 타 언어로 옮기는 과정에서 변질될 수 있는 어의의 뉘앙스를 정확하게 전달하기 위해서다. 그런가 하면, 다음 두 가지 이유로 맥락에 따라 '상담'과 '치료'라는 말을 혼용하고 있다. 하나는 오늘날 상담과 심리치료, 두 개념을 신빙성 있게 구분할 기준이 없다는 전문가들의 주장에 따른 것이다. 다른 하나는 상담과 심리치료에서 증거기반실천^{Evidence-Based Practice}(EBP)이 강조되는 시대에 즈음하여 치료목표, 치료계획, 치료성과 등을 표기할 때 사용되는 'treatment'의 의미를 강조하는 동시에, 우리 사회에서 일반적으로 사용되는 개념도 살리기 위해서다.

이 책에서 상담과 심리치료의 개관에서 시작하여 상담자의 태도와 윤리, 이론, 그리고 실제/실무에 관해 포괄적이고 체계적으로 논의하고 있다. 이러한 내용을 섭렵하고 실천해 감으로써, 독자들은 각 이론의 함의와 임상 장면에서 전문가들이 사용하는 실제 기법과 전략을 체득하게 될 것이다. 또한 상담과 심리치료의 이론과 실무에 익숙해짐으로써, 독자들은 자신의 성향에 맞는 상담 스타일을 습득·개발할 수 있을 것이다. 특정 이론을 자신의 이론적 지향성으로 채택한다고 해서 다른 이론을 틀린 것으로 여길 필요는 없다. 이 책에 소개된 이론들은 인간 이해를 위한 방식과 상담과 심리치료의 실제에 관한 독자적인 방안을 제공하고 있기 때문이다. 그러므로 여러 이론을 접하되, 자신이 관심 있는 이론들을 심도 있게 공부하는 것이 좋을 것이다. 상담과 심리치료의 통합적 접근을 위한 전문성은 지속적인 숙고·적용·성찰을 통해 발달한다. 다양한 이론적 접근 또는 모형에 관한 지식과 경험을 통합하기 위해서는 다양한 이론에 관한 많은 양의 독서, 다년간의 임상경험, 그리고 끊임없는 자기성찰이 필요하다.

끝으로, 이 책이 세상에 모습을 드러내기까지 물심양면으로 도와주신 모든 분께 감사드린다. 특히, 흔쾌히 2판 작업을 제안해 주신 김진환 사장님을 비롯하여 지원을 아끼지 않으신 한승희 부장님, 따뜻한 조언과 함께 원고를 꼼꼼히 교정해 주신 유은정 선생님께 깊은 감사의 말씀을 드린다. 이번 2판 작업을 통해, '삶은 언제나 우리에게 필요한 것만 준다'는 진리를 다시 한번 마음에 새기게 된다. 그리고 삶은 또 지금 독자들에게 이 책을 건네고 있다. 이처럼 좋은 분들의 따뜻한 손길과 마음이 담긴 이 책이 장차 멋진 상담자/심리치료자가 되고자 하거나, 더 멋진 상담자/심리치료자가 되려는 독자들에게 좋은 길벗이 되기를 소망한다.

2022년 10월
저자

차례

PART 2
상담과 심리치료의 이론적 접근

PART 3
상담과 심리치료의 실제

PART 1
상담과 심리치료의 기초

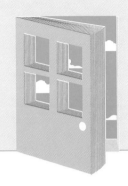

CHAPTER

01

상담과 심리치료의 이해

Counseling and Psychotherapy: Theory and Practice

몸집이 작고 얼굴에 주근깨가 있는 초등학교 1학년 단비는 초등학교의 등교 첫날부터 울면서 학교에 가기를 거부하고 있다. 단비는 매일 아침 등교 시간만 되면 다양한 두통, 복통, 메스꺼움 같은 신체적 문제를 호소한다.

중학교 3학년 지수는 딸의 자살 가능성을 염려한 어머니에 의해 상담에 의뢰되었다. 지난 한 달간 지수가 슬픔에 빠져 눈물을 흘리거나, 위축된 모습을 보이는 것에 대해 염려해 오던 터였다. 지수는 2년 전 부모가 이혼한 이후로 말이 없어졌고, 위축된 모습을 보여 왔으며, 최근에 와서는 대부분의 날 동안 우울한 상태로 지내 왔다고 한다.

대학교 2학년 태오는 시험이 다가오면서 과도한 긴장감 때문에 벌써 여러 날 잠을 이루지 못하고 있다. 나름 시험공부를 열심히 해도 막상 시험지를 받으면 머리가 하얘지면서 공부한 것이 기억나지 않았던 경험 때문에 또 똑같은 일이 일어날까봐 몹시 걱정된다고 한다. 이런 일은 이미 대학 입시를 준비하는 과정에서도 겪은 적이 있다. 태오는 급기야 학사경고를 받게 되면서 상담실을 찾았다.

전문직에 종사하는 세련된 의상의 40대 여성은 수개월 전부터 겪고 있고, 갑자기 엄습하는 공포심이 반복되자 상담실을 찾았다. 공포심은 밤낮을 가리지 않고 갑작스럽게 몸이 떨리고, 속이 메스꺼우며, 땀을 비 오듯 흘리고, 질식해서 죽을 것 같은 느낌이 들면서 비명을 지르며 거리로 뛰쳐나갈 것 같은 두려움을 겪곤 한다.

암 말기 판정을 받은 80대 남성은 담당의사로부터 자신의 삶이 6개월밖에 남지 않았다는 사실을 알게 된 후, 심한 우울 상태가 되었고 더 이상 살 이유가 없다고 생각하고 있다. 그의 아내는 이미 15년 전에 세상을 떠났고, 이 남성은 그 후 이렇다 할 친구나 가족 없이 홀로 생활해 오고 있다. 그는 자신은 충분히 오래 살았고, 삶에서 이루고 싶었던 것을 거의 다 이루었다면서 죽음이 자신을 덮치기 전에 스스로 삶을 끝내고 싶어 한다. 상담자에게는 자신이 스스로 삶을 끝낼 수 있도록 도와달라고 간청한다.

자, 이제 상담자로서 이 내담자들을 상담하게 되었다고 상상해 보자. 이들을 어떻게 도울 것인가? 상담은 어떤 말로 시작할 것인가? 상담을 시작하기에 앞서, 필요한 절차는 무엇인가? 상담에 어떤 이론을 적용할 것인가? 상담자로서 어떤 태도를 갖추어야 하는가? 상담목표는 무엇으로 설정할 것인가? 목표 성취를 위해 어떤 치료계획을 수립할 것인가? 상담을 모두 마치면, 목표를 성취했음은 어떻게 알 수 있는가? 상담과정에서 윤리적·법적 문제 없이 상담자 역할의 수행 여부는 어떻게 알 수 있는가? 책의 첫 장을 펼치자마자, 다양한 사람들의 삶에 관한 에피소드를 읽으면서 어떤 생각과 느낌이 드는가? 또 이어지는 일련의 질문에 대해서는 어떻게 답했는가? 누구나 상담자가 될 수 있지만, 누구나 상담자가 되지는 않는다. 누구든 심리적 고통을 겪는 사람을 도울 수는 있지만, 전문 조력자와 일반인의 돕는 방법은 많이 다르다. 그렇다면 상담과 심리치료란 무엇인지부터 살펴보기로 하자.

상담과 심리치료란 무엇인가?

상담counseling은 도움을 필요로 하는 내담자와 전문적 역량을 갖춘 상담자가 협력관계를 토대로 내담자의 행동, 사고, 감정 변화를 도와 심리적 문제 해소 및 인간적 성장을 촉진하는 학습과정이다(강진령, 2020). 이에 비해, **심리치료**psychotherapy는 성격이론을 근거로 내담자의 사고, 감정, 행동의 바람직한 변화를 이루기 위한 체계적 방법이다(Wedding & Corsini, 2019). 또 심리치료를 '치료자와 내담자 간의 언어적 상호작용을 통해 치료자가 내담자에게 어려움을 극복하도록 도와주는 활동'이라고 정의하는 임상심리학자들도 있다. 이러한 정의들을 비교해 보면, 개념상으로는 큰 차이가 없어 보인다. 이러한 이유로, 오늘날 상담과 심리치료는 유사한 활동이라는 점에서 두 용어가 혼용되고 있다.

한때 상담과 심리치료의 차이에 관해 정신건강 전문가들 사이에 열띤 논의가 벌어졌던 적이 있었다. 이에 관한 논의는 크게 두 가지 견해로 나뉜다. 하나는 이 두 개념은 차이가 없다는 것이고, 다른 하나는 근본적으로 차이가 있다는 견해다. 전자의 경우는 일찍이 패터슨(Patterson, 1973)은 상담과 심리치료는 이론에서부터 실제(기술, 기법, 전략, 과정)에 이르기까지 차이가 없다는 선언과 맥을 같이 한다. 후자의 경우, 심리치료는 병원 장면에서 정신건강 전문의 또는 심리치료자 중심으로 환자의 증상 감소/제거 및 성격 재건(재구성)을 목적으로 수행하는 치료적 개입이고, 상담은 상담 분야의 전문가들이 교육 장면에서 교육, 발달, 예방을 목적으로 수행하는 활동이라고 보는 견해다. 이에 이 책에서는 전자의 견해를 수용하여 '상담'으로 통일성 있게 사용하되, 맥락에 따른 표현의 정확성을 높이기 위해 '상담' '치료' '심리치료' '상담자' '치료자'라는 용어를 혼용하고 있다.

칼 로저스
(Carl R. Rogers,
1902~1987)

역사적으로, 심리치료의 권위적 양상을 와해시키는 한편, 관계 중심의 상담 발달에 크게 공헌한 인물은 칼 로저스다. 그는 당시 심리치료의 '이단자'라는 거센 비판을 무릅쓰고 인본주의적 관점에서 내담자를 변화의 주체임을 강조함으로써 심리치료 방법에 새바람을 일으켰다. 그런가 하면, 헝가리의 정신의학자이자 정신

산도르 페렌치
(Sándor Ferenczi,
1873~1933)

분석가 산도르 페렌치는 한때 심리치료의 대명사처럼 여겨졌던 전통적인 정신분석의 성과에 이의를 제기하면서, 분석가의 냉담하면서도 전능한 척하는 역할에 정면으로 도전했다. 동시에, 그는 분석가의 해석보다 치료적 관계가 변화의 동력이고, 심리치료의 효과는 치료자와 내담자가 함께 구축한 솔직하고 투명한 관계에서 산출된다고 주장했다 (Rachman, 1996). 이는 라틴어로 된 진단명과 처방전, 권위적인 진료실 분위기, 고상하게 꾸며진 증서 등으로 마치 치료자에게 신비한 능력이 있는 것처럼 나타내려는 전통적인 심리치료자들의 권위적이고 폐쇄적인 태도에 대한 반발이었다. 전능한 이미지를 유지하느라 치료관계와 치료자의 자기개방을 통해서도 충분히 높일 수 있었던 치료 성과를 희생시켜 왔기 때문이었다. 치료관계의 중요성을 강조한 페렌치의 사상은 그 후 상담, 심리치료, 정신과 치료, 그리고 집단상담과 치료의 발달에 큰 영향을 주었다(Rutan, 2003).

미국의 경우 상담자 면허제가 시행되면서 상담을 받는 내담자들도 의료보험의 혜택을 받게 되었다. 이러한 시대적 변화는 종전에는 정신의학자들에게만 가능했던 제3자 지급인의 활용이 가능해졌다. 게다가 1996년 「**건강보험양도 · 책임에 관한 법률** Health Insurance Portability and Accountability Act(HIPAA)」제정은 상담과 심리치료 구분에 관한 논쟁을 잠재우기에 충분했다. 왜냐하면 제3자 지급인the third payer에 대한 변제 요청을 위한 용어들이 의료계와 맥을 같이하기 위해 공식절차를 통해 통일되었기 때문이다. 일례로, 상담목표, 상담과정, 상담절차, 상담계획 같은 용어는 더 이상 사용할 수 없

고, 대신 치료목표$^{treatment\ goals}$, 치료과정$^{treatment\ process}$, 치료절차$^{treatment\ procedure}$, 치료계획$^{treatment\ plans}$으로 대체되었다. 그렇다면 과연 상담과 심리치료는 효과가 있을까?

상담과 심리치료는 효과가 있는가?

한스 아이젱크
(Hans Jürgen Eysenck,
1916~1997)

상담과 심리치료의 효과성에 관한 과학적 검증을 위한 노력은 1952년 독일 태생 영국의 심리학자 한스 아이젱크의 논문(Eysenck, 1952)에서 비롯되었다. 심리치료의 효과성을 연구한 24편의 연구 결과를 분석하고 나서, 아이젱크는 신경증이 있는 사람들의 2/3 정도가 심리치료와 상관없이 질환이 발병한 지 약 2년 이내에 회복되거나 상당한 정도로 진전될 것이라고 발표했다. 그의 주장은 당시 치료 효과에 대한 과학적 검증 없이 자만에 빠져 있던 심리치료자들에게 거센 반발과 함께 경각심을 불러일으켰다. 이는 상담과 심리치료의 성과에 관한 연구 급증과 연구 방법의 정교화로 나타났다.

이로써 지난 반세기 이상에 걸쳐 상담과 심리치료의 효과성을 검증하기 위한 방대한 연구가 진행되었다. 그 결과, 상담과 심리치료가 내담자의 변화에 긍정적인 효과를 가져다준다는 사실이 입증되었다. 그 후, 아이젱크의 연구에 심각한 방법적 오류가 있음이 드러났지만, 그의 연구는 오늘날 **증거기반실천**$^{evidence-based\ practice}$(EBP, 치료적 개입에 엄격하게 검증된 객관적인 증거가 있는 개입방법을 적용하려는 시도)의 출현에 큰 영향을 주었다. 그렇다면 상담이 효과가 있었다는 것은 무엇을 말하는가? 치료적 개입을 통해 유발되는 효과 또는 내담자의 변화에 관한 설명은 표 1-1과 같다.

표 1-1. 치료적 개입의 효과/성과 예시

효과	변화 내용
1. 관점 변화	○ 자기중심적 관점에서 벗어나 제3자의 관점에서도 현상이나 의미를 조망함 ○ 문제가 있는 현재 시점에서 벗어나 문제가 없던 과거 시점 또는 문제가 해결된 미래 시점에서 현상이나 의미를 조망함 ○ 부정적 관점에서 벗어나 긍정적 관점에서 현상이나 의미를 조망함 ○ 비합리적 신념 또는 기본가정에서 벗어나 현실과 자신을 조망함
2. 긍정성 향상	○ 부정적 경험에 대한 주의집중 감소, 긍정적 경험에 대한 주의집중 증가

3. 성장지향 행동 증가	○ 회피적·파괴적 동기와 행동 감소(억압, 부정, 회피, 기만, 과잉반응, 자기파괴 등) ○ 성장지향적 행동 증가(수용, 직면, 도전, 모험, 자기개방, 공존·공익 추구 등)
4. 소통력 향상	○ 타인에 대한 경청, 공감적 이해에 대한 동기와 행동 증가 ○ 자기표현, 주장성, 타인과의 차이 수용, 상대와 윈윈^{win-win}할 수 있는 대안 탐색·실천하려는 동기와 행동 증가
5. 신체기능 향상	○ 심인성 질환의 영향 감소로 인한 신체기능 향상
6. 욕구조절력 향상	○ 무의식적 충동에서 벗어나 상위목적을 위해 욕구충족 지연 ○ 욕구를 긍정적인 방향으로 승화시키려는 동기와 행동 증가
7. 유연성 향상	○ 역기능적 행동과 관련된 무의식적·자동적·반복적·정형화된 반응행동 감소 ○ 순기능적 행동과 관련된 자연스러운 반응, 상황에 적절한 반응, 개인적 욕구나 가치, 사회적 요구나 가치에 적절한 반응과 행동 증가
8. 인식능력 향상	○ 새로운 경험 또는 이미 알고 있던 사실에 대한 새로운 조망을 통한 알아차림 확대(억압/부정했던 경험, 불일치 경험, 개인차와 다양성의 가치 수용 등)
9. 일치성 증가	○ 있는 그대로의 꾸밈없는 경험 수용, 언행 불일치 인식, 자기수용 확대, 일치성/진실성을 위한 동기와 행동 증가
10. 자기관리 능력 향상	○ 문제 또는 문제 관련 생활과제를 스스로 해결·관리해 나가려는 동기와 행동 증가(위생, 영양, 운동, 외모, 휴식, 건강, 긍정적 사고, 목표설정, 시간관리 등)
11. 정서안정	○ 정서적 불균형(불안, 위협감, 흥분, 좌절, 불만, 분노, 우울, 조급, 충동, 억압 등) 감소 및 정서적 안정(신뢰, 평온, 만족, 기쁨, 감사 등) 증진
12. 적응행동 향상	○ 심인성 질환/기능 이상, 부정적 정서·사고·행동 감소 ○ 사회환경 내의 기능 이상으로 인해 발생하는 갈등 감소
13. 친사회적 행동 증가	○ 반사회적 행동(무시, 비난, 이간질, 협박, 공갈, 거짓말, 폭력, 절도 등) 감소 ○ 친사회적 행동(공감, 존중, 수용, 칭찬, 격려, 협력, 자기개방, 봉사 등) 증가
14. 판단력 향상	○ 욕구, 충동, 감정, 강요, 위협에 지배되지 않고 인식, 분석, 해석, 판단, 예측, 결정, 평가, 조정 등의 반응 능력 향상

사람은 어떻게 변하는가? 즉, 표 1-1에 제시된 상담과 심리치료의 효과는 어떻게 발생하는가? 바로 관계에 기반한 치료적 개입의 메커니즘을 통해 내담자의 변화가 시작된다. 치료적 개입의 메커니즘에서 치료 효과를 유발하는 요인과 요인별 기능은 표 1-2와 같다.

표 1-2. 상담과 심리치료 효과 유발요인

요인	기능
1. 가치 변화	○ 문제행동과 관련된 내담자의 가치명료화 과정/가치에 대한 믿음 변화
2. 관점 변화	○ 내담자의 공간 · 시간 · 가치 · 기본가정 조망의 변화
3. 교정적 정서체험	○ 안전하고 중립적인 치료적 분위기에서 과거에 억압된 외상적 감정 표출을 통해 기능적인 방향으로 감정교정이 일어남
4. 둔감화	○ 직면을 통한 불안 상황/자극에 대한 민감성 감소
5. 목표설정	○ 문제행동/증상 대체를 위한 방안을 목표로 설정하고 실행함
6. 사회적 기술	○ 알아차림, 관심 기울이기, 공감, 나 전달법, 자기개방, 자기주장 등 습득
7. 암시	○ 문제행동/증상과 관련된 무의식적 · 역기능적인 내적 대화/자기암시를 기능적 내적 대화/자기암시로 변화시킴
8. 이해	○ 문제행동과 관련된 상황에서 외부 현실과 자신의 반응행동을 새롭게 인식하고, 설명 · 통합 · 이해가 역기능적 행동 감소와 기능적 행동 증가로 이어짐
9. 인지수정	○ 역기능적 사고를 기능적 사고로 대체함
10. 일치경험	○ 촉진적 환경에서 방어 또는 가치조건에서 벗어나, 있는 그대로의 자신을 자각하고 일치된 표현과 행동을 통해 자기성장을 해 나감
11. 정보습득	○ 문제행동/증상의 원인과 대처방안에 관해 제공된 정보에 대한 학습이 역기능적 행동 감소 및 기능적 행동 증가로 이어짐

지금까지 상담과 심리치료가 효과가 있다는 과학적 검증, 치료적 개입 효과로 인한 가시적 결과, 그리고 치료 효과 유발요인에 대해 살펴보았다. 그러면 과연 내담자의 변화에 영향을 미치는 핵심적인 치료적 요소는 무엇일까? 이는 바로 상담자의 태도다.

📖 상담자는 어떤 태도를 지녀야 하는가?

이론적 접근에 따라 다소 차이는 있지만, 역사적으로 상담자의 태도를 상담관계 형성의 핵심요소로 강조해 왔다. **태도**attitude란 어떤 일이나 상황을 대하는 마음가짐 또는 그 마음가짐이 드러나는 자세를 말한다. 상담자의 태도는 이미 경험적 연구를 통해 상담성과에 긍정적인 영향을 미치는 요인으로 검증되었다. 상담효과에 관한 연구에 의하면, 상담성과에 긍정적 영향을 미치는 **상담자의 태도**는 ① 공감적 태도, ② 진실성, ③ 수용적 태도, ④ 개방적 태도, ⑤ 인지적 복합성, ⑥ 심리적 안정성, ⑦ 상담관계 형성 능력, ⑧ 유능성이 있다(Neukrug & Schwitzer, 2006).

공감적 태도

첫째, 상담자의 **공감적 태도**$^{empathetic\ attitude}$는 내담자의 변화에 긍정적으로 작용한다. **공감**^{empathy}은 상담자가 내담자에 대한 존중을 토대로 그를 깊이 이해하는 감각을 느끼는 것으로, 동조^{sympathy} 또는 동정^{compassion}과는 다르다. 상담자의 공감은 내담자가 있는 그대로 받아들여지는 느낌이 들게 한다. 공감은 이미 플라톤 또는 아리스토텔레스 시대부터 다른 사람의 내면세계를 이해하는 능력으로 인식되었다(Gompertz, 1960). 이 능력은 오늘날 이론적 접근에 상관없이 상담자가 반드시 갖춰야 할 필수적인 태도다(Orza, 1996). 공감은 긍정적인 상담성과를 촉진하는 치료관계의 핵심요소로, 상담 내내 유지되어야 한다(Rogers, 1980).

진실성

둘째, **진실성**^{genuineness}이란 기꺼이 진정성 있고, 실제로 존재하며, 상담관계에서 주기적으로 자기를 개방하는 자발성을 말한다. 이는 자신의 정서를 모니터할 수 있는 능력, 즉 정서지능과 관련이 있다. 진실성은 정확한 공감, 무조건적인 긍정적 존중과 함께 상담자의 태도적 자질이다(Rogers, 1957). 진실성과 상담성과 간의 관계에 관한 연구들은 혼합된 결과를 보여 왔지만, 진실성은 분명히 상담자의 중요한 자질에 속한다 (Beutler et al., 2004). 그러나 진실성을 상담자의 자기개방과 혼동해서는 안 된다. 진실성은 상담성과를 촉진하기 위해 상담자가 상담과정에서의 개인적인 경험을 선별하여 개방하는 것이기 때문이다. 상담관계 형성은 상담자가 내담자의 이야기를 듣기 위해서지, 내담자에게 자신의 경험을 드러내기 위해서가 아니다.

수용적 태도

셋째, **수용적 태도**$^{acceptive\ attitude}$는 문화, 가치관, 또는 신념체계 등이 다름에도 불구하고 내담자를 조건 없이 존중하는 자세다('무조건적인 긍정적 존중$^{unconditional\ positive\ regards}$'으로도 불림). 수용적 태도는 내담자의 모든 행동을 좋아하거나 용인해야 하는 것은 아니다. 다만, 내담자에 대해 깊이 이해하고 있음을 보여 주는 것이다. 예를 들어, 일탈

행동 또는 범죄행동을 저지른 내담자에 대한 상담자의 수용적 태도는 그의 주관적 세계와 어떻게 범죄를 저지르게 되었는지에 대해 이해하는 것을 의미한다. 상담자의 수용적 태도는 내담자가 내적 경험으로 통하는 마음의 문을 열고, 자신의 상처와 고통을 보여 줄 정도로 안전감을 느끼게 한다.

개방적 태도

넷째, **개방적 태도**openness는 타인을 수용할 수 있는 능력과 밀접하게 관련 있는 독단적이지 않은 자세다(Rokeach, 1960). 이는 "고정된 선입견으로부터의 자유, 그리고 내담자의 표현을 개방적으로 수용하는 것이다"(Belkin, 1988, p. 66). 개방적인 상담자는 독단적이지 않고 내담자에게 특정한 관점을 갖도록 설득하고자 노력하지 않는다. 대신, 내담자에게 귀 기울이고, 내담자와 심리적으로 함께하며, 내담자의 관점을 받아들인다. 이에 비해, 독단적이고 폐쇄적인 상담자는 공감을 나타내지 못하고, 모순되는 증거가 있음에도 불구하고 자신의 세계관을 고집하며, 상담관계 형성에 어려움을 겪는다. 개인이 독단적임을 나타내는 단서의 하나는 절대적 진리에 대한 믿음이다. 이러한 절대적 · 고정적인 사고는 신학자 라인홀트 니부어의 저서 『도덕적 인간과 비도덕적 사회』의 리뷰에서 칼 로저스에 의해 조명되었다(Rogers, 1989, p. 208).

글상자 1-1. 신학자 라인홀트 니부어의 저서에 대한 로저스의 소감문의 일부

책을 내려놓으면서 나는 무엇보다도 니부어 박사님이 알고 있는 경탄할 만한 확실성에 감동했다. 그는 믿기 힘들 정도로 확신에 차서 성 토마스 아퀴나스, 어거스틴, 헤겔, 프로이트, 막스, 듀이를 비롯한 수많은 인물의 어떤 생각이 잘못되었는지 알고 있었다. 그는 또한 공산주의, 실존주의, 심리학 등 모든 사회과학의 오류가 무엇인지 알고 있었다. 다른 사람들에게 공식화하기 위해 그는 '불합리'란 말을 즐겨 사용했지만, '잘못된' '눈먼' '순진한' '제정신이 아닌' '부적합한' 같은 용어도 사용하고 있었다.

인지적 복합성

다섯째, **인지적 복합성**cognitive complexity이란 세계를 이해하는 방식과 관련된 폭넓은 범위의 인지적 기술을 말한다. 인지적 복합성이 결여된 사람은 세계를 둘 중 하나 또는 옳고 그름으로 보고, 모든 문제에는 옳은 해결책이 있다고 믿으며, 자신의 신념에 대해 의문을 품고자 하지 않고, 타인에 대해 독단적 태도를 보이는 경향이 있다. 반면,

인지적 복합성이 높은 사람들은 개인적·체계적 틀을 통해 타인을 이해할 수 있고, 지식이 고정되어 있지 않다는 관념을 이해하며, 세계관 이해에 다양한 관점을 취할 수 있고, 새로운 지식에 기초하여 변화에 대한 자발성과 개방성을 지니고 있으며, 개방적이고 공감적이다(Neukrug & McAuliffe, 1993).

인지적 복합성은 순차적·위계적 방식으로 형성되고, 누구나 더 높은 수준으로 발달할 수 있다(Piaget, 1954). 인지적 복합성이 발달하려면, 개인은 양육적·지지적인 환경에서 학습해야 하고, 자신의 세계관에 도전해야 한다. 이에 상담자 훈련 프로그램에서는 학생들을 수용·지지하는 동시에, 이들이 자신의 세계관과 자신·타인의 존재방식에 대한 생각에 도전할 환경을 제공할 필요가 있다. 이런 기회를 통해 예비 상담자들은 다양한 관점에서 내담자를 이해할 수 있는 능력의 기초가 되는 인지적 복합성을 발달시켜, 인지적 복합성 능력이 왜 유능한 상담자가 되는 데 중요한지 이해하게 된다(Duys & Hedstorm, 2000).

심리적 안정성

여섯째, **심리적 안정성**psychological stability은 상담자의 원가족 관계가 원만하고 풍족했다거나, 가정형편이 어려웠다거나 어려움을 많이 겪었다거나 등의 배경과 상관없이 현재의 상태를 말한다. 심리적으로 안정된 상담자가 그렇지 않  은 상담자보다 더 긍정적인 상담효과를 산출한다는 사실을 입증한 연구는 많다(Bellows-Blakely, 2000; Weaver, 2000; Williams, 1999). 그러나 적잖은 상담자들이 상담업무 수행을 할 수 없을 정도의 심리적 기능 이상이 있다는 연구 결과가 있었다(Gilroy et al., 2002). 그렇지만 상담을 받은 경험이 있는 상담자는 66~84%였다  (Neukrug et al., 2001). 상담자가 자신의 문제해결을 시도했다는 것은 그나마 희망적이다. 왜냐하면 내담자로서 상담을 받은 경험은 상담자의 상담성과에 긍정적인 영향을 주기 때문이다(Bellows-Blakely, 2000). 상담자가 전문적 역할을 하기에 앞서 상담을 받는 것의 혜택은 글상자 1-2와 같다.

글상자 1-2. 상담자가 전문적 역할을 하기에 앞서 상담받는 것의 혜택

1. 자신의 개인적 어려움을 다루는 데 도움이 된다. ☞ 자신의 주요 문제를 해결하지 않은 상태에서 다른 사람들의 조력자 노릇을 한다는 것은 웃음거리가 될 뿐이다.
2. 내담자가 된다는 것이 어떤 것인지 먼저 경험할 수 있다. ☞ 내담자의 자리에 앉게 되는 경험을 확인 · 공감해 보게 할 수 있다.
3. 통찰을 돕고 역전이 방지에 도움을 준다. ☞ 역전이 발생 방지 또는 최소화는 내담자와의 건강한 치료적 관계 형성에 중요하다.
4. 적절한 서비스를 제공해야 한다는 전문적 · 윤리적 책임을 다하는 데 도움을 준다. ☞ 상담자는 자신의 신체적 · 정신적 · 정서적 문제가 내담자 또는 다른 사람들에게 해로운 결과를 초래할 것으로 예상되는 경우, 전문적 서비스를 제공 또는 수용해서는 안 된다. 상담자는 손상 징후를 경계하여 문제에 대한 조력을 구하는 한편, 필요하다면 자신의 전문적 책임을 제한, 중지, 또는 종결해야 한다(ACA, 2014).

그렇다면 상담은 심리적 안정으로 이어지는 유일한 통로인가? 그렇지는 않다. 상담은 교우관계나 기타 의미 있는 관계를 통해 성취할 수 없는 특별한 관계다. 지지집단, 명상, 운동, 성찰일지 같은 활동 역시 심리적 안정에 긍정적인 효과가 있는 것으로 보고되었다. 상담은 개인의 심리적 안정 회복을 위한 유일한 방법은 아니지만, 좋은 정신건강으로 이어질 수 있는 활동 중 하나다.

상담관계 형성 능력

일곱째, **상담관계**, 즉 **작업동맹**working alliance('치료동맹therapeutic alliance')이란 상담자와 내담자가 라포를 토대로 상담목표를 수립하고 상담성과 달성을 위해 구축한 협력관계를 말한다. 이 관계는 두 사람이 협력하여 치료작업에 전념하고, 상호 동의한 상담목표 성취를 위한 동력이 되며, 상담에 주도적으로 참여하게 하는 동기를 부여한다. 이처럼 상담관계는 내담자의 긍정적인 변화에 가장 중요한 요인이다 (Corey, 2016; Egan & Reese, 2019; Gladding, 2017). 상담관계는 상담자와 내담자에 의해 명시적으로 인정하든 그렇지 않든 간에 상담과정 내내 존재한다.

살바도르 미누친
(Salvador Minuchin,
1921~2017)

일찍이 로저스(Rogers, 1957)는 치료적 관계 형성을 촉진하는 태도를 갖춘 상담자의 중요성을 역설했다. 그런가 하면, 구조적 가족치료의 창시자 살바도르 미누친(Minuchin, 1974)은 치료자가 가

족과 **합류**joining하여 치료적 체계를 구축할 수 없다면, 재구조화는 일어날 수 없고, 치료목표 달성을 위한 어떤 시도도 실패로 끝날 것임을 강조했다. 전통적으로, 내담자들과의 관계를 중시하지 않았던 행동주의자들조차 오늘날에 와서는 내담자와의 관계를 중시한다(Corey, 2016). 상담관계 형성은 이론적 지향성 외에도, 상담자의 성격과 태도에 좌우된다. 따라서 상담자는 정서적 의연성을 갖추고, 이론에 따른 정서적 유대를 형성·유지하는 방법을 익혀야 할 것이다.

유능성

끝으로, **유능성**competence, 즉 역량은 상담의 성과 성취의 중요한 요소다(Egan & Reese, 2019). 유능한 상담자들은 새로운 지식과 경험에 목말라한다. 이들은 최첨단 트렌드를 검토하고, 최근의 접근을 이해하고자 하며, 이 분야의 최첨단 영역에서 활동한다. 이러한 상담자는 연구 습관을 통해 이러한 갈증을 해소하고, 전문가 협회와 학회에서 활동하고자 하며, 전문학술지를 읽고, 교육은 평생 과정이라는 믿음이 있으며, 내담자를 자신의 접근방법의 폭을 넓히고 깊이를 더하는 대상으로 보는 경향이 있다(Neukrug, 2016). 상담자는 전문적 역량을 갖춰야 할 윤리적·법적 책임이 있다. 따라서 역량은 상담자의 전문적 책임인 동시에 이를 갖추기 위해서는 평생을 통한 지속적인 학습이 필요하다. 그러면 상담자는 어떤 역량을 갖추어야 하는가?

상담자는 어떤 역량을 갖춰야 하는가?

유능한 상담자가 되기 위해서는 폭넓은 지식과 기술을 학습하고, 이를 내담자에게 최상의 방식으로 적용할 수 있는 역량을 갖춰야 한다. 즉, 폭넓은 임상 지식을 토대로 임상 기술, 기법, 전략의 레퍼토리를 적절히 활용할 수 있는 전문가로 거듭나야 할 것이다. 상담자가 갖춰야 할 전문적 역량으로는 ① 상담자 윤리와 법, ② 상담이론, ③ 상담기술, ④ 진단, ⑤ 사례개념화, ⑥ 치료계획, ⑦ 사례관리를 들 수 있다.

상담자 윤리와 법

첫째, 상담자는 **상담자의 윤리적·법적 기준과 쟁점**을 잘 알고 있어서 윤리적으로 합당한 상담을 수행할 수 있어야 한다. 예를 들면, 전문적 능력의 한계, 자신의 역할 소개, 비밀유지와 한계, 다문화상담에 필요한 지식, 상담관계에서 경계의 중요성 이해, 내담자의 자해/타해 위험에 대한 대처, 내담자의 의뢰 시기 등은 상담자의 윤리적 판단이 요구되는 상황의 극히 일부분이다. 이에 관한 상세한 기준은 상담자가 소속된 전문가 협회/학회의 윤리강령을 참조하면 된다(제2장 참조).

상담이론

둘째, 상담자는 이론에 관한 지식을 갖춰야 한다. **이론**theory은 생애과정에서 발생하는 문제의 인식·규정을 위해 문제의 원인과 영향을 설명하고 경험적으로 검증 가능한 일단의 체계적 진술이다. 상담자는 이론을 토대로 내담자의 문제를 조망·이해하고, 이론에 근거한 다양한 기법을 적재적소에 사용하여 치료목표를 성취할 수 있다. 오늘날 다수의 상담이론이 있지만, 상담자들 대부분은 소수의 특정한 이론들만을 상담에 적용하고 있다(Neukrug et al., 2001). 좋은 이론의 특징은 네 가지, 즉 ① 정확성·명료성, ② 포괄성, ③ 검증 가능성, ④ 유용성을 꼽을 수 있는데, 그 내용은 표 1-3과 같다.

표 1-3. 좋은 이론의 특징

특징	설명
1. 정확성· 명료성	○ 정확한 용어로 구성된 분명한 규칙이 있다. ○ 전문가들이 동의할 수 있는 정의가 있고, 경제적이고 간결하다. ○ 개념이 명확하고 상호 연관이 있으며, 인간 행동 규칙과 관련이 있다.
2. 포괄성	○ 인구통계학적 배경에 관해 기술하지 않아도 남녀노소 모두를 지향하고 있다.
3. 검증 가능성	○ 이론의 타당성과 효과성을 과학적·경험적으로 검증·확인할 수 있다.
4. 유용성	○ 새로운 가설로 이어질 뿐 아니라, 상담자들의 업무에 도움을 준다. ○ 내담자를 이해하는 방식과 이들이 더 잘 기능할 수 있도록 돕는 기법이 들어 있다.

상담이론은 의복과 같아서 상담자의 몸에 잘 맞아야 한다(Shertzer & Stone, 1980). 이 말은 상담자가 적용하는 이론이 그 자신의 철학에 잘 부합되어야 한다는 뜻이다. (제3장~제9장 참조).

상담기술

셋째, 상담자는 치료적 개입을 위한 **상담기술**을 갖춰야 한다. 특히, 경험적 · 과학적 연구를 통해 상담의 성과에 효과가 있음이 입증된 다양한 상담기술을 시의적절하게 사용할 수 있어야 있다. 이러한 상담기술은 크게 4개 범주, 즉 ① 공감적 이해기술(재진술, 반영, 긍정화, 격려, 요약, 침묵, 자기개방), ② 정보수집기술(질문), ③ 통찰촉진기술(명료화, 직면, 해석, 즉시성), ④ 문제초점기술(정보제공, 대안제시, 조언제공)로 구분할 수 있다(제11장 참조).

진단

넷째, 상담자는 내담자의 문제, 증상, 정신장애에 대한 **진단**^diagnosis 능력이 있어야 있다. 향후 정서 · 행동 문제를 호소하게 될 내담자의 수는 점차 증가할 것으로 전망된다. 이는 상담자가 심각한 정서 문제가 있는 내담자를 상담하게 될 가능성도 따라서 증가할 것임을 의미한다(Gelso et al., 2014). 이러한 내담자들은 증상을 기반으로 진단받게 될 것이다. 이러한 예견은 상담자가 정신병리에 기초한 진단체계(예 DSM)를 활용하여 진단할 수 있는 능력을 갖춰야 할 것임을 암시한다. 정확한 진단은 상담의 목표설정, 계획수립, 기법과 전략 결정에 도움을 주기 때문이다(제12장 참조).

사례개념화

다섯째, **사례개념화**^case conceptualization 는 특정한 이론을 적용하여 내담자 문제의 성격과 원인에 대해 잠정적인 가설을 설정하고, 이를 토대로 목표설정, 계획수립, 기대효과 등을 마련하는 일련의 작업이다. 이 작업은 흔히 상담자와 내담자의 첫 만남에서부터 시작된다. 이에 상담자는 내담자 문제의 개념화를 위한 체계적인 메커니즘에 관한 지식을 갖추고 있어야 한다. 만일 그렇지 못하면, 내담자의 문제를 이해하지 못해 허둥대거나, 직관이나 기본적인 상담기술에만 의지하거나, 적절치 않은 기법을 무작위로 시도하게 될 수 있다. 그러므로 상담자는 상담에 적용할 수 있는 사례개념화에 관한 지식을 갖춰야 할 뿐 아니라, 실제에의 활용에도 능숙해야 할 것이다(제13장 참조).

치료계획

여섯째, **치료계획**^treatment planning 은 내담자 문제에 대한 개념화와 진단을 기초로 수립된다. 상담자에게는 내담자의 문제를 효과적으로 다룰 치료계획을 제공할 지식과 전문적 책임이 있다. 치료계획은 확인된 문제의 정의, 예상되는 기간, 개입 기법과 전략 등 일련의 과정으로 편성된다. 그리고 필요한 경우, 가능한 약물치료 같은 요소들이 포함된다. 치료계획은 추후 진척 상황 평가에 사용될 수 있는 치료 방법을 명시한다는 점에서 책무성 완수 여부가 확인되는 중요한 작업이다(제14장 참조).

사례관리

끝으로, **사례관리**^{case management}는 내담자의 최상의 기능상태 유지를 돕기 위한 제반 과정을 말한다(Woodside & McClam, 2003). 사례관리에는 ① 문서화, ② 전문가 협력, ③ 제3자와의 소통, ④ 행정업무 활동, ⑤ 시간 및 담당 사례수 관리가 포함된 폭넓은 활동이 포함된다. 사례관리는 정신건강 전문직의 책무성이 강조되는 오늘날 점차 중요한 쟁점으로 대두되고 있다(제15장 참조).

복습문제

◉ 다음 밑줄 친 부분에 들어갈 말을 쓰시오.

1. 치료적 관계 중심의 상담 발달에 크게 공헌한 인물은 _____(으)로, 그는 당시 '이단자'라는 거센 비판을 무릅쓰고 내담자가 변화의 주체임을 강조함으로써, 심리치료의 새바람을 일으켰다.

2. 헝가리 출신의 정신분석가 _____은/는 한때 심리치료의 대명사처럼 여겨졌던 전통적인 정신분석의 성과에 이의를 제기하는 한편, 분석가의 냉담하면서도 전능한 척하는 역할에 도전했다.

3. 상담의 효과성에 관한 과학적 검증을 위한 노력은 1952년 독일 태생 영국의 심리학자 _____의 논문에서 비롯되었다. 그의 연구는 오늘날 치료적 개입에 엄격하게 검증된 객관적인 증거가 있는 개입방법을 적용하려는 시도, 즉 _____실천(EBP)의 출현에 큰 영향을 주었다.

4. 고대 그리스 시대부터 다른 사람의 내면세계를 이해하는 능력으로 인식된 _____은/는 상담자가 내담자에 대한 존중을 토대로 그를 깊이 이해하는 감각을 느끼는 것으로, 단순히 내담자의 편을 드는 동조 또는 동정과는 다르다.

5. _____은/는 기꺼이 진정성 있고, 실제로 존재하며, 상담관계에서 주기적으로 자기를 개방하는 자발성을 말하는데, 이는 자신의 정서를 모니터할 수 있는 능력, 즉 _____지능과 관련이 있다.

6. 수용적 태도는 문화, 가치관, 또는 신념체계 등이 다름에도 불구하고 내담자를 조건 없이 존중하는 자세로, 이러한 자세는 _____(으)로도 불린다.

7. 세계를 이해하는 방식과 관련된 폭넓은 범위의 인지적 기술인 _____이/가 결여된 사람은 세계를 둘 중 하나 또는 옳고 그름으로 보고, 모든 문제에는 옳은 해결책이 있다고 믿으며, 자신의 신념에 대해 의문을 품고자 하지 않고, 타인에 대해 독단적 태도를 나타내는 경향이 있다.

8. 상담자와 내담자 사이의 라포를 토대로 상담목표를 수립하고 치료적 성과를 위해 구축된 협력관계를 _____(이)라고 한다.

9. 상담효과의 유발요인의 하나로, 안전하고 중립적인 치료적 분위기에서 내담자가 과거에 억압한 외상적 감정 표출을 통해 기능적인 방향으로 감정교정이 일어나는 현상을 _____ (이)라고 한다.

10. 상담자가 갖춰야 할 전문적 역량에는 상담자가 특정한 이론을 적용하여 내담자 문제의 성격과 원인에 대해 잠정적인 가설을 설정하고, 이를 토대로 목표설정, 계획수립, 기대효과 등을 마련하는 일련의 작업인 _____ 이/가 포함된다.

소집단 활동

🔍 다음을 읽고 물음에 답해 보자. 그러고 나서 5인 1조로 나누어 각자가 답한 것을 발표하고, 서로의 소감을 나누어 보자.

1. 당신은 언제 처음 상담의 존재를 알았나요? _____

2. 당신은 언제 처음 상담자라는 직업을 알았나요? _____

3. 당신은 언제 처음 상담을 받고 싶다는 생각이 들었나요? _____

4. 당신은 언제 처음 상담 또는 상담심리학을 공부해 보고 싶다고 생각했나요?

5. 만일 상담자가 되고 싶다면, 그 이유는 무엇인가요? 또는 상담자가 되고 싶지 않다면, 그 이유는 무엇인가요?
   ○ _____
   ○ _____
   ○ _____
   ○ _____
   ○ _____
   ○ _____

6. 한 개인으로서 당신의 강점은 무엇이라고 생각하나요?
   ○ _____
   ○ _____
   ○ _____
   ○ _____
   ○ _____

7. 상담자로서 당신의 강점은 무엇이라고 생각하나요?
   ○ _____
   ○ _____
   ○ _____
   ○ _____
   ○ _____

8. 당신을 잘 아는 주변 사람들이 말하는 당신의 강점은 무엇인가요?
   ○ _____
   ○ _____
   ○ _____
   ○ _____
   ○ _____

소감

_____
_____
_____
_____
_____
_____
_____
_____
_____

CHAPTER

02
상담자 윤리와 법

상담자는 내담자에게 정신건강 전문가로서 윤리적·법적 책임에 합당한 서비스를 제공해야 한다. 상담자는 사회구성원들의 변화·성장을 함께할 수 있는 특권과 사회에 대한 책무성을 동시에 지고 있다. 이러한 책무성의 온전한 실행을 위해 상담전문가 협회나 학회에서 제정한 윤리기준은 상담자의 품행과 책임에 대한 기본 틀을 제공한다. 윤리기준은 정부를 비롯한 다른 권력기관의 간섭 회피를 목적으로 제정된 상담자의 품행과 책임에 관한 일련의 조항들로 구성되어 있다. 윤리적·법적으로 합당한 상담서비스를 제공하는 것은 내담자 또는 잠재적 내담자와의 관계에서 보여야 할 품행의 기준 또는 전문적 실천기준이나 합의된 규정에 따른 행위를 실천하는 것이다. 따라서 상담자가 상담자 윤리기준과 관련 법률에 대해 잘 알고 있어야 하는 것은 내담자뿐 아니라 자신을 보호하기 위한 필수적인 과업이다. 이 장에서는 ① 상담자 윤리강령, ② 윤리적 의사결정, ③ 상담의 윤리적 쟁점, ④ 상담자의 법적 책임으로 나누어 윤리적 상담에 관해 살펴보기로 한다.

상담자 윤리강령

상담자의 전문성은 지식과 윤리적인 상담서비스 제공으로 표출된다. 상담자 윤리강령은 상담자 또는 그의 행위에 대해 전문가 집단의 일원으로서 옳고 그름으로 판단할 수 있는 일련의 품행에 관한 조항들로 구성되어 있다. 전문가 집단에서 윤리강령을 제정하는 목적은 구성원들에게 자기통제와 조절의 기초를 제공함으로써, 정부와 법률의 간섭에서 벗어나 자율성을 확보하는 것이다(강진령 외, 2009). 이에 상담자는 최소한 자신의 전문영역에 관한 윤리기준을 숙지해야 하고, 윤리적 양심과 도덕적 책임을 깊이 인식하고 치료적 작업에 임해야 한다. 상담자 윤리강령의 기능은 글상자 2-1과 같다.

글상자 2-1. 상담자 윤리강령의 기능

1. 내담자와 학회의 전문적 지위를 보호한다.
2. 직업의 전문적 정체성과 성숙함을 대변한다.
3. 직무에서 바람직하다고 여기는 가치를 반영하는 특정한 행동패턴을 나타내도록 안내한다.

4. 윤리적 의사결정 과정의 틀을 제공한다.
5. 직무상 과실로 소송을 당했을 때 방어 수단이 될 수 있다.

상담자의 비윤리적 행동에는 누가 봐도 명백히 계획적인 것이 있는가 하면, 대체로 미묘하면서도 고의성이 없는 경우가 적지 않다. 그렇지만 해로운 결과를 초래한다는 공통점이 있다. 상담과정에서 흔히 발생하는 상담자의 비윤리적 행동은 글상자 2-2와 같다(ACA, 2014).

글상자 2-2. 상담과정에서 흔히 발생하는 상담자의 비윤리적 행동

1. 비밀유지 위반
2. 전문적 역량 초과
3. 상담업무 태만
4. 소유하지 않은 전문성이 있다는 주장
5. 내담자에 대한 가치관 주입
6. 내담자에게 의존성 유발
7. 내담자와의 성적 활동
8. 특정 이해 갈등(예 이중관계, 즉 상담자의 역할과 개인적·전문적인 다른 관계와의 결합)
9. 미심쩍은 금전처리 방식(예 과도한 상담료 부과)
10. 부적절한 홍보
11. 표절

그러나 윤리기준이 아무리 잘 만들어졌다고 하더라도 모든 경우에 적용하기에는 한계가 있다. 상담자가 윤리적으로 책임 있는 방식으로 행동하고 있는지는 글상자 2-3에 제시된 질문을 통해 확인할 수 있다.

글상자 2-3. 상담자의 윤리적 행동에 대한 확인사항

1. 나는 개인 또는 전문가로서 정직한가?
2. 나는 상담자로서 내담자가 가장 관심을 가진 주제를 다루고 있는가?
3. 나는 악의 또는 개인적 이득 없이 행동하고 있는가?
4. 나는 나의 현재 행동을 정당화할 수 있는가?

상담자는 내담자와의 관계에서 개방적인 태도를 보여야 한다. **숨겨진 문제**^hidden ^agenda(표면적으로 제기되어 해결되지 않은 상태로 내면에 남아 있는 문제 또는 관심사) 또는 의식하지 못한 감정은 상담관계를 저해하는 동시에, 비윤리적 행위 발생 가능성을 높

이기 때문이다. 또 개인적 · 사회적 · 직업적으로 호감이 가는 내담자와의 특별한 관계 형성을 피해야 한다. 윤리적 판단 오류는 상담자의 개인적 관심이 내담자와 부적절한 관계 형성으로 이어질 때 발생할 수 있기 때문이다. 윤리적 갈등의 예방 및 해결 방안으로는 윤리강령 숙지, 최근에 출간된 사례집과 문헌 참조, 워크숍 참석, 동료자문, 수퍼비전 등이 있다.

급변하는 사회적 흐름은 사회구성원들에게 적응에 대한 압력으로 작용한다. 상담자와 전문학회로서는 복잡하게 변해 가는 가치에 걸맞게 윤리강령을 시의적절하게 업데이트해야 하는 압박을 받고 있다. 이런 이유로, 미국상담학회^{American Counseling} Association(ACA)의 경우, 2014년 다섯 번째로 윤리강령을 개정했다. 새로 개정된 윤리강령은 전반적으로 원격상담, 과학기술, 사회적 매체의 중요성과 융합을 강조하고 있다(예 기록의 백업을 통한 전자기록의 안전성 확보, 원격상담의 장단점). 개정된 윤리강령에서 달라진 내용을 요약 · 정리하면 글상자 2-4와 같다.

글상자 2-4. 개정된 윤리강령에서 달라진 내용

1. 이론과 연구에 근거한 상담기술을 제공한다.
2. 내담자가 요구하더라도 위험하고 해로운 기술은 사용하지 않는다.
3. 상담료를 감당할 수 없는 내담자에게 무료서비스를 권하거나 더 저렴한 서비스에 의뢰한다.
4. 내담자가 삶을 마감하려고 할 때, 상담자가 관여하지 않도록 허용한 내용 삭제
5. 내담자에게 전염성이 있고 생명을 위협하는 질병이 있다는 사실을 알았을 때, 내담자가 타인을 위험에 처하게 했는지 평가하고, 타인의 안전성을 공고하게 하며, 필요하면 타인에게 경고할 책임이 있다.

윤리기준의 한계

상담자 윤리기준은 제정 시점의 경험과 가치를 기반으로 행동지침을 제공한다. 그러나 윤리기준은 책임 있는 전문가의 행동을 위한 요리책^{cook book}이 아니라, 일련의 사안에 대한 일반적인 지침을 제공할 뿐이다. 또 특정 질문에 대해 거의 답할 수 없다는 점에서 대체로 모호하고 이상적인 면이 있어서 윤리적 딜레마를 다루는 데 한계가 있다. 이러한 상담자 윤리기준의 한계점을 요약 · 정리하면 글상자 2-5와 같다.

글상자 2-5. 상담자 윤리기준의 한계

1. 기본 원칙만 제시되어 있어서 다룰 수 없는 쟁점이 있다.
2. 명확성이 결여되어 정도를 헤아리기 어려운 경우가 있다.
3. 구체적인 대처 및 해결방안을 제공하지 않는다.
4. 적극적이기보다는 반응적이다.
5. 윤리기준을 강요하기 어렵다.
6. 전문가 학회 또는 협회마다 윤리기준이 달라서 혼란이 초래될 수 있다.
7. 동일한 윤리강령에서도 상충되는 조항으로 갈등이 야기될 수 있다.
8. 동일한 윤리강령에서 기준과 법, 기준과 전문가의 가치 사이에 갈등이 있다.
9. 강령 제정과정에 일반인들이 배제되어 이들의 관심이 반영되지 않았을 수 있다.
10. 소속기관의 규정과 문화적 차이로 인해 갈등을 일으킬 수 있다.
11. 윤리강령이 항상 최신 쟁점을 다루는 것은 아니다.

글상자 2-5에 제시된 윤리기준의 한계를 고려할 때, 상담자는 윤리기준을 숙지하고 있어서 윤리적 의사결정이 요구될 때, 자신이 소속된 집단의 윤리강령을 기준으로 상황과 맥락을 고려하여 판단해야 할 것이다. 이 경우 자신의 욕구, 신념, 가치관, 태도 등이 윤리기준의 해석에 영향을 미치지 않도록 한다.

윤리적 의사결정

상담자 윤리강령에는 어떤 쟁점을 중심으로 어떤 내용이 포함되어야 하는가? 이 결정은 쉽지 않다. 어떤 사회적 가치가 기준에 반영되어야 하는지에 대한 갈등 또는 논란이 발생할 수 있기 때문이다(Ponton & Duba, 2009). 이에 윤리강령에 포함할 주제와 내용의 결정은 충분한 시간을 갖고 논의할 필요가 있다. 상담자의 윤리적 갈등 영역별로 그 내용을 살펴보면 표 2-1과 같다.

표 2-1. 상담자의 윤리적 갈등 영역

영역	내용
1. 상담관계	○ 상담서비스에 대한 물물교환 ○ 말기 환자 내담자와 생애 마감 결정에 대한 상담 ○ 이론/연구에 기반하지 않은 기술 사용 ○ 내담자에 대한 서비스 종용 ○ 내담자에게 상담자의 가치관 주입 ○ 의학적 진보와 관련된 내담자의 쟁점 다루기 ○ 내담자 진단 ○ 자해 또는 타해 위험이 있는 내담자와의 상담
2. 법적 문제	○ 제3자로부터 내담자 보호를 위해 진단을 내리지 않는 행위 ○ 내담자의 권리 보호를 위한 위법 행위 ○ 아동학대, 배우자 학대, 또는 노인 학대 사실에 대한 보고 여부
3. 사회문화적 문제	○ 성적 소수자 내담자에게 성 정체성 변화를 위한 치료를 추천하는 행위 ○ 특정한 성별 또는 문화권 내담자만 상담하는 행위 ○ 특정한 집단에 관한 지식이 없는 상태로 상담에 임하는 행위
4. 경계문제	○ 내담자의 공식 행사(예 결혼식, 약혼식, 졸업식 등) 참여 ○ 내담자와의 신체 접촉(예 포옹) ○ 내담자에게 상담자의 물품(예 서적, CD 등)을 판매하는 행위 ○ 현재 또는 과거 내담자와의 성적 관계 연루 ○ 다른 조력관계(예 가족상담)에 있는 내담자를 상담하는 행위
5. 비밀유지	○ 개인, 집단, 커플, 가족에 대한 비밀유지 의무를 저버리는 행위 ○ 자녀에 관한 정보를 요구하는 부모/보호자의 요청을 거절하는 행위 ○ 내담자에게 자신의 상담기록을 보지 못하게 하는 행위 ○ 임상 수퍼바이저가 아닌 동료와 내담자의 사적 정보를 공유하는 행위
6. 사전동의	○ 부모/보호자의 동의 없이 미성년자 또는 임신한 십대를 상담하는 행위 ○ 사전동의를 얻지 않고 상담서비스를 제공하는 행위
7. 전문적 관계	○ 상담 관련 학회 또는 협회에 가입하지 않는 행위 ○ 상담료를 적절치 않게 책정하는 행위 ○ 정신건강의 특성 변화를 업데이트하지 않는 행위 ○ 비윤리적 행위를 한다고 판단되는 동료 상담자에게 먼저 알리지 않고 소속학회 윤리위원회에 비윤리적 행위를 보고하는 행위 ○ 자격을 허위로 진술하는 행위
8. 과학기술	○ 인터넷상에서 상담 또는 임상 수퍼비전 서비스를 제공하는 행위 ○ 컴퓨터에 저장된 내담자 기록에 대한 안전성을 확보하지 않는 행위 ○ 인터넷으로 내담자의 정보를 전달하는 행위

상담활동에서 상담자는 다양한 윤리적 결정을 내려야 하고, 갖가지 딜레마와 마주하게 된다. 게다가 사회 분위기의 급격한 변화에 따라, 상담자의 윤리적 판단은 더욱 어려워지고 있다. 상담자들이 가장 빈번하게 직면하는 윤리적 딜레마는 무엇일까? APA 회원을 대상으로 무선 표집한 결과, 응답자들이 경험한 윤리적 딜레마를 빈도수별로 정리하면 표 2-2와 같다(Pope & Vetter, 1992).

표 2-2. 상담자들이 직면하는 윤리적 딜레마의 빈도별 결과

영역	예시
1. 비밀유지	○ 아동학대가 의심되거나 다른 이유로 제3자의 실제적 또는 잠재적 위협으로 비밀유지 원칙을 위반함
2. 다중관계	○ 치료적 경계를 유지할 수 없을 정도의 이중 또는 갈등 관계 ○ 개인적 관계와 직업적 관계를 구분할 수 없을 정도의 모호한 관계
3. 비용지불	○ 비용의 출처, 상담료 납부 계획과 방법에 관한 문제 ○ 응급 내담자라는 이유로 부적절한 보험 적용

이 외에도 교육과 훈련의 딜레마, 법정 심리학, 연구, 동료 상담자의 행동, 성 문제, 평가, 의심의 여지가 있거나 해가 될 수 있는 개입, 전문성 순으로 나타났다. 윤리적 의사결정이 요구되는 일화는 글상자 2-6과 같다.

글상자 2-6. 윤리적 의사결정이 요구되는 일화

간암 말기 판정을 받은 내담자(남, 93세)는 자신의 삶이 6개월밖에 남지 않았다는 사실을 알게 된 후, 극심한 우울증에 빠져 더 이상 살 이유가 없다고 생각하고 있다. 그동안 줄곧 당신에게 상담을 받아 온 그의 삶은 거의 변화가 없고, 다만 죽음이 자신을 덮치기 전에 스스로 삶을 끝내고 싶어 한다. 그의 아내는 이미 10년 전 세상을 떠났고, 그 후 그는 이렇다 할 친구나 가족 없이 줄곧 홀로 생활해 오고 있다. 그는 새로운 지지체계를 형성하는 것에 관심조차 없다. 또 자신은 충분히 오래 살았고, 삶에서 이루고 싶었던 것을 거의 다 이루었다면서 이제 죽을 준비가 되어 있고, 고통 없이 삶을 끝내고 싶다면서 당신에게 자신의 목적을 달성하는 데 가장 효과적인 방법을 찾는 것을 도와달라고 한다. 상담자로서 당신은 어떤 선택을 해야 할까?

ACA(2014)는 윤리강령에서 윤리강령을 위반하고 있다고 판단되는 상담자를 발견하는 경우, 다른 사람에게 심각한 피해가 발생했거나 가능성이 있는 경우가 아니면,

우선 해당 상담자와 비공식적으로 그 상황에 대해 논의·해결하도록 권장한다. 그러나 이러한 조치에도 불구하고 해법을 찾지 못하거나 상당한 피해가 예상된다면, 소속 학회의 윤리위원회에 보고한다.

윤리적 딜레마

상담장면의 안팎에서 발생하는 윤리적 갈등 상황에서 내려야 하는 윤리적 결정은 결코 쉽지 않다. 이중관계 문제, 상담자가 동의하기 힘든 신념 또는 생활양식을 지닌 내담자에 대한 상담, 상담료 산정과 수납 등은 잠재적으로 논란의 여지가 잠재해 있다. 이 경우, 상담자는 윤리적 원칙에 근거한 윤리적 추론을 통해, 표 2-3에 제시된 윤리적 상담을 위한 의사결정 원칙에 입각하여 행동해야 한다 (Kitchner, 1986).

카렌 키치너
(Karen S. Kitchner,
1943~2016)

표 2-3. 키치너의 윤리적 의사결정을 위한 5가지 원칙

원칙	내용
1. 자율성 존중	○ 내담자가 행동을 스스로 결정·처리할 수 있는 자율적 존재임을 인정한다. ○ 내담자가 행동에 책임을 질 것을 기대·존중한다.
2. 선의	○ 타인에게 선행을 베풀겠다는 의도로 행동한다. ○ 무능하거나 부정직하면 내담자의 성장 또는 복지에 도움을 줄 수 없다는 사실을 인식한다.
3. 무해성	○ 다른 사람에게 해·손해를 입히거나 위험에 빠뜨리지 않고, 그런 행동을 적극적으로 피한다.
4. 공정성	○ 인종, 성별, 종교 등을 이유로 내담자를 차별하지 않는다. ○ 시민은 누구나 모든 서비스를 동등하게 받을 권리가 있다는 사실을 알고 있다.
5. 충실성	○ 내담자를 돕는 일에 열정을 가지고 충실하게 임하며, 약속을 잘 지킨다. ○ 계약 위반(예 사전 통보 없이 상담약속 취소 또는 비밀유지 위반) 또는 내담자의 신뢰를 저버리는 행위를 하지 않는다.

키치너의 윤리적 의사결정 원칙은 상담자가 윤리적 갈등 상황에 놓이게 될 때, 윤리규정으로 대처할 수 없거나 누락된 부분을 처리하기 위한 지침 역할을 한다. 이러한 원칙 중 무해성 원칙은 상담 분야에서 가장 주된 윤리적 책임으로 구분하기도 한

다. 무해성 원칙은 현존하는 피해 예방뿐 아니라, 향후 피해 예방과 피해의 수동적 회피를 포함하고 있다. 이 원칙은 자해 또는 타해 가능성이 있는 내담자 또는 동료 상담자의 비윤리적 행위에 대응해야 하는 근거가 된다.

상담의 윤리적 쟁점

상담자가 흔히 직면하게 되는 윤리적 쟁점으로는 ① 비밀유지, ② 사전동의, ③ 다중관계, ④ 가치관 주입, ⑤ 전문적 역량과 책임을 들 수 있다.

비밀유지

첫째, **비밀유지**confidentiality는 상담이 진행되는 동안 드러난 정보는 무단으로 공개되지 않는다는 내담자와의 계약 또는 약속을 지킬 윤리적 의무다. 이 개념은 상담관계에서 알게 된 내담자에 관한 정보를 내담자의 동의 없이 제3자에게 누설하지 않을 것이라는 약속을 의미한다. 의도적이든 비의도적이든 이 원칙이 파기되는 순간, 잠재적 윤리적 · 법적 소송의 표적 또는 빌미가 된다. 비밀유지 원칙이 중요한 이유는 내담자가 상담과정에서 말한 내용이 제3자에게 노출되지 않을 거라는 확신이 있을 때, 상담자를 신뢰하고 진정성 있는 대화를 할 수 있기 때문이다. 그러므로 상담 초기에 상담자는 내담자에게 내담자의 사적인 정보는 내담자의 허락 없이는 공개하지 않을 것임을 알려야 한다. 비밀유지 원칙과 관련하여 내담자의 사생활 보호의 범위는 글상자 2-7과 같다. **사생활권**privacy은 시간, 환경, 사적 정보에 대해 공유하거나 하지 않을 정도를 선택할 개인의 권리를 인식하는 법적 개념이다.

글상자 2-7. 내담자의 사생활 보호의 범위

1. 내담자가 상담받고 있다는 사실
2. 대기실에서 누구인지 알려지지 않게 하는 것
3. 제3자에게 상담회기 녹음을 포함하여 상담기록을 노출하지 않는 것
4. 검사 결과 관련 서류와 파일을 내담자의 동의 없이 알리지 않는 것

비밀유지 원칙의 예외.   상담자는 내담자와 예외 없는 비밀유지를 약속해서는 안 된

다. 비밀유지 원칙에는 예외가 있기 때문이다. 그러므로 상담자는 비밀유지 원칙이 파기될 수 있는 내담자의 잠재적 상황에 대해 소통할 필요가 있다. 단, 비밀유지 원칙은 집단상담 또는 가족치료에의 적용에는 한계가 있지만(강진령, 2019; Wheeler & Bertram, 2008), 상담자는 집단 및 가족치료 참여자들의 비밀유지에 대한 윤리적 관심사를 유념해야 한다. 비밀유지 원칙이 파기될 수 있는 경우는 글상자 2-8과 같다.

글상자 2-8. 비밀유지 원칙의 예외상황

1. 상담자와 내담자 사이에 분쟁이 발생하는 경우
2. 내담자가 법적 소송에서 정신상태 문제를 제기하는 경우
3. 내담자의 상태가 자신 또는 타인에게 위험성이 있는 경우
4. 아동학대 또는 방치에 관한 사실이 밝혀지는 경우
5. 내담자가 범죄를 저지르고자 하는 사실을 알게 되는 경우
6. 법정이 심리적 사정/평가를 명령한 경우
7. 내담자에게 비자발적 입원이 필요한 경우
8. 내담자가 범죄 피해자라는 사실을 알게 되는 경우
9. 취약한 성인에게 해가 되는 경우

아마도 가장 논란이 많은 윤리적 행동 영역은 비밀유지 원칙 파기의 허용 가능성에 관한 부분일 것이다. 이 영역은 타라소프 판례에 의해 크게 부각되었다. 이 판례는 임상가, 그리고 관련된 사람들은 내담자의 잠재적 상해 가능성을 그의 전 여자친구에게 경고하지 않은 것에 대해 고소된 사건에서 비롯되었다. 타라소프 판례에 관한 내용은 글상자 2-9와 같다.

글상자 2-9. 타라소프 판례

미국 캘리포니아대학교 버클리 캠퍼스 상담센터에서 상담받던 프로센지트 포다[Prosenjit Poddar]는 자신의 상담자에게 여자친구가 최근 그와 헤어지자고 했고, 다른 남성과 데이트 하겠다고 위협한다는 이유로 그녀를 살해하겠다는 의도를 밝혔다. 그러자 상담자는 자신의 수퍼바이저와 상의 후, 대학경찰에 이 사실을 알렸고, 그 즉시 대학경찰은 포다를 구금했다. 대학경찰은 다른 전문가에게 포다의 정신감정을 의뢰했으나, 정상으로 판명되어 포다를 풀어 주었다. 2개월 후, 포다는 타티아나 테라소프[Tatiana Tarasoff]의 집을 찾아가 총으로 그녀를 살해했다. 타티아나의 부모는 대학 당국, 상담자, 수퍼바이저, 그리고 경찰을 고소했고, 경찰을 제외한 전원에게 승소했다.

경고의무^{duty to warn}에 관한 법률 제정의 모태가 된 타라소프 판례는 상담자는 내담자의 자해 또는 타해 방지를 위해 모든 노력을 다해야 한다는 의미로 해석되고 있다. 여기서 흥미로운 점은 대학 경찰이 피해자에게 해를 입힐 위험이 없다고 판정·방면한 근거로, 당시 잘 알려지고 검증된 심리검사 사용을 증거로 내세워 소송에서 이겼다는 사실이다. 이는 어

그림 2-1. 캘리포니아대학교 버클리캠퍼스 전경

떤 결정이 불행한 상황을 초래하더라도 최선의 실행원칙을 따른 것이라면, 법정도 그 결정에 손을 들어 줄 가능성이 크다는 것을 의미한다.

미성년 내담자 부모의 권리. 상담자는 미성년자 부모 또는 보호자의 권리를 존중해야 한다. 법률상 미성년자는 만 19세에 달하지 않은 사람을 뜻한다.「형법」에 의하면, 14세가 되지 않은 자를 '형사미성년자'라 하여 그 행위를 벌하지 않는다. 미성년자를 무능력자로 하여 법정대리인을 두는 것은 각국의 입법이 일치하나, 성년의 시기는 반드시 동일하지 않다. 미성년자 상담은 대체로 ① 부모의 동의, ② 부모의 강제, 또는 ③ 법원 명령으로 이루어진다. 전자의 두 경우는 부모의 동의가 요구되는 반면, 법원 명령은 부모의 동의가 필요 없지만, 적어도 부모 또는 보호자에게 통보되어야 한다. 만일 부모의 동의를 받지 않는다면, 상담자는 동의 미획득 또는 아동 유인 등의 사유로 고소당할 수 있다. 미성년자의 부모가 이혼한 경우, 양육권자의 허가를 받은 학교와 관련 기관의 동의를 얻어야 한다. 미성년자 상담에서 비밀유지는 복잡한 문제다. 만일 부모나 보호자가 정보공개를 요구한다면, 상담자는 상담회기에 대한 정보를 개방할 법적 의무가 있기 때문이다(Remley & Herlihy, 2014).

기록관리의 보안. 비밀유지 원칙은 상담장면에서 노출된 내담자의 사적인 정보도 포함된다(Remley & Herlihy, 2014). 그러므로 상담자는 구두 또는 서면으로 취득한 내담자에 관한 비밀을 보장해야 하고, 보안을 철저히 해야 하며, 내담자의 허락 없이 타인과 공유해서는 안 된다. 단, 교육을 목적으로 수퍼바이저와 정보를 공유하거나 법원에 증인으로 소환되는 경우, 또는 부모가 미성년자 자녀에 관한 정보를 요구하는 경우는 예외다(Neukrug, 2016). 만일 미성년자의 기록을 내담자를 보호하고 있는 다른 기관과 공유하고자 한다면, 서면으로 부모나 보호자의 허락을 얻어야 한다. 이러한 조치는 내담자의 사생활 권리보장과 상담자를 법적 소송으로부터 보호해 주는 이

중효과가 있다.

내담자에 관한 기록은 반드시 자물쇠가 있는 문서 보관함 등의 안전한 공간에 보관해야 한다. 상담기록을 컴퓨터에 저장한다면, 해당 파일은 상담자만 접근하게 해야 한다. 내담자에 관한 기록에 대한 비밀유지는 비임상직원들에게도 예외가 아니다. 상담 관련 기관의 장은 이들에게 비밀유지의 중요성을 이해시키는 한편, 기관 외부에서 내담자에 관한 이야기를 하지 않겠다는 서약서에 서명하게 한다. 보존이 필요한 상담기록은 표 2-4와 같다.

표 2-4. 보존이 필요한 상담기록

상담기록	내용
1. 인적사항	○ 이름, 성별, 생년월일, 주소, 전화번호, 직업 등
2. 사정/평가	○ 심리평가, 사회/가족력, 병력/건강력 등
3. 치료계획	○ 주 호소내용, 행동계획, 목표행동에 도달하기 위한 단계 등
4. 사례기록	○ 합의된 목표 성취까지의 회기별 진전 상황 등
5. 종결요약	○ 치료 결과, 최종 진단, 향후 계획 등
6. 기타 자료	○ 내담자가 서명한 치료동의서, 서신 사본, 특이한 내담자 개입, 행정상의 문제 등에 관한 근거 표기

사전동의

둘째, **사전동의**informed consent란 상담자가 상담에 대해 충분하고 적절하게 설명한 것에 근거하여 내담자가 상담에 동의하는 것을 말한다('설명동의'라고도 함). 상담에 대한 설명을 통해 상담자는 내담자가 상담에서 무엇을 얼마만큼 말할 것인지에 대해 스스로 결정하도록 도울 수 있다. 이 원칙은 「의료법」에 명시된 환자의 자기결정권 존중 원칙에서 파생된 것으로, 환자가 의사로부터 치료에 앞서 향후 받게 될 치료가 무엇이고, 잠재적 위험성 등에 관해 설명해 주는 것이다. 상담내용을 녹음/녹화하기에 앞서, 내담자와 부모(미성년자의 경우)에게 그 취지를 설명하고 허락받는 과정이 그 예다. 만일 내담자나 그의 부모가 녹음/녹화를 거부한다면, 내담자 또는 부모의 의사를 존중해야 한다. 설령 사전동의를 받았더라도 상담내용에 대한 비밀을 보장하고, 내담자를 위한 목적에만 활용해야 한다. 사전동의가 합법적으로 이루어지려면, 글상자 2-10에 제시된 요건이 충족되어야 한다.

글상자 2-10. 사전동의가 법적 의미를 갖기 위한 요건

1. 내담자가 심사숙고하여 합리적인 결정을 내릴 수 있어야 한다.
2. 상담자가 설명하는 내용을 내담자가 충분히 이해할 수 있어야 한다.
3. 내담자가 자유롭게 의사결정을 할 수 있어야 한다.

내담자의 정보공개 여부는 어떤 경우에도 심사숙고하여 결정해야 한다. 1999년 제정된 미국의「**그래슬리 수정법안**^{Grassley Amendment}」에는 아동에게 설문지, 관찰분석, 또는 평가의 일부로 질문지를 작성하게 하려면 사전에 부모 또는 법적보호자의 동의를 구해야 한다는 조항이 명시되어 있다. 이 법안은 국내의 상담자들에게도 의미하는 바가 크다. 이 법안에서 미성년자들에게 금지하는 질문의 초점은 글상자 2-11과 같다.

글상자 2-11.「그래슬리 수정법안」에서 부모의 동의 없이 미성년자에게 금하는 질문

1. 성 행동
2. 가족의 수입 정도
3. 가족의 심리적 문제
4. 정치 또는 지지 정당
5. 자신 또는 가족원들의 불법 행위 및/또는 품격을 떨어뜨리는 행동
6. 변호사, 목사, 의사와 공유하고 있는 사적인 정보
7. 가족원 또는 가족의 친구들에 대한 평정 또는 중요한 평가자료

다중관계

셋째, **다중관계**^{multiple relationship}란 상담자가 내담자와 동시에 또는 연속해서 두 가지 또는 그 이상의 역할을 맡게 되는 것을 말한다(ACA는 **비전문적 관계**^{nonprofessional relationship}로 명명함). 이는 두 가지 또는 그 이상의 전문적 역할 또는 전문적 역할과 비전문적 역할이 혼합되는 것을 포함한다. 다중관계를 비윤리적이라고 규정짓는 이유는 이전의 관계가 전문가로서 객관적인 관계 형성을 저해하고, 전문적 노력을 무력화할 수 있기 때문이다(Corey et al., 2011). 다중관계의 예로는 내담자에게 돈을 빌리거나, 내담자와 사회적 관계를 맺거나, 내담자에게 값비싼 선물을 받거나, 내담자와 사업관계를 맺거나, 물품과 상담서비스를 맞교환하거나, 수퍼바이저 역할과 상담자 역할을 겸하거나, 또는 친구, 고용주, 친지에게 상담서비스를 제공하는 것이다. 만일 상담이 진행되는

중에 상담자와 내담자 사이에 사업상의 거래가 이루어졌다면, 이와 관련된 생각이나 감정은 상담관계에 영향을 주게 된다. 그러므로 상담자는 이전 또는 현재의 내담자와의 사업/거래, 선물 수령, 또는 가족, 친구, 제자, 연인, 고용주 등과 상담관계를 맺는 것을 피해야 한다.

다중관계는 내담자에 대한 착취로 변질되어 상담자와 내담자에게 심각한 상처를 남길 수 있다. 만일 다중관계를 피할 수 없다면, 사전동의를 구하거나, 다른 전문가에게 의뢰하거나, 자신의 행위를 기록으로 남겨 다중관계를 통해 내담자에게 해를 입힐 가능성을 제거 또는 최소화하도록 조치해야 한다. 또 지역사회 규모가 작아서 주민들끼리 서로 잘 알고 지내거나, 내담자를 의뢰할 만한 전문가가 없거나, 상담자가 담임 또는 교과목 담당 교사를 겸하는 경우, 다중관계가 상담관계에 영향을 미치지 않도록 해야 한다. 그러나 아무리 다중관계가 잠재적 위험을 내포하고 있더라도 이러한 관계가 항상 비윤리적이고, 서로에게 해가 되며, 착취적 관계로 발전한다고 결론지어서는 안 된다. 왜냐하면 이러한 관계라도 상담이 진실하게 시행된다면 내담자에게 이익이 될 수 있기 때문이다(Zur, 2007).

가치관 주입

넷째, 상담자는 자신의 가치관, 계획, 결정 또는 신념을 내담자에게 주입해서는 안 된다. **가치관 주입**^{value imposition}이란 상담자가 자신의 가치관, 태도, 신념, 행동을 내담자가 받아들이도록 직접적이고 강제로 요구하는 행위를 말한다('가치관 강요'로도 불림). 이처럼 상담자가 상담관계에서 자신의 가치관을 내담자에게 주입하거나 받아들이도록 명시적 또는 암묵적으로 압력을 넣는 행위는 비윤리적이다. **가치관**^{value}은 개인의 세계관과 문화적 배경을 반영한다. 가치관은 상담자의 개인적 · 전문적 삶에서 행동에 영향을 미치는 신념이다. 이는 무엇이 좋고 나쁘고, 옳고 그르며, 즐겁고 괴로운지에 대한 자신만의 고유한 해석이며, 사람마다 다른 다양한 양상을 보인다. 그러므로 상담자는 상담과정에서 **가치배제**^{value-free} · **가치중립적**^{value-neutral} **입장**을 취함으로써, 자신의 문화적 배경과 가치관이 내담자의 의사결정에 영향을 미치지 않도록 해야 한다. 이를 위해 자신의 가치관, 태도, 신념을 파악하는 한편, 내담자에게 어떻게 소통되는지 살펴야 한다. 가치관으로 인한 갈등 예방을 위한 방안은 글상자 2-12와 같다.

글상자 2-12. 상담자의 가치관으로 인한 갈등 예방을 위한 방안

> 1. 자신과 다른 삶의 방식과 태도를 존중한다.
> 2. 장애가 있거나 성적 선호도가 다른 집단에 대한 편견을 버린다.
> 3. 상대의 의견에 동의하지 않더라도 항상 최상의 서비스를 제공한다.
> 4. 자신의 가치관에 일치시키려고 상대의 가치관 변화를 시도하지 않는다.

상담과정에서 가치관에 관한 사안을 다루게 되는 경우, 내담자에게 그 자신에게 가치 있고 중요한 것을 스스로 결정할 권리와 책임이 있음을 강조한다. 그럼에도 피할 수 없다고 판단한 문제를 다뤄야 한다면, 내담자를 다른 전문가에게 의뢰한다.

전문적 역량과 책임

다섯째, **전문적 역량**competence과 **책임**이란 상담자에게 요구되는 역량, 즉 전문성 정도('능력ability')와 이를 실제로 현장에서 행동으로 실천할 수 있는 정도('수행력performance')를 습득·유지할 뿐 아니라, 전문적 역량을 지속적으로 업데이트해야 할 책임이 있음을 의미한다. 상담자에게 요구되는 전문적 역량의 핵심은 다음 네 가지에 관한 것이다.

첫째, 자신이 받은 훈련과 자격에 대해 정확하게 밝혀야 한다. 상담자는 '적극적으로' 자신이 받은 훈련과 전문성에 대해 정확하게 나타내야 할 의무가 있다. 만일 특정한 훈련 또는 수련감독을 충분히 받지 못했다면, 치료나 평가를 시도해서는 안 된다. 자신의 전문성에 의구심이 든다면, 그 분야에 경험이 풍부한 임상가의 지도감독을 받아야 한다. 둘째, 내담자의 성별, 민족, 인종, 나이, 성적 지향성, 종교, 장애, 사회경제적 수준 등이 서비스 제공 또는 평가에 영향을 미칠 수 있음을 민감하게 인식해야 한다. 셋째, 만일 직무수행에 영향을 줄 수 있는 개인적 문제 또는 성격상 민감한 부분이 있을 수 있다면, 이러한 문제가 내담자와의 관계에 부정적 영향을 주지 않도록 해야 한다. 넷째, 다양한 교육과 연수 기회를 통해 전문지식과 효과적인 상담에 필요한 기술과 기법을 계속해서 갈고 닦아야 한다. 이는 상담 관련 자격증이 있고 숙련된 전문가들도 각종 학술대회, 세미나, 워크숍 등에 참석하여 전문지식을 업데이트해야 함을 의미한다.

상담자의 법적 책임

상담자에게는 상담업무 수행에 있어서 윤리적 책임뿐 아
니라 법적 책임도 있다. 우리나라 현행 법률에서 상담자
에게 의무로 규정하고 있는 것은 비밀유지 의무와 신고 의
무뿐이므로 갈등 가능성은 그만큼 적다. **책임 있는 전문가**
responsible professional란 도움이 필요한 사람의 심리적 고통을 완화해 주는 기술과 능력을
상담에 적용하여 긍정적인 성과를 산출해 낼 수 있고, 전문가로서 반드시 준수해야
할 일과 해서는 안 되는 일을 구분하여 직무를 완수하는 사람을 말한다. 현재 국내에
서는 상담자의 위법 행위에 대한 소송은 비교적 드물지만, 개업상담자 수의 증가에
따라 위법 행위에 대한 소송도 더욱 빈번해질 전망이다. 이에 상담자는 잠재적인 법
적 소송으로부터 선도적 · 적극적으로 자신을 보호해야 할 것이다.

업무상 과실

상담에서 **업무상 과실**malpractice이란 상담행위에서의 실수, 기법 결여, 능력을 벗어난
행위, 부도덕하고 불법적 행위 등으로 내담자에게 손해를 끼친 경우를 말한다('직무상
과실'로도 불림). 약물처방권이 없는 상담자가 내담자에게 향정신성 약물을 권장 또는
제공하는 행위가 그 예다. 상담자는 때로 민사사건으로 법정에 출두하여 내담자에
대한 소견서를 제출해야 하거나, 기록유지 과정에서 내담자로부터 구두 비방, 문자
비방, 또는 명예훼손 혐의로 고소당하기도 한다. 이 경우, 명예훼손에 의한 손상을 입
증하는 일이 쉽지 않지만, 소송이 진행되면 대체로 상담자가 불리하다. 법정에서 자
기방어를 위해 시간과 돈을 들여야 할 뿐 아니라, 승소하더라도 적잖은 비용이 들며
손상된 명예가 쉽게 회복되지 않기 때문이다. 이러한 상황으로부터 자기보호를 위한
두 가지 방법으로는 전문가 윤리기준과 관행을 준수하는 것이다(Wheeler & Bertram,
2008). 그러나 아무리 조심한다고 하더라도 위법 행위에 대한 법적 소송은 언제든지
발생할 수 있으므로, 책임보험에 가입하는 것이 좋다. 미국의 경우, ACA나 APA에서
도 상담자는 물론 상담전공 대학원생, 실습생, 상담인턴 · 레지던트에게도 보험 가
입을 적극 권장하고 있다. 이에 따라 보험회사에서는 이들을 위한 다양한 상품을 개
발 · 마련해 놓고 있다.

법적 소송 방지를 위한 지침

법적 소송은 상담자의 전문적 지위를 위협하는 절차다. 그러므로 상담자는 내담자와의 작업에서 최상의 결정을 내리는 데 필요한 임상 지식과 도구를 토대로 상담에 임해야 한다. 법정에서 상담자가 직무수행 과정에서 최상의 실행기준을 이행했음을 입증하는 일은 승소에 중요한 역할을 한다. 윤리지침은 비록 법적 문서는 아니지만, 상담자가 속한 전문가 협회/학회의 윤리강령 준수는 최상의 실천을 수행했다는 사실을 보여 주는 중요한 증거가 될 수 있다. 상담자를 법적 소송으로부터 보호하기 위한 지침은 글상자 2-13과 같다(Corey et al., 2011).

글상자 2-13. 법적 소송을 피하기 위한 조치사항

1. 관련 법률을 숙지한다.
2. 상담 관련 기록을 잘 해 놓는다.
3. 약속을 잘 지킨다.
4. 기록의 안전성을 공고히 한다.
5. 내담자와의 관계에서 전문성을 유지한다.
6. 상담절차를 문서화한다.
7. 상식에 부합하는 이론적 접근을 적용한다.
8. 기록의 비밀을 지킨다.
9. 내담자에게 사전동의를 구한다.
10. 법이 요구하는 대로 학대사례를 기록으로 남긴다.
11. 자신의 역량범위 내에서 상담한다.
12. 자신의 가치관을 내담자에게 주입하거나 영향력을 행사하지 않는다.
13. 미성년자 상담 시, 자필로 서명된 부모/보호자의 동의서를 받는다.
14. 의뢰가 내담자에게 최상의 이익이 된다면, 다른 전문가에게 의뢰한다.
15. 내담자의 요구에 주의를 기울이고, 존중을 바탕으로 상담에 임한다.
16. 현재 또는 이전의 내담자와 성적 관계로 엮이지 않는다.
17. 내담자에게 제시하는 정보를 확실히 이해시킨다.
18. 상담 사례에 관해 다른 전문가에게 자문을 구할 때, 내담자의 동의를 구한다.
19. 내담자가 원하면 언제든지 상담을 종결할 수 있음을 확실히 이해시킨다.
20. 내담자를 평가하고, 진단과 치료계획을 알려 주되, 위험성과 이익에 관해 설명해 준다.
21. 역전이가 일어나는 경우, 내담자에 대한 자신의 반응을 점검한다.

22. 물물교환과 선물교환과 관련된 문화적 · 임상적 쟁점을 숙지한다.

23. 적절한 경계를 유지하고, 다중관계의 한계를 숙지한다.

24. 자신의 전문성을 개방하고, 상담과정에 대해 사전동의를 구한다.

25. 자해/타해 위험이 있는 내담자를 적절히 평가할 수 있는 역량을 갖추고, 내담자가 이런 위험이 있다고 판단될 때 취해야 할 행동을 숙지한다.

복습문제

🔍 다음 밑줄 친 부분에 들어갈 말을 쓰시오.

1. 전문가 집단에서 윤리강령을 제정하는 목적은 구성원들에게 _____ 와 조절의 기초를 제공함으로써, 정부와 법률의 간섭에서 벗어나 _____ 을/를 확보하는 것이다.

2. 상담자는 최소한 자신의 전문영역에 관한 윤리기준을 숙지해야 하고, 윤리적 _____ 와/과 도덕적 _____ 을/를 깊이 인식하고, 치료적 작업에 임해야 한다.

3. 상담자는 내담자와의 관계에서 개방적인 태도를 보여야 한다. 왜냐하면 _____ 또는 의식하지 못한 감정은 상담관계를 저해하는 동시에, 비윤리적 행위 발생 가능성을 높이기 때문이다.

4. 개정된 윤리강령에는 상담자가 _____ 와/과 _____ 에 근거한 상담기술을 제공해야 한다는 내용이 들어 있다.

5. 상담자들이 직면하는 윤리적 딜레마의 빈도별 결과에 의하면, _____, _____, 그리고 비용지불과 관련된 것이 가장 빈번한 것으로 밝혀졌다.

6. 상담장면의 안팎에서 발생하는 윤리적 갈등 상황에서 윤리적 의사결정을 내리는 것은 쉬운 일이 아니다. 이에 키치너는 윤리적 딜레마 상황에서 상담자의 윤리적 의사결정을 돕기 위해 다섯 가지 원칙, 즉 _____, 선의, _____, 공정성, 그리고 _____ 을/를 강조했다.

7. _____ 은/는 상담자가 흔히 직면하게 되는 윤리적 쟁점으로서, 상담이 진행되는 동안 드러난 정보는 무단으로 공개하지 않겠다고 내담자와 계약을 맺거나 약속한 것을 지킬 윤리적 의무를 말한다.

8. 상담자는 내담자의 타해 또는 타해 방지를 위해 모든 노력을 다해야 한다는 의미로 해석되는 타라소프 판례는 _____ 에 관한 법률 제정의 모태가 되었다.

9. 상담자가 상담에 대해 충분하고 적절하게 설명한 것에 근거하여 내담자가 상담에 동의하는 것을 _____ 또는 _____ (이)라고 하는데, 이 원칙은 「의료법」에 명시된 _____ 존중 원칙에서 파생된 것이다.

10. 상담에서의 _____ 은/는 상담행위에서의 실수, 기법 결여, 능력을 벗어난 행위, 부도덕하거나 불법적 행위 등으로 내담자에게 손해를 끼친 경우를 말하며, _____ (이)라고도 한다.

소집단 활동

윤리적 의사결정

Q 다음 사례를 읽고, 상담자로서 사례에 등장하는 내담자가 상담과정에서 노출한 사적인 정보에 대해 비밀보장 의무를 준수해야 하는지를 검토해 보자. 5인 1조로 나누어 각자의 의견을 발표하고 토의한 다음, 전체 집단에서 소집단별 논의 내용을 요약·발표하고 소감을 나누어 보자.

사례 1 청소년상담복지센터에서 상담을 받고 있는 초등학교 4학년 동수는 자주 얼굴이 붓고 팔 부분에 여러 개의 멍 자국이 있는 것이 상담자의 눈에 띄곤 했다. 무슨 일이 있었느냐는 상담자의 질문에, 동수는 처음에는 넘어져서 그랬다고 말했다. 그러나 상담회기가 진행되면서, 동수는 아버지가 술에 취해 귀가할 때면 엄마와 동생을 심하게 때리곤 한다고 말했다. 그러면서 매우 불안해하며, 이 사실을 아무에게도 말하지 말아 달라고 상담자에게 사정했다. 아버지가 어렵게 혼자 벌어서 가족들이 먹고 살고 있는데, 이 사실이 알려지면 아버지에게 문제가 생길까 봐 걱정되기 때문이라고 했다. 엄마는 건강이 좋지 않아 일할 수 없고, 집에만 있다고 말했다. 그리고 아버지가 술에 취해 들어오면, 동생과 함께 잘 피해 있으면 되니까 염려하지 않아도 된다고 말했다.

상담자는 동수와의 상담을 시작하면서 이런 상황에서는 동수의 비밀을 보장해 줄 수 없고, 관계기관에 신고할 의무가 있다고 말했던 사실을 동수에게 상기시켜 주었다. 동수는 잠시 그 사실을 깜빡했다면서 자기가 한 말을 없었던 것으로 해 달라고 간청했다. 현 상황으로는 상담을 받는 것보다 가족을 지키는 것이 우선이라는 것이 그 이유였다. 또 이미 이웃들이 경찰에 신고한 적이 몇 차례 있었지만, 그때마다 어머니와 동수가 나서서 일을 무마했다고 말했다. 상담자는 이런 상황에 대해 동수의 어머니와 상의했다. 동수의 어머니는 그냥 동수의 아픈 마음만 달래 주되, 더 이상 개입하지 않았으면 좋겠다고 말했다. 이에 상담자는 동수와의 상담에 전념하기로 했다.

의견

> **사례 2**   고등학교 2학년 여학생 유나를 상담하던 중, 상담자는 유나가 얼마 전 축제 준비를 위해 동아리 방에서 밤샘 작업을 하다가 남자 선배 두 명에게 성추행당한 사실을 알게 되었다. 이들은 저항하는 유나에게 폭행을 가해 골절상과 타박상을 입혔다. 유나는 당시의 장면이 떠올라 심한 모멸감을 반복적으로 느끼고 있고, 학업에 집중하지 못했다. 그리고 다른 사람들이 자기만 쳐다보는 것 같아 고개를 들지 못하고 사람들의 눈을 피하게 된다고 호소했다. 상담자는 미성년자가 추행 등으로 상해를 입은 경우, 관계기관에 신고해야 할 의무가 있다는 사실을 유나에게 알렸다.
>
>   유나는 그렇게 되면 창피해서 학교를 더 이상 다닐 수 없고, 부모님께서도 다시는 동아리 활동을 못하게 할 것이기 때문에 절대 알리지 말아 달라고 간청했다. 게다가, TV에서 보니까 성추행을 신고하면, 경찰 수사과정에서 피해자가 많이 힘들 수 있다는 사실을 알게 되었다며 절대 알리지 말아 달라고 말했다. 상담자는 신고에 따라 어떤 어려움이 예견되는지, 해결할 방법은 없는지 등에 대해 주의 깊게 유나와 논의했다. 그러나 유나는 결국 더 이상 그 이야기는 하지 않았으면 좋겠다고 말했다. 누구에게도 이야기하기 힘들어서 상담을 신청한 것인데, 상담자가 한 번 더 신고 건에 관해 이야기하거나, 다른 사람에게 알리면 상담을 그만두겠다고 말했다. 결국 상담자는 상담에만 전념하기로 했다.

의견

소감

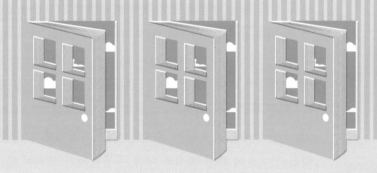

PART 2
상담과 심리치료의 이론적 접근

사람은 어떻게 변하는가? 상담은 사람을 변화시키는 방법을 기록한 이론과 실제가 조화를 이루며 진행된다. 상담은 이론으로 설명되는 일련의 과정이다. **상담이론**은 내담자 이해의 틀, 문제해결을 위한 가설설정 지침, 내담자의 성장을 돕는 방법과 절차 등을 제공하는 치료적 로드맵이다(강진령, 2020). 이는 복잡한 임상자료 정리, 상담과정의 체계 수립, 임상적 개입을 위한 개념적 틀을 제공한다. 그뿐 아니라, 개입과정에 대한 임상적 직관과 해석의 토대를 제공하고, 상담자의 독특한 이론 창안에 밑거름이 된다. 상담이론은 내담자와 그의 문제를 포괄적으로 조망할 수 있게 한다. 이를 통해 상담자는 마치 퍼즐 맞추기처럼 내담자의 삶에 관한 조각을 맞추게 되고, 혼돈상태처럼 보이는 복잡한 상황 속에서도 일정한 패턴의 실마리를 얻게 된다. 따라서 이론에 관한 지식과 이해는 상담자가 갖춰야 할 필수요건이다.

그러나 이론은 세부 지침까지는 제공하지 않는다. 그러므로 치료적 개입은 이론의 핵심을 벗어나지 않는 범위에서 상담자의 **직관**intuition과 **직감**hunch이 유연하게 적용되어야 한다. 이에 상담자는 자신의 성격, 철학, 배경, 내담자의 요구 등을 고려하여 상담에서 사용할 이론을 정해야 할 것이다. 역사적으로, 임상적 개입을 위해 특정 이론의 적용을 고집하던 시기가 있었다. 그러나 임상적 개입의 성과를 중시하는 시대가 되면서, 상담자들은 점차 특정 학파만을 고집하는 성향에서 탈피하여 다양성, 개방성, 유연성을 중시하게 되었다. 이에 대다수의 상담자들은 현존하는 이론들을 포괄하는 **다원주의**pluralism를 기반으로, 다양한 치료양식을 적절하게 적용하는 **통합적 접근**integrative approach을 선호하고 있다(Corey, 2016). 이처럼 길이 변하면 지도가 변하듯, 실제가 변하면 이론도 변한다.

향후 다양한 내담자들에게 가장 적합한 이론을 적용할 수 있도록 다양한 이론에 관한 해박한 지식을 갖추는 것은 유능하고 실력 있는 상담자가 되기 위한 탁월한 선택이다. 21세기의 **다원화 시대**pluralistic era에 한 가지 이론을 고수한다면, 상담의 효과성은 그만큼 제한될 수 있다. 상담자는 내담자를 자신이 택한 이론 또는 방법에 맞추게 하기보다 내담자에게 적합하여 상담의 성과를 극대화할 수 있는 다양한 방법을 택해야 할 것이다. 이 책에서는 오늘날 상담자와 심리치료자 대다수가 치료적 개입에 활용하는 이론들을 크게 ① 정신역동적 접근, ② 행동주의적 접근, ③ 인본주의적 접근, ④ 인지행동적 접근, ⑤ 포스트모던 접근, ⑥ 활동중심적 접근, ⑦ 통합적 접근으로 범주화하여 살펴보기로 한다. 단, 개별 이론에 관한 세부적이고 심화된 내용은 이론서를 참조해야 할 것이다.

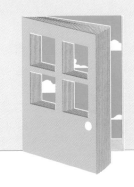

CHAPTER

03
정신역동적 접근

Counseling and Psychotherapy: Theory and Practice

정신역동적 접근^{psychodynamic approach}은 **정신역학**^{psychodynamics}, 즉 개인의 정신현상(사고, 감정, 행동 등)을 목표지향적 힘과 동기적 힘 간의 작용 또는 충돌의 결과로 설명하는 일련의 심리치료 이론들을 말한다. 이 접근에서는 의식적 또는 무의식적으로 개인의 행동을 자극하는 인지적·감정적 정신과정을 탐구하는 한편, 인간의 심리현상 또는 행동을 역학적 인과관계로 이해한다. 이에 개인의 유전적·생물학적 유산, 사회적 환경, 과거와 현재, 인지능력과 왜곡, 독특한 경험, 기억의 상호작용 결과 등을 탐구대상으로 삼는다. 이 사조는 1859년 찰스 다윈은 저서 『종의 기원(*The Origin of Species*)』을 통해 인간이 신에 의해 창조된 것이 아니라, 적자생존의 법칙^{the law of survival of the fittest}에 따라 진화되어 온 생물학적 존재라고 주장한 시대정신을 반영하여 탄생했다.

찰스 다윈
(Charles R. Darwin,
1809~1882)

정신역동적 접근의 중심에는 프로이트의 정신분석이 있다. 찰스 다윈의 사상에 영향을 받은 프로이트는 인간을 생물학적 존재로 보고, 본능이론을 바탕으로 정신분석을 창안했다. 오늘날 주요 상담/심리치료 이론들 대부분은 정신분석을 추종하다가 치료효과에 불만을 느껴 반기를 들고 개념과 절차를 수정하여 새로운 이론적 접근으로 거듭난 것들이

그림 3-1. 『종의 기원』 원본 사진

다. 아들러(개인심리학), 융(분석심리학), 엘리스(REBT), 메이(실존치료), 펄스(게슈탈트 치료), 로저스(인간중심치료), 글래서(현실치료), 번(교류분석) 등은 한때 정신분석에 입문하여 프로이트의 사상과 개념에 심취했던 인물들이다. 이들 중 융의 분석심리학과 아들러의 개인심리학 같은 이론은 정신분석으로부터 기본 원리와 기법을 빌려오거나 통합·확장하여 여전히 정신분석의 연장선 위에 있다.

그런가 하면, 자신들의 임상·분석 경험을 바탕으로 정신분석의 개념을 더 정교화한 프로이트의 추종자들이 있었다. 이들을 일컬어 '**신프로이트 학파**^{neo-Freudians}'라고 한다. 이 학파의 범주에는 안나 프로이트^{Anna Freud}, 에릭 에릭슨^{Erik Erikson}, 해리 스택 설리번^{Harry Stack Sullivan}, 캐런 호나이^{Karen Horney}, 멜라니 클라인^{Melanie Klein}, 에리히 호나이^{Erich Horney}, 하인츠 코헛^{Heinz Kohut} 등이 포함된다. 이들 변형된 이론들은 서로 차이가 있는 것처럼 보이지만, 심리내적 갈등, 무의식, 초기 관계, 자아 기능, 내담자와 치료자 관계 등이 심리적으로 중요하다는 기본가정을 공유한다. 이에 여기서는 ① 프로이트의 정신분석

(PA), ② 융의 분석심리치료(AP), ③ 아들러의 아들러치료(AT), ④ 신프로이트 학파 이론을 중심으로 살펴보기로 한다.

정신분석 / Psychoanalysis

정신분석은 오스트리아의 신경과 의사 지그문트 프로이트가 창시한 최초의 성격발달 이론이자 심리치료 이론이다. 이 이론은 인간 이해의 새로운 틀을 제시했고, 새로운 이론 개발의 원천이 되어 왔다. 프로이트는 아동기의 성적 욕동과 무의식적 동기가 성격형성에 영향을 준다고 보았다. 1880년대 초, 히스테리^{hysteria}로 진단된 젊은 여성('안나 O$^{Anna O'}$)에 대한 브로이어의 치료적 접근과 1895년 브로이어와 공동 집필한 『히스테리아 연구(*Studies on Hysteria*)』는

지그문트 프로이트
(Sigmund Freud,
1856~1939)

정신분석의 기초가 되었다. 당시 프로이트는 의학적 문제가 없는데도, 손발이 마비되거나 의식을 잃는 등의 증상을 보이던 환자들이 스트레스 사건, 죄책감, 수치심, 불안 등에 관해 이야기하자, 증상이 사라지는 것을 목격하면서 놀라워했다. 그는 이러한 사건과 감정이 의식의 표면 아래에 숨겨져 있으면서 행동에 영향을 준다는 사실을 깨달았다. 이로써 프로이트는 인간의 마음을 빙산에 비유하면서 빙산의 일부('의식')만 수면 위로 떠오를 뿐, 거대한 덩어리는 깊은 곳('무의식')에 숨겨져 있다고 보았다.

정신분석은 후속 이론들의 이론적 토대가 되었을 뿐 아니라, 비판 대상이 되면서 새로운 이론 태동의 촉매 역할을 했다. 이 이론은 사람들이 알고 있는 의식 영역보다 모르고 있는 무의식 영역을 더 강조한다는 점에서 **심층심리학**$^{depth\ psychology}$으로도 불린다. 또 쾌락을 추구하는 본능과 현실세계와의 마찰에서 비롯된 불안을 처리하는 과정에서 겪는 갈등을 다룬다는 점에서 **갈등심리학**$^{conflict\ psychology}$이라고도 한다. 정신분석은 평생 매일 18시간 이상을 일에 쏟은 프로이트의 창의적이고 생산적인 삶에 기초하고 있다. 그는 인간 본성에 대한 철학, 성격구조, 심리성적발달이론, 행동의 원인이 되는 무의식적 요인에 기초한 심리치료 방법 제시를 비롯하여 리비도, 방어기제, 무의식 등 수많은 심리학 용어를 창안했다.

🚪 인간관

프로이트는 인간을 비합리적이고 결정론적이며 무의식적인 존재로 보았다. 그에 따르면, 인간 본성은 역동적^{dynamic}, 즉 마음속에 내재된 힘 또는 에너지가 상호작용하여 변형·변화한다. 이러한 관점은 당시 과학적으로 증명될 수 없어 주로 비유적으로 설명되었다. 프로이트는 다음 두 가지 가정, 즉 ① 심적 결정론과 ② 무의식적 동기를 토대로 정신분석을 체계화했다.

첫째, **심적 결정론**^{psychic determinism}은 개인의 행동, 사고, 감정에는 나름의 의미와 목적이 있고, 자연의 모든 것은 이미 결정되어 있다는 가정이다('정신결정론'으로도 불림). 이는 인간의 외적 행동, 감정, 생각은 바로 심리내적 원인에 의해 결정된다는 것이다. 이에 정신분석에서는 우연 또는 실수처럼 보이는 내담자의 행동, 꿈, 설단현상, 강박행동 등 모두가 의미가 있고, 무의식 속의 어떤 원인 때문에 발생하는 심리적 행위로 간주한다.

둘째, **무의식적 동기**^{unconscious motivation}는 인간은 무의식적 존재여서 자신에 관해 극히 일부만을 의식할 뿐, 깨어 있는 의식은 무의식의 지배를 받는다는 가정이다. 이는 인간의 행동이 비이성적인 힘, 무의식적 동기, 생물학적·본능적 욕동^{drive}에 의해 결정된다는 것이다. 이 요소들은 생애 첫 5~6년 동안 진행되는 심리성적발달단계(구강기, 항문기, 남근기)를 거치면서 발달한다. 이로써 정신분석에서는 개인의 심리적 문제는 무의식이 작용한 결과이고, 생애 초기에 형성된 무의식적 성격구조에서 비롯된다고 가정한다. 프로이트는 이 가정을 통해 이전에 설명되지 않았던 많은 심리적 현상들을 설명할 수 있었다. 이 무의식의 발견이야말로 프로이트의 걸출한 업적 중의 하나다.

🚪 핵심개념

정신분석의 핵심개념으로는 ① 의식구조, ② 성격구조, ③ 본능, ④ 불안, ⑤ 자아방어기제가 있다.

의식구조

마음은 어떻게 생겼을까? 프로이트는 정신세계를 **마음의 지형도**^{topographical map}('정신적

빙산'), 즉 지구 표면의 형태, 구조, 생성원인, 발
달을 연구하는 지형학의 모형을 정신세계에 적
용하여 각 수준의 역할과 수준들 간의 역학관
계를 체계적으로 밝히고자 했다. 인간의 정신
세계, 즉 **의식구조**^{consciousness structure}는 3수준(①
의식, ② 전의식, ③ 무의식)으로 구성되어 있다.
정신세계를 무대에 비유하면, 스포트라이트를

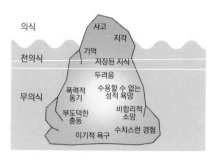

그림 3-2. 마음의 지형도: 정신적 빙산

받는 중심부가 의식, 주변이 전의식, 그리고 무대 뒤의 아주 어두운 부분이 무의식이
다. 그러면 의식은 무엇이며, 어떤 특징이 있을까?

의식.   첫째, **의식**^{consciousness}은 현재 바깥세상을 아는 것에 맞추어져 있고, 어느 순간
에 알거나 느끼는 모든 경험과 감각이다. 따라서 정신생활의 극히 일부분만이 의식
의 범위에 포함되며, 순간의 사고, 지각, 느낌, 기억 등이 의식에 속한다. 의식은 생리
적·심리적 욕구나 외부 자극이 있을 때, 그 대상에 집중하는 순간 발생한다. 그러나
이 경험은 잠시일 뿐, 주의를 다른 곳으로 바꾸면 의식은 그 순간 전의식이나 무의식
으로 사라져 버리는 특징이 있다.

전의식.   둘째, **전의식**^{preconsciousness}은 보통 의식되고 있지는 않지만, 조금만 노력하면
곧 의식될 수 있는 정신세계('이용 가능한 기억')다. 전의식은 의식과 무의식 사이에 존
재하는 영역으로, 두 수준의 것을 모두 포함한다. 전의식 속에는 적절한 실마리만 있
으면 기억될 수 있는 숨겨진 기억이나 잊혀진 경험들이 있다. 예를 들어, 자신의 생년
월일, 어릴 적 살던 집, 어려서 좋아했던 음식, 오랜만에 만난 동창생 이름 등과 같이
조금만 신경 쓰면 알 수 있는 정신세계가 전의식이다. 이는 무의식과 의식을 연결해
주는 교량 역할을 하는데, 치료과정에서 무의식의 내용은 전의식을 거쳐 의식이 된
다. 반면, 일상생활에서의 의식은 주의가 집중되지 않으면 전의식으로 사라졌다가 무
의식에 묻히게 되는 특징이 있다.

무의식.   셋째, **무의식**^{unconsciousness}은 전의식 아래에 위치하며, 성격구조에서 가장 강
력하고 이해하기 어려운 부분으로, 정신세계의 가장 깊고 중요한 역할을 한다. 무의
식이란 말 그대로 자기 자신에 대한 인식이 없는 상태로, 성격의 본능적인 부분을 포
함하고 있으며, 억압되어 있는 강력한 힘이 위치하는 부분이다. 이 힘은 개인의 행동
을 지배하고 행동 방향을 결정한다. 그러므로 꿈, 실수, 실언, 신경증, 환상 등의 분석

으로 그 내용의 파악이 가능하다. 무의식의 내용은 위장되어 있고, 상징화된 형태로 나타나므로 정신분석을 통하지 않으면 이를 파악할 수 없다. 프로이트는 이러한 사실을 임상경험과 자기분석을 통해 확인했다. 사람들은 흔히 일상생활에서 우연처럼 보이는 실수를 한다. 그러나 정신분석의 관점에서 이는 결코 우연이 아니라, 일종의 심리적 행위가 발현된 것이다. 이를 입증하는 예화는 글상자 3-1과 같다.

글상자 3-1. 우연처럼 보이는 실수가 심리적 행위임을 입증하는 예화

예화 1   상담전문가를 꿈꾸는 대학원생이 있었다. 그런데 그는 책을 읽을 때, 몇몇 단어들을 잘못 읽는 경향이 있어서 당혹스러워하곤 했다. 결국, 그는 자기분석을 통해 그 글자들이 자기가 몹시 불쾌해했던 경험을 연상시키는 단어였음을 깨달았다.

예화 2   여성에게 청혼했다가 거절당한 남성이 있었다. 수개월 후, 청혼을 거절한 여성은 이 남성의 친구와 결혼했다. 그러자 이 남성은 자기 친구의 이름을 잘 기억하지 못했다. 이는 실수가 아니라, 친구를 원망하고 있다는 심리적 표현으로 해석되었다. 즉, 불쾌한 경험을 떠올리고 싶지 않은 무의식이 그 친구와 관련된 것을 망각하는 실수로 발현된 것이었다.

예화 3   한때 갈등으로 이혼의 위기까지 겪은 부부가 있었다. 당시 아내는 손가락에 끼워져 있던 결혼반지를 빼서 어딘가에 넣어 두었다. 그 후, 아내는 반지를 찾을 수 없었다. 그 와중에 아내의 아버지(남편의 장인)가 병이 났다. 그러자 남편은 장인을 병원에 모시고 다니는 등 극진히 보살폈다. 이 일로 아내는 남편에게 고마움을 느끼게 되었고, 차츰 아내와의 관계도 회복되었다. 그러던 중, 무심코 옷장 서랍을 열었다. 놀랍게도 반지는 거기에 있었다. 남편을 미워하는 마음(망각을 일으켰던 무의식적 동기)이 사라지자, 아내는 망각에서 벗어날 수 있었다.

무의식의 내용과 과정 분석은 정신분석의 핵심이면서, 개인의 정신세계와 행동 이해의 가장 중요한 수단이기도 하다. 정신분석은 정신세계를 층으로 구분하고, 가장 깊은 곳에 있는 무의식으로 설명했다. 바다에 떠 있는 빙산은 거대하나, 수면 밖으로 드러나는 것은 일각에 불과하고('의식') 대부분은 물속에 잠겨 있다('무의식'). 인간의 정신세계도 이와 같아서 극히 일부만 의식으로 떠오르고 대부분이 무의식에 잠겨 있다.

성격구조

프로이트가 창안한 **성격의 삼원구조론**tripartite theory of personality에 의하면, 성격은 ① 원초

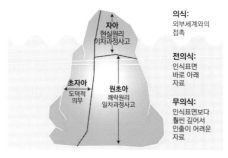

그림 3-3. 의식수준 및 성격구조 도식

아, ② 자아, ③ 초자아로 구성되어 전체로서 기능하며, 이들 간의 상호작용으로 성격이 형성된다. 원초아와 초자아는 무의식에 갇혀 있지만, 자아는 기본적으로 의식, 전의식, 무의식 속에서 작용한다. 이 3요소는 심리적 과정으로, 전체로 작용하는 개인의 성격 기능, 즉 원초아는 생물적, 자아는 심리적, 초자아는 사회적 구성요소다. 인간은 에너지 체계로서, 성격의 역동성은 **심적 에너지**psychic energy('정신에너지'로도 불림)가 본능, 자아, 초자아에 분포되는 방식에 따라 구성된다. 에너지는 한정되어 있어서 한 체계에 너무 쏠리면 다른 두 체계는 유용한 에너지를 사용할 수 없게 되는데, 행동은 바로 이 심적 에너지에 의해 결정된다.

원초아.   첫째, **원초아**id는 태어날 때부터 존재하는, 길들여지지 않은 욕동으로, 성격의 깊고 접근할 수 없는 심적 에너지의 저장소다. 이 원시적 추동은 성격의 기초가 되는 요소로, 생물적 충동(성, 섭식, 수면, 배변)으로 구성되어 있고, **쾌락원리**pleasure principle(상황과 결과를 고려하지 않고 본능적 욕구의 즉각적인 충족을 추구함)에 따라 작동한다. 따라서 비논리적·부도덕·비조직적·맹목적·충동적이어서 흥분과 긴장을 참지 못하는 특성이 있다. 욕구충족이 잘 안 될 경우, 원초아는 환상fantasy이나 백일몽daydream 같은 원시적 사고를 통해 욕구를 충족하고자 한다('**일차과정**primary process'). 원초아는 무의식 수준에 있으나, 원초아의 요구는 자아를 통해 간접적으로 의식에 도달한다.

자아.   둘째, **자아**ego는 현실과의 접촉을 통해 발달하며, **현실원리**reality principle(현실적·논리적 사고를 통해 욕구충족을 위한 계획을 수립·실행함)에 따라 원초아와 초자아를 중재하는 기능을 한다고 해서 '**마음의 집행부**'로 불린다. 이에 자아가 발달한 사람은 외부세계와의 긴밀한 상호작용으로 원초아나 초자아의 요구를 균형 있게 충족시킨다. 또한 적절하고 합리적인 목표를 수립하여 원초아로부터 활동을 위한 에너지를 얻고, 초자아로부터 양심에 부담을 느끼지 않는 상태로 주변과 조화를 이루게 한다. 이처럼 상황에 따라 이성적으로 사고하는 자아의 사고방식을 '**이차과정**secondary process'이라고 한다.

초자아.   셋째, **초자아**superego는 이상을 추구하는 마음의 도덕적인 부분이다. 이는 어린 시절 부모의 영향을 받은 전통적 가치, 도덕, 양심, 규범, 이상이 내면화된 도덕원리에 따라 기능한다고 해서, **'성격의 사법부'**로 불린다. 초자아는 부모로부터 전승된 사회의 전통적 가치를 대표하는 개인의 도덕규범으로, 쾌락보다는 완성을 추구한다. 초자아는 **'자아이상**^{ego idea}(개인의 주관적 경험 또는 지식을 기초로 극대화된 초자아의 경향성과 동기)'으로 알려진 심리기제를 통해 자아가 본능의 충동을 억제하고 이상적인 목표를 수립하여 부모나 사회적 요구를 따르는 행위를 통해 완벽성을 추구하게 하는 기능을 한다. 이 과정에서 초자아는 부모와 사회의 기준을 내면화하여 심리적 보상 또는 처벌하기도 한다. 양심은 죄책감이 들게 하는 벌을 주는 반면, 자아이상은 긍지를 느끼게 하는 보상을 준다. 예컨대, 청결을 선 ̇(善)이라고 교육받은 사람은 자신의 방이 깔끔할 때 편안한 기분을 느낀다. 반면, 그렇지 않은 경우 양심의 가책으로 죄책감을 갖게 된다. 초자아가 지나치게 강하면, 개인은 엄격한 도덕적 계율에 갇히게 된다. 초자아의 목표는 완벽성에 있으므로, 개인을 위축시켜 아무 행동도 할 수 없게 만들기 때문이다. 그러면 정신분석의 관점에서 볼 때, 건강한 성격은 어떤 특성이 있는가?

건강한 성격. 정신분석의 관점에서 건강한 성격은 심적 에너지가 세 가지 성격 체계 간에 균형 있게 분배되고 활용되는 상태다. 이 상태에서 개인은 성장할 수 있고, 건강한 정신상태를 유지할 수 있다. 그러나 성격의 구성요소는 수시로 충돌·갈등한다. 배가 몹시 고픈데, 지갑을 집에 두고 오는 바람에 음식을 사 먹을 수 없는 경우를 예로 들어 보자. 원초아는 고통을 피하고 즉각적인 만족을 얻기 위해 음식을 먹도록 요구하지만, 초자아는 배고픔을 마땅히 참고 외상도 지지 말 것을 요구한다. 이 상황에서 건강한 자아는 어떤 요구에 따라야 할지 잠시 갈등할 수 있지만, 이내 돈이 생길 때까지 참든지 외상으로 먹든지 주위 사람에게 도움을 요청할 것인지 결정할 것이다. 그러나 자아가 약하면, 성격의 세 요소 사이에 심적 에너지의 균형을 이루지 못해, 불안이나 죄의식으로 마음의 평정을 잃게 된다.

본능

본능^{instinct}은 개인을 기능하게 하는 에너지를 생성하며, 개인과 인류의 생존을 위해 사용된다. 이 개념은 정신분석의 중심을 차지한다. **리비도**^{libido}는 본래 성 충동을 일으키는 에너지를 지칭했으나, 프로이트 사후 모든 생의 본능을 포함하여 성장·발달·창의성을 지향하는 힘 또는 동기의 원천으로 의미가 확대되었다. 프로이트는 리비도를 억제·순화한 결과물이 문화^{culture}라고 보았다. 본능에는 에로스와 타나토스라는 심적 에너지가 있다. **에로스**^{Eros}(삶의 본능)는 삶을 추구하는 본능(성, 갈증, 배고픔 같은 신체적 충동)으로, 행동의 긍정적·건설적 측면의 기초가 되고 문화의 창조적 요소(문학, 음악, 예술 등)로 작용한다. 이에 비해, **타나토스**^{Thanatos}(죽음의 본능)는 무기물로 구성된 인간이 궁극적으로 자신이 존재했던 상황으로 돌아가려는 욕망, 즉 죽음에 대한 심적 에너지다. 이는 행동의 어두운 측면으로, 공격성, 신경증 환자의 강박적인 자기파괴성, 전쟁을 반복하는 인간의 무능성을 설명하는 토대가 된다. 인간에게 죽음에 대한 욕망이 있다는 프로이트의 믿음은 제1차 세계대전 당시 인간의 공격성, 죽음을 무릅쓰는 행위 같은 무모하고 어리석은 행동의 관찰에서 산출되었다. 본능은 관찰·측정할 수 없지만, 정신분석에서 모든 행동은 본능으로 설명된다.

불안

불안^{anxiety}은 개인이 처해 있는 내·외적 위험을 알려 주어 자아가 이를 피할 수 있게 하는 대처기능이다. 이는 위급한 상황에 적절히 대처하도록 원초아나 초자아가 자아에게 위험을 알리는 경고신호다. 이 신호가 의식에서 탐지되면, 자아는 위험에 대처할 수단을 마련한다. 이처럼 내·외적 위험을 알려 주는 불안은 생존에 중요한 역할을 한다. 이를 통해 개인은 현실적인 위험을 피하고, 원초아의 욕구를 알며, 초자아의 양심에 어긋나는 것이 무엇인지 알게 된다. 그러나 위험을 해소하지 않으면, 불안 자체가 위험요소로 작용한다. 불안은 ① 현실불안, ② 신경증적 불안, ③ 도덕적 불안으로 나뉜다. 모두 불쾌하다는 공통점이 있는 반면, 신경증적 불안과 도덕적 불안의 원인은 내부에, 현실불안의 원인은 외부에 있다는 점에서 다르다.

현실불안.   첫째, **현실불안**^{reality anxiety}은 실제로 존재하는 외부 위협의 지각에 따른 반응으로, 자아가 유해상황을 감지·처리를 위해 동기화될 때 발생하는 두려움이다('객관적 불안^{objective anxiety}'으로도 불림). 이는 '공포^{phobia}'와 유사한 특징이 있는데, 험상궂은 표정, 흉기, 어두운 골목길, 화재, 무서운 동물, 질주해 오는 차량 등에 대한 두려움이 그 예다. 현실불안은 개인을 위험으로부터 보호하고 생존을 돕는 역할을 한다. 현실불안의 경고에 주의하지 않을 경우, 즉각적인 위험(신체상해·고통, 물질적 결핍·박탈 등)을 당할 수 있으므로, 교통사고에 대한 불안이 안전운전을, 도난에 대한 불안이 철저한 문단속을, 시험 성적에 대한 불안이 공부에 집중하게 한다.

신경증적 불안.　둘째, **신경증적 불안**^{neurotic anxiety}은 강한 원초아가 약한 자아를 압도하는 상태다. 이는 성욕과 공격성의 지배를 받는 원초아의 본능적 충동이 의식화되어 약한 자아가 이를 통제할 수 없을 것에 대한 두려움과 긴장감에 따른 정서 반응이 원인이다. 신경증적 불안이 심리적 압박을 증대시키면 이성을 잃고 충동적인 일을 저지른다. 충동적 행동이 가져오는 결과가 불안감보다 덜 고통스럽기 때문이다. 신경증적 불안이 심하면, '**병적 불안**' 또는 '**노이로제**'라 불리는 '**신경증**^{neurosis}' 또는 '**정신병**^{psychosis}'으로 발전하기도 한다. 외계인이 머릿속을 투시해 자신의 생각을 인터넷에 유포할 것을 두려워하는 직장인 남성, 치명적인 독충에게 혀를 쏘일까 봐 여름휴가 내내 집안에서만 기거하는 여성, 치과병원이 무서워 자신의 이를 모두 뽑아 버린 남성이 그 예다.

도덕적 불안.　셋째, **도덕적 불안**^{moral anxiety}은 강한 초자아가 약한 자아를 압도하는 상태로, 자아가 초자아에게 처벌받을 것을 두려워할 때 생기는 불안이다. 이는 심한 죄책감으로 이어져 정신병리의 원인이 되기도 한다. 원초아가 부도덕한 생각이나 행동을 적극 표현하려 하거나 사소한
잘못에 대해 혹독한 처벌을 가하려 할 때 자기 잘못에 책임을 느끼는 마음('**죄책감**^{guilt}')이 발생한다. 죄책감은 참기 어려운 감정으로, 심한 경우 정신병리의 원인이 된다. 죄책감이 심한 사람은 속죄하고 구원받기 위해 고의로 처벌받을 일을 저지르기도 한다. 뚜렷한 이유 없이 범죄를 저지르고 검거되도록 증거를 남기는 사람은 죄책감을 견디다 못해 범법행위를 통해서라도 처벌받고자 하는 도덕적 불안의 결과다. 도덕적 불안이 위험을 알려 주는데도 이를 해소하지 못하면, 결국 개인을 압도하여, **신경쇠약**^{neurasthenia or nervous breakdown}을 초래한다. 이처럼 신경증적 불안과 도덕적 불안은 자아에게 위험이 닥쳤음을 알리는 신호로 기능할 뿐 아니라, 그 자체가 위험이 되기도 한다. 불안은 두 가지 이상의 원인이 혼재되어 나타나기도 한다('혼재성 불안^{mixed anxiety}').

자아방어기제

자아방어기제^{ego defense mechanisms}는 위협적 충동 또는 외부 위협을 직시하기보다 불안을 처리하여 자아를 보호하고 마음의 평정을 회복시키려는 무의식적인 심리적 책략이다. 이러한 책략을 통해 개인은 갈등 처리를 위한 자아의 중재로 원초아의 욕구와 초자아의 요구 사이의 '**절충형성**^{compromise formation}'('타협형성'으로도 불림)을 통해 서로 조금씩 양보하게 하여 욕구충족을 얻고 마음의 평정을 되찾게 된다. 이 절충형성의 결과가 행동으로 나타난 것이 **증상**^symptom이고, 어떤 방어기제들을 주로 쓰는가가 **성격특성**으로 나타난다. 방어기제는 정신병리 상태뿐 아니라 정상상태에서도 흔히 사용되는데, 현실왜곡과 무의식 수준에서 작용한다는 특징이 있다. 방어기제는 크게 ① 기만형, ② 대체형, ③ 도피형으로 구분된다.

기만형. **기만형**은 불안이나 위협을 감정이나 태도를 변경함으로써 인식을 달리하려는 기제로, ① 억압, ② 합리화, ③ 투사가 있다.

첫째, **억압**^repression은 의식에서 용납하기 어렵거나 위협적인 욕구, 생각, 욕망, 충동, 감정들을 차단하여 의식되지 않도록 무의식으로 눌러 넣어 버리는 기제다. 이는 가장 흔히 사용되는 방어기제로, 원초아의 용납될 수 없는 충동에 대해 현실원리를 적용하려는 자아와 이를 제지하려는 초자아의 요구에 의해 일어난다. 억압으로 불안을 방어하지 못하면 투사, 상징화^symbolization 같은 기제가 동원되어 신경증 또는 정신병의 원인이 되기도 한다. 억압이 심할수록 편견 또는 선입견이 많아지는데, 그 이유는 억눌린 생각들이 풀려 나오지 못하기 때문이다. 억압은 본능적 욕구나 사회적으로 금지된 욕망의 노골적인 표현을 막을 수 있어서 개인이 사회적·도덕적으로 순응하고 생활에 잘 적응할 수 있게 한다. 억압의 대표적인 예는 오이디푸스 콤플렉스다. 무의식적이고 비자발적인 억압과는 달리, **억제**^suppression나 **제지**^inhibition는 의식적 노력과정이 포함된 기제로, 자발적·반의식적으로 생각과 느낌을 억누르는 것을 의미한다는 점에서 방어기제로 보기 어렵다.

둘째, **합리화**^rationalization는 용납하기 어려운 충동이나 행동을 도덕적·합리적·논리적 설명으로 정당화하여 죄책감을 막고 자존심을 유지하며, 비판으로부터 자아를 보호하려는 기제다. 합리화는 보통 ① **달콤한 레몬 기제**^sweet lemon mechanism(예 지방으로 좌천된 공무원이 자기는 전원생활이 더 좋다고 말함), ② **신포도 기제**^sour grape mechanism(예 이솝우화에 나오는, 높은 곳에 매달려 있는 포도송이를 따먹지 못한 여우가 "저 포도는 틀림없이 실거야"라고 하면서 자신의 실패를 정당화함), ③ **투사형 기제**^projection mechanism(예 시험점수가 좋지 않은 학생이 채점자가 공정하게 채점하지 않았다고 탓함)로 나뉜다. 합리화는 무의식 수준에서 일어난다는 점에서 거짓말이나 변명과 다르고, 병적으로 심한 경우 망상^delusion의 원인이 되기도 한다.

셋째, **투사**^projection는 용납하기 어려운 충동, 감정, 동기를 자신의 것으로 인정하기보다는 타인 또는 외부에 돌려 어려움에 대처하고 자아를 보호하려는 기제다. 이는 가장 미숙하고 병적인 방어기제로, 열등감을 은폐하려는 행동을 중심으로 전개되며, 완고한 심성 또는 비현실적 기준을 지닌 사람들에게서 흔히 나타난다. 예를 들어, 여성에게 관심이 있으면서 마치 그 여성이 자신에게 관심이 있는 것처럼 여기는 남성, 강한 증오심으로 누군가를 해치고 싶은 충동을 상대에게 떠넘겨 그가 자신에 대한 증오심으로 자신을 욕했다거나 해치려 한다고 여기는 것이다. 투사가 심한 경우, 정신병의 핵심 증상이면서 '**무의식의 메아리**^{unconscious echo}'로도 불리는 '**망상**' 또는 '**환각**^{hallucination}'의 원인이 되기도 한다. 즉, 사고의 형태로 투사되면 망상이 되고, 지각의 형태로 투사되면 환각이 된다(강진령, 2008). 과도한 비판, 부정적 태도나 편견은 일종의 투사로, 부인과 전치와 유사하다.

대체형. **대체형**은 불안이나 위협을 그럴듯한 것으로 대신하려는 기제로, ① 보상, ② 전치, ③ 치환, ④ 반동형성, ⑤ 승화, ⑥ 지성화가 있다.

첫째, **보상**^{compensation}은 자신이 인식한 약점이나 실패를 다른 긍정적인 특성으로 보충함으로써 자존심을 회복하려는 기제다. 이 기제는 실제적인 것이든 상상의 것이든 성격, 외모, 지능 등의 결함이나 약점 보완을 위해 다른 것을 과도하게 발달시키는 현상이다. 예를 들어, 학교성적이 나쁜 아동이 물질적으로 과시하는 것, 몸이 약해서 운동을 잘못하는 아동이 공부를 열심히 해서 좋은 성적을 받는 것, 키나 몸집이 작은 사람이 목소리는 큰 것('작은 고추가 맵다'), 제대로 교육받지 못한 부모가 자녀의 교육에 집착하는 것이다. 중요한 타인의 주의를 끌지 못하거나 인정받지 못하는 사람이 관심을 끌기 위해 부적응 행동을 저지르는 경우도 보상의 예에 속한다.

둘째, **전치**^{displacement}는 자아를 위협하는 대상에 대한 감정이나 충동(적대감, 성적 충동)을 덜 위협적이거나 덜 위험을 느끼는 대상으로 옮겨 표출하는 기제다. 도덕적으로 타락한 행위를 저질렀다고 여겨 죄책감을 느낀 사람이 강박적으로 손을 씻거나, 자동차 핸들이나 시내버스 손잡이도 장갑을 끼어야 잡을 수 있는 이유는 도덕적 불결에 대한 죄책감이 물리적 불결로 전치된 것이다. 손에 피가 나도록 반복적으로 씻는 행위는 도덕적 청결 회복을 위한 강박적인 노력으로 볼 수 있다. 직장에서 상사에게 심한 꾸지람을 들은 사람이 퇴근해서 반려견에게 화풀이하거나, 가정에서 스트레스를 받는 아이가 학교에서 급우를 괴롭히는 경우, 또는 '종로에서 뺨 맞고 한강에서 눈 흘기기'라는 우리말은 전형적인 전치의 예에 속한다. 전치의 긍정적인 형태는 승화이며, 전이, 공포, 상징화 등도 전치의 일종이다.

셋째, **치환**^{replacement}은 심리적 에너지를 바라던 목표에서 대용의 목표로 전환하여 불안이나 위기의식을 방출시키려는 기제다('**대체형성**substitution'으로도 불림). 치환은 전이된 보상, 즉 원하는 대상에의 접근이 어려울 때 다른 대상에게 에너지를 분출하는 현상이다. 이는 '꿩 대신 닭'이라는 말에 부합되는 기제로, 자녀가 없는 부인이 반려동물을 지극 정성으로 보살피거나, 오빠를 잘 따르던 여동생이 오빠와 비슷한 성향을 지닌 오빠의 친구와 교제 또는 결혼하게 되는 것이 그 예다. 치환은 대체물이 되는 대상에 초점을 맞추는 반면, 전치는 감정에 중점을 둔다는 점에서 차이가 있다.

넷째, **반동형성**reaciton formation은 욕구나 생각과 정반대되는 태도나 행동의 과장된 표출을 통해 자아에 위협적인 욕구나 무의식적 욕동의 분출을 막기 위한 기제다. 이는 무의식의 밑바닥에 흐르는 생각, 소원, 충동이 너무도 부도덕해서 받아들이기 어려울 때, 정반대의 경우를 강조함으로써 의식에 떠오르는 것을 막는 과정이다. 동성애 성향이 드러나는 것이 두려운 남성이 과도하게 거친 행동을 보이거나, 강한 성 충동을 감추기 위해 오히려 성에 대해 과도하게 혐오감을 나타내거나, 좋아하지 않는 직장 상사를 오히려 더 극진히 대하는 회사원의 행동은 전형적인 반동형성의 예다. 또 다른 반동형성의 예화는 글상자 3-2와 같다.

글상자 3-2. 반동형성의 예화

> 남편과 전처 사이에서 태어난 딸을 과잉보호하는 부인이 있었다. 부인은 딸을 볼 때마다 자신이 딸을 해치는 환상 또는 꿈에 몹시 놀라곤 했다. 그럴수록 부인은 딸을 극진히 보살폈고, 딸이 눈에 안 보이면, 피투성이가 되어 죽어 있는 모습이 떠올라 미친 듯이 찾아다니곤 했다. 이런 부인의 모습은 남편을 비롯한 주변 사람들의 눈에는 천사처럼 보였으나, 부인의 딸에 대한 헌신적인 행동은 증오에 대한 반동형성의 결과였다

다섯째, **승화**sublimation는 본능욕구나 참아 내기 어려운 충동의 에너지를 사회적으로 인정받는 형태의 다른 목표나 욕구를 충족시킴으로써 만족을 얻는 기제다. 이는 원초아의 욕구를 거부하지 않고, 자아의 억압도 없으며, 충동의 에너지가 그대로 사회적으로 쓸모 있게 전용된다는 점에서 가장 건강한 방어기제다. 승화는 마치 댐을 건설하여 홍수를 막고 수력을 발전에 이용하는 것과 같다. 승화의 예는 공격행동을 권투로 분출하거나, 성적 욕구를 예술활동(음악, 미술, 무용 등) 같은 대체목표를 추구하여 만족을 얻는 것이다.

여섯째, **지성화**^{intellectualization}는 불안, 위협, 충동을 억누르기 위해 이를 직접 경험하는 대신, 인지과정을 통해 해소하려는 기제다. 이는 요모조모로 생각은 많이 하는 대신, 그 생각에 딸린 감정은 살짝 빼 버림으로써, 용납하기 어려운 충동에서 기인한 불안을 해소하려는 기제다. 지적이고 교육수준이 높은 사람들이 궤변을 늘어놓거나, 분석적 사고를 통해 불안 따위를 극복하려는 시도^{head tripping}가 그 예다.

도피형. **도피형**은 불안이나 위협적인 현실에서 탈출, 비현실적 세계로의 도피를 통해 만족과 위안을 추구하려는 기제로, ① 고착, ② 퇴행, ③ 부인, ④ 동일시, ⑤ 격리, ⑥ 히스테리가 있다.

첫째, **고착**^{fixation}은 불안 또는 위협에서 벗어나기 위해 발달의 특정 단계에 멈추는 방어기제다. 어린 시절 애정의 대상에 대해 강력한 집착을 나타내는 것이 그 예다. 또 다른 예로는 구강적 성격소유자는 구강기에 고착된 사람으로, 타인에게 지나치게 의존적이고, 먹고 마시고 담배피우는 것과 같은 구강적 쾌락을 좋아하는 성향이 있다는 점이다. 이에 비해, 항문적 성격소유자는 항문기에 고착된 사람으로, 청결, 질서, 절약에 비상한 관심을 기울이고 외부 압력에 저항하는 경향을 보이는 것이다.

둘째, **퇴행**^{regression}은 과도한 긴장이나 도전에 직면할 때 만족이 주어졌던 초기 발달수준으로 되돌아가 미성숙하거나 부적절한 반응으로 불안이나 위협을 해소하려는 기제다. "아우 탄다"는 옛말처럼, 배변을 잘 가리던 유아가 동생이 태어나면서 주위의 관심을 얻지 못하게 되자, 다시 배변을 못 가리거나 옹알이를 하는 등, 자신의 연령에 어울리지 않게 유치한 행동을 하게 되는 것이 그 예다.

셋째, **부인**^{denial}은 의식화되면 감당 못할 정도로 위협적인 현실과 관련된 생각, 욕구, 충동, 또는 지각을 무의식적으로 인정하지 않거나 회피함으로써 자아를 보호하려는 기제다('부정'으로도 불림). 이 기제는 위협적 현실을 마치 존재하지 않는 것처럼 여김으로써 불안에 대처하는 것으로, 예상치 못했던 극단적인 경우에 나타난다. 부부관계가 악화되고 있다는 것을 알면서도 결혼생활에 문제가 있음을 인정하지 않는 부부, 치명적인 병에 걸렸다는 진단에 대해 의사가 오진한 것이라고 반박하는 환자, 자녀의 갑작스러운 죽음을 인정하지 않는 어머니의 반응이 그 예다. 부인은 고통스러운 경험을 직면해야 하는 것에서 개인을 보호하지만, 계속되면 자기파괴적 상태로 이어질 수 있다.

넷째, **동일시**^{identification}는 자기보다 훌륭하다고 판단되는 인물 혹은 집단과 강한 정서적 유대를 형성하여 부분적 혹은 전반적으로 모방함으로써 만족을 추구하는 기제다. 이는 모방하고자 하는 대상의 강점으로 여겨지는 것을 자기 것으로 취하려는 무의식적 과정이다. 동일시는 자아와 초자아 형성(성격발달)에 중요한 역할을 한다. 교육자의 자녀가 책 읽기를 좋아하거나, 의사의 자녀가 병원 놀이를 좋아하거나, 독서, 연극, 영화, 운동경기 관람을 통해 자신이 주인공이 된 것과 같은 재미를 느끼는 것, 자녀가 동성 부모의 행동을 모방함으로써 성역할을 수행하는 것 등이 그 예다. 동일시는 승화처럼 현실적으로 문제해결을 돕는다는 점에서 다른 방어기제와는 다르다.

다섯째, **격리**^{isolation}는 위협이 되는 유해한 상황에서 감정적 부담을 제거하거나 양립할 수 없는 태도를 논리적으로 타당하게 구획지어 분리시키는 기제다. 이는 과거의 고통스러운 기억과 관련된 감정을 의식에서 떼어내는 과정으로, 고통스러운 사실은 기억하지만, 감정은 억압되어 느껴지지 않는 현상이다. 즉, 고통스러운 사실은 의식 세계에, 감정은 무의식 세계에 각각 분리되어 있다는 의미로, 강박장애에서 흔히 발견된다. 심한 경우, 해리성 정체성장애^{dissociative identity disorder}(DID)의 원인이 될 수 있다.

여섯째, **히스테리**^{hysteria}는 불안이나 위협을 신체감각장해, 운동마비, 발작, 및/또는 망각증상을 통해 해소하려는 기제다('운동성 히스테리'로도 불림). 이는 현실성이 결여되어 비효과적이고 불합리하다는 점에서 위험한 기제에 속한다. 수험생의 두통 증상 또는 전장에 선 병사의 수족 마비 또는 실신이 그 예이다. 이처럼 히스테리는 개인의 기능이상 또는 장해^{disturbance}를 초래하고, 주로 전환^{conversion} 또는 해리^{dissociation} 과정을 거쳐 발생한다는 특징이 있다. 이에 미국정신의학회(APA)는 1980년 '히스테리 신경증, 전환형'이라는 진단명을 '전환장애^{conversion disorder}'로 수정한 바 있다.

성격발달

정신분석에서는 성격발달을 5단계(① 구강기, ② 항문기, ③ 남근기, ④ 잠복기, ⑤ 성기기)로 된 **심리성적발달이론**^{psychosexual developmental theory}으로 설명한다. 성격은 초기 3개 단계에서 주로 발달한다.

1단계: 구강기. **구강기**^{oral stage}(출생~만 18개월)는 심리성적 에너지인 리비도가 구강 부위에 집중되어 입을 통해 생존에 필요한 영양을 섭취하고 쾌락을 추구하는 시기다. 이 시기에는 리비도 에너지가 입, 입술, 입 점막, 혀 등 먹고 마시고 빨고 깨무

는 행동과 관련된 부위, 즉 '구강대$^{oral zone}$'에 집중된다. 영아는 생존을 위해 중요한 타인(주로 어머니)에게 의존한다. 구강 부위의 자극을 통해 사회와 물리적 환경에 접촉하고, 구강 부위는 그런 접촉을 매개하는 일차적 수단이 된다. 입을 통한 만족을 얼마나 충족했는가에 따라 구강기 성격이 결정된다. 그러나 지나친 의존은 구강기 이후 성인기가 되어서도 불안 또는 안전을 위협받는 상황에 놓일 때 되살아난다. 구강기에 형성된 자아는 **구강자아**$^{mouth ego}$로 불리는데, 이후 행동 특성의 원형^{prototype}이 된다. 구강기에 수유가 지나치게 규칙적이거나 조기에 젖을 떼면, **구강 고착적 성격**$^{oral fixated}$ ^{personality} 또는 **구강 의존적 성격**$^{oral dependent personality}$(섭식, 흡연, 음주에 집착하거나 타인에 대해 지나치게 비판적이거나, 반대로 의존적이어서 타인의 말을 여과 없이 받아들여 잘 속는 성격)이 형성된다.

2단계: 항문기.　**항문기**$^{anal stage}$(만 18개월~3세)는 리비도가 항문 부위에 집중되어 배설물의 보유·배출 과정에서 긴장 해소를 통해 쾌감을 얻는 시기다. 이 시기의 아이들은 '배변훈련$^{toilet training}$(배설 또는 배설 보류)'을 통해 대장운동을 지연시키고, 항문 괄약근을 의식적으로 통제할 수 있게 되면서 배설물 보유와 방출에 의한 만족을 극대화한다. 그러나 본능적인 배설욕구는 이를 제지하려는 사회적 권위와 압력(부모 또는 보호자)에 의해 생애 최초 갈등의 원인이 되는데, 아이의 갈등해결 방법과 결과에 따라 항문기 성격형성에 영향을 준다. 또한 부모의 배설훈련 방법, 청결에 대한 태도, 통제 정도, 배설에 대한 태도 등도 항문기 성격발달에 영향을 미친다. 특히, 배변에 대한 칭찬은 유아에게 자신이 생산적인 사람이라고 인식하게 되어 창의적 성격 형성의 기초가 된다. 반면, 배변훈련이 너무 엄격하면, **항문고착적 성격**$^{anal fixated personality}$(청결·질서·절약에 집착, 인색, 고집이 세고 욕심이 많으며, 외부 압력에 저항하는 적대적 태도와 행동이 특징)이 형성된다. 배변에 의한 쾌감에 고착되면, **항문폭발적 성격**^{anal} $^{explosive personality}$(자유분방, 낭비벽, 잔인, 방종, 파괴적, 짜증 잘 냄이 특징)이 발달한다.

3단계: 남근기.　**남근기**$^{phallic stage}$(만 3~6세)는 리비도가 성기에 집중되어 성기와 성에 관심을 보이는 시기다. 이 시기의 아이들은 자신의 성기를 만지작거리며 관찰하고, 출생과 성에 관심이 있는데, 이는 병원놀이로 잘 나타난다. 또 남아는 어머니와의 근친상간적 상상을 하며 어머니에게 사랑과 인정을 받고자 하는 반면, 아버지를 경쟁상대로 여기고 어머니를 독차지하려는 욕망으로 아버지에게 적의를 품기도 한다('오이

디푸스 콤플렉스^{Oedipus complex}'). 그러나 자신의 이러한 내
밀한 욕망이 알려지게 되면, 자신보다 훨씬 크고 힘이
센 아버지가 자신을 남근을 제거할 수 있다는 두려움
에서 유발된 불안감('**거세불안**^{castration anxiety}')을 갖게 되어,
결국 아버지와 닮고자 하는 시도가 나타난다('**동일시**').

그림 3-3. 오이디푸스와 안티고네

　여아의 경우, 자라면서 남자에게 있는 남근이 자신에
게는 없음을 알고 실망하여 자신도 남근을 가지기를 원하게 되어('**남근선망**^{penis envy}'),
이에 대해 어머니를 비난하고 아버지와 이를 공유하려는 욕구('**엘렉트라 콤플렉스**^{electra}
^{complex}')를 발달시킨다. 따라서 여아는 각각의 부모에 대해 양가감정을 갖게 되지만,
아기를 가질 수 있는 능력이 있다는 것을 알게 됨으로써 위안을 얻는다. 프로이트가
자기 경험을 토대로 정리한 이러한 주장들은 추종자들(특히 여성)이 정신분석 노선에
서 벗어나 변형된 이론을 창안하게 하는 계기가 되었다.

4단계: 잠복기.　**잠복기**^{latency period}(만 6~12세)는 리비도가 신체 곳곳으로 퍼지게 되어
뚜렷한 성감대^{erogenous zone}가 형성되지 않는 시기다. 이 시기에는 성에 대한 관심이 성
격의 배경으로 잠복하게 되면서 자아를 확장한다('잠재기'로도 불림). 이 시기의 아동
은 더 이상 일차과정적 사고에 지배되지 않고 충동을 자제하는 법을 습득한다. 남아
들의 경우, 오이디푸스 콤플렉스가 거세불안에 의해 억압되면서 생식계통이 성숙할
때까지 리비도가 잠복하게 된다. 성 충동과 공격 충동 역시 약화되어 리비도의 전위
된 에너지는 비성적^{nonsexual} 활동(지적 학습, 운동, 우정 등)으로 나타난다. 잠복기에는
특정 성감대가 없고, 리비도가 수면 상태에 있어서 심리성적발달단계로 간주되지 않
는다. 이전 단계에서 오이디푸스/엘렉트라 콤플렉스가 성공적으로 해결되었다면, 아
동은 자신감이 높아지고 학교와 사회의 요구에 부응할 능력을 갖추게 된다. 잠재된
성 충동은 부모에 대한 적개심, 가족의 정서적 유대 와해, 그리고 오랜 기간 좌절의
원인으로 작용한다.

5단계: 성기기.　**성기기**^{genital stage}(만 12세 이후)는 사춘기의 출현으로 잠재되어 있던
리비도가 활성화되어 성기에 집중되면서 성에 대한 관심과 인식이 증가하는 시기다.
이 시기에 청소년들에게는 생식기관의 성숙과 내분비기관의 호르몬 분비로 이차 성
징이 나타난다. 남아는 변성이 되고 수염이 나며, 여아는 유방과 골반이 발달하는 등
의 신체 발달은 심리 변화를 동반한다. 이런 변화들은 청년기의 성 활동을 증가시켜

성 충동의 가장 완전하고 만족스러운 상태인 성교를 추구하게 된다. 성인이 되면서 원초아, 자아, 초자아가 조화롭고 균형 있게 기능하게 되면, 욕동과 좌절감을 조절할 수 있는 안정된 삶을 영위하게 된다. 이 시기에는 남근기에 나타났고 행동의 일차 동력인 성적 욕구와 공격적 충동이 다시 나타나게 되면서 이성, 그리고 가족 외의 사람들과의 관계에 관심을 기울이고, 결혼과 가정형성의 압력을 받게 된다. 또 적절한 방어기제 사용을 통해 비교적 안정된 삶을 영위하게 된다.

🚪 치료기법과 과정

정신분석(PA)의 목표는 무의식의 의식화를 통한 **성격 재구성**^reconstruction('성격 재건'으로도 불림)이다. 목표의 기저에는 내담자의 행동이 무의식적 동기와 생애 초기 경험의 결과라는 가정이 깔려 있다. 이에 분석가는 내담자와 치료동맹을 구축하는 한편, 내담자의 무의식에 묻혀 있는 과거의 내적 갈등이 현재의 성격 기능에 미치는 영향에 초점을 맞추고, 치료과정에서 반복되는 상징적인 방식으로 원가족^family of origin을 재정립함으로써 미해결과제를 훈습한다. 이때 생후 5~6년간의 생애 경험들이 현재 겪고 있는 문제의 원천으로 간주된다. 프로이트가 강조한 신경증 또는 정신병 증상 발생의 원인과 이를 해소하기 위한 정신분석의 기본 원리는 글상자 3-3과 같다.

글상자 3-3. 정신분석의 기본 원리

> 1. 증상은 우연이 아니라, 과거의 특정 사건에 의해 발생한다.
> 2. 증상은 무의식적인 심리적 행위여서 개인은 증상의 원인을 전혀 인식하지 못한다.
> 3. 증상의 원인을 인식하지 못하는 것은 불쾌한 경험 회상에 저항하는 개인의 심리 때문이다.
> 4. 이런 충동은 말 또는 행동으로 표출 · 발산되어야 해소될 수 있다.

치료목표 달성을 위해 분석가는 ① 전문가로서 기능하고, ② 내담자의 무의식적 자료에 초점을 두며, ③ 전이를 촉진하고, ④ 해석을 통해 ⑤ 방어기제를 극복하도록 돕는 역할을 한다.

치료기법

정신분석(PA)은 행동의 근원 탐색에 있어서 무의식적 동기와 갈등에 초점을 맞추고, 과거 경험의 분석을 중시한다. 정신분석에서 주로 사용되는 기법으로는 ① 자유연상, ② 해석, ③ 꿈 분석, ④ 저항 분석과 해석, ⑤ 전이 분석과 해석이 있다. 이 기법들은 내담자의 자각 증진, 통찰 유도, 성격 재구성을 위한 훈습을 돕기 위해 통합적으로 사용된다.

자유연상. 첫째, **자유연상**free association은 내담자가 자신의 마음속에 떠오르는 것을 있는 그대로 말하게 하는 기법이다. 분석가는 내담자의 이야기를 토대로 내면에 억압된 감정, 경험, 기억, 공상 등의 해석을 통해 내담자의 통찰을 돕는다. 전통적인 정신분석에서의 자유연상은 내담자가 카우치(긴 소파)에 누운 채 실시된다. 그 이유는 내담자가 의식의 검열을 받지 않게 하기 위해서다. 이때 분석가는 연상의 흐름을 방해하지 않도록 내담자의 뒤에 앉아 의식화되는 무의식을 해석한다. 그러나 최근 들어서는 이런 고전적인 방식은 단기치료에 효과적이지 않다는 비판과 함께, 분석가와 내담자가 면대면 상태로 분석에 임하는 추세다. 자유연상은 자아를 침묵하게 하고, 원초아에게 말할 기회를 제공하기 위한 기법이다. 그러나 과거 경험을 상기하고 꽉 막힌 긴장감을 해소한다고 해서 그 자체로 치료 효과가 있는 것은 아니다. 이에 분석가는 내담자의 무의식 속에 잠긴 억압된 요소 간의 관계를 해석해 줌으로써 내담자의 통찰을 돕는다.

해석. 둘째, **해석**interpretation은 꿈, 자유연상, 저항, 그리고 내담자의 생각·감정·사건과 관련된 행동의 의미를 설명해 주는 기법이다. 이 기법은 사건, 행동, 감정에 의미를 부여하여 무의식을 의식화하는 도구다(Rutan et al., 2014). 해석은 내담자의 내면세계에 대한 가설(Curtis & Hirsch, 2011)로, 내담자의 성격에 대한 분석가의 평가와 내담자가 과거에 미해결과제 극복에 사용한 요인에 대한 분석가의 평가를 토대로 이루어진다. 이 작업은 내담자의 자료에 대한 ① 식별, ② 분류, ③ 의미 파악 순으로 진행되며, 내담자가 자기 삶을 이해하고 의식 확장에 도움이 되도록 협력적 방식으로 제공된다. 정신분석적 해석의 일반원칙은 글상자 3-4와 같다(Corey, 2016).

글상자 3-4. 정신분석적 해석의 일반원칙

1. 해석되는 현상을 내담자의 의식적 자각 수준에 맞추어 제시한다.
2. 표면에서 시작하여 내담자가 정서적으로 수용할 수 있는 깊이의 상황까지만 한다.
3. 저항 또는 방어 저변의 감정 또는 갈등 해석에 앞서, 저항 또는 방어를 지적해 준다.

꿈 분석.　셋째, **꿈 분석**^{dream analysis}은 꿈의 의미를 여러 조각으로 나누어, 표현적 내용에 나타난 상징적 의미를 설명하는 기법이다. 이 기법은 내담자의 무의식적 욕동 탐색과 미해결된 문제의 통찰을 돕기 위해 사용된다. 잠은 자아의 방어벽을 허술하게 하여 억압된 감정이 표

면으로 떠오르게 한다. 이에 프로이트는 꿈을 '무의식으로 통하는 왕도^{the royal road to the unconsciousness}'라고 했다. 꿈을 통해 어린 시절의 무의식적 소망, 욕구, 두려움 등이 표출된다고 보았기 때문이다. 프로이트는 꿈을 현재몽과 잠재몽으로 구분했다. **현재몽**^{manifest dream}은 수면 중 의식으로 떠오른 잠재몽인 반면, **잠재몽**^{latent dream}은 현재몽 내에 숨겨진 의미 있는 내용을 말한다. 즉, 현재몽이 꿈에 나타난 내용 그 자체라면, 잠재몽은 그 안에 숨겨진 상징적인 무의식적 동기, 소망, 두려움이다. 이러한 내용은 의식에서 용인되기 어려운 것이어서 방어기제를 통해 왜곡·변형된 것으로, 형태를 바꾸어 의식으로 올라온다. 꿈 분석을 통해 분석가는 현재몽의 의미를 분석·해석함으로써, 내담자가 꿈의 가장된 의미를 이해할 수 있도록 돕는다.

저항 분석과 해석.　넷째, **저항 분석과 해석**은 내담자가 억압된 충동과 감정을 인식하게 되면서 발생한 불안으로부터 자아를 보호하려는 무의식적 역동성을 명확하게 자각·처리를 돕는 기법이다. **저항**^{resistance}은 과거에 억압 또는 부인되었던 위협적인 무의식적 내용이 의식의 표면으로 올라오는 것을 꺼리는 심리적 현상이다. 이는 치료과정의 진척을 막고, 무의식적 내용의 의식화를 방해하는 모든 시도다. 이러한 무의식적 시도는 치료에 대한 저항이라기보다는 억압된 충동 또는 감정을 인식하게 되면서 나타나는 정서적 고통으로부터 자아를 보호하기 위해 대항하는 방어과정이다 (Rutan et al., 2014). 치료과정에서 저항은 흔히 글상자 3-5에 제시된 행동으로 나타난다.

글상자 3-5. 내담자의 저항으로 표출되는 행동의 예

1. 만성 지각 또는 결석   4. 불신 행동
2. 무관심한 태도   5. 비협조적 행동
3. 지성화   6. 부적절한 충동 행동(예) 불손한 언행 또는 태도)

글상자 3-2에 제시된 행동은 내담자의 무의식에 내재된 부분을 인식하고 다루는 것에 대한 두려움의 표출로 볼 수 있다. 내담자는 정서적 고통 수준에 상관없이 친숙한 행동 방식으로 저항을 표출한다. 이러한 점에서 저항은 불안에 대한 내담자의 방어를 나타내는 치료적 가치가 있는 신호다. 따라서 분석가는 이를 치료의 단서로 삼는 한편, 안전한 환경을 조성하여 내담자가 저항을 인식하도록 돕는다(McWilliams, 2014).

전이 분석과 해석.   끝으로, **전이 분석과 해석**은 내담자가 과거에 중요한 타인과의 미해결된 문제로 인해 현재 상황을 왜곡하여, 과거 중요한 타인에 대한 감정을 상담자에게 투사하는 감정의 재경험을 돕는 기법이다. 이 기법은 내담자의 심리 내적인 삶을 설명하는 방법이다(Wolitzky, 2011). **전이**^{transference}는 내담자가 과거의 중요한 인물에 대한 반응에서 비롯된 감정, 태도, 환상을 무의식적으로 치료자에게 옮기는 심리적 현상이다. 상담과 심리치료는 전이 반응의 탐색이 가능한 공간이다. 치료과정에서 내담자는 자신의 과거 경험과 생애 초기에 습득한 왜곡된 패턴으로 인해 치료자와의 관계를 왜곡하곤 한다(Luborsky et al., 2011).

내담자는 흔히 치료자를 부, 모, 형제, 자매, 배우자/동반자, 이전 연인, 또는 직장 상사 같은 중요한 인물로 보게 되면서, 강렬한 감정을 촉발하는 과거의 미해결된 문제가 치료과정에서 재현되곤 한다. 이처럼 전이는 내담자가 무의식 속에 묻어 두었던 충동과 감정을 표출하게 한다. 이 작업을 통해 내담자는 자신이 치료자, 과거의 중요한 타인, 그리고 현재의 중요한 인물과의 관계에서 특정한 행동 패턴을 어떻게 반복하고 있는지 인식하게 되고, 이러한 인식은 성격변화로 이어진다. 전이 분석과 해석은 내담자의 과거가 현재 기능에 미치는 영향에 대한 '지금·여기'의 통찰을 얻을 수 있게 한다는 점에서 정신분석의 핵심과정이다.

치료과정

정신분석에서 상담자는 분석틀을 유지한다. **분석틀**^{analytic framework}이란 치료자의 익명성·중립성·객관성 유지, 주기적이고 일관된 만남, 회기 시작과 종료 시각 엄수, 상담료 지불의 명확성, 치료자의 자기개방, 가치 주입, 조언 지양 등 분석 작업의 효과를 극대화하기 위한 제반 요건을 말한다. 이러한 요건들은 빈 화면 접근을 위해 필수적인 것으로, 내담자가 분석가에게 자신의 감정과 경험의 투사를 위한 관계를 촉진한다. 정신분석은 ① 시작, ② 전이발달, ③ 훈습, ④ 전이해결 순으로 진행된다.

1단계: 시작. **시작 단계**에서 치료자는 내담자와의 만남을 통해 내담자의 문제 또는 관심사를 파악한다. 이 단계는 심리적으로 취약한 패턴을 인식하기 좋은 공간이다. 이에 치료자는 내담자가 즉흥적으로 떠오르는 생각과 감정을 자유로이 표출할 뿐 아니라, 의미 있는 과거 사건을 재현할 수 있는 안전하고 중립적인 환경을 제공한다. 내담자의 패턴 인식은 전이 이해를 통해 가능하다. 전이는 내담자와 상담자가 상호작용을 시작하면서부터 이미 다양한 형태로 나타난다. 내담자는 치료과정에서 과거에 중요한 타인에 대한 감정을 일으키는 치료자와 만나게 되기 때문이다. 치료자는 치료과정에서 발생하는 전이와 역전이를 치료적 도구로 활용한다(Hays et al., 2011). 이 과정에서 치료는 과거의 관계에 기초한 전이 반응 탐색을 위한 기회를 제공한다. 회기가 거듭되면서 치료자와 내담자 사이에 신뢰관계가 형성된다. 내담자가 무의식적 갈등 문제를 표출하기 시작하는 것이 그 단서가 된다.

2단계: 전이발달. **전이발달 단계**에서는 전이가 나타난다. 전이는 생애 초기의 관계 경험이 정형화 과정을 거쳐 현재의 삶에 드러나는 것이다. 이는 내담자가 사랑, 성, 적대감, 불안, 분노 같은 강한 감정을 재경험하고, 이를 치료자에게 투사하게 되면서 발생한다(Luborsky et al., 2011). 이 과정에서 내담자는 사회적 관계 패턴을 재현한다. 이때 치료자에 대한 정적·부적 감정과 반응이 혼합되어 나타난다. 치료가 진행되면서 내담자는 어린 시절의 감정과 갈등을 무의식으로부터 의식화하면서 감정적으로 퇴행한다. 이때 내담자는 치료자에게 자신의 중요한 타인인 것처럼 반응하는 상황을 인식함으로써, 자신이 겪는 갈등의 본질을 깨닫게 된다. 그 결과, 무의식에 억압되어 있던 감정이 의식화되어 치료자에게 전이되면서 내담자는 비로소 미해결된 문제를 이해·해결할 수 있게 된다. 치료과정에서 치료자가 관심 있게 다루어야 할 내담자의 쟁점은 글상자 3-6과 같다.

글상자 3-6. 치료과정에서 치료자가 관심을 가지고 다루어야 할 내담자의 쟁점

1. 성격 형성에 있어서 영향력 있는 요인
2. 삶의 전환점과 위기
3. 삶의 결정적 시기에 내린 결정/선택과 위기를 해결한 방법
4. 삶에서 계속해서 주어지는 주제
5. 현재 문제와 미결된 갈등
6. 현재 문제와 생애 초기의 주요 사건 간의 관계
7. 현재 삶의 진행 방향

3단계: 훈습.　**훈습 단계**는 내담자가 문제의 중심에 도달할 때까지 한 층씩 벗겨 가는 과정으로, 그 중심에는 심리성적발달과정에서의 장해disturbance가 자리하고 있다. **훈습**working-through은 치료자의 반복적인 해석과 저항 극복을 통해 내담자가 자신의 증상 또는 문제 자각·통찰하고, 스스로 저항을 이해·극복하며, 역기능적 패턴을 변화시키고, 통찰을 바탕으로 새로운 삶을 선택하도록 돕는 일련의 과정이다(사전적 의미의 훈습은 향이 그 냄새를 옷에 배게 한다는 뜻에서 나온 말로, 반복을 통한 체득을 의미함). 이는 생애 초기에서 비롯된 무의식적 내용과 방어에 대한 반복적이고 정교한 분석을 통해 이루어진다. 훈습을 통해 내담자는 자신의 방어 메커니즘이 어떤 목적으로 사용되었는지 인식하게 된다(Rutan et al., 2014). 이로써 내담자는 교정적·통합적 경험인 치료자와의 관계 발달을 통해 이전 문제를 해결하고, 새로운 삶을 위한 선택을 한다.

　그러나 훈습이 제대로 이루어지지 않는다면, 내담자는 전적인 사랑과 수용을 원하는 유아기적 욕구를 또 다른 인물에게 전이시키게 된다. 훈습과정은 흔히 양파껍질에 비유되는데, 양파껍질을 벗기는 것은 변화와 성장을 막는 방어기제와 치료에 저항하는 자아의 일부에 대한 분석, 즉 원초아에 무엇이 숨겨져 있고, 왜 숨겨져 있는지를 밝히는 것으로 구성된다. 지속적인 자유연상, 꿈 분석, 저항과 전이 분석과 해석을 통해 내담자의 신경증적 갈등 문제에 대한 통찰은 점차 심화된다. 전이의 훈습은 ① 반복repetition, ② 정교화elaboration, ③ 확대amplification 순으로 이루어진다.

4단계: 전이해결.　**전이해결 단계**는 전이 분석과 해석이 종결되는 시기다. 이 시기에 치료자는 자신에 대한 내담자의 무의식적인 신경증적 애착neurotic attachment을 해결함으로써, 신경증 해소에 박차를 가한다. 이를 통해 내담자는 자신의 미해결된 갈등 또는 오래된 패턴이 현재 어떤 방식으로 자신의 역기능적 행동 또는 대인관계 패턴에 영향

을 주고 있는지에 대한 통찰을 얻게 된다. 또 부적 감정이 해소되면서 내담자는 적절한 언어 반응과 자아 통찰을 얻게 된다. 그러나 오늘날 분석가들은 내담자의 과거를 현재와 미래를 연결하여 이해하려고 노력한다. 왜냐하면 과거는 현재와 미래에 영향을 줄 때 의미가 있기 때문이다(Rutan et al., 2014). 정신분석의 치료 기간과 관계없이 개인의 유아기 욕동과 외상의 흔적은 결코 완전히 지워지지 않는다. 즉, 아무리 임상 경험이 풍부한 분석가라 하더라도 전문적 작업을 통해 활성화되는 미해결된 갈등과 개인적 취약성으로 인해 내담자와의 관계에서 발생하는 역전이 반응을 완전히 피할 수는 없다(Corey, 2016).

분석심리치료 / Analytical Psychotherapy

분석심리치료(AP)는 스위스의 정신의학자 칼 융이 창안한 것으로, 인간 정신에 대한 주관적 체험과 현상학을 바탕으로 새롭게 정교화한 **분석심리학**analytical psychology에 기초한 심리치료 이론이다. 이 이론은 정신분석의 심리성적발달이론과 생애 초기에 성격이 결정된다는 결정론에 반기를 들면서 탄생했다. 융은 프로이트와 함께 스위스 병원에서 조현병 환자들을 치료하게 되면서 무의식에 대한 풀리지 않는 신비함에 관심을 기울였다. 당시 그는 과학적 실

칼 융
(Carl Gustav Jung,
1875~1961)

험을 인간 정신을 이해하는 가장 좋은 수단으로 여기지 않았다. 대신, 꿈, 신화, 민간신앙에 관한 연구를 통해 정신을 더 깊이 이해할 수 있다고 믿었다.

　분석심리학에서 융은 프로이트와 마찬가지로 정신을 의식과 무의식 구조로 이해했다. 그러나 생물학적 본능에 지배되는 인간에게는 수 세기에 걸쳐 축적된 전체 경험의 저장고인 집단무의식이 존재한다고 주장했다. 그는 집단무의식이 의식적 요소(사고, 기억 등)와는 달리 모든 인간에게 공통적으로 나타난다고 보았다. 또한 프로이트는 인간의 현재는 과거 경험에 기초하여 결정되고 나머지는 무의식으로부터 전해져 온다고 믿었던 반면, 융의 분석심리학에서는 인간의 긍정적이고 창조적인 힘을 포함하여 의사결정, 목표설정 등을 제안했다. 그리고 인류에게는 개인의 내면에 남성성과 여성성이 모두 존재하고, 영혼과 종교적 욕구는 신체적·성적 욕구만큼 중요하다고 생각했다.

인간관

분석심리치료(AP)에 의하면, 사람은 온전한 존재, 즉 충분히 기능할 수 있도록 모든 필요한 요소를 갖추고 태어난다. 다만, 심리기능의 균형이 깨지면서 콤플렉스가 발생하고 외상 경험을 억압하게 되면서 정신이 손상 또는 분열되고, 기능이 분리된 것처럼 행동하는 무의식적 인격이 발달한다. 이때 발생하는 **증상**symptom은 억압되어 있거나 의식에 드러나지 않은 부분을 포함해서 잃어버린 자기를 되찾으려는 열망의 표현이다. 분석심리치료에서는 마음에서 일어나는 사실과 경험에 초점을 둘 뿐, 그것의 옳고 그름, 선과 악, 또는 좋고 나쁨을 판단하지 않는다. 또 관념은 그것이 존재하는 한 심리학적으로 사실로 간주하면서, 인간을 '~ 때문에'(과거의 원인), 그리고 '~을 위해'(미래의 목적) 행동하는 존재로 본다.

핵심개념

분석심리치료(AP)의 핵심개념으로는 ① 정신세계, ② 원형, ③ 개성화, ④ 상징, ⑤ 동시성, ⑥ 성격발달이 있다. 이에 관한 세부 설명은 다음과 같다.

정신세계

정신세계psyche는 외부에서 내면으로 ① 의식, ② 개인무의식, ③ 집단무의식 층으로 구성되어 있다(그림 3-4 참조). **의식**과 **무의식**은 정신세계를 구성하는 주 영역으로, 상호 소통할 수 있게 연결되어 있다. 의식은 무의식이라는 광활한 바다 위에 떠 있는 작은 조각배에 불과하다. **자아**는 의식의 중심을 이루고, 자아가 억압한 개인의 경험은 바로 아래층의 개인무의식에서 **그림자**로 존재한다. **아니마**와 **아니무스**는 더 깊은 집단무의식에 존재하고, **자기**self는 정신의 중심에 위치하며, 정신 전체를 포함하고 있다. 개인의 내면에는 위대한 존재가 내재되어 있는데, 이 존

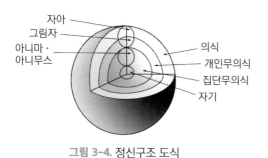

그림 3-4. 정신구조 도식

재는 주로 꿈을 통해 개인이 어떤 방향으로 나아가야 하는지 내밀한 암시로 전달한 다. 건강한 삶은 이 존재를 내면적 동반자로 삼아, 그의 암시에 귀 기울여 진정한 자 기를 실현해 가는 것이다.

의식. 첫째, **의식**Conscious은 개인이 지각 · 경험하는 모든 것이다. 이는 개인이 직접 알 수 있는 유일한 부분으로, 평생 타인과 구별되는 고유한 존재로 발달한다('개성 화'). 사람은 심리기능(감각, 사고, 감정, 직관)과 태도(외향성, 내향성)를 지니고 태어난 다(Jung, 1971). 의식은 출생 직후부터 발달한다. 의식발달은 개인이 심리기능을 얼마 나 사용하는지와 관련 있다. 의식의 중심에는 자아가 있다. **자아**Ego는 의식의 문지기, 즉 심리기능에 대한 선호를 기반으로 의식에 남길 경험과 개인무의식으로 전환할 경 험을 분류한다. 따라서 개인은 자아가 다양한 경험의 의식화를 허용하는 범위 내에 서 개성화를 이룬다. 개인의 심리기능과 태도가 경험을 의식 또는 개인무의식으로 전환하는 방식이 성격 또는 개성이다(Ekstrom, 1988). 태극도와 음양 문양을 활용한 심리기능의 설명을 위한 도식은 그림 3-5와 같다(Jung, 1971; Pascal, 1992).

그림 3-5의 우측 그림은 사고기 능이 주요소, 감정기능이 하위요소 로, 직관과 감각이 의식과 무의식 사이에 존재하고 있음을 나타내 고 있다. 그림 3-5에 제시된 문양 은 우주의 유일한 존재도 변화하 므로, 개인은 그 변화에서 조화를 이루며 살아가는 법을 배워야 함을 뜻한다. 또 우주에서 상반되는 두 힘이 상호 보완

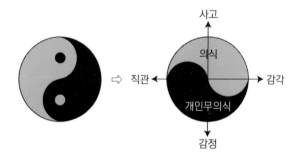

그림 3-5. 태극 음양 문양을 통해 정신기능을 나타낸 도식

하다가 시간이 흐르면서 합일을 이루게 되는 것을 의미한다(◉ 남성이 여성과 여성이 남성과 통합됨).

개인무의식. 둘째, **개인무의식**Personal Unconscious은 자아에게 인정받지 못한 경험, 사고, 감정, 기억을 말한다. 여기에는 현재의 삶과 무관하거나 중요하지 않은 것으로 여겨 지는, 개인이 기억하지 못하는 생각과 행동이 저장된다. 또 심리적 갈등, 미해결된 도 덕적 문제, 불쾌감을 일으키는 생각 등 억압된 내용이 저장되어 꿈을 만들어 낸다. 프 로이트와는 달리, 융은 무의식이 충동적인 성적 욕동이 아니라 진정한 자기실현으로 이끄는 지혜의 보고寶庫로 보았다. 즉, 인간은 본능적 욕구(성욕)에 지배된 존재가 아니

라, **개성화**^{individuation}를 향해 끝없이 나아가려는 존재라는 것이다.

집단무의식.   셋째, **집단무의식**^{Collective Unconscious}은 태초부터 모든 개인에게 전수되어
온 인류 보편적·원초적 차원의 심리적 성향과 구조를 말한다('**비개인무의식**^{Impersonal}
^{Unconscious}'으로도 불림). 즉, 인류 전체가 영속하면서 겪은 과거 경험이 누적된 무의식이
다. 예컨대, 사람들이 뱀이나 어둠을 두려워하는 이유는 인류의 조상인 원시인들이
뱀이나 어둠 때문에 겪은 위험한 경험이 누적되어 있기 때문이다. 이런 것들은 사람
들의 꿈, 환상, 신화, 예술에서 반복적으로 나타난다. 이러한 정신
적 이미지를 **원형**^{Prototype}이라고 한다. 집단무의식은 개인의 경험
이나 인식 내용이 저장된 개인무의식과는 달리, 본능과 원형이라
는 원초적 이미지로 구성되어 있다. 본능이 행동을 일으키는 충동
이라면, 원형은 경험을 지각·구성하는 방식이다.

원형

원형^{Prototype}이란 내용은 없고 형태만을 지닌 심리적 반응양식을 말한다. 이는 끊임없
이 무의식적으로 개인에게 좋지 않은 영향을 주고, 콤플렉스에 에너지를 제공하는 기
능을 한다. 예컨대, 어려서 아버지에게 신체적 학대를 당한 사람에게는 '아버지 콤플
렉스^{father complex}'가 형성되는데, 학대 경험은 억압되어 개인무의식에 여전히 존재하여
아버지에 대한 원형적 이미지에 추가되어 콤플렉스로 자리 잡는다. 이 콤플렉스는
개인이 권위를 지닌 다른 모든 남성에게 분노를 느끼게 되는 등 삶에 좋지 않은 영향
을 미치게 된다. 원형에는 5개 유형, 즉 ① 페르소나, ② 그림자, ③ 아니마·아니무
스, ④ 자기, ⑤ 콤플렉스가 있다.

페르소나.   첫째, **페르소나**^{Persona}란 라틴어로 '가면'이라
는 뜻으로, 개인이 타인에게 자신을 드러내는 방식을 말
한다. 예컨대, 개인은 부모에게는 아들/딸로, 자녀에게
는 부/모로, 직장에서는 직장인의 가면('역할')을 쓴다.
역할수행 방식은 타인에게 어떻게 보이고 싶은지, 그리

고 타인이 개인에게 어떻게 행동하기를 원하는지에 따라 달라진다. 이러한 특성 때
문에 페르소나는 개인이 특정 상황에서 감정, 사고, 행동을 조절하는 법을 습득하는
데 유용하다. 단, 과도하게 페르소나를 중시하는 경우, 개인은 진정한 자기로부터 멀

어져 형식적 · 피상적 삶을 살게 되어 진정한 감정 경험이 어려워진다.

그림자. 둘째, **그림자**Shadow는 개인이 의식적으로 성격으로 인식하는 것과 반대되는 특성이다. 이는 의식되지 않는 자아의 분신, 즉 자아의 어두운 부분이다. 여기에는 개인이 의식적으로 받아들이기 힘든 동물적 · 공격적 충동이 들어 있다. 이러한 점에서 그림자는 정신분석의 원초아와 유사하다. 그러나 그림자는 잠재적으로 가장 위험하고 강력한 콤플렉스로, 자아가 이를 정신세계로 받아들여 줄 수 있는지는 개인의 정신건강에 매우 중요하다. 그림자를 적절한 방식으로 표출하는 것은 창조, 활력, 영감의 원천이 된다. 반면, 그림자를 과도하게 억압하는 경우, 개인은 자유로운 표현력이 억제되어 진정한 자기에게서 멀어지고, 불안과 긴장 상태에 빠지게 된다. 이 경우, 치료목표는 개인의 그림자를 의식화하여 인식 · 표현 · 방출하도록 돕는 것이다.

아니마 · 아니무스. 셋째, **아니마**Anima는 남성에게 내재된 여성성(온정적 · 감성적 성향), **아니무스**Animus는 여성에게 내재된 남성성(논리적 · 합리적 성향)이다. 이 두 요소는 집단무의식 속에 있다. 융은 모든 사람이 남성성, 여성성을 모두 가지고 있다고 보았다. 남성호르몬과 여성호르몬이 남녀 모두에게서 분비된다는 사실이 이러한 전제를 뒷받침하고 있다. 조화롭고 온전한 성품은 남성은 아니마를, 여성은 아니무스를 무의식에서 끌어내어 접촉 · 수용함으로써 가능해진다. 이렇게 하지 않으면, 개인은 자신의 성 정체성에 해당하는 역할에 갇히게 되어 긴장 상태를 유발할 수 있다.

자기. 넷째, **자기**self는 의식과 무의식이 통합된 정신 전체의 중심으로, 정신을 구성 · 통합하는 에너지를 공급한다. 자아가 의식의 중심이라면, 자기는 정신 전체의 중심이면서 정신 전체를 포함하고 있다. 진정한 '나', 즉 자기는 집단무의식 속에 있다. 개성화가 일어나지 않은 미성숙한 사람들은 자기가 무의식의 중심에 파묻혀서 다른 원형과 콤플렉스를 인식하지 못한다. 그러나 개인이 성숙 · 발달 및 개성화되면서 자아와 자기의 관계가 밀착되면, 전체 성격구조에 대한 인식이 확대되어 자기실현을 삶의 궁극적 목표로 삼게 된다. 개인이 자신의 성격기능을 완전히 발현할수록, 자기 원형과 접촉하여 무의식에 저장된 내용을 의식으로 더 많이 가져올 수 있게 된다.

융에 의하면, 개인은 무의식을 의식으로 통합하여 온전해지게 되면, 불교 또는 힌

두교의 만다라 같은 상징물을 그리게 된다. **만다라**^{mandala}란 상 징의 형식을 그림으로 나타낸 불화의 일종으로, 수 세기 전부 터 신, 존재, 온전함 등을 표현하는 원형 그림을 말한다. 융은 만다라를 개성화 과정에서 이루어지는 그림이라 믿었고, 신경 증과 조현병 환자에게 만다라를 그리게 하는 치료법이 효과가 있음을 입증하기도 했다.

그림 3-6. 만다라 도식

콤플렉스.   끝으로, **콤플렉스**^{complex}란 개인무의식의 고통스러운 생각, 기억, 감정들 이 특정 주제를 중심으로 연합되어 심리적 복합체를 이룬 것을 말한다. 이 개념은 융 이 단어연상검사를 통해 발견한 심리구조를 지칭하기 위해 창안한 것으로, **원형적 핵**^{archetypal core}을 강조한다는 점에서 다른 이론에서의 개념과 구분된다. 즉, 분석심리치 료에서의 콤플렉스는 개인무의식과 집단무의식의 요소를 지니고 있고, 원형과 관련 된 핵심주제(예 아버지 콤플렉스, 어머니 콤플렉스, 순교자 콤플렉스, 구세주 콤플렉스)를 중심으로 구성된다. 이는 개인이 의식하지 못하는 상태에서 부정적인 영향을 미치므 로, 콤플렉스를 의식화하는 것은 치료의 중요한 목표가 된다.

개성화

개성화^{individuation}란 개인의 심리기능, 태도, 콤플렉스, 억압된 자기의 부분들에 대한 의식의 발달을 말한다('**개별화**'라고도 함). 즉, 의식의 중심인 자아가 개인의 정신 전체 의 중심인 자기를 향해 가는 것을 뜻한다. 이것이 바로 **자기실현**^{self-actualization}의 과정 이다. 자기실현의 과정은 '나를 찾아 떠나는 여행'이다. 융은 자기를 찾는 것이 삶의 목표라고 믿었다. 자아가 자기를 찾으러 떠나는 여행이 바로 삶이라는 것이다. 그러 면 자기를 찾는 여행을 언제 떠나야 할까? 융은 젊은 시기에는 불가능하다고 생각했 다. 사회생활을 하려면 감출 건 감추고, 가면을 쓸 때는 써야 하기 때문이다.

그러나 중년이 되면 비로소 자기실현을 할 수 있는 기회가 온 다. 자기실현을 위해서는 이전에는 보지 못했던 자신의 무의식 을 들여다봐야 한다. 그러기 위해서는 용기 있게 마음의 문을 열고, 자신의 무의식과 대면하고, 페르소나 속에 있는 자기를 들여다봐야 한다. 그리고 자신의 심리적·정신적 양성성을 인 정해야 한다. 즉, 남성은 내면의 아니마를 인식하고, 여성은 내면의 아니무스를 알아야 한다. 이를 통해 남성성 또는 여성성이라는 굴레에서 벗어나게 되면, 의식적·무의식적으로 **참자기**^{true self}를 만나게 된다. 이러한 자기실현의 여행('개별화 과정')은 개인의 생명이 다할 때까지 계속된다. 자기는 무한한 가능성과 잠재성을 가지고 있다. 자아는 죽을 때까지 자기가 가지고 있는 잠재성과 무한한 가능성을 열어야 한다.

상징

상징^{symbol}이란 무의식에 있는 원형을 투사한 내용을 말한다. 원형은 끊임없이 개인의 꿈, 환상, 환영, 신화, 민화, 예술, 동화 등에서 상징으로 표현된다. 상징은 정신의 표현인 동시에 인간성의 모든 면이 투영된다. 프로이트가 상징을 아동기 초기에 욕동을 억압·관리하는 방법을 나타내는 것이라고 한 것과는 달리, 융은 상징을 자기가 무의식을 의식화하기 위해 사용하는 방법이라고 믿었다. 또 상징은 원형에서 기인하고 정신에 의해 변형된 것으로, 온전해지기 위해 자각·통합할 필요가 있는 자기의 중요한 부분을 나타낸다고 보았다. 이에 사람들은 삶에서 계속해서 상징을 발견하게 되는데, 의식화를 통해 그 의미를 이해할 수 있게 되고, 의식화할 수 있는 만큼 더 온전한 삶을 영위할 수 있게 된다.

동시성

동시성^{synchronicity}이란 관계가 없는 것 같은 두 개의 사건이 어떤 관련이 있는 것처럼 동시에 일어나는 현상을 말한다. 예컨대, 이전에 한 번 가 본 것 같은 느낌이 들거나, 우연히 만난 사람이 어디선가 본 듯하다거나, 꿈에 나타났던 지인이 세상을 떠났다는 소식을 접하게 되는 경우는 동시성의 예에 속한다. 다른 심리학자들과는 달리, 융은 동시성에 관심이 있었다. 그는 동시성 현상이 우연히 발생하는 것이 아니라, 우리가

모르는 어떤 작용에 의해 발생하는 것이라고 믿었다('우연처럼 보이는 필연'). 물질세계에서 벌어지는 사건들은 인과관계가 있다. 즉, 하나의 사건이 원인으로 작용해서 다른 사건이 결과 사건으로 나타난다. 이때 원인이 되는 사건과 결과가 되는 사건은 시간적·공간적 제약을 받는다. 그러나 융은 정신세계에서 일어나는 사건들은 시간적·공간적 제약을 받지 않는다고 보았다. 이때 융이 말하는 정신은 무의식을 말한다. 의식은 감각과 경험을 통해 세계를 부분적으로 인식하지만,

무의식은 세계를 명료하지는 않지만 전체적으로 인식한다. 그래서 무의식이 의식에게 전체적인 방향을 알려 주기 위해 신호와 메시지를 보낸다.

성격발달

끝으로, 분석심리치료(AP)에서 성격이론의 핵심은 전체성이다. **전체성**^{totality}이란 개인은 여러 부분의 합이 아니라, 하나의 통합적 전체라는 의미다. 이 이론에서 개인의 성격 전체는 '**정신세계**^{psyche}'로 불린다. 개인은 전체성을 지니고 태어나 분화와 통합을 반복하면서 전체성을 발현한다. 전체성에는 개인의 사고, 감정, 행동, 의식과 무의식이 포함된다. 이는 무의식과 그 영향력을 중시한다는 점에서 정신분석과 맥을 같이 하고 있다. 게다가 무의식의 의식화 과정이 개인의 성숙에 중요함으로 강조하는 것 역시 공통적이다. 단, 정신분석에서는 무의식을 성욕처럼 미숙하고 비합리적인 것으로 여기는 반면, 분석심리학에서는 개인의 삶의 방향을 제시하는 지혜로 간주한다. 또 전자에서는 증상을 과거 상처의 결과로 보지만, 후자에서는 미래에 나아갈 방향을 알려 주는 신호로 본다. 분석심리학에서는 인간의 발달과정을 ① 아동기, ② 청소년기, ③ 중년기, ④ 노년기로 나누고, 단계별 성격 발달을 무의식의 변화과정에 초점을 맞춘다.

아동기. **아동기**^{childhood}는 출생에서부터 사춘기('성적 성숙기')에 해당한다. 이 시기의 아동은 주로 본능 에너지에 의해 행동하는 동시에 자아가 형성되기 시작한다. 이러한 이유로 아동의 정서적 안정과 질서 있는 생활을 위해 아동의 에너지 방향을 잡아주는 부모의 역할이 요구된다. 학령기가 시작되면서 아동은 부모의 품을 벗어나게 되고 **심리적 자궁**^{psychological womb}에서 빠져나오기 위한 노력을 시작한다.

청소년기. **청소년기**^{adolescence}(사춘기~청년기)는 이차 성징기인 사춘기의 생리적 변화에서 시작된다. 이 시기에 청소년은 생리적 변화뿐 아니라, 정신적으로도 급격히 성장한다('**정신적 탄생기**'로 불림). 청년기로 이어지면서 개인은 사회생활 적응을 위한 다양한 방법을 축적한다. 그러나 아동기의 환상에 집착하여 현실을 인식하지 못해 적응방식을 제대로 습득하지 못하는 경우, 청소년은 적응에 어려움을 겪게 된다. 특히, 이 시기에 청소년과 청년들에게는 성적 욕구에 의한 심리적 혼란, 그리고 과민성과 정서적 불안으로 인한 열등감이 형성될 수 있다. 즉, 성인으로 발돋움하기보다 어린아이 상태로 머무르려는 경향성이 심리적 문제의 원인으로 작용한다('어린아이 원형^{child prototype}').

중년기.   **중년기**^{middle age}(만 35세~40대 후반)는 융이 깊은 관심을 보였던 시기다. 이 시기에 융은 심한 정신적 위기를 겪으면서 자신의 내면 탐색, 즉 꿈과 창조적 작업을 통해 무의식 탐색에 몰입했다. 또 삶에서 중요하다고 여겼던 것들이 더 이상 중요하지 않게 느꼈고, 삶이 공허하고 무의미하다는 생각에 빠지는 등 중년기 특유의 적응 문제를 겪었다. 이런 와중에도 그는 우울을 호소하는 사회적으로 성공한 중년기 환

자들을 치료했다. 중년기의 특징은 젊은 시절 외향적이고 물질지향적 태도로 외부세계에 적응하기 위해 투입되었던 에너지가 내향적 · 정신적 관심과 가치로 변화 · 확대되는 것이다. 즉, 내면적 사색과 명상을 통한 자기실현과 진정한 삶의 의미 탐색에 관심을 갖게 된다.

노년기.   **노년기**^{old age}는 자신의 무의식 세계에 깊은 관심을 갖는 시기다. 인간의 심리적 발달은 이 시기에도 계속된다. 이 시기는 삶의 성찰을 통해 삶의 경험과 의미를 이해하고, 내세에 관심을 기울이게 되면서 지혜를 쌓아간다. 융은 내세를 무의식에 바탕을 둔 다양한 종교와 신화의 공통 주제로 보았다.

🚪 치료기법과 과정

분석심리치료(AP)의 궁극적 목표는 개성화와 성격통합이다. 개성화는 무의식과 의식의 통합을 통해 자기실현을 성취하는 것이다. 이는 분화과정에서 상실한 전체성을 회복하는 것이다. 이러한 목표 성취는 개인이 그동안 경험되지 않았던 자기의 부분들, 억압되었던 자기의 측면들, 분열된 자기의 부분들에 대한 탐색 · 발견을 통해 이루어진다. 이는 '사고' 유형의 개인은 '감정' 측면과의 접촉, 태도가 내향적이면 외향적 측면의 발견, 기억과 콤플렉스를 억압했다면 이들과의 접촉을 위해 노력해야 한다. 분석심리치료의 목표는 내담자의 경험, 성격, 삶의 의지에 따라 다르다. 즉, 대체로 생애 전반기 내담자의 치료는 현실(가정 및/또는 직장생활) 적응을 위한 자아강화에, 후반기(중년기 이후) 내담자는 자기실현(삶의 의미 발견, 내면적 존재 경험)에 초점을

둔다. 치료목표 성취를 위해 상담자는 내담자의 무의식을 의식화하여 분열된 마음의 요소를 통합하고 전체성을 회복하여 자기실현을 돕는다.

치료기법

분석심리치료(AP)의 목표성취를 위한 주요 기법으로는 ① 꿈 분석, ② 전이와 역전이 분석, ③ 적극적 상상이 있다.

꿈 분석.   첫째, **꿈 분석**^{dream analysis}은 내담자의 무의식 탐색을 위해 꿈을 분석·해석하는 기법이다. 분석심리치료에서 꿈은 개인의 정신세계를 나타내는 자원으로, 상징과 심상을 통해 무의식 상태와 변화를 보여 준다. 정신분석에서 꿈 분석은 억압된 성적 욕동과 무의식적 갈등 탐색이 목적이라면, 분석심리치료에서는 마음 깊은 곳에서 들려오는 지혜로운 존재의 메시지 탐색에 의미를 둔다. 꿈 분석은 일련의 꿈들을 연결하여 분석·해석하기도 하는데, 내용이나 주제가 반복되는 꿈들은 개인에게 중요한 의미가 있는 원형의 발현으로 해석된다. 어린 시절의 꿈 또는 악몽처럼 강한 감정이 내재된 꿈은 개인의 삶에서 중요한 요인과 연관된 무의식이 표출된 것으로 본다. 이처럼 분석심리치료에서 꿈은 내담자의 콤플렉스를 이해·해소에 필요한 자원을 얻는 통로인 동시에 진정한 본성에의 접속 방법으로 간주한다.

전이와 역전이 분석.   둘째, **전이와 역전이 분석**은 개인의 무의식을 타인에게 투사하여 내보이는 것에 대한 의미를 명료하게 설명해 주는 작업이다. 전이와 역전이에는 내담자와 치료자의 개인무의식뿐 아니라, 집단무의식에서 발현된 원형의 주제가 포함되어 있다. 전이는 개인의 통합되지 못하거나 억압된 부분이 치료자에게 투사·재현되는 것으로, 내담자의 내면 상황, 기대, 콤플렉스, 공상, 감정을 드러내면서 과거와 현재를 이어 준다. 전이 분석을 통해 어떤 원형이 내담자에게 영향을 주었는지 이해할 수 있고, 이와 관련된 꿈 또는 환상을 통해 해결의 단서를 찾을 수 있다. 치료과정에서 치료자 역시 내담자에게 역전이를 나타낼 수 있다. 역전이는 내담자에 대한 치료자의 반응을 반영하는 것으로 유용한 정보를 담고 있다. 이 속에는 치료자의 무의식을 자극하는 내담자의 심리적 속성과 무의식의 내용이 반영되어 있다.

적극적 상상.   셋째, **적극적 상상**^{active imagination}은 무의식적 주제가 의식화되도록 자극하는 일련의 방법이다. 이 방법은 융의 자기분석을 바탕으로 창안된 기법이다. 적극적 상상에서 내담자는 내면적 심상이 활성화될 수 있도록 마음에 집중함으로써 자신의 내면적 심상과 변화를 관찰한다. 심상의 움직임이 멈추면, 내담자는 자신의 경험을 글, 그림, 춤 등으로 나타낸다. 그러나 이 기법은 무의식에 휩쓸리지 않을 만큼 자아의 기능이 강하거나, 성숙한 내담자에게만 적용할 수 있다는 한계가 있다. 분석심리치료에서는 무의식 과정의 의식화를 위해 다양한 활동을 활용한 창조적 기법들이 사용된다(예 그림 그리기, 조각, 놀이 등).

치료과정

분석심리치료(AP)에서는 내담자가 자신의 문제와 증상 해소뿐 아니라, 정신세계를 통합하여 진정한 자기실현을 돕는다. 개인이 심리적 문제를 겪게 되는 이유는 정신세계가 통합되지 못하고 여러 체계로 분화·분열되어 기능하기 때문이다. 분석심리치료는 일정한 치료과정과 방법을 적용하기보다는 내담자에 따라 유연하게 4단계(① 고백, ② 해석, ③ 교육, ④ 변환)로 진행된다(Jung, 1954).

1단계: 고백.　**고백**confession **단계**에서 내담자는 자신의 억압된 감정 또는 숨겨진 비밀 등을 치료자에게 토로·공유한다. 이는 카타르시스를 유발하여 내담자는 개인무의식에 억압되어 있던 그림자를 알아차림으로써 치유 효과를 얻게 된다. 그러나 만일 내담자가 의식에만 집착한 나머지 자신의 고통에 대해 합리적·이성적인 설명을 늘어놓거나 무의식에 고착되어 같은 주제를 반복한다면, 치유 효과는 기대할 수 없다.

2단계: 해석.　**해석**interpretation **단계**에서 치료자는 내담자의 꿈, 환상, 전이, 소망 등의 무의식적 의미에 대한 해석을 통해 내담자가 자신의 무의식에 대한 이해를 확대·심화할 수 있도록 돕는다. 이 단계에서 무의식의 의미에 대한 치료자의 부연설명 elucidation은 내담자의 삶이 긍정적으로 변화하는 데 도움을 준다. 그러나 무의식을 이해했다고 해서 곧바로 구체적인 행동 변화로 이어지는 것은 아니다. 이를 위해서는 교육 같은 추가적인 개입이 요구된다.

3단계: 교육.　**교육**education **단계**에서 치료자는 내담자의 변화에 필요한 지식과 정보를 전달한다. 무의식에 대해 통찰 또는 이해했다고 해서 오랜 기간에 걸쳐 내담자에게 형성된 습관은 쉽게 변화되지 않으므로, 교육을 통해 실질적인 행동 변화를 촉진한다. 이는 무의식에 대한 통찰을 현실세계에 적용하여 내담자의 행동 변화를 촉진하는 것으로, 정신분석의 훈습과 유사하다.

4단계: 변환.   끝으로, **변환**^{transformation} **단계**에서 치료자와 내담자는 깊은 수준의 인격적 교류와 상호작용을 통해 내담자의 변화를 유발한다. 이러한 변화는 치료자도 예외가 아니어서, 두 사람은 서로의 깊은 무의식 세계와 접촉하며 상호 영향을 미치게 되면서 심리적 변환이 일어난다. 융은 이 과정을 두 종류의 화학물질이 혼합되어 새로운 속성이 창조되는 현상으로 보았다.

아들러치료 / Adlerian Therapy

아들러치료(AT)는 오스트리아 비엔나의 정신의학자 알프레트 아들러가 창안한 **개인심리학**^{Individual Psychology}을 토대로 추종자들이 명명하고 발전시킨 심리치료 이론이다. 여기서 개인^{individual}이란 말은 단지 개인에게 초점을 둔다는 뜻이 아니라, 개인과 연계된 사람들을 포함한 개인의 전체적인 환경을 고려해야 한다는 의미를 담고 있다. 정신분석의 핵심 추종자였던 아들러는 프로이트, 융과 함께 심층심리학의 창시자로서, 행동의 동기에 깊은 관심이 있었

알프레트 아들러
(Alfred Adler,
1870~1937)

다. 그는 프로이트와는 달리, 인간의 문제를 성욕 본능과 억압에 따른 죄의식이 아니라 열등감 콤플렉스로 보았다. 또 삶에 대한 동기 에너지로 생물적 충동이나 성적 욕동보다는 주관적 감정의 중요성을 중시했다. 이로써 그는 자신의 이론을 정신분석과는 달리 희망적인 이론으로 심화시켰다.

아들러 이론의 발전에 공헌한 또 다른 인물로는 아들러의 제자이자 동료인 오스트리아 비엔나 태생의 루돌프 드라이커스가 있다. 1937년 아들러가 세상을 떠나자, 미국으로 이주한 드라이커스는 개인심리학을 임상에 적용하는 방법을 개발·확장했다. 그는 심리학 원리를 교육, 자녀양육, 개인·집단·가족치료에 접목한 장본인이다. 아들러와 마찬가지로, 드라이커스는 격려를 행동과 관계 개선의 핵심요소로 여겼고, 개인심리학을 아동 비행의

루돌프 드라이커스
(Rudolf Dreikurs,
1897~1972)

목적에 대한 이해와 처벌이나 보상 없이 협력적 행위를 자극하는 실용적 방법을 개발·적용했다. 이 외에도, 개인심리학의 발전에 기여한 인물로는 단 딩크마이어(Don Dinkmeyer, 1924~2001)가 있다.

인간관

아들러는 자신의 이론을 '분할할 수 없는^{indivisible}'의 의미의 라틴어 'individuum'을 원용하여 **개인심리학**^{Individual Psychology}이라 명명했다. 개인은 분할할 수 없는 전체^{whole}로, 가족·사회·문화적 맥락에서 태어나 양육되어 삶을 영위하는 존재이므로, 성격은 오직 전체적^{holistic}이고 체계적으로 이해될 수 있다는 의미다. 개인심리학의 관점에 의하면, 인간은 ① 사회적, ② 전체적, ③ 창조적, ④ 주관적 존재다.

첫째, **사회적 존재**^{social being}란 개인이 성욕이 아니라 사회적 관심에 의해 동기화되고, 본능적 욕구보다는 목표추구 행동을 통해 생애 과제를 처리한다는 의미다. 또한 결정론적 운명의 희생자가 아니라, 사회에서 협력적으로 살아가는 주체자로, 생애 초기 5~6년간의 경험을 통해 독특한 생애 유형을 발달시키며, 평생에 걸쳐 일관성 있게 유지한다는 것이다. 이 가정은 행동의 의식적 측면이 개인 성장의 중심이 된다는 성장모형에 근거한다.

둘째, **전체적 존재**^{whole being}란 통일되고 자아 일치된 유기체로, 의식과 무의식, 원초아·자아·초자아로 분리할 수 없는 완전한 전체를 뜻한다. 아들러는 자아 일치된 통합적 성격구조를 개인의 생활양식으로 보았다. 이는 인간을 전체적·총체적 존재로 보고자 하는 아들러의 입장을 함축하고 있다.

셋째, **창조적 존재**^{creative being}란 개인마다 창조적 힘이 있어서 자유롭고 의식적인 활동을 통해 자신의 인생을 좌우할 수 있음을 의미한다. 사고, 감정, 신념, 확신, 태도, 특성, 행위 등은 바로 개인의 독특성 표현인 동시에, 스스로 택한 삶의 목표를 향해 나아가게 하는 생애 계획을 반영한 것이다. 또 성격은 유전과 환경 이상의 산물로, 창조적 힘은 개인의 지각, 기억, 상상력, 환상, 꿈 등에 영향을 주어, 개인이 자율적 결정을 통해 생활을 설계하도록 하는 원동력이다.

끝으로, **주관적 존재**^{subjective being}란 사람은 자신의 **통각도식**^{apperception schema}과 일치하는 방향으로 자신이 설계한 세계 속에서 살아가게 됨을 의미한다. 이는 현상학

phenomenology에 기초한 것으로, 개인이 자신과 적응해 나가야 하는 환경을 어떻게 보느냐에 따라 행동이 결정된다는 가정이다. 그 예가 현재와 미래에 대한 개인의 사적 신념인 **허구적 목적론**이 행동을 규제하고, 개인은 이 목표에 따라 동기화되는 것이다. 따라서 행동은 개인의 주관적 현실지각이 반영된 것으로 간주된다. 아들러치료의 기본가정을 요약·정리하면 글상자 3-7과 같다.

글상자 3-7. 아들러치료의 기본가정

1. 인간은 본성적으로 전체적·사회적·현상학적·목적론적·창조적 존재다.
2. 개인의 모든 행위에는 목적이 있고, 사회적 힘에 의해 동기가 강화된다.
3. 무의식보다 행동의 의식적 측면이 성격발달에 영향을 미친다.
4. 행동은 유아기에 가족과의 사회적 상호작용 결과로 형성된다.
5. 인간은 누구나 불완전하고, 열등감을 느끼는 존재다.
6. 개인은 자기, 삶, 타인에 대한 독특한 관점을 발달시키고, 단기·장기 목표를 세워 행동에 동기를 부여하고, 그것이 발달에 영향을 미친다.
7. 열등감은 더 높은 통제력과 능력 성취를 위한 원동력이다('우월성 추구').
8. 출생순위(첫째, 둘째, 중간, 막내, 외둥이)는 성격발달에 영향을 미친다.

핵심개념

아들러치료(AT)의 핵심개념으로는 ① 사회적 관심, ② 생활양식, ③ 열등 콤플렉스와 보상, ④ 우월성 추구, ⑤ 가족구도와 출생순위, ⑥ 허구적 목적론, ⑦ 기본실수, ⑧ 신경증이 있다.

사회적 관심

첫째, **사회적 관심**social interest은 개인이 지역사회의 일부라는 의식이고, 사회적 관계를 다루는 개인의 태도이며, 더 나은 미래를 위한 노력이다. 아들러는 세 가지 생애과업(① 사회society, ② 일work, ③ 성sexuality)을 제시하면서 사회적 관심과 기여를 정신건강의 준거로 여겼다. 그에 의하면, 인간은 성장·미래·목표지향적이고, 전인적이며, 통합적으로 기능하는 존재다. 또 열등감 극복과 우월감 추구를 위해 행동하고, 타인과 유대를 맺으며, 사회적 관심이 있는 존재다. 사회적 관심이 있는 사람의 특징은 자신과 타인에게 책임감이 있고 협력적이며 긍정적인 정신건강 상태를 유지한다. 반면, **신경 증**neurosis은 삶에서 요구되는 과업을 회피한 결과이며, **증상**symptom은 삶의 과업에서 지각된 불행한 미래로부터 개인을 보호하는 기능이 있다고 간주한다.

생활양식

둘째, **생활양식**style of life이란 사회적 삶의 근거가 되는 기본 전제와 가정으로, 삶의 목표를 향해 나아가는 개인의 독특한 방식을 말한다. 생활양식에는 생애목표, 자기개념, 가치관, 태도 등이 포함된다. 이는 성격을 움직이는 체계화된 원리로, 부분에 명령을 내리는 전체의 역할을 한다. 개인은 행위자actor, 창조자, 삶의 예술가로서, 의미 있는 목표를 추구하면서 고유한 생활양식을 만든다. 이에 똑같은 생활양식은 존재하지 않는다. 우월성 추구는 개인에 따라 지능, 예술적 재능, 혹은 운동능력을 발달시킨다.

  생활양식은 개인의 독특한 열등 콤플렉스 극복을 위한 노력으로, 만 4~5세경에 형성된 틀에 따라 경험이 동화되고 활용된 결과다. 이때 형성된 개인의 태도, 감정, 통각은 고정되어 기계적으로 기능하게 되어, 그 후의 생활양식은 잘 변하지 않는다. 성장과정에서 습득하는 독특한 생활양식은 이미 형성된 생활양식이 구체화·특수화되는 것에 불과하다. 생활양식은 사회적 관심과 활동 수준에 따라 ① 지배형the ruling type, ② 획득형the getting type, ③ 회피형the avoiding type, ④ 사회적 유용형the socially useful type으로 나뉜다(표 3-1 참조).

표 3-1. 생활양식의 네 가지 유형

유형	특징
1. 지배형	○ 독단적·공격적·활동적이지만, 사회적 인식·관심이 거의 없는 반면, 비사회적인 면에서 활동적이고, 타인에게 관심이 없이 행동하는 유형
2. 획득형	○ 욕구충족을 위해 남에게 의존하면서 가급적 많은 것을 얻어내는 데 주된 관심이 있는 유형
3. 회피형	○ 사회적 관심 부족으로, 사회활동 참여를 꺼리며, 실패에의 두려움으로 생활과제 수행을 피하는 유형
4. 사회적 유용형	○ 높은 사회적 관심으로 자신과 타인의 욕구를 동시에 충족시키고, 생활과업 완수를 위해 다른 사람들과 협동할 수 있는 심리적으로 건강한 유형

열등 콤플렉스와 보상

셋째, **열등 콤플렉스**^{inferiority complex}는 주관적으로 인식된 열등감이 행동으로 표현되는 현상이다. 열등 콤플렉스의 원인은 아동기의 의존성과 무능감에서 오는 결핍감과 불안감이다. **열등**^{inferiority}은 객관적인 반면, **열등감**^{inferiority feelings}은 열등에 대한 개인의 주관적 인식이다. 이는 일생을 통해 개인의 삶에 영향을 미치는데, 신체, 정신, 사회적 여건 등의 결함에 의해 더욱 조장되기도 한다. 반면, 열등 콤플렉스는 동기유발의 동력으로 작용하여 개인의 성장·성취·보상 방향으로 나아가는 힘을 제공한다. 열등 콤플렉스는 결점 또는 비정상적인 것이 아니라, 누구에게나 존재한다. 열등 콤플렉스의 일반적인 원인으로는 ① 열등한 신체기관, ② 부모의 과잉보호, ③ 부모의 방치를 꼽을 수 있다.

열등한 신체기관. **열등한 신체기관**^{inferior physical organs}은 성장이 억제되거나 전체 혹은 부분이 변형된 신체 부분을 말한다. 그러나 중요한 것은 열등한 기관 자체가 아니라, 이에 대한 개인의 태도다. 긍정적 태도는 바람직한 보상으로 나타나지만, 부정적 태도는 열등감이 삶의 전반에 퍼져 과장된 열등감 또는 열등 콤플렉스를 초래하여 성격특성으로 자리 잡는다. 그리고 심한 경우, 부적응과 정신장애로 이어진다.

부모의 과잉보호. **부모의 과잉보호**^{parental overindulgence}, 특히 반대 성 부모의 과잉보호는 열등 콤플렉스의 원인이 된다. 이러한 입장은 미해결된 오이디푸스 콤플렉스를 신경증의 원인으로 보았던 프로이트와는 다르다. 개인심리학에서는 부모의 과잉보호로 인해 형성되는 기본 패턴을 응석받이로 자란 아이가 피상적인 우월감을 갖게 되어 남들의 존경과 복종을 기대하다가 현실과의 불일치로 결국 열등 콤플렉스에 빠지게 된 것으로 간주한다.

부모의 방임. **부모의 방임**^{parental negligence} 하에 성장한 아이는 사랑, 협력, 우호성을 경험하지 못하고, 타인을 신뢰하지 않게 되어 열등 콤플렉스에 빠진다. 이는 삶의 과정에서 다양한 문제의 원인이 되고 문제해결을 위한 자원을 한정시킨다. 그 결과, 이들은 종종 차갑고, 의심이 많으며, 남을 신뢰하지 않고, 쉽게 경직되며, 질투가 많고, 미움이 가득 찬 사람으로 성장하게 되어 사회적 관계 형성에 어려움을 겪게 된다. 열등 콤플렉스에 대한 보상 노력은 '우월성 추구'로 나타난다.

우월성 추구

넷째, **우월성 추구**^{striving for superiority}는 마이너스 위치^{minus position}에서 플러스 위치^{plus position}로 끝없이 나아가려는 인식된 동기다. 이는 누구나 추구하는 궁극적인 목적으로, 단순히 열등감 극복을 위한 소극적 입장이 아니라, 적극적으로 잠재력을 충족시켜 완전·완성을 위한 분투^{striving}다. 우월성은 자기실현, 자기성장, 자기완성과 유사한 개념으로, 사회적 유용성과 결부된 것이다. 즉, 부족한 것은 채우고, 낮은 것은 높이며, 미완성 상태의 것은 완성하고, 무능한 상태는 유능한 상태로 만드는 경향성이다. 건강한 삶을 영위하는 사람은 사회적 관심이 있고, 바람직한 생활양식을 기반으로 우월성을 추구하는 특징이 있다. 이는 **성공**(자신이 할 수 있는 최상의 상태가 되는 것)을 위한 분투(완전상태가 되기 위한 분투^{striving for perfection})로 이어진다.

가족구도와 출생순위

다섯째, **가족구도**^{family constellation}는 가족 내에서 가족원 간의 관계유형 또는 자각을 발달시키는 관계체계다. 가족구도의 결정요소로는 가족원들의 성격유형, 정서적 거리, 연령차, 출생순위, 상호 지배와 응종 관계, 가족규모등이 있다. 이러한 요소들은 가족원들의 성격발달에 영

향을 미친다. 가족구도의 대표적인 예는 **출생순위**^{ordinal birth position}(맏이, 둘째, 중간, 막내, 독자)다. 이는 같은 부모 사이에서 태어나 자란 자녀라도 출생순위에 따라 사회·심리적 환경의 차이로 인해 독특한 생활양식을 형성한다는 사실을 나타낸다. 단, 출생순위는 개인의 해석 또는 가족 내 자녀의 심리적 위치보다는 덜 중요하다.

맏이. **맏이**^{firstborns, oldest child}는 태어나면서 부모의 사랑과 주변 어른들의 관심을 독차지한다. 외둥이로 지내는 동안 맏이는 관심의 중심에 있으면서 가족의 '군림하는 지배자'로, 버릇없이 자라면서 안정, 성취, 용기, 기쁨 등으로 사회화된다. 또한 의존적이고 노력을 어려워하는 경향을 보이고, 남보다 앞서려고 노력하는 경향이 있으며, 부모의 부재 시 책임을 느끼고 부모의 대리인 역할을 하고자 한다. 그러나 동생이 태어나면 자신이 관심의 집중이 되던 지위를 상실하게 되어 **폐위된 왕**^{dethroned king}'에 비

유되기도 한다. 맏이는 지위에서 내몰리는 경험 때문에 화를 잘 내게 되면서도 권력의 중요성을 깨닫게 된다. 이에 맏이는 흔히 동생들의 본보기가 되고, 동생들을 부리며, 높은 성취욕을 나타냄으로써 과거의 영화를 회복한다. 만일 지위를 되찾지 못하게 되면, 거듭된 실패로 스스로 고립되어 적응해 나가며, 애정이나 인정을 얻고자 하는 욕구에 초연해 홀로 생존하는 전략을 습득한다. 따라서 남들과 좋은 관계를 맺으며, 기대에 쉽게 순응하고, 사회적 책임을 잘 감당하는 특징을 보인다.

둘째 아이.　**둘째 아이**^{secondborns, second child}는 태어나면서 맏이만큼 주위의 주목을 끌지 못한다. 힘과 권력에 별 관심을 보이지 않지만, 마치 경주에 참가한 선수가 최선을 다해 달리는 것처럼 행동하면서 항시 전력을 다하는 경향을 보인다. 이는 마치 맏이를 추월하기 위해 훈련하는 것처럼 보인다. 왜냐하면 경쟁상대 맏이가 이미 앞서서 뛰고 있는 것처럼 여겨지기 때문이다. 이러한 경쟁심은 성인이 되어서까지 이들의 생활양식에 영향을 미친다. 즉, 자신이 맏이보다 낫다는 사실을 입증하기 위해 경쟁적으로 노력하는 생활양식을 형성한다. 그 결과, 둘째 아이는 맏이에 비해 외향적이고, 태평하며, 창의적이고, 규칙에 영향을 받지 않는 성향을 보인다. 게다가 맏이가 어느 한 분야에 두각을 나타내면, 둘째 아이는 다른 분야에서 인정받기 위해 노력함으로써, 맏이와 상반되는 성격이 형성된다.

중간아이.　**중간 아이**^{middle child}, 즉 가족의 중간에 태어난 아이는 형제들의 중간에 끼어 있다는 점에서 압박감과 불공평한 대우를 받는다고 느낀다. 이들은 스스로에게 연민을 느끼며("나는 참 불쌍해!") 자라게 되어 가족 내에서 문제아가 될 가능성이 크다. 중간 아이는 맏이나 막내와는 달리 다른 형제들과 친밀하거나 동맹관계를 형성하지 않는다. 형제들 중간에 끼어 있는 특성 때문에 가족의 역학관계와 협상 기술을 터득하여 갈등이 발생하는 경우, 중간 조정자 역할을 하기도 한다. 또 이 기술을 활용하여 원하는 것을 얻기 위해 상황을 조정하거나 성공 가능한 분야를 택하게 된다. 만일 네 명의 자녀가 있는 가정이라면, 둘째 아이는 중간 아이와 같은 감정을 느끼게 되고, 셋째아이는 더 느긋한 성향으로 사회성이 높으며, 맏이와 친한 관계를 형성하는 경향이 있다.

막내.　**막내**^{youngest child}는 어려서부터 다른 형제들로부터 관심과 사랑을 한 몸에 받는다. 또 손아래 형제에게 지위 상실의 경험이 없어서 매력적인 귀염둥이 아기로 자라는 경향이 있다. 게다가 과잉보호로 인해 무력감이 독특한 형태로 발달하고, 타인의 도움 받는 것을 당연시한다. 그러나 가족 중 누구도 시도하지 않은 길을 택하고, 자신만의 방식대로 살아가면서 손위 형제들에 대한 모델링을 통해 큰 성취를 이루어 이들보다 나은 삶을 살기도 한다. 반면, 가족 내에서 가장 어린 자 혹은 가장 약한 자로서의 열등감이 성격으로 자리 잡거나, 버릇없고 의존적인 귀염둥이의 역할을 벗어나는데 어려움을 겪을 수 있다.

외둥이.　**외둥이**^{only child}는 경쟁할 형제가 없으므로 의존심과 자아중심성^{egocentrism}이 현저하게 나타나는 응석받이가 되기 쉽다('독자'로도 불림). 외둥이는 강한 성취동기를 지닌 맏이와 비슷한 면을 지니면서도, 물건을 나누어 갖거나 협력에 익숙하지 않은 반면, 원가족 내에서의 경험을 통해 어른 다루는 법은 능숙하다. 외둥이는 부모가 애지중지 키우게 되면서 부모 중 한 명 또는 두 사람 모두에게 의존성을 보일 수 있다. 또 맏이처럼 관심의 초점이 된다는 이점이 있어서 조기에 성숙하고 높은 성취를 이루는 특징이 있다. 외둥이는 어려서부터 혼자 지내는 시간이 많으므로, 풍부한 상상력을 발달시킬 수 있다. 반면, 응석받이로 자라거나 이기적인 성향이 나타날 수 있고, 사회화가 잘 이루어지지 않을 수 있다. 또 항상 무대의 중심에 서길 원하므로, 자신의 지위에 도전받으면 불공평하다고 느끼게 된다. 바로 위 형제와 7년 이상 터울이 지는 아이는 심리적으로 외둥이에 해당한다.

허구적 목적론

여섯째, **허구적 목적론**^{fictional finalism}이란 개인의 행동을 이끄는 상상 속의 허구, 이상, 또는 중심목표를 말한다. 사람들은 자신의 가치와 이상에 부합하는 허구를 만들어 내는데, 이런 허구는 행동의 기초로 작동한다. 사람들은 허구적 목적을 통해 열등감을 극복하고 완전을 추구한다. 허구적 목적은 주관적·정신적으로 현재의 행동에 영향을 주는 노력과 이상으로 지금·여기에 존재하지만, 현실에서 검증 또는 확인될 수 없는 가상의 목표다. 아들러는 현재를 과거의 산물로 보는 프로이트의 입장('결정론')을 부인하지는 않았지만, 개인의 행동은 과거 경험보다는 미래에 대한 기대와 목적에 더 좌우된다('목적론')고 보았다. 그에 의하면, **허구**^{fiction}는 정신구조이자 마음의 창조물로, 긍정적 속성을 지닌 생각들이다. 이는 '마치 사실처럼' 가정하는 개인적 실현에 관한 가공적인 그림으로, 이를 통해 개인의 심리 상태를 이해할 수 있다. 검증이 가능한 가설과는 달리, 허구는 검증되지 않은 것으로, 현실적 타당성도 없지만, 개인에게 생동감을 준다는 특징이 있다.

기본실수

일곱째, **기본실수**basic mistakes는 초기 회상에서 파생되는 것으로, 생활양식의 자기파괴적 측면을 가리킨다. 이는 흔히 다른 사람들, 자기흥미self-interest, 또는 힘에 대한 욕구로부터의 회피 또는 철수를 의미한다. 기본실수는 허구가 그 원인이 되는 것으로 개인에 따라 다르다. 허구로 인해 사람들이 흔히 범하는 기본실수는 ① 과잉일반화, ② 안전에 대한 그릇된/불가능한 목표, ③ 삶과 삶의 요구에 대한 잘못된 지각, ④ 개인 가치의 최소화 또는 부정, ⑤ 잘못된 가치관으로 분류된다(Mosak & Maniacci, 2010). 기본실수의 범주와 그 범주에 속함을 나타나는 진술의 예는 표 3-2와 같다.

표 3-2. 기본실수의 범주

범주	진술
1. 과잉일반화	○ "사람은 누구나 믿을 수 있는 대상이 아니야."
2. 안전에 대한 그릇된/불가능한 목표	○ "세상은 온통 위험한 것 투성이야." ○ "나는 모든 사람을 기쁘게 해야 해."
3. 삶과 삶의 요구에 대한 잘못된 지각	○ "인생은 고달픈 과정이야."
4. 개인 가치의 최소화 또는 부정	○ "나는 바보야." "나는 나약한 여자에 지나지 않아."
5. 잘못된 가치관	○ "돈이면 모든 걸 다 할 수 있어."

치료과정에서 내담자들이 흔히 나타내는 기본실수의 예는 글상자 3-8과 같다.

글상자 3-8. 기본실수의 예

1. 사람은 믿을 수 없는 존재다.
2. 삶은 고독한 것이다.
3. 성공에 대한 확신이 없지만, 인정하고 싶지 않다.
4. 미소 짓는 염세주의자 역할을 한다.
5. 종교가 모든 정답을 가지고 있으므로, 나 스스로 생각할 필요가 없다.

6. 내가 배운 대로 하지 않으면, 벌 받는 것과 죄의식을 갖는 것은 당연하다.
7. 항상 남을 우선시하고 남에게 봉사해야 하므로, 나를 위해 시간을 활용할 권리는 없다.

신경증

여덟째, **신경증**^{neurosis}이란 개인에게 의미 있는 정동적 경험에 대한 반응으로 나타나는 심리적 또는 신체적 기능이상을 말한다. 적응하여 성장을 계속할 것인가? 아니면 부적응으로 인해 신경증을 겪을 것인가? 삶에서 세 영역의 과제를 어떻게 해결·적응하는지에 따라 정상성^{normality} 유지 및 지속적 성장 여부가 결정된다. 만일 과제를 적절히 해결·적응하지 못한다면, 성장 실패는 물론 신경증을 초래할 수 있다. 신경증은 아동기 초기에 시작되어 잘못된 생활양식에 의해 점진적으로 발달한다. 이렇게 발달한 신경증의 특징은 글상자 3-9와 같다.

글상자 3-9. 신경증의 특징

1. 자신과 주변 세계에 대해 부적절한 견해를 가지고 있다.
2. 자신에 대한 부적절한 견해를 방어하기 위해 다양한 형태의 비정상적인 행동에 의존한다.
3. 성공하지 못했다고 느끼는 상황에 직면하게 될 때, 방어적 행동을 나타낸다.
4. 타인의 입장을 고려하기보다 자기중심적 태도로 인해 시행착오가 발생한다.
5. 이러한 제반 과정에 대해 의식적으로 알아차리지 못한다.

그러면 신경증은 왜 발생하는가? 개인심리학에서 정상과 비정상^{abnormality}은 정도의 차이일 뿐 종류의 차이는 아니다. 적응적인 정상인은 사회적 관심이 있고, 삶의 도전에 성공적으로 대처하며, 삶의 세 가지 영역의 문제에도 적절히 대처한다. 프로이트는 신경증의 원인을 세 가지 성격구조 간의 심리내적 갈등^{intrapsychic conflict}으로 본 반면, 아들러는 성격구조를 구분하지 않고 성격을 총체적 개념으로 보았다. 즉, 신경증은 잘못된 삶의 결과이고, 잘못된 삶은 문제해결의 실패로 인해 발생하며, 실패는 협동심과 사회적 관심의 결여로 인해 발생한다고 보았다. 신경증의 발생조건은 글상자 3-10과 같다.

글상자 3-10. 신경증의 발생조건

1. 아동기의 열등감   3. 자기중심적 우월성 추구의 허구적 목적론
2. 열등감에 대한 부적절한 보상   4. 사회적 관심과 협동심 개발 실패
5. 과장된 허구적 자기 향상을 꾀하려는 부적절한 방법, 감정, 태도

치료기법과 과정

아들러치료(AT)의 목표는 **격려**encouragement를 통해 내담자에게 삶의 **용기**courage를 북돋 워 주어 사회적 관심을 갖게 하고, 재교육을 통해 잘못된 기본가정과 목표를 수정하 며, 생활양식의 **재정향**reorientation을 돕는 것이다. 치료자는 심리적 문제가 있는 내담자 를 용기를 잃고 자신감 · 책임감을 상실하여 **낙담**discouragement 상태에 있는 것으로 간 주한다. 이에 치료자는 내담자가 아무리 어려운 상황에서도 좌절하지 않고, 인내하 며, 끊임없이 자신을 격려하면서 용기를 잃지 않는 낙천적인 사람으로의 변화를 추구 한다(Maniacci et al., 2014). 치료목표 달성을 위해 아들러 치료자는 공통적으로 인지적 측면에 초점을 맞추지만, 정형화된 상담전략과 기법에 얽매이지 않고 다양한 치료 스타일을 적용한다. 아들러 치료 자들은 ① 평등관계 구축자, ② 모델 · 교사 · 사정관, ③ 직감 공유 자 · 감독자 · 격려자 역할을 한다.

치료기법

아들러치료(AT)의 주요 기법으로는 ① 직면, ② 질문, ③ 격려, ④ '마치 ~처럼' 행동 하기, ⑤ 수프에 침 뱉기, ⑥ 자기간파, ⑦ 과제 설정과 실행, ⑧ 단추 누르기, ⑨ 즉시 성, ⑩ 역설적 의도, ⑪ 악동 피하기, ⑫ 초기기억이 있다. 상담자는 내담자에게 가장 적합하다고 여겨지는 기법들을 창의적으로 적용한다.

직면. 첫째, **직면**confrontation은 내담자의 사적 논리 또는 신념에 도전해서 면밀한 검토 를 거쳐 통찰을 얻을 수 있게 하는 기법이다. 기본실수로 인한 내담자의 지배적인 생 활양식은 직면이 없는 한 지속될 것이다(Mosak, 2000). 직면은 해석과 함께 내담자가 잘못 설정한 기본가정과 목표를 깨닫게 하여 생산적인 신념으로 대체할 수 있도록 하

는 효과가 있다.

질문.   둘째, **질문**^{questioning}은 내담자가 미처 확인하지 못한 자신의 생활양식의 전반에 대해 검토할 수 있는 기회를 제공하기 위한 기법이다. "당신이 좋아진다면 무엇이 달라지나요?" 같은 개방질문을 통해 내담자가 깊은 수준에서 생활양식, 심리상태, 신념, 행동, 감정, 사고방식, 목표 등에 대해 탐색할 수 있도록 한다.

격려.   셋째, **격려**^{encouragement}는 신뢰를 기초로 내담자에게 용기를 북돋워 주는 언어적·비언어적 행동이다. 이 기법은 내담자에게 행동 변화의 가능성을 전달하고, 긍정적 생활양식의 선택을 돕는다. 사람들이 불행, 우울, 분노, 불안을 겪는 것은 성장 가능성, 그리고 자기 충족을 위한 모험 능력에 대한 자기신뢰가 부족하기 때문이다. 격려는 사람들의 내적 자원 개발을 촉진하고, 긍정적인 방향으로 나아 갈 용기를 준다. 또한 절망에 빠진 내담자가 심리적 어려움을 극복하고, 자신의 내적 능력 발견을 통해 "난 할 수 없어"라는 패배적 태도를 생산적 태도로 대체하게 하는 효과가 있다. 격려 기법을 적용한 예는 대화상자 3-1과 같다.

대화상자 3-1. 격려 기법을 적용한 대화의 예

> **내담자**: 제가 하는 일이 잘 안 돼서 요즘 너무 스트레스를 받고 있어요. (잠시 말이 없다가) 사실 저는 제가 맡고 있는 일을 어떻게 하면 된다는 것을 잘 알고 있거든요. 그런데 우리 과장님이 중간에서 일이 안 되는 쪽으로만 몰아가는 거예요.
>
> **상담자**: 정석 씨는 생산적이고 효과적으로 일할 수 있는 전략을 알고 있는 것 같은데, 그 전략을 들어 보고 싶군요.

'마치 ~처럼' 행동하기.   넷째, **'마치 ~처럼' 행동하기**^{Acting "As if"}는 내담자가 마치 자신이 원하는 상황에 있는 것처럼 상상하고 행동하게 하는 역할연기 기법이다. 이 기법은 한스 봐이힝거(Vaihinger, 1911)의 견해, 즉 개인은 자신이 설정한 세상에 대한 가정에 따라 자신의 세상을 창조한다는 주장을 응용한 것이다. '마치 ~처럼' 행동하기 기법을 적용한 예는 대화상자 3-2와 같다.

대화상자 3-2. '마치 ~처럼' 행동하기 기법을 적용한 대화의 예

> **내담자:** 저는 교수님들께 말을 걸기가 너무 힘들어요. 사실 통계학 중간시험 문제 하나가 잘못 채점된 것 같아서 교수님을 찾아뵙고 시정해 달라고 해야 하거든요. 근데 너무 떨려서 못하겠어요.
>
> **상담자:** 유나 씨는 교수님께 말을 거는 일이 힘드신가 봐요. 그렇지만 다음 주까지 통계학 교수님을 찾아뵙고 잘못 채점된 문항을 확인하고 시정 요청을 하고 오시기 바랍니다. 유나 씨가 마치 실수를 찾아내는 일에 자신 있고 교수님께 그 상황에 대해 자연스럽게 설명할 수 있는 사람처럼 행동해 보세요.

수프에 침 뱉기.   다섯째, **수프에 침 뱉기**^{Spitting in the Soup}는 내담자의 자기패배적 행동('수프')의 감추어진 동기를 인정하지 않음('침 뱉기')으로써 그 유용성을 감소시켜 행동을 제거하는 기법이다. 수프에 침 뱉기 기법을 적용한 예는 대화상자 3-3과 같다.

대화상자 3-3. 수프에 침 뱉기 기법을 적용한 대화의 예

> **내담자:** 회사를 위해 청춘을 바쳤는데, 승진에서 탈락시키다니…. 이런 회사에 남는 것이 무슨 의미가 있겠어요? 회사를 당장 그만둬야겠어요.
>
> **상담자:** 그럼 그렇게 해 보세요. 시후 씨는 그렇게 할 수 있는 선택권이 있으니까요.
>
> **내담자:** 네, 뭐라구요? 저더러 회사를 그만두라는 말씀이세요?
>
> **상담자:** 시후 씨는 "그래도 회사를 그만두면 안 되죠"라는 말을 듣고 싶어 하는 것 같아요. 그러다가 결과가 좋지 않으면 다른 사람에게 책임을 돌릴 수 있도록 말이에요.

자기간파.   여섯째, **자기간파**^{Catching Oneself}는 내담자가 허구적 목표달성을 위한 행동을 나타내려 할 때마다 이를 깨닫고, 마음속으로 '중지 혹은 그만^{stop}'이라고 외침으로써 비난이나 죄책감 없이 자기패배적 행동과 비합리적 신념이 반복되지 않도록 돕는 기법이다. 이 기법을 통해 내담자는 행동의 선택권이 자신에게 있음을 깨닫고, 자기패배적 행동을 하지 않는 것이 유익하다는 사실을 알게 된다. 자기간파 기법을 적용한 예는 대화상자 3-4와 같다.

대화상자 3-4. 자기간파 기법을 적용한 대화의 예

> **내담자**: 저는 화가 나기 시작하면 눈에 아무것도 보이지 않아요. 그러면서도 이성을 잃고 큰일을 저지르게 될까 염려가 돼요.
>
> **상담자**: 눈에 아무것도 보이지 않게 되거나 이성을 잃을까 염려되기 시작할 때, 성진 씨 마음속으로 "난 어떤 일이 일어날지 알아. 난 다르게 행동할 거야."라고 하면서 "그만!"이라고 외쳐 보세요.

과제 설정과 실행.　일곱째, **과제 설정과 실행**task setting and commitment은 내담자의 변화를 위해 설정된 현실적이고 소득이 따르는 일련의 과업이다. 과제는 단기간에 달성 가능한 목표를 설정·수행하다가 점차 긴 기간의 현실적 목표로 발전시킬 수 있게 설정된다. 내담자는 과제실행commitment을 통해 얻게 된 성공감으로 새로운 계획수립에도 자신감으로 임할 수 있게 된다. 만일 계획수립이 여의치 않다면, 다음 회기에 논의하여 수정한다. 과제 설정과 실행 기법을 적용한 예는 대화상자 3-5와 같다.

대화상자 3-5. 과제 설정과 실행 기법을 적용한 대화의 예

> **내담자**: 지난 일주일 동안 여성들에게 말도 걸고 데이트 신청도 해 보았는데, 너무나 어려웠어요.
>
> **상담자**: 일주일 내내 애쓰셨는데, 6일간만 더 시도해 보는 게 어때요?

단추 누르기.　여덟째, **단추 누르기**Push Button는 유쾌한 경험과 불쾌한 경험을 차례로 떠올리게 하여 각 경험에 수반되는 감정에 주의를 기울이는 기법이다. 이 기법은 단추를 누르는 것처럼 생각에 따라 감정이 결정된다는 사실을 깨달음으로써, 부정적 감정에 지배되지 않고 통제할 수 있게 하기 위해 사용된다. 단추 누르기 기법을 적용하기 위한 상담자 진술의 예는 대화상자 3-6과 같다.

대화상자 3-6. 단추 누르기 기법을 적용하기 위한 상담자 진술의 예

> **상담자**: 눈을 감고 즐거웠던 일을 떠올리면서 감정을 경험해 보세요. (잠시 쉬었다가) 이번에는 불쾌했던 일을 떠올리면서 어떤 느낌이 드는지 주목해 보세요. (잠시 쉬었다가) 두 가지 활동에서 드는 느낌의 차이점에 주목하세요. 각 장면에 대해 드는 느낌에 주목해 보세요. 그러면 누르고 싶은 단추를 선택해 보세요.

즉시성. 아홉째, **즉시성**^{Immediacy}은 지금·여기에 일어나는 내담자의 말과 행동의 모순점을 즉각적으로 지적하는 기법이다. 상담장면에서 나타나는 내담자의 행동은 일상생활에서의 표본이라는 것을 깨닫도록 돕기 위한 기법이다. 즉시성 기법을 적용한 예는 대화상자 3-7과 같다.

대화상자 3-7. 즉시성 기법을 적용한 대화의 예

> **내담자:** (무릎에 얹은 손을 바라보며 상담자에게 부드럽고 작은 소리로) 저는 남자친구에게 제 말에 귀 좀 기울이고, 제가 말하는 것에 관심 좀 가져 달라고 말하고 싶어요. 그렇지만 그 사람은 들은 척도 안 할 거예요.
>
> **상담자:** 지우 씨는 남자친구에게 자신의 말에 귀 기울여 달라고 말하고 싶다고 하지만, 지우 씨의 부드럽고 작은 목소리와 시선을 아래로 향하고 있어서 남자친구가 지우 씨의 말을 귀담아 듣지 않을 거라는 믿음을 전달하려는 것처럼 보이네요.

역설적 의도. 열 번째, **역설적 의도**^{Paradoxical Intention}는 특정 사고나 행동을 의도적으로 과장하게 하는 기법이다('시스템 처방^{Prescribing the System}, '반제안^{Antisuggestion}'으로도 불림). 이 기법은 과장을 통해 현실 상황에서 증상을 명확하게 볼 수 있게 한다. 또한 직면으로 내담자의 저항을 불러일으키기보다는 오히려 과장함으로써, 내담자의 행동을 덜 매력적으로 만들어 버리는 효과가 있다. 역설적 의도 기법을 적용한 예는 대화상자 3-8과 같다.

대화상자 3-8. 역설적 의도 기법을 적용한 대화의 예

> **내담자:** 제가 가장으로 대우받고 있다는 생각이 들 때는 별 문제가 없어요. 그런데 아내가 잔소리할 때는 가장의 권위를 무시하는 것 같아 막 화가 치밀어요.
>
> **상담자:** 왜 화가 계속되지 않죠? 성준 씨가 가장으로 대우받고 있을 때의 행동을 하면서 화를 더 크게 내 보면 어떨까요? 모든 일이 성준 씨 뜻대로 진행되고 있을 때도 화를 내 보라는 것이에요. 자, 시작해 볼까요?

악동 피하기. 열한 번째, **악동 피하기**^{Avoiding the Tar Baby}는 분노, 실망, 고통 같은 감정 호소로 상담자를 통제하려는 내담자의 의도를 간파하여 그 기대와는 다르게 행동하는 기법이다. 내담자는 흔히 일상생활에서의 자기패배적 행동을 상담장면에서도 나타낸다. 상담자는 내담자의 이런 부류의 행동을 강화하는 오류를 범하기보다 성장을

촉진하는 행동을 격려한다. 악동 피하기 기법을 적용한 예는 대화상자 3-9와 같다.

대화상자 3-9. 악동 피하기 기법을 위한 대화의 예

> **내담자:** 죄송한 말씀인데요. 솔직히 이번 상담을 통해 얻은 게 하나도 없는 것 같아요.
>
> **상담자:** 상담에 대한 기대가 충족되지 않는다는 말씀으로 들려요. 그런데 제 관점에서는 선하 씨가 받아들이기 어려웠던 경험 때문에 더 이상의 탐색을 주저하고 있는 것처럼 보여요.

초기기억. 끝으로, **초기기억**Early Recollections(ERs)은 "만 10세 전에 경험했다고 보고되는 사건에 관한 이야기다"(Mosak & Di Pietro, 2006, p. 1). 이 기법은 내담자가 떠올릴 수 있는 가장 어린 시절의 기억에 관해 이야기해 보게 하는 기법이다. 즉, 내담자의 생활양식과 세상을 이해하는 방식을 알아보기 위한 일종의 투사검사다(Clark, 2002). 초기기억은 대체로 만 10세 이전에 한 시점에서 발생한 사건으로, 잘 엮어진 일련의 작은 수수께끼다(Corey, 2016). 이는 내담자의 자기이해, 가치관, 삶의 목표, 동기, 미래에 대한 기대를 이해할 수 있는 유용한 도구다(Clark, 2002; Mosak & Di Pietro, 2006). 초기기억은 내담자의 초기 열등감을 조망할 창을 제공하고, 내담자에게 보호적인 보상과정이 형성된 이유의 이해를 돕는다. 초기기억 탐색을 위한 지시문을 적용한 예는 대화상자 3-10과 같다.

대화상자 3-10. 초기기억 탐색을 위한 지시문

> **상담자:** 동빈 씨의 초기기억에 대해 들어 볼까요?. 동빈 씨가 기억해 낼 수 있는 가장 어렸을 때로 돌아가 생각해 보세요(만 10세 이전). 그리고 그 시기에 어떤 일들을 겪었는지 말씀해 보세요. 다른 사람에게서 들은 것이 아니라, 동빈 씨가 직접 기억하는 것을 떠올려 보세요.
>
> **내담자:** (자신의 초기기억 내용을 진술한다.)
>
> **상담자:** 어떤 부분이 눈에 들어오나요? 초기기억 중에서 가장 생생하게 기억나는 부분은 무엇인가요? 만일 전체 기억이 영화의 한 장면처럼 흘러가다가 한 장면에서 멈춘다면, 어떤 일이 일어나게 될까요? 그 순간 동빈 씨는 어떤 느낌이 들까요? 동빈 씨의 반응은 어떤가요?

초기기억은 내담자의 삶의 이야기 이해를 위한 단서를 제공한다. 사람들은 일반적으로 만 10세 이전에 겪었던 많은 경험 중에서 6~12개 정도만 기억한다(Corey, 2016). 따라서 치료자는 내담자에게 최소한 세 가지 기억을 떠올려 보게 하는데, 일부 치료자들은 12가지 기억을 떠올려 보게 하기도 한다. 초기기억의 회상은 실제 사건에 기반하는 것일 수 있고, 그렇지 않을 수도 있다. 설령 내담자가 사건을 왜곡한다고 해도 이는 과거의 사건에 대한 내담자의 지각을 나타내며, 그가 현재 세상을 어떻게 조망하는지에 영향을 미치고 있다고 해석될 수 있기 때문이다.

치료과정

아들러치료(AT)는 일반적으로 ① 평등관계 형성, ② 분석과 사정, ③ 해석을 통한 통찰 증진, ④ 재정향 단계 순으로 진행된다(Mosak & Maniacci, 2010).

1단계: 평등관계 형성. **평등관계 형성 단계**에서 상담자는 내담자와 신뢰를 바탕으로 따뜻하고 친근하며, 지지적·공감적이고, 친근하고 평등관계를 형성한다. 평등관계 형성은 우월한 자도 열등한 자도 없는 관계에서 내담자가 적극적인 삶의 주체임을 깨닫게 하는 치료효과가 있다. 이를 위한 필수기법은 **격려**encouragement다. 격려는 상담 초기부터 행동 변화와 관계 개선을 위한 도구로 사용된다. 격려는 ① 수행을 평가하기보다 현재 실행하는 것, ② 과거·미래보다 현재, ③ 사람보다 행동, ④ 결과보다 노력, ⑤ 외적 요인보다 내적 동기, ⑥ 학습되지 않은 것보다 현재 학습되고 있는 것, ⑦ 부정적인 것보다 긍정적인 것에 초점을 둔다(Sweeney, 2019). 이 단계에서 상담자는 참여(내담자와의 시선 접촉, 가치 있는 존재로의 인정), 경청(언어적·비언어적 메시지 이해), 공감(내담자의 주관적 세계 이해 및 전달)을 통해 내담자의 강점과 장점의 자각을 촉진하고, 생산적 치료관계를 확립하며, 공동으로 치료목표를 수립한다.

2단계: 분석과 사정. **분석과 사정 단계**에서는 보통 **생애사 질문지**Life History Questionnaire (LHQ)를 통해 내담자의 생활양식을 분석·이해하고, 가족구도, 초기기억, 꿈, 우선순위, 반응방식 등을 토대로 역동을 탐색한다. 이러한 작업을 구체적으로 기술하면 다음과 같다.

첫째, 상담자는 내담자의 부모와 다른 어른들 및 주위 환경에 대한 정보를 통해 가족구도, 즉 가족 내에서 내담자의 위치를 확인하고, 어린 시절 생활양식의 형성과정에서 받은 영향을 탐색한다. 여기서 초점이 되는 정보에는 부모의 배경(이름, 나이, 직업, 성격, 건강, 교육수준, 가치관 등), 자녀와의 관계, 내담자와의 유사점·차이점, 부모의 가족 및 부부 관계, 내담자에게 의미 있었던 어른들에 관한 기억, 가정환경(사회 경제적 수준, 종교적·문화적 특성) 등이 포함된다.

둘째, 상담자는 생애 초기의 가족구도와 성장환경은 자신과 타인의 지각에 영향을 미친다는 가정하에, 내담자의 만 10세 이전의 초기 기억의 주제와 이와 관련된 세세한 사건을 탐색한다. 기억에는 사건과 관련된 감정과 사고가 포함된다. 일단 견해가 형성되면, 사람들은 일반적으로 현재의 자기, 타인, 세계에 관한 견해와 일치되는 아동기 사건만을 기억하는 경향이 있다.

셋째, 초기기억이 장기목표를 반영하는 것이라면, 꿈은 당면문제의 가능한 해답의 실현이다. 프로이트가 꿈을 오래된 문제를 해결하기 위한 시도로 보았다면, 아들러는 미래지향적인 문제해결 활동, 즉 미래에 가능한 활동 경로의 시연으로 보았다. 따라서 상담자는 특히 반복되는 꿈에 주목한다. 꿈은 일종의 '**정동공장**factory of affect'으로, 활동과 관련된 감정을 창조하기 때문이다. 꿈을 통한 우선순위 탐색 또한 내담자의 생활양식과 반응방식 이해를 돕는다.

넷째, 우선순위 평가는 욕구에 대한 것으로, 내담자의 생활양식 이해에 중요한 단서를 제공한다. 우선순위는 우월·통제·안락·즐거움 욕구를 대상으로 탐색한다. 이는 욕구 발생 시 나타나는 내담자의 행동, 감정, 사고에 대한 상세한 기술로 이루어진다. 이 내용은 일반적으로 일관성이 있어서 내담자의 회피대상, 대인관계에서의 감정 등으로 내담자의 욕구를 파악한다. 좋은 방법은 내담자의 전형적인 하루 일과를 행동, 감정, 사고 측면에서 들어 보는 것이다.

상담자는 내담자의 욕구 변화보다는 다른 사람과의 관계에서의 느낌 또는 우선순위가 높은 욕구성취를 위한 대가의 인식을 돕는다. '생애사 질문지' 외에도 단기치료 접근을 하는 상담자는 '**아들러 단기치료 질문지**Questionnaire in Adlerian Brief Therapy'를 활용하기도 한다. 이 질문지는 아들러와 함께 수학한 앤서니 브럭Anthony Bruck이 아들러식 단기치료를 시작할 때 활용하기 위해 제작한 것이다. 아들러 단기치료 질문지는 글상자 3-11에 제시되어 있다.

글상자 3-11. 아들러 단기치료 질문지

> 1. 현재 가장 큰 어려움은 무엇인가요? 언제부터 시작되었나요? 어려움이 생겼을 때, 다른 일은 없었나요?

2. 어려서 어떤 질병이나 기관 열등/외모 열등이 있었나요? 이에 대한 느낌은 어땠나요?

3. 어릴 적 가정의 사회경제적 지위는 어땠나요?

4. 형제자매의 이름을 적고, 이름 옆에 당신과의 나이차를 쓰세요(세상을 떠난 형제가 있는 경우, 당신의 출생 후 6년 동안 살아 있었던 형제자매는 모두 포함시키세요). 형제자매와 당신의 관계는 어떠했나요?

5. 자신의 성별에 대해 어떤 느낌이 들었나요? 그 느낌이 든 이유는? 그 생각이 바뀌었던 적이 있었나요?

6. 당신에 대해 부모님은 어떤 행동을 보이셨나요? 어릴 적, 다른 어른들은 어떠셨나요? 그 분들에 대한 당신의 행동은 어땠나요? 이와 관련하여 어떤 일이 있었나요?

7. 어릴 적, 당신의 두드러졌던 성격특성은 어땠나요? 예를 들어 말해 보세요.

8. 초기 아동기에 대해 어떤 기억이 있나요? 특별히 떠오르는 것이 없다면, 이 질문을 읽었을 때 떠오르는 것을 쓰세요. 회상 내용이 떠오른 순서대로 번호를 기입하세요.

9. 당신이 꾸어 온 꿈들을 서로 관계를 지어 보고, 언제 꾸었는지 표시해 보세요. 반복적으로 꾼 꿈에 주목해 보세요. 꿈을 꾸었던 시기에 당신의 삶에 지배적이었던 상황과 꿈들을 연결해 보세요.

10. 가장 관심 있는 것은 무엇인가요?

11. 가장 두려워하는 것은 무엇인가요? 그 이유는?

12. 과거와 현재, 친구들에 대해 쓰세요. 혹시 있다면, 당신의 적/원수들에 대해 기술해 보세요.

13. 현재의 직업 혹은 추구하고 있는 직업을 선택한 이유는 무엇인가요? 당신이 선호했던 다른 직업이 있었나요? 어떤 직업인가요? 그 이유는?

14. 다른 성별에 대해 어떤 느낌이 드나요? 특별히 그 성을 가진 사람들에 대해서는 어떤 느낌이 드나요? 혼전 성생활에 대해 기술해 보세요. 결혼했다면, 결혼생활에 대해 기술해 보세요.

15. 1번 문항에서 언급한 어려움이 없었다면, 어땠을까요?

브릭은 내담자에게 보내는 편지에 이 질문지를 동봉함으로써 '메일을 통한 상담' 영역을 개척한 인물로 평가되기도 한다. 상담자는 내담자와의 면담에 앞서 질문지를 통해 내담자의 생활양식을 비롯한 기본 정보를 얻을 수 있어서 상담의 효과를 높일 수 있다.

다섯째, 일련의 자료수집 과정을 거쳐 상담자는 내담자가 작성한 '생애사 질문지'와 함께 내담자의 가족구도, 초기기억 회상, 꿈, 욕구의 우선순위 등에 대한 자료들을 영역별로 분리 · 통합 · 요약 · 해석한다. 내담자는 그 결과를 검토하고, 상담자와 논의하고, 함께 수정작업에 참여한다.

끝으로, 생활양식에 대한 조사가 끝나면 내담자는 자신의 잘못된 지각을 검토하고, 이미 내린 의사결정에 도전하며, 자신의 장점·강점·재능을 탐색한다. 이때 상담자는 내담자가 자신의 긍정적인 면을 인식·수용할 수 있도록 격려한다. 격려를 통해 내담자는 자신의 강점과 장점을 인정하고, 선택과 결정권이 자신에게 있음을 깨닫게 된다. 개인심리학에서는 낙담 혹은 절망을 내담자의 기능을 마비시키는 요소로 규정하는 반면, 격려는 내담자의 자신감 회복의 필수요소로서 상담의 모든 단계에서 상담자가 반드시 적용해야 할 과업으로 간주한다.

3단계: 해석을 통한 통찰 증진.   **해석을 통한 통찰 증진 단계**에서 상담자는 해석을 통해 내담자의 자각과 통찰을 돕는다. 이를 위해 상담자는 지지적이면서도 직면적인 태도로 개방형 질문을 통해 내담자가 미처 지각하지 못한 생활양식의 단면을 면밀하게 검토할 수 있는 기회를 제공한다. 아들러치료에서는 내담자의 사고나 가치에서 불신, 이기심, 비현실적 야망, 자신감 결여 등과 같은 것을 기본실수로 간주한다. 또한 잘못된 신념이나 목표는 내담자의 정서적 낙담과 비효율적 행동 기능의 원인으로 간주된다. 내담자의 생활양식, 현재의 심리적 문제, 잘못된 신념과 삶의 목표, 자기패배적 행동 등에 관해 상담자는 해석을 통해 내담자의 기본실수를 깨닫게 하고 내담자의 삶에 어떤 영향을 주고 있는지에 대한 통찰을 돕는다.

아들러 치료에서 해석은 **직관적 추측**intuitive guesses의 성격을 띠고 있고, 흔히 격려와 직면이 동반된다. 특히, 직면은 내담자의 언행 불일치, 이상과 현실의 불일치 등에 대해 내담자가 직면하여 통찰을 얻을 수 있게 한다. 상담자는 해석을 통해 내담자의 장점을 드러내어 주고 격려한다. 그러나 평등관계 정신에 입각하여 해석의 수용 여부는 내담자에 달려 있다. 이 과정에서 공감이 적극 활용된다. 아들러치료의 해석을 위한 지침은 글상자 3-12와 같다.

글상자 3-12. 아들러치료의 해석을 위한 지침

1. 단정적 해석은 피한다.
2. 한 번 내린 해석이라도 필요하면 가다듬는다.
3. 해석이 부정확할 수 있음을 염두에 둔다.
4. 내담자는 수용하지 않을 권리가 있다.

5. 내담자의 지금 · 여기에서의 행동과 감정을 고려한다.
6. 내담자의 장점을 드러내 주고 격려하는 방식을 취한다.
7. 신비스러움을 자아내는 분위기 조성은 지양한다.

4단계: 재정향.　**재정향**Reorientation **단계**에서 치료자와 내담자가 함께 내담자 자신, 타인, 삶에 대한 잘못된 신념에 도전하여 삶의 새로운 방향을 정립할 수 있도록 돕는다. 이는 해석을 통해 내담자의 통찰이 실제 행동으로 전환하는 시기로, 상담자는 사회적 관심 표현을 시범적으로 보여 주고, 격려와 함께 과업 부여를 통해 내담자가 직접 다른 사람에게 적용해 볼 기회를 제공한다. 이 작업의 성패는 내담자의 변화 시도에의 열망의 정도에 달려 있다. 행동의 의미와 목표를 이해하게 된 내담자는 대안적 행동을 파악 · 결정한다. 즉, 과거의 잘못된 신념, 행동, 태도를 대체할 수 있는 새로운 생활양식을 토대로 사회적 관심을 실행한다. 내담자가 행동의 변화를 완수하고 통찰을 행동으로 바꾸기 위해서 상담자는 특별한 기법을 사용한다.

신프로이트 학파 이론 / Neo-Freudian Theories

정신분석이 세상에 나온 이후, 프로이트를 추종하던 분석가들은 자신들의 임상경험을 토대로 기존의 이론을 더 정교화하여 심리치료에 더 실질적이고 효과적인 이론을 체계화하는 노력을 기울였다. 그 결과, '**신프로이트 학파**neo-Freudians'라는 체계화된 일련의 이론들을 탄생시켰다. 이 학파는 성격의 생물학적 요인보다는 사회 · 문화적 영향을 중시한다. 또한 성본능 같이 성역할에 대한 강조를 시대에 뒤떨어진 것으로 간주하는 한편, 오이디푸스 콤플렉스 같은 여성의 열등감은 인정하지 않고 다만 문화적 힘의 표현으로 간주한다. 그리고 신경증은 문제가 있는 사람들 간의 관계의 결과일 뿐, 건강한 성격은 사회적 산물로 본다. 여기서는 ① 대상관계이론, ② 자아심리학, ③ 자기심리학에 관해서만 살펴보기로 한다. 이들 이론에 대한 세부내용은 해당 이론서를 참조한다.

대상관계이론

대상관계이론^{Object Relations Theory}은 생애 초기에 양육자와 형성한 관계에서 비롯된 경험은 개인이 전 생애 동안 타인 지각과 이해 및 관계 형성의 기본 틀로 작용한다는 내용의 이론이다. 즉, 생애 초기의 관계에 대한 경험이 평생 반복해서 재현된다는 것이다. 이 이론은 아동 발달에서 성적 측면을 훨씬 덜 강조하고 있다. '대상관계'는 본래 프로이트가 제안한 개념이지만, 그 후 클라인^{Melanie Klein}, 페어베언^{William Fairbairn}, 위니콧^{Donald Winnicott}, 말러^{Margaret Mahler}, 코

멜라니 클라인
(Melanie Klein,
1882~1960)

헛^{Heinz Kohut} 등에 의해 체계를 갖추었다. 이 이론에서 **대상**^{object}이란 개인의 욕구를 충족시키는 사람(중요한 타인) 또는 사물을 의미한다. 이는 어렸을 때 혹은 어른이 되어서도 애착을 느끼는 사람을 지칭하며, **'중요한 타인**^{significant others}'으로 불리기도 한다. 유아는 자기 이외의 사람을 자신과 분리된 개체로 받아들이기보다는 기본적·본능적 욕구를 만족시켜 주는 **'내가 아닌 대상**^{Not-me object}'으로 받아들인다.

대상관계이론에 의하면, 아동이 양육자(어머니)와의 관계에서 겪는 내면적 경험과 갈등이 자기 표상과 대상 표상의 형성에 중요하며, 성장 이후의 대인관계에 영향을 미친다. 이는 어릴 적 내재화된 대상관계가 그 후 모든 대인관계에서 재현·반복된다는 의미다. 이때 **내재화**^{internalization}란 인식·판단과정을 거쳐 개인이 마음속에 갖게 된 타인의 이미지 또는 타인과의 관계에 대한 이미지를 말한다. 이에 정신병리는 개인 자신과 타인에 대해 건강하지 못한 표상 형성으로 인해 발생한다고 본다. 대상관계이론에서는 ① 우울증, ② 자기애성 성격장애, ③ 경계성 성격장애를 다음과 같이 설명하고 있다.

첫째, **우울증**^{depression}은 '심리적 독감'이라고 할 만큼 유병률이 높은 기분장애다. 이 장애는 다양한 심리적 문제를 동반하여 개인의 삶을 고통스럽게 한다. 우울증 상태에서 개인은 자기비하적인 생각(자신을 무능하고 무가치한 존재로 여김)과 타인과 세상이 적대적이고 냉혹하다는 느낌에 휩싸인다. 대상관

계이론에서는 우울증을 양육자와의 불안한 관계로 인해 손상된 정신적 표상에 의한 문제로 간주한다. 이 현상은 흔히 애착의 **내적작동모형**^{internal working model}(자신이 타인에게 어떻게 행동하고, 타인이 자신에게 어떻게 행동하기를 기대하는지에 대한 일련의 사고와

감정)로 설명된다. 이는 양육자에 대한 정서적 경험을 기초로 영아가 자기와 타인에 대해 형성한 정신적 표상이다.

영아기에 형성된 부모에 대한 애착은 이후의 관계 형성에 영향을 준다. 생애 초기에 주위 사람으로부터 거부와 냉담성을 경험한 아이는 자신에 대해서는 사랑스럽지 못하고 무능력한 모습을, 타인에 대해서는 신뢰할 수 없고 냉담한 모습을 내재화한다. 이들이 성장과정에서 상실·실패·좌절을 경험하면, 어린 시절 양육자와의 관계에서 경험한 무력감이 재발할 수 있다. 이에 대상관계이론에서는 부모와의 긍정적이지 못한 초기 경험이 이후의 관계에서 재현되고 반복되어 우울증을 일으킬 수 있다고 설명한다.

둘째, **자기애성 성격장애**^{narcissistic personality disorder}(NPD)는 무한한 성공욕으로 가득 차 있고, 주위 사람들의 존경과 관심에 집착하며, 타인을 배려할 줄 모르고, 매사에 극도로 자기중심적이다. 이러한 특성은 자기의식 혼란과 자존심 손상에서 비롯된다. 이 장애가 있는 사람은 자신에 대한 과장된 평가에서 비롯된 특권의식으로 타인을 착취하거나 오만한 행동을 일삼고, 사회 부적응을 겪는다. 또 공감 능력의 결여로, 대인관계에서 지나치게 자기중심적이고 일방적이다. 이로 인해 주변 사람들과 잦은 갈등을 겪고, 때로 따돌림을 당한다. 이 장애가 있는 사람들은 과장된 자기상^{self-image}으로 인해 현실에서 자주 상처를 입게 되어 결국 우울과 분노를 느끼게 된다.

셋째, **경계성 성격장애**^{borderline personality disorder}(BPD)는 강렬한 애정과 분노가 교차하는 불안정한 대인관계가 특징인 성격장애다. 이 장애가 있는 사람은 극단적인 심리적 불안정성을 보이며, 타인으로부터 버림받는 것을 몹시 두려워한다. 이들은 안정된 자아상을 확립하지 못해 자신에 대한 혼란을 경험하기도 한다. 대상관계이론의 관점에서 경계성 성격장애의 발병 원인은 유아기의 분리-개별화 단계에서 심한 갈등을 경험함으로써 이 단계에 고착되어, 양육자와 불안정한 정서 관계가 형성되었기 때문이다. 이 관계 속에서 아동은 안정되고 통합된 자아상과 어머니상을 내면화하지 못해, 어머니가 자신을 떠나 버림받을 것이라는 강렬한 두려움을 반복적으로 경험한다. 이들은 어른이 되어서도 혼자 있는 것을 참지 못하고 중요한 타인으로부터 버려지는 것을 극도로 두려워하게 된다.

자아심리학

자아심리학^{Ego Psychology}은 심리현상 또는 심리기능을 자아와 관련 지어 이해하려는 정신역동적 이론이다. 이 이론은 프로이트의 딸 안나 프로이트^{Anna Freud}가 기초를 마련하고, 하인츠 하르트만, 에릭 에릭슨을 등 주로 유럽에서 미국으로 건너간 정신분석가들에 의 해 체계화되었다. 특히, 하르트만은 자아의 기능을 방어로 보지 않고 **적응**^{adaptation}의 관점에서 보았다. 즉, 행동의 주체로서 자아의 자율적 기능을 중시했다. 그는 이 이론에서는 무의식 과정을 중시

하인츠 하르트만
(Heinz Hartmann,
1894~1970)

하는 정신분석과는 달리, 자아는 원초아의 힘과 갈등으로부터 독립적으로 발달한다 고 본다.

전통적인 정신분석의 인간관과는 달리, 하르트만은 인간을 환경과 상호작용하며 적극적으로 변화·적응하는 순응적 존재로 보았다. 그는 여러 편의 저서를 통해 정 신분석을 정상적 발달을 촉진하는 이론으로 체계화했다. 그의 노력으로 정신분석은 신경증에 관한 이론에 국한되던 한계를 넘어 일반심리학 이론으로 확장되었고, 정신 분석과 심리학의 통합이 가능해졌다.

한편, 에릭 에릭슨은 발달을 출생에서 사망에 이르기까지 평생 에 걸쳐 일어나는 것으로 확장했고, 심리성적 요소보다 심리사회 적 요소를 중시했다. 그는 각 발달단계에서의 특정한 발달과업 달 성을 중시한 한편, 생애과업 성취에 원초아, 자아, 초자아의 관계 보다 자아의 기능에 초점을 두었다. 이로써 에릭슨은 자아정신역 동이론가^{ego psychodynamic theorist}로 불린다. 그 후, 채프먼(Chapman, 2006)은 에릭슨의 심리사회성발달단계의 발달과제는 상호 대립되

에릭 에릭슨
(Erik Erikson,
1902~1994)

는 위치에서 어느 한쪽만 강화하는 것이 아니라, 이 둘 간의 균형을 잡아 가는 것이라 고 주장했다(표 3-3 참조).

표 3-3. 심리사회성발달단계별 불균형 상태에 따른 문제

발달단계	연령	불균형	심리사회적 문제
1. 신뢰 vs 불신	출생~만 1세 (영아기)	부적응	● 비현실적, 응석받이, 속기 쉬움
		결핍	● 내면으로의 고립, 신경증, 우울, 두려움

2. 자율성 vs 수치심/의구심	만 2~3세 (유아기)	부적응	• 충동성, 무모함, 사려·배려 결핍
		결핍	• 강박, 자기제어를 잘함
3. 주도성 vs 죄책감	만 4~5세 (학령전기)	부적응	• 무자비, 착취, 무정, 감정에 좌우되지 않음
		결핍	• 감정 억제, 위험 회피, 모험성 결여
4. 근면성 vs 열등감	만 6~11세 (학령기)	부적응	• 편협한 도덕성, 일 중독, 강박적 전문가
		결핍	• 무력감, 게으름, 무관심, 목적의식 결여
5. 자아정체감 vs 역할 혼란	만 12~17세 (청소년기)	부적응	• 광신, 자만, 극단주의
		결핍	• 거부, 사회적 부적응, 단절
6. 친밀감 vs 고립감	만 18~34세 (청년기)	부적응	• 문란, 애정결핍, 취약성
		결핍	• 배타적, 혼자 있기 좋아함, 차가움, 독립적
7. 생산성 vs 자기침체	만 35~64세 (중년기)	부적응	• 과잉 확대, 공상적 박애주의, 참견하기 좋아함
		결핍	• 거부, 무관심, 냉소적
8. 자아통합 vs 절망감	만 65세 이상 (노년기)	부적응	• 건방짐, 자만, 거만, 오만
		결핍	• 업신여김, 비참해짐, 충족성 결여, 비난

　표 3-3에 제시된 심리사회발달이론에 대한 채프먼의 조망은 내담자 이해뿐 아니라, 치료전략 수립을 위한 유용한 틀을 제공하고 있다.

자기심리학

자기심리학Self Psychology은 오스트리아 출신 미국의 하인츠 코헛이 정신분석을 변형하여 창안한 것으로, 자기대상과의 경험을 통한 건강한 자기 발달과 주관적 경험에 대한 공감을 강조하는 정신역동적 이론이다. 이 이론은 주로 자기애성 성격장애 환자들을 치료하는 과정에서 점차 '자기' 개념에 초점을 맞춤으로써 발전되었다. 이드·자아·초자아의 자기구조론과 성적 욕망, 무의식적 추동을 강조하는 전통적인 정신분석과는 달리, 자기심리학에서는 발달단

하인츠 코헛
(Heinz Kohut,
1913~1981)

계에서 자기대상과의 관계를 강조한다. 코헛에 의하면, 개인은 자기와 동일시하고 주

관적 경험에 반응해 줄 대상이 있을 때 통합적 자기를 발전시킬 수 있다. 이런 점에서 자기심리학은 대상관계이론과 유사하고, 내담자의 경험에 대한 공감을 중요시한다는 측면에서 인간중심치료와 맥을 같이 한다.

생애 초기에 아동은 부모를 완전하고 강력한 존재로 이상화함으로써 불안을 해소한다('**이상화 자기대상 욕구**'). 프로이트가 오이디푸스 콤플렉스를 통해 아동과 이성 부모 간의 갈등에 초점을 맞춘 데 반해, 코헛은 부모에 대한 이상화를 통해 높은 안정감과 자존감을 형성한다고 보았다. 아동은 또한 부모의 인정을 통해 자신이 중요한 일을 하고 있다는 만족감을 얻을 수 있다('**반영적 자기대상 욕구**'). 이 욕구가 충족되면, 아동은 과대자기 형성단계를 거쳐 건강한 발달을 이루게 되지만, 그렇지 않으면 낮은 자존감이 형성되고, 지나치게 과시하는 행동을 나타내게 된다. 또 자신과 비슷한 생각 또는 행동하는 사람들과 관계를 맺고, 경험을 공유하고자 하는 '**동반적 자기대상 욕구**'를 갖게 된다.

자기심리학에서 상담자는 내담자가 수용받지 못했던 욕구들을 재경험하는 자기대상으로서 기능하고, 이때 내담자의 정서를 면밀히 관찰·반응·공감해 준다. 이를 통해 내담자는 상담자가 제공하는 자기대상 기능을 내재화함으로써, 비로소 독립적이고 안정적인 자기를 형성하는 '자기대상 전이'를 할 수 있게 된다. 자기심리학은 이드 심리학, 자아심리학, 대상관계이론과 함께 정신역동적 접근의 주요 학파가 되었고, 이들 이론과의 통합적 적용을 통해 내담자에 대해 깊이 있는 해석을 제공한다.

복습문제

🔍 다음 밑줄 친 부분에 들어갈 말을 쓰시오.

1. 프로이트(S. Freud)가 창안한 성격의 _____ 론에 의하면, 현실과의 접촉을 통해 발달하고, 현실적·논리적 사고를 통해 욕구충족을 위한 계획을 수립·실행하는 _____ 에 따라 작동하는 _____ 이/가 있는데, 이는 현실적·논리적 사고를 통해 욕구충족을 위한 계획을 수립·실행하는 기능을 한다.

2. _____ 은/는 위협적 충동이나 외부 위협을 직시하기보다 자아보호를 위해 사용하는 무의식적 책략으로, 크게 기만형, 대체형, _____ 형으로 구분된다. 특히, 기만형은 불안이나 위협을 감정이나 태도를 변경시킴으로써 인식을 달리하려는 기제로, 합리화, 억압, _____ 이/가 있다.

3. 정신분석에서 치료자의 익명성·중립성·객관성 유지, 주기적이고 일관된 만남, 회기 시작과 종료 시각 엄수, 수수료의 명확성, 치료자의 자기개방, 가치 주입, 조언 지양 등 분석 작업의 효과를 극대화하기 위한 제반 요건을 _____ (이)라고 한다. 이러한 요건들은 정신분석에서 지향하는 _____ 접근을 위해 필수적이다.

4. 정신분석의 주요 기법의 하나인 _____ 은/는 내담자가 의식적으로 자신의 억압된 생각을 내려놓고, 비이성적·선정적이거나 고통스러운 것이라도 머릿속에 떠오르는 대로 말하게 하는 기법이다. 이 기법은 _____ 을/를 침묵하게 하고, _____ 에게 말할 기회를 제공하기 위한 것으로, 무의식적 소망, 환상, 동기의 굴레에서 벗어나도록 돕는다.

5. 칼 융(C. Jung)의 분석심리치료에 의하면, 사람은 본래 온전한 존재이지만, 심리적 균형이 깨지면서 _____ 이/가 발생하고 _____ 을 억압하게 되면서 정신이 손상/분열되고, 기능이 분리된 것처럼 행동하는 _____ 인격이 발달한다. 이때 발생하는 _____ 은/는 억압되어 있거나 의식에 드러나지 않은 부분을 포함해서 잃어버린 자기를 되찾으려는 열망의 표현이다.

6. 분석심리치료에 의하면, _____ 은/는 의식의 중심을 이루고, 억압된 개인의 경험은 바로 아래 층의 _____ 에서 _____ (으)로 존재한다. 아니마와 _____ 은/는 더 깊은 _____ 에 존재하고, _____ 은/는 정신의 중심에 위치하며, 정신 전체를 포함하고 있다.

7. 분석심리학에서 _____ (이)란 개인의 심리기능, 태도, 콤플렉스, 억압된 자기의 부분들에 대한 의식의 발달을 말한다. 이는 의식의 중심인 자아가 개인의 정신 전체의 중심인 자기를 향해 가는 것을 뜻하는데, 이것이 바로 _____ 의 과정이다.

8. 아들러(A. Adler)는 사회, 일, _____을/를 인간의 주요 생애과업으로 제시하면서, _____과 기여를 정신건강의 준거로 여겼다.

9. 개인심리학에 의하면, _____은/는 주관적으로 인식된 열등감이 행동으로 표현되는 현상이다. 이러한 현상의 원인은 아동기의 의존성과 _____에서 오는 결핍감과 불안감인데, 일반적으로 ① 열등한 신체기관, ② 부모의 _____, ③ 부모의 방치가 주요 원인으로 작용한다.

10. 아들러치료에서는 상담자가 내담자와 신뢰를 바탕으로 따뜻하고 친근하며, 지지적 · 공감적이고, _____ 관계 형성을 강조한다. 아들러 치료자들은 내담자와의 관계 형성, 내담자의 행동변화, 그리고 대인관계 개선을 위해 _____ 기법을 주로 사용한다.

소집단 활동

나의 자아방어기제

1. 각자 자신이 주로 사용한다고 생각되는 자아방어기제들을 열거해 보자. 그러고 나서 두 사람씩 짝을 지어 자아방어기제의 예에 관해 대화를 나눈 후, 전체 학생들과 소감을 나누어 보자.

○ _____

○ _____

○ _____

○ _____

○ _____

자유연상 연습

2. 조용한 공간을 찾아 편안한 자세로 누워 자유연상을 해 보자. 스스로 정신분석가가 되어 녹음기를 틀어 놓고 무엇이든 떠오르는 대로 말해 보자. 그러고 나서, 녹음 내용을 들으며 (반복적인) 주제와 핵심내용을 파악하고, 주저함 또는 말을 멈추는 경우, 그 이유에 대해 분석 · 해석해 보자.

자유연상 내용 요약

분석 · 해석

소감

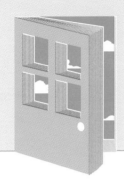

CHAPTER

04
행동주의적 접근

행^{동주의적 접근}behavioral approach은 심리학이 과학으로서의 엄정성을 확립하려면 객관적으로 관찰 가능한 행동만을 대상으로 삼아야 한다는 입장의 행동주의 심리학에 기반을 둔 심리치료 사조다. 이 사조는 **내성법**introspection(내면 관찰)에 의지 하던 종래의 의식심리학consciousness psychology(심리학의 '제1세력'[심리치료 영역에서는 정신분 석이 '제1세력'으로 간주됨])의 비과학적 접근에 정면으로 반박하면서 대두되었다('제2세 력'). 행동주의적 접근은 인간과 동물의 학습과정에 관한 연구 결과에 뿌리를 두고 있 다. 이론의 태동기(1900~1930년대)에 파블로프는 자극반응 조건형성의 핵심이론인 **고전적 조건형성**으로 행동치료의 산파 역할을 했다. 왓슨은 파블로프의 이론을 13개월 된 자신의 아들 앨버트에게 적용하여 정서가 조건화에 의해 분석될 수 있음을 입증함 으로써 인간 연구에 대한 과학적 접근의 발판을 마련했다. 스키너는 환경이 개인의 행동에 어떻게 영향을 미치고 조성하는가를 검증하여 **조작적 조건형성**을 완성했다. 두 이론의 공통점은 개인의 외부에서 작동하는 객관적 행동을 연구했다는 점이다. 이에 비해, 반두라의 **사회학습이론**은 관찰이나 환경에 대한 지각을 통해 어떻게 학습 이 일어나는가를 설명하기 위해 내적 혹은 인지과정을 다룸으로써 행동치료에서 **사 회인지이론**의 체계를 구축했다. 행동주의 원리가 인간의 행동 변화에 활용되기 시작 한 것은 1950년대에 들어서서 월피의 체계적 둔감법을 중심으로 형성된 행동치료다.

행동치료 / Behavior Therapy

행동치료(BT)는 과학적 접근, 즉 객관적으로 관찰 및 측정 가능한 행동만을 대상으로 삼는 행동주의 심리학을 기반으로 창안된 치료적 접근이다. 이 접근은 행동문제 해결 에 학습원리를 적용한 심리치료 모델이다. 즉, 행동은 환경과의 상호작용을 통해 후 천적으로 학습된 것이고, 개인은 특정 행동의 결핍 또는 과다로 인해 어려움을 겪는 다. 부적응 행동 역시 학습된 것으로 간주하여 **행동수정**behavioral modification 원리를 적용 하여 제거하거나 긍정적 행동의 학습을 통해 내담자의 적응을 돕는다.

　오늘날 행동치료는 고전적인 학습이론을 탈피하여 다양한 실험적 이론을 통합하면 서 더 이상 단순히 정의할 수 없고, 행동적 측면만을 강조하는 행동치료자 역시 찾아 보기 어렵게 되었다(Antony & Roemer, 2011). 게다가 치료과정에 인지적 요소를 치료과정에 도입하면서 자연스럽게 **인지행동치료**^{cognitive behavior therapy}(CBT)의 형태를 띠게
되었다. 행동을 중시하는 상담자들조차 심상과 사고 역시 조건형성된다고 믿기 때문
이다(Neukrug, 2017). 이로써 전통적인 행동치료는 자연스럽게 인지적 측면도 강조하
는 인지행동치료의 형태로 진화되었다(Bieling et al., 2006; Neukrug, 2017). 이로써 행
동치료는 ① 과학적 접근 기반, ② 현재 중심, ③ 내담자의 능동적 참여 강조, ④ 학습
초점의 네 가지 특성을 중시하는, 내담자의 인지와 행동을 수정하는 치료적 접근으로
거듭났다(Spiegler, 2016). 이처럼 다양한 증거기반 기법과 전략(사회기술훈련, 이완훈
련, 마음챙김 등), 그리고 다양한 이론의 출현으로 복합적이고 다면적인 치료적 접근으
로의 진화를 거듭하고 있다.

인간관

전통적인 행동치료(BT)에서는 성격이론을 체계화하지 않았다. 대신, 상담에서 다루
어야 할 장애는 실험심리학적 관점에서 이해되어야 한다는 입장을 취한다. 행동치료
자들은 인간의 본성을 ① 학습 결과에 따라 행동하는 존재, ② 성격이 특질로 구성된
다고 볼 수 없는 존재, ③ 학습원리에 의해 행동 습득이 가능한 존재로 본다.

첫째, 인간은 긍정적이지도 부정적이지도 않고, 다만 학습 결과에 따라 행동하는
존재다. 행동치료에서는 주로 관찰·측정·수량화할 수 있는 행동에 초점을 맞춘다.
이와 관련된 행동치료의 특징은 글상자 4-1과 같이 정리할 수 있다.

글상자 4-1. 행동치료의 특징

> 1. 현재 개인의 행동에 영향을 주는 요인에 초점을 둔다.
> 2. 치료과정에서의 평가 준거는 겉으로 나타나는 행동이다.
> 3. 치료목표는 구체적이고 객관적인 행동 용어로 기술한다.
> 4. 처치와 기법 효과의 가설은 검증된 실험연구를 토대로 설정한다.
> 5. 핵심문제를 구체적으로 정의하여 처치와 평가를 가능하게 한다.

둘째, 행동치료에서는 관찰할 수 없는 성격구조, 발달, 역동, 특질^{trait}(개인의 성격차
를 유발하는 일관적·안정적인 심리적 경향성)보다는 관찰 가능한 구체적인 행동 변화를

중시한다. 이에 인간의 성격이 특질로 구성되어 있다는 기본가정을 거부한다. 왜냐하면 행동치료자들은 성격특성보다는 행동에 초점을 맞추는 한편, 행동 변화를 성격구조에 의한 것이 아니라 자극과 반응, 반응 결과, 그리고 인지구조의 상호관계에 의한 것으로 간주하기 때문이다.

셋째, 행동치료에서는 정상행동과 마찬가지로 문제행동 또는 증상 역시 병적으로 발생한 것이 아니라고 본다. 대신, 특정 환경조건하에서 일어난 학습 결과로 보고, 학습원리에 의해 소거 또는 바람직한 행동으로 대체될 수 있다고 본다. 따라서 행동치료자들은 구체적인 행동적 목표, 치료방법, 그리고 일정 설정을 치료를 위한 재교육·재학습 과정으로 간주한다. 이 과정을 통해 내담자의 적응적·생산적 행동은 강화되고, 부적응·역기능적 행동은 소거 또는 대체된다.

핵심이론과 개념

행동치료(BT)는 부적응 행동이 습득·유지 또는 적응행동으로 대체되는 과정을 네 가지 주요 접근, 즉 ① 고전적 조건형성, ② 조작적 조건형성, ③ 사회인지이론, ④ 인지행동치료를 기반으로 설명한다.

고전적 조건형성

고전적 조건형성classical conditioning은 러시아의 생리학자 이반 파블로프가 개의 침 분비 실험을 통해 자극과 반응이 반복해서 일어나면 자극과 반응 사이에 연합을 통해 학습이 일어난다는 이론이다('**반응적 조건형성**respondent conditioning'로도 불림). 개의 침 분비와 소화에 관한 연구를 수행하던 파블로프는 음식(무조건자극unconditioned stimulus[US])이 제시되면 개에게서 침이 분비(무조건반응unconditioned response[UR])되는데, 일정 기간 무조건자극과 함께 종소리(중성자극

이반 파블로프
(Ivan P. Pavlov,
1849~1936)

neutral stimulus[NS])를 제시하면, 먹이(US) 제시 없이 종소리(조건자극conditioned stimulus[CS])만 듣고도 개가 침을 분비(조건반응conditioned response[CR])하는 현상('조건형성conditioning')을 발견했다. 고전적 조건형성은 무조건반응(침 분비 행동)을 발생시키는 무조건자극(먹이)과 중립자극(종소리)이 반복적 노출로 연합되어 조건형성 되면, 조건자극이 되어 무조건반

응(침 분비 행동)과 유사한 조건반응을 유발한다는 내용의 학습이론이다(그림 4-1 참조).

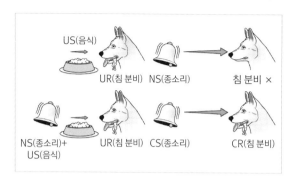

행동치료에 의하면, 공포를 비롯한 여러 정서는 연합작용에 의해 발생한다. 예를 들어, 특정 음식을 먹은 후 교통사고가 났다면, 교통사고와 음식은 아무 연관이 없어도 그 사람은 그 음식을 두려워하거나 피할 것이다. 사람들은 흔히 특정 사건과 감정을 연합시

그림 4-1. 고전적 조건형성 과정 도식

킨다. 음악, 냄새, 색상, 촉감 등은 자극반응학습에 의해 감정적으로 반응하는 경험들이다. 고전적 조건형성 원리를 적용한 대표적인 실험 또는 치료법으로는 ① 공포조건형성, ② 역조건형성, ③ 야뇨증 치료법이 있다.

공포조건형성.   **공포조건형성**fear conditioning은 미국의 행동주의 심리학자 왓슨과 레이너(Watson & Rayner, 1920)가 제시한 것으로, 고전적 조건형성 절차를 통해 중립자극에 대해 공포반응을 유발하게 하는 일련의 과정이다. 왓슨은 레이너와 함께 생후 13개월 된 자신의 아들 앨버트Albert를 대상으로 한 실험을 통해 정서반응의 조건형성 과정을 입증했다. 이 실험에서 연구자들은 아이를 흰쥐 (중립자극/NS)와 놀게 했다. 처음에 아이는 흰쥐에 대한 두려움 없

존 왓슨
(John B. Watson,
1878~1958)

이 잘 놀았다. 연구자들이 아이에게 흰쥐를 보여 줄 때마다 아이의 뒤에서 큰소리(무조건자극/US)를 내자, 아이는 몹시 놀라는 반응(무조건반응/UR)을 보였다. 이 자극이

반복해서 제시되자, 아이는 결국 흰쥐(조건자극/CS)만 보고도 공포반응(조건반응/CR)을 보였다. 아이의 공포반응은 그 후 흰쥐와 유사한 대상(흰 토끼, 흰 수염)에게 일반화되었다. 그러나 그 후 왓슨이 자신의 아이를 실험대상으로 삼았다는 사실이 알려지면서 연구윤리의 논란이 되기도 했다.

그림 4-2. 공포조건형성 실험 장면

역조건형성.   **역조건형성**counterconditioning은 미국의 발달심리학자이자 행동치료의 선구자 메리 존스(Jones, 1924)가 창안한 개념으로, 공포와 함께 발생하기 어려운 반응을

유발하는 자극을 사용하여 공포증을 감소시키는 일련의 과정이
다. 이 개념은 학습된 공포를 소거하는 방법을 입증한 일련의 실
험을 통해 창안되었다. 실험에서 피터^{Peter}라는 3세 아이는 토끼와
쥐를 비롯한 다른 대상에 대해 공포반응을 보였다. 존스는 공포증
제거를 위해 피터가 좋아하는 음식을 먹고 있을 때, 우리에 든 토
끼를 점진적으로 가까이 데리고 갔다. 그 후, 공포 대상은 음식과
연합되었고, 수개월 후 피터의 토끼에 대한 공포증은 완전히 사라

메리 존스
(Mary C. Jones,
1896~1987)

졌다. 이때, 토끼에 대한 공포가 음식에 대해 혐오를 일으킬 정도로 크면 안 된다. 공
포조건형성과 역조건형성은 **상호제지이론**^{reciprocal inhibition theory}을 기반으로 고안된 **체계
적 둔감법**^{Systematic Desensitization}(Wolpe, 1958)의 토대가 되었다.

야뇨증 치료법. **야뇨증**^{nocturnal enuresis} **치료법**은 오발^{Orval}
과 윌리^{Willie} 모우러(Mowrer & Mowrer, 1938)가 고전적
조건형성 원리를 적용하여 개발한 방법이다. 이들은
아이가 밤에 소변을 못 가리는 이유를 방광에 압박이
가해져도 아이가 잠에서 깨지 못하기 때문이라고 가정
했다. 이에 연구자들은 소량의 소변이 닿으면 바로 경

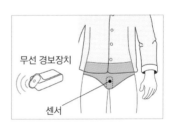

그림 4-3. 야뇨증 경보장치

보음이 울리는 패드(야뇨증 경보장치)를 고안했다(그림 4-3 참조). 이 패드 위에서 잠을
자는 아이는 방광에 압박(중립자극/NS)이 가해지고 소변 배출이 시작되어 소변이 옷
에 스며들어 전기회로를 차단하면, 바로 울리는 경보음(무조건자극/UCS) 때문에 즉시
잠에서 깬다(무조건반응/UCR). 이 과정이 수 차례 반복되면, 방광의 팽창압력(조건자
극/CS)과 잠을 깨는 행동(조건반응/CR)이 반복적으로 연합되어, 아이는 경보음 없이도
스스로 일어나 소변을 볼 수 있게 된다. 이 방법은 보통 6~12주면 야뇨증이 치료될
정도로 효과가 탁월하다는 것이 입증되었다(Liebert & Spiegler, 1997).

조작적 조건형성

조작적 조건형성^{operational conditioning}은 미국의 행동주의 심리학자 스키너가 창안한 것으
로, 우연히 발생한 행동이 그 행동의 긍정적 또는 부정적 결과와 연합되어 행동의 증
가 또는 감소를 초래한다는 학습이론이다. 그러나 더 이상 강화물이 제공되지 않거
나 혐오자극이 제시된다면, 그 행동의 발생 가능성은 감소한다('**소거**'). 조작적 조건형

성에 의하면, 유기체는 무작위적 환경에서 반응(행동)을 그 결과와 연합시키는 것을 학습한다. 유쾌한 결과가 뒤따르는 행동은 반복하고, 불쾌한 결과가 뒤따르는 행동은 피하는 것을 학습한다. 이러한 연합은 **조작적 행동**^{operant behavior}을 형성한다.

버러스 스키너
(Burrhus F. Skinner,
1904~1990)

조작적이란 유기체가 보이는 반응이 환경에 대한 능동적인 작동을 통해 강화물을 초래한다는 의미다. 이 원리를 통해 스키너는 비둘기에게 전혀 비둘기답지 않은 행동을 가르칠 수 있었다(예 8자를 그리며 걷게 하기, 탁구하기, 미사일이 목표 방향을 유지하도록 화면의 표적 쪼기). 아동이 거리에서 자동차를 무서워하도록 조건형성을 하려면, 고전적 조건형성 원리를 적용한다. 반면, 코끼리에게 뒷발로만 걷도록 가르치거나 어린아이에게 "고맙습니다."라는 말을 하도록 가르치려면, 조작적 조건형성 원리를 사용한다. 조작적 조건형성의 원리는 다음 두 가지다. 하나는 행동은 결과와 연합한다는 것이고, 다른 하나는 보상은 반드시 유기체가 원하는 것이어야 한다는 것이다. 조작적 조건형성의 핵심 개념으로는 ① 강화와 ② 벌이 있다.

강화.   첫째, **강화**^{reinforcement}란 자극의 제공이 행동의 발생빈도를 증가시키는 과정을 말한다. 강화는 **정적 강화**^{positive reinforcement}(바람직한 행동이 나타날 때마다 유쾌조건을 제공함으로써 특정 행동의 발생 빈도수를 높이는 기제)와 **부적 강화**^{negative reinforcement}(바람직한 행동이 나타날 때마다 불쾌조건을 제거해 줌으로써, 특정 행동의 발생 빈도수를 높이는 기제)로 나뉜다. 아이의 칭얼거림이 정적으로 강화되는 이유는 어머니의 관심이라는 강화물을 얻기 때문이다. 칭얼거림에 대한 어머니의 반응이 부적으로 강화되는 이유는 아이의 칭얼거림이라는 혐오자극을 종료시키기 때문이다. 이처럼 부적 강화는 혐오자극을 제거함으로써 안도감을 제공하는 것으로, 특정 행동의 재발 가능성을 높인다. 물질사용자에게 금단의 고통을 종료시키는 부적 강화는 다시 약물을 갈망^{craving}하게 만드는 강력한 이유가 된다. 이에 내담자의 행동 통제 또는 변화를 위해 보상체제를 사용하려면, 그에게 보상이 되는 것을 파악해야 한다.

벌.   둘째, **벌**^{punishment}은 특정 행동을 소거^{extinction}(보상이 따르지 않는 행동의 발생 빈도수가 점차 감소하다가 결국 사라지는 현상)하기 위해 학습자에게 혐

	쾌 자극	불쾌 자극
적용 +	정적 강화	일차 벌/정적 벌
철수 –	이차 벌/부적 벌	부적 강화

그림 4-4. 강화와 벌의 도식

오자극을 가하거나('일차 벌') 선호자극을 일시적으로 제거하는('이차 벌') 기법이다. 벌은 행동의 빈도/강도 감소를 위해 사용되는 혐오자극이기도 하다. 예를 들어, 거짓말을 한 아이를 꾸중하는 것이 일차 벌이라면, 아이가 좋아하는 게임을 못 하게 하는 것은 이차 벌이다. 벌은 바람직한 행동에 대한 정적 강화와 함께 사용될 때 강력한 효과가 있다. 그렇지 않은 경우, 꾸중 또는 타임아웃 등의 벌을 받은 아이는 응종compliance이 증가한다. 벌은 바람직하지 않은 반응을 억제하는 효과가 있지만, 글상자 4-2에 제시된 것과 같은 문제점을 야기할 수 있다(Gershoff, 2002).

글상자 4-2. 벌의 문제점

1. 처벌받은 행동은 망각하는 것이 아니라 억제된다.
2. 강화는 해야 할 것을 알려 주지만, 벌은 하지 않아야 할 것을 알려 준다.
3. 벌은 상황변별을 가르쳐서 변별을 통해 다른 곳에서는 괜찮다는 것을 학습하게 할 수 있다.
4. 연합을 통해 벌 주는 사람 또는 상황에 대한 공포를 학습하여 등교 기피 또는 불안을 유발할 수 있다
5. 극단적이거나 고통스러운 벌은 바람직하지 않았던 행동보다 더 심각한 공격행동을 유발할 수 있다.
6. 벌은 문제해결 방법으로 공격행동을 시범 보이게 되어 공격성 증가를 초래할 수 있다.

오늘날 행동주의 심리학자들 대부분은 벌보다는 강화를 선호한다. 즉, 문제행동을 나타내는 내담자에게 대체행동에 주목하게 하고, 그 행동에 강화자극을 주는 것이다. 벌을 적용한 기법으로는 반응대가, 사회적 질책, 타임아웃, 과잉교정, 신체 벌, 수반적 전기자극 등이 있다. 그러나 벌은 예상치 않은 부작용(예 분노 등의 부적 정서)을 초래할 수 있다. 그러므로 잠재적으로 해롭거나 위험한 행동(예 벽에 머리 부딪치기, 깨물기, 공격행동, 위험한 물건을 집어 던지며 성질부리기 등) 또는 특정한 어려움이 있는 경우에만 사용되어야 한다(Cooper et al., 2019). 스키너는 일상생활에서 의도가 없다고 하더라도 특정 행동이 끊임없이 강화·조성될 수 있다는 점을 강조했다. 예를 들어, 아이의 칭얼거림은 부모를 짜증나게 한다. 그럼에도 부모가 아이를 대하는 전형적인 교류방식은 대화상자 4-1과 같다.

대화상자 4-1. 부모가 아이를 대하는 전형적인 교류방식

> **아 이**: 엄마, 신발 끈 좀 매 줘요.
>
> **엄 마**: (부엌일을 계속한다.)
>
> **아 이**: 엄마, 신발 끈 좀 매 줘!
>
> **엄 마**: 어, 그래 잠깐만 기다려! (손을 씻는다.)
>
> **아 이**: 엄마아! 신발 끈 좀 매 · 달 · 라 · 고!!!
>
> **엄 마**: 너, 엄마가 징징거리지 좀 말라고 했지! (아이를 노려보면서) 그랬어, 안 그랬어! (잠 시 후) 자, 신발 좀 더 내밀어 봐!

대화상자 4-1에 제시된 대화 예시에서 아이의 칭얼거림은 의도치 않게 강화를 받았다. 칭얼거림을 통해 원하는 것, 즉 엄마의 주의를 끌 수 있었기 때문이다. 엄마의 반응도 강화를 받는다. 아이의 칭얼거림('혐오자극')을 제거했기 때문이다('부적 강화'). 이 사례는 강화의 전형적인 예다. 아이가 물건을 사 달라고 조를 때 부모가 이를 거절하다가 결국 그 물건을 사 주게 되는 경우, 저항적 행동방식을 조성할 수 있는 것은 또 다른 강화의 예다. 아동이 어른들과의 의지력 싸움에서 결국 어른이 굴복할 것이라는 사실을 알게 된다면, 아동의 부적응 행동은 강화되어 빈도수, 강도, 내구성이 점차 증가한다.

사회인지이론

사회인지이론social cognitive theory은 캐나다 출신 미국의 심리학자 앨버트 반두라가 창안한 것으로, 학습은 인지, 행동, 경험, 환경의 상호작용을 통해 이루어진다는 내용의 학습이론이다. 이 이론은 **사회학습이론**social learning theory(Bandura, 1977)에 환경의 영향을 추가하여, ① (사회적) 환경(타인[부모, 직장동료, 친구], 사회경제적 지위, 주거지, 인종적 다양성 등), ② 개인의 특성(동기, 사고, 기대, 신념 등), ③ 행동양식의 삼원관계를 골자로 수정 · 발표한 학습이론이다.

앨버트 반두라
(Albert Bandura,
1925~현재)

종전의 행동주의 학습이론은 인간을 주어진 자극에만 반응하는 수동적 존재로 보고, 조건형성과 강화에 의한 학습에 초점을 두었다.

사회인지이론은 인간을 자신의 행동을 결정 · 실행 · 변화 · 향상을 추구하는 능동적 존재로 보고, 학습의 사회적 · 인지적 과정을 중시한다. 이 이론에 의하면, 환경요

인 또는 사건은 그 경험에 대한 개인의 지각 또는 해석 같은 인지처리과정을 통해 행동에 영향을 준다. 즉, 사람은 자기주도적으로 행동을 변화시킬 수 있고, 그 변화의 주체는 바로 그 자신이라는 것이다. 이러한 과업 수행에는 개인의 자기효능감이 영향을 미칠 수 있다. 사회학습의 예로는 대인관계를 잘하는 사람과 상호작용한 후, 그의 효과적인 대인관계 기술을 습득하는 것이다.

인지행동치료

끝으로, **인지행동치료**cognitive behavior therapy(CBT)는 오늘날 행동치료의 견인차 역할을 하고 있고 치료자들이 선호하는 이론적 접근이다. CBT에서는 개인의 신념이 행동과 정서에 영향을 준다고 가정한다. 이러한 분위기는 1970년대 초부터 시작되어, 오늘날에는 인지적 요인이 행동 문제 이해와 치료에 핵심 역할을 한다고 인정하게 되었다. CBT는 1970년대 중반부터 행동치료를 대체하기 시작했고, 이 시기부터 행동치료자들 사이에 감정, 행동, 인지 간 상호작용을 중시하는 분위기가 조성되었다(Corey, 2016). 이로써 오늘날 행동치료는 인지(행동 변화를 위한 사고 수정)와 행동(행동 변화를 위한 외부 조건 수정)의 변화과정을 강조하는 형태를 띠고 있다(Follette & Callaghan, 2011). 이러한 분위기에 편승하여 사회기술훈련, 인지치료, 스트레스 관리훈련, 마음챙김, 수용전념치료(ACT) 같이 비교적 최근에 창안된 치료적 접근들은 모두 인지행동치료의 지향점을 따르고 있다.

🚪 치료기법과 과정

오늘날 행동치료(BT)는 종전의 치료자 중심의 접근에서 벗어나 내담자에게 권한을 넘겨줌으로써, 자유롭게 선택할 수 있게 하는 방향으로 진화했다. 이를 위해 치료목표도 부적응행동 또는 문제행동의 변화에서 ① 내담자의 선택 증가, ② 새로운 학습조건 형성, ③ 다양한 대처기술 습득, 또는 ④ 대체행동 형성을 돕는 것으로 바뀌었다. 치료목표 달성을 위해 행동치료자behavior therapist는 ① 학습전문가, ② 자문자·교사·조언자·강화자·촉진자, ③ 대행 모델 역할을 한다. 이들은 행동을 측정도구를 활용하지만, 지필검사 형식의 성격검사 사용은 지양한다. 또한 내담자의 행동을 토대로 DSM을 활용하여 진단을 내린다.

치료기법

행동치료(BT)에서는 치료의 핵심을 조건형성을 통한 학습으로 간주하고, 인지구조, 비논리적 · 비합리적 사고, 그리고 무의식과 관련된 사고도 조건형성이 가능하다고 본다(Neukrug, 2017). 행동치료에서는 정신건강 문제영역에 적용 가능한 70여 개의 행동기법이 광범위하게 사용되고 있다(O'Donohue & Fisher, 2012). 이처럼 다양한 치료법을 일컬어 '**행동치료의 다양한 스펙트럼**'(Lazarus, 1981)이라고 한다. 오늘날 행동치료자들은 내담자에게 피드백과 모델링을 통해 자연스럽게 건강하고 생산적인 행동에 대한 학습이 일어나도록 돕는다(Naugle & Maher, 2003).

행동치료에서 기법 선택에 도움이 되는 질문은 다음 두 가지다. 하나는 '내담자는 구체적으로 어떤 환경에서 어떤 문제를 호소하고 있는가?'이고, 다른 하나는 '그 문제에는 어떤 기법이 누구에 의해 제공되는 것이 가장 효과적인가?'다(Paul, 1967, p. 111). 행동치료자는 치료법을 내담자에 따라 달리 사용하는 동시에, 같은 내담자에게도 때에 따라 다른 방법을 적용하기도 한다. 행동치료에서 흔히 사용되는 기법으로는 ① 모델링, ② 주장훈련, ③ 체계적 둔감법, ④ 토큰경제, ⑤ 반응대가, ⑥ 노출치료 · 홍수법, ⑦ 자극통제, ⑧ 혐오기법, ⑨ 조형, ⑩ 행동시연이 있다.

모델링.   첫째, **모델링**modeling은 내담자에게 타인의 적절한 행동을 관찰하게 한 다음, 이를 연습하게 하여 새로운 행동습득을 돕는 기법이다('모방학습imitation learning' '대리학습vicarious learning'으로도 불림). 이 기법은 내담자가 모델의 행동을 자기 것으로 통합해 가는 변화과정으로, 강화와 벌보다 효과가 더 크다. 또한 새로운 기술 또는 행동이 타인의 관찰을 통해 더 효과적으로 습득될 수 있음을 입증하는 것으로, 비현실적인 공포 제거에도 효과가 있다(Cooper et al., 2019). 모델링 효과를 높이기 위한 내담자의 조건은 글상자 4-3과 같다.

글상자 4-3. 모델링 효과를 높이기 위한 내담자의 조건

1. 모델에 관심이 있어야 한다. ☛ 관심을 높이기 위해 보상을 주기도 함
2. 모델에게서 얻은 정보를 유지해야 한다. ☛ 획득한 정보를 조직 · 유지하기 위해 상상기술 또는 언어적 부호화 전략 등을 사용함
3. 모델의 행동을 따라해야 한다. ☛ 행동은 학습과 행동 변화를 위해 모방 · 연습되어야 함

4. 모방행동에 동기화되어야 한다. ☞ 결과에 대한 보상은 모델의 행동발생 가능성을 증가시킴

행동치료에서 모델링에는 교수^{teaching}, 촉구^{prompting}, 동기화^{motivating}, 불안감소^{reducing anxiety}, 저지^{discouraging} 기능이 있다(Spiegler & Guevremont, 2015). 이 다섯 가지 기능을 활용한 모델링으로는 ① 생 모델링, ② 상징 모델링, ③ 역할연기, ③ 참여자 모델링, ⑤ 내현적 모델링이 있다.

☐ 생 모델링. **생 모델링**^{live modeling}은 기본적으로 모델, 때로 치료자가 구체적인 행동을 수행하는 것을 지켜봄으로써 특정 행동을 학습하는 것을 말한다. 이 기법은 앞서 소개된 존스(Jones, 1924)의 연구에서 피터의 공포가 다른 아이들이 쥐를 가지고 놀면서 불안해하지 않는 행동을 관찰함으로써 감소한 것이 그 예다. 모델링은 몇 차례 반복된다. 모델의 행동 관찰 후, 내담자는 관찰한 행동을 몇 차례 반복한다.

☐ 상징 모델링. **상징 모델링**^{symbolic modeling}은 생 모델을 구할 수 없거나, 불편한 경우에 적용되는 것으로, 적절한 행동이 담긴 시청각 자료(동영상, 사진, 그림책, 연극 등)에 대한 간접적인 관찰로 행동 변화를 돕는 기법이다. 예를 들어, 주인공 아동이 병원에서 수술받는 내용의 동화를 읽게 함으로써, 수술을 앞둔 아동의 불안을 감소시키는 것이다. 상징 모델링의 변형된 형태가 '**자기 모델링**^{self-modeling}'(내담자가 바라는 방식으로 목표 행동의 수행 장면을 녹화하여 행동 변화를 촉진하는 것)이다. 또래관계에 어려움을 보이는 아이가 적절한 방식으로 다른 아이들과 상호작용하는 장면을 녹화하여 보여 줌으로써, 아이가 자신의 행동 관찰을 통해 사회적으로 적절한 행동을 모델링하게 되는 것이 또 다른 예다. 이는 부적응행동을 새롭게 학습한 사회기술로 대체하는 것이다.

☐ 역할연기. **역할연기**^{role playing}는 치료목적으로 다른 사람의 역할을 해 보거나 이상적으로 되고 싶은 사람처럼 직접 행동으로 실행해 보도록 하는 절차다('역할연습' '역할놀이' '역할극'으로도 불림). 특정 역할에 대해 자발적인 연습에 의한 체험학습 방법이다. 즉, 특정 상황을 설정하여 적절한 역할을 시험적으로 시도해 보고, 그 과정에서 문제점을 파악 · 보완하여 바람직한 행동을 습득하게 하는 교육훈련의 일종이다. 가정에서는 부모와 자녀, 직장에서는 상사와 부하, 학교에서는 교사와 학생의 역할을

바꾸어 수행해 보는 것이 그 예다. 역할연기의 적용 절차는 표 4-1과 같다.

표 **4-1.** 역할연기의 적용 절차

적용절차	활동
1. 역할 설정	○ 상담자가 학습 내용에 따라 적절한 상황을 선택한다.
2. 참여자 선정	○ 상담자가 참가자들의 역할을 정해 준다.
3. 장면과 관찰자 준비	○ 배역의 성격 및 특성을 고려하여 준비한다.
4. 실연	○ 각자 맡은 역할을 수행한다.
5. 토의 · 평가	○ 역할수행에 대한 다양한 해석 및 불일치에 초점을 둔 피드백을 교환한다.
6. 재실연	○ 역할수행에 대한 논의 후, 다른 사람에게 역할을 맡겨 반복적으로 실연한다.

□ 참여자 모델링.　**참여자 모델링**participant modeling은 상담자가 직접 내담자에게 행동을 보여 주고 나서 내담자가 그 행동의 학습을 돕는 기법이다. 내담자가 사다리에 오르는 것을 두려워한다면, 치료자가 먼저 사다리에 오름으로써 그 행동을 따라 할 수 있게 한다. 그러고 나서 치료자는 내담자가 사다리에 오르는 것을 도울 수 있다. 이때 필요한 경우, 격려와 신체적 도움을 제공한다.

□ 내현적 모델링.　**내현적 모델링**covert modeling은 모델을 관찰할 수 없을 때, 내담자가 모델의 행동을 시각적으로 떠올리게 하는 기법이다. 이 과정에서 치료자는 내담자가 상상할 수 있도록 상황을 기술한다. 내현적 모델링의 예로는 양아버지에게 성 학대를 당한 7세의 농아 사례를 들 수 있다(Krop & Burgess, 1993). 학대 결과로 여아는 남성의 하체 부분을 부적절하게 만지고, 부적절한 성행동을 나타냈으며, 갑자기 화를 내기도 했다. 연구자들은 내현적 모델링을 적용하여 여아가 충동적으로 화내지 않고, 좋은 감정을 유지하며, 다른 아이들과 적절하게 상호작용하는 자신을 상상하도록 하여 치료목표를 성취할 수 있었다.

주장훈련.　둘째, **주장훈련**assertiveness training은 과도한 불안 없이 적절하게 자신의 생각과 감정을 자유롭게 표현할 수 있는 능력을 증진시키기 위한 기법이다(**'자기표현훈련'**으로도 불림). 주장훈련에서는 사람들이 대인관계에서 흔히 겪을 수 있는 불안을 대부분 자신의 권리나 느낌 등을 적절하게 표현하지 못해서 나타나는 현상으로 가정한다. 이 기본가정을 토대로 주장훈련은 주로 불안의 역조건형성과 주장성 강화로 구성된다. 주장훈련에서 상담자는 내담자의 권리에 중점을 두어 주장행동, 즉 욕구, 의견, 생각, 느낌 등 자신이 나타내고자 하는 바를 상대방에게 적절한 방식으로 전달할 수 있는 기술의 습득을 돕는다. 주장훈련의 절차는 글상자 4-4와 같다.

글상자 4-4. 주장훈련의 절차

1. 내담자의 목표를 경청한다.
2. 사람은 누구나 자기표현의 권리가 있음을 가르친다.
3. 비주장적 행동(수동적 행동, 공격적 행동)과 주장적 행동의 차이를 설명해 준다.
4. 내담자의 비주장적 행동의 원인을 파악하여 긍정적·부정적 피드백을 제공한다.
5. 내담자에게 바람직한 행동을 관찰하게 하고, 역할연기를 해 보게 한다.
6. 내담자의 행동을 강화하여 행동조성을 돕는다.
7. 내담자에게 바람직한 행동습득에 필요한 과제를 부과하여 다음 회기까지 해 오도록 한다.

글상자 4-4에 제시된 세 번째 단계에서 비주장적 행동, 즉 **소극적 행동**passive behavior이 개인의 권리를 옹호하지 못하고 포기하는 행동이라면, **공격적 행동**aggressive behavior은 상대방의 권리를 침해하면서까지 자신의 권리를 내세우는 행동이다. 반면, **주장적 행동**assertive behavior은 상대방의 권리를 침해하지 않는 범위 내에서 자신의 권리를 옹호하는 행동이다. 내담자가 이 세 가지 행동의 차이를 인식하게 되면, 상담자는 내담자의 비주장적 행동, 즉 소극적·공격적 행동의 원인을 파악한다. 비주장적 행동은 행동적 원인(어떤 행동이 주장적 행동인지를 모름), 정서적 원인(정서적 불안이 주장적 행동을 저지함), 사고적 원인(주장적 행동에 대한 사고나 판단이 잘못됨)에 기인된다. 내담자는 자신의 비주장적 행동의 원인을 파악한 후, 장애의 정도에 따라 순위를 정한다.

체계적 둔감법.　셋째, **체계적 둔감법**systematic desensitization은 이완된 상태에서 불안을 일으키는 상황을 위계적 상상을 통해 불안과 양립할 수 없는 이완을 연합시켜 불안을 감소/소거시키는 기법이다('체계적 감감법'으로도 불림). 이는 1958년 남아공('남아프리카 공화국'의 줄임말) 출신의 정신의학자이자 심리학자 조셉 월피가 고전적 조건형성과 **상호제지이론**을 토대로 개발한 것이다. 그는 남아공 군대에 의료 책임자로, '전쟁신경증war neurosis'(오늘날 외상후스트레스장애[PTSD])으로 진단된 병사들을 치료하던 중,

정신분석의 효과에 의문을 제기하고 효과적인 치료적 대안을 찾
은 것이 바로 그의 상호제지기법에 의거한 체계적 둔감법이었다.

월피의 체계적 둔감법은 당시 심리치료의 주류 패러다임이었던
정신역동적 접근에서 벗어나 행동주의적 접근의 패러다임으로 옮
겨가는 데 결정적인 역할을 했다. 이런 점에서 월피는 행동치료
의 창시자로 인정받고 있다. 둔감화는 ① 이완훈련('점진적 근육이
완'), ② 불안위계 작성, ③ 이완상태에서 불안위계에 따라 실시된

조셉 월피
(Joseph Wolpe,
1915~1997)

다(Head & Gross, 2008). 체계적 둔감법의 적용 절차는 글상자 4-5와 같다.

글상자 4-5. 체계적 둔감법의 적용 절차

> 1. 불안유발요소에 대한 정보를 수집·분석한다(거부, 질투, 비판, 비난, 무시, 공포 등).
> 2. 점진적 근육이완을 통해 편안하고 안정된 심리상태에 도달하는 법을 가르친다(고요한
>   호숫가에 앉아 있거나 아름다운 초원을 거니는 상상을 하도록 함).
> 3. 초기 면접 후, 이완훈련을 하는 동안 내담자와 함께 특정 상황에서 불안을 일으키는
>   자극을 분석하고, 불안 또는 회피 정도에 따라 불안위계표(불안을 가장 적게 유발하는 사
>   건에서 가장 심하게 일으키는 사건 순으로 작성된 목록)을 작성한다.
> 4. 불안위계표를 토대로 각 사건 또는 상황에 대해 0에서 100을 할당하여 '**주관적 불편단
>   위척도**^Subjective Units of Discomfort scale(SUDs)'를 작성한다.
> 5. 둔감화, 즉 눈을 감고 완전히 이완된 상태에서 처음에는 불안이 없는 중립적인 장면
>   을 상상으로 제시하고 나서, 가장 적은 불안유발 장면을 상상하도록 한다.
> 6. 내담자가 불안을 경험하고 있다고 신호할 때까지 단계적으로 위계를 높이다가 불안
>   을 경험한다는 신호를 하면 즉시 중지한다.
> 7. 다시 이완을 하고 계속해서 상위 단계로 높인다.
> 8. 가장 높은 수준의 불안을 일으켰던 장면에서도 내담자가 이완상태를 유지하면, 치료
>   를 종결한다.

☐ 이완훈련 실시.   **이완훈련**^relaxation training은 기본적으로 팔, 얼굴, 목, 어깨, 가슴, 배,
다리 등의 다양한 근육의 긴장과 이완을 반복하여 깊은 수준의 이완 상태에 도달하는
기법이다('점진적 근육이완법'으로도 불림). 이 기법은 제이콥슨(Jacobson, 1938)이 개발
한 **점진적 이완**^progressive relaxation을 활용한 것이다. 체계적 둔감법의 이완 절차는 표 4-
2와 같다.

표 4-2. 체계적 둔감법의 이완 절차

신체부위	지시사항
1. 손	○ 주먹을 꽉 쥐어 긴장했다가 이완하고, 손가락을 쭉 펼쳤다가 이완한다.
2. 이두/삼두박근	○ 이두박근을 긴장했다가 이완하고, 삼두박근을 긴장했다가 이완한다.
3. 어깨	○ 어깨를 뒤로 당겼다가 이완하고, 어깨를 앞으로 당겼다가 이완한다.
4. 목	○ 목을 축으로 머리를 한쪽 방향으로 3~4회 회전시키고, 다시 반대 방향으로 3~4회 회전한다.
5. 입	○ 입을 가능한 한 넓게 벌렸다가 이완하고, 입술을 오므리고 최대한 앞으로 쭉 내밀었다가 이완한다.
6. 혀	○ 입을 벌리고 혀를 가능한 한 앞으로 쭉 내밀었다가 이완한다. ○ 혀를 목구멍 속으로 가능한 한 깊이 끌어당겼다가 이완한다. ○ 최대한 세게 입천장으로 밀었다가 이완한다. ○ 최대한 한 세게 입 바닥을 눌렀다가 이완한다.
7. 눈·이마	○ 두 눈을 꽉 감았다가 이완하고, 두 눈을 최대한 크게 떴다가 이완한다. ○ 이마를 찡그렸다가 이완하고, 이마를 최대한 펼쳤다가 이완한다.
8. 호흡	○ 천천히 최대한 숨을 깊이 들이쉬고 잠시 숨을 멈춘다. ○ 숨을 참을 수 없게 되면, 허파 속의 모든 공기를 다 내보낼 때까지 숨을 내쉬고 다시 숨을 멈추는 것을 반복한다.
9. 등	○ 어깨가 의자의 등 받침대에 닿도록 앉았다가, 등이 아치형이 되도록 몸을 앞으로 굽혔다가 이완한다. ○ 등이 다치지 않도록 주의하고 긴장 단계를 서서히 수행하고 이완하되, 약간의 통증이 느껴지게 한다.
10. 엉덩이	○ 엉덩이 근육을 긴장시키고 허벅다리를 살짝 들었다가 이완한다. ○ 엉덩이로 의자를 파듯이 힘껏 누르다가 이완한다.
11. 허벅지	○ 다리를 뻗고 마룻바닥에서 약 15센티미터 정도 들었다가 이완한다. ○ 반대편 근육은 장딴지를 허벅지 뒤로 구부려 긴장시킨다. ○ 이완훈련의 전체적인 리듬과 연속성을 방해할 수 있으므로 생략할 수도 있다. ○ 발뒤꿈치나 발바닥으로 마룻바닥을 파는 듯한 행동으로 대신할 수 있다. ○ 허벅지는 복부보다 먼저 이완한다. 왜냐하면 순서를 바꾸어 다리를 먼저 들면 복부가 긴장되기 때문이다.

12. 복부	○ 복근이 등뼈에 닿을 정도로 세게 뒤쪽으로 끌어당겼다가 이완한다.
	○ 복근을 힘껏 확장했다가 이완한다.
13. 장딴지 · 발	○ 두 다리를 마룻바닥에 의지하고 발가락이 머리 쪽을 향하도록 발을 구부렸다가 이완한다.
14. 발가락	○ 발가락으로 신발 바닥을 파는 듯이 하다가 이완한다.
	○ 발가락으로 신발의 윗부분을 힘껏 밀었다가 이완한다.

월피(Wolpe, 1990)는 치료과정에서 내담자에게 하루에 두 차례씩 10~15분 정도 이완에 몰입할 것을 요구하곤 했다. 또한 보통 5~6회기에 걸쳐 이완을 가르치곤 했는데, 다음과 같은 방법으로 시작한다. 월피의 근육이완을 위한 지시문은 글상자 4-6과 같다.

글상자 4-6. 월피의 근육이완을 위한 지시문

> 이제 깊은 이완 상태 돌입에 필요한 핵심활동을 보여 드리겠습니다. 제가 당신의 팔목을 잡아당기면 힘껏 버텨서 당신의 이두박근이 긴장되도록 해 보세요. 그 근육에 대한 감각을 아주 조심스럽게 감지해 보세요. 그리고 나서 내가 힘을 서서히 뺄 때, 당신도 서서히 힘을 빼세요. 당신의 팔뚝이 내려가면서 이두박근의 감각도 줄어드는 것을 감지해 보세요. 순서에 따라 당신의 팔뚝은 의자의 팔걸이에서 휴식을 취하게 될 것이고, 당신이 갈 수 있는 가장 멀리까지 갔다고 생각하셔도 됩니다. 이완을 마칩니다. 그렇지만 이두박근이 부분적으로 아마도 충분히 이완되겠지만, 실제로는 여전히 몇몇 근섬유는 수축되어 있을 것입니다. 제가 당신에게 "풀어 주세요. 당신의 팔뚝이 내려오는 동안 이두박근에 대해 했던 그 활동을 점점 더 확대해 보세요."라고 말할 겁니다. 이것이 우리가 원하는 정서적 효과를 일으키게 하는 추가적인 근섬유를 이완시키는 활동입니다. 자, 어떤 일이 일어날지 해 봅시다(p. 157).

이완은 이런 방식으로 회기별로 서로 다른 신체 부위에 적용된다. 행동치료자는 이 기법을 치료과정 내내 지속적으로 적용하여 내담자의 이완 상태와 심상화된 불안 상황과 결합함으로써 문제상황에서의 정서인식 수준을 낮춘다.

□ **불안위계 작성.** **불안위계**anxiety hierarchies는 불안을 가장 적게 야기시키는 사건에서 가장 심하게 일으키는 사건 순으로 작성된 목록이다. 목록 작성을 위해 흔히 각 사건에 대해 0에서 100이라는 숫자를 할당한다. 이러한 방법으로 '**주관적 불편단위척도**

Subjective Units of Discomfort scale(SUDs)'가 작성되는데, 0은 완전한 이완상태를, 100은 극도로 심한 불안을 나타낸다. 이러한 단위는 주관적인 것으로, 개인에 따라 달리 적용된다. 체계적 둔감법이 진행되면서 높은 SUDs를 보였던 사건은 점차 낮은 SUDs로 대체된다. 월피(Wolpe, 1990, p. 166)는 심한 불안으로 시험에 거듭 실패한 후, 상담을 신청한 C양(24세, 미술전공 대학생) 사례를 소개했다. C양은 시험뿐 아니라, 다른 사람들의 자신에 대한 응시, 주시, 비판, 가치 절하에 심한 불안을 느낀다고 호소했다. C양의 다른 사람들과의 불화로 인한 불안 감소를 위한 약식 불화위계discord hierarchy와 C양이 평정한 SUDs 척도는 글상자 4-7과 같다.

글상자 4-7. 약식 불화위계 및 SUDS 척도의 예

□ 다른 사람들과의 불화
1. 엄마가 파출부에게 고함을 지름 (50)
2. 여동생이 다른 자매와 말다툼을 벌임 (40)
3. 다른 자매가 아버지와 논쟁을 벌임 (30)
4. 엄마가 다른 자매에게 고함을 지름 (20)
5. 낯선 사람 두 명이 다투는 광경을 목격함 (10)

글상자 4-7에 제시된 척도는 5개에 불과하지만, 일반적으로 불안위계 목록은 10개 이상의 항목으로 작성된다. 불안위계가 작성되면, 행동치료자는 둔감화 과정을 시작한다.

□ 둔감화 실행. **둔감화**desensitization는 이완이 충분히 숙달된 상태까지 도달하지 못하더라도 시작할 수 있다(Wolpe, 1990). 첫 번째 둔감화 회기 동안 치료자는 내담자가 이완된 후, 얼마나 많은 SUDs를 경험했는지를 묻는다. 수준이 25 이상으로 너무 높으면, 이완을 계속한다. 둔감화를 위해 첫 번째로 제시된 장면은 꽃과 같이 중립적인 것이다. 이를 통해 치료자는 내담자의 상상력과 시각화 능력을 가늠할 수 있다. 그런 다음, 치료자는 월피가 C양과의 치료에서 시행했던 유사한 방식으로 진행한다. 우선 내담자에게 중립적인 장면을 상상하도록 하고, 시험에 대한 불화위계 중 한 가지를 시각화하도록 한다. 그리고 나서 불화위계의 5번 항목을 떠올리게 한다. 둔감화 과정에서의 대화 예시는 대화상자 4-2와 같다.

대화상자 4-2. 둔감화 과정에서 대화의 예

상담자: 이제 여러 장면을 상상해 보도록 할 거예요. 그 장면들을 명확하게 상상하게 될 텐데, 그 장면들은 당신의 이완 상태를 거의 방해하지 않을 겁니다. 그러나 만일 방해받는 느낌이 들거나 염려되어 내게 알리고 싶다면, 내게 말해 주세요. 장면이 당신의 마음속에 명확하게 떠오르는 순간 당신의 왼손 검지를 1인치(2.54cm) 정도 들어서 알려 주세요. 우선, 어느 기분 좋은 날 아침에 낯익은 거리의 모퉁이에 서서 지나가는 차량들을 바라보고 있다고 상상해 보세요. 자동차, 오토바이, 트럭, 자전거, 사람들, 그리고 신호등이 눈에 들어옵니다. 그리고 이 모든 것에서 나오는 소리를 듣습니다. (몇 초가 지나자 내담자는 왼손 검지를 치켜든다. 치료자는 5초 정도 멈춘다.)

상담자: 잠시 상상을 멈추세요. 상상하는 동안 불안수준이 얼마나 올라갔나요?

내담자: 전혀요.

상담자: 다시 한 번 이완에 집중해 보세요.

상담자: 이제 저녁에 집에서 공부하고 있다고 상상해 보세요. 시험이 정확하게 한 달 전인 5월 20일입니다. (15초 정도 지나자 C 양은 검지를 든다. 다시 5초간 그 장면을 떠올리게 한다.)

상담자: 멈추세요. 불안이 얼마나 올라갔나요?

내담자: 15 단위 정도요.

상담자: 이제 똑같은 장면을 상상해 보세요. 시험이 있기 한 달 전의 장면입니다.

(해설) "두 번째 제시로 C양의 불안수준이 상승한 SUDs는 5개였으나, 세 번째 제시에서는 한 개도 없었습니다. 여기서 주어진 숫자는 사람과 장면에 따라 다릅니다. 첫 번째 숫자가 30 이상인 경우, 반복한다고 해서 숫자를 낮추기 어려울 것입니다. 그러나 예외는 있어요. 때로 첫 번째 숫자가 10이었던 내담자라도 반복에 의해 감소하지 않는 경우도 있기 때문이지요. 시험위계의 첫 번째 장면에 노출하고 나서 두 번째 것으로 옮겨갈 수 있었어요. 저는 불안위계 같이 다른 영역에서 C 양의 반응을 테스트해 볼 수 있었습니다."

상담자: 버스정류장의 벤치에 앉아 있고 길 건너편에 낯선 두 남자가 목청 높여 다투고 있다고 상상해 보세요. (이 장면은 2회 주어졌다. 내담자가 마지막 제시에 대한 반응을 보고한 후, 둔감화 회기를 종결했다.)

상담자: 다시 이완해 보세요. 이제 다섯까지 세면 눈을 뜨시고 평안하고 신선한 느낌을 만끽해 보세요(Wolpe, 1990, pp. 173-174).

총 17회기의 둔감화 과정을 종결하고 나서 월피는 4개의 위계에 해당하는 항목을 상상하는 동안뿐 아니라, 실제 상황에서도 C양이 이완 상태를 유지할 수 있었다고 보고했다. 4개월 후, C양은 불안감 없이 시험을 보았고, 시험에 통과되었다. 체계적 둔감화의 장점은 내담자가 위험한 결과를 초래하지 않으면서 심상법을 적용하여 불안이나 회피반응을 소거할 수 있다는 점이다. 체계적 둔감법은 특정 사건, 사람, 대상에 대해 극심한 불안이나 공포가 있는 사람들의 치료를 위해 고안된 것으로, 공포 관련 부적응 행동이나 회피반응 또는 일반화된 공포의 치료에 효과적이다. 이 기법은 불안장애, 특히 공포증과 강박증이 있는 사람들에게 효과가 있음이 입증되고 있다 (Head & Gross, 2008; Spiegler, 2016).

토큰경제체제.   넷째, **토큰경제체제**^{token economy systems}는 토큰 또는 환권을 제공하여 원하는 물건 또는 권리와 교환할 수 있게 하는 조작적 조건형성을 이용한 행동수정 기법이다. 이 기법의 전제는 개인이 명확하게 적절한 행동을 보였을 때, 토큰을 제공하여 일정한 수의 토큰이 모여지거나, 특정 시간이 지나면 토큰을 보상물과 교환할 수 있게 하는 것이다. 이는 토큰 자체는 강화물이 아니지만, 토큰으로 교환할 수 있는 강력한 강화물과 연합시킨다면, 강화물로서의 특성을 갖게 되는 원리를 이용한 것이다 (Cooper et al., 2019). 1960년대에 창안된 이 기법은 주로 보호시설에 수용된 지적장애 또는 정신장애가 있는 사람들이 자신을 돌볼 수 있는 행동을 유도하는 데 사용되었으나, 점차 학교에서 학생들이 간단한 과제를 수행할 수 있게 하는 데 사용하게 되었다 (Neukrug, 2017).

반응대가.   다섯째, **반응대가**^{response cost}란 행동과 유관되어 일정한 양의 강화자극이나 활동이 제거되는 이차 벌 혹은 부적 벌의 절차를 말한다. 즉, 바람직하지 않은 행동을 했을 때 그 대가로 소유하고 있던 정적 강화인을 박탈하는 것이다. 교통법규를 위반했을 때 물게 되는 벌금이 그 예다. 소거는 정적 강화가 주어지지 않는 반면, 반응대가는 이미 소유하고 있는 정적 강화를 박탈하는 것이다. 또한 **타임아웃**^{time-out}은 정적 강화가 적은 곳에 일시적으로 격리시키는 것인데 반해, 반응대가는 시간이라는 요소가 관련되어 있지 않을 뿐 아니라, 반응대가가 시행될 때 강화조건에는 변화가 없다는 차이가 있다. 반응대가는 행동이 일어날 확률이 행동의 물리적 · 금전적 부담과 관련되어 있다는 점에 근거를 두고 있다. 즉, 특정 행동에 뒤따르는 부담이 클수록 그 행동이 나타날 확률은 감소한다.

노출치료 · 홍수법.   여섯째, **노출치료**^{exposure therapy}는 내담자를 통제된 조건에서 공포 또는 부적 정서를 유발하는 실제 상황에 노출시킴으로써, 자신의 반응을 다룰 수 있게 하기 위해 고안된 기법이다. 상상을 활용한 노출치료는 실제 노출을 하기 전 또는 내담자의 공포가 너무 심해 실제 상황에 직면할 수 없는 경우에 사용된다(Hazlett-Stevens & Craske, 2008). 노출치료의 대표적인 기법으로는 홍수법이 있다. **홍수법**flooding techniques은 내담자가 두려워하는 자극이 존재한다고 상상하거나, 실제 자극에 일정 시간 동안 노출하는 기법이다. 다른 노출 기법처럼 홍수법에서도 내담자는 노출된 상태에서 불안을 경험하지만, 두려워했던 결과가 실제로는 일어나지 않음을 체험하게 된다. 예를 들면, 엘리베이터 공포증이 있는 내담자가 둔감화 작업 없이 초고층 건물의 엘리베이터에 탑승하는 것이다. 이 기법은 고전적 조건형성에 기초한 것으로, 사람은 오랜 시간 동안 계속 불안할 수 없다는 점에 착안하여 자극을 점차 차분한 감정과 연합시키는 원리를 이용한 것이다.

이에 비해, **실제 노출**in vivo exposure은 단순히 상상만 하는 것이 아니라, 내담자를 불안이 유발되는 실제 상황에 노출시키는 기법이다. 이 기법은 두려움 때문에 피하고 싶은 대상/상황에 관한 **기능분석**functional analysis으로 시작한다. 두 가지 형태로 이루어진다. 하나는 체계적 둔감법과 유사하게 내담자가 공포를 일으키는 자극에 점진적으로 접근하는 방법이며, 다른 하나는 심상홍수치료와 유사하게 내담자가 공포를 유발하는 상황에서 직접 작업하는 방법이다. 점진적 접근법에서 내담자는 이완 기법을 학습한 다음, 불안이 야기되는 상황에 노출된다. 때로 즐거움을 주는 심상같이 상대되는 반응 또한 실제 상황에서 경험하고 있는 불안을 상쇄시키는 데 사용된다. 불안과 공포 감소를 위해 점진적 접근을 택하는 내담자는 어떤 상황이 다양한 수준의 불안이 야기되기 쉬운지에 대해 행동치료자와 의논하고 위계 혹은 사건의 목록을 작성한다. 엘리베이터 공포가 있는 내담자를 예로 들면, 글상자 4-8과 같다.

글상자 4-8. 엘리베이터 공포의 둔감화를 위한 불안위계 예시

1. 치료자가 있는 엘리베이터 문 쪽으로 걸어간다.
2. 치료자가 버튼을 눌러 엘리베이터 문을 여는 것을 지켜본다.
3. 치료자가 지켜보는 동안 내담자가 버튼을 눌러 엘리베이터 문을 연다.
4. 치료자와 내담자가 엘리베이터로 걸어 들어갔다가 나온다.
5. 내담자가 엘리베이터 안을 걸어 다니는 동안 치료자가 엘리베이터 문을 잡고 있다.

6. 치료자와 내담자가 엘리베이터를 타고 한 층을 올라가서 내린다.
7. 치료자와 내담자가 엘리베이터를 타고 한 층을 올라갔다가 다시 한 층을 내려온다.
8. 치료자가 내담자와 함께 두 개 층을 올라갔다가 다시 내려온다.
9. 내담자 혼자 엘리베이터를 타고 한 층을 올라가서 치료자를 만난다.
10. 내담자 혼자 2개 층, 3개 층, 그리고 그 이상의 층을 엘리베이터를 타고 올라간다.

만일 내담자가 긴장감을 느끼게 되면, 치료자는 즉각 이완절차를 실행한다. 내담자가 편안함을 유지하는 경우, 한 단계에서 다음 단계로 넘어간다. 그리고 치료자가 지켜보는 가운데 내담자가 이러한 활동을 수행할 수 있다면, 치료자는 내담자 혼자 그 활동을 수행하도록 한다. 치료의 길이는 불안의 심각도^{severity}에 달려 있다.

자극통제. 일곱째, **자극통제**$^{stimulus\ control}$는 자극에 변화를 줌으로써 새로운 자극으로부터 바람직한 행동을 강화하는 기법이다. 예를 들어, 냉장고에서 특정 음식을 없애면 그 음식을 먹는 행동이 감소하게 된다. 체중감량을 위해 음식을 눈에 띄지 않거나 손이 잘 가지 않는 곳에 두거나, 거동이 불편한 노인이 좀 더 편리하게 생활하도록 가구를 재배치하거나, 아이가 좀 더 쉽게 글을 깨우칠 수 있게 장난감에 첫 글자를 붙여 놓는 것이 또 다른 예다. 자극통제는 반드시 달라진 자극의 결과에 대해 정적 강화가 수반되어야 한다는 조건이 있다.

혐오기법. 여덟째, **혐오기법**$^{aversive\ techniques}$은 바람직하지 않은 행동에 대해 혐오자극을 제시함으로써 부적응 행동을 제거하기 위한 방법이다. 이 기법은 윤리적 측면에서 논란의 여지가 많다. 그럼에도 새로운 행동 습득에 앞서 부적응행동 소거에 유용하다는 평가를 받고 있다. 혐오자극으로는 전기충격, 화학물(예 단주를 위해 술이나 음식에 넣는 구토제), 시청각자료(예 금연을 위한 필름, 슬라이드, DVD 등)가 있다. 혐오기법으로는 ① 내현적 가감법, ② 타임아웃, ③ 과잉교정이 있다.

내현적 가감법$^{covert\ sensitization}$은 불쾌감을 연상시켜 바람직하지 못한 행동을 소거하는 방법으로, 흡연, 비만, 약물남용, 성적 일탈행위 등의 치료에 효과적이다. **타임아웃**$^{time\-out}$은 부적절한 행동에 대해 정적 강화의 기회를 일시적으로 박탈하는 기법이다. 주로 아이들에게 적용되므로 주의 깊은 모니터링이 필요하고, 5분 이상을 넘지 않게 한다. 수업을 방해하는 아이를 일시적으로 복도에 나가 있게 하는 조치가 그 예다. **과잉교정**^{overcorrection}은 부적절한 행동이 나타날 때, 즉시 그 행동 이전의 환경조건보다 훨씬 나은 상태로 원상회복시키도록 조치하는 기법이다. 예를 들면, 습관적으로 식당 바닥에 음식을 흘리는 아이에게 흘린 음식은 물론 식당 바닥 청소와 왁스칠까지 하게 하는 것이다. 이 기법은 특히 공공시설에 수용된 사람들에게 효과적이다.

조형. 아홉째, **조형**shaping은 스키너가 창안한 것으로, 바람직한 행동을 여러 하위 단계로 나누어 세분화된 목표행동에 접근할 때마다 적절한 보상을 주어 점진적으로 특정 행동을 학습시키는 행동수정 방법이다('조성' '행동조형' '행동조성'으로도 불림). 내담자가 새로운 기술을 배우고자 할 때, 상담자는 목표행동을 다루기 쉬운 단위로 세분화하여 학습 촉진을 돕는다. 조형과정에는 강화, 소거, 일반화, 차별화가 포함된다. 조형에는 두 가지 요소, 즉 어떤 것은 강화를 받고, 어떤 것은 강화를 받지 않는 ① **변별강화**와 실험자가 원하는 반응만이 강화를 받는 ② **연속적 근접**successive approximation이 있다. 조형에 앞서, 상담자와 내담자는 목표행동 달성을 위한 구체적인 반응순서를 정한다. 이는 **연쇄화**chaining, 즉 세분화된 행동연습을 통해 세부 목표를 달성하면, 다음 상위 단계의 행동연습으로 결국 목표행동을 성취하는 것을 말한다. 조형은 계획 수립이 질에 따라 성과가 달라진다.

행동시연. 끝으로, **행동시연**behavior rehearsal은 내담자가 원하는 행동이 이루어질 때까지 특정 행동을 연습하는 기법이다('**행동실연**' '**행동주의 심리극**behavioristic psychodrama'으로도 불림). 이 기법은 주로 목표행동의 이해, 시범, 교수, 역할연기, 피드백 제공의 반복을 통해 습득한 행동을 현장에서의 시연으로 문제해결에 필요한 행동의 습득에 유용하다. 이 기법에서 내담자는 자신이 어려움을 겪는 상황에서 원하는 행동을 역할연기 등을 통해 반복적으로 연습하되, 상담자가 바라는 행동수준에 이를 때까지 시범, 교육, 역할연기, 피드백을 통해 계속 반복한다. 이 기법은 주로 특정 장면에서 자신이 하고 싶은 행동을 하지 못해 이상행동을 나타내는 내담자에게 도움을 준다. 내담자가 반응을 연습·조정·개선하는 동안, 상담자는 조언자 혹은 코치로서, 연습을 통해 특정 행동을 습득할 수 있도록 내담자에게 관련된 행동과제를 부과한다. 행동시연은 모델링과 유사하지만, 바람직한 목표행동을 내담자와 상담자가 선택한다는 점이 다르다.

치료과정

행동치료는 일반적으로 ① 관계형성, ② 임상사정, ③ 문제행동에 기반한 목표설정,

④ 기법 선택 및 목표성취를 위한 개입, ⑤ 목표성취 평가, ⑥ 종결 및 후속 회기 순으로 진행된다.

1단계: 관계형성. **관계형성 단계**에서 상담자는 수용, 경청, 공감, 존중을 바탕으로 내담자와 신뢰관계를 형성하고, 상담목표를 명확하고 구체적으로 정의한다. 오늘날 행동치료자들은 상담의 초기 단계에서 반영, 명료화, 개방질문, 요약 등 기본적인 상담기술을 적극 활용하는 한편, 때로 지시적·교육적인 태도로 상담에 임한다(Antony, 2014). 동시에, 전형적인 행동치료자로서의 기능을 수행하는데, 그 내용은 글상자 4-9와 같다(Spiegler, 2016).

글상자 4-9. 전형적인 행동치료자의 기능

1. 내담자 행동이 문제 발생과 유지에 어떤 기능을 하는지에 대한 이해를 위해 노력한다.
2. 구체적인 문제에 적용된 연구를 통해 효과가 검증된 전략을 활용한다.
3. 상담목표를 향한 변화, 즉 예후 측정을 통해 상담의 성공 여부를 평가한다.
4. 상담 후에도 변화가 지속되는지 후속 평가를 실시한다.

전통적인 접근과는 달리, 오늘날 행동치료자들은 내담자와의 치료동맹 형성을 중시한다. 지지적인 신뢰관계가 형성되면서, 치료자는 내담자의 현재 문제가 어디서, 얼마나, 어떻게 진행되었는지에 대해 탐색한다. 또 치료적 개입 전 단계에서부터 직후까지 내담자의 진척 상황을 객관적인 관찰과 평가로 지속적으로 살핀다. 동시에, 행동치료 또는 기법이 적용되기 전에 철저한 행동사정을 수행한다.

2단계: 임상사정. **임상사정 단계**에서 상담자는 내담자의 문제행동을 규명·정의한다. 이 단계에서 상담자는 내담자가 모호하고 추상적 형태로 알고 있는 자신의 문제를 구체적인 행동적 용어로 정의할 수 있도록 돕는다. 내담자의 문제행동이 규명·정의되면, 상담자는 내담자의 현재 상태를 파악한다. 내담자의 상태를 파악하기 위한 자료와 정보는 일반적으로 면접, 질문지, 내담자 기록, 관찰 등에 의해 수집된다. 내담자의 현재 상태를 파악하는 목적은 자료와 정보를 통해 내담자의 반응수준 혹은 문제행동과 관련된 장면의 특징을 정의하기 위해서다. 행동치료에서 내담자의 현재 상황 파악을 위한 절차는 표 4-3과 같다.

표 4-3. 행동치료에서 내담자의 현재 상황 파악 절차

단계	과업
1. 문제행동 분석	○ 내담자의 과잉/결핍행동에 초점
2. 문제행동의 발생장면 분석	○ 문제행동과 관련된 선행 · 결과사태 규명
3. 동기 분석	○ 새로운 학습유발을 통해 강화인 효과의 약화 가능성 탐색
4. 발달과정 분석	○ 행동 변화에 유용한 생물학적 · 사회적 · 행동적 정보 수집
5. 자기통제력 분석	○ 문제행동의 통제력, 통제방식, 자기 통제의 장애요인 파악
6. 사회적 관계 분석	○ 중요한 타인과의 관계 및 관계유지 방법 분석
7. 사회 · 문화 · 물리적 환경 분석	○ 사회 · 문화규범 및 환경적 한계 분석

상담자는 문제의 정교화를 위해 **기능행동사정**[functional behavior assessment](FBA, 특정 영역에서 문제행동의 발생 직전과 직후의 상황을 사정하기 위한 구조화된 면접), 행동분석, 심리검사, 관찰, 중요한 타인 면담, 내담자의 자기관찰 등을 활용한다(Neukrug & Fawcett, 2010). 특히, 현재 문제에 대한 기능분석은 ① 문제행동을 일으키는 자극 또는 선행조건, ② 문제행동과 관련 있는 유기체 변인, ③ 문제의 정확한 진술, ④ 문제행동의 결과 규명에 도움을 준다. 일련의 임상사정을 통해 상담자는 내담자의 잠재적 문제영역을 정의한다. 예를 들어, 불안으로 상담을 신청한 내담자의 기능행동사정에 필요한 탐색질문의 예는 글상자 4-10과 같다.

글상자 4-10. 행동사정에 필요한 탐색질문의 예

> ○ "언제부터 불안하게 되었나요?"   ○ "그 상황에서 어떤 생각과 느낌이 드나요?"
> ○ "어떤 상황에서 불안이 발생하나요?"   ○ "현재의 불안이 삶에 어떤 영향을 미치나요?"
> ○ "불안이 발생할 때, 무엇을 하나요?"

3단계: 문제행동에 기반한 목표설정. **문제행동에 기반한 목표설정 단계**에서 상담자는 이전 단계에서 규명한 문제영역에서 행동 발생빈도, 지속기간, 강도의 기초선[baseline]을 측정 · 검토한다. 문제행동에 대한 면밀한 분석은 ① 문제의 정도 파악, ② 행동이 언제, 어떻게 변해야 하는지에 대한 기준 설정, 그리고 ③ 평가 진행에 도움을 준다.

내담자는 기초선 검토를 통해 자신의 문제행동의 정도를 이해하고, 초점 대상을 결정하며, 상담자와 함께 목표를 설정할 수 있게 된다. 행동치료의 목표설정 절차는 글상자 4-11과 같다.

글상자 4-11. 행동치료의 목표설정 절차

1. 상담목표의 특성과 목표설정 취지를 내담자에게 설명한다.
2. 내담자가 원하고 달성 가능한 목표 탐색을 돕는다.
3. 내담자는 자신이 바라는 구체적인 목표를 결정한다.
4. 내담자가 선정한 목표의 달성 가능성 및 측정 가능성 여부를 확인한다.
5. 수집된 정보를 기초로, 상담의 지속 혹은 목표수정 여부를 결정한다.
6. 상담을 계속하는 경우, 목표를 세분화하여 순서대로 나열한다.

4단계: 기법 선택 및 목표성취를 위한 개입. **기법 선택 및 목표성취를 위한 개입 단계**에서 상담자는 목표성취를 위한 계획 수립과 행동 변화를 위한 기법을 선정한다. 기법은 내담자의 현재 상태와 목표설정 단계에서 수집된 정보를 토대로 선정한다. 기법의 적절성 판단은 내담자의 행동에 영향을 미치거나 부적응 행동 유지에 기여하는 내·외적 환경조건 분석을 통해 이루어진다. 상담자는 기법 선택 이유를 설명하고, 내담자의 동의를 얻어 치료 작업을 시작한다. 작업이 시작되면, 상담자는 내담자의 문제를 행동적 용어로 개념화하고, 행동 변화를 위한 일련의 기법을 적용한다. 또 필요한 경우, 내담자에 대한 교육, 모델링, 수행에 대한 피드백 제공을 통해 이들이 필요로 하는 기술을 가르친다. 이때 상담자는 적극적이고 지시적인 조언자와 문제해결 전문가 역할을 한다. 내담자에게는 치료 작업에의 적극적인 참여와 협력이 요구된다. 내담자의 부적응 행동 또는 문제행동에 대해서는 변화에 필요한 기법과 전략이 고안·적용된다. 이때 과학적·경험적 연구를 통해 효과가 검증된 기법과 전략이 투입된다. 이러한 증거기반 전략은 내담자의 행동 변화를 가속화 하여, 내담자가 학습된 행동의 일반화를 돕는다.

5단계: 목표성취 평가. **목표성취 평가 단계**에서 상담자는 내담자의 문제행동의 강도, 빈도, 지속시간을 기록한 자료를 검토함으로써, 문제행동의 감소 또는 대체행동의 증가 정도를 확인한다. 행동치료에서 평가는 형식적인 단회성 과정이 아니라 지속적 과정으로, 상담목표에 명시된 내담자의 구체적 행동에 의거하여 이루어진다. 또한 상담자의 수행 정도와 적용된 상담기법의 효과도 고려한다. 객관적 평가를 위해 상담자는 선택된 기법과 절차를 인위적으로 조작·변형하지 않고, 지침에 따라 적용한다. 행동치료에서는 상담의 단계마다 평가하는데, 이는 다음 단계를 위한 중요한 정보와 치료적 단서를 제공할 수 있기 때문이다. 평가에 필요한 객관적 검사에 관한 세부적인 내용은 심리검사에 관한 전문서적을 참조한다.

6단계: 종결 및 후속 회기. 끝으로, 상담 종결은 목표행동의 성취 여부에 대한 평가 다음에 이루어지며, 추가적인 상담의 필요성을 탐색한다. 이 단계에서 상담자는 상담 과정에서 내담자가 학습한 원리를 다른 행동변화에의 전이가 극대화되도록 돕는다. **후속회기**에서는 내담자의 문제행동 소거에 대한 자발적 회복 여부를 확인한다. 일련의 개인 작업을 통해 문제가 감소 또는 소거되어 상담을 종결했다고 하더라도, 치료의 성공을 확신하기까지는 일정한 시간이 요구된다. 이에 후속회기를 통해 상담 효과의 지속 여부를 확인한다. 행동주의적 접근은 행동치료 외에도 비교적 최근에 행동 변화를 촉진하기 위해 창안된 ① 마음챙김 기반 스트레스 감소 프로그램, ② 변증법적 행동치료, ③ 수용전념치료가 있다. 이러한 치료적 접근들 역시 행동치료와 마찬가지로 인지행동적 접근의 범주에 포함하는 추세다.

행동치료의 제3세대 이론

행동치료의 제3세대, 즉 뉴웨이브$^{new\ wave}$로 불리는 이론들은 전통적인 행동치료 외에 마음챙김, 수용, 상담관계, 영성, 가치, 명상, 지금·여기에 존재하기, 정서표현 등을 강조한다(Hayes et al., 2004; Herbert & Forman, 2011)는 특징이 있다. 제1세대는 1920년 대에 시작된 파블로프의 고전적 조건형성과 조작적 조건형성에 기반을 둔 행동치료 다. 제2세대는 1970년대에 행동치료 외에, 정서 문제를 유발하는 비합리적 신념, 역기능적 태도, 귀인 등의 인지적 요소를 행동치료에 통합한 형태의 치료적 접근이다. 1980년대 후반, 증거기반실천$^{evidence-based\ practice}$(EBP)을 강조하는 시대적 분위기는 치료방법의 변화에 대한 압력으로 작용했다. 그 결과, 행동치료와 인지치료를 통합한 형태 외에도 이상행동을 새로운 관점에서 조망하고, 종래의 것과는 다른 치료방법을 적용한 제3세대가 출현하게 되었다. 행동치료의 제3세대에 속하는 이론적 접근들은 5개 주제(① 심리적 건강에 대한 확장된 관점, ② 상담에서 수용 가능한 효과에 대한 확장된 관점, ③ 수용, ④ 마음챙김, ⑤ 일상생활의 가치에 대한 인식)를 공유한다는 특징이 있다 (Spiegler, 2016). 행동치료의 제3세대 이론으로는 ① 마음챙김 기반 스트레스 감소 프로그램(MBSR), ② 변증법적 행동치료(DBT), ③ 수용전념치료(ACT)를 들 수 있다.

마음챙김 기반 스트레스 감소 프로그램

마음챙김 기반 스트레스 감소 프로그램^{mindfulness-based stress reduction}(MBSR)은 1979년 미국 매사추세츠 대학병원의 존 카밧-진이 불교의 명상법을 토대로 개발한 스트레스 감소를 위한 훈련 프로그램이다. 이 프로그램은 일반인들이 받아들이기 쉽고 적합한 명상법을 선별·재구성하여 개인의 종교나 문화와 상관없이 스트레스, 통증, 질병 등으로 고통받는 환자들을 위해 고안되었다. MBSR의 핵심활동은 마음챙김 명상이다. **마음챙김**^{mindfulness}은 "목적에 주의를 기울이고, 현재에 머물며, 무비판적으로 순간순간의 경험을 알아차리는 것"(Kabat-Zinn, 2003, p. 145)이다. 이는 위빠사나^{Vipassanā} 명상(동남아시아 중심의 남방 불

존 카밧-진
(Jon Kabat-Zinn,
1844~현재)

교권의 전통명상)을 의미하는데, '위^{vi}'는 불교의 세 가지 성품(고_苦, 무상_{無常}, 무아_{無我})을, '빠사나^{passanā}'는 '꿰뚫어보다'는 뜻이다. 즉, 자신과 외부세계에서 일어나는 현상에 주의를 기울여 '있는 그대로' 바라보는 훈련을 통해 그것을 통찰할 수 있는 지혜를 얻게 되는 명상이다('통찰명상' '사념처^{four foundations of mindfulness} 명상' 등으로도 불림). 마음챙김 명상에서는 글상자 4-12에 제시된 것처럼 일곱 가지 태도를 강조한다.

글상자 4-12. 마음챙김 명상에서 강조되는 일곱 가지 태도

1. 판단하지 않기	4. 믿음	6. 수용
2. 인내	5. 지나치게 애쓰지 않기	7. 내려놓음
3. 초심자의 마음		

　MBSR에서는 통상적으로 ① 정좌명상, ② 바디스캔, ③ 하타요가를 수행한다. **정좌**

명상^{sitting meditation}은 허리를 곧게 펴고 앉아서 호흡에 주의를 기울이는 마음챙김 명상이다. **바디스캔명상**^{body scan meditation}은 개인의 온몸의 각 부분에 주의를 기울이는 마음챙김 명상이다. **하타요가**^{hatha yoga}는 수련과정에서 몸의 감각과 감정 변화에 주의를 기울여, 있는 그대로 관찰하게 된다. 이 외에도 참가자는 매일 반복되는 행위나 의식하지 않고 지나치던 감정에 대해 주의를 기울여 관찰하고 기록하는 훈련을 한다. MBSR은 보통 8주로 진행되지만, 프로그램에 따라 다소

가변적이다. 프로그램 참여자는 매주 정해진 시간에 지정된 장소에 모여 단체로 훈련에 참여한다. 지정된 시간 외에는 각자 정해진 분량의 시간에 따라 스스로 수련한다. 8주로 구성된 MBSR의 진행 절차는 표 4-4와 같다.

표 4-4. MBSR의 진행 절차

주차	내용
1~2주	○ 바디스캔 및 호흡을 자각하며 앉아 있기
3~4주	○ 요가와 바디스캔을 격일로 번갈아 시행하고, 호흡을 자각하며 앉아 있기
5~6주	○ 정좌 명상과 요가를 격일로 번갈아 시행함
7주	○ 각자에게 맞는 수련방식을 택하여 시행하되, 둘 이상의 방식을 결합해도 무방함 ○ 명상용 음악은 사용하지 않음
8주	○ 2회 이상의 바디스캔을 시행하며, 정좌 명상과 요가를 시행함 ○ 명상용 음악을 사용할 수 있음

　MBSR에서는 참여자들에게 마음챙김 명상을 가르치는데, 프로그램 진행자는 정신건강 전문가가 아닌 경우도 있다. MBSR의 목적은 참여자들이 스스로 안녕을 책임지고, 신체건강 문제를 다룰 내적 자원 개발을 돕는 것이다. MBSR에서는 사람들이 겪는 고통과 괴로움은 현재에 충실하기보다 과거에의 집착과 미래에 대한 과도한 염려에 마음을 쓰기 때문이라고 가정한다. 이에 MBSR에서는 참여자들에게 인지수정 방법을 가르치거나, 특정 인지에 '역기능적'이라는 꼬리표를 붙이지 않는다. 마음챙김 훈련을 통해 길러내야 할 비판단적 태도와 배치되기 때문이다.

　마음챙김은 경험학습과 자발적 발견과정을 중시한다(Dimidjian & Linehan, 2008). 이는 공식적/비공식적 명상을 통해 지속적인 주의력 개발에 도움을 준다. 마음챙김의 수행전략으로는 좌선, 요가, 바디스캔명상(신체의 모든 감각의 관찰)이 있다. 프로그램

참여자들은 매일 45분씩 정식 마음챙김 명상 수행을 한다. 이를 통해 참여자들은 "어딘가에 도달하거나 무언가를 고치는 것이 아니라, 이미 존재하고 있던 그곳에 자신을 초대하여 순간순간의 직접적인 경험에 대한 내·외적 실체를 자각한다"(Kabat-Zinn, 2003). 또 일상생활에서 마음챙김을 지속할 수 있도록 걷기, 서기, 먹기, 허드렛일 마음챙김 같이 비전형적 훈련을 한다. MBSR은 우울장애, 불안장애, 대인관계 문제, 물질 사용, 심리생리적 장애(Germer et al., 2011), 침습적 사고에의 집착 감소(Vujanovic et al., 2011)에 효과가 있는 것으로 밝혀졌다.

변증법적 행동치료

마샤 리네한
(Marsha M. Linehan,
1943~현재)

변증법적 행동치료dialectical behavior therapy(DBT)는 1993년 미국의 심리학자 마샤 리네한이 경계성 성격장애로 진단받은 만성적 자살위험이 있는 내담자 치료를 위해 개발한 다면적 치료 프로그램이다. 이 프로그램은 행동치료와 정신분석 기법을 조합한 치료법이다. DBT에서 사람은 감정적으로 취약한 성품을 타고났고, 감정을 인정해 주지 않는 가정환경과의 상호작용을 통해 감정조절의 어려움과 자해행동으로 이어진다고 가정한다. 인정해 주지 않는invalidating 환경은 존중받지 못하고 욕구, 감정, 소통을 위한 노력이 무시·처벌받는 환경을 말한다. 6남매 중 셋째로 태어난 리네한은 한때 조현병으로 진단받아 정신병원에 격리되어 약물치료(토라진Thorazine, 리브리엄Librium)와 전기충격치료(ECT)를 받았다. 이 시기에 그녀는 자살행동을 동반한 경계성 성격장애로 어려움을 겪었고, 18세가 되어서야 퇴원을 했다고 한다.

DBT에서는 내담자의 수용적 태도를 길러 주기 위해 마음챙김 절차를 적용하고, 내담자가 현재 상태에 대한 수용적 의사소통을 통해 행동과 환경을 변화시킬 수 있도록 돕는다(Kuo & Fitzpatrick, 2015; Robins & Rosenthal, 2011). 또 인정해 주는 치료환경에서 개별 회기와 집단기술훈련을 통해 내담자에게 문제해결, 감정조절, 대인관계 기술을 가르친다. 특히, 정서조절 문제가 있는 내담자를 돕기 위해 동시에 존재할 수 있는 정/반의 힘(예 다가가고 싶으면서도 피하고 싶은 욕구)을 인식·수용할 수 있도록 교육한다.

이처럼 **변증법적 상태**(특정 행동을 하고 싶지 않은 마음과 동시에 원하는 목표를 성취하기 위해서는 그 행동을 해야 한다는 것을 알고 있는 상태)에 대한 이해를 바탕으로 내담자는 양극단(수용과 변화)을 통합하는 방법을 배우게 된다. 이를 통해 내담자는 정서와 행동을 조절하는 방법을 습득하게 된다. 내담자는 표 4-5에 제시된 기술(① 마음챙김^{mindfulness}, ② 감정조절^{emotional regulation}, ③ 고통감내^{distress tolerance}, ④ 대인효과성^{interpersonal effectiveness}) 훈련모듈을 2회씩 거치게 된다.

표 4-5. DBT의 기술훈련 모듈

기술	설명
1. 마음챙김	○ 흩뜨러지지 않고 비판적이지 않으면서 순간을 인식하는 능력
2. 감정조절	○ 감정을 규명하고, 감정이 자신 또는 타인에게 미치는 영향을 인식하고, 부정적인 감정 상태를 바꾸고 긍정적 감정을 일으키는 행동을 증가시키는 법을 습득함
3. 고통감내	○ 스트레스 상황에 대처하는 법과 자기 위로 방법을 습득함
4. 대인효과성	○ 대인관계 갈등을 효과적으로 해결하고, 자신의 요구와 욕구를 적절하게 충족시키며, 다른 사람들이 원치 않는 요구를 할 시 적절하게 거절하는 방법

　　DBT의 기술훈련은 최소한 1년이 소요되고, 개인상담과 집단기술훈련으로 진행된다. DBT는 선불교의 교리, 마음챙김, 수용기반훈련을 통합한 치료법이다(Kuo & Fitzpatrick, 2015). DBT에서 활용하는 선불교의 교리로는 지금 이 순간에 머물기, 왜곡 없이 실체를 바라보기, 판단 없이 현실을 수용하기, 고통을 일으키는 집착 내려놓기, 자신과 타인에 대한 수용 능력 키우기, 살아 움직이는 현실과 상호작용하는 현재 활동 속에 자신을 온전히 침잠시키기가 있다(Robins & Rosenthal, 2011).

수용전념치료

수용전념치료^{acceptance and commitment therapy}(ACT)는 2005년 스티븐 헤이즈가 수용과 마음챙김을 전념과 행동수정 전략과 결합하여 심리적 유연성^{psychological flexibility} 증진을 위해 개발한 증거 기반의 심리치료다. 이는 기능적 맥락주의^{functional contextualism}라 불리는 실용철학에 기반하여 고안된 것으로, 언어 · 인지 · 행동을 중시한다. ACT에 의하면, 심리적 문제는 보통 경험 회피, 인지적 구속, 그리고 이로 인한 심리적 경직성 때문에 개인의 핵심 가치관에 부합하는 필요한 행동을 할 수 없게 됨으로써 발생한다. ACT에서는 이를 두문자어 'FEAR', 즉 ① 사고와의 융합^{Fusion}(F), ② 경험에 대한 평가^{Evaluation}(E), ③ 경험의 회피^{Avoidance}(A), ④ 행동에 대한 변명$^{Reason-giving}$(R) 때문으로 설명한다.

스티븐 헤이즈
(Stephen C. Hayes,
1948~현재)

ACT에서는 현재 경험을 온전히 수용하고, 장애물을 온전히 내려놓는 것에 초점을 둔다. 또한 개인이 '맥락으로서의 자기$^{self-as-context}$'로 알려진 초월적 자기감$^{transcendent sense of self}$과의 접촉을 돕는다. 여기서 **수용**^{acceptance}이란 현재의 경험을 호기심과 우호적인 태도로, 판단이나 선호 없이 마주하고, 지금 이 순간 충분한 알아차림을 위해 노력하는 과정을 말한다(Germer et al., 2013). 이는 "단순히 인내하는 게 아니라, 지금 여기에서의 경험을 적극적·무비판적으로 마주하는 것"(Hayes et al., 2004, p. 32)으로, 삶을 영위하는 자세이자, 내적 경험에 반응하는 대안적 방법이다. 판단, 비판, 회피 등을 수용으로 대체하면, 적응기능이 향상되기 때문이다(Antony & Roemer, 2011). 이러한 점에서 마음챙김과 수용은 상담과정에 영성을 통합하는 방법이다.

ACT에서는 내담자의 심리적 유연성 증진을 돕기 위해 여섯 가지 핵심 원리(① 인지적 탈융합$^{cognitive defusion}$, ② 수용^{acceptance}, ③ 현재 순간과의 접촉$^{contact with the present moment}$, ④ 관찰하는 자기$^{the observing self}$, ⑤ 가치관^{values}, ⑥ 전념행동$^{commited behavior}$)를 적용한다. 핵심원리에 관한 설명은 표 4-6과 같다.

표 4-6. 내담자의 심리적 유연성 증진을 위한 6개 핵심 원리

기술	설명
1. 인지적 탈융합	○ 사고, 심상, 정서, 기억을 구체화하는 경향성 감소를 위한 방법 습득
2. 수용	○ 원치 않는 사적 경험(사고, 감정, 충동)과의 분투 없이 오가도록 허용
3. 현재 순간과의 접촉	○ 개방성, 흥미, 수용성 경험을 통한 지금·여기에 대해 알아차림(예 마음챙김)
4. 관찰하는 자기	○ 초월적 자기감, 변치 않는 의식 연속성에의 접속
5. 가치관	○ 자신에게 가장 중요한 것의 발견
6. 전념행동	○ 의미 있는 삶에서 가치관에 따른 목표설정 및 책임 있는 실행

ACT에서는 사고나 정서에 따라 행동하지 않아도 된다고 가르친다. 언어의 내용에 깊이 빠져드는 것은 고통으로 이어질 수 있기 때문이다(Hayes et al., 2011). 이에 내담자가 지나간 말을 너무 오래 생각하고 있다면, 그것과 거리를 둘 것을 권한다. 동시에 은유, 역설, 경험적 훈련을 통해 내담자가 집착하는 사고를 와해시키고, 인지·감정·기억·신체감각을 재확인하는 방법의 습득을 돕는다. ACT의 주요 목표는 통제 대상이 아닌 인지와 정서를 수용하고, 내담자가 가치를 두는 삶에 전념하도록 격려하는 것이다. 이를 위해 치료자는 마음챙김훈련을 통해 내담자가 지금 순간을 자각하고, 신체에 집중하며, 수용하도록 돕는다. 두문자 ACT가 의미하는 핵심내용은 글상자 4-13과 같다.

글상자 4-13. 두문자 ACT의 핵심내용

☐ A=Accept your thoughts and emotions / 당신의 사고와 정서를 수용하라!
☐ C=Choose a valued direction / 가치 있는 방향을 선택하라!
☐ T=Take action / 행동으로 옮겨라!

기존의 인지치료와는 달리, ACT에서는 생각의 내용을 바꾸는 것을 강조하지 않는 대신 수용(비판단적 자각)을 중시한다. 부적응적 인지와 싸우는 것은 오히려 이를 강화할 수 있다는 이유에서다. 이에 ACT에서는 생각을 대하는 태도를 바꾸는 법과 부인하려고 했던 모호한 생각과 감정을 수용하는 법을 배운다. 또 생각에 도전하게 하기보다는 그 생각을 받아들이고, 가치관을 명료하게 하며, 행동 변화를 위한 기술 습득을 돕는다. ACT는 다양한 범위의 문제에 적용될 수 있고, 내담자의 상황에 따라 변화전략을 적용할 수 있다는 장점이 있다. ACT의 경험적 훈련(예 외재화, 회피감정에의 노출, 수용 등)은 공포증, PTSD, 강박장애, 공황장애 등 회피에 의해 강화되는 불안장애(Hayes et al., 2011)와 물질남용, 우울증, 불안, 공포증, PTSD, 만성통증 치료에 효과가 있다(Batten & Cairrochi, 2015).

복습문제

🔍 다음 밑줄 친 부분에 들어갈 말을 쓰시오.

1. _____은/는 러시아의 생리학자 파블로프(I. Pavlov)가 개의 침 분비 실험을 통해 자극과 반응이 반복해서 일어나면 자극과 반응 사이에 _____을/를 통해 학습이 일어난다는 이론으로, _____(으)로도 불린다.

2. _____은/는 미국의 실험심리학자 왓슨(J. Watson)과 레이너(R. Rayner)가 _____ _____ 절차를 통해 중립자극에 대해 공포반응을 유발하게 하는 일련의 과정이다.

3. 우연히 발생한 행동이 그 행동의 긍정적 또는 부정적 결과와 연합되어 행동의 증가 또는 감소를 초래한다는 학습이론을 _____(이)라고 한다. 그러나 더 이상 _____이/가 제공되지 않거나 _____자극이 제시된다면, 그 행동의 발생 가능성은 감소한다.

4. 바람직한 행동이 나타날 때마다 유쾌조건을 제공함으로써 특정 행동의 발생 빈도수를 높이는 기제를 _____(이)라고 하는 반면, 바람직한 행동이 나타날 때마다 불쾌조건을 제거해 줌으로써, 특정 행동의 발생 빈도수를 높이는 기제를 _____(이)라고 한다.

5. 마음챙김 기반 스트레스 감소 프로그램(MBSR)의 핵심활동은 _____이다. MBSR에서 통상적으로 수행하는 _____은/는 수련과정에서 몸의 감각과 감정 변화에 주의를 기울여, 있는 그대로 관찰하는 활동이다.

6. 반두라가 창안한 _____이론은 그의 _____이론에 _____의 영향을 추가한 것으로, 학습은 인지, 행동, 경험, 환경의 상호작용을 통해 이루어진다는 내용의 학습이론이다.

7. _____은/는 과도한 불안 없이 적절하게 자신의 생각과 감정을 자유롭게 표현할 수 있는 능력을 증진시키기 위한 기법으로, _____(으)로도 불린다.

8. 행동치료에서는 정신건강 문제영역에 적용 가능한 70여 개의 행동기법이 광범위하게 사용되고 있다. 이처럼 다양한 치료법을 라자루스(A. Lazarus)는 _____(이)라고 명명했다.

9. 행동치료의 치료법의 하나인 _____은/는 내담자가 두려워하는 자극이 존재한다고 상상하거나 실제 자극에 일정 시간 동안 노출시키는 기법인 반면, _____은/는 단순히 상상만 하는 것이 아니라, 불안이 유발되는 실제 상황에 노출시키는 기법이다. 이 기법은 두려움 때문에 피하고 싶은 대상/상황에 관한 _____(으)로 시작한다.

10. 이완된 상태에서 불안을 일으키는 상황을 위계적 상상을 통해 불안과 양립할 수 없는 이완을 연합시켜 불안을 감소/소거시키는 기법을 _____(이)라고 한다. 이 기법은 조셉 월피가 고전적 조건형성과 _____ 이론을 토대로 개발한 것으로, ① 이완훈련, 즉 _____, ② _____ 작성, ③ 이완상태에서 불안위계에 따라 실시된다.

소집단 활동

강화와 벌

🔍 강화와 벌이 각자의 삶(가정, 학교, 사회)과 성격 형성에 미친 영향에 대해 적어 보자. 그런 다음, 소집단으로 나누어 각자 적은 내용을 발표·토의해 보자.

☐ 강화의 영향:

_____

_____

_____

_____

_____

☐ 벌의 영향:

_____

_____

_____

_____

소감

_____

_____

_____

_____

_____

_____

_____

_____

_____

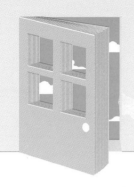

인본주의적 접근

인본주의적 접근^{humanistic approach}은 인본주의 심리학에 기반을 둔 일련의 상담과 심리치료 이론을 말한다. **인본주의 심리학**^{humanistic psychology}은 인간을 각자의 실존적 경험과 주관적 감정을 통해 세상을 지각하는 자유롭고 능동적인 존재로 규정하고, 자유의지^{free will}와 자기실현^{self-actualization}을 중시하는 심리학적 사조다. 이 사조는 정신분석('제1세력')의 결정론적이고 본능중심적인 인간관, 그리고 행동주의('제2세력')의 기계론적 인간관에 반발한 로저스와 매슬로우에 의해 창시되었다. 이로써 심리학의 제3세력으로 불리는 인본주의에서는 인간을 자신의 문제를 스스로 해결하고, 잠재력을 실현하며, 삶을 긍정적으로 변화시킬 능력을 가진 자율적 존재로 본다.

아브라함 매슬로
(Abraham H. Maslow,
1908~1970)

인본주의적 접근에 속하는 상담과 심리치료 이론으로는 ① 실존치료, ② 의미치료, ③ 인간중심치료, ④ 게슈탈트치료가 있다. 특히 빈스방거, 프랑클, 메이, 얄롬을 중심으로 성립된 **실존치료**(ET)는 삶의 과정에서 자유, 책임, 선택, 자기결정 같은 인간 실존의 기본조건에 기초한 심리치료를 강조한다. 특히, 프랑클은 **의미치료**(LT)를 통해 삶의 의미, 책임감, 의무감을 강조한다. **인간중심치료**

칼 로저스
(Carl R. Rogers,
1902~1987)

(PCT)는 1940년대 비지시적 치료법을 제시함으로써 세상에 모습을 드러냈다. 이 이론에서는 내담자를 경험에 대한 주관적 관점에서 문제를 다루는 주체로 보고, 상담과정에서 주도적인 역할을 하게 하는 동시에 그에 따른 책임을 중시한다. 이 이론은 당시로는 가히 혁명적인 것으로, 기존의 이론을 추종하던 세력들로부터 강한 저항을 받았다. 한편, 펄스가 창시한 **게슈탈트치료**(GT)는 아내 로라 펄스, 미리엄 폴스터, 어빙 폴스터 등 여러 추종자들에 의해 체계가 갖춰진 이론이다. 이 이론은 자각과 통합을 강조하는 체험적 접근으로, 신체와 마음 기능의 통합과 상담관계를 강조한다.

실존치료 / Existential Therapy

실존치료(ET)는 19세기 덴마크의 신학자 · 철학자 쇠렌 키르케고르를 비롯하여, 오스트리아의 에드문트 후설(Edmund Husserl, 1859~1938), 독일의 마르틴 하이데거(Martin Heidegger, 1889~1976), 프랑스의 장 폴 사르트르(Jean Paul Sartre, 1905~1980)를 중심으로 형성된 실존주의 철학에 뿌리를 둔 이론적 사조다. 특히 사르트르는 1946년 자신의 저서 『실존주의는 인본주의다(L'existentialisme est un humanisme)』에 **실존주의**Existentialism라는 용어를 처음 소개했다. 그는 이 저서에서 인간은 실존적 존재로, 모든 실존은 본질에 앞서고, 실존은 바로 주체성이라고 주장했다.

쇠렌 키르케고르
(Søren Kierkegaard,
1813~1855)

　　실존existence이란 '현실 존재', 즉 인간 존재의 특유한 존재방식을 의미한다. 이 개념의 어원은 'ex'는 밖에, 'sitere'는 나타나 있음을 의미하는 라틴어에서 유래하며, 본래 중세 스콜라 철학에서 **본질**essence의 대립개념으로 사용되었다. 즉, 실존철학은 인간의 숨겨진 본질보다는 드러나 있는 인간의 존재방식을 묻고, 이를 규명하려는 사조다. 따라서 실존은 현실존재, 사실존재, 진실존재의 또 다른 표현이다. 이로써 실존치료는 인간의 존재, 즉 인간의 가장 직접적인 경험인 그 자신의 존재에 초점을 두고, 개인의 내면적 세계를 있는 그대로 인정하고 수용한다는 점에서 인본주의적 접근으로 분류된다.

루트비히 빈스방거
(Ludwig Binswanger,
1881~1966)

　　실존주의 사상은 스위스의 정신의학자 루트비히 빈스방거에 의해 처음 치료에 적용되었다. 그 후, 이 사조는 빅터 프랑클('의미치료' 참조), 롤로 메이, 어빈 얄롬에 의해 치료모델로 체계화되었다. 그러나 엄밀히 말하면, 실존치료는 인간의 고통에 대한 태도이자 심리치료의 철학적 접근이다. 이 접근에서는 인간의 본질, 불안, 절망, 슬픔, 외로움, 고독, 사회적 무질서의 본질에 대한 심층적인 질문을 던지는 동시에 의미, 창조성, 사랑의 문제를 중점적으로 다룬다. 실존치료 창시자들의 강조점은 각각 차이가 있다. 그러나 현상학적 철학을 바탕으로 인간의 실존적 문제를 다룸으로써, 치료 효과를 산출하고자 했다는 공통점이 있다. 실존치료에서 중시하는 실존의 범주는 글상자 5-1과 같다(Yalom & Leszcz, 2020).

롤로 메이
(Rollo May,
1907~1994)

어빈 얄롬
(Irvin Yalom,
1931~현재)

글상자 5-1. 실존의 5개 범주

1. 삶은 때로 공정하지 않고 바르지 않을 수 있음에 대한 인식
2. 삶의 고통과 죽음은 궁극적으로 피할 수 없음에 대한 인식
3. 타인에게 접근한 정도에 상관 없이 여전히 삶에서 혼자라는 사실에 대한 인식
4. 삶과 죽음의 근원적 문제를 직시하면 삶에 솔직해지면서 사소한 일에 신경을 덜 쓰게 된다는 인식
5. 타인들로부터 안내와 지원을 받은 정도와 무관하게 삶을 영위하는 방법에 대한 궁극적인 책임이 자신에게 있다는 사실에 대한 인식

인간관

실존치료(ET)에서 인간은 ① 세계 내 존재, ② 자유 · 책임 · 선택할 수 있는 존재, ③ 의미와 가치를 추구하는 존재다.

첫째, 인간은 세계 내 존재다. **세계 내 존재**being-in-the-world란 세계 속에서 다른 존재와 교섭하며 존재하고, 존재에 관심을 두는 현존재로서의 인간의 본질적인 구조를 말한다(어원은 독일어의 'Dasein[현존재]'임). 진정한 현존재가 되기 위해서는 "나는 누구인가?" "나는 어디서 왔는가?" "나는 어떤 사람이 될 것인가?" 같은 질문을 통해 자신의 세계 내 존재를 깨달아야 한다. '세계 내 존재' 방식은 다시 ① 움벨트Umwelt(주변세계), ② 미트벨트Mitwelt(공존세계), ③ 아이겐벨트Eigenwelt(고유세계), ④ 위버벨트Überwelt(영적 세계)로 나뉘는데, 인간은 이 네 가지 존재방식에서 동시에 존재한다.

둘째, 인간은 자각 능력이 있고, 자유로우며, 자기 삶의 주인공으로서, 선택에 의해 자신을 규정하고, 의미 있는 **실존을 창조해 가는 존재**다. 단, 자유는 선택에 대한 책임과 함께 온다고 본다. 이에 치료자는 내담자를 단순히 학설로 이해할 수 없고, 신경증/정신병도 일그러진 실존으로 보며, 병 자체보다는 내담자의 '세계 내 존재'에 들어가, 있는 그대로의 전체를 보면서 생활사를 중심으로 치료작업을 한다. 이에 '치료' '분석'이라는 말보다는 **'조명**illumination'이라는 용어를 사용한다. 실존치료자는 산속에서 길 잃은 사람을 계곡으로 인도하는 안내자 역할을 한다. 즉, 항상 내담자와 같은 실존의 평면 위에서 그를 객관화하지 않고, 그 안에서 실존의 동반자 역할을 한다. 실존치료의 기능은 글상자 5-2와 같다(Yalom, 1980).

글상자 5-2. 실존치료의 기능

1. 인간은 종종 죽지 않으려는 계획과 구원에 안주하여 죽음을 직시하지 않으려 하는데, 죽음의 부정은 인간의 본성을 거부하는 것이다. 이에 상담에서 죽음에 대한 불안을 다루고, 죽음에의 직면을 통해 내담자가 진실한 삶을 영위할 수 있도록 도울 수 있다
2. 죽음의 각성은 죽음을 앞둔 환자에게만 생기는 것이 아니다. 오히려 젊은이들이 민감한 데 비해, 성공한 성인들은 무감각한 경향이 있다. 죽음 같은 무의식적 실존에 관심을 갖게 되면, 인간관계는 풍요로워지고 인생을 사랑할 수 있으며 신경증도 치유될 수 있다.
3. 사람들은 때로 제한적 실존상태, 즉 생활 상황을 다룸에 있어서 대안이 있음을 인식하지 못하고, 일정한 틀에 갇혀 무기력하게 살아간다. 이에 상담자는 내담자가 과거의 생활패턴을 인식하고, 미래 변화에 대한 책임수용을 도울 수 있다.

실존치료에 의하면, 인간은 무(無)에서 시작된 자유로운 존재다. 인간은 사전에 그 무엇에 의해서도 규정되어 있지 않기 때문에, 자신을 규정할 힘은 오직 자신에게만 있다. 그러므로 인간은 자신과 자유의지에 따라 선택·행동하고, 그 결과에 책임짐으로써, 자기 본질을 만들어 가는 존재다. 나치 수용소 같은 극한의 상황에서도 생존을 위해 분투할 것인가, 죽음을 택할 것인가를 결정할 기회는 있다(Frankl, 1963). 이러한 선택의 자유와 이에 수반되는 행위를 통해 개인은 자기 삶의 저자가 되어 삶을 영위한다. 삶을 위한 자유에는 책임이 따른다. 실존치료자들은 사람들이 서로 관련 있는 설계에 따라 구조화된 우주에 들어가 떠나지 않는다고 믿는다(May & Yalom, 2000). 반면, 자유 추구에 있어서 사람들은 각자의 세계, 생애 계획, 그리고 선택에 책임이 있다. 자유, 선택, 책임은 처음에는 서로 관련 없는 것처럼 보일 수 있지만, 이 세 가지는 통합적으로 기능한다. 우리에게는 우리의 삶을 이끌어 가고 책임을 지는 방식으로 선택하며, 암묵적으로 우리에게 중요한 가치를 선택할 수 있는 자유가 있다.

셋째, 인간은 삶의 궁극적인 **의미와 가치를 추구하는 존재**다. 삶의 의미는 항상 변하지만, 결코 중단됨이 없다. 의미는 자기실현을 넘어 세 가지 수준, 즉 ① 궁극적 의미(예 우주의 순서), ② 순간의 의미meaning of the moment, ③ 공통적 매일 매일의 의미common day-to-day meaning에 존재한다(Frankl, 1963). 프랑클은 ① 행위실천(무언가의 달성 혹은 성취를 통해), ② 가치경험(자연, 문화, 사랑에 관한 작품 같은 가치 경험을 통해), ③ 고통(거스를 수 없는 운명에 대한 적절한 태도 발견을 통해) 같은 방식으로 삶의 의미를 발견할 수 있다고 보았다.

핵심개념

실존주의^{existentialism}에 의하면, 인간은 단순히 생각하는 주체^{thinking subject}가 아니라, 행동하고, 느끼며, 살아가는 주체자^{master}다. 이 접근에서는 인간의 본질, 불안, 절망, 슬픔, 외로움, 고독, 사회적 무질서의 본질에 대한 심층적인 질문을 던지는 동시에 의미, 창조성, 사랑의 문제를 중점적으로 다룬다. 실존치료를 구성하는 핵심개념은 ① 삶과 죽음, ② 자유, ③ 선택, ④ 책임, ⑤ 불안, ⑥ 의미감과 무의미성, ⑦ 고독과 사랑으로 모아진다.

삶과 죽음

첫째, 삶에 관해 가장 확실한 사실은 **삶**^{living}에는 반드시 종결('죽음')이 있다는 것이다. 사람들은 자신이 어떻게 죽게 될지, 얼마나 오래 살게 될지 알지 못한다. 죽음에 대한 의식은 개인에게 두려움을 줄 수 있는 동시에, 역설적으로 창조적 삶의 원천이 된다 (May, 1981). 이처럼 **죽음**^{dying}, 즉 **비존재**^{non-being/nichtsein}에 대한 인식은 존재에 의미를 주고 삶에 의미를 더해 주는 조건이다. 다시 말해서, 죽음은 사람들에게 위협이 아니라, 삶을 충분히 영위하고 창조적으로 의미 있는 일을 행할 기회를 적극 활용하게 하는 요인이다(Frankl, 1963). 죽음은 현재 순간에 고마움을 느끼게 한다는 점에서 위협이 될 수 없다. 다만, 죽음의 현실을 반영함으로써 온전히 살아가는 방법을 배울 수 있다. 이러한 점에서 "죽음이 가르침을 주는 스승이라면, 삶은 일을 수행하는 숙련공이다"(Deurzen & Adams, 2011, p. 105).

　인간은 언젠가는 자신이 죽는다는 것을 스스로 지각하는 존재다. 죽음은 엄습해 오는 기분 나쁜 무엇이다. 따라서 실존이 불가능하게 되는 가능성이다. 그러나 죽음은 가장 '자기적'이다. 누구에 의해서도 대신 죽어 주기를 바랄 수 없는, 언젠가는 자기가 맞아야 할 사건이다. 이런 점에서 죽음은 자기의 궁극적인 가능성이다. 그리고 죽음은 모든 교섭의 단절이다. 죽음은 자신에 관한 것이요, 다른 무엇과도 교섭될 수 없는 것이다. 또 죽음은 넘어설 수 없고 가장 확실하며, 언제 일어날지 모르는 불안의 원천이다. 이런 점에서 실존은 죽음에의 존재요, 종말에의 존재다. 그러므로 인간은 유한

한 존재인 동시에, 그 기저에는 무^{nothingness}가 존재한다. 임종을 목전에 둔 아이들 역시
"어린아이는 죽지 않는다."거나, "죽음은 나쁜 아이들만 잡아간다."고 믿음으로써 죽
음을 부정하거나 일시적 조건 혹은 잠이 드는 것으로 간주하기도 한다(Yalom, 1980).

삶은 시간의 제약을 받기 때문에 의미가 있다. 만일 능력 실현을 위해 영원한 시간
이 있다면, 조급해할 필요가 없다. 그러나 죽음으로 인한 유한한 삶은 진지한 삶을 살
도록 자극한다. 만일 죽음의 현실에 대해 방어적인 태도를 보인다면, 삶은 지루하고
그 의미는 상실된다. 반면, 죽음을 인식하게 되면, 각자의 과업완수에 무한한 시간이 주
어지지 않으므로 현재의 중요성을 깨닫게 된다. 이로써 죽음에 대한 인식은 삶의 열
정과 창의성의 근원으로 작용한다. 따라서 삶과 죽음은 상호의존적이고, 물리적인 죽
음이 우리를 소멸할지라도, 죽음에 대한 관념은 우리를 구원한다(Yalom, 1980, 2003).

죽음에 대한 두려움과 삶에 대한 두려움은 상호 연관이 있다. 현재의 삶을 긍정하
며 살아가고자 한다면, 삶의 종결에 대한 두려움에 사로잡히지 않을 것이다. 죽음을
두려워하는 사람은 삶도 두려워한다. 죽음에 대한 직면을 두려워하는 사람은 비존재
가 된다는 사실로부터 도피하려고 한다. 그러나 허무와의 직면을 회피하려 한다면,
대가를 치러야 할 것이다. 죽음을 부정한 대가는 막연한 불안과 자아격리다. 자신을
완전히 이해하려면 죽음, 개인적 죽음에 직면해야 한다. 죽음은 인간 실존에 의미를
준다. 만일 우리가 불멸한다면, 우리는 영원히 행동을 지속할 수 있다. 그러나 우리의
삶이 유한하므로, 우리가 지금 하는 것들은 특별한 의미를 갖는다(Frankl, 1963).

자유

둘째, **자유**^{freedom}는 외부의 구속 또는 무엇에 얽매이지 않고 마음대로 할 수 있는 상태
다. 사람은 자유롭게 살도록 태어난다. 자유는 개인의 삶, 행동, 그리고 행동하지 않
는 것에 대한 책임이 자신에게 있음을 암시한다. 자유는 변화의 기회다. 이는 문제에
서 벗어나 자신에게 직면할 기회를 제공한다. 스스로에 대한 선택에는 참여가 요구
된다. **실존 죄책감**^{existential guilt}은 참여 회피 또는 선택하지 않기로 선택한 것에 대해 인
식함으로써 발생하는 감정이다. 과거에 아무리 심각한 일을 겪었다 하더라도 사람
들에게는 여전히 삶을 변화시킬 자유가 있다. 상담자가 과거에 안주하기보다 현재
에 초점을 두고 작업하는 이유가 바로 여기에 있다. 상담과정에서 내담자는 현재에
영향을 미치는 과거에 관해 이야기할 수는 있다. 그러나 초점은 변화에 대한 자유에
맞추어진다. 이 과정은 내담자에게 희망과 두려움을 동시에 줄 수 있다. 메이(May,

1969)는 **의지**^willingness를 책임이 행위로 바뀌는 과정으로 설명했다. 즉, 의지에는 **소망**^wishing과 **결정**^decision이 있는데, 마음의 병은 바로 공허와 절망을 함축하는 소망 불능이라는 것이다(May, 1969).

선택

셋째, **선택**^choice은 가장 적당한 것을 고르는 행위다. 사람들은 자신의 선택에 책임이있다. 선택에는 참여와 실천이 요구된다. 어떤 선택은 다른 것보다 더 건강하고 의미가 있다. 실존치료에서는 내담자의 감정을 활성화하여 소망할 수 있게 하고 선택에따라 행동할 수 있도록 돕는다. 가정이나 지역사회에서 창의성, 봉사, 우정, 자기 성장을 선택하는 사람들은 매슬로의 주장처럼, **절정경험**^peak experience을 하게 되어 정서적으로 우주와 진정으로 통합·연결되어 있다는 느낌을 체험한다. 이들은 전체론적^holistic 세계관을 지녔고, 상승작용^synergy의 경향성을 지녔으며, 심리내적, 대인관계적,간문화적, 국제적, 더 의식적·의도적으로 상위 동기화되는^metamotivated 특징이 있다(Chandler et al., 1992, p. 168). 반면, 방종에 빠지는 사람들은 기준이 없고 무가치함을느끼게 되면서 **실존공허**^existential vacuum(삶의 의미를 모두 잃은 것 같은 상태)를 경험하게된다. 극단적으로 말하면, 이들은 '**영적 신경증**^Noögenic Neurosis'이 발생하여 삶의 이유가없다는 느낌이 들게 된다(Frankl, 1963).

책임

넷째, **책임**^responsibility은 자신의 선택을 소유하고, 정직하게 자유를 다루는 것이다. 인간은 본질적으로 자신의 운명을 선택할 자유와 그 결정에 따른 책임을 져야 하는 존재다. 책임은 변화를 위한 기본조건이다. 그러나 "사람들은 자신에게 선택권이 없을때는 분하게 여기지만, 막상 선택권이 주어지면 불안해한다"(Russell, 2007, p. 111). 자기 행동 또는 문제에 대한 책임을 남에게 돌리고, 남 탓하면서 책임수용을 거부하는사람은 변화를 일궈낼 수 없다. 자유와 책임은 서로 연결되어 있다. 사람들은 각자의운명, 삶의 상황, 문제를 만들어 내는 삶의 작가다(Russell, 1978). 이들에게는 여러 대안중 선택할 수 있는 자유가 있고, 이는 자신의 운명을 결정짓는 데에 큰 역할을 한다.

사르트르는 사람들이 갖는, 자신이 한계가 있고 제한적 존재라는 인식을 '**잘못된 믿음**^bad faith'이라는 말로 표현했다. "저는 어릴 때 학대를 당해 아이들을 잘 양육할 수 없어요." 혹은 "좋은 고등학교를 다니지 못했으니 좋은 대학에 갈 수 있겠어요."라고 말하는 사람은 문제에 대해 타인을 비난하면서 자신의 한계를 점검해 보지 않고, 다만 나쁜 믿음에 따라 행동하는 것이다. 강박적으로 손을 씻는 사람은 불신 상태에서 행동하는 것이다. 이런 사람은 질병과 죽음과의 연관성을 다루기보다는 반복적으로 강박행동을 선택하는 것이다. 책임은 타인을 배려하고, 자기 문제에 대해 타인을 비난하지 않는 것이다. 얄롬(Yalom, 1980)은 삶에 대한 책임의 중요성을 강조하면서 '자신의 부모가 되는 외로움the loneliness of being one's own parent'이라는 구절을 즐겨 사용했다. 어른들은 자신에 대해 책임이 있고, 부모의 지도와 가르침을 자신에게 공급한다는 것이다.

불안

다섯째, **불안**anxiety은 정신적 무질서 증상 중 하나로, 특정 대상에게 느끼는 공포와는 달리, 대상의 부재 상태에서 느끼는 정동affect이다. 이는 자기 존재를 존속·유지·주장하기 위한 개인적 노력에서 발생한다. 불안이 만들어 내는 감정은 인간의 조건에서 피할 수 없다. 실존치료자들은 불안을 폭넓게 조망하면서 ① 정상불안과 ② 신경증 불안으로 분류한다(May & Yalom, 2000). 이들이 주로 관심을 기울이는 것은 정상불안의 하위요소인 실존불안이다. **실존불안**existential anxiety은 존재가 주는 것들(죽음, 자유, 선택, 고독, 무의미)과 직면할 때 나타나는 불가항력적인 결과다(Vontress, 2013).

정상불안normal anxiety은 직면한 사건에 대한 적절한 반응이다. 사람들은 종종 결정을 내리고, 삶의 선택에 대한 자유와 책임수용, 의미탐색, 죽음에 직면하면서 두려움을 경험한다. 이런 유형의 불안은 억압될 필요가 없다. 변화와 성장을 향한 강력한 동력이기 때문이다(Rubin & Lichtanski, 2015). 이런 점에서 정상불안은 자유로의 초대다. 그러나 불안을 극복하고 나아가지 못하면 신경증 불안이 발생한다. 이는 의식 밖에 있고, 사람을 꼼짝 못하게 한다. **신경증 불안**neurotic anxiety은 특정 사건과 균형을 이루지 못하거나 부적절한 반응이 일어나는 것이다. 세균에 감염될 것을 지나치게 두려워한 나머지 식사를 전후해서 여러 차례 손을 씻는 것이 그 예다.

불안은 상황과 균형을 이루지 못하는 상태로, 파괴적이면서 개인에게는 거의 가치가 없다. 신경증 불안이나 강박신경증에는 실존적 요소가 있다. 개인은 죽음으로 이어질 수 있는 질병에 대한 불안을 통제할 수 없다. 그래서 삶의 불확실성을 다루기보다는 손을 강박적으로 씻게 되는 것이다. 따라서 실존치료자들은 흔히 내담자의 신경증 불안에 깔려 있는 실존적 문제를 다룰 수 있는 용기를 북돋는 데 초점을 맞춘다.

그러면 정신병은 왜 발생하는가? 실존치료의 관점에서 정신병은 의미 있는 선택과 잠재력 극대화에 실패한 결과다. 실행에 포함된 불안 때문에 선택은 얼마든지 회피될 수도 있고 잠재력은 실현되지 않을 수 있다.

심리적으로 건강한 사람은 최소의 신경증 불안이 있고, 불가항력적인 실존불안을 수용하며, 이를 다루기 위해 노력한다. 온전히 살아갈 용기는 죽음의 현실과 삶의 불확실성으로 인한 불안을 기꺼이 받아들이는 것을 수반한다. 실존불안에의 직면은 자신을 보호해 줄 것처럼 보이는 형상화된 확실성 뒤에 숨는 게 아니라, 삶을 모험으로 바라보는 것이다. 모험적인 삶을 살기로 결단하는 것은 불안을 기꺼이 받아들이는 것이다. 모호함과 불확실성을 감내하고, 버팀목 없이 살아가는 법을 터득하는 것은 의존에서 자율로 가는 여정의 필수과정이다. 삶에 대한 자신감이 높을수록, 재앙 발생 가능성에 대한 염려로 인한 불안 발생의 가능성은 작다.

의미감과 무의미성

여섯째, **의미감**sense of meaningfulness은 세상에서 일어나는 사건의 해석방법을 제공하고, 어떻게 살아야 하고, 어떻게 살아가기를 소망하는지에 대한 가치발달의 수단이다(May & Yalom, 2000). 삶의 의미에 관한 질문, 즉 "나는 왜 여기에 있는가?" "내가 의미를 찾은 내 삶은 어떠한가?" "내 삶에서 목적감을 주는 것은 무엇인가?" "나는 왜 존재하는가?" 같은 의문점은 사람들이 살아가는 동안 예기치 않은 순간에 불현듯 찾아오곤 한다. 삶의 의미는 삶 자체가 아니라, 삶의 의미를 어떻게 창조하는지에 달려 있다. 이는 의미 없고 모순된 것처럼 보이는 세상에서 이전에 도전하지 않았던 가치에 도전하고, 갈등과 모순에서 화해하려는 노력에서 창조된다.

무의미성meaninglessness은 이러한 욕망이 없거나 삶에 무관심한 태도를 보이는 것이다. 인간의 핵심 관심사는 삶에 방향을 제시해 줄 의미를 발견하는 것이다(Frankl, 1963). 현대사회에서 의미의 결여는 실존적 스트레스와 불안의 주요 원천이다. **실존신경증**existential neurosis은 바로 무의미성 경험의 결과다. 세상이 무의미한 것으로 보일 때, 사람들은 계속 분투하고 삶을 지속하는 것이 가치 있는 것인지 궁금하게 된다(예 "결국 죽게 될 것이라면, 지금 내가 하는 것들이 의미가 있는 것인가?" "지금 내가 하는 것들이 내가 떠나고 나면 과연 기억될 것인가?" "어차피 죽을 것이라면 왜 이토록 바쁘게 살아야 하는가?").

과연 우리의 삶은 누구도 읽으려 하지 않는, 빠르게 넘겨진 책의 한 페이지에 불과한 것인가? 이러한 삶의 무의미는 사람들을 종종 허무와 공허감으로 점철된 **실존공허**에 빠지게 한다(Frankl, 1997). 이 상태는 사람들이 자신을 바쁘게 하지 않을 때 불쑥 찾아온다. 이러한 사람들은 목적 있는 삶을 위한 투쟁을 회피한다. 무의미를 경험하는 것과 의미 있는 삶의 가치를 확립하는 것은 실존치료의 핵심 과업이다.

고독과 사랑

일곱째, **고독**^isolation^은 세상에 홀로 남겨진 것 같이 몹시 외롭고 쓸쓸한 상태다. 이는 자기 존재의 확인을 다른 누군가에게 의존할 수 없다는 사실을 인식할 때 경험한다. 즉, 홀로 삶에 의미를 부여해야 하고, 어떻게 살아야 할지 결정해야 할 때 경험하게 된다. 혼자일 때 견딜 수 없다면, 어떻게 타인과 함께 있으면서 윤택한 삶을 기대할 수 있는가? 그러므로 타인과 친밀한 관계를 맺기 전에 자신과의 관계를 경험해야 한다. 즉 자기 내면의 소리에 귀 기울이는 법을 터득해야 한다. 타자와 진정으로 나란히 설 수 있으려면, 홀로 설 수 있어야 한다.

고독은 ① 대인 고독, ② 개인내적 고독, ③ 실존적 고독으로 구분된다(Yalom, 1989). 첫째, **대인 고독**^interpersonal isolation^은 타인들로부터 지리적·심리적·사회적 거리를 두는 것이다. 조현병이 있는 사람이 관계형성 능력이 부족하여 스스로 다른 사람들로부터 고립되는 것이 그 예다. 둘째, **개인내적 고독**^intrapersonal isolation^은 방어기제 또는 다른 방법을 사용함으로써, 자신의 부분들을 분리하여 자신의 소망을 인식하지 못하는 상태다. 예를 들어, 자신의 의무에만 초점을 두는 사람이 자기 판단력을 신뢰하지 못할 뿐 아니라, 자기 능력과 내적 자원을 인식하지 못하는 것이다. 셋째, **실존적 고독**^existential isolation^은 대인 고독과 개인내적 고독에 비해 훨씬 더 기본적인 것으로, 세상으로부터 분리된 상태다. 이는 전적으로 혼자라는 무기력한 느낌으로, 뿌리 깊은 고독감을 동반하고, '**무**^nothingness^'라는 공포감을 창출한다. 글상자 5-3은 죽음을 앞두고 실존적 고독 상태에서 삶의 의미를 발견한 여성 내담자에 관한 예다.

글상자 5-3. 죽음의 문턱에서 실존적 고독을 경험하는 내담자의 예

자궁암으로 50대 초반에 세상을 떠난 환자가 있었다. 그녀는 대단히 열정적인 삶을 살았던 사람으로, 이타적인 활동을 통해 언제나 강력한 삶의 목적감을 재확인하곤 했다.

그녀는 이와 동일한 방식으로 죽음에 직면했다. 그리고 이런 표현이 불편하지만, 그녀의 죽음은 '선한 죽음'으로 불려도 좋을 만한 특징이 있었다. 그녀의 생애 마지막 2년 동안 그녀를 찾아온 거의 모든 사람이 그녀에 의해 삶이 나아진 사람들이었다. 그녀가 암에 걸렸다는 사실을 처음 알았을 때, 그리고 다시 암이 전이되어 회복불능이라는 진단을 받았을 때, 그녀는 깊은 절망의 나락으로 떨어졌다. 그러나 이내 이타적인 활동에 몰입함으로써 자신을 깊은 나락에서 건져냈다. 그녀는 자신의 재산을 나누어 줄 방법을 합리적으로 결정하기 위해 자선단체의 수를 면밀히 검토했다. 그녀는 시한부 삶을 사는 아이들을 위해 병실에서 자원봉사 일도 마다하지 않았다. 암에 걸린 후로 그녀의 오랜 친구들조차 그녀와의 접촉을 피했다. 그녀는 그들 한 사람 한 사람에게 접근하여 접촉을 피하는 이유를 이해하고 불만은 없다고 말해 주었다. 그러고는 그녀에 대한 그들의 느낌을 말해 주는 것이 그들이 죽음에 직면했을 때 그들 자신에게 도움이 될 거라고 말해 주었다(Yalom, 1980, p. 432).

사람이 죽음과 직면할 때 실존적 고독감은 강력해진다. 9·11 테러의 희생자들처럼, 납치된 항공기에 몸을 실어 고층 건물을 뚫고 들어가는 경험이야말로 극단적인 실존적 고독이요, 극심한 공포의 순간이다.

애정·사랑loving 관계는 실존적 고독감에 다리를 놓는 수단이다. 두 사람이 상대를 충분히 경험하는 '나-너I-thou' 관계의 중요성은 아무리 강조해도 지나침이 없다(Buber, 1970). 그러나 이러한 관계는 'need-free', 즉 욕구에서 자유로워야 한다(Yalom, 1980). **돌봄**caring은 상호적이고, 적극적이며, 다른 사람을 충분히 경험하는 방식이어야 한다. 다른 사람과의 관계에서 자기의 존재감을 상실하면 융해fusion가 발생한다. 실존적 고독을 피하려면 사람들은 필사적으로 다른 사람에게 의존하기보다 자기의 존재감을 가져야 한다(Yalom, 1980). 글상자 5-4는 애정관계와 관련하여 실존적 고독상태에 빠진 여성 내담자의 예다.

글상자 5-4. 애정관계에서 실존적 고독 상태에 있는 여성 내담자의 예화

남자친구와 원만하지 못한 관계로 인해 스스로를 고립시켜 온 여성이 있었다. 그럼에도 그녀는 혼자 힘으로 살아갈 수 없어 그 남자를 떠날 수 없었다. 그녀는 말하기를, "제가 혼자일 때, 저는 존재감이 없어요." (Yalom, 1980, p. 374)

글상자 5-4에 제시된 예화에서 중요한 치료적 과업은 내담자가 융해됨 없이 혹은
지나치게 상담자에게 의존적이지 않으면서 내담자가 경험하는 실존적 고독에 다리
를 놓아 주는 것이다.

치료기법과 과정

실존치료(ET)의 목표는 **제한된 실존**restricted existence 상태의 내담자가 **본래성**authenticity(자
신의 성격, 정신, 내면을 향해 진실한 태도를 고수하는 것)을 향해 나아가도록 돕는 것이
다. 이를 위한 구체적인 목표는 ① 의미 · 책임 · 인식 · 자유 · 잠재력의 중요성 인식
과 ② 외부지향적 조회체제로부터 내부지향적 조회체제로의 이동을 돕는 것이다. 이
를 위해 상담자는 내담자가 자기 삶의 주인으로서 자유로운 존재임을 인식 · 수용하
고, 책임 있게 결정을 내리며, 자유를 누릴 수 있도록 돕는다. 이때 치료는 과거의 회
복이 아니라, 현재의 생산적인 삶에 초점을 두는 한편, 인간의 궁극적 관심사(죽음, 자
유, 고독, 무의미)에 집중한다(May & Yalom, 2000). 또 내담자가 자유와 책임을 회피하
는 방식을 탐색하도록 돕고, 사람은 누구나 자기 삶에 책임이 있다는 신념을 기반으
로 내담자의 무책임한 행동에 직면한다. 이로써 내담자는 자기 삶이 어떻게 충분히
진정하지 못한지를 알게 되고, 자기 존재의 역량을 완전하게 실현하기 위해 무엇을
해야 하는가를 배우게 된다. 또 상담자와의 진정한 관계를 통해 자유로움을 인식하
게 되면서 삶의 관찰자 위치에서 벗어나 자기 삶에 책임을 지게 되고, 동시에 의미 있
는 행동의 조형자shaper가 된다.

치료기법

실존치료(ET)는 특정한 치료기법이 없고 또 기법의 필요성을 강조하지도 않는다. 다
만, 고유한 실체로서 내담자의 경험과 이해를 강조한다. 왜냐하면 사람에게 단순히
기법으로 접근하는 것은 필연적으로 그를 조종할 수 있음을 의미하고, **조종**manipulation
은 실존치료자들이 표방하는 것과도 정면으로 대치되는 것이기 때문이다(Frankl,
1963). 실존치료자는 내담자와 깊고 의미 있는 관계 형성에 집중한다. 이는 실존치료
의 가장 효과적이고 강력한 효과를 지닌 치료법이다. 그러나 필요한 경우, 치료자는
때로 타 이론의 기법(⑩ 심상연습, 인식연습, 목표설정 활동)을 적용하기도 한다. 그렇지

만 삶의 보편적인 주제를 다루는 데 있어서 내담자에게 특정한 방식으로 현실을 직시하도록 강요하지는 않는다. 다만, 인간의 존재 의미에 대한 철학적 틀을 바탕으로 내담자와의 깊고 의미 있는 관계 형성에 집중한다. 본래성, 정직성, 즉시성에 초점을 둔 치료자와 내담자의 깊은 관계 형성은 내담자가 자신과 타인을 알아차리도록 도울 수 있다는 점에서 치료과정과 기법의 부재는 오히려 강점으로 작용한다. 사람은 누구나 자신의 삶에 책임이 있다는 신념을 토대로 치료자는 때로 내담자의 무책임한 행동에 직면한다. 직면의 효율성을 높이기 위해 다른 이론적 접근에서 흔히 활용되는 심상연습, 인식연습, 목표설정 활동 같은 기법을 적용하기도 한다.

치료과정

실존치료(ET)는 정형화된 치료과정 또는 절차가 없다. 다만, 인간의 존재와 의미에 대한 철학을 바탕으로, 내담자와의 깊고 의미 있는 관계 형성에 집중한다. 치료자는 내담자가 자유를 누리지 못하는 것을 제한된 실존상태에 있기 때문으로 본다. 이는 생애 사건 또는 상황에 대한 대처에서 폭넓은 대안을 보지 못하고, 특정한 틀에 갇혀 무기력감을 느끼는 경향이 있는 상태다. 예를 들어, 어린 시절의 정신적 외상 경험으로 고통스러워하는 내담자는 다른 사람들이 그를 인정해 주더라도 자기 스스로 타인에게 인정받지 못할 거라는 생각에 사로잡혀 잠재력을 제한하는 상태로 살아갈 수 있다. 그러나 상담과정에서 내담자는 실존문제를 나누게 되면서 자기를 발견하게 된다. 치료자는 충분히 현존하면서 내담자와 상호돌봄 관계 형성에 가치를 둔다. 즉, 협력관계를 통해 자기발견 여정에 동참함으로써 내담자가 자유와 책임 회피방식의 점검을 돕는다. 글상자 5-5는 실존치료에 참여했던 내담자가 책임수용에 관한 깨달음을 고백하는 내용이다(Spiegel & Classen, 2000).

글상자 5-5. 책임수용에 관한 깨달음에 대한 내담자의 고백

> (사람들은) 스스로 요통, 편두통, 천식, 궤양, 그리고 다른 병에 걸리게 했다는 사실을 깨달았다. -〈중략〉- 병은 저절로 발생하지 않는다. 사람들이 자신의 병에 대한 책임이 자신에게 있음을 인정하면서 자리에서 일어나는 것을 지켜보는 것은 가히 감동적이다. 이들이 삶의 경험을 솔직하게 직면했을 때, 이들의 병은 사라졌다.

글상자 5-5에 제시된 내담자의 고백처럼, 상담자는 내담자를 인간이게 하는 고유

특성을 살펴보고, 그 특성에 기초하여 상담을 진행한다. 또 내담자의 요구에 주목하는 한편, 때로 다른 이론의 기법을 적용하기도 하지만, 궁극적으로는 철학적 틀 위에서 인간 또는 삶의 의미에 대한 논의를 돕는다. 실존치료 중 심리치료 모델의 틀을 갖춘 것으로 알려진 치료적 접근으로는 프랑클의 의미치료가 있다.

의미치료 / Logotherapy

의미치료(LT)는 오스트리아의 유대인 정신의학자 빅터 프랑클이 내담자가 삶에서 의미를 발견할 수 있도록 돕기 위해 창안한 이론이다('로고테라피'로도 불림). 이 이론은 전통적 심리치료의 대체보다는 보완을 위해 고안되었다. 우울증과 자살에 관심이 많았던 프랑클은 초기에 프로이트와 아들러의 영향을 많이 받았다(이들 3인이 모두 비엔나 의과대학 출신임을 들어, 이들을 '비엔나 트리오 Vienna Trio'로 부르기도 함). 그러나 나치 수용소에서의 경험을 다루기 위한 방

빅터 프랑클
(Victor Frankl,
1905~1997)

식을 찾는 과정에서 실존적 접근으로 옮겨 갔다. 그는 제2차 세계대전 중 4년간의 게토 ghetto(유대인 강제 거주지역)와 나치 포로수용소에서의 체험과 홀로코스트 관찰을 통해 인간이 고통 속에서도 의미를 추구하는 실존적 도전을 하는 존재임을 믿게 되었다. 그는 이러한 믿음을 바탕으로 의미치료를 탄생시켰다.

그림 5-1. 아우슈비츠 수용소 입구 전경

프랑클은 나치의 홀로코스트 holocaust(제2차 세계대전 중 나치 독일이 자행한 유대인 대학살)로 부모, 형제자매, 아내를 잃었고, 그 역시 죽음의 문턱에서 가까스로 살아남았다(Frankl, 1963). 그림 5-1은 수많은 유대인을

죽음으로 내몰았던 가스실로 악명 높은 아우슈비츠 수용소 입구 전경이다. 이곳에서의 삶을 통해 프랑클은 살아남느냐 죽느냐는 신체적 조건의 문제가 아니라, 포기하지 않는 개인의 내적 힘에 달려 있음을 깨

그림 5-2. 독일군 장교의 모습

달았다. 프랑클이 홀로코스트를 겪으면서 얻은 체험과 자신을 살아남게 한 실존적 통찰을 바탕으로 창안한 것이 바로 의미치료다. 의미치료에서는 냉담하고, 불친절하며, 무의미해 보이는 세상에서 내담자가 삶의 의미를 발견하도록 격려한다. 글상자 5-6의 내용은 당시 처절했던 경험에 관한 글의 일부다.

글상자 5-6. 프랑클의 '인간의 의미탐색'에 소개된 일화

　본능적으로 난 몸을 똑바로 펴고 장교 앞으로 다가섰다. 내 무거운 짐을 알아채지 못하도록 하기 위함이었다. 난 그와 얼굴을 마주 보는 상태가 되었다. 그는 키가 크고 호리호리한 체격에 깔끔한 군복을 입고 있었다. 오랜 여행 끝에 지저분하고 더러워진 나와는 얼마나 대조적인가! 그는 왼손으로 오른쪽 팔꿈치를 괸 채, 편안한 자세를 취하고 있었다. 그의 오른손이 들렸고, 그 손의 검지로 아주 한가롭게 좌, 우를 가리켰다. 한 남자 손가락의 작은 움직임 이면에 사악한 의미가 담겨 있다는 사실을 알고 있던 사람은 아무도 없었다. 이번엔 좌, 다음엔 우. 그러나 왼쪽을 훨씬 더 자주 가리켰다. 이윽고 내 차례가 되었다. 누군가 내게 속삭였다. 오른쪽으로 보내지면 일하게 되고, 왼쪽으로 보내지는 사람들은 몸이 아파 일할 수 없는 사람들로, 특별수용소로 보내지게 될 거라고. ─〈중략〉─ 어깨에 맨 자루 때문에 내 몸이 약간 왼쪽으로 기울어졌다. 그러나 똑바로 걸으려고 애썼다. 나치 친위대원이 날 살펴보다가 잠시 망설이더니 두 손을 내 양어깨에 올려놓았다. 난 똑똑하게 보이려고 애썼다. 그는 내가 오른쪽을 향할 때까지 내 어깨를 아주 천천히 돌렸고, 난 그쪽으로 움직였다. 손가락 게임의 중요성에 대한 설명은 그날 저녁에 듣게 되었다. 그것은 첫 번째 선발이었고, 내 실존·비실존[non-existence]에 내려진 첫 판결이었다. 수송 열차에 탔던 사람들 대부분, 약 90퍼센트는 죽음을 의미했다. 그들에 대한 처형은 불과 몇 시간 이내에 집행되었다. 왼쪽으로 보내진 사람들은 역에서 곧바로 가스실로 행진했다(Frankl, 1963, p. 25).

글상자 5-6에 제시된 경험은 프랑클의 삶의 의미에 대한 감식에 추가되었다. 그에 의하면, 수용소에서 살아남을 수 없었던 사람은 자신을 지탱하기 위해 관습적인 삶의 의미만을 지니고 있었다. 그러나 그는 이내 관습적 삶의 의미는 나치의 잔혹함이라는 현실에 맞설 수 없음을 깨달았다. 이때 절실히 필요했던 것은 존재에 대한 개인적 의미였다. 프랑클은 이를 입증하는 사례를 글상자 5-7에 소개하고 있다.

글상자 5-7. 삶과 죽음의 결정권에 관한 일화

> 제2차 세계대전이 한창인 1944년 어느 날 아침, 아우슈비츠 수용소에 갇혀 있던 한 수감자가 다른 수감자들에게 말했다. "3월 30일에 전쟁이 끝날 거래!" "누가 그래?" "꿈에서 신의 예언을 들었어!" 이 말을 믿는 수감자는 아무도 없었지만, 그는 기나긴 전쟁이 곧 끝날 거라고 확신하는 것 같았다. 뉴스에서 들려오는 전황은 그의 굳은 믿음과는 달리 그리 좋지 않았는데도 말이다. 시간이 흘러 어느덧 3월 말이 다가 왔고, 그는 끝까지 희망을 버리지 않았다. 3월 29일이 되자, 그는 갑자기 시름시름 앓기 시작했다. 급기야 30일에는 의식을 잃었고, 31일 사망했다. 사인은 발진티푸스였다. 물론 병에 의한 것이었지만, 그의 죽음은 전쟁이 끝나 수용소에서 해방될 거라는 희망을 한 순간에 잃고 삶의 끈을 놓았기 때문이었다.

글상자 5-7에 소개된 사건을 바로 곁에서 지켜본 프랑클은 다른 수감자들에게도 이런 일이 일어나는지 지켜보았다. 그는 실제로 1944년 성탄절부터 1945년 새해까지 일주일간 수감자 사망률이 크게 증가했음을 발견했다. 성탄절에 집에 돌아갈 거라는 희망을 품고 있던 다수의 수감자가 그럴 수 없는 참담한 현실에 대한 절망감으로 저항력을 잃고 무너졌던 것이었다. 나치수용소에서의 경험을 통해 프랑클은 '왜 살아야 하는지' 아는 사람은 어떤 상황에서도 버틸 수 있지만, 그걸 놓치면 인간으로서의 존재가치를 상실하게 된다는 깨달음을 얻었다.

2년 반 동안 네 군데의 수용소로 옮겨졌지만 '무슨 일이 있어도 삶을 포기하지 말라'는 마음이 그를 살렸던 것이다. 부모, 아내, 남동생을 모두 잃는 비극 속에서도 그는 삶의 의미를 찾으려고 노력했다. 비록 목숨을 건져 고향으로 돌아오기는 했지만, 자신이 더 살아갈 가치가 있는지 깊이 생각하던 프랑클은 심한 우울증에 빠졌다. 우울증과 자살을 치료하던 프랑클 본인이 심한 우울증에 빠졌다. 그러나 점차 우울의 깊은 늪에서 빠져나올 수 있게 되면서, 그는 죽음이 위협이 아니라, 삶을 충분히 영위하고 창조적으로 의미 있는 일을 행할 기회를 적극적인 활용을 촉구하는 요인(Frankl, 1963)임을 깨달았다. 프랑클은 수용소 시절의 경험을 토대로 의미치료를 소개한 『인간의 의미탐구(*Man's Search for Meaning*)』에서 힘겨운 상황 속에서도 자신이 어떤 사람이 되느냐는 것은 개인의 선택에 달려 있음을 강조했다. 어떤 시련이 와도 인간에게는 자유, 즉 자신의 태도를 결정하고 삶의 길을 선택할 정신의 자유만은 누구도 빼앗을 수 없고, 그 자유를 잃게 되면 살아갈 수 없다는 것이다.

치료기법

의미치료(LT)에서는 내담자가 삶의 의미와 책임감, 그리고 삶에 대한 의무감을 되찾아 주는 작업을 한다. 특히, 책임이 삶의 역사적 사건보다 더 중요하다고 믿고, 내담자에게 책임감을 심어 줌으로써, 현재의 의미와 미래의 전망을 밝게 해 주고자 한다. 의미치료는 개인이 겪는 정서 문제의 핵심이 삶의 의미 또는 허무에 대한 고뇌를 포함하고 있는 경우에 유용하다. 의미치료의 기법으로는 ① 역설적 의도와 ② 탈숙고가 있다.

역설적 의도

첫째, **역설적 의도**paradoxical intention는 내담자가 불안, 걱정, 두려움의 대상이 되는 행동 또는 반응을 의도적으로 실행하게 하여 의도와 반대되는 결과를 얻게 하는 기법이다. 이 기법은 행동치료의 노출치료 기법과 유사한 것으로, 두려워하는 것은 두려움 그 자체일 뿐임을 깨닫도록 내담자를 도움으로써 공포의 악순환을 차단하는 효과가 있다. 예를 들면, 사람들 앞에서 발표할 때 얼굴이 붉어질 것을 두려워하는 내담자에게는 그 상황에서 얼굴을 붉히려고 노력하라고 지시한다. 얼굴이 붉어질 것이라고 두려워하는 것을 의도적으로 하기 위해 노력하면 역설적으로 붉어질 수 없다는 것이다. 또 어려워하는 대상 앞에서 떠는 것을 두려워하는 내담자에게는 다음과 같이 말하게 한다. "여기 그 사람이 있는데, 이제 난 내가 얼마나 잘 떠는지 보여 주겠어!"

탈숙고

둘째, **탈숙고**de-reflection는 내담자가 지나친 숙고로 인한 기대 불안의 악순환에서 탈피하도록 돕기 위한 기법이다('탈반영'이라고도 함). 이 기법에서는 내담자에게 문제가 되는 행동 또는 증상을 무시하도록 지시한다. 사람들은 흔히 자신들의 행동 반응과 신체 반응에 절묘하게 주의를 집중함으로써, 문제상황에서 헤어나기 어려워한다. 이러한 상황은 은유적 일화로 설명될 수 있는데, 그 내용은 글상자 5-8과 같다(Frankl, 1988, p. 100).

글상자 5-8. 탈숙고에 관한 은유적 일화

> 지네 한 마리가 있었다. 지네의 적이 지네에게 "당신의 다리는 어떤 순서로 움직입니까?"라고 물었다. 지네가 이 질문에 주의를 집중하자, 지네는 전혀 움직일 수 없었다.

글상자 5-8에 제시된 은유적 일화는 문제에 대한 지나친 숙고가 자발성과 활동성을 저해한다는 사실을 설명하고 있다. 이에 탈숙고 기법은 내담자의 주의를 더 건설적인 활동 또는 반성으로 전환하는 효과가 있다.

인간중심치료 / Person-Centered Therapy

인간중심치료(PCT)는 미국의 심리학자 칼 로저스가 새로운 방식의 심리치료를 위해서뿐 아니라, 삶의 방식을 제시하기 위해 창시한 이론이다. 이 이론에서는 사실 자체보다는 사실에 대한 개인의 지각이 더 중요하다는 현상학적 관점을 취한다. 한때 정신분석을 추종했다가 독자 노선을 택한 로저스는 내담자 중심의 치료법 소개로 심리치료의 이단자라는 거센 비판을 받았다. 그러나 로저스는 내담자를 건설적인 자기 변화의 주체임을 강조함으로써, 심

칼 로저스
(Carl Rogers,
1902~1987)

리치료에 새바람을 일으킨 '조용한 혁명가'였다(Cain, 2013). 이 이론에서 사람들의 자기치유 능력에 대한 믿음은 기법을 중시하는 다른 이론들과 크게 대비된다(Bohart & Tallman, 2010).

 ## 인간관

인간중심치료(PCT)의 관점에서 인간은 ① 본질적으로 선하고 신뢰로운 존재, ② 존엄성과 가치 있는 존재, ③ 현상학적 조망을 하는 존재, ④ 실현경향성이 있는 존재다.
　첫째, 인간은 본질적으로 선하고 신뢰할 수 있으며, 긍정적·진보적forward-moving·건

설적·현실적인 존재다. 물론 때로 신뢰할 수 없는 방식으로 행동하거나, 남을 속이거나, 미워하거나, 잔인한 행동을 저지르는 사람들도 있으나, 이는 방어성에서 나온 것일 뿐 본질적으로는 선하다. **방어성**defensiveness은 '실제자기real self'와 '이상자기ideal self' 간의 커다란 불일치에서 발생한다. 불일치가 클수록, 사람들은 경험에 덜 개방적이고 남을 불신한다. 반면, 방어가 감소하고 경험에 개방적일수록, 사회화되고 신뢰할 수 있으며, 타인과 의미 있고 건설적인 관계를 추구하는 방식으로 행동한다.

둘째, 사람은 누구나 그 자체로 존엄성과 가치가 있는 존재다. 남의 권리를 침해하지 않는 한, 자신의 생각과 의견을 가지고, 운명을 통제할 수 있으며, 흥미와 관심을 자유롭게 추구할 권리를 누릴 수 있다. 이는 바로 민주주의의 이상으로, 로저스의 인간의 본성에 대한 관점이다. 그러면 내담자의 문제를 해결하기 위한 최적임자는 누구인가? 내담자에 대해 가장 잘 알고 있는 사람, 즉 내담자 자신이다. 상담자는 내담자의 완전한 자기개방을 통해 통찰을 끌어낼 조건과 분위기를 조성하면, 내담자는 자기이해를 통해 자신을 더욱 신뢰하고 성장하게 된다.

셋째, 인간은 현상학적 조망을 하는 존재다. **현상학적 조망**phenomenological perspective이란 개인마다 특수한 경험세계인 현상적 장이 행위를 결정하므로, 대상이나 사건 자체보다 현실(대상 혹은 사건)에 대해 개인이 어떻게 지각·이해하는가에 따라 행동양식이 결정된다는 의미다. **현상적 장**phenomenal field은 개인의 사적·주관적 경험영역이다. 따라서 상담자는 내담자의 현상학적 세계에 초점을 맞추고, 내적 조회체제internal frame of reference를 이해하기 위해 노력한다. 인간은 본질적으로 자신의 개인적·주관적 세계에 살고 있다. 인간은 환경에 대해 경험을 하는 주체다. 개인의 경험은 **자기구조**self-structure로 통합되고, 자기에 대한 지각과 불일치하는 것은 무시되거나 왜곡되게 지각된다. 잠재력을 완전히 발휘하는 사람은 자신의 주관적 측면을 수용하고, 외부 평가에 의존하기보다는 자신의 주관적 평가를 신뢰한다.

끝으로, 인간은 **실현경향성**이 있는 존재, 즉 자기 유기체를 유지·성장시키는 방향으로 제반 능력을 발달시키는 타고난 성향이 있는 존재다. 이는 유기체를 동기화시키는 주된 힘이자 기능으로, 일반적인 욕구와 동기를 비롯하여 신체 성장·성숙, 친밀한 관계 욕구, 그리고 자율성 욕구를 포함하는 개념이다. 실현경향성은 무엇이 되고자 하는 충동이자 능력을 표출하고자 하는 성향으로, 개인의 성장과 성숙을 추구하고, 삶의 중요한 동기로 작용한다. 이 경향성은 평생 지속되고, 자기 자신이 되어 가는 과정이며, 개인마다 독특한 특성과 잠재력을 개발시켜 나가는 과정이다.

핵심개념

인간중심치료(PCT)의 핵심개념으로는 ① 자기, ② 자기개념, ③ 실현경향성, ④ 현상적 장, ⑤ 가치조건, ⑥ 완전히 기능하는 사람, ⑦ 불안과 부적응 성격이 있다.

자기

첫째, **자기**self는 개인의 현상적 장 혹은 지각적 장perceptual field  (지금 · 여기에서 유기체가 지각하는 모든 주관적 경험)의 분화된 부분으로, '나I or me'의 의식적 지각과 가치를 포함하는 존재다. 즉, 개인이 외적 대상을 지각 · 경험하면서 의미를 부여하는 존재다. 이 개념은 로저스 이론의 핵심이라는 점에서 그의 이론은 **자기이론**self theory으로도 불린다. 자기는 개인이 경험하는 주관적 세계를 상징화하고 조직해 나가는 역할을 한다. 또한 개인이 의식할 수 있고, 무의식적 정신작용까지 통합하는 기능이 있다는 점에서 정신분석의 자아ego와 구분된다.

생애 초기에 자기는 존재하지 않고, 다만 포괄적이고 미분화된 현상적 장만이 존재한다. 자기의 발달은 유기체의 내적 평가과정을 통해 자신의 일부로 인식되거나 자신의 일부가 아닌 것으로 인식('자기인식awareness of self')하는 과정에서 시작된다. 유기체는 새로운 경험이 자신의 생래적 실현경향성을 촉진 또는 저해하는지 평가하고, 그 결과에 따라 반응한다. 특히, 부모나 교사와 같이 권위 있는 인물이 자신을 어떻게 생각하는가에 따라 스스로에 대한 평가방법을 습득하게 된다. 이처럼 자기는 환경과의 상호작용을 통해 형성되고, 점차 분화되어 복잡한 양상으로 발달한다(Nye, 2000). 그러나 자기는 유동적이고 새로운 경험으로 끊임없이 변화하더라도, 개인은 이전과 똑같은 사람이라고 느낄 수 있는 내적 감정을 보유한다.

자기개념

둘째, **자기개념**self-concept은 현재 자신의 모습에 대한 인식('실제자기')과 향후 자신이 어떤 존재가 되어야 하고, 어떤 존재가 되기를 원하고 있는지에 대한 인식('이상자기')으로 구성된 자기상self-image이다. **실제자기**real self는 개인이 지각하는 자신의 현 실체를 의미하는 반면, **이상자기**ideal self는 개인적으로 최고의 가치를 부여하는 지각과 의미가 포함된, 개인이 가장 소유하고 싶은 자기개념이다. 자기개념은 현상적 장을 구분하는 과정에서 형성되며, **긍정적 관심**^{positive regard}(배려, 사랑, 온정, 돌봄, 존중, 수용 등)에 대한 욕구가 결정적인 역할을 한다. 자기에 대한 의식이 생기면, 타인으로부터 긍정적 관심을 받고 싶어 하는 욕구가 생기기 때문이다. 긍정적 관심에 대한 욕구는 타인에 의해 충족될 수 있으므로, 개인은 성장하면서 타인으로부터 긍정적 관심을 받고 싶어 한다. 이상자기는 중요한 타인에게서 긍정적 평가를 받기 위한 가치조건을 반영한다. 아동기 또는 이 시기 이후, 사람들은 흔히 중요한 타인으로부터 조건적 존중을 받는다.

실현경향성

셋째, **실현경향성**^{actualization tendency}은 개인 자신의 잠재력을 개발하여 가치 있는 존재로 성장하려는 선천적 성향으로, **전인**^{total person}에 영향을 미치는 행동의 가장 강력한 동기다. 이는 인간의 주된 동기이자 다른 모든 동기의 원천이다. 이 성향으로 인해 유기체는 점차 단순한 존재에서 복잡한 존재로, 의존적 태도에서 독립적 태도로, 고정적 · 경직된 자세에서 유연하고 융통성 있는 자세를 지닌 존재로 발달해 간다. 이는 누구나 타고난 욕구, 재능, 잠재 능력을 지니고 태어나기 때문이다. 그러나 실현경향성은 유기체가 경험을 통해 유지 · 적응 · 발달 · 성장 · 실현하려는 노력 없이는 이루어지지 않는다. 이는 마치 어린아이가 걸음마를 배우는 것처럼, 투쟁과 고통을 수반한다. 만일 실현경향성이 차단된다면, 부정적 감정과 행동으로 인해 문제행동이 나타난다.

현상적 장

넷째, **현상적 장**^{phenomenal field}은 특정 순간에 개인이 지각 · 경험하는 모든 것을 의미한다('경험세계' '주관적 경험'으로도 불림). 아무리 똑같은 현상이라도 사람에 따라 다르게 지각 · 경험하기 때문에, 이 세상에는 개인적 현실, 즉 현상적 장만이 존재한다. 현상적 장에는 개인이 의식적으로 지각한 것과 지각하지 못하는 것까지 포함되어 있다. 내담자는 객관적 현실이 아닌 자신의 현상적 장에 입각하여 재구성된 현실에 반응한다. 따라서 같은 사건을 경험하더라도 사람들은 각기 다르게 행동할 수 있고, 결과적으로 사람마다 독특한 특성을 보이게 된다. 현상적 장, 즉 현실에 대한 '**지각지도**^{perceptual map}'에 따라 생활할 때, 내담자는 조직화된 전체로서 반응한다('전체론적 관점holistic view). 이처럼 현상적 장은 개인의 행동을 전적으로 결정한다. **현상적 자기**phenomenal self는 개인이 '나'를 경험하는 현상적 장의 일부다.

가치조건

다섯째, **가치조건**conditions of worth은 어린 시절 영향력이 큰 부모 또는 보호자로부터 긍정적 존중을 얻기 위해 노력한 결과, 어른의 가치가 아이의 내면에 형성되는 현상이다. 이는 부모를 비롯한 중요한 타인들이 아이의 실현경향성을 충분히 수용하지 않고 자기 기준에 따라 조건부로 수용하게 되면서 형성된다. 이 과정에서 아이는 부모가 요구하는 가치조건을 내면화하여 자기개념에 포함시킨다. 그 결과, 자기 나름의 진정한 유기체적 경험을 수용하기보다 이를 왜곡시킨 형태의 자기개념을 형성하게 된다. 이처럼 유기체적 경험과 자기개념 간의 괴리감('자기와 경험의 불일치')이 커질수록, 아이의 불안은 점차 증가하고, 심리적 부적응이 발생한다. 개인의 유기체적 경험과 자기개념 간의 불일치가 클수록, 행동은 더 혼란스러워진다. 이러한 괴리가 극단적으로 커지거나 그동안 왜곡·부인해 온 유기체적 경험을 직면할 수밖에 없는 상황에 놓이게 되는 경우, 방어기제뿐 아니라 정신병리적 혼란과 와해가 나타난다. 가치조건은 유기체의 경험을 통한 실현경향성 성취를 방해한다. 왜냐하면 이는 개인이 자신의 내적 경험을 왜곡·부정하게 하고, "만일 ~하면, ~하게 될 것이다If ~, then ~" 또는 "그렇지만 ~"라는 조건에 맞추려고 하게 만들기 때문이다.

완전히 기능하는 사람

끝으로, **완전히 기능하는 사람**a fully-functioning person은 자신의 유기체적 경험을 자기개념과 일치하는 것으로 수용·통합함으로써 건강한 심리적 적응을 하는 인간상이다. 이는 실현경향성을 끊임없이 추구·성장하는 사람을 지칭하는 가설적 인간상으로, 인간중심치료의 궁극적인 목표이기도 하다(Rogers, 1980). 완전히 기능하는 사람들은 ① 새로운 경험에 대한 개방적 태도, ② 실존적 삶 영위, ③ 자기 유기체 신뢰, ④ 자유로움, ⑤ 창조적 성향의 특징이 있다.

첫째, 새로운 경험을 통제하려 하지 않고 개방적이다. 새로운 경험에 대한 개방적 태도란 부적 감정(공포, 실망, 고통 등)이나 정적 감정(용기, 애정, 경외감 등)에 개방적이고, 감정을 자유롭게 표현·인식할 수 있으며, 타인과의 관계에서도 자신을 개방할 수 있는 상태를 말한다. 자신의 감정을 민감하게 인식하고 경험에 완전히 개방적인 사람은 방어적이지 않고, 자신의 본성, 즉 내면에서 일어나고 있는 것을 있는 그대로 경험할 수 있다. 창의성, 책임감과 함께 **개방성**openness은 일치성congruence과 심리적 성숙을 구성하는 요소다.

둘째, 실존적 삶을 영위한다. **실존적 삶**existential living이란 부모로부터 습득한 방식대로의 삶이 아니라, 자기 스스로 형성해 나가는 인간의 본성에 따라, 새로운 경험에 완전히 개방적이고, 그 경험을 기꺼이 자기 것으로 받아들이는 삶을 말한다. 실존적 삶을 영위하는 사람은 과거에 얽매이지 않고, 다음 순간에 무엇이 되고 무엇을 할 것인가를 매 순간의 경험을 통해 판단하며, 순간순간을 충분히 만끽하며 살아간다. 현재의 자기나 미래의 자기는 그 순간으로부터 나오며, 사전에 예측될 수 없는 특징이 있다.

셋째, 자기 유기체를 신뢰한다. 로저스는 자기 유기체를 신뢰한다는 의미를 다음과 같이 설명하고 있다. "어떤 행동이 행할 만한 가치가 있다고 느껴질 때, 그 행동은 가치가 있는 것이다. 다시 말해, 나는 어떤 상황에 대한 나의 유기체적인 감각 전체가 나의 지성보다 더 믿을 만한 가치가 있음을 알게 되었다"(Rogers, 1961). 사람들은 흔히 사회규범이나 외부의 영향력에 의하여 의사결정을 내리곤 한다. 그러나 완전히 기능하는 사람은 해야 할 것Do's과 하지 말아야 할 것Dont's의 판단기준으로 자기 유기체의 경험을 활용한다. 자신의 행동의 근거가 되는 모든 정보, 즉 사회적 요구, 콤플렉스와 갈등을 일으키는 욕구, 유사 상황에 대한 기억, 상황의 독특성에 대한 지각 등의 정보를 수집하여 적절한 의사결정을 내린다. 그 결과, 현재 상황에서 욕구를 최대한 만족시킬 수 있는 행동을 하게 된다.

넷째, 자신의 느낌과 반응에 따라 충실하게 살아간다. 건강한 사람은 억압이나 금지 없이 대안적인 생각과 행동을 자유롭게 선택한다. 그러면서도 행동이나 선택이 사회적 압력이나 과거의 영향을 받는다는 점은 인정한다. 또 일시적 생각, 주변 환경, 혹은 과거 경험이 아니라, 자기 삶을 지배하고 있는 느낌이 미래를 결정한다.

다섯째, 삶의 모든 영역에서 독창적인 창작물을 만들어 내고, 창조적 삶을 통해 욕구를 만족시킴으로써 삶의 희열을 경험하며 살아간다. 이들은 매너리즘과 틀에 박힌 생활에 자신을 가두지 않고, 사회의 문화체계에 구속되지 않으며, 수동적으로 동조하지 않는다.

불안과 부적응 성격

불안anxiety은 현재 경험이 자기 구조와 불일치할 때 발생하는데, 심한 경우 부적응적ㆍ병리적 성격이 형성된다(Rogers, 1961). 세상 사람들로부터 존경받고 성공한 인물로 인정받는 사람들 가운데 자신을 보잘것없는 패배자라고 지각하는 경우가 발생하는 이유가 바로 이 때문이다. 자기 구조와 주관적 경험 사이의 일치가 중요하며, 이 양자가 일치할 때 적응적이고 건강한 성격이 형성된다. 적응적인 사람은 실제로 자신의 행동방식, 사고방식, 경험방식에 대해 정확한 지식을 갖춘 사람이다. 그러나 그렇다고 해서 자기실현을 완수하거나, 훌륭한 삶을 영위하는 것은 아니다. 사람은 완성된 존재가 아니라 '**되어 가는 존재**becoming being'이기 때문이다. 즉, 자기인식이 있고 자기실현을 했다고 해서 완성상태에 도달한 것은 아니다. 다만, 계속해서 더 나은 삶을 위해 잠재력을 개발해 나가야 한다. 따라서 훌륭한 삶은 상태가 아니라 과정이고, 목적이 아니라 방향인 셈이다.

🚪 치료기법과 과정

인간중심치료(PCT)의 궁극적인 목표는 내담자가 실현경향성을 끊임없이 추구ㆍ성장하여 완전히 기능하는 사람이 되도록 돕는 것이다. 이를 위해 상담자는 구체적인 문제보다는 내담자에게 초점을 맞추고, 촉진적 태도를 유지함으로써 내담자의 가치조건을 와해시키는 한편, 완전히 기능하는 사람이 되는 데 필요한 치료적 분위기를 조성해야 한다.

치료목표

인간중심치료(PCT)의 목표는 내담자의 ① 자기탐색과 개방성 증진, ② 자기지도 및 현실적인 방향 설정, ③ 자기ㆍ타인 수용 촉진, ④ 지금ㆍ여기에의 초점을 두는 것이다. 이를 통해 상담자는 내담자가 사회화 과정을 통해 발달시킨 가면을 내려놓고 자신을 직시하여 잃었던 자신과 접촉할 기회를 되살려서 완전히 기능할 수 있도록 돕고자 한다.

첫째, 내담자의 자기탐색과 개방성 증진, 즉, 내담자가 순간순간의 경험에 방어적이지 않고 완전히 기능할 수 있도록 자기탐색과 경험에 개방적이 되도록 돕는 것이다. 로저스(Rogers, 1961)는 상담자를 찾는 사람들이 흔히 글상자 5-9에 제시된 의문을 갖는다고 보았다.

글상자 5-9. 내담자들이 흔히 품게 되는 의문점

1. "나는 무엇인가?What am I?"
2. "나의 가면을 벗어버리고 진정한authentic 나 자신이 되려면 어떻게 해야 하는가?"
3. "나의 실제자기real self를 어떻게 발견할 수 있을까?"
4. "어떻게 해야 진정 내가 바라는 사람이 될 수 있을까?"

상담자는 단순히 문제해결을 도모하지 않고 내담자의 자기탐색과 개방성 증진을 꾀함으로써 글상자 5-9에 제시된 질문에 스스로 해답을 찾을 수 있고, 현재와 미래에 대처하게 될 문제에 잘 대처할 수 있게 돕는다.

둘째, 내담자의 **자기지도**self-direction와 현실에 입각한 삶의 방향을 확립할 수 있도록 돕는 것이다. 이를 통해 상담자는 내담자가 자기·타인수용과 의사결정 능력 개발을 돕는다. 또한 내담자가 자신의 자원과 잠재력을 인식·활용·통합할 수 있도록 돕는다(Miller, 1996).

셋째, **자기·타인 수용**을 돕는 것이다. 내담자가 실제자기를 인식할수록, 긍정적이고 가치 있게 여길 것이고 자신감과 자기방향감self-orientation이 생긴다(Rogers, 1961). 또한 경험을 덜 억압할수록, 행동은 성장하고 사회화되며 적응적이 된다. 그뿐 아니라, 스트레스로부터의 회복 속도가 빨라지고, 스트레스의 영향을 덜 받게 되며, 자신의 인격구조 안에서 건강하고 통합된 완전히 기능하는 사람이 된다.

넷째, 상담자와 내담자의 관계에서 **지금·여기에 초점**을 맞추는 것이다. 이는 내담자의 실제 자기개념real self-concept과 지각된 자기개념perceived self-concept 사이에 조화를 이루게 하는 효과가 있다(Benjamin & Looby, 1998, p. 92).

치료자 역할

인간중심치료자는 ① 전체론적 접근자와 ② 촉진자 역할을 한다.

첫째, 상담자는 전체론에 입각하여 내담자가 삶에서 모든 면에서 탐구할 자유와 용기를 북돋워 주는 분위기를 조성한다(Rogers, 1980). **전체론**holism은 복잡한 체계의 전체는 단지 각 부분 기능의 총합이 아니라, 각 부분을 결정하는 통일체라는 입장이다. 전체론적 접근자로서 상담자는 내담자와 **'나-너' 관계**I-Thou relationship를 기반으로 내담자의 언어·비언어 행동을 알아차리고, 경청하고 관찰한 것을 내담자에게 되돌려 준다. 두 사람 모두 상담이 어떤 방향으로 나아갈지 알 수 없지만, 상담자는 내담자가

자기탐색을 통해 개방성을 높여, 완전히 기능하는 사람으로 되어 가는 과정에 있음을 확신한다.

둘째, 상담자는 전문지식과 임상경험이 많은 권위적인 리더보다는 자기탐색과 성장을 도모하는 촉진자 역할을 한다. 즉, 과정전문가$^{process\ expert}$인 동시에 내담자에 관해 배우는 전문학습자$^{expert\ learner}$ 역할을 한다. 이에 상담자는 내담자와의 관계에서 공감, 수용, 진실성을 전달하는 전문가 역할을 한다. 상담과정에서 상담자에게는 인내와 끈기가 요구된다(Miller, 1996).

치료기법

인간중심치료(PCT)에는 상담목표와 마찬가지로 정형화된 상담기법이 없다. 다만, 내담자의 변화를 촉진하는 상담관계의 필요충분조건을 상담기법으로 대체하여 적용한다. 이를 위한 촉진적 조건은 ① 심리적 접촉, ② 불일치성, ③ 일치성·진실성, ④ 무조건적인 긍정적 존중, ⑤ 공감적 이해, ⑥ 공감과 수용 지각이다.

심리적 접촉. 첫째, **심리적 접촉**$^{psychological\ contact}$이란 상담자와 내담자, 두 사람이 서로에게 의미 있는 정도로 영향을 미칠 수 있는 관계가 형성된 상태를 말한다. 심리적 접촉의 의미 이해를 돕는 대화의 예는 대화상자 5-1과 같다.

대화상자 5-1. 심리적 접촉을 위한 대화의 예

> **내담자**: 저는 완전히 삶의 희망을 잃었어요. 어떻게 살아가야 할지, 아무런 의욕도 없어요.
> **상담자**: 삶의 방향을 잃은 것 같은 느낌이 드나 보군요. 삶의 방향에 대한 확신도 서지 않으시고요. 당신의 절망감이 느껴져요. 그리고 여기서 당신과 함께 있음을 느낄 수 있어요. 이처럼 당신이 어려워하는 시기에 말이죠.

불일치성. 둘째, 내담자는 심리적으로 취약한 상태, 즉 두렵거나, 불안하거나, 아니면 스트레스 상황에 놓여 있어야 한다. 한 스트레스 상황은 개인의 자신에 대한 지각과 자신의 실제 경험 사이의 **불일치**^{incongruence}를 암시하는 것이다. 사람들은 특히 이러한 불일치를 인식하지 못한다. 이러한 불일치를 인식하게 되면서 내담자는 치료적 경험에 훨씬 더 개방적인 태도를 형성하게 된다.

일치성·진실성. 셋째, **일치성**^{congruence}은 상담자의 내적 경험과 외적 표현이 왜곡되

거나 숨김없이 동일한 상태다. 반면, **진실성**genuineness은 상담자가 내담자를 대함에 있어 가식이나 겉치레 없이 진실하고 솔직하다는 뜻이다. 즉, 치료관계에서 상담자가 거짓되지 않고 진실한 자신이 됨을 의미한다. 일치성은 진실성과 유사한 개념으로, 로저스는 글상자 5-10에 제시된 것과 같이 정의하고 있다.

글상자 5-10. 진실성의 정의

> 치료에서 진실성은 치료자가 내담자와의 참만남encounter에서 실제자기real self가 되는 것을 의미합니다. 겉치레 없이 순간순간 느껴지는 자신의 감정과 태도를 공개적으로 소유하는 것입니다. 여기에는 자기인식이 포함됩니다. 즉, 치료자의 감정이 그 자신에게, 그의 인식에 대해 이용 가능해집니다. 그리고 그는 감정과 함께 살아갈 수 있고, 관계 속에서 감정을 경험할 수 있으며, 그 감정을 소통할 수 있게 됩니다. 치료자는 내담자와 직접적이면서 개인 대 개인으로 참만남을 갖게 됩니다. 그는 그 자신을 유지하면서 그 자신을 부인하지 않게 됩니다(Rogers, 1966, p. 185).

일치성·진실성은 로저스가 가장 중시한 상담자의 태도로서, 다음 두 가지 측면이 포함된다. 첫째, 내담자를 대하면서 드는 생각이나 느낌에 솔직하고 충실하여 있는 그대로 느끼고 경험하는 것이다. 반가움, 기쁨, 들뜸, 실망, 지루함, 안타까움 등이 그 예다. 둘째, 내담자와의 관계에서 느껴진 것을 있는 그대로 표현하는 것이다. 긍정적 혹은 부정적 내용만을 표현하지 않고, 숨기거나 거짓됨 없이 내담자와의 관계에서 일어나는 감정이나 태도를 자발적이고 솔직하게 표현하는 것이다. 이는 어떤 느낌이나 그때그때 표현하는 것이 아니라, 상담자가 자신의 감정에 책임을 지고 시의적절하게 표현해야 함을 의미한다. 이러한 점에서 진실성과 일치성의 표현은 상담자의 인격적 성숙을 전제로 한다.

그러면 상담자의 일치되고 진실한 태도는 어떤 치료적 효과가 있을까? 이는 내담자의 자기와 경험 간의 불일치를 줄이는 데 밑거름이 된다. 자기개념과 일치하지 않는 감정이나 경험을 있는 그대로 수용하지 않고 부인 또는 왜곡하는 심리적 과정은 내적 경험과의 진실한 접촉을 차단하여 심리적 문제 발생과 인간적 성장 지연의 원인이 된다. 따라서 상담자의 진실한 태도가 일관성 있게 유지되면, 내담자 또한 자기 경험에 대해 진실한 접촉을 촉진하는 효과가 있다.

무조건적인 긍정적 존중. 넷째, **무조건적인 긍정적 존중**unconditional positive regard은 아무런 전제 또는 조건 없이 내담자를 있는 그대로 수용하고 진실하게 돌보는 것이다. 이는 "나는 당신이 ~할 때만 괜찮은 사람으로 인정합니다."가 아니라 "나는 당신을 있는 그대로 존중합니다."라는 수용적인 태도다. 즉, 내담자를 상담자의 가치조건에 비추어 판단·평가하는 것이 아니라, 내담자의 행동, 사고, 감정에 대해 한 개인으로서 가치 있고 존중받아 마땅하다는 태도를 일관되게 유지하는 것이다. 이는 곧 **수용**acceptance과 일치되는 개념이다. 이 개념은 비소유적 온정, 돌봄, 칭찬, 수용, 존중이 포함된 태도적 자질로, 내담자에게 변화와 성장의 필요충분조건이 주어지면 건설적 변화를 위한 잠재력을 실현할 수 있는 존재라는 깊은 신뢰감과 연관이 있다.

사람은 누구나 긍정적인 존재로 인정받고 싶어 한다. 어린 시절, 자신을 긍정적인 존재로 여기면서 심리적으로 생존하려면, 부모를 비롯한 중요한 타인들의 긍정적 관심, 인정, 사랑, 수용, 존중을 필요로 한다. 그래서 사람들은 자신을 있는 그대로 느끼고 표현하면, 기존의 가치조건에 위배되고 다른 사람들에게서 거부되고 인정받을 수 없을 거라는 위협을 느끼게 되어 습관적으로 자신의 감정을 숨기거나 왜곡하곤 한다. 무조건적인 긍정적 관심은 내담자가 심리적 생존을 위해 따를 수밖에 없었고, 내담자의 성장에 걸림돌로 작용해 왔던 가치조건에서 벗어날 수 있게 한다. 내담자를 철저하게 믿는 촉진자의 태도는 내담자가 자신을 믿고 자기성장을 이루게 하는 촉진적 조건으로 작용하여 완전히 기능하는 사람으로의 성장을 돕는다. 그러나 무조건적인 긍정적 존중은 바람직하지 않은 행동, 사고, 감정에 대해서도 상담자가 동의하거나 승인하는 것을 의미하지 않는다. 다만, 중요한 것은 행동, 사고, 감정 그 자체보다는 내담자의 사람으로서의 가치다.

공감적 이해.   다섯째, **공감적 이해**empathic understanding는 내담자가 주관적으로 경험하는 사적인 세계를 정서적·인지적으로 민감하고 정확하게 인식하는 것이다. 이는 촉진자가 내담자를 위해 또는 내담자에 관해 생각하고 느끼는 것이 아니라, 내담자와 함께 생각하고 느끼는 과정이다(Rogers, 1975). 일치성, 진실성, 무조건적 긍정적 존중이 내담자에 대한 상담자의 태도라면, 공감적 이해는 이를 실제로 구현하여 내담자와 소통하는 것이다. 이런 의미에서 공감적 이해는 인간중심치료의 꽃이다. 촉진자는 이러한 태도적 자질을 바탕으로 형성된 치료적 관계를 기반으로, 내담자의 성장과 발달의 장해 요인을 자각하도록 돕는다. 이 과정에서 상담자는 내담자와의 관계를 변화의 필요충분조건으로 간주하는 한편, 과거 경험과 관련된 자료나 정보수집을 중시하지 않을 뿐더러, 질문, 탐색, 해석, 진단 등 지시적 접근은 지양한다.

공감적 이해의 목적은 내담자가 자신의 내적 경험과 접촉하여 깊고 강한 감정을 경험하게 하여 내부에 존재하는 불일치성을 인식·해결하도록 격려하는 데 있다. 정확한 공감적 이해는 명백한 감정의 인식을 넘어서 내담자가 미처 감지하지 못했던 감정까지도 상담자가 인지함을 의미한다. 이는 내담자가 부분적으로 인식했던 감정의 자각을 확산시키는 작용을 한다. 공감적 이해는 역지사지易地思之, 즉 내담자와 처지를 바꾸어 놓고 생각해 보는 태도가 필요하다. 이를 위해 상담자에게는 풍부한 정서적 상상력이 요구된다. 정서적 상상력으로 내담자의 주관적 경험세계를 관찰·경험하는 것이 공감적 이해의 첫걸음이기 때문이다.

공감과 수용 지각. 끝으로, 상담에서 상담자가 내담자를 무조건적으로 수용하고 공감적으로 이해하는 것만으로는 충분하지 않다. 내담자 역시 자신이 이해되고 수용되고 있음을 어떤 식으로든 지각해야 한다. 공감과 수용은 언어행동과 비언어행동으로 소통할 수 있다. 그러나 이는 자연스럽되 강압적이거나 인위적이어서는 안 된다. 진실성, 수용, 공감 조건들이 소통되고 인식된다면, 치료적 변화가 일어날 것이다(Rogers, 1966). 상담자가 내담자 변화 유발을 위한 필요충분조건인 세 가지 태도적 자질attitudinal qualifications(① 일치성·진실성, ② 무조건적인 긍정적 존중, ③ 공감적 이해) 구현으로 상담목표를 성취하면, 내담자에게는 글상자 5-11과 같은 효과가 나타난다.

글상자 5-11. 인간중심치료의 효과

1. 광범위한 신념과 감정을 탐색하게 된다.
2. 부인했던 내면 감정(두려움, 불안, 죄책감, 수치심, 미움, 분노 등)을 표현하게 된다.
3. 갈등/혼란스러운 감정을 덜 왜곡하고 더 수용·통합하게 된다.
4. 내면에 감춰진 부분들을 발견하게 된다.
5. 이해와 수용 경험을 통해 덜 방어적이고, 경험에 더 개방적이 된다.
6. 안전하고 덜 취약하다는 느낌이 들게 되면서 더 현실적이 되고, 타인을 더 정확하게 인식하며, 더 잘 이해·수용하게 된다.
7. 자신을 있는 그대로 보게 되고, 유연하고 창의적으로 행동하게 된다.
8. 타인의 기대충족에 관심을 가지기보다 자신에게 진실한 방식으로 행동하게 된다.
9. 해답을 찾기 위해 외부로 눈을 돌리기보다 자기 삶을 스스로 주도하게 된다.
10. 현재 순간의 경험에 더 접촉하고, 과거에 덜 얽매이며, 덜 지배를 받고, 자유롭게 결정하며, 삶을 더 신뢰하는 방향으로 나아간다.

치료과정

인간중심치료(PCT)의 과정은 정형화되어 있지 않다. 대신, 구체적인 문제보다는 내담자에게 초점을 맞추고, 촉진적 태도를 유지함으로써, 내담자의 가치조건을 와해시키고, 완전히 기능하는 사람이 되는 데 필요한 분위기를 조성한다. 로저스(Rogers, 1957)는 자신의 이론적 접근의 핵심방법을 글상자 5-12와 같이 밝히고 있다.

글상자 5-12. 인간중심치료의 핵심방법

> 우리가 내담자에게 이 순간 그 자신처럼 이해한다는 것을 보여 준다면, 나머지는 그가 알아서 한다는 것을 알게 되었다. 치료자는 진단과 예리한 진단 능력에 대한 집착을 버려야 하고, 전문적 평가를 하지 말아야 하며, 정확한 예후를 파악하려는 노력을 중단해야 한다. 또한 내담자에게 지시하려는 유혹을 포기해야 하고, 오직 한 가지 목적에만 집중해야 한다. 그 목적은 내담자가 의식에서 부정해 왔던 위험영역에 한 걸음씩 탐색해 들어갈 때 순간적으로 갖게 되는 의식적 태도에 대해 깊은 이해와 수용을 보여 주는 것이다. 이런 유형의 관계는 치료자가 이러한 태도를 깊게, 진실로 취할 수 있을 때만 존재할 수 있다. 내담자 중심치료가 효과적이려면, 이런 태도는 비결이나 도구가 되어서는 안 된다. 그것은 내담자에게 끌려 가지 않고 내담자를 안내하는 것이 아니다. 효과적이기 위해서는 진실해야 한다.

내담자의 성격 또는 치료적 변화를 위한 필요충분조건은 글상자 5-13과 같다 (Rogers, 1987, pp. 39-41). 로저스는 자신의 임상경험을 통해 이러한 조건이 충족되면, 내담자는 변화하게 될 것이라고 주장했다.

글상자 5-13. 변화의 필요충분조건

> 1. 상담자와 내담자 사이에 심리적 접촉이 이루어진다.
> 2. 내담자는 불일치 상태에 있고, 상처받기 쉬우며, 불안정한 상태에 있다.
> 3. 상담자는 내담자와의 관계에서 일치성을 보이고 통합되어 있다.
> 4. 상담자는 내담자에게 무조건적인 긍정적 관심을 보인다.
> 5. 상담자는 내담자의 내적 조회체제를 바탕으로 내담자를 공감적으로 이해하고, 이 경험을 내담자에게 전달한다.
> 6. 소통과정에서 내담자는 상담자의 무조건적인 긍정적 존중과 공감적 이해를 지각·경험한다.

　글상자 5-12에 제시된 필요충분조건을 충족하기 위해 촉진자는 순간순간 오감을 통한 느낌과 경험을 중시하는 동시에, 적극적 경청을 바탕으로 내담자의 자기개방 촉진, 경험 이해·수용·공유, 접촉 관여, 신뢰관계 형성 조력, 치료동맹 구축, 경험 이해, 관계능력 신뢰에 초점을 맞춘다. 그러나 최근에 오면서 더 폭넓은 기법과 다양한 치료방식이 허용되고 있다(Corey, 2016). 즉, 상담효과를 극대화하기 위해 촉진자는 종전보다 더 자유롭게 치료관계에 개입하고, 자신의 반응을 내담자와 공유하며, 내담자에게 직면하고, 적극적으로 개입하고 있다(Kirschenbaum, 2009).

게슈탈트치료 / Gestalt Therapy

게슈탈트치료(GT)는 독일 출신의 정신의학자·심리학자 프릿츠 펄스가 창시한 경험적(행동 강조)·실존적(독립적 선택과 책임 강조)·실험적(순간순간의 감정표현 촉진)·통합적(자각 가능한 모든 것에 초점) 접근을 강조하는 이론이다. 이 이론은 완결성^{completeness}과 전체성^{wholeness}의 지각을 강조하는 게슈탈트 심리학에 뿌리를 두고 있다. 독일어 어원인 '게슈탈트^{Gestalt}'는 '전체적 형상$^{whole\ figure}$'이라는 의미

프릿츠 펄스
(Frederick [Fritz]
Perls, 1893~1970)

가 있다. 게슈탈트치료는 정신분석 또는 행동주의 같은 학파에서 성격이나 내담자의 행동을 설명 가능한 요소로 세분하려는 환원주의^{reductionism}의 입장에 대한 반발로 생겨났다. 기존의 심리치료 이론과 달리, 게슈탈트 이론은 개인의 전체적 기능을 강조한다. 즉, 내담자를 끊임없이 게슈탈트를 완성해 가는 현상적·실존적 유기체로 보면서 내담자가 지각하는 현재 경험·정서·행동에 대한 즉각적인 자각에 초점을 둔다. 또 행동의 원인 탐색 대신, 개인의 경험에의 접촉을 중시한다.

인간관

인간 본성에 대한 게슈탈트치료(GT)의 입장은 실존주의 철학, 현상학, 장 이론$^{field\ theory}$에 기초한다. 즉, 인간을 ① 선하지도 악하지도 않은 존재, ② 되어 가는 과정에

있는 존재, ③ 부분의 총합 이상의 존재, ④ 행위를 통해 변화·책임질 수 있는 존재, ⑤ 완전한 정신적·감각적 접촉이 가능한 존재로 본다.

첫째, 인간의 본성은 선하지도 악하지도 않다는 가정에서 출발한다. 다만, 자기와 타인과의 관계와 인식을 중시한다. 또한 개인과 타인 간의 접촉 혹은 개인에게 즉각적으로 영향을 미치는 대상에 초점을 둔다. 동시에, 사람과 환경 사이의 경계뿐 아니라, 자기와 타인과의 접촉의 깊이에 초점을 둔다.

둘째, 인간은 되어 가는 과정에 있는 존재, 즉 삶에서 전체성과 완결성을 추구한다. 개인에게는 자기 인식과 환경과의 상호작용을 통한 자기실현 경향성이 있다. 자기실현은 현재에 중심을 두는데, 이는 어떤 존재가 되어 가는 과정이지, 어떤 존재가 되기 위해 분투하는 과정이 아니다.

셋째, 인간은 서로 관련 있는 부분의 총합 이상의 존재다. 정서, 사고, 감각, 지각은 전인적 인간의 맥락을 떠나서 이해될 수 없기 때문이다(Perls, 1969a). 게슈탈트치료는 내담자의 '**내적 지혜**inner wisdom'(통합적·생산적으로 살아가고자 하고, 자신의 다양한 부분을 하나의 건강하고 통일된 전체로 통합하기 위해 노력하는 것)를 신뢰한다. 이에 치료자는 내담자를 정서, 인지, 행동이 조직화된 전체로 개념화하는 한편, 내담자가 스스로를 좌절시키는 방식도 알아차리도록 돕는다.

넷째, 인간은 행위를 통해 변화할 수 있고, 책임질 수 있으며, 통합적으로 생각할 수 있는 존재다. 게슈탈트치료는 반결정론적antideterministic·실존적·경험적·현상학적 입장을 취한다. 펄스(Perls, 1969a)는 온정적 간섭주의, 즉 내담자는 성장하고, 자신의 두 발로 서야 하며, "스스로 자기 삶의 문제를 다뤄야 한다."(p. 225)는 점을 강조했다. 이는 인간이 단순히 사건에 반응만 하는 존재reactor가 아니라, 사건에서의 행위자actor로 보는 관점이다. 인간은 과거와 미래를 경험할 수 없고, 현재만 경험할 수 있다. 이에 게슈탈트치료에서는 가장 중요한 시간이 바로 지금이고, 가장 중요한 공간은 바로 여기라고 믿는다. 사람들은 말보다는 실제 경험을 통해 자신의 다른 측면을 발견할 수 있다. 따라서 게슈탈트치료에서는 주어진 순간에 내담자가 자기 삶에 대해 어떤 평가와 해석을 내리는지를 중시한다.

다섯째, 인간은 모든 감각, 사고, 정서, 지각을 충분히 인식할 수 있는 능력을 소유한 존재다. 정신적으로 어려움을 겪는 사람은 지적 경험에 과도하게 의존하는 경향이 있다. 이런 경향성은 정서와 감각기능을 마비시켜 다양한 상황에서의 대처 능력을 제한한다. 정서와 감각기능의 저하는 미해결과제의 확인과 해결을 더욱 어렵게 한다. 게슈탈트치료의 내담자에 대한 기본가정은 글상자 5-14와 같다.

글상자 5-14. 게슈탈트치료의 내담자에 대한 기본가정

1. 완성을 추구하는 경향이 있는 유기체다.
2. 끊임없이 현재 욕구에 따라 게슈탈트를 완성해 간다.
3. 서로 관련 있는 부분의 총합 이상의 존재다.
4. 어떤 존재로 되어 가는 과정에 있는 존재다.
5. 변화할 수 있고, 책임질 수 있으며, 통합된 상태로 생각할 수 있는 존재다.
6. 감각, 사고, 정서, 지각을 충분히 인식할 수 있는 능력을 소유한 존재다.
7. 전경과 배경의 원리에 따라 세상을 경험한다.
8. 행동은 현재 환경과의 지속적 관계의 맥락에서 이해되어야 한다.

 핵심개념

게슈탈트치료(GT)의 핵심개념으로는 ① 게슈탈트, ② 장이론, ③ 미해결과제, ④ 알아차림, ⑤ 접촉, ⑥ 접촉경계, ⑦ 접촉경계장해, ⑧ 지금·여기가 있다.

게슈탈트

게슈탈트Gestalt란 전체, 완전함, 또는 본질을 잃지 않고 분리될 수 없는 형태를 의미하는 독일어 어원의 개념이다. 이는 전체적 형상whole figure 또는 통합적 전체integrated whole, 즉 부분과 부분을 통합한 전체상을 뜻한다. 게슈탈트는 유기체의 욕구나 감정을 의미 있는 행동의 동기로 조직화하여 지각한 것이다. 사람들은 특정 자극을 부분으로 보지 않고 ① 완결성, ② 근접성, ③ 유사성 원리에 따라 의미 있는 전체나 형태, 즉 '게슈탈트'로 만들어 지각하는 경향이 있다. 사람들이 게슈탈트를 형성하는 이유는 자신의 욕구나 감정을 하나의 유의미한 행동으로 실행·완결짓고자 하기 때문이다. 사람들은 단순히 객관적으로 존재하는 것을 지각하는 것이 아니라, 특정 상황에서 욕구, 감정, 환경조건, 맥락 등을 고려하여 가장 의미 있고 절실한 행동을 게슈탈트로 형성한다. 게슈탈트 형성은 내담자가 욕구나 감정을 의미 있는 행동의 동기로 조직화·실행하여 완결 짓는, 끊임없이 반복되는 과정이다. 건강한 사람은 분명하고 강한 게슈탈트를 형성한다. 따라서 게슈탈트를 형성하려고 인위적으로 노력할 필요는 없다. 왜냐하면 사람들에게는 자신에게 가장 필요한 것을 자각·해결할 능력이 있기 때문이다.

장이론 / 전경 vs. 배경

장이론field theory은 유기체는 계속해서 변화하는 장의 일부로, 유기체가 처한 환경과 맥락에서 고려되어야 한다는 이론이다. 이에 게슈탈트치료자는 개인과 환경 사이의 경계에서 발생하는 것에 주의를 기울인다. 미술관에서 그림 5-3에 제시된 그림을 감상한다고 할 때, 밝은 부분에 초점을 맞추느냐 어두운 부분에 초점을 맞추느냐에 따라 지각은 달라진다. 즉, 밝은 부분에 초점을 맞추면, 잔이 전면으

그림 5-3. 전경과 배경

로 부각되고, 두 사람의 얼굴이 마주하는 모습은 뒤로 물러난다. 이처럼 어느 한순간에 관심의 초점이 되는 부분을 전경, 관심 밖에 놓이는 부분을 배경이라고 한다. **전경**foreground/figure은 순간순간 관심의 초점이 되는 부분, 즉 순간순간 가장 두드러지는 경험의 양상이다. 반면, **배경**background/ground은 관심 밖에 놓이게 되는 부분, 즉 알아차림에서 벗어난 내담자의 표현에 대한 양상이다. 전경에 나타난 욕구는 알아차림-접촉 주기, 즉 ① 배경homeostasis, ② 감각sensation, ③ 알아차림awareness, ④ 에너지 동원energy excitement, ⑤ 실행action, ⑥ 접촉contact을 거치면서 충족되면 배경으로 사라진다(Zinker, 1978). 알아차림-접촉 주기에 관한 설명은 글상자 5-15와 같다.

그림 5-4. 알아차림-접촉 주기
출처: Zinker, J. (1978).

글상자 5-15. 알아차림-접촉 주기의 단계

1. 개인은 배경, 즉 항상성homeostasis(유기체가 생존에 필요한 안정적인 상태를 능동적으로 유지하는 작용) 상태에서 욕구나 감정이 신체감각의 형태로 나타난다.
2. 개인은 자신의 욕구나 감정을 알아차려 이를 게슈탈트로 형성하여 전경으로 떠올린다.
3. 전경의 욕구 해소를 위해 에너지가 동원된다.
4. 이를 행동으로 옮긴다.

5. 환경과의 접촉으로 게슈탈트가 형성된다.
6. 해소된 게슈탈트는 전경에서 배경으로 물러난다.

알아차림-접촉 주기를 거치면서 유기체는 자신의 욕구를 인식하여 전경을 형성하고, 이를 해소하여 배경으로 사라지게 하는 과정을 반복한다. 배경에 대한 단서는 비언어행동(몸짓, 목소리의 톤, 태도)에서 찾을 수 있다. **건강한 사람**은 매 순간 자신에게 중요한 게슈탈트를 선명하게 전경으로 떠올릴 수 있고, 전경에 있는 게슈탈트가 해소되면 배경으로 보내지고, 새로운 게슈탈트가 형성되어 전경으로 떠오르는 순환과정, 즉 '게슈탈트 형성과 해소' 혹은 '전경과 배경의 교체'가 자연스럽게 되풀이된다. 이들은 이 과정을 통해 환경과 자연스럽게 접촉하며 성장과 발달을 거듭한다. 반면, **건강하지 않은 사람**은 전경과 배경을 명확히 구분하지 못한다. 즉, 자신이 진정 원하는 것을 인식하지 못해 행동목표가 불분명하고, 의사결정을 잘하지 못하며, 자주 혼란스러워한다. 만일 어떤 영향을 받아 다음 단계로 진행하지 못하고 접촉주기가 단절되면, 해소되지 못한 욕구는 미해결과제로 남게 된다(Perls, 1969a).

미해결과제

미해결과제unfinished business란 생애 초기의 사고, 감정, 반응이 표출되지 않아 일정한 시간이 지난 후에도 여전히 개인의 기능에 영향을 미치고, 현재의 삶을 방해하는 과거로부터의 감정(분노, 증오, 수치심, 죄책감 등)을 말한다. 즉, 전경과 배경의 교체가 방해받았을 때, 게슈탈트 형성이 되지 않거나 형성된 게슈탈트가 해소되지 않아 배경으로 물러나지 못하고 중간층에 남아 있게 된 게슈탈트를 의미한다. 미해결과제는 게슈탈트를 완결지으려는 강한 동기로 인해 수시로 전경에 떠오르게 되어 새로운 게슈탈트의 해소를 방해한다. 미해결과제가 발생하는 이유는 개인이 자연스러운 유기체의 활동과 에너지를 인위적으로 차단하기 때문이다(Conyne, 2015). 차단된 에너지는 방어적 태도(긴장/경직, 자세, 얕은 호흡, 접촉 회피를 위한 시선접촉 회피, 감정 억제/둔화, 목소리 제한, 말수 감소 등)로 나타난다.

미해결과제는 현재에 초점을 맞춘 알아차림을 뒤죽박죽으로 만들어 버리는 **정서찌꺼기**를 생성한다. 정서적 찌꺼기가 누적되면, 개인은 신선하고 생기가 넘치는 삶을 영위하기 어렵게 된다. 미해결과제는 완전한 알아차림을 통해 직면하고 다루기 전까지 집요하게 배경에 남아, 개인과 타인의 효과적인 접촉을 방해한다. 가장 흔한 미해결과제는 부모의 실수를 용서하지 않는 것이다. 표현되지 않은 감정들은 심지어 신체 내부를 차단하여 신체적 감각 또는 문제를 야기하기도 한다. 이러한 미완성 상태의 감정들은 완성을 추구하는데, 이들이 충분한 힘을 얻으면, 개인은 집착, 강박행동, 경계심, 억압, 자기패배적 행동 등으로 괴로워하게 된다(Polster & Polster, 1973).

알아차림

알아차림awareness은 개인의 내면뿐 아니라, 타인/대상과의 접촉에서 방어나 회피 없이, 있는 그대로 욕구나 감정을 지각하여 게슈탈트를 형성하여 전경으로 떠올리는 것을 말한다. 개인은 자신의 내부와 주변에서 무슨 일이 벌어지고 있는지 알아차릴 때, 자기조절 능력이 생긴다. 알아차림은 성격 변화를 위한 수단으로, 높은 수준의 알아차림은 그 자체로 치유력이 있다. 알아차림은 순간순간 무엇을 느끼는지 표현함으로써 성취된다. 이를 통해 내담자는 자신의 **주관성**subjectivity을 경험하고, 부인하던 부분을 직면·수용·통합 능력을 터득하여 통합적·전체적인 사람이 된다. 그러나 접촉경계장해로 알아차림이 차단되면, 게슈탈트가 형성되지 않거나 게슈탈트의 선명함이 떨어진다. 알아차림을 통해 자기실현과 성장을 위해 노력하고, 판단이나 비판 없이 자신의 모든 모습을 수용한다면, 개인은 비로소 새로운 방식으로 생각하고, 느끼며, 행동할 수 있게 된다.

접촉

접촉contact이란 전경에 떠올려진 게슈탈트 해소를 위한 환경(타인 또는 대상)과의 상호작용을 말한다. 이는 에너지를 동원하여 실제로 환경과 만나는 행동을 의미한다. 접촉은 감각, 즉 보고, 듣고, 냄새 맡고, 만지고, 움직임으로써 일어난다. 건강한 접촉은 개인의 온전한 감각을 유지하면서 자연 또는 타인과 상호작용하는 것이다. 이를 위해서는 정확한 알아차림, 충분한 에너지, 자기표현 능력이 뒷받침되어야 한다. 접촉은 열정, 상상력, 창조성을 수반하고, 개인이 환경에 계속해서 새롭게 창조적으로 적응할 수 있게 하는 성장의 생명선이다(Polster, 1987). 이러한 점에서 접촉은 성취를 위한 목적이 아니라 과정이다.

접촉은 분리감이 유지될 때 존재한다. 그러나 **융해**fusion는 그렇지 못하다. 게슈탈트가 형성되어 전경에 떠올라도 환경과의 접촉을 통해 완결 짓지 못하면 배경으로 사라지지 않는다. 따라서 접촉은 알아차림과의 상호 보완작용을 통해 게슈탈트 형성과 해소의 순환과정을 도와 개인의 성장을 촉진하는 역할을 한다. 건강한 사람은 환경과의 접촉을 통해 인식과 접촉주기를 자연스럽게 반복하며 성장한다. 그러나 접촉경계장해로, 알아차림–접촉주기가 단절되면, 미해결과제가 누적되면서 정신장애가 발생한다. **접촉수준**은 종종 양파껍질에 비유되는데, 심리치료를 통한 성격 변화는 **신경증 구조의 5개 층**(① 피상/가짜층, ② 공포/역할연기층, ③ 교착층, ④ 내파층, ⑤ 외파층)을 벗겨내야 한다(Perls, 1969a). 이는 개인 내에 실제로 존재하는 여러 겹의 껍질이 아니라, 단지 심리치료를 통해 성격이 변화하고 성숙되어 가는 과정을 비유적으로 설명한 개념이다.

피상/가짜층. 첫째, **피상/가짜층**cliché or phony layer은 접촉수준의 가장 바깥에 위치하는 층으로, 타인과 진정성 없이 사회적·형식적·의례적 규범에 따라 피상적으로 접촉하는 수준을 말한다. 이 단계에 속하는 사람들은 게임처럼 자기 혹은 타인이 꾸며 놓은 환상 속에 살거나, 자신이 아닌 것처럼 행동한다. 이 수준은 상담 초기에 흔히 보이는 내담자의 접촉수준으로, 표면적으로는 세련된 행동과 적응행동을 보이지만, 깊은 내면을 노출하지 않으므로 진정한 변화가 일어나기 어렵다. 자신이 게임을 하고 있고 환상 속에 살고 있음을 알아차리게 되면서 내담자는 개방적이고 솔직해지며, 불쾌감과 고통과의 접촉도 가능하게 된다.

공포/역할연기층. 둘째, **공포/역할연기층**phobic or role playing layer은 거부에 대한 두려움으로 자기 고유의 모습으로 살기보다 환경(타인 혹은 대상)의 기대에 따라 '마치~처럼' 행동하는 단계다. 이 단계에 속하는 사람들은 환경에의 적응을 위해 자기를 드러내기보다 욕구를 억압하고, 부모나 중요한 타인들이 바라는 역할연기를 하며 살아간다. 이들은 자기 고유의 모습을 드러내거나 내면과 일치되는 행동을 하면, 중요한 타인들로부터 거부당하게 될 것이라는 두려움 때문에 자기 행동이 연기에 불과하다는 사실을 알아차리지 못하고, 그 모습이 마치 진정한 자기인 양 여기며 착각 속에 살아간다.

교착층. 셋째, **교착층**impasse layer은 역할연기의 무의미함을 깨닫고 이를 그만두지만, 스스로 자립할 수 있는 능력이 미비한 상태여서 불안, 무기력, 두려움을 겪는 단계다('막다른 골목층'으로도 불림). 이 단계에 속하는 사람들은 흔히 방향감각을 잃고 환경을 헤치고 나아갈 방법을 찾지 못해 오도가도못하는 **실존적 딜레마**existential dilemma에 빠진다. 상담이 진행됨에 따라, 내담자는 교착층에 다다르게 되면서 심한 두려움과 허탈감을 겪게 되어 다음과 같이 토로하기도 한다(예 "지금까지의 생활방식도 그리 나쁜 것은 아니었는데…." "마음이 너무 안 좋아요." "도대체 뭐가 뭔지 잘 모르겠어요." "앞으로 어떻게 해야 하죠?" "삶이 갑자기 혼란스러워졌어요." "그냥 쉬고 싶어요.").

내파층.   넷째, **내파층**implosive layer은 억압·차단해 왔던 욕구와 감정을 알아차리지만, 여전히 환경을 의식하면서 파괴력 있는 에너지를 자신의 내부로 발산하는 단계다. 에너지는 오랫동안 차단되었던 관계로 강력한 파괴력이 있다. 이러한 에너지를 외부로 발산하면 중요한 타인과의 관계가 악화될 거라는 두려움으로, 내담자는 이 에너지를 자기 내부로 향하게 한다. 내담자 내부에서 폭발한 에너지는 내담자의 내면세계를 파괴하고 피폐하게 만든다. 이에 내담자는 죽음에 대한 공포를 체험하게 되어 온몸이 경직되는 현상이 나타나기도 한다. 외부로 발산하지 못하고 내부에서 맴도는 에너지들은 마침내 내담자 내부에서 얼어붙은 것 같은 상태가 된다.

외파층.   끝으로, **외파층**explosive layer은 신경증의 가장 안쪽에 위치한 층으로, 감정이나 욕구를 더 이상 억압·차단하지 않고, 직접 외부 대상에게 표현하는 단계다('폭발층' 또는 '진정한 자기층authentic layer'으로도 불림). 이 단계에 도달한 내담자는 과거에 억압·차단했던 욕구와 감정을 분명히 알아차리고, 강한 게슈탈트를 형성하여 전경으로 떠올려 환경과의 접촉을 통해 미해결과제를 완결 짓는다. 이 단계에서 내담자는 이제까지 자신을 지탱해 왔던 유아적 욕구와 무지로 인한 생각을 포기하는 동시에, 과거 삶을 한탄하며 흐느껴 울기도 하고, 억압되었던 분노를 표출하기도 한다. 이 단계에 도달하면, 상담은 종결된다.

접촉경계

접촉경계contact boundary란 개체(내담자)와 환경 간의 경계를 의미한다. 이는 개인과 타인, 개인과 대상, 또는 개인과 그의 자질 사이를 구분하는 경계를 가리킨다('나 경계 I-boundaries'로도 불림). '나 경계'는 개인의 생활경험에 의해 형성되며, ① 신체경계, ② 가치경계, ③ 친숙경계, ④ 표현경계로 구분된다.

신체경계.   첫째, **신체경계**body-boundaries는 감각을 억압하거나 제한된 영역으로 한정시키는 경계다. 예를 들어, 발기불능을 호소하던 내담자가 처음에는 머리의 움직임만을 알아차릴 수 있었으나, 점차 팔과 다리로 확대되어 신체감각을 회복할 수 있었다(Polster & Polster, 1973, pp. 115-116). 이는 내담자의 신체경계가 확대된 것이다.

가치경계.   둘째, **가치경계**^{value-boundaries}란 변화에 대한 저항으로 붙들고 있는 가치관을 말한다. 예를 들어, 낙태를 반대하는 입장을 취하던 내담자가 여고생 딸이 원치 않는 임신을 하게 되었다면, 이 내담자는 가치경계의 변화 혹은 강화에 대한 도전을 받게 될 것이다.

친숙경계.   셋째, **친숙경계**^{familiarity-boundaries}는 흔히 반복되지만 재고되거나 도전받지 않는 사건들이다. 예를 들어, 매일 같은 직장에 출근하는 것, 매일 똑같은 길로 출 · 퇴근하는 것, 혹은 지인들과 판에 박은 방식으로 상호작용하는 것(예 언제 한번 식사같이해요!) 등이다. 만일 실직하거나 배우자로부터 외면당하게 되면, 친숙경계에 대한 도전은 가히 파괴적일 수 있다.

표현경계.   넷째, **표현경계**^{expressive-boundaries}는 생애 초기에 학습된다. 사람들은 흔히 어려서부터 쓸데없이 불평하거나, 소리를 지르거나, 투덜거리거나, 무엇이든 함부로 만지지 말라고 배운다. 특히, 남자는 울어서는 안 된다고 배운다. 이 경우, 남성은 중요한 타인들과의 관계를 지속하기 위해 표현경계를 확대할 필요가 있을 것이다. 그러나 건강한 접촉을 방해하는 지배적인 양식과 저항으로 접촉경계장해가 발생한다.

접촉경계장해

접촉경계장해^{contact boundary disturbance}는 자기와 타인 사이의 경계가 모호하거나, 붕괴되어 있거나, 혼란스런 상태다('접촉경계혼란'으로도 불림). 이는 게슈탈트 형성 · 해소과정을 방해하는 정신병리 현상을 설명하기 위한 개념이다. 건강한 사람은 접촉경계에서 환경과 교류하면서 자신에게 필요한 것은 경계를 열어 받아들이지만, 해로운 것은 경계를 닫아 자신을 보호한다. 그러나 만일 접촉경계에 문제가 생기면, 환경과의 접촉이 차단되고 심리적 · 생리적 혼란이 생긴다('접촉경계장해'). 이는 내담자와 환경이 접촉할 수 없도록 둘 사이에 중간층 같은 것이 끼어 있는 상태다(Perls, 1969). 전형적인 접촉경계장해는 ① 내사, ② 투사, ③ 반전, ④ 편향, ⑤ 융합이 있다(Polster & Polster, 1973).

내사.   첫째, **내사**^{introjection}는 타인의 행동, 신념, 기준, 가치관을 무비판적으로 받아들이는 현상이다. 개인이 받아들인 것을 분석 · 재구성하지 않았기 때문에 내사된 것들은 개인에게 맞지 않는 상태로 계속 남아 있게 된다. 예를 들어, 어린아이들은 흔히 부모의 의견을 개인적 가치관으로보다는 절대적인 기정사실로서 받아들인다. 일반적으로 아이는 자라면서 부모의 견해를 점차 덜 내사하게 된다. 내사는 개인이 사물 또는 대상을 자신의 생각대로 여기게 하거나 자신을 위해 에너지를 사용하기보다는 권위 있는 타인이 개인 자신을 위한 최선이 무엇인지 알고 있다고 믿는 데에 에너지를 소모하게 한다. 내사는 중요한 타인과 상황에 따라 건강할 수도 있고, 병리적 상태로 이어질 수도 있다는 특성이 있다.

투사.   둘째, **투사**projection는 내사와 반대되는 현상으로, 욕구나 감정을 자신의 것으로의 알아차림과 접촉에 대한 두려움으로 인해 발생한다. 자신의 특정 측면을 타인 또는 환경 탓으로 돌림으로써 심리적 부담을 더는 현상이다. 죄책감 또는 분노는 타인을 비난하게 하는 원인을 제공한다. 타인 비난은 일시적으로 기분이 나아지는 것 같지만, 그들과의 완전한 접촉 가능성은 그만큼 줄게 된다. 투사를 통해 개인의 견해를 타인에게 옮겨 놓음으로써, 자기와 타인과의 경계를 확대할 수 있다. 투자를 습관적으로 사용하는 사람은 자신을 환경의 피해자로 여기는 경향이 있다.

반전.   셋째, **반전**retroflection은 타인 또는 환경에 대해 하고픈 행동을 자신에게 하는 현상 혹은 타인이 자기에게 해 주기를 바라는 행동을 자신에게 하는 현상이다. 즉, 반전은 타인 또는 환경과 상호작용하는 대신, 자신을 행동의 대상으로 삼는 것이다. 타인이 자신을 돕고자 할 때, "나 혼자서도 할 수 있어요."라고 하는 말은 반전의 전형적인 예다. 이러한 행동은 강한 자부심의 표현이기도 하지만, 외로움 또는 타인들로부터 차단되는 느낌이 들게 할 수 있다. 반전은 본래 타인을 향하는 기능이 방향을 바꾸어 개인 자신에게 돌려지는 것이다. 극단적인 예로, 자살은 살인의 대체행위다. 상징적 의미에서 손톱을 물어뜯는 행위는 타인에 대한 공격의 대체행위다. 손톱을 물어뜯는 사람은 상징적으로 타인을 다루고 싶은 방식대로 자신을 다루는 것이다. 반전은 종종 우울과 신체화 문제의 원인이 된다.

편향.   넷째, **편향**deflection은 환경과의 접촉이 감당하기 힘든 심리적 결과를 초래할 것으로 예상될 때, 이 경험에 압도되지 않도록 환경과의 접촉을 피하거나 감각을 둔화시켜 환경과의 접촉을 약화시키는 현상이다. 즉, 접촉의 간접적 회피현상이다. 이때 개인은 환경과의 접촉에 사용될 에너지를 철회함으로써 접촉을 피한다. 직접적 행동 또는 환경에의 참여보다 유머, 추상적 일반화, 초점이 없는 장황한 말, 모순적이거나 중요하지 않은 근거로 초점을 흐리는 진술, 과도한 질문, 대리진술, 타인 대변 시선의 접촉 없이 말하면서 웃어 버리는 행위, 추상적인 차원에서 맴도는 말, 감각차단 등이 편향의 전형적인 예다. 개인의 인식을 흐리고 지각 또는 감각을 둔감화하는 편향은 정서소모를 유발한다.

융합. 다섯째, **융합**^{confluence}은 자기와 타인 간의 경계가 약화 또는 소멸되어 마치 일심동체 같은 상태를 말한다. 융합상태에 있는 사람은 다른 사람들과 잘 지내려는 노력으로 인해 내적 경험과 외부 현실 간의 경계가 분명하지 않다. 또한 융합관계에 있는 두 사람은 서로 같은 느낌과 생각을 가지고 있다고 잘못 지각한 나머지, 실제로는 자신의 실제 감정과 사고를 잘 알아차리지 못한다. 인정욕구가 높은 사람은 융합상태가 되기 쉽다. 왜냐하면 타인들로부터 인정받기 위해 자신의 솔직한 감정과 의견을 왜곡시킬 수 있기 때문이다. 따라서 이들은 자신의 진정한 감정과 생각을 알아차리기 어려울 수 있다. 융합관계에 있는 사람들은 겉으로는 서로 위해 주고 보살펴 주는 것처럼 보이지만, 내면적으로는 독립적으로 행동하지 못하고 의존관계에 빠져 있기 쉽다. 이들은 오랫동안 서로 익숙해져서 두 사람 사이의 균형을 깨뜨리려는 행동은 상대편의 분노를 자아내거나, 자신은 심한 죄책감을 갖게 된다.

지금 · 여기

현실은 **지금 · 여기**^{here-and-now}이고, 행동도 지금 · 여기에서 하며, 경험도 지금 · 여기에서 한다. 그러므로 힘은 현재에 있다(Polster & Polster, 1973). 에너지가 과거, 과거에 있었을 수 있는 일, 또는 미래에 대한 환상 속에 사는 방향으로 치우치면, 현재의 힘은 약화된다. 개인의 힘을 극대화하려면, 현상학적 탐구, 즉 현재 발생하는 것에 주의를 집중해야 한다. 과거에서 답을 찾는 것은 더 이상 존재하지 않는 것을 다루는 것이기 때문이다. 그러므로 치료는 지금 · 여기에서 내담자의 알아차림을 다뤄야 한다. 펄스(Perls, 1969a)는 "내게는 '지금 여기' 외에는 아무것도 존재하지 않는다. '지금 = 경험 = 자각 = 현실'이다. 과거는 더 이상 존재하지 않고, 미래는 아직 존재하지 않는다. 오직 지금만이 존재한다."(p. 14)고 선언함으로써, '지금'의 본질과 중요성을 강조했다. 이를 실천하기 위한 지침은 글상자 5-16과 같다.

글상자 5-16. 알아차림을 위한 지침

1. 지금을 살아라! ☛ 과거나 미래가 아니라 현재에 관심을 가져라!
2. 여기에 살아라! ☛ 여기에 없는 것보다는 있는 것에 관심을 가져라!
3. 상상을 멈춰라! ☛ 현실만을 경험하라!
4. 불필요한 생각을 멈춰라! ☛ 오감(시각, 청각, 촉각, 후각, 미각)에 집중하라!
5. 직접 표현하라! ☛ 설명·판단·조작하지 말라!
6. 쾌·불쾌 모두를 알아차려라!
7. 자신의 것이 아닌 모든 당위^{shoulds}·의무^{oughts}를 거부하라!
8. 행동, 사고, 감정에 대해 완전히 책임져라!
9. 자신의 실제 모습에 집중하라!

게슈탈트치료(GT)에서는 지금 이 순간의 알아차림과 충분한 경험을 중시한다. 과거는 이미 지나갔고 미래는 아직 오지 않았으므로, 의미가 있는 것은 현재뿐이기 때문이다. 과거와 미래의 사건은 현재를 통해 볼 수 있다. 현재는 오로지 여기에서 개인의 신체·감각기관을 확인할 수 있다. 동시에, 과거와 미래에 초점을 두는 것은 지금·여기에서 다루는 것을 회피하는 수단으로 간주한다. 그러나 안타깝게도 사람들 대부분은 현재에 존재하지 못한다. 대신, 과거에 했었어야 했거나, 이미 했던 일에 얽매이거나, 미래를 위해 끊임없는 결심과 계획수립에 힘쓰느라 현재를 위한 에너지를 고갈시킨다. 사람들은 지금·여기에서의 감정을 경험하는 대신, 마치 감정이 현재 경험과 분리된 것처럼 감정에 관해 말하곤 한다. 이로써 개인을 자기로부터 격리시키는 테크놀로지 중심의 사회에서 삶의 의미를 찾지 못하면, 실존적 문제가 발생한다. 예를 들어, 컴퓨터와 신용카드의 비현실성은 즉각적 정서 경험을 통해서만 발견할 수 있는 삶의 진정한 의미 탐색을 방해한다.

게슈탈트치료(GT)는 언어적·해석적 상담보다는 경험적 치료로서, 내담자의 순간순간 경험과 직접적 접촉을 돕는다('즉시성'). 단순히 경험에 대해 생각하고 말하는 것은 현재 경험의 흐름을 방해하고 자신에게서 분리시키게 된다. 과거는 현재의 중요 기능과 관련된 경우에만 중요성이 인정된다. 그렇지만 아무리 현재가 중요하다고 하더라도 치료과정에서는 과거력$^{past\ history}$과 미래 계획도 다루어진다. 대신, 과거가 현재의 태도 또는 행동과 관련이 있다고 판단되는 경우, 과거의 상황을 현재 일어나는 것처럼 재현하게 한다. 이때 상담자는 내담자가 과거와 미래에 관한 이야기를 현재

형으로 기술하게 한다. 게슈탈트치료에서는 건강한 사람과 건강하지 않은 사람의 특징을 표 5-1과 같이 제시한다(Henderson & Thompson, 2015).

표 5-1. 게슈탈트치료의 관점에서 본 건강한 사람과 건강하지 않은 사람의 특징

건강한 사람의 특징	건강하지 않은 사람의 특징
1. 알아차림 수준이 높아서 몸의 신호(두통, 위통)에 따라 행동에 변화를 준다.	1. 환경과 그 속의 자원들과의 접촉이 단절되어 있다.
2. 한계를 잘 인식하고 있어서 갈등 상황에 놓이면 갈등을 해결하거나 깨끗이 잊어버린다.	2. 환경과 지나치게 뒤엉켜 있어서 자기와 접촉할 수 없고, 미결과제를 제쳐 두지 못한다.
3. 상황을 복잡하게 놔두지 않고 환상으로 치장하지도 않는다.	3. 여러 방향으로 쪼개지고 산산조각난 상태에 놓여 있다.
4. 한 번에 한 가지 욕구에 초점을 맞추고(전경) 다른 욕구들은 배경으로 몰아낸다.	4. 상전(해야 한다고 생각하는 것)과 하인(하고 싶은 것) 사이에서 갈등을 겪는다.
5. 욕구가 충족되면, 즉시 배경으로 이동시키고, 새로운 욕구를 전경에 올린다.	5. 사랑·증오, 남성성·여성성, 쾌락·고통 같은 삶의 이분법을 다루기 어려워한다.

건강하지 못한 사람들에게서 흔히 발생하는 신경증의 발생 원인과 특징에 관한 설명은 글상자 5-17과 같다.

글상자 5-17. 게슈탈트치료의 입장에서 본 신경증의 원인과 특징

> 신경증은 한 번에 너무 많은 욕구에 주의를 기울인 나머지, 어느 한 가지도 제대로 관심을 기울이거나 충족시킬 수 없는 상태에서 발생한다. 신경증이 있는 사람들은 자신이 할 수 있는 능력이 있음에도 불구하고, 스스로 욕구충족을 꾀하기보다는 타인에게 의지하는 경향이 있다.

치료기법과 과정

게슈탈트치료(GT)의 기본목표는 내담자가 자신이 무엇을 어떻게 하고 있는지, 변화를 위해 무엇을 해야 하는지에 대한 알아차림과 상황/환경과의 접촉을 돕는 것이다.

즉, 내담자의 ① 통합, ② 성숙과 성장, ③ 체험 확장, ④ 실존적 삶을 돕는 것이다. 이를 정리하면 글상자 5-18과 같다.

글상자 5-18. 게슈탈트치료의 일반 목표

> 1. 내담자의 분할된 인격의 부분을 접촉을 통해 인격의 일부로 통합하도록 돕는다.
> 2. 실존적 삶을 통해 성숙한 인간이 되도록 돕는다.
> 3. 환경과의 만남에서 사고, 감정, 욕구, 신체감각, 환경에 대한 지각을 넓혀 접촉하여 타인에게 상처를 주지 않으면서 욕구충족 방법의 습득을 돕는다.
> 4. 내담자 스스로 자신을 되찾도록 격려한다.

게슈탈트치료(GT)에서 상담자는 일반적으로 ① 성장환경 조성자, ② 감각사용 촉진자, ③ 지금 · 여기 인식 촉진자 역할을 한다. 이를 위해 상담자는 내담자가 성장할 필요가 있는 부분의 탐색을 격려하는 분위기를 조성한다. 또한 자신의 감각을 완전히 사용하고 신체언어와 접촉할 수 있도록 내담자를 독려한다. 그리고 내담자가 지금 여기에서 일어나고 있는 일에 집중하도록 돕는 역할을 한다. 반면, 표준화된 평가도구(⑩ 심리검사)의 사용을 지양한다. 게슈탈트치료의 기대효과는 글상자 5-19와 같다(Zinker, 1978, pp. 96-97).

글상자 5-19. 게슈탈트치료의 기대효과

> 1. 신체, 감정, 환경의 완전한 인식
> 2. 타인에 대한 투사보다 자기 경험 소유
> 3. 욕구 인식과 타인의 권리침해 없이 자신을 만족시킬 수 있는 기술 습득
> 4. 감각과의 더 완전한 접촉을 통해 자기인식의 활성화
> 5. 한탄, 비난, 죄의식보다 자신을 지지할 힘과 능력 체험
> 6. 주변에 대한 민감성을 높여 위험한 환경으로부터 개인의 보호 능력 개발
> 7. 행위와 결과에 대한 책임은 높은 인식수준의 일부라는 사실 이해
> 8. 자신의 인식, 즉 삶의 표현에서의 환상과 편안함

치료기법

게슈탈트치료(GT)의 기법은 내담자의 알아차림을 확장하고, 새로운 행동을 실험해 보도록 고안되었다. 기법은 그 자체가 목적이 아니라, 변화를 위한 수단일 뿐이다. 게

슈탈트치료의 기법은 크게 ① 연습과 ② 실험으로 나뉜다. **연습**exercises(기법technics)은 특정 상황 유발 또는 목표 성취를 위해 이미 개발된 기법을 적용하는 활동이다. 반면, **실험**experiments은 상담자와 내담자의 상호작용을 통해 치료효과 산출을 위한 사전에 계획되지 않은 경험적 발견학습heuristics 활동을 말한다. 이는 상담의 초점을 주제에 관한 이야기로부터 경험을 통해 내담자의 자기인식과 이해를 높이는 활동으로 이동하는 방법이다(Frew, 2013).

　게슈탈트치료는 일련의 실험과정이고, 실험은 내담자의 경험학습 과정이다(Zinker, 1978). 특정 목표 달성을 위해 고안된 연습과는 달리, 실험은 상담자와 내담자가 순간순간의 접촉과정에서 이루어진다는 특징이 있다. 실험은 내담자의 경험에 대한 통합적 탐색을 가능하게 하는 적극적 개입으로, 행동을 통해 체계적 학습기회를 제공한다는 점에서 경험세계의 탐색을 위한 최적의 방법이다(Brownell, 2016; Yontef & Schulz, 2013). 게슈탈트치료에서 주로 사용되는 기법으로는 ① 알아차림, ② 꿈 작업, ③ 빈 의자 기법, ④ 직면, ⑤ 과장, ⑥ 반대로 하기, ⑦ 창조적 투사놀이, ⑧ 자기 부분과의 대화, ⑨ 숙제가 있다.

알아차림.　첫째, **알아차림**awareness은 개인이 자기 유기체의 욕구, 감정 등을 지각하여 게슈탈트를 형성하여 전경으로 떠올리는 과정이다. 이 과정을 촉진하기 위해 치료자는 내담자가 다른 행동을 실험적으로 실행하게 한다. 알아차림은 ① 감정, ② 신체, ③ 환경, ④ 언어, ⑤ 책임에 집중된다. **감정 알아차림**은 지금 · 여기에서 체험되는 욕구와 감정의 알아차림을 돕기 위해 고안된 기법이다. 감정 알아차림 촉진을 위한 탐색질문의 예는 글상자 5-20과 같다.

글상자 5-20. 감정 알아차림을 위한 탐색질문의 예

○ "지금 어떤 느낌이 드나요?"
○ "지금 무엇을 알아차리고 있나요?"
○ "방금 그 말씀을 왜 하시는지 느껴 보세요."
○ "생각을 멈추고 현재 느낌에 집중해 보세요."
○ "지금 화가 나시는가 본데, 무엇을 원하십니까?"
○ "방금 하신 말씀 중에 명사를 동사로 바꾸어서 말씀해 보세요."
○ '나는 ~을/를 하고 싶다'라는 문장을 3개 정도 완성해 보세요."

□ 신체 알아차림.   **신체 알아차림**은 현재 상황에서 느끼는 신체감각, 특히 에너지가 집중된 신체 부분(입, 턱, 목소리, 눈, 코, 목, 어깨, 팔, 손, 가슴, 발, 전신)의 알아차림을 돕기 위한 기법이다. 정신과 신체의 작용은 불가분의 관계에 있고, 에너지는 통합되지 않은 감정과 연관되어 있다. 이에 감정이 차단된 경우, 신체운동을 통해 감정을 알아차릴 수 있다. 신체 알아차림을 위한 탐색질문의 예는 글상자 5-21과 같다.

글상자 5-21. 신체 알아차림을 위한 탐색질문의 예

○ "호흡을 알아차려 보세요."   ○ "얼굴이 빨갛게 변했네요."
○ "신체감각을 느껴 보세요."   ○ "손이 무엇을 말하려고 합니까?"
○ "지금 어깨를 움츠리고 있네요."   ○ "신체가 표현하려는 것을 알아차려 보세요."
○ "발로 바닥을 차고 있네요."   ○ "방금 입술이 움찔한 것을 아십니까?"

□ 환경 알아차림.   **환경 알아차림**은 환경과의 접촉을 통해 공상과 현실이 차이가 있음을 알아차리게 함으로써, 현실과의 접촉 증진을 위한 기법이다. 사람들은 종종 미해결과제로 인해 자기에게 몰입하느라 주변에서 일어나는 사건이나 상황을 알아차리지 못하고 현실과 단절되어 있다. 이에 치료자는 환경 알아차림을 통해 내담자가 미해결과제를 인식·해결할 힘을 얻도록 돕는다. 환경 알아차림을 위한 탐색질문의 예는 글상자 5-22와 같다.

글상자 5-22. 환경 알아차림을 위한 탐색질문의 예

○ "상담실에서 무엇이 보이나요?"
○ "전에는 보이지 않던 어떤 새로운 것이 보이나요?"
○ "눈을 감고 남자친구의 모습을 떠올려 보세요. 눈을 뜨고 남자친구의 얼굴을 자세히 관찰해 보세요. 어떤 차이가 느껴지나요?"
○ "다른 사람의 눈을 한번 쳐다보세요."
○ "주변 사물들을 둘러보세요."
○ "눈을 감고 주위에서 들리는 소리에 귀를 기울여 보세요."
○ "눈을 뜨고 주변 사물들을 살펴보세요."

□ 언어 알아차림.   **언어 알아차림**은 내담자가 자신의 언어사용 습관을 면밀히 관찰하여 비생산적인 언어습관에 변화를 주기 위한 기법이다. 사람들은 종종 책임 회피

적인 언어사용으로 접촉을 차단한다. 언어 알아차림을 통해 치료자는 내담자의 언어를 명료화시키는 한편, 더 생산적인 언어를 사용하도록 돕는다. 언어 알아차림 증진을 위한 지침은 표 5-2와 같다.

표 5-2. 언어 알아차림 증진을 위한 지침

□ 지침	□ 책임 회피적 표현 ☛ 대체 표현
1. 나를 주어로 말하게 한다. (행동의 주체 알아차림)	○ "손이 떨려요." ☛ "나는 떨고 있어요."
2. 능동태로 표현하게 한다. (선택 · 책임소재 알아차림)	○ "질식될 것 같아요." ☛ "난 나를 질식시키고 있어요." ○ "그 일을 할 수 없어요." ☛ "난 그 일을 하지 않겠어요."
3. 말 끝에 '～ 그러나'를 '～ 그리고'로 말하게 한다. (모순된 행동 알아차림)	○ "늦지 않으려고 했어요. 그러나 ～." ☛ "늦지 않으려고 했어요. 그리고….."
4. 질문을 서술문으로 말하게 한다. (감정 · 의견에 대한 책임 · 투사 알아차림)	○ "선생님은 제 말을 들으니 어떠세요? ☛ "선생님이 제 말을 듣고 저를 나쁜 여자라고 생각하셨을 것 같아요."
5. 말끝에 "～ 그러나 그건 나의 시각입니다." 또는 "～그리고 그 책임은 내가 져요."를 붙이게 한다. (투사 · 책임 알아차림)	○ "우리 사장은 돈만 아는 사람이에요." ☛ "우리 사장은 돈만 아는 사람이에요. 그러나 그렇게 보는 것은 저의 시각입니다. ○ "오늘 학교에 지각했어요." ☛ "오늘 학교에 지각했어요. 그리고 그 책임은 내가 집니다."
6. 추상적인 표현에 구체적인 예를 들게 한다. (책임 알아차림)	○ 내담자: 저는 성격이 못됐어요. ○ 상담자: 그러면 성격이 못된 사람이 한번 되어 보세요.

□ 책임 알아차림. **책임 알아차림**"I take responsibility"은 자신이 지각한 것을 말하고, "그리고 그것에 대한 책임은 나에게 있다."는 말로 끝맺게 함으로써, 행동에 책임지도록 돕기 위한 기법이다. 이 기법은 내담자가 자신의 지각과 행동을 통합하여 자신의 것으로 받아들이도록 돕기 위한 연습이다. 사람들이 성장하지 못하는 이유는 자기책임을 거부 또는 회피하기 때문이다. 이에 치료자는 내담자가 지금 · 여기에서 성장할 가능성을 믿는 한편, 과거를 탓하기보다 책임 있는 행동을 실천하도록 돕는다. 책임 알아차림을 위한 탐색질문의 예는 대화상자 5-2와 같다(Passons, 1975, p. 91).

대화상자 5-2. 책임 알아차림을 위한 탐색질문의 예

> **내담자**: 제 입장을 잘 알고 계시잖아요. 차라리 학교를 그만두는 것이 낫지 않을까요?
>
> **상담자**: 스스로 결정하셨네요. 방금 저에게 던진 질문을 서술문으로 바꾸어 말해 보세요.
>
> **내담자**: 글쎄요. 음, 저는 학교에 다니고 싶지 않아요. 어쨌든 지금으로서는 다니기 싫어요!

꿈 작업.   둘째, **꿈 작업**^{dream work}은 내담자가 꿈의 내용을 말하고, 꿈의 각 부분을 경험하게 하는 기법이다. 이는 일종의 **극화된 자유연상**^{dramatized free association}이다. 왜냐하면 꿈을 특정 시기에 개인의 위치를 나타내는 메시지(Perls, 1969)로 간주하여, 정신분석과 달리 게슈탈트치료에서는 꿈 해석을 하지 않기 때문이다. 프로이트가 꿈을 '무의식으로 통하는 왕도'라고 했다면, 펄스는 '통합으로 통하는 왕도^{the royal road to integration}'로 여겼다(Perls, 1969, p. 66). 대화상자 5-3은 펄스가 주도한 꿈 작업에 참여한 사람이 쓴 글의 일부다.

대화상자 5-3. 펄스의 꿈 작업 예시

> 우울 증상으로 집단에 참여한, 머리가 희끗희끗한 55세 남성이 있었다. 그는 기차역에서 친구들을 배웅하는 꿈을 꾸곤 했다. 펄스는 그에게 자기 자신, 친구, 그리고 기차 역할을 해 보도록 했으나, 별다른 변화가 없었다. 그러자 펄스가 말했다.
>
> **펄 스**: 이번에는 기차역이 되어 보세요.
>
> **내담자**: 네? 무슨 뜻이죠? 기차역이 되어 보라고요?
>
> **펄 스**: 네. 기차역을 묘사해 보세요. 자신을 주어로 해서요.
>
> **내담자**: 글쎄요. 나는 나이가 많고 늙었어요. 더 이상 쓸모 없고, 이젠 주변 사람들조차 거들떠 보지도 않는 폐물이 되어 버렸고……. 음, 실제로 많이 낡았죠. 그러니까 오고가면서 날 이용만 하고, 나한테 신경 쓰지 마세요! [흐느끼기 시작한다.]

꿈 작업을 통해 내담자는 자신의 다양한 측면과의 접촉을 통해 더 많은 것을 얻게 된다. 반복되는 꿈에 대한 작업을 통해 상담자는 내담자가 자신의 미해결과제를 인식하고 메시지를 잘 살펴볼 수 있도록 돕는다.

빈 의자 기법.   셋째, **빈 의자 기법**^{empty chair technique}은 자기 또는 타인과의 관계에서 발생한 미해결과제를 지금 · 여기에서 치료적으로 다루기 위해 빈 의자를 사용하는 기

법이다. 이 기법은 심리극을 창시한 야코프 모레노가 고안한 것이
다. 이 기법에서 내담자는 자신의 지배적 측면('상전')과 수동적 측
면('하인') 사이를 오가며 이야기를 나누게 된다. 이 기법은 주로 치
료장면에 있지 않은 인물과 관련된 쟁점을 다룰 때 사용된다. 예
를 들어, 세상을 떠난 아버지가 의자에 앉아 있다고 여기고 내담자
가 하고 싶은 말을 하게 하여 아버지와의 미해결과제 해소를 돕는
것이다. 이 기법에서는 두 개의 의자가 사용되는데, 내담자는 **상
전**topdog(승자/이성적 측면, 해야 하는 일)과 **하인**underdog(패자/비

야코프 모레노
(Jacob L. Moreno,
1889~1974)

이성적 측면, 하고 싶은 일) 의자를 오가며 대화를 나눈다. 이
과정에서 내담자의 투사가 표면화되어 내담자의 갈등을 실
제로 경험하게 된다. 내면의 갈등은 내담자가 양쪽의 요구를
받아들여 통합할 때 해소된다.

  빈 의자 기법은 내담자가 부정해 온 자기 부분과 감정과의 접촉을 가능하게 할 뿐
아니라, 갈등을 단순히 말로만 하기보다 감정을 끌어올려 경험하게 한다는 이점이 있
다. 또 감정을 분리하지 않고 내담자가 자신의 일부로 인식하도록 돕는 효과가 있다.
이 기법은 일반적으로 3단계, 즉 ① 대립opposition, ② 합체merging, ③ 통합integration 단계로
진행되는데, 특히 이혼을 앞둔 부부들에게 유용하다(Mackay, 2002). 그러나 심한 정서
문제를 겪고 있는 사람들에게는 권장되지 않는다(Bernard, 1986). 빈 의자 기법의 지
시문 예시는 대화상자 5-4와 같다.

대화상자 5-4. 빈 의자 기법 지시문의 예

> **상담자**: 저는 지금까지 수지 씨 어머니께서 여기에 계신다면, 수지 씨가 말하기 힘들어할
> 수 있는 내용들을 들어 왔어요. 그 말을 어머니께 직접 말씀드려 볼까요? 수지 씨
> 가 어머니께 원하는 바가 무엇이고, 어떤 느낌이 드는지 등에 대해서 좀 더 분명
> 히 확인할 수 있도록 말이에요. (잠시 멈추었다가) 자, 시작해 볼까요?

직면. 넷째, **직면**confrontation은 내담자의 감정과 행동이 일치되지 않음을 드러내어 줌
으로써, 현실을 회피하지 않고 진정한 자신과 접촉할 수 있도록 돕는 기법이다. 내담
자가 분노를 느끼면서도 미소 짓는 행동을 드러내어 줌으로써, 행동과 감정이 통합되
지 않음을 인식할 수 있게 해 주는 것이 그 예다. 게슈탈트치료에서는 왜why로 시작되

는 질문은 지성화를 부추길 수 있다는 이유로, 무엇을^{what}, 어떻게^{how}로 시작되는 질문을 통해 내담자에게 직면한다. 직면 기법 적용을 위한 지침은 글상자 5-23과 같다.

글상자 5-23. 직면 기법 적용을 위한 지침

> 1. 내담자의 언어적 표현과 비언어행동(표정, 제스처, 목소리 등)의 불일치를 지적한다.
> 2. 내담자가 회피하고자 하는 상황에 완전히 머무르게 한다.
> 3. 회피 수단으로 웃음을 이용할 때 이를 지적한다.
> 4. '지금·여기'의 감정을 정확하게 인식하게 한다.
> 5. 내담자가 습관적으로 사용하는 언어를 고쳐 말하도록 요구한다.

과장. 다섯째, **과장**^{exaggeration}은 내담자의 습관적인 움직임 또는 동작을 과장되게 표현하게 함으로써, 행동과 연결된 느낌을 강화하고 내적 의미의 명확한 인식을 돕는 기법이다. 이 기법은 주로 불충분하다고 판단되는 움직임, 태도, 동작 같은 신체언어의 의미를 분명히 인식하도록 돕기 위해 사용된다. 내담자는 미처 의식하지 못한 특정 행동 또는 언어를 과장되게 표현함으로써 욕구, 감정, 행동을 명료하게 인식할 수 있다. 과장 기법의 적용 예화는 글상자 5-24와 같다.

글상자 5-24. 과장 기법의 적용 예화

> 몇 번이고 자세를 바꾸면서까지 감정 표출을 애써 자제하며, 작은 소리로 말하곤 하는 내담자가 있었다. 치료자는 내담자에게 훨씬 더 작은 소리로 말하게 했다. 목소리를 낮추어 말하려던 내담자는 자신의 억압된 감정을 인식하고는 이내 울음을 터뜨렸다.

반대로 하기. 여섯째, **반대로 하기**는 내담자가 옳다고 믿고 있는 것과 정반대되는 행동을 하는 연습기법이다. 사람들은 종종 자신에게 익숙한 습관이나 생각에 집착한 나머지 현재 행동과는 다른 대안적 행동에 문제해결의 가능성이 있다는 사실을 미처 잘 생각하지 못하는 경향이 있다. 이 기법은 내담자가 이제까지 회피해 왔던 행동을 실천함으로써, 오히려 문제를 극복할 수 있게 하기 위한 것이다. 흔히 내담자의 행동이 자연스럽지 못하거나 특정 행동방식을 고수하는 경향이 보일 때 적용된다. '반대로 하기' 기법을 위한 지침은 글상자 5-25와 같다.

글상자 5-25. 반대로 하기 기법 적용을 위한 지침

> 1. 자기 비난이 심한 내담자에게 실제 대상에 대해 비난하게 한다.
> 2. 쉴 새 없이 말하는 사람에게 잠시 침묵해 보게 한다.
> 3. 강박적인 사람에게 물건을 마구 흩트려 보게 한다.
> 4. 지나치게 남성적인 사람에게 여성스러운 행동을 해 보게 한다.
> 5. 지나치게 양보하는 사람에게 이기적인 행동을 해 보게 한다.

창조적 투사놀이.   일곱째, **창조적 투사놀이**^{creative projection playing}는 내담자의 경험을 토대로 타인 또는 세상을 지각하게 하는 기법이다. 이 기법을 통해 내담자는 자신의 지각이 사실과 다를 수 있음을 알아차릴 수 있고, 사실을 확인하여 자신의 잘못된 지각을 수정할 수 있다. 또한 타인과의 대화를 통해 자신의 존재를 발견하고, 다양한 사람들과의 진정한 만남의 기회를 제공한다. 상담과 심리치료는 병적 투사를 창조적 투사로 바꾸는 작업이다. 창조적 투사놀이를 통해 내담자는 타인에게 투사한 자신의 욕구, 충동, 사고가 자신의 일부임을 인식하고 자신의 일부로 통합할 수 있게 된다. 일단 내면과 접촉하게 되면, 이 요소들을 외부로 투사할 필요성을 더 이상 느끼지 않게 된다. 창조적 투사놀이를 촉진하는 질문의 예는 글상자 5-26과 같다.

글상자 5-26. 창조적 투사놀이 촉진질문의 예

> 1. "내가 어떻게 보이나요?"
> 2. "내가 당신에 대해 어떻게 생각하는 것 같나요?"
> 3. "그 사람이 되어 보세요."
> 4. "그 사람이 과거에 당신의 가족 중 누구를 연상시키나요?"
> 5. "나는 아주 욕심쟁이여서 당신이 욕심쟁이라는 것을 금방 알아차릴 수 있어요."
> 6. "당신이 그 사람에게 한 말을 당신 자신에게도 해 보세요. '너는 너무 이기적이야! 그래서 난 네가 싫어!'"

창조적 투사놀이 기법을 적용한 예화는 글상자 5-27과 같다.

글상자 5-27. 창조적 투사놀이 기법을 적용한 예화

> 한 여성 내담자는 최근 남자친구와 헤어진 친구를 만났다. 친구의 어두운 표정을 본 내담자는 1년 전 자신이 겪었던 일이 떠올랐다. 내담자는 친구가 남자친구에게 거부당한 아픔 때문에 저렇게 우울한 모습을 보이는 것으로 생각했다. 그러나 내담자는 자기 생각에 확신이 없어 친구에게 혹시 남자친구와 헤어진 일 때문에 울적한 표정을 짓고 있는지 물었다. 그러자 친구는 빙그레 웃으며 집안일 때문에 잠시 딴생각을 했을 뿐이라고 답했고, 남자친구 일은 더 이상 의미를 못 느껴 그만 만나기로 한 것이어서 더 이상 마음에 남아 있지 않다고 말했다. 내담자는 친구의 답변에 자신의 감정을 친구에게 투사했음을 이내 알아차렸다.

자기 부분과의 대화.   여덟째, **자기 부분과의 대화**는 내담자의 인격이 내사된 부분들로 인해 분열되어 통합되어 있지 않을 때, 내적 부분들끼리 서로 대화를 시킴으로써 내담자의 내면을 통합할 수 있도록 돕는 기법이다. 자기 부분과의 대화 기법을 적용한 예화는 글상자 5-28과 같다.

글상자 5-28. 자기 부분과의 대화 기법의 예화

> 내담자에게 자기 부분을 억압하는 내사의 목소리가 파악되었다. 치료자는 내담자에게 자신의 내사에 대항해서 묻고 따지게 했다. 억압하는 부분이 그 이유를 말할 때, 치료자는 내담자에게 따지고 묻도록 격려했다. 이 과정에서 내담자는 이제까지 소외시켰던 부분들을 통합할 수 있었다.

숙제.   아홉째, **숙제**는 상담장면에서 새롭게 발견·체험한 사실을 실생활에 적용시켜 변화를 촉진하기 위한 기법이다. 예를 들어, 직장동료에게 자신의 욕구나 부정적인 감정을 솔직하게 표현해 보게 하거나, 이제까지와는 반대되는 행동을 실험해 보게 하는 것이다. 이러한 숙제를 통해 내담자는 과연 그렇게 해도 아무 일도 발생하지 않는지, 그리고 그러한 행동이 삶을 실제로 개선에 도움을 주는지 확인할 수 있다.

치료과정

게슈탈트치료(GT)의 과정은 정형화된 절차가 없고, 치료자에 따라 창의적인 방식으로 작업한다는 특징이 있다. 그러나 대체로 크게 두 부분, 즉 전반부에는 치료자와 내

담자가 진실한 접촉을 통한 관계를 형성하고, 지금·여기에서의 알아차림을 촉진하며, 후반부에는 내담자의 심리적 문제를 실험과 연습을 통해 접촉·경험·재경험으로 통합·균형을 이룰 수 있도록 돕는다(Feder & Frew, 2008). 이 과정은 "상담자가 창의적인 아이디어를 구상하여 내담자와 함께 상황을 연출하여 내담자가 실제 행위를 통해 문제를 명확히 드러내고, 문제에 대한 새로운 해결책을 경험적으로 시도하여 터득하게 하는 놀라운 실험의 연속이다"(Zinker, 1978). 치료과정에서 실험수행을 위한 지침은 글상자 5–29와 같다.

글상자 5–29. 게슈탈트치료의 실험수행을 위한 지침

1. 내담자를 혼자 내버려 두어도 좋은 시기를 파악한다.
2. 기법의 도입 시기를 적절하게 선택한다.
3. 실험은 내담자의 문제, 지금의 경험, 생활경험에 따라 조정한다.
4. 내담자의 적극적인 자기탐색이 요구된다.
5. 내담자가 주저하는 경우, 저항의 의미를 탐색한다.
6. 내담자의 반응에 주의하여 접촉하며, 기법을 융통성 있게 적용한다.
7. 과중한 과제는 요구하지 않는다.
8. 상담장면과 실제영역에서 실행 가능한 실험을 사전에 파악한다.

게슈탈트치료자는 내담자의 문제와 관련된 현상을 관념적으로 분석하거나 대화만 나누는 작업을 지양한다. 대신, 내담자의 행동, 사고, 감정, 신체감각 모두가 순간순간 내담자에게 의미 있는 것을 이해할 수 있게 하는 길잡이 역할을 한다. 또 상황을 연출하여 내담자가 실험·실연을 통해 문제를 명확히 드러내고, 문제에 대한 새로운 해결책을 경험적으로 시도·터득하게 한다(Feder & Frew, 2008). 이를 위한 기본규칙은 표 5–3과 같다.

표 5–3. 게슈탈트치료의 기본규칙

원칙	설명
1. '지금·여기' 원칙	○ 과거 회상과 미래 예측을 피하고, 항상 현재시제로 말하게 한다.
2. '나·너$^{I/Thou}$ 관계' 원칙	○ 1, 2인칭 대명사 사용을 통해 타인에 관해서가 아니라, 직접 당사자에게 말하게 한다.

3. '나를 주어로 표현' 원칙	○ '나'를 주어로 표현하게 함으로써, 수동적 경험이 아닌 스스로 책임 있는 행위자로서 경험할 수 있게 한다.
4. '알아차림 연속선 awareness continuum' 원칙	○ 머리를 버리고 가슴과 감각에 의지하게 한다. ○ '왜'보다는 '무엇을' '어떻게'에 초점을 맞춘다.
5. '소문전파 금지no gossiping' 원칙	○ '지금 · 여기' 대상자가 없는 상황은 상상에 의한 것이므로, 장면 구성을 통해 만나게 해 준다.
6. '질문 금지asking no question' 원칙	○ 사고 · 감정 · 의견을 질문으로 조작하기보다 분명히 표명하게 한다. ○ 질문을 서술문으로 바꾸어 말하게 한다.

게슈탈트치료자는 내담자가 과거의 미해결과제를 **현재화**presentizing하여, 경험을 접촉 · 재경험 · 통합 · 인식할 수 있도록 돕는다. 또 내담자가 자신의 과거 경험과 상관없이 지금 · 여기에서 특정 사건에 대한 건강한 해석을 돕는다. 건강하지 못한 해석은 삶을 구획으로 나누어 의식적 자기로부터 차단하거나, 수용할 수 없는 부분을 감추는 경향이 있기 때문이다. 이에 치료자는 내담자가 이러한 부분들을 통합하여 독립성, 성숙, 자기실현을 향해 나아가도록 돕는다.

다음 밑줄 친 부분에 들어갈 말을 쓰시오.

1. 실존치료에 의하면, _____은/는 세상에서 일어나는 사건을 해석하는 방법을 제공하고, 어떻게 살아야 하고, 어떻게 살아가기를 소망하는지에 대한 가치발달의 수단이다. _____은/는 세상에서 이전에 도전하지 않았던 가치에 도전하고, 갈등과 모순에서 화해하려는 욕망이 없거나 삶에 무관심한 태도를 보이는 것이다. 바로 이러한 경험이 _____ 신경증으로 나타난다.

2. 삶의 무의미는 사람들을 종종 허무와 공허감으로 점철된 _____에 빠지게 한다. 이 상태는 사람들이 스스로를 바쁘게 하지 않을 때 불쑥 찾아오는데, 이들은 목적 있는 삶을 위한 투쟁을 _____ 한다.

3. 실존치료에서는 _____불안은 존재가 주는 것들(예 죽음, 자유, 선택, 고독, 무의미)와 직면할 때 나타나는 불가항력적인 결과이고, 불안을 극복하고 나아가지 못하면 _____불안이 발생한다고 가정한다.

4. 빅터 프랑클(V. Frankl)은 홀로코스트를 치르면서 겪은 체험과 자신을 살아남게 한 실존적 통찰을 바탕으로 _____치료를 창안했다. 그에 의하면, 수용소에서 살아남을 수 없었던 사람은 자신을 지탱하기 위해 _____ 삶의 의미만을 지니고 있었다. 이에 의미치료에서는 내담자가 삶의 의미와 _____, 그리고 삶에 대한 _____을/를 되찾아 주는 작업을 한다.

5. 인간중심치료의 주요개념의 하나인 _____은/는 개인이 외적 대상을 지각·경험하면서 의미를 부여하는 존재다. 이러한 지각과 의미의 전체적 체계로 개인의 _____, 즉 지금·여기에서 유기체가 지각하는 모든 주관적 경험이 구성된다.

6. 인간중심치료에 의하면, _____은/는 어린 시절 영향력이 큰 부모 또는 보호자로부터 긍정적 존중을 얻기 위해 노력한 결과, 어른의 가치가 아이의 내면에 형성되는 현상이다. 이는 부모를 비롯한 중요한 타인들이 아이의 _____을/를 충분히 수용하지 못하고 자신의 기준에 따라 조건부로 수용하게 되면서 형성된다.

7. 인간중심치료에서는 촉진자가 내담자의 변화를 유발하기 위한 세 가지 필요충분조건을 _____(이)라고 한다. 이 조건에는 ① 치료관계에서 상담자의 내적 경험과 외적 표현이 왜곡되거나 숨김없이 동일하고 거짓되지 않고 진실한 자신이 됨을 의미하는 _____, ② 아무런 전제 또는 조건 없이 내담자를 있는 그대로 수용하고 진실하게 돌보는 _____, 그리고 ③ 내담자가 주관적으로 경험하는 사적인 세계를 정서적·인지적으로 민감하고 정확하게 인식하는 공감적 이해가 포함된다.

8. _____은/는 유기체는 계속해서 변화하는 장의 일부로, 유기체가 처한 환경과 맥락에서 고려되어야 한다는 이론으로, _____은/는 순간순간 관심의 초점이 되는 부분인 반면, _____은/는 관심 밖에 놓이게 되는 부분, 즉 _____에서 벗어난 내담자의 표현에 대한 양상이다.

9. 게슈탈트치료에서 _____은/는 종종 양파껍질에 비유되는데, 심리적으로 성숙해지기 위해서는 신경증의 다섯 개 층을 벗겨야 한다. 이 중에서 _____층은 사회규범에 따라 상투적이고 위선적인 행동을 하며 다른 사람에게 피상적으로 대하는 수준을 가리키는 반면, _____층은 감정이나 욕구를 억압 또는 차단하지 않고 직접 외부 대상에게 표현하는 수준을 가리킨다.

10. 게슈탈트치료에 의하면, 개인과 환경 간의 경계는 _____(이)라고 한다. 타인과의 관계에서 이 경계를 적절하게 유지하는 것은 건강하다는 표시이지만, 이 경계가 모호, 붕괴, 또는 혼란스러운 상태, 즉 _____이/가 발생하면 심리적 · 생리적 혼란이 발생한다. 이 중에서도 권위 있는 사람과의 동일시를 위해 그의 행동/가치관을 무비판적으로 받아들이는 현상을 _____(이)라고 한다.

소집단 활동

알아차림-접촉 주기

1. 당신의 삶에서 가장 의미 있었던, 기억에 남는 경험은 무엇인가요?(예 입학, 우정, 졸업, 수상, 사랑, 취업, 결혼, 출산 등). 2인 1조로 대화를 나눈 후, 전체 집단에서 소감을 나누어 보자.

_____

_____

_____

소감

_____

_____

_____

_____
_____
_____
_____
_____
_____
_____

책임 알아차림 선언

2. 게슈탈트 치료에서는 내담자가 환경적 지지에서 탈피하여 자신의 삶에 책임지고 자기 지지에 의해 살아가도록 돕는다. 5인 1조로 나누어 다른 집단원들 앞에서 선서하듯 오른손을 들고 다음에 제시된 자기지지를 위한 책임의식 선언문을 낭독해 보자. 이는 비록 어떤 사람 또는 사건이 영향을 미치더라도, 개인의 행동, 사고, 감정에 대해 책임이 없고, 개인이 삶의 주체로서 삶에 대한 모든 책임을 스스로 져야 한다는 것을 다짐하는 것이다. 그런 다음, 서로 소감을 나누어 보자.

> 하나, 나는 내가 하는 모든 행위에 대해 책임이 있습니다.
> 둘, 나는 인지적으로 고려하는 모든 생각에 대해 책임이 있습니다.
> 셋, 나는 내가 느끼는 모든 감정에 대해 책임이 있습니다.

소감

_____
_____
_____
_____
_____
_____

3. 둘씩 짝을 지어 한 사람은 상담자, 다른 한 사람은 내담자 역할을 맡는다. 내담자는 자신의 이야기를 털어놓으면서 각각 행동, 사고, 또는 감정에 관한 내용인 경우, 말끝마다 아래에 제시된 문장을 말해 보자. 이 역할연기를 마치면, 서로 소감을 나누어 보자. 이 활동은 비록 다른 사람 또는 사건이 개인의 삶에 영향을 미칠 수 있지만, 개인이 삶의 주체로서 자신의 행동, 사고, 감정에 책임을 져야 한다는 사실을 인식하는 데 도움을 준다.

○ "나는 내가 하는 이 행동에 대해 책임이 있습니다."
○ "나는 내가 하는 이 생각에 책임이 있습니다."
○ "나는 내가 느끼는 이 감정에 책임이 있습니다."

소감

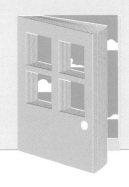

CHAPTER
06
인지행동적 접근

Counseling and Psychotherapy: Theory and Practice

인지행동적 접근^{cognitive-behavioral approach}은 조건형성 이론에 근거한 행동수정^{behavior} modification과 인지적 접근을 하는 인지치료를 통합한 치료법으로, 인간의 행동과 그에 따른 인지적 변화를 강조하는 치료적 사조다. 이 접근에서는 행동 변화가 인지 변화를 가져올 수 있고, 인지 변화 역시 행동 변화를 가져올 수 있다고 가정한다. 인지행동적 접근에는 ① 합리정서행동치료(REBT), ② 인지치료, ③ 현실치료, ④ 교류분석이 포함된다. 이 접근에서는 신념, 행동, 정서, 신체적 반응이 밀접하게 연결되어 상호작용한다고 가정하기 때문이다.

엘리스의 합리정서행동치료(REBT)는 교육적 · 인지적 · 행동지향적 접근을 중시한다. 이에 비해, 벡의 인지치료(CT)는 전통적으로 행동에 영향을 주는 사고의 역할을 강조했으나, 그의 딸 주디스 벡의 등장으로, 인지뿐 아니라 행동도 중시하는 인지행동치료로 진화했다. 이에 비해, 글래서의 현실치료(RT)는 사고와 행동의 선제적 변화의 중요성을 강조하는 한편, 번의 교류분석(TA)은 인지적 접근을 중시한다는 점에서 인지행동적 접근의 범주에 포함된다. 특히, 현실치료는 선택이론에 기초하는 단기상담모델로, 내담자의 현재 순간에 대한 책임수용과 욕구충족을 위한 방법 습득을 중시한다. 반면, 교류분석은 상호 반응하고 있는 사람들 사이에서 이루어지는 상호작용의 인지적 분석을 치료적으로 활용하는 일련의 과정을 중시한다. 인지행동적 접근을 전통적인 행동치료와 비교한다면, 글상자 6-1에 제시된 것과 같은 점을 중시한다는 유사점이 있다(Beck & Weishaar, 2014).

글상자 6-1. 인지행동적 접근의 유사점

1. 상담자와 내담자의 협력적 관계 중시
2. 인지과정의 장해로 심리적 · 정신적 어려움이 발생한다는 입장
3. 인지변화를 통해 감정과 행동의 적응적 변화를 유발할 수 있다는 입장
4. 현재(지금 여기)를 강조하고, 단기치료를 지향함
5. 치료자의 적극적 태도를 중시함
6. 구체적인 표적 문제에 초점을 두는 교육적 개입을 강조함

합리정서행동치료 / Rational-Emotive Behavior Therapy

합리정서행동치료(REBT)는 미국의 임상·상담심리학자 앨버트 엘리스가 창시한 것으로, 인지 변화를 통해 정서와 행동 변화를 돕는 이론이다. 한때 정신분석과 분석심리학에 심취했던 엘리스는 이 접근이 피상적이고, 비합리적이며, 소극적이어서 효과도 적다는 사실에 크게 실망했다. 그는 잠시 행동주의 학습이론에도 관심을 가졌으나, 역시 그 효과에 만족하지 못했다. 엘리스는 결국 1955년 인본주의와 행동주의를 혼합한 '**합리치료**$^{Rational\ Therapy}$(RT)'

앨버트 엘리스
(Albert Ellis,
1913~2007)

를 창안하여, 1962년 자신의 저서 『심리치료에서의 이성과 정서(*Reason and Emotion in Psychotherapy*)』에 처음 소개했다. 그러나 이내 '합리적^{rational}'이라는 말이 이성을 강조한 합리주의와 관계있는 것으로 곡해되어 정서적 측면을 무시한다는 비판을 받았다. 이에 1962년 정서적 측면을 중시한다는 것을 알리기 위해 '**합리정서치료**$^{Rational\ Emotive\ Therapy}$(RET)'로 이론의 명칭을 바꾸었다. 그러다가 1993년, 행동을 중시한 콜시니(Raymond J. Corsini, 1914~2008)의 제안에 따라 인지·정서뿐 아니라, 행동적 측면을 반영하기 위해 이론의 명칭을 **합리정서행동치료**$^{Rational\ Emotive\ Behavior\ Therapy}$(REBT)로 재차 수정했다. 오늘날 REBT는 의미 있는 행동적·정서적 측면을 강조한 인지행동적 접근으로 평가되고 있다.

인간관

합리정서행동치료(REBT)에 의하면, 인간은 ① 타고난 이중적 존재, ② 비합리적 사고로 정서문제를 창출하는 존재, ③ 인지·정서·행동변화 능력이 있는 존재로 본다. REBT의 인간관을 구체적으로 기술하면 다음과 같다. 첫째, 인간은 선천적으로 이중적 존재다. 즉, 합리적이면서도 비합리적이고, 분별력이 있으면서도^{sensible} 어리석으며^{crazy}, 자기실현 경향성이 있으면서도 역기능적 행동 성향이 있는 존재다. 이러한 이중성은 생물학적으로 타고난 것으로, 새로운 사고방식이 습득되지 않는 한 존속된다(Ellis, 2004). 이는 고대 그리스의 스토아학파 철학자 에픽테토스(Epictetus, A.D. 55?–

135?)의 견해에서 비롯된 것으로, 그의 사고에 대한 견해는 글상자 6-2와 같다.

글상자 6-2. 에픽테토스의 사고에 대한 견해

> 누군가가 당신을 비방하거나 공격·모욕한다는 생각이 든다면, 그의 행동을 모욕으로 여기는 것은 당신의 생각이라는 사실을 기억하라. 어떤 사람으로 인해 화날 때, 화나게 한 것은 당신의 생각임을 알아야 한다. 외적 사건에 휩쓸리지 않도록 하라. 일단 시간을 두고 생각하면 더 쉽게 극복할 것이다.

둘째, 인간은 단순한 선호성(사랑·인정·성공에의 욕망)을 삶의 필수요소로 여김으로써 정서·행동장해disturbance를 겪는 존재다. 정서불안은 생물학적 요인과 환경적 요인의 혼동으로 발생한다. 즉, 사건 자체가 아니라 사건에 대한 비합리적 사고가 화나게 하고, 이로 인해 괴로워한다. 사람들이 흔히 갖게 되는 비합리적 신념과 그 결과는 표 6-1과 같다(Ellis, 1996, p. 77).

표 6-1. 사람들이 흔히 갖게 되는 비합리적 신념과 결과

영역	비합리적 신념	결과
1. 능력·성공	○ 중요한 과업을 잘 수행해야 하고, 중요한 타인에게 인정받아야 한다. 그렇지 않으면 나는 부적절하고 쓸모없는 사람이다.	☛ 불안, 우울 같은 격한 감정은 흔히 격한 억제로 이어진다.
2. 사랑·인정	○ 타인(특히 친구나 친척)은 내게 친절하고 공정해야 한다. 그렇지 않으면 그들은 부패하고 저주받아 마땅한 사람들이다.	☛ 화, 분노, 격분은 흔히 싸움, 아동학대, 폭력, 강간, 살인, 민족 대학살의 원인이 된다.
3. 안전·안락	○ 삶의 조건은 안락해야 하고, 성가신 일 없이 즐거워야 한다. 그렇지 않으면 내 삶은 끔찍하고 참을 수 없으며 무가치하다.	☛ 격한 감정은 흔히 강박행동, 중독, 회피, 억제, 공적 반응public reaction이 된다.

비합리적 사고는 어린 시절 부모와 문화적 환경에서 습득되며, 생물학적·문화적 경향을 띤다. 능동적으로 환경을 통제할 선택권이 없었던 어린 시절, 부모로부터 합리적·비합리적 사고가 주입된다. 이를 토대로 불행한 사건에 대해 비합리적 신념이

생성된다. 비합리적 신념은 능력·성공, 사랑·인정, 공평한 대우, 안전·안락함에 집중하면서 불행하다고 여기는 사건에 대해 절대적·독단적 사고를 하게 됨으로써 생성된다. 그 결과, 정서문제를 일으켜 성격에도 영향을 미친다.

셋째, 인간은 비합리적 신념으로 유발되는 정서장해에 책임이 있는 동시에, 인지·정서·행동을 변화시킬 능력도 있다. 즉, 특정 상황에 대한 신념을 바꿈으로써 부적절한 감정과 자기패배적self-defeating 행동을 변화시킬 수 있다. 변화는 논박을 통해 비합리적 신념이 부정적인 영향을 미친다는 사실의 이해를 기반으로 이루어진다. 비합리적 신념을 발견하려면, 지속적으로 괴롭히는 감정과 부적절한 행동에 초점을 둔 탐색이 요구된다. 왜냐하면 비합리적 정서와 행동의 이면에 비합리적 생각이 깔려 있기 때문이다.

핵심개념

합리정서행동치료(REBT)의 핵심개념으로는 ① 정서, ② 정서장해, ③ 비합리적 신념, ④ 당위적 신념, ⑤ ABC 성격이론, ⑥ ABCDEF 모델이 있다.

정서

첫째, **정서**emotion는 생각과 믿음의 결과다. 정서는 ① 적절한 정서와 ② 부적절한 정서로 구분된다. **적절한 정서**란 '~하기를 좋아한다' '~하기를 더 좋아한다'는 생각과 관련된 것이다. 즉, 원하는 것을 얻도록 하고, 삶의 중요한 목표 성취에 도움이 되는 태도나 행동방식으로 이루어진 정서다. 반면, **부적절한 정서**는 '반드시 ~해야 한다' '반드시 ~이어야 한다' '절대 ~해서는 안 된다'는 절대적 명령 또는 요구와 관련된 정서다. 즉, 자기가 좋아하거나 원하는 일이 이루어지지 않을 때 느끼는 불안, 모욕감, 우울, 절망감, 적대감, 무가치감 등의 격한 부적 감정이다. 부적절한 정서는 자기 패배적 생각, 즉 '난 ~ 때문에 쓸모가 없는 사람이야.' '~은 끔찍하고 두려운 일이야.' '~을 참고 견딜 수 없어.' 같은 생각과 관련된 정서다. 이는 삶에서 바라는 것의 성취를 방해하는 정서다. 이를 부적절한 정서라 일컫는 이유는 바람직하지 않은 상황을 바꾸는 데에 도움이 되지 않을 뿐 아니라, 오히려 악화시키고 목적 성취를 방해하기 때문이다. 그렇다면 정서장해는 어떻게 발생하는가?

정서장해

둘째, **정서장해**^{emotional disturbance}란 비합리적 신념에 의해 발생하는 심각한 정도의 부적절한 정서상태(불안, 우울, 분노, 죄책감, 소외감 등)를 말한다. 이러한 정서는 주로 생애 초기에 무비판적으로 받아들인 비합리적 · 완벽주의적 사고와 비논리적인 자기대화^{self-talk}의 반복을 통해 형성된 자기패배적 신념체계에 의해 발생 · 유지된다. 인간은 생각대로 느낀다. 사람들은 아동기에 중요한 인물로부터 비합리적 신념을 처음 습득하지만, 성장과정에서 스스로 비합리적 독단 또는 근거 없는 믿음을 만들어 내기도 한다. 이는 자기암시와 반복을 통해 자기패배적/파괴적 신념이 강화되고, 비합리적 신념이 유용한 것 같게 하는 행동을 통해 강화된다. 이러한 역기능적 태도가 개인에게 영향을 미치는 것은 중요한 인물이 여전히 비합리적 신념을 주입하고 있어서가 아니라, 생애 초기에 학습한 비합리적 사고를 스스로 반복하고 있기 때문이다(Ellis & Ellis, 2011). 대부분의 정서장해와 병리적 증상은 비난^{blame}이 그 중심에 있다. 따라서 심리적으로 건강하려면 자신과 타인에 대한 비난을 멈추고, 불완전한 자신을 무조건적으로 수용하는 법을 습득해야 한다.

비합리적 신념

셋째, **비합리적 신념**^{irrational beliefs}(iB)이란 부적절하고 자기패배적 정서를 일으키는 생각 또는 믿음을 말한다. 자기패배적 정서는 "그렇지 않으면 끔찍한 일^{It's awful}"이라는 조건형성에 이어 나타난다. 이는 순간순간 개인의 정서 반응에 부정적인 영향을 미치는 한편, 역기능적 사고가 지배하게 하여 정서장해의 원인이 된다. 정서장해를 초래하는 비합리적 신념과 대체할 수 있는 합리적 신념 목록은 표 6-2와 같다(Ellis, 2001).

표 6-2. 정서장해를 초래하는 비합리적 신념과 대체 가능한 합리적 신념 대조표

비합리적 신념 (iB)	합리적 신념 (rB)
1. 중요한 타인 모두에게 사랑 · 인정받는 것은 절대적으로 필요한 일이다.	☞ 모든 사람의 사랑 · 인정을 받으면 좋겠지만 타인들을 사랑 · 인정하는 것이 오히려 바람직하고 생산적이다.
2. 가치 있는 사람으로 인정받으려면 반드시 유능하고 모든 영역에서 완벽하게 일을 성취해야 한다.	☞ 자신이 인간적 한계가 있고 실수도 하는 불완전한 존재임을 받아들이는 것이 좋다.

3. 사악하고 나쁜 사람들은 반드시 비난받고 처벌받아야 한다.	☛ 사람들은 흔히 비윤리적으로 행동하는데, 이들을 비난·처벌하기보다 행동 변화를 돕는 것이 더 좋을 것이다.
4. 일이 뜻대로 되지 않으면 끔찍하고 무서운 파멸이다.	☛ 일이 뜻대로 되면 좋겠지만, 원하는 대로 되지 않는다고 해서 끔찍할 것까지는 없다.
5. 불행은 외적 환경 때문에 생기므로 개인은 통제 능력이 없다.	☛ 불행은 주로 내부에서 생기고, 외부에서 일어난 사건에 대한 인식 변화는 얼마든지 가능하다.
6. 위험하거나 두려운 일에 대해 늘 염려하는 것은 당연하다.	☛ 걱정한다고 해서 일이 없어지는 것은 아니므로 오히려 일 처리에 최선을 다하되, 여의치 않다면 받아들이는 것이 좋다.
7. 인생 역경이나 책임의 회피가 직면보다 더 쉽고 현명한 일이다.	☛ 역경이나 책임의 회피는 궁극적으로 더 어려운 방법이다.
8. 누구나 다른 사람에게 의지해야 하고 의지할 만한 강한 누군가가 반드시 있어야 한다.	☛ 도울 사람을 찾기보다 다른 사람들과 친밀하게 지내고 자신을 믿고 의지하는 것이 바람직하다.
9. 현재의 행동은 과거의 경험이나 사건에 의하여 결정되며, 그 영향에서 벗어날 수 없다.	☛ 과거에 대한 지각과 영향에 대한 해석의 재평가로 과거의 영향을 극복할 수 있다.
10. 모든 문제에는 예외 없이 옳고 정확하며 완벽한 해결책이 있다. 이를 찾지 못하면 파멸이다.	☛ 세상은 불확실한 세계이므로 삶을 즐기기 위해서는 보장이 없더라도 스스로 결정하고 위험을 무릅쓰는 것이 낫다.
11. 다른 사람들의 문제와 어려움에 대해 반드시 속상해하고 걱정해야 한다.	☛ 다른 사람이 어려움을 겪을 때 도울 수 있으면 좋지만, 반드시 도와야 하거나 돕지 못한다고 해서 큰일 나는 것은 아니다.
12. 세상은 반드시 공평해야 하며 정의는 반드시 승리해야 한다.	☛ 세상에는 불공평한 경우가 발생하는데, 불만보다는 시정하려는 노력이 더 낫다.
13. 사람은 항상 고통 없이 편안해야 한다.	☛ 고통 없이 얻을 수 있는 것은 없다. 좋아하지 않아도 불편을 참아내고 견딜 수 있다.
14. 사람은 다소의 불안감 경험으로도 정신병에 걸릴 수 있다.	☛ 정서적 어려움은 즐겁지는 않지만 견딜 수 있고, 모두 정신병이 되는 것은 아니다.
15. 사람은 무기력과 무행위, 수동적이고 무책임하게 즐김으로써 큰 행복을 누릴 수 있다.	☛ 꼭 불가능하지는 않겠지만, 그렇다면 삶의 의미는 무엇인가?

표 6-2와 비교할 때, 아동·청소년들이 흔히 가지고 있으면서 부적 감정 발생의 원인을 제공하는 비합리적 신념 목록은 글상자 6-3과 같다(Ellis, 2001).

글상자 6-3. 정서장해를 초래하는 아동·청소년들의 비합리적 신념

1. "난 누구에게든지 호감을 얻어야 해! 그렇지 않으면 끔찍하고 견딜 수 없어!"
2. "누군가 내 별명을 부르면, 그건 사실이므로 난 견딜 수 없어!"
3. "난 내가 하는 모든 일을 가장 잘해야 해! 그렇지 않으면 난 무가치한 존재야!"
4. "나쁜 사람들이 있기 마련인데, 그들에게 앙갚음할 방법을 깊이 생각해야 해!"
5. "일이 뜻대로 되지 않으면, 그건 끔찍한 파멸이야!"
6. "불행의 원인은 남에게 있어! 난 내 불행을 통제할 수도, 행복해질 능력도 없어!"
7. "문제 상황은 직면보다 회피가 더 쉬워!"
8. "난 나를 믿을 수 없어! 힘을 얻으려면 다른 사람에게 의지해야 해!"
9. "과거는 현재 나의 존재방식에 영향을 주고 있어서 내가 할 수 있는 일은 없어!"
10. "어떤 문제든 완벽한 해결책이 있어! 완벽한 해결책을 찾지 못하면 파멸이야!"
11. "난 다른 사람의 문제에 대해 속상해해야 하고, 계속 속상해해야 해!"
12. "무슨 일이든 공평해야 돼! 그렇지 않으면 끔찍하고 참을 수 없어!"
13. "난 절대 불편해지면 안 돼! 만일 불편해지면 끔찍하고 참을 수 없어!"
14. "난 아무 일도 하지 않고 실행계획이 없어도 성취·성공할 수 있어!"
15. "부모님이 다투신다면(음주, 이혼 등), 그건 다 내 잘못이야!"
16. "난 입양(보육원 수용, 무일푼)되었기 때문에 다른 아이들보다 못해!"
17. "내가 받은 상처(신체·정서·성 학대)를 보면, 내게 뭔가 잘못이 있다는 것이므로 난 행복해질 자격이 없어!"
18. "새엄마/새아빠를 사랑하는 건 엄마/아빠를 사랑하지 않는 것을 의미하는 거야!"

당위적 신념

넷째, **당위적 신념**absolutistic beliefs이란 비합리적 사고와 정서장해의 원인이 되는 '~해야 한다'는 형식(must, should, ought to, need)의 사고 또는 믿음을 말한다('당위주의'로도 불림). 특히, 자기패배적인 당위적 신념은 개인의 사고, 정서, 행동에 유의미한 영향을 미친다. 사람들은 흔히 자신이 소망 또는 선호하는 것에 대해 '~하지 않으면 안 된다' '반드시 ~해야 한다' '당연히 ~해야 한다' 같은 당위적 신념을 지닌다. 이들이 일상에서 정신건강을 성취·유지하기 어려운 이유는 자기패배적 신념을 내면화하여 정서적 혼란을 초래하는 경향이 있기 때문이다. 이러한 신념은 분열적 감정과 역기

능적 행동을 만들어 낸다(Ellis & Ellis, 2011). 비합리적 신념의 뿌리가 되며, 자기패배 감을 유발하는 내면화된 세 가지 당위적 신념은 ① 자신, ② 타인, ③ 세상에 대한 것 으로, 내용은 표 6-3과 같다.

표 6-3. 자기패배감을 유발하는 내면화된 세 가지 당위적 신념

대상	당위적 신념
1. 자신	○ 나는 항상 잘해야 하고, 다른 사람들에게 사랑 · 인정받아야 한다.
2. 타인	○ 다른 사람들은 항상 내게 공정하고, 친절하며, 잘해 주어야 한다.
3. 세상	○ 세상과 삶의 조건은 항상 편안하고 만족스러워야 하며, 반드시 내가 원하는 방식으로 되어야 한다.

ABC 성격이론

다섯째, **ABC 성격이론**^{A-B-C theory of personality}은 감정, 사고, 사건, 행동 등의 상호관계를 설명하기 위해 고안된 것으로, 이들 사이의 관계를 이해할 수 있는 틀을 제공하는 모 형이다(Ellis & Ellis, 2011). 이 모형은 ① 선행사건^{Activating event}(A), ② 신념체계^{Belief system} (B), ③ 결과^{Consequence}(C)로 구성된다. 이 모형에 의하면, 정서와 행동의 결과(C)는 선 행사건(A)이 아니라, 신념체계(B)로 인해 유발된다. 예를 들어, 개인이 시험 실패(A) 로 인한 우울증(C)을 호소한다면, 우울증은 시험 실패 자체보다는 인생 실패자라는 자기패배적 해석 또는 믿음(B)으로 인한 것이다. ABC 이론을 도식으로 나타내면 그 림 6-1과 같다.

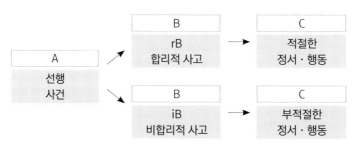

그림 6-1. ABC 이론의 도식

선행사건. **선행사건**^{Activating event}(A)은 개인에게 정서장해를 초래하는 어떤 사건, 사 실, 혹은 타인의 행동이나 태도를 말한다. 선행사건은 두 부분, 즉 ① '무슨 일이 일 어났는가?' ② '내담자가 무슨 일이 일어났다고 지각하는가?'다. 이 경우, 탐색질문을

통해 선행사건을 확인한다. 예를 들어, "수학시험을 완전히 망쳤어요!"라는 선행사건은 지각과 평가가 결합된 것이다. 선행사건을 확인하려면, 상담자는 "수학점수는 몇 점인가요?"라고 물을 수 있다. 명확한 선행사건을 파악하는 것이 긍정적인 상담성과 산출에 도움을 줄 수 있기 때문이다. 만일 내담자가 너무 많은 선행사건을 제시한다면, 중요한 몇 가지 사건에 초점을 둔다. 상담자는 또한 이전의 결과가 선행사건이 되기도 한다는 점에 유의한다. 선행사건과 감정을 사정하기 위한 대화의 예는 대화상자 6-1과 같다.

대화상자 6-1. 선행사건과 감정을 사정하기 위한 대화의 예

> **내담자:** 어제는 종일 화도 많이 났고, 그냥 우울하게 지냈어요.
> **상담자:** 지금은 어떤 느낌이 드세요?
> **내담자:** 잘 모르겠어요. 하여튼 기분이 나빠요. 누군가에게 온몸을 심하게 맞은 것 같은 느낌이에요.
> **상담자:** 누군가에게 맞은 것 같다고요?
> **내담자:** 네. 그리고 지난주에 선생님과 연습한 것을 실천해 보려고 했어요. 어제는 수업이 있어서 학교에 갔어요. 지난 시간에 제가 관심 있는 여학생에게 말을 거는 연습을 했잖아요. 그래서인지 그 여학생을 강의실에서 만났는데, 그렇게 떨리지는 않았어요. 무언가 준비되었다는 느낌? 그런데 수업이 끝나자마자, 말을 걸기도 전에 다른 남학생과 강의실을 나가는 거예요.
> **상담자:** 열심히 연습했는데, 그 여학생에게 말조차 꺼내지 못해서 실망이 크셨군요.
> **내담자:** 네, 그렇죠.
> **상담자:** 그럼 ABC 모형을 적용해서 지후 씨가 왜 그렇게 화가 나게 되었는지 설명해 보시겠어요?
> **내담자:** 네. C로 시작하면, 저는 우울해요. 그리고 A는 그 여학생이 다른 남학생과 얘기하다가 강의실을 나가 버린 것이고요.

신념. **신념**Beliefs(B)은 사건 또는 행위 같은 환경적 자극(A)에 대해 갖는 태도 또는 사고방식을 말한다. 신념체계는 합리적 신념rational Beliefs(rB)과 비합리적 신념irrational Beliefs(iB)으로 구성된다. 비합리적 신념은 과장되고 절대적인 특성이 있어서 종종 혼란스러운 감정으로 이어지고, 내담자의 목표 달성에 도움이 되지 못한다. 비합리적 사고방식을 지닌 사람은 불안, 원망, 비판, 죄책감 등의 감정을 갖게 되어 심리신체질환을 앓기 쉽고, 늘 방어적인 태도를 나타내는 경향이 있다. 비합리적 신념을 변화시키기

위해 A-B-C 후에 논박(D)이 온다. 비합리적 신념 사정을 위한 대화의 예는 대화상자 6-2와 같다.

대화상자 6-2. 비합리적 신념 사정을 위한 대화의 예

> **상담자**: 오케이, B는 어떤가요? B는 무엇이죠?
> **내담자**: B는 내 생각? 특히 그거요. 기억이 잘 나지 않네요.
> **상담자**: 비합리적?
> **내담자**: 맞아요. A에 관한 합리적 사고와 비합리적 사고이지요.
> **상담자**: 오케이, 그러면 A에 관해서는 어떤 생각을 하고 있나요? 지금 말하고 있는 우스꽝스러운 일에 초점을 맞추어 보세요. (잠시 침묵)
> **내담자**: 글쎄요, 약간 당혹스러운데요. 그 여학생이 나를 좋아하지 않는 것은 확실한 것 같아요. 그 여학생은 아마 나를 멍청하다고 생각할 거예요. 정말 그런 생각을 했다면 정말 싫을 거예요. 정말 끔찍한 생각이 들어요.
> **상담자**: "나는 ~라고 생각하고 있어요"라는 형식으로 말씀해 보세요.
> **내담자**: '나는 내가 얼마나 바보 같은가'라고 생각하고 있어요. 그리고 내가 얼마나 그 여학생과 사귀고 싶어 하는지를 생각하고 있어요.
> **상담자**: 얼마만큼?
> **내담자**: 다른 어떤 것보다 많이요.

결과.   **결과**Consequences(C)는 선행사건(A)에 접했을 때 비합리적 태도와 사고방식(iB)으로 사건을 해석함으로써 나타나는 정서적 결과를 말한다. 흔히 내담자들은 결과(⑩ "요즘 너무 우울해요.")로 인해 상담의 첫 회기를 시작하는 경향이 있다. 초심 상담자의 경우, 신념과 결과를 구분하기 어려울 수 있다. 한 가지 차이가 있다면, 느낌은 경험이므로 논박될 수 없는 반면, 신념은 논박이 가능하다는 점이다. 감정을 다룰 때, 내담자는 보통 자신의 정서에 대한 인식이 명확하지 않아서 느낌 표현이 정확하지 않거나, 과장되거나, 그 반대의 경우가 나타나기도 한다. 반면, 결과는 신념을 바꿈으로써 변화시킬 수 있다. 그렇게 되기 위해서는 내담자의 자발적인 참여가 요구된다. 예를 들어, 직장에 대해 좋게 느끼기를 바라는 내담자는 우선 자신을 못살게 군다고 여기는 직장 상사에 대한 분노감을 기꺼이 변화시켜야 할 것이다. 비합리적 신념의 결과 사정을 위한 대화의 예는 대화상자 6-3과 같다.

대화상자 6-3. 비합리적 신념의 결과 사정을 위한 대화의 예

> **상담자:** 좋습니다. 그러면 어떻게 반응했나요?
>
> **내담자:** 바로 그거예요! 저는 바로 포기했어요. 그 여학생에게 말도 걸지 않았고, 그저 주변에서 어슬렁거리면서 마냥 기다리기만 했어요.

ABCDEF 모형

여섯째, **ABCDEF 모형**은 ABC 성격이론의 적용을 통해 내담자의 비합리적 신념을 확인하고, 논박(D)을 통해 합리적 신념으로 대체하는 효과(E)를 유발함으로써, 내담자가 새로운 감정(F)을 느끼고 행동할 수 있도록 돕는 치료적 절차다. 이 모형에서는 선행사건(A)에 대한 신념(B)이 감정과 행동의 결과(C)에 영향을 미친다는 설명체계를 통해 자극과 반응을 매개하는 인지의 중요성을 강조한다. 상담자는 ABC 분석을 통해 선행사건을 확인하고 나면, 선행사건에 대한 비합리적 신념(iB)과 그 결과(C)를 확인한다. 확인된 비합리적 신념은 논박(D)을 통해 합리적 신념(rB)으로 대체한다. 이러한 치료적 과정을 도식으로 나타내면 그림 6-2와 같다.

A(감정유발 사건) ⇨ **B**(신념체계) ⇨ **C**(정서·행동 결과)
⇧
D(논박) ⇨ **E**(효과) ⇨ **F**(새로운 감정)

그림 6-2. ABCDEF 모형

그림 6-2에서 보는 바와 같이, ABCDEF 모형은 ABC 성격이론의 요소 외에 논박(D), 효과(E), 감정(F)으로 구성되어 있다.

논박. **논박**^Disputing(D)은 내담자에게 비합리적 신념에 대해 합리적이고 논리적인 근거를 제시하게 하여 합리성 여부를 판단하여 합리적 신념으로 대체하도록 돕는 인지적 기법이다. 이 기법은 내담자의 비합리적 신념에 도전하여 비생산적이고 증명할 수 없는 가설 제거에 사용된다. 논박은 ① 탐지^detecting, ② 반박^debating, ③ 변별^discriminating로 구성된다. 탐지를 통해 내담자는 자신의 절대적 신념('~ 해야 한다' '~ 하지 않으면 안 된다')과 자기비하적 신념('~ 하는 것은 끔찍한 일이다')을 확인한다. 그러고 나서 논리적·경험적으로 질문하는 방법과 스스로 논쟁하는 방법, 그리고 비합리

적 신념에 도전하는 방법으로 역기능적인 신념을 논박한다. 그런 다음, 내담자는 합리적 신념과 비합리적 신념의 변별방법을 습득한다. 대화상자 6-4는 비합리적 신념에 대한 논박을 위한 대화의 예다.

대화상자 6-4. 비합리적 신념에 대한 논박을 위한 대화의 예

> **상담자:** 좋아요. 지금까지 사고 탐색을 잘해 주셨어요. 지후 씨 기분이 울적해진 것은 거부당해서가 아니라, 거부당하는 것을 못 견딘다는 말을 계속해서 자신에게 되뇌기 때문이죠. 지후 씨는 또 얼마나 그 여학생과 사귀고 싶어하는지뿐 아니라, 그 여학생과 사귈 수 없다면 차라리 죽는 게 나을 거라고 말하고 있을 겁니다. 그리고 결국 스스로 기분을 내리막길로 치닫게 하고 있고요.
> **내담자:** 네, 맞아요.
> **상담자:** 음, 제가 드린 책에는 우리가 불행에서 벗어나기 위한 방법에는 어떤 것이 있다고 나와 있나요?
> **내담자:** 저기 벽에 붙어 있네요. D, 나는 나의 생각에 도전할 수 있다.
> **상담자:** 어디서부터 시작할까요?
> **내담자:** 네?
> **상담자:** 세 가지 생각 중, 한 가지에 도전해서 변화시키면 기분이 나아지게 할 수 있을 것 같네요. 그동안 거부당해 왔기 때문에 멍청하다고 생각하는 것, 행복해지기 위해 그 여학생이 필요하다는 것, 그리고 지후 씨가 거부당할 때 견딜 수 없다는 것이죠. 내가 한 가지를 뽑을까요?
> **내담자:** 네.
> **상담자:** 전에 이에 대해 논의한 적이 있는데, 지후 씨 스스로 기분이 가라앉게 하고, 개인적인 실패 때문에 자신에게 0점을 주는 경향성은 어떨까요?
> **내담자:** 그렇게 하면 안 된다는 걸 알아요. 나 스스로 멍청하다고 말하는 것이 얼마나 어리석은 일인지 알고 있어요. 다른 일은 잘하거든요.
> **상담자:** 잘하는 것이라면?
> **내담자:** 반려동물을 잘 돌볼 수 있어요. 그리고 기계를 잘 만질 수 있고요.
> **상담자:** 좋아요. 그래서 지후 씨는 멍청할 수가 없군요. 그러면 지후 씨 스스로 멍청하다고 말하거나 다른 좋지 않은 말을 할 때, 이렇게 말해 보세요, "일이 계획대로 잘되지 않는 것을 좋아하지는 않지만, 그리 큰 문제는 없어, 난 다른 일은 잘하잖아."
> **내담자:** 내가 잘못한 것에 대해 스스로 비하하는 것은 어리석은 일이죠.

> **상담자**: 바로 그 말이에요. 이제 바보 같은 생각의 두 번째, 지후 씨는 꼭 사랑스럽고, 늘
> 씬하고 재치 넘치는 여학생과 사귀는 것. 반드시 그 여학생과 사귀어야 하는 이
> 유는 무엇이죠?

　대화상자 6-4에 제시된 사례에서 REBT 치료자는 내담자의 비합리적 신념을 논박
하기 위해 소크라테스식 대화법을 사용하고 있다. 또한 약식강의를 통해 내담자에게
ABC 모형을 설명하고 있다. 치료자는 대화에서 차트를 활용하여 내담자가 ABC 모형
을 잘 이해할 수 있도록 돕고 있다.

효과.　**효과**^Effect(E)는 비합리적 신념을 직면과 논박을 통해 얻게 되는 합리적 신념,
즉 효과적인 철학^effective philosophy(E)을 의미한다. 효과적인 철학은 내담자가 합리적 사
고를 발전시켜 부적절한 비합리적 사고를 대체하는 데 도움을 준다. 효과적인 철학
과 합리적 사고는 생산적인 행동으로 이어져, 우울 또는 증오심 같은 감정을 약화시
키고, 대신 만족스럽고 유쾌한 감정을 불러일으킨다.

감정.　**감정**^Feeling(F)은 합리적 신념으로 대체한 된 후에 얻게 되는 새로운 감정과 행
동^new feelings and behaviors(F), 즉 정적 감정과 자기 수용적 태도를 가리킨다. 적절한 사고
로의 대체는 새로운 감정으로 이어진다. 즉, 심한 불안이나 우울 대신 상황에 적절한
느낌으로 대체된다. 이러한 감정을 갖게 하는 최상의 방법은 효과적·합리적 철학을
발달시키는 것이다.

🚪 치료기법과 과정

합리정서행동치료(REBT)의 궁극적인 목표는 내담자의 정서적 어려움을 최소화하고,
자기패배적 행동을 감소시키며, 자기실현을 앞당겨 행복한 삶을 영위할 수 있도록 돕
는 것이다. 이는 문제행동의 제거보다는 문제행동 이면의 자기패배적 신념을 최소화
하고, 현실적·합리적인 가치관 형성을 도모하는 것이다. REBT의 관점에서 정서적
으로 건강하고 성숙한 사람의 특징은 표 6-4와 같다.

표 6-4. 정서적으로 성숙한 사람들의 특징

영역	특징
1. 자기관심	○ 무엇보다도 자기 자신에게 관심이 있다. ○ 타인에게 관심이 있지만, 무조건 희생적이지 않다. ○ 자기 세계에 갇혀 있지 않고, 소수의 사람과도 깊은 관계를 맺는다.
2. 사회적 관심	○ 타인들과 효과적으로 더불어 사는 데에 관심이 있다. ○ 소외된 실존을 택하지 않고 인간의 군집 성향에 따라 합리적인 사회적 관심을 통해 더 큰 행복을 느낀다.
3. 자기지도	○ 자기 삶에 책임지고, 자신의 문제를 독자적으로 해결한다. ○ 타인의 협력이나 도움을 일부러 거부하지는 않지만, 그렇다고 해서 지지를 필요로 하거나 요구하지 않는다.
4. 관용성/ 유연성	○ 누구나 실수하며 완전할 수 없음을 알고, 자신과 타인의 실수를 인정한다. ○ 사고가 유연하고 변화에 개방적이어서 주변의 다양한 사람들에 대해 왜곡된 관점을 갖거나 경직된 규칙을 설정하지 않는다.
5. 불확실성 수용	○ 무한한 가능성과 기회의 세계에 살고 있음은 인정하나, 절대적 확실성은 인정하지 않는다. ○ 질서를 선호하나 질서의 확실성이 없다고 해서 불평하거나 욕하지 않는다.
6. 창조성 추구/ 실천	○ 자신을 둘러싸고 있는 일상적인 일뿐 아니라, 최소한 한두 가지 정도의 창조적인 일에 몰두하며 관심을 기울인다.
7. 과학적 사고	○ 객관적·합리적·이성적·과학적이어서 깊이 느끼고 확실하게 행동하는 반면, 논리적 규칙과 과학적 방법을 적용하여 자신과 행동의 결과에 대한 성찰을 통해 감정과 행동을 조절한다.
8. 자기수용	○ 살아 있다는 사실만으로도 자신을 수용하고, 자신의 가치를 외적 성취나 타인의 생각에 따라 평가하지 않는다. ○ 자신의 존재 가치와 능력을 입증하려고 애쓰기보다 즐기고자 한다.
9. 모험시도	○ 삶에서 자신이 진정 원하는 것을 깊이 생각해 보고, 이를 토대로 기꺼이 모험을 시도하며, 삶을 개척해 나간다.
10. 비유토피아 주의	○ 원하는 모든 것을 가질 수 없고, 원치 않는 모든 것을 피할 수 없는 현실을 수용한다. ○ 정서적 건강과 성숙을 위해 끊임없이 노력할 수는 있지만, 완전한 정신 건강은 허상임을 잘 알고 있다.

11. 장기적 쾌락 추구	○ 눈에 보이는 순간적 · 단기적 이익과 쾌락보다는 눈에 보이지 않고 즉각적인 결과가 산출되지 않을 수 있지만, 궁극적으로 만족과 즐거움을 가져올 일에 몰두한다.
12. 정서장해의 책임인식	○ 정서장해에 대한 책임을 타인이나 사회에 돌리기보다 자신의 것으로 인식한다.
	○ 외부 대상과 세계에 대한 비난을 통해 자신을 방어하기보다 정서장해에 대한 책임을 스스로 통감한다.

합리정서행동치료(REBT)의 기본목표는 내담자에게 역기능적 정서와 행동을 건강한 정서와 행동으로 변화시키는 법을 가르치는 것이다. 즉, ① 내담자의 무조건적 자기수용 unconditional self-acceptance (USA), ② 무조건적 타인수용 unconditional other-acceptance (UOA), ③ 무조건적 생애수용 unconditional life-acceptance (ULA)을 돕는 것이다(Ellis & Ellis, 2011). 내담자가 자신을 있는 그대로 받아들일 수 있을 때, 타인과 삶 역시 무조건적으로 수용할 수 있게 된다. 이러한 목표달성을 위해 REBT 상담자는 ① 교사와 ② 직면자 역할을 한다. **교사** teacher 로서의 상담자는 내담자의 인지를 바로잡아 주고, 가르치는 역할을 한다. 인간은 언제라도 왜곡된 사고방식을 채택할 수 있으므로, 상담은 교육적인 방식으로 진행된다. 둘째, **직면자** challenger 로서의 상담자는 내담자의 비논리적이고 잘못된 진술을 주의 깊게 듣고 이에 대해 도전하는 역할을 담당한다. 뿌리 깊이 박힌 신념을 바꾸는 것은 단순한 논리 이상의 것, 즉 일관된 주의집중과 반복이 요구되기 때문이다. 이 과정에서 상담자는 내담자의 행동에 주의 기울이기, 명료화를 위한 질문, 내담자와 그의 문제에 관한 사적인 내용 상기, 부드러운 유머 사용, 그리고 어려운 현안 해결을 적극적으로 돕는다.

치료기법

합리정서행동치료(REBT)에서는 내담자의 사고 · 감정 · 행동패턴의 변화 촉진을 위해 인지 · 정서 · 행동 영역의 기법들을 혼합 · 적용하는 한편, 실존주의와 인본주의를 비롯하여 다양한 이론을 적용한다는 점에서 **통합치료** integrative therapy 로도 불린다. 이러한 기법들은 내담자 개개인이 자신의 신념과 행동을 비판적으로 검토하고, 자기패배적 사고 변화를 위해 사용된다. REBT의 상담기법은 ① 인지기법, ② 정서기법, ③ 행동기법으로 나뉜다.

인지기법. **인지기법**^{cognitive techniques}은 신속하고 지시적 방식으로 정서장해를 유발·지속시키는 자기대화 내용의 탐색을 돕고, 내담자가 현실에 기초한 철학을 습득하게 하며, 조건형성의 처리 방법을 가르치는 일련의 기법이다. 인지기법의 요소로는 사고, 논박, 도전, 해석, 설명, 교수^{teaching}가 있다. 대표적인 인지기법으로는 ① 비합리적 신념 논박, ② 인지숙제, ③ 자기진술 대처, ④ 유머, ⑤ 소크라테스식 대화법이 있다.

□ 비합리적 신념 논박. 첫째, **비합리적 신념 논박**^{disputing irrational beliefs}은 내담자의 비합리적 사고를 적극적으로 반박하여 합리적 사고로의 대체를 돕는 기법이다. 이 기법은 REBT에서 가장 많이 사용되는 인지기법으로, 상담자는 내담자가 사건이나 상황 때문이 아니라 사건에 대한 지각과 자기대화 때문에 정서문제를 겪고 있음을 보여 준다. 상담자는 비합리적 신념에 대해 일련의 질문으로 내담자에게 도전하는데, 그 질문의 예는 글상자 6-4와 같다.

글상자 6-4. 비합리적 신념에 도전하기 위한 질문 예시

1. "신념에 대한 증거는 어디에 있나요?"
2. "삶이 원하는 대로 되지 않는다고 해서 끔찍하고 무서운 이유는 무엇인가요?"
3. "그렇게 행동했다고 해서 자신이 형편없는 사람인 이유는 무엇인가요?"
4. "최악이라고 상상했던 것이 현실화된다고 해서 정말 파멸인 이유는 무엇인가요?"

상담자는 내담자의 일상생활과 관련된 비합리적 신념에 대해 체계적으로 논박함으로써 내담자가 비합리적 신념을 버리거나 강도가 약화될 때까지 반복한다.

□ 인지숙제. 둘째, **인지숙제**^{cognitive homework}는 내담자가 일상적인 문제에 ABC 모형을 적용하여 내면화된 신념 변화를 위해 자기조력양식^{Self-Help Form}을 활용하는 기법이다. 이 기법에서 내담자는 문제목록표를 작성하여 "~ 해야 한다" 혹은 "~ 하지 않으면 안 된다" 등의 내면화된 비합리적 신념을 논박한다. 상담자는 내담자가 자기를 제한하는 신념에 도전하도록 격려한다. 예를 들어, 실패에 대한 두려움 때문에 청중 앞에 서기를 두려워하는 사람에게 상담자는 대화상자 6-5에 제시된 진술을 통해 내담자가 무대 위에서 작은 역할을 해 보게 한다.

대화상자 6-5. 인지숙제 부과를 위한 대화의 예

> **상담자**: "나는 실패할 거야. 그리고 어리석게 보일 것이고 누구도 나를 좋아하지 않을 거
> 야." 같은 부정적 조건형성을 "나는 할 수 있어. 그리고 최선을 다할 거야. 사랑받
> 으면 좋겠지만 모든 사람이 나를 좋아할 수는 없고, 그것이 삶의 끝도 아니야."로
> 대체해 보세요.

　상담자는 인지숙제를 상담회기에서뿐 아니라, 일상생활에서도 실행하도록 내담자
를 격려한다. 내담자는 점차 불안에 대처하고 비합리적 사고를 극복하는 방법을 습
득하게 된다. 내담자의 **인지 재구성**^{cognitive restructuring}을 촉진하기 위해 상담자는 내담자
에게 REBT의 자기조력 관련 서적들을 읽게 하거나, 내담자 자신의 상담 테이프를 듣
고 비판하도록 내담자를 격려하기도 한다. 또한 REBT의 철학을 요약한 유인물이나
도표를 벽에 붙여 두고 수시로 읽어 보게 하거나 항상 몸에 지니고 다니게 한다.

□ 자기진술 대처.　셋째, **자기진술 대처**^{coping self-statements}는 논박을 통해 정서에 부정
적 영향을 미치는 당위적 진술을 합리적인 진술 형태로 바꾸어 말하도록 돕는 기법이
다. 이 기법에서 내담자는 자신이 흔히 사용하는 진술의 기록ㆍ분석을 통해 자신의
습관적인 진술 방식을 점검하게 된다. 이 기법을 통해 역기능적 진술을 대처 진술로
대체한 예는 표 6-5와 같다.

표 6-5. 역기능적 진술을 대처진술로 대체한 예

역기능적 진술	대처 진술
○ "매사에 일 처리를 완벽하게 해서 빈틈이 없어야 해! 그렇지 않으면, 난 인정을 받을 수 없을 뿐 아니라 존재 가치가 없어!"	☛ "매사에 빈틈 없이 일 처리를 하면 좋겠지만, 완벽하게 처리하지 않을 때도 난 여전히 괜찮은 사람이야."

□ 유머.　넷째, **유머**^{humor}는 웃기는 말 또는 행동을 통해 인지와 정서 모두에 유익한
변화를 주기 위한 기법이다. REBT에서는 문제상황으로 이어지는 과장된 사고에 도
전하는 수단으로 유머를 즐겨 사용한다. 정서문제는 삶의 과정에서 발행하는 일에
대해 너무 진지하게 생각하거나 유머감각이 상실됨으로써 발생한다고 믿기 때문이
다. REBT에서 유머는 내담자가 무모할 정도로 붙들고 있는 비합리적 사고에 대한 통
찰을 유도하여 정서적 안정을 회복시키는 수단으로 사용된다.

□ 소크라테스식 대화법.   다섯째, **소크라테스식 대화법**^{Socratic dialogue}은 '문답식 산파술', 즉 대화를 통해 상대방의 막연하고 불확실한 지식을 진정한 개념으로 유도하는 기법이다. 이 기법은 상담자는 질문하고 내담자는 대답하는 방식으로 진행된다. 상담자의 예리하고 분석적인 질문으로 내담자는 막연하게 여겼던 신념을 통찰·사색·정리하게 된다. 소크라테스식 대화법의 원리는 글상자 6-5와 같다.

글상자 6-5. 소크라테스식 대화법의 원리

1. 일문일답의 형식을 따른다.
2. 합의에 도달할 때까지 계속해서 이야기해 나간다.
3. 질문할 때마다 말을 장황하게 늘어놓거나 토론의 원줄기를 놓치는 일이 없도록 한다.
4. 비합리적 사고에 대해 토의하되, 시비는 걸지 않는다.
5. 퍼붓는 식의 질문은 삼가고, 한 가지 질문에 대해 여유를 가지고 대답할 시간을 준다.

정서기법.   **정서기법**^{emotive techniques}은 내담자가 자신을 정직하게 나타내고, 정서적 모험을 하게 하여 자기개방의 촉진에 중점을 두는 일련의 기법이다. 이 기법을 통해 내담자는 자기비하가 얼마나 파괴적인 사고방식인지 깨닫게 되면서 무조건적 수용의 가치를 이해하게 된다. REBT의 대표적인 정서기법으로는 ① 합리정서심상법, ② 수치감 공격연습, ③ 강제적 자기진술, ④ 강제적 자기대화가 있다.

□ 합리정서심상법.   첫째, **합리정서심상법**^{rational-emotive imagery}은 인지적 논박이 행해진 후, 내담자의 정서 변화를 확인하여 적절하고 합리적인 인지연습을 통해 역기능적 정서의 변화를 돕는 기법이다. 즉, 부적절한 정서를 적절한 정서로 대체하는 자신의 모습을 상상하게 하는 기법이다. 이 기법을 통해 내담자는 실생활에서 원하는 방식으로 생각하고 느끼고 행동하는 자신을 상상한다. 또한 자신에게 일어날 수 있는 최악의 것을 상상해 보고, 이에 대해 부적절한 혼란을 느끼는 방식을 이해하며, 이를 적절한 감정으로 변화시키는 방법을 습득한다. 감정을 적절한 방식으로 변화시킬 수 있게 되면, 행동 변화의 기회로 이어질 수 있다. 이 기법은 내담자에게 문제될 수 있는 대인관계 상황을 비롯하여 다른 상황들에 유리하게 적용될 수 있다. 합리정서심상법의 대화와 절차는 글상자 6-6과 같다.

글상자 6-6. 합리정서심상법의 대화와 절차

1. 가장 최악의 상태를 상상하게 한다.
2. 그 상황에서의 느낌을 탐색한다.
3. 부정적 느낌을 건강한 정서로 바꾸어 본다.
4. 건강한 정서로 바꾸기 위해 어떤 노력을 했는지 탐색한다.
5. 합리적 사고 유지를 위해 어떤 노력을 할 것인지 탐색한다.
6. 좋아하는 것과 싫어하는 것을 탐색한다.
7. 결론을 제시한다.

□ 수치감 공격연습.　둘째, **수치감 공격연습**shame-attacking exercises은 타인의 시선을 의식하느라 평소 두려웠던 행동을 시도해 보는 기법이다. 이 기법의 목적은 다른 사람들이 자신을 인정하지 않을 때조차도 수치감을 느끼지 않도록 하여 스스로 자기패배적 사고를 떠올려 불필요한 정서문제를 야기하지 않도록 예방·치료하기 위함이다. 이 기법은 정서적 요소와 행동적 요소가 포함된 것으로, 누군가로부터 명백하게 비난받는 최악의 상황에 놓이더라도 조건형성을 통해 수치감 같은 감정은 거부할 수 있다는 기본가정에 기반을 두고 있다. 수치감 공격연습은 인지숙제와 함께 적용되면 더 효과적이다. 수치감 공격연습의 예는 글상자 6-7과 같다.

글상자 6-7. 수치감 공격연습의 예

1. 공원에서 목청껏 노래를 부르며 걷는다.
2. 붐비는 엘리베이터에서 사람들에게 자신이 초대한 모임에 참석해 줘서 기쁘다고 말한다.
3. 동물원에 가서 동물들에게 말을 걸고, 동물들이 대꾸하는 것처럼 이야기를 나눈다.
4. 붐비는 엘리베이터에서 뒤로 탄다.
5. 버스 안에서 큰 소리로 말한다.
6. 바나나에 리본을 묶고 "자, 가자!"라며 거리를 걷는다.
7. 공공장소에서 정확한 시간, 예를 들어 "지금 시간은 1시 9분 32초다!"라고 외친다.
8. 약국에 가서 약사에게 큰소리로 "콘돔 12다스 사러 왔어요. 많이 사니까 할인해 주세요."라고 말한다.
9. 식당에서 식사를 마친 후, "음, 방귀가 나올 것 같아요."라고 말한다.
10. 야한 옷을 입고 번화한 거리를 걷는다.
11. 강연회에서 바보스러운 질문을 한다.

수치감 공격연습은 수치감이나 굴욕감이 더 이상 들지 않을 때까지 계속한다. 즉, 다른 사람들이 내담자의 행동에 그렇게 많은 관심을 가지고 있지 않다는 사실과 수치감은 자신이 만들어 냈다는 사실을 깨달아 덜 억제적인 방식으로 행동할 때까지 연습을 계속한다. 그 결과, 내담자는 다른 사람의 반응이나 불인정 때문에 자신이 하고 싶어 하는 행동을 하지 않아야 할 이유가 없다는 것을 깨닫게 된다.

☐ 강제적 자기진술.   셋째, **강제적 자기진술**^{forceful self-statements}은 강력하고 설득력 있는 것으로 당위적 신념에 맞대응하는 진술을 말한다. 이 기법은 비합리적 신념을 합리적 신념으로 대체하기 위해 사용된다. 내담자가 시험에서 나쁜 점수를 받는 것은 끔찍하고 무서운 일이라고 말해 왔다면, 이러한 자기진술은 "나는 시험에서 A⁺학점을 받고 싶지만, 반드시 그래야 하는 것은 아니에요."라는 설득력 있고 적절한 자기진술로 대체될 수 있다.

☐ 강제적 자기대화.   넷째, **강제적 자기대화**^{forceful self-dialogue}는 소크라테스 대화법을 통해 내담자에게 자신의 비합리적 신념에 도전하게 하는 기법이다. 비합리적 신념에 대해 강하고 왕성하게 논쟁하는 것은 모든 자료는 내담자에게서 온다는 점에서 상담자와 내담자 사이의 대화에 비해 큰 장점이 있다. 내담자는 대화를 녹음해서 반복적으로 청취하여, 자신의 논박이 실제로 강력한지를 결정함으로써 스스로의 힘으로 감동받게 된다.

행동기법.   **행동기법**^{behavioral techniques}은 생산적 행동의 실천을 통해 비합리적 신념체계를 변화시켜 정서 안정을 유지하도록 고안된 일련의 기법이다. 행동기법의 범주에는 다양한 행동치료 기법들, 즉 체계적 둔감법, 이완기법, 모델링, 조작적 조건형성, 자기관리 등이 있다(제4장 '행동주의적 접근' 참조). 그러나 REBT의 행동기법은 행동 변화뿐 아니라, 사고와 정서 변화에 초점을 맞춘다는 점에서 행동 변화에만 초점을 두는 행동치료와 차별화된다는 특징이 있다. 행동기법으로는 ① 활동숙제, ② 강화와 벌칙, ③ 주장훈련, ④ 기술훈련, ⑤ 역할연기, ⑥ 행동시연이 있다.

☐ 활동숙제.   첫째, **활동숙제**^{activity homework}는 새롭게 습득된 행동이 사고와 정서로의 전이를 촉진하기 위해 일상생활에서 정서문제를 극복하도록 부과되는 일련의 활동이다. 과제에는 체계적 둔감법, 기술훈련, 표현훈련 등이 체계적으로 부과되고 서식에 맞춰 기록·분석된다. 상담자는 **심상법**^{Imagery}, 즉 내담자가 불편해하는 장면을 떠

올리게 하여 그 상황에 반복적으로 머물러 있게 함으로써 그 상황에 대처하는 방법을 가르친다. 이 과정을 통해 습득된 대처방법은 내담자의 실생활에 적용하도록 적극 권장된다. 예를 들어, 직장 상사에게 질책을 받을 때마다 자기패배적 사고로 정서적 고통을 호소하는 내담자에게는 이 장면을 반복적으로 떠올리게 하는 동시에, 논박을 통해 합리적인 대응책을 습득하도록 돕는다.

☐ 강화와 벌칙.   둘째, **강화**^{reinforcement}는 내담자가 상담자와의 약속을 이행하는 경우, 보상을 해 주는 기법인 반면, **벌칙**^{penalties}은 약속을 제대로 이행하지 않는 경우 특권을 박탈하거나 부적 자극을 가하는 기법이다. REBT에서 흔히 사용하는 강화로는 독서, 영화감상, 음악회 참석, 좋아하는 음식 먹기 등이 있다. REBT의 목표에는 내담자에게 자기관리를 잘 하도록 가르치는 것이 포함된다. 상담의 성공 여부는 내담자가 자신의 삶을 어떻게 효과적으로 책임질 것인가에 달려 있다. 상담자는 강화원리를 활용하여 내담자가 직면하는 문제에 합리적 원리를 일관성 있게 적용하도록 돕는다. 반면, 내담자가 과제를 이행하지 않는 경우, 스스로 부과한 벌칙을 적용한다. 강화나 벌칙의 사용은 내담자 스스로 행동을 조절할 수 있을 때 가장 효과적인 자기관리가 이루어질 수 있다는 기본가정에 기초한다.

☐ 주장훈련.   셋째, 행동치료와 비교할 때, REBT의 **주장훈련**^{assertiveness training}은 주로 분노나 적대감 등 부정적 감정을 표현하는 데 초점을 맞춘다. 내담자는 주장훈련을 통해 사람 또는 상황을 적극 피하거나, 반대로 가까이 가게 된다. 이 과정에서 내담자는 강렬한 감정을 경험하게 된다.

☐ 기술훈련.   넷째, **기술훈련**^{skills training}은 주로 워크숍이나 집단을 통해 일련의 사회적 기술을 가르치는 작업이다. 특히 주장훈련 워크숍은 지나치게 수줍어하거나 타인에 의한 욕구충족을 어려워하는 사람들에게 유익하다(Ellis, 1991). 의사소통 기술, 취업면접, 그리고 기타 사회·일 관련 기술에 관한 워크숍은 개인상담을 보완하는 역할을 한다.

☐ 역할연기.   다섯째, **역할연기**^{role-playing}는 두려움에 대처·경험하도록 돕기 위해 역할을 바꾸어 보게 하는 기법이다. 이 기법은 정서적 요소와 행동적 요소가 포함되어 있어서 정서적으로 자유롭게 하고, 새로운 방식으로 행동할 기회를 제공한다. 또한 정서장애의 원인이 되는 자기대화 내용을 파악함으로써, 내담자의 사고·감정·

행동방식을 수정한다. 내담자는 행동시연을 통해 비합리적 신념과 이에 따른 감정의 관계를 탐색할 수 있다. 역할연기는 경험하고 감정이나 신념에 대한 인지적인 평가를 포함한다.

☐ 행동시연.   여섯째, **행동시연**^{behavior rehearsal}은 감정 발산보다는 주장행동 연습을 위한 도구로 사용된다. 상담과정에서 내담자가 자신의 평소 행동을 나타내면, 상담자는 그 행동에 대해 피드백을 제공한다. 상담자의 피드백을 토대로 내담자는 새로운 행동을 반복적으로 시연함으로써 점차 익숙하게 행동으로 옮길 수 있게 된다. 역할연기는 개인상담뿐 아니라, 집단장면에서도 활용할 수 있다. 이때 녹음이나 녹화를 통해 자기표현과 감정표출을 함으로써, 내담자는 감정 발생의 원인이 자기 자신에게 있음을 깨닫게 된다.

치료과정

합리정서행동치료(REBT) 치료과정의 핵심은 ABCDEF로 불리는 절차적 틀이다. 즉, 내담자의 비합리적 신념과 그 신념에 따른 자기패배적 자기진술의 비합리성을 확인하여 논박을 통해 합리적 신념과 생산적인 자기진술로 바꾸게 하여 적절한 정서와 생산적인 행동으로 옮길 수 있도록 돕는 과정이다. REBT는 일반적으로 ① 부적절한 정서·행동 결과 탐색, ② 치료목표 설정, ③ 선행사건 탐색 및 명료화, ④ 정서·행동 결과와 사고의 관계 교육, ⑤ 사고 탐색 및 과정적 목표 설정, ⑥ 논박을 통한 신념체계 수정, ⑦ 내담자의 적극적 참여를 통한 치료목표 달성, ⑧ 치료 종결 순으로 진행된다.

1단계: 부적절한 정서·행동 결과 탐색.   REBT의 첫 단계에서는 내담자의 부적절한 정서와 행동의 결과를 탐색한다. REBT에서는 내담자가 상담자를 찾게 되는 이유를 부정적인 정서 경험이나 부적응행동의 경험 때문으로 간주한다. 이에 이 단계에서 상담자는 내담자의 정서와 특정 문제와의 관련성을 파악한다. 즉, 내담자의 행동단서를 통해 생활사건에서 초래되는 정서를 이해하고 사고체계의 탐색을 통해 특정 정서 상태를 유추한다.

2단계: 치료목표 설정.   내담자의 부적절한 정서·행동 결과가 탐색되면, 상담자와 내담자는 치료목표를 설정한다. 치료목표는 두 사람의 상호신뢰와 협력관계를 기반으로 설정된다. REBT의 궁극적 목적은 내담자의 자기파괴적 사고와 행동을 최소화하는 한편, 보다 현실적·관용적 삶의 철학을 습득하는 것이다(Ellis, 1980).

3단계: 선행사건 탐색 및 명료화.　선행사건 탐색과 명료화 작업은 REBT의 기본가정을 기반으로 이루어진다. 즉, 선행사건(A) 자체가 아니라 잘못 지각된 선행사건과 비합리적·평가적 신념에 의해 정서상의 문제를 일으키고 심화시키는 역할을 한다는 것이다.

4단계: 정서·행동 결과와 사고의 관계 교육.　상담자는 내담자의 정서·행동 결과가 선행사건에 의한 것이 아니라 내담자의 신념에 의한 것임을 교육한다. 또한 다른 사람이나 과거사가 정서·행동 결과의 원인을 제공하지 않는다는 점을 내담자에게 가르친다. 이때 예화, 유추, 은유, 우화 등의 방법이 활용된다.

5단계: 사고 탐색 및 과정적 목표 설정.　REBT는 내담자의 사고와 신념과 같은 인지적 현상을 중시한다. REBT에서 사고란 단순히 사실의 묘사가 아니고 내담자의 판단이 포함된 평가를 의미한다. 따라서 내담자의 정서혼란을 이해하기 위해서는 인지적 자각수준의 이해가 선행된다. 인지적 자각수준은 ① 자동사고, ② 추론과 귀인, ③ 평가적 인지, ④ 핵심인지로 구분된다. **자동사고**^{automatic thoughts}란 의식의 흐름 속에 있으며, 순간순간 떠오르는 생각이나 영상을 의미한다. 이는 지각의 가장 가까이에 있는 생각 혹은 그 조각들로서, '**자기진술**'이라고도 불린다. 자동사고 내용은 잠시 생각해 본 후에 쉽게 보고할 수 있다. 상담자는 글상자 6-8에 제시된 질문을 통해 내담자의 자동사고를 탐색한다.

글상자 6-8. 자동사고 탐색을 위한 질문 예시

> ○ "어떤 사건이 일어났을 때 당신 자신에게 어떤 말을 했나요?"
> ○ "지금 당신 자신에게 어떤 이야기를 하고 있나요?"

　추론^{reasoning}과 **귀인**^{attribution}은 자동사고 다음으로 연결되는 현상으로, 의식의 흐름 속에서 사건의 의미를 나름대로 추측한 결과가 되는 생각을 말한다. 상담자는 글상자 6-9에 제시된 질문을 통해 내담자의 추론과 귀인을 찾아낼 수 있다.

글상자 6-9. 내담자의 추론과 귀인 탐색을 위한 질문 예시

> ○ "그것의 의미가 무엇인가요?"
> ○ "그것으로부터 당신은 무엇을 추론할 수 있나요?"

평가적 인지^evaluative cognition는 추론과 귀인 다음으로 이어지는 현상으로, 내담자가 의식하지 못하는 사이에 작동되어 정서혼란에 원인 제공을 하는 역기능적 인지다. 평가적 인지 역시 상담자의 정교한 치료적 질문을 통해 밝혀질 수 있다. **핵심인지**^core cognition는 스키마^schema, 즉 내재된 신념구조로서 내담자가 독특하게 지니고 있는 삶의 법칙이나 철학적 가정인 비합리적 신념을 말한다. 핵심인지는 정서장해, 심각한 스트레스, 삶의 커다란 변화 또는 상담과정 외에는 잘 드러나지 않는 특징이 있다. 이처럼 상담자는 내담자의 비합리적 신념수준을 탐색하여 과정적 목표를 수립한다. 과정적 목표는 비합리적 신념을 합리적 신념으로 변화시켜 합리적 신념이 행동양식에 영향을 미치도록 한다. 이러한 작업은 논박을 통해 이루어진다.

6단계: 논박을 통한 신념체계 수정. 논박은 REBT 치료과정의 핵심절차로서, 그 본질은 비합리적 신념을 합리적 신념으로 변화시키는 것이다. 논박은 자칫 내담자의 저항을 불러일으킬 수 있으므로 내담자의 치료에 대한 동기수준이 충분히 높을 때 실시한다. 논박을 수행하기 위해서는 상당한 시간, 다양한 인지·정서·행동기법, 지속적 노력, 그리고 열정이 요구된다.

7단계: 내담자의 적극적 참여를 통한 치료목표 달성. REBT는 일종의 인지학습체계이므로 내담자가 삶의 철학을 재구성하지 않으면, 상담은 의미가 없거나 그 효과 역시 오래 지속될 수 없다. 이러한 이유에서 비합리적 신념이 논박되었다면, 새롭게 형성된 합리적 신념에 의해 행동이 변화되는지 점검해야 한다. 이때 숙제를 활용하여 상담과정에서 습득한 생산적 행동을 연습하고, 실생활에 적용하게 하여 온전히 내담자의 적응적 행동으로 자리 잡게 한다.

8단계: 치료 종결. REBT 치료의 종결은 종결 시점의 적절성 여부를 면밀히 검토한 후에 이루어진다. 치료 종결 시, 상담자는 내담자에게 치료효과와 배운 것을 정리해 주고, 종결 후를 대비하여 정서·행동상의 어려움이 있을 때마다 자조치료^self-help therapy를 실행할 것을 강조한다. 그리고 치료의 효과 증진을 위해 행동지침을 상기시키는 한편, 치료 종결 후의 추수 회기 일정을 수립하고 나서 종결한다.

인지치료 / Cognitive Therapy

인지치료(CT)는 미국의 정신의학자 아론 벡이 창시한 것으로, 정신장애를 유발하는 인지적 요인을 정교하게 설명하고 구조화된 개입방법을 갖춘 이론이다. 이 이론은 1960년대에 정신분석과 행동치료로 잘 치료되지 않았던 우울증 치료에 효과가 있다고 인정받았다. 비슷한 시기에 철학적 교의를 토대로 개발된 REBT와는 달리, 인지치료는 경험적 연구에 기초하여 개발되었다. 인지치료는 인지 변화에 초점을 두어 증상을 치료하는 적극적이고 구조화

아론 벡
(Aron T. Beck,
1921~2021)

된 단기치료다. 또 비현실적 사고와 부적응적 신념을 자각·변화를 강조하는 **심리교육모형**psychoeducational model에 근거하여 **자기치료**self-treatment, 즉 내담자가 자신의 부정확하거나 왜곡된 사고에 직면할 수 있도록 과학자처럼 사고하는 법을 가르치는 통찰중심치료다. 벡의 주요 업적으로는 우울증의 발생 원인이 구체적으로 밝혀지지 않았더라도 **부정적 인지삼제**negative cognitive triad, 즉 ① 자신(자기비난), ② 세상(비관주의), ③ 미래(무망감)에 대해 부정적 관점을 가지고 있을 거라는 예측을 가능하게 한 것이다(A. Beck, 1967).

주디스 벡
(Judith S. Beck,
1954~현재)

오늘날 인지치료에서는 문제가 되는 역기능적 사고 조절에 인지적·행동적 기술 모두를 사용한다. 이는 아론 벡의 딸 주디스 벡이 아버지의 이론에 행동적 요소를 가미하게 되면서 비롯되었다. 이로써 인지치료가 인지행동치료로 거듭나게 되면서, 아론과 주디스 벡은 다양한 임상문제에 대해 인지적으로 접근한 인지행동치료의 선구자들로 인정받고 있다.

인간관

인지치료(CT)에서는 인간을 ① 사고에 따라 행동과 감정이 결정되는 존재, ② 인지왜곡에 빠지기 쉬운 존재로 본다. 이를 좀 더 구체적으로 기술하면 다음과 같다. 첫째, 인간은 사고에 따라 행동과 감정이 결정되는 존재다. 이에 인지치료자는 사고가 내

담자의 성격에 미치는 영향에 초점을 맞춘다. 이들은 인지과정이 심리장애의 원인으로 보지는 않지만, 여전히 중요한 요소로 간주한다. 특히 사람들이 거의 의식하지 않는 **자동사고**는 성격발달에 중요한 역할을 한다고 가정한다. 또한 **인지왜곡**, 즉 삶에 대한 불만족과 불행의 원인이 되는 부정확한 사고방식에 관심을 기울인다.

둘째, 인간은 특정 사건이나 도식에 대해 역기능적 자동사고 같은 인지왜곡으로 고통을 당할 수 있는 존재다. **스키마**[schema]란 개인 자신이나 사건과 관련된 세계에 관한 일반 규칙을 말한다(강진령, 2008). 인간은 흔히 다른 사람의 진술과 동일한 방식으로 자신의 행동에 영향을 미치는 **자기진술**[self-statement]에 몰입한다. 예를 들어, 직장 상사에게 지적받은 회사원이 자신이 무시당했다는 생각이 드는 순간, 자동적으로 "바보 같은 녀석"이라고 생각할 수 있다. 이러한 생각에 이어지는 스키마는 "정말 불쾌해." 또는 "정말 화나!"일 것이다.

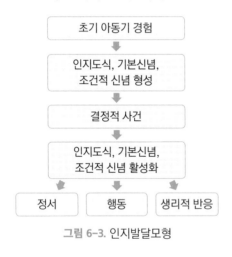

그림 6-3. 인지발달모형

인지치료자들은 개인의 신념이 초기 아동기에 발달이 시작되어 전 생애에 걸쳐 발달한다고 본다. 초기 아동기의 경험은 개인 자신과 세계에 관한 기본신념으로 이어진다. 개인은 보통 부모의 지지와 사랑을 경험하게 된다. 이러한 경험은 "난 사랑스러운 사람이야!" 혹은 "나는 능력 있는 사람이야." 같은 신념으로 이어지고, 이 신념은 성인기에 자신에 대한 긍정적인 사고로 연결된다. 반면, 심리적 역기능을 발달시키는 사람들은 삶에서 부정적인 경험으로 인해 "난 사랑스럽지 않아."(자기비하) 혹은 "난 여기와는 어울리지 않아."(부적절감) 같은 신념으로 이어질 수 있다. 이러한 발달 경험은 결정적 사건 혹은 외상적 경험과 함께 개인의 신념체계에 영향을 미친다. 어려서 부모에게 학대받았거나 학창 시절 교사에게 조롱이나 망신당한 것 같은 부정적 경험은 "타인이 내가 하는 일을 싫어하면, 난 가치 있는 사람이 아니야." 같은 조건적인 신념으로 이어질 수 있다.

핵심개념

인지치료(CT)의 핵심개념으로는 ① 자동사고, ② 인지왜곡, ③ 역기능적 인지도식, ④ 포괄적 인지모델이 있다.

자동사고

자동사고automatic thoughts는 생활사건을 접하게 될 때, 이렇다 할 노력 또는 선택 없이 자발적으로 유발되는 일련의 생각들이다. 우울증이 있는 사람들은 흔히 자기, 타인, 세상에 대해 부정적인 생각을 가지고 있다. 인지치료에서는 내담자가 생활사건을 부정적 의미로 과장하거나 왜곡하는 부정적인 사고경향, 즉 자동사고에 초점을 둔다. 우울증을 비롯한 정서장해가 있는 사람들의 자동사고는 인지왜곡에 의해 현실을 과장 또는 왜곡된 형태로 나타난다는 특징이 있다.

인지왜곡

인지왜곡cognitive distortion이란 정보처리 과정에서 생활사건의 의미를 자의적으로 해석하여 자동사고를 생성해 내는 인지과정을 말한다('**인지오류**cognitive errors'로도 불림). 개인의 중요한 신념이나 인지도식은 인지왜곡으로 이어지기 쉽다. 인지도식의 구성은 흔히 아동기에 시작된다. 따라서 인지도식을 지지하는 사고과정은 추론에 있어서 초기 오류를 반영할 수 있다. 인지왜곡은 정보처리가 부정확하거나 효율성이 떨어질 때 발생한다. 우울에 빠진 사람들은 사고과정에서 중요한 인지왜곡을 나타낸다. 인지왜곡의 유형으로는 ① 임의적 추론, ② 양분법적 사고, ③ 선택적 추론, ④ 과잉일반화, ⑤ 확대·축소, ⑥ 개인화, ⑦ 잘못된 꼬리표 붙이기, ⑧ 파국화가 있다(Beck, 1967).

임의적 추론.   첫째, **임의적 추론**arbitrary inference은 타당한 증거 없이 또는 정반대의 근거로 사실과 무관하거나 모순된 결론을 도출하는 현상이다. 임의적 추론은 두 가지 유형, 즉 ① 독심술과 ② 부정적 예견으로 구분된다. **독심술**mind reading은 다른 사람이 자신에 대해 어떻게 생각하고 있는지를 알고 있다는 생각이다. 예를 들어, 한 남성이 회사를 그만두게 되어 아내가 자신을 더 이상 사랑하지 않는다는 결론에 이르렀다. 그러나 실제로는 실직보다 그로 인한 다른 행동들이 부부관계에 부정적인 영향을 주게 되었다. 반면, **부정적 예견**negative prediction은 이렇다 할 증거나 근거 없이 나쁜 일이 일어날 것이라고 믿는 것이다. 예를 들어, 한 회사원이 자신이 명문대 출신이 아니어서 이번 구조조정에서 해고당할 것이라고 믿고 다른 회사를 알아보는 것이다. 이 두 가지 예의 공통점은 실패에 대한 추론, 즉 부정적 예언은 사실에 근거를 두고 있지 않다는 점이다. 이처럼 독심술과 부정적 예견은 가능한 자료에 주의를 기울이지 않거나 왜곡함으로써 부정적인 추론에 의지한다는 특징이 있다.

양분법적 사고.   둘째, **양분법적 사고**^{dichotomous thinking}는 개인이 바라는 대로 이루어지지 않으면 실패로 간주하여 패배감으로 이어지는 생각을 말한다('극단적 사고' '이분법적 사고^{all-or-nothing thinking}'로도 불림). "원하는 대학에 합격하지 못하면 실패한 인생이야."라고 생각하는 학생이 예상보다 낮은 수능시험 점수를 받게 되자, 실패로 간주하고 우울해하는 것이 그 예다. 이처럼 양분법적 사고는 사건의 의미를 성공, 아니면 실패같이 극단으로 범주화하는 현상이다.

선택적 추론.   셋째, **선택적 추론**^{selective abstraction}은 일부 정보만 선택적으로 받아들여 전체인 것처럼 해석하고, 다른 명확한 정보는 무시하는 현상이다('정신적 여과^{mental filtering}'로도 불림). 예를 들어, 방어율이 높은 투수가 중요한 시합에서 상대 선수에게 홈런을 허용하자, 승부와 관계없이 자신의 실수에 집착하며 "난 정말 무능하기 짝이 없어."라는 부정적 결론을 도출하여 우울해하는 것이다. 이 선수는 일련의 사건들로부터 유독 불만족스러웠던 한 가지를 선택적으로 추론하여 자기패배적인 결론을 도출하여 정서적인 고통을 유발시킨 것이다.

과잉일반화.   넷째, **과잉일반화**^{overgeneralization}는 한 가지 사건 또는 사고의 극히 일부를 과장하여 내린 극단적 결론 또는 규칙을 관계없는 상황에도 부적절하게 적용하는 현상이다. 성별, 연령, 지역, 인종, 민족, 국가 등에 대한 직간접적인 경험을 근거로 전체 집단으로 확대·규정하는 것이 그 예다. 이처럼 과거의 부정적인 경험들은 미래행동에 영향을 미치는 규칙으로 일반화되어 부정적 정서로 이어진다.

확대·축소.   다섯째, **확대·축소**는 특정 사건의 의미 또는 중요성을 실제보다 과장 또는 최소화하는 양면적 특성을 나타내는 현상이다. 즉, **확대**^{magnification}는 개인의 불완전성을 실제보다 과장하는 반면, **축소**^{minimization}는 개인의 좋은 점이나 두드러지는 성취를 오히려 최소화시키는 것을 말한다. "내가 발표에서 조금이라도 긴장된 모습을 보인다면, 이건 끔찍한 재앙이야!"라고 결론 내리는 것은 확대의 예다. 반면, 거의 모든 과목에서 만점을 받은 학생이 "이번 시험은 어처구니없는 실수로 전 과목 만점을 받지 못했기 때문에 잘했다고 볼 수 없어."라고 결론 내리는 것은 축소의 예다. 확대나 축소는 흔히 우울의 원인으로 작용한다.

개인화.   여섯째, **개인화**personalization는 자신과 무관한 일을 마치 연관된 것으로 해석하는 현상이다('머피의 법칙Murphy's law'으로도 불림). "내가 세차하는 날이면 항상 비가와!" "내가 모처럼 차를 몰고 쇼핑하러 가려고만 하면, 도로가 꽉 막혀!"라고 푸념을 늘어놓는 것이 그 예다. 개인이 날씨나 도로교통 상황의 원인 제공을 할 수 없다. 과연 푸념 섞인 말이 사실일까에 대한 질문을 받게 되면, 사람들은 항상 그런 것은 아니라는 사실을 알고 있다는 특징이 있다.

잘못된 꼬리표 붙이기.   일곱째, **잘못된 꼬리표 붙이기**mislabeling는 개인 자신에 대한 부정적 관점에서, 과실 혹은 실수와 연관시켜 자기에게 꼬리표를 붙이는 현상이다. 소개팅에 나간 한 남성이 긴장된 나머지 제대로 말 한 번 꺼내지도 못하고는, "난 바보 천치('꼬리표')야! 그러니 여자들에게 인기가 없을 수밖에."라며 자신을 비난하는 것이 그 예다. 이러한 꼬리표를 통해 사람들은 자신에 대한 부정확한 감각 또는 정체성을 창출한다.

파국화.   여덟째, **파국화**catastrophizing는 관심 있는 한 가지 사건을 과장하여 비극적 결말을 예상하며 두려워하는 현상이다. 예를 들어, 한 남성이 세련된 미모의 여성을 보고는, "저 여성은 모든 면에서 나보다 뛰어나기 때문에 나같이 못생기고 매력 없는 남자에게는 관심조차 없을 거야. 내가 데이트를 청하면 오히려 나를 비웃을 거야!"라고 생각함으로써 결국 그 여성과의 실제 만남에서 자신이 우려했던 모습을 보이게 되는 것이다.

역기능적 인지도식

역기능적 인지도식dysfunctional cognitive schema이란 완벽주의적 · 당위적 · 비현실적 · 역기능적 신념으로 구성된 인지적 요인을 말한다. 이러한 인지도식은 어린 시절의 경험에 의해 형성되어 생활사건의 의미를 부정적으로 왜곡 · 해석하는 자동사고 활성화의 원인을 제공하게 되면서 우울 증상을 야기한다. 예를 들어, 수업시간 발표 도중에 다른 학생들이 웃는 모습을 목격한 내담자가 자신의 발표가 완전히 실패했다고 자동사고를 하게 되면서 스스로 열등하고 무가치한 존재라는 생각이 들어 우울해지는 것이다. 이러한 사고는 부적 감정, 자존감 상실, 대인기피 등 자기패배적 행동으로 이어져서 우울증의 원인이 될 수 있다. 다른 사람의 웃는 모습을 극단적으로 왜곡하는 경우, 자신을 감시한다거나 살해하려고 한다는 피해망상으로 나타나기도 한다.

인지^{cognition}는 삶에서 일어나는 사건들에 대해 개인이 가지는 사고, 신념, 내적 심상 internal image이다. 이에 비해, **인지도식**^{cognitive schema}은 주변 세계와 중요한 신념에 대해 어떻게 생각하고 있고, 사람, 사건, 환경에 관한 기본가정이다. 그러면 인지도식은 어떻게 구성되어 있을까? 인지도식은 긍정적(적응적) 유형과 부정적(부적응적) 유형으로 나뉜다. 적응적 인지도식이라 하더라도 상황이 바뀌면서 부적응적 인지도식이 될 수 있는데, 이에 관한 사례는 글상자 6-10과 같다.

글상자 6-10. 상황에 따라 인지도식이 변화하는 사례

A씨는 58세 남성으로, 최근 은행장직을 그만두고 명예 퇴직했다. 그는 지방소재 상업고교를 졸업하자마자 은행에 입사하여 최고의 자리까지 오르는 영광을 누렸다. 비록 퇴직했지만, 신체적으로 건강했고, 재정적으로 여유가 있었으며, 결혼 및 가족관계가 원만했고, 교우관계 역시 활발한 편이었다. 그러나 상담자를 찾을 당시, 그는 심각할 정도로 우울한 상태였다. 그를 성공으로 이끈 조작적 인지도식, 즉 "나의 가치는 내가 실행하거나 생산하는 것에 달려 있다." "사람은 자신의 생산성으로 평가된다." "일하지 않는 사람은 게으르고 무가치하다."는 신념은 직장에서 최고의 자리까지 오르게 하는 원동력으로 작용했으나, 이젠 오히려 그를 우울하게 만들고 있었다. 인지도식은 동일하나, 그의 달라진 삶에 미치는 효과에는 큰 차이가 있었다.

인지도식은 생애 초기에 개인적 경험과 타인들과의 상호작용에 의해 발달한다. 인지도식의 일부는 인지적 취약성과 연계되거나 심리적 고통의 전조가 되기도 한다. 예를 들어, 우울에 빠진 사람들은 "난 어떤 일도 잘 할 수 없어요." "난 어떤 것을 해도 실패할 거예요." "다른 사람들은 하나같이 모두 나보다 훨씬 잘 해요." 같은 부정적 인지도식을 가질 수 있다. 이러한 방식으로 인지적 취약성은 왜곡되거나 역기능적 인지도식의 형태로 나타난다.

포괄적 인지모형

끝으로, **포괄적 인지모형**^{generic cognitive model}은 벡이 지난 50여 년간 경험적 연구와 임상

경험을 토대로 인지치료 원리를 통한 정신병, 물질사용, 우울증, 불안장애 치료모델이다(A. Beck & Haigh, 2014). 이 모델의 주요 원리는 글상자 6-11과 같다.

글상자 6-11. 포괄적 인지모델의 주요 원리

1. 심리적 고통은 인간의 정상적 적응기능의 과도한 활동으로 인한 것이다.
2. 잘못된 정보처리는 과도하게 적응적 정서와 행동 반응을 하게 만든다.
3. 신념은 개인이 경험하게 될 심리적 고통의 결정요인이다.
4. 인지치료의 핵심은 '신념의 변화가 행동과 정서 변화를 수반한다'는 경험적 연구 결과다.
5. 신념이 변하지 않으면 심리적 문제의 재발 가능성이 높아진다.

문제를 유발하는 신념은 정서 · 행동장해의 원인이 된다. 예를 들어, 취업시험에 불합격 통보를 받은 두 사람이 있다고 하자. 한 명은 우울해졌고, 다른 한 명은 불안해졌다면, 우울해진 사람은 "난 실패했어. 내 미래가 캄캄해졌어. 난 절대 다시는 이 회사에 취업할 수 없을 거야."라고 생각했을 개연성이 높다. 반면, 불안해진 사람은 "내가 취업시험에 떨어진 것을 남들이 알면, 날 아주 우습게 볼 거야('부정적 결과에 대한 과대평가'). 다른 회사에 지원해 봐야 결과는 마찬가지겠지('자원에 대한 과소평가')." 같은 생각을 했을 가능성이 크다. 그러나 이들이 달리 해석한다면 우울과 불안은 감소할 것이다. 전자의 경우, "더 잘 준비한 사람들이 지원했나 보네. 내가 떨어졌다고 해서 완전히 실패한 건 아냐. 내겐 다시 도전할 기회가 있어."라고 생각한다면, 우울은 감소할 것이다. 반면, 후자의 경우, "내가 시험에 떨어진 것이 실망스럽기는 하지만, 그렇다고 남들에게 얘기할 수 없을 정도는 아냐. 물론 나에 대해 실망스러워하는 사람도 있겠지만, 날 진심으로 아끼는 사람들은 누구나 실패할 수 있다는 말로 오히려 격려해 줄 거야."라고 생각한다면 불안은 감소할 것이다.

🚪 치료기법과 과정

인지치료(CT)의 목표는 왜곡된 사고를 수정 · 재구성함으로써 합리적 · 생산적인 삶을 영위할 수 있도록 돕는 것이다. 인지치료의 기본목표는 ① 사고체계의 탐색방법 교육, ② 부적응적 신념체계 제거, ③ 학습경험을 통한 적응적 신념체계 구축으로 정리할 수 있다. 인지치료에서 상담자의 주요 임무는 내담자가 세상을 주관적으로 인식하는 방식을 파악하여 정서와 행동에 미치는 영향을 밝혀 냄으로써, 내담자의 부적응적 인지 변화를 돕는 것이다. 이를 위해 인지치료자는 치료과정에서 ① 협력적 교사, ② 소크라테스식 문답자, ③ 경험적 평가자 역할을 한다. 그리고 필요한 경우, DSM 같은 진단체계를 활용한다.

치료기법

인지치료(CT)에서는 내담자의 치료목표 달성을 돕기 위해 다양한 인지적 기법이 사용된다. 인지적 기법 중에는 내담자의 자동사고를 도출·직면하기 위한 것과 부적응적인 기본가정 또는 비효과적인 인지도식의 인식을 돕는 것이 있다. 인지치료는 일반적으로 자동사고나 비합리적 신념의 해석보다는 실험이나 논리적 분석을 통해 검증하는 방식으로 접근한다. 내담자의 비효과적인 사고패턴의 변화에 도움을 줄 수 있는 기법으로는 ① 면접, ② 자기 모니터링, ③ 사고표집, ④ 안내동반 발견, ⑤ 세 가지 질문기법, ⑥ 세 가지 사고범주, ⑦ 독자적 의미 이해, ⑧ 자동사고 구체화, ⑨ 절대적 사고에의 직면, ⑩ 재귀인, ⑪ 왜곡명명, ⑫ 탈파국화, ⑬ 양분법적 사고에의 직면, ⑭ 장단점 목록 작성, ⑮ 인지시연, ⑯ 숙제, ⑰ 글쓰기치료가 있다.

면접. **면접**^{interview}은 내담자와의 작업관계를 구축과 내담자의 관심과 문제에 관해 전반적인 이해를 돕기 위한 기법이다. 상담자는 면접을 통해 내담자의 호소문제, 발달력(가족, 학교, 진로, 사회관계 등), 외상경험, 의학력·정신과 병력, 내담자의 목표 등을 다룬다. 인지치료에서는 정확한 정보수집을 위해 포괄적인 개방질문을 지양하고, 구체적인 탐색질문을 사용한다. 또 내담자에게 일어난 사건을 상세히 조사하되, 단편적 질문(예 "직장에 출근하고 싶지 않으세요?")보다는 구체적인 탐색질문(예 "직장에 출근하지 않았을 때 어떤 일이 있었나요?")을 한다(Freeman et al., 2004). 사고 평가에 있어서 상담자는 내담자가 자신의 사고와 감정을 구분하고, 추론 없이 관찰한 것을 있는 그대로 보고할 수 있도록 가르친다. 또한 내담자의 경험, 정서, 행동에 대한 정보를 메모한다.

자기 모니터링. **자기 모니터링**$^{self-monitoring}$은 내담자의 사고, 감정, 행동을 상담실 외부에서 평가하는 데 사용되는 방법이다. 이는 기본적으로 내담자가 사건, 감정, 그리고 사고를 기록하게 하는 기법으로, 일기, 녹음 또는 질문지 작성 등이 포함된다. 이를 위해 흔히 사용되는 도구로는 '**역기능적 사고기록부**^{Dysfunctional Thought Record}(DTR)'가 있다(Beck et al., 1979). 이 도구는 '**사고용지**^{thought sheet}'라고도 불린다.

사고표집.　**사고표집**^{thought sampling}은 내담자의 사고에 관한 정보수집 기법이다. 사고 표집은 직장이나 학교와 같이 구체적인 상황과 관련된 자료를 수집하는 데 유용하 다. 가정에서 무작위로 시간 간격을 두고 녹음하는 것이 그 예다. 그러나 사고표집은 내담자의 활동을 저해하고, 성가시게 할 수 있다. 또한 내담자의 문제와 무관한 사고 가 녹음될 수 있다는 한계가 있다. 사고표집의 예화는 글상자 6-12와 같다.

글상자 6-12. 인지치료에서 사고표집의 예화

> 한 중년 남성은 역기능적 사고기록부(DTR)를 이용하여 분노와 우울 일화와 관련된 역 기능적 인지를 확인함으로써 치료에 진척이 있었다. 그러나 이내 어떤 명확한 자극과 관 련이 없어 보이는 모호하고 우울한 기분을 경험하기 시작했다. 그 남성은 우울한 기분과 관련된 상황이나 인지 상태를 확인할 수 없었다. 상담자는 추가적인 자료수집을 위해 내 담자에게 사고표집을 요청했다. 다음 회기에서 내담자가 가져온 녹음테이프를 틀어 보 자, 그의 인지에는 "난 너무 피곤해서 ~할 수 없어."라는 주제를 둘러싼 끊임없이 반추 하는 사고가 있음이 발견되었다. 이 반추적 사고는 문제에 적극적으로 대처하기 위한 동 기 감소와 우울 증가에 대한 책임부담에서 산출되었다는 사실이 점차 명확하게 되었다.

안내동반 발견.　**안내동반 발견**^{guided discovery}은 '소크라테스식 대화^{Socratic dialogue}'로도 불 리는 것으로, 내담자가 상담자의 안내를 받아 자신의 부적응적인 신념과 기본가정에 의 변화를 꾀하는 기법이다. 상담자는 내담자에 관한 기존의 정보를 활용하여 일련 의 질문들을 던짐으로써 신념에 도전하는 한편, 사고와 행동의 새로운 방식의 발견을 돕는다. 안내를 동반한 발견을 위한 대화의 예는 대화상자 6-6과 같다.

대화상자 6-6. 안내동반 발견을 위한 대화의 예

> **내담자:** 이제 월요일이면 새로 옮긴 직장에 출근할 건데, 회사 사람들이 내가 일을 잘못 한다고 생각할까 봐 주말 내내 걱정이 되었어요.
> **상담자:** 그것이 지금 세우고 있는 기본가정에 관해 당신에게 뭐라고 말하고 있나요?
> **내담자:** 제가 '독심술'을 하는 것처럼, 미리 어떤 일이 일어날 것을 아는 것처럼 말하는 거죠.

> **상담자**: 그러면 어떤 기본가정을 세우고 있나요?
>
> **내담자**: 새 직장 동료들이 저를 어떻게 생각할 것인가를 아는 것이죠.

대화상자 6-6에 제시된 대화에서 내담자는 자신이 인지왜곡의 하나인 독심술을 하고 있다는 사실을 교육을 통해 인식하고 있다. 치료가 지속되면서 상담자는 안내를 동반한 발견기법을 통해 내담자의 부정확한 사고에 관한 내담자의 학습을 돕고 있다. 치료과정의 또 다른 중요한 측면은 자동사고를 확인하고 숙제를 부과하는 방법으로, 치료과정 내내 진행된다. 내담자가 목표달성을 하게 되면서 치료 종결을 계획한다. 내담자는 치료가 종결된 후, 상담을 통해 습득한 학습내용을 일상생활에 적용할 방안에 대해 작업한다. 치료적 작업이 진행되면서 내담자는 자신의 신념에 대한 통찰에서 변화 유발을 위한 방향으로 나아가게 된다. 특히 어렵고 복잡한 문제인 경우, 부정적 인지도식이 어떻게 발전되어 왔는가에 대한 통찰은 변화 유발에 중요한 역할을 한다.

세 가지 질문기법.   **세 가지 질문기법**the three-question technique은 '소크라테스식 문답법'의 구체적인 형태로, 세 가지 질문으로 구성되어 내담자의 부정적 사고의 변화에 도움이 되도록 고안되어 있다(① "그 신념의 증거는 무엇인가요?", ② "그 상황을 어떻게 다르게 해석할 수 있나요?", ③ "그것이 사실이라면, 예상되는 결과는 무엇인가요?"). 각 질문은 부정적 신념의 탐색을 심화시키고, 객관적 사고를 할 수 있도록 제시된다. 세 가지 질문기법을 적용한 대화의 예는 대화상자 6-7과 같다.

대화상자 6-7. 인지치료의 세 가지 질문기법을 적용한 대화의 예

> **상담자**: 태희 씨 몸이 불편하다는 사실을 사람들이 알게 되면 태희 씨를 무시하게 될 거라고 말씀하셨는데, 이 신념의 증거는 무엇인가요?
>
> **내담자**: 증거요? 증거는 없어요. 그냥 그런 느낌이 들었다는 거죠.
>
> **상담자**: 그냥 그런 느낌이 드셨다고요. 그 상황을 달리 어떻게 볼 수 있나요?
>
> **내담자**: 아마 저의 진정한 친구라면, 저를 버려 두고 떠나지는 않겠죠.
>
> **상담자**: 실제로 어떤 사람들이 태희 씨를 버려 두고 떠났다면, 어떤 결과가 예상되나요?
>
> **내담자**: 참을 수는 있을 것 같아요. 제 친구들이 저를 버리지만 않는다면요.

세 가지 사고범주.   **세 가지 사고범주**the three categories of thoughts는 사고의 조직을 차가운,

따뜻한, 뜨거운 인지로 나누어 내담자의 사고에 대한 이해를 촉진하기 위한 기법이다. **차가운 인지**^{cold cognition}는 기술적^{descriptive}이고 비평가적인 진술이다(예 "나는 실직했다."). 이에 비해 **따뜻한 인지**^{warm cognition}는 선호와 비선호를 강조하는 진술이다(예 "나는 실직했고 다른 직업을 찾는 일을 시작도 하고 싶지 않다."). 반면, **뜨거운 인지**^{hot cognition}는 과잉일반화, 파국화, 확대, 양분법적 사고같이 강한 정서가 실린 일련의 생각들(예 "나는 내가 실직한 직업과 똑같은 직업을 구해야 한다.")이다(James & Gilliland, 2003, p. 238). 내담자의 이러한 인지는 흔히 요구와 왜곡으로 가득 차 있어서 역기능 행동으로 이어지는 특징이 있다.

독자적 의미 이해. **독자적 의미 이해**^{understanding idiosyncratic meaning}는 동일한 단어라 하더라도 자동사고와 인지도식에 따라 사람마다 다른 의미를 나타낼 수 있다는 가정하에 이를 이해하기 위한 기법이다. 흔히 상담자가 내담자가 특정 단어들로 나타내고자 하는 의미를 안다고 가정하는 것으로는 충분하지 않다. 예를 들어, 우울 증세가 있는 사람들은 흔히 '엉망진창'이나 '실패자' '패배자' 같이 모호한 단어들을 사용하는 경향이 있다. 상담자가 내담자에게 던지는 질문은 상담자와 내담자에게 내담자의 사고과정 이해에 도움을 준다. 내담자 메시지의 독자적 의미 이해를 위한 대화의 예는 대화상자 6-8과 같다.

대화상자 6-8. 내담자 메시지의 독자적 의미 이해를 위한 대화의 예

> **내담자**: 난 완전히 인생 실패자예요. 내가 하는 일마다 정말 완벽하게 내가 진정한 실패자라는 사실을 보여 주고 있네요.
> **상담자**: 세원 씨는 자신을 실패자로 규정하고 있는데, 실패자라는 말에 어떤 의미가 있죠?
> **내담자**: 내가 원하는 것을 얻지 못하는 것, 모든 경쟁에서 지는 것….
> **상담자**: 세원 씨는 어떤 일에 실패하셨죠?
> **내담자**: 음, 글쎄요, 제가 그렇게 많이 실패한 것은 아니에요.
> **상담자**: 그러면 아마도 무엇에 실패하는지를 말할 수 있겠네요. 사실 저로서는 세원 씨가 어떻게 실패자인지 이해하기 어렵거든요.

자동사고 구체화. **자동사고 구체화**^{specifying automatic thoughts}는 노력 없이 발생하고 보통 왜곡되어 건강하지 못한 정서반응으로 이어지게 하는 인지적 소산(자동사고)을 확인·구체화하여 수정을 촉진하는 기법이다. 인지치료는 내담자의 자동사고를 확

인·구체화하여 이를 수정하는 것을 중시한다. 이에 치료 초기에는 내담자에게 자신의 부정적 사고를 탐색하여 기록하게 한다. 이때 '역기능적 사고기록표(DTR)'를 통해 사고를 구체화한다. 자동사고의 구체화를 위한 예화는 글상자 6-13과 같다.

글상자 6-13. 자동사고 구체화의 예화

> 첫 회기에 내담자에게 부정적인 생각을 얼마나 자주 하는지 물었다. 그는 가끔 떠오르긴 하지만 그리 자주 하는 것은 아니라고 답했다. 벡우울검사를 통해 그는 많은 부정적 사고를 하고 있음이 밝혀졌다. 그는 하루에 적어도 두세 차례 이상 하는 것으로 평가되었다. 떠오르는 생각을 기록하는 숙제를 통해 그는 하루에도 여러 가지의 부정적 사고를 하는 것으로 평가되었다. 그리고 주말이 되면 적어도 50여 가지의 부정적 사고를 기록하게 될 것으로 추산되었다. 그는 재빨리 반응하기를, "저는 그 일을 할 수 없어요. 저한테는 너무 어렵거든요. 제대로 할 수 없을 거예요.". 나의 반응은 그가 이미 부정적 사고를 세 가지나 했고 47가지가 남았다는 점을 지적하는 것이었다(Freeman et al., 2004, pp. 12-13).

절대적 사고에의 직면. **절대적 사고에의 직면**^{challenging absolutes}은 내담자들은 습관처럼 사용하는 과장되고 극단적인 표현에 도전하여 더 정확하게 진술할 수 있도록 돕는 기법이다. 절대적 사고 표현에 흔히 사용되는 어휘로는 '누구나' '항상' '결코' '아무도' '어느 누구도' '매일같이' '단 한 번도' 등이 있다. 사람들은 종종 "나보다 더 바보 같은 사람은 없을 거예요."라는 말처럼, 과장되고 극단적인 표현으로 자신의 어려운 상황을 나타내곤 한다. 이 경우, 상담자는 내담자의 절대적 진술에 대해 질문 또는 직면을 통해 내담자가 더 명확하게 진술할 수 있도록 돕는다('절대적 사고에의 직면'). 내담자의 절대적 사고에 직면하는 대화의 예는 대화상자 6-9와 같다.

대화상자 6-9. 내담자의 절대적 사고에의 직면을 위한 대화의 예

> **내담자**: 우리 회사 직원 중에 나보다 일 못하는 사람은 아마 단 한 명도 없을 거예요.
> **상담자**: 단 한 명도? 회사 직원 누구라도 적어도 유민 씨보다는 일을 더 잘하는가 보네요.
> **내담자**: 네! 음…, 글쎄요 꼭 그렇지는 않겠죠? 사무실에 직원이 워낙 많아서 제가 잘 모르는 사람도 있거든요. 그렇지만 우리 과장님은 적어도 저보다 일을 잘하시는 것 같아요. 그분은 실제로 일이 어떻게 돌아가는지 잘 알고 계신 것 같거든요.
> **상담자**: 유민 씨보다 일을 잘한다는 대상이 사무실의 모든 직원에서 어떻게 과장님으로 이동했는지 잘 보세요.

> **내담자**: 과장님뿐이라는 생각이 들어요. 과장님은 제 영역에서 경험이 많으시거든요. 그리고 무엇을, 어떻게 해야 하는지도 잘 알고 계신 것 같거든요.

재귀인. **재귀인**[reattribution]은 특정 사건이나 상황에 대한 책임이 거의 없는 사람이 책임을 자신에게 돌려 정서적 어려움에 빠지는 경우, 이에 대한 책임을 분산시키는 기법이다. 사람들은 흔히 사건에 대한 책임이 거의 없는 경우에도 상황이나 사건에 대한 책임을 자기 자신에게 돌린다. 자신을 비난의 대상으로 놓음으로써 죄의식을 갖거나 우울에 빠지기도 한다. 재귀인 기법을 통해 상담자는 내담자가 사건에 대한 책임을 분산시키는 데 도움을 줄 수 있다. 재귀인 기법 적용을 위한 대화의 예는 대화상자 6-10과 같다.

대화상자 6-10. 재귀인 기법 적용을 위한 대화의 예

> **내담자**: 그 일만 일어나지 않았어도 아내와 헤어지지는 않았을 거예요.
> **상담자**: 관계에 문제가 있을 때면, 두 사람 모두 그 문제에 원인제공을 했다고 볼 수 있습니다. 자, 그러면 이혼한 것이 모두 당신의 잘못이었는지, 당신의 아내도 어떤 식으로 원인제공을 했는지 한번 살펴봅시다.

왜곡명명. **왜곡명명**[labeling of distortions]이란 추론을 방해하는 자동사고를 범주화하기 위해 인지왜곡(양분법적 사고, 과잉일반화, 선택적 추상 등)에 명칭을 붙이는 기법이다. 예를 들어, 담임교사가 항상 자신을 비난한다고 믿고 있는 내담자가 있다고 하자. 상담자는 내담자에게 진술의 왜곡 여부와 담임교사의 행동에 관한 과잉일반화 여부를 탐색해 보도록 할 것이다. 우울증을 호소하는 내담자들은 인지왜곡을 통해 삶의 경험을 부정적으로 해석하는 경향이 있다. 이들은 더욱이 자신, 세계, 미래에 대해 부정적ㆍ회의적 믿음을 가지고 있는데, 공통적인 특징은 글상자 6-14와 같다.

글상자 6-14. 우울증이 있는 사람들의 공통적인 특징

1. 극도로 자기비판적이다.
2. 때로 부적절한 죄책감을 가지고 있다.
3. 세상을 불공평하고 비지지적인 것으로 간주한다.
4. 미래가 나아질 것이라는 희망을 갖지 않는다.

인지치료는 내담자의 적극적인 협력을 요구하고, 사고, 행동, 정서, 신체 반응, 상황 사이의 관계를 내담자가 이해할 수 있도록 돕는 학습경험을 중시한다(Greenberger & Padesky, 2016). 정서장해의 원인이 부정적 사고임을 강조한 엘리스와는 달리, 벡은 우울증이 부정적 사고뿐 아니라, 유전적 · 신경생물학적 · 환경적 변화요인에 의해서도 발생한다고 보았다.

탈파국화. **탈파국화**decatastrophizing란 일어나지 않을 것 같은 결과에 대한 지나친 두려움을 해소하는 기법이다. 사람들은 때로 일어날 것 같지 않은 결과에 대해 극심한 두려움을 가질 수 있다. 이렇게 심한 두려움을 극복하도록 내담자를 돕기 위해 'What if(~하면 어떨까)' 기법이 사용된다. 이 기법은 내담자가 나타날 수 있는 결과에 대해 과잉반응할 때, 특히 적절하다. 탈파국화 기법 적용을 위한 대화의 예는 대화상자 6-11과 같다.

대화상자 6-11. 탈파국화 기법 적용을 위한 대화의 예

> **내담자:** 이번에 승진하지 못하면, 제 직장생활은 물 건너가는 것이나 다름없어요. 완전 끝장이지요. 옷을 벗어야겠죠.
> **상담자:** 이번에 승진하지 못하면 어떤 일이 일어납니까?
> **내담자:** 생각만 해도 끔찍해요, 잘 모르겠어요, 저도 어떻게 해야 할지….
> **상담자:** 음, 이번에 승진하지 못하면 어떤 일이 일어날까요?
> **내담자:** 이번 달 말에 근무평정 결과에 달려 있겠죠…. 이번 승진시험 전 영역에서 B를 받는 것과 C를 받는 것 사이에는 엄청난 차이가 있거든요.
> **상담자:** 전 영역에서 B를 받는다면…?
> **내담자:** 글쎄요, 그렇게 최악의 경우는 아니겠지만…, 다음번에 좀 더 열심히 해야겠지요.
> **상담자:** 그러면 모두 C를 받으면 어떻게 되나요?
> **내담자:** 그렇게까지 되지는 않겠죠. 그래도 만약에 그렇게 된다면, 승진에 걸림돌이 되겠죠. 그렇지만 열심히 해서 점수를 올려야겠죠.

양분법적 사고에의 직면. **양분법적 사고에의 직면**challenging dichotomous thinking은 흑백논리를 펴거나 전부 아니면 아예 포기하는all or nothing 식의 사고와 진술의 모순성을 인식하도록 돕는 기법이다. 사람들은 종종 흑백논리를 펴거나 양단간에 결정하는 방식의 사고와 진술을 한다. 앞서 제시한 예에서 내담자는 승진시험 결과에 대해 양분법적 사고를 하면서 아직 결정되지 않은 자신의 상황을 파국화하고 있다. 상담자는 승진

가능성에 대한 내담자의 파국화 혹은 양분법적 사고를 수용하지 않고 있다. 대신, '크기 산정scaling'이라 불리는 과정을 적용하여 내담자의 양분법적 사고를 연속선continuum에 올려놓고 구체적인 가능성을 산정함으로써 양분법적 사고에 직면하고 있는 것이 이 기법의 예시다.

장단점 목록 작성. **장단점 목록 작성**listing advantages and disadvantages은 내담자에게 자신의 특정 신념이나 행동의 장점과 단점을 적어 보게 하는 기법이다. 예를 들어, 승진을 원하는 내담자는 "나는 이번 기회에 반드시 승진시험에 합격해야 한다."는 신념을 유지함으로써 얻을 수 있는 점과 잃는 점을 적어 보게 한다. 이 접근은 크기 산정과 다소 유사한 기법으로, 신념의 장단점 목록을 작성해 봄으로써 내담자가 양분법적 태도를 포기하고, 보다 합리적이고 효과적인 사고로 대체할 수 있도록 도울 수 있다는 이점이 있다.

인지시연. **인지시연**cognitive rehearsal은 상상을 통해 장차 발생할 수 있는 사건에의 대처 방법과 전략을 미리 연습해 보는 기법이다. 인지치료에서는 내담자에게 건강한 사고를 지속적으로 시연하게 하는 것을 중시한다. 내담자는 은밀하게 혹은 공개적으로, 정신적 예행연습을 통해 사적으로 혹은 마치 친구들과의 모임에서처럼 공공연하게 이 기법을 수행한다. 인지시연을 통해 내담자는 자기 자신과 타인에게 더 적절한 방식으로 적합한 말을 할 수 있게 된다. 인지시연을 적용한 예화는 글상자 6-15와 같다.

글상자 6-15. 인지시연의 예화

> 중소기업에서 수년간 근무해 온 여자 직원이 입사동기 남자 직원들에 비해 낮은 수준의 봉급에 불만을 품어오다가 상담실을 찾았다. 상담자는 이 내담자에게 사장에게 찾아가 면담 요청 경위를 설명하고 봉급 인상을 요청하는 심상을 떠올리기를 반복해서 연습하게 했다. "어떻게 감히 나한테 이러한 요구를 하느냐?"라는 사장의 말과 같이 파괴적인 심상은 인지시연을 통해 대체시키도록 했다. 내담자는 사장과 면담하는 장면을 떠올려서 사장이 내담자의 요구를 귀 기울이는 성공적인 면담으로 이어지는 상상을 하는 연습을 반복적으로 실시했다.

인지시연은 내담자가 적절한 방식으로 자신의 요구를 관철하는 형태로 진행될 수 있다. 상담자는 내담자에게 사장과의 면담을 떠올리게 하는 한편, 상상 속의 면담에 관해 질문하도록 요구한다.

숙제.　**숙제**^homework는 주로 가정, 직장, 학교 혹은 다른 특정 상황에서 대체된 생각들을 연습하는 것이다. 인지치료는 주로 상담실 밖에서 회기와 회기 사이에 이루어진다. 상담의 한 회기를 마치면, 내담자는 스스로 자료를 모으고, 자신의 인지와 행동의 변화상태를 검사하며, 이전 회기의 자료를 가지고 상담에 임하기 때문이다(Freeman et al., 2004). 상담자는 내담자가 상담회기 사이의 시간에 새로운 사고방식을 연습하도록 숙제를 준다. 숙제의 예로는 ① 역기능적 사고기록지 작성, ② 활동계획표 작성, ③ 행동실험 계획 · 실행, ④ 문제 관련 서적 읽기 등이 있다. 내담자가 숙제를 완수하지 않으면, 이는 내담자와 상담자의 관계 문제로 볼 수 있거나 아니면 숙제의 내용이 명확하게 제시되지 않은 문제나 기타 문제를 탐색하는 데 유용한 자료가 된다. 일반적으로 숙제는 매 회기마다 논의되고 새로운 것이 주어진다. 내담자는 다음 상담회기까지 자신이 원하는 긍정적 · 적응적 · 합리적 · 생산적 사고를 떠올리는 연습에 임하게 되면서 삶을 자신이 원하는 방향으로 전환할 수 있게 된다.

글쓰기치료.　끝으로, **글쓰기치료**^scriptotherapy는 생각을 구체적으로 글로 표현하게 함으로써 사고능력을 높이는 기법이다. 삶에 있어서 스트레스가 심했던 상황을 글로 옮기는 것은 내담자의 정신적 · 신체적 변화를 유발한다(Pennebaker, 1990). 인지치료에서 활용되는 기타 기법과 전략들도 지금까지 소개된 것들과 유사한 패턴을 따르고 있다. 즉, 내담자의 인지도식과 자동사고에 의문을 제기하여 긍정적 · 적응적 · 합리적 · 생산적 사고로의 대체를 돕는 기법들이다. 이러한 인지적 기법들 외에도 인지치료자들은 활동계획, 행동시연, 글쓰기치료, 주장훈련, 이완훈련, 사회기술훈련 등의 행동기법들을 사용하기도 한다. 이러한 기법들은 내담자의 인지, 감정, 그리고 행동상의 변화를 유발시키기 위한 치료과정에서 널리 사용되고 있다.

치료과정

인지치료(CT)는 타 이론에 비해 구체적이고, 목표지향적이며, 구조화된 치료적 접근이다. 변화를 위한 인지적 접근은 상담 초기에 무엇보다도 상담자와 내담자 사이의 신뢰 및 협력관계 형성에 초점을 맞춘다. 두 사람 사이의 신뢰 · 협력관계를 토대로 인지전략을 수행한다. 인지치료는 일반적으로 ① 호소문제 평가, ② 시간에 대한 인지기록, ③ 왜곡된 인지 파악 및 직면, ④ 현실적 · 생산적 사고로의 전환 순으로 진행된다.

1단계: 호소문제 평가.　인지치료의 첫 번째 단계는 표준화된 지침을 적용하여 내담자의 삶에서 사건 이해 및 문제 평가에 초점을 맞춘다. 즉, 내담자가 처한 상황에서 그동안 어떤 일이 일어났는지 구체적으로 파악한다. 이를 통해 상담자는 내담자의 문제를 명확하게 개념화하고 진단한다. 호소문제 평가과정에서 상담자는 내담자의 구체적인 사고, 감정, 행동뿐 아니라 치료적 기법이 이러한 요소들에 미치는 효과에도 초점을 둔다. 내담자의 호소문제 평가에는 다양한 문제평가 기법이 사용된다.

2단계: 사건에 대한 인지기록.　두 번째 단계에서는 내담자의 삶에서의 사건에 대한 사고를 기록방식을 설정하여 내담자의 인지를 명쾌하고 정확하게 이해할 것을 꾀한다. 이를 위해 사고는 흔히 글로 작성하게 하여 구체적으로 살펴볼 수 있도록 한다.

3단계: 왜곡된 인지 파악 및 직면.　세 번째 단계에서 상담자와 내담자는 협력하여 왜곡된 사고를 확인·직면하기 위한 수단을 탐색한다. 예를 들어, 내담자가 아무도 자신을 좋아하지 않는다고 믿는다면, 경험적 검사를 통해 내담자의 모든 부정적 상호작용뿐 아니라 긍정적 상호작용도 기록한다. 이처럼 객관적인 자료를 통해 내담자의 왜곡된 사고에 직면한다.

4단계: 현실적·생산적 사고로의 전환.　네 번째 단계에서는 새로운 현실적·긍정적 방식으로 사고하도록 하는 작업에 초점을 맞춘다. 그 결과, 내담자는 "아무도 나를 좋아하지 않아요."라는 생각을 "나를 좋아하는 사람들이 있는 반면, 그렇지 않은 사람들도 있어요."라는 생각으로 전환하게 될 수 있다. 이 과정은 내담자가 특정인들과 긍정적이고 생산적으로 활동할 수 있는 통로를 열어 주는 역할을 한다. 특히, 인지치료로 우울증을 치료하는 절차는 글상자 6-16과 같다.

글상자 6-16. 인지치료를 통한 우울증 치료 절차

1. 내담자의 비활동성과 우울감에의 집착을 막기 위한 활동계획표를 만든다.
2. 유쾌한 활동 비율과 완성 경험 증대로 성취감을 높인다.
3. 인지적 시연, 즉 중요한 과제수행에 필요한 일련의 과정을 상상하게 하는 한편, 저해 요인의 파악을 돕는다.
4. 자기주장훈련과 역할훈련을 수행한다.
5. 우울 사건 전 및/또는 동안 발생하는 자동사고를 파악한다.
6. 자동사고의 현실성, 정확성, 타당성을 탐색한다.
7. 부정적 결과에 대한 비난을 자신이 아닌 다른 적절한 것으로 돌리도록 가르친다.
8. 문제를 해결 불가능한 것으로 보고 자기를 비난하는 대신, 대안을 찾도록 돕는다.

현실치료 / Reality Therapy

현실치료(RT)는 1960년대 초, 미국의 정신의학자·임상심리학자 윌리엄 글래서가 창시한 심리치료 이론이다. 이 이론은 행동 선택에 대한 책임을 강조하는 **내부통제심리학**('선택이론')에 기반을 두고 있다. 이 이론은 사람들이 자기 행동을 더 효과적으로 통제함으로써, 삶에서 새롭고 어려운 선택을 잘 할 수 있도록 돕기 위해 개발되었다. 특히, **선택이론**Choice Theory은 사람들이 활동하는 이유와 방식을 설명하는 논리적 체계다. 선택이론이 고속도로라면, 현실치료는 물품을 실어 나르는 차량(Wubbolding, 2011)에 비유된다.

현실치료는 **선택이론**Choice Theory을 토대로 사람들에게 자기 삶은 물론 행위, 느낌, 생각에 책임이 있다고 가정한다. 글래서는 본래 정신분석에 관심이 있었다. 그러나 정신분석이 사람들에게 자기 행동에 책임지도록 가르치기보다 과거를 중시하며 개인의 문제에 대해 다른 사람을 비난하는 것이 불만스러웠다. 이는 행동에 대한 책임·통제·선택의 중요성을 강조한 현실치료를 창안하게 된 계기가 되었다. 이러한 점에서 현실치료는 글래서가 인식한 정신분

윌리엄 글래서
(William Glasser,
1925~2013)

석의 결함 보완을 기반으로 완성되었다고 할 수 있다. 프로이트의 입장과는 달리, 글래서는 내담자와의 관계가 우호적이어야 하고, 치료자의 적절한 자기개방이 수반되어야 한다고 믿었다. 또 내담자가 치료에 적극 참여하고, 자기행동을 탐색하게 하면, 사고와 감정에 변화가 유발된다고 보았다. 그리고 내담자의 감정 탐색보다 내담자가 스스로 삶의 변화를 위한 계획을 세우고, 계획을 적극 실천할 수 있도록 돕는 일을 중시했다. 따라서 변화를 위한 계획 실행에서 내담자의 변명을 수용하지 않는 대신, 내담자가 자기 삶을 통제할 수 있도록 도왔다. 현실치료는 우볼딩을 비롯한 다수의 추종자에 의해 체계를 갖춘 치료적 접근으로 거듭났다.

인간관

현실치료(RT)는 정신분석과는 달리 인간발달에 관해 설명하지 않는다. 대신, 인간의 삶과 본성의 중요한 양상에 초점을 맞춘다. 현실치료에서는 인간을 ① 반결정론적 존재, ② 심리적 욕구를 지닌 존재로 본다.

첫째, 현실치료에서는 인간이 외부의 힘에 의해 결정된다는 결정론적 입장에 반대한다. 대신, 인간은 무의식적 힘이나 본능에 의해 추동되기보다 의식수준에 의해 작동된다고 본다. 개인의 삶은 선택에 기초한다. 생애 초기에 습득하지 못한 것은 나중에라도 습득을 위해 선택할 수 있다. 이를 통해 개인은 얼마든지 자기정체감과 행동방식을 변화시킬 수 있다. 사람은 욕구의 정신적 이미지가 있고, 이에 따라 행동하므로, 자기결정적$^{self-determined}$이며, 정신적 고통이나 행복 역시 선택할 수 있다. 이것이 글래서가 주장하는 **선택이론**의 핵심이다. 이 이론에 의하면, 사람은 누구나 긍정적인 방식으로 행동하고, 타인을 통제하려는 시도 포기를 선택할 수 있다. 따라서 정신적으로 건강한 사람은 부모, 자녀, 배우자, 고용주, 피고용인 같은 중요한 타인들과의 관계를 통제하려 하지 않는다. 즉, 타인을 구속, 벌, 강요, 강제, 응보, 감독, 조작, 비난, 비평, 불평, 잔소리, 집적대기, 평가, 등급화, 철수하지 않는다. 대신 존중, 경청, 사랑, 신뢰, 수용, 환영, 돌봄, 지지, 협상, 격려한다.

둘째, 인간은 심리적 욕구를 지닌 존재로, 누구나 건강과 성장의 힘을 가지고 있다. 이 힘은 신체적인 것과 심리적인 것에 의해 입증된다. 신체적으로, 인간은 생명 유지를 위한 필수요소로 음식, 물, 주거지를 필요로 한다. 인간의 행동은 우선적으로 생존을 위한 신체적 욕구에 의해 통제된다. 호흡, 섭식, 일 같은 행동은 구뇌와 연결되어 있어서 자동적으로 신체의 통제를 받는다. 반면, 심리적인 것은 신뇌의 욕구와 결합되어 있다. 심리적 욕구(소속감 · 힘 · 자유 · 즐거움 욕구)와 결합된 것이 정체감 욕구다. **정체감 욕구**$^{identity\ need}$는 자기에 대한 심리적 인식으로, 타인에 의해 수용될 때 충족된다. 이 과정에서 중요한 것은 사랑과 가치의 경험이다. 이 욕구들이 충족될 때, 개인은 비로소 **성공 정체감**$^{success\ identity}$을 성취한다. 반면, 자신감 부족으로 조정이 필요한 성격과 쉽게 포기하는 경향성 같이 **실패 정체감**$^{failure\ identity}$으로는 이러한 욕구가 충족되지 않는다. 현실치료의 인간관을 구체적으로 요약 · 정리하면, 글상자 6-17과 같다.

글상자 6-17. 현실치료의 인간관

> 1. 자기행동과 정서에 대해 책임지는 긍정적 · 반결정론적 존재
> 2. 자기결정에 의존하여 책임을 다하고, 성공적이며, 만족스러운 삶을 영위할 수 있는 존재
> 3. 성공 정체감과 함께 자기를 사랑하는 사람과 자신이 사랑할 만한 사람을 필요로 하는 존재
> 4. 자기와 주변 사람들로부터 가치 있는 사람으로 인정과 이해를 필요로 하는 존재
> 5. 자신의 질적 세계를 위해 최선을 다하는 존재(이에 실패 혹은 실패 정체감은 없음)

핵심개념

현실치료(RT)의 핵심개념으로는 ① 선택이론, ② 전행동, ③ 정신병, ④ 정신화첩, ⑤ 기본욕구, ⑥ WDEP 모형이 있다.

선택이론

첫째, **선택이론**Choice theory은 모든 유기체의 심리적 · 신체적 행위를 설명해 주는 생물학적 이론으로, 행동을 내적으로 동기화된 것으로 설명하는 이론이다. 이러한 점에서 선택이론은 외부 자극에서 동기를 얻게 된다는 외부 통제 심리학과는 대조를 이룬다. 즉, 행동은 개인에게 생리적으로 부여된 기본욕구(생존, 소속, 힘, 자유, 즐거움에 대한 욕구) 중 한 가지 또는 그 이상을 충족시키기 위해 주어진 상황에서 선택한 최상의 시도다(Glasser, 2000). 선택이론에 따르면, 사람이 가장 쉽게 할 수 있는 것은 행동이다. 따라서 현실치료에서는 개인의 행동은 내적 욕구충족을 위해 스스로 결정하는 것이지 결코 외적 원인 때문이 아니라는 점을 강조한다.

전행동

둘째, **전행동**total behavior은 ① 활동하기acting, ② 생각하기thinking, ③ 느끼기feeling, ④ 생리적 반응physiological reaction으로 구성되어, 통합적으로 기능하는 행동체계다. 모든 행동에는 목적이 있는데, 이는 항상 네 가지 구성요소가 통합적으로 기능하는 전행동의 관점에서 이해된다. 현실치료에서는 전행동의 구성요소 중 '활동하기'를 중시한다. 이

요소는 거의 완전한 통제가 가능하기 때문이다. '생각하기' 역시 통제가 비교적 수월한 편이다. 반면, '느끼기'는 통제가 어려우며, '생리적 반응'은 더더욱 어렵다. 그러므로 '활동하기'와 '사고하기'를 변화시키면, '느끼기'와 '생리적 반응'은 따라오게 되어 전행동의 변화가 용이하게 된다.

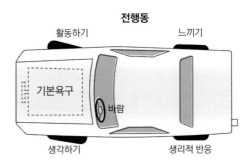

그림 6-4. 전행동 도식

전행동의 원리를 자동차에 비유하면, 자동차 운전자가 자신이 원하는 것을 얻기 위해 핸들(바람^{want})을 돌리면, 엔진(욕구^{needs})의 힘을 얻어 앞바퀴('활동하기'와 '생각하기')가 그 방향으로 자동차를 움직이게 되고, 뒷바퀴('느끼기'와 '생리적 반응')는 따라오게 된다는 것이다(그림 6-4 참조). 즉, 긍정적인 사고로 개인의 생산적인 욕구를 충족시키는 활동에 적극 참여하면, 정적 감정과 쾌적하고 만족스러운 신체 반응이 뒤따르게 된다. 역으로 말해서, 통제가 거의 불가능한 느끼기와 생리적 반응을 조작하려는 시도는 에너지의 소모가 클 뿐 아니라 욕구충족이 쉽지 않다는 것이다. 그러므로 현실치료에서는 개인의 행동과 환경 변화는 주위 환경이나 타인의 행동보다 '활동하기'에서 출발하는 것이 현실적이라고 본다. 게다가 행동은 선택이므로 느낌 표현을 동사형으로 표현하도록 한다.

정신병

셋째, 현실치료에서 정신병은 어떤 의미가 있는가? 즉, 정신병은 어떻게 발생하는가? 사람들은 전행동을 통해 자신이 원하는 것을 얻고자 한다. 자신의 욕구나 충동을 책임 있는 방식으로 충족시킬 때, 정신건강이 유지된다. 반면, 분노, 우울, 죄책감 같은 부정적 활동 역시 자신이 얻고자 하는 것을 찾기 위해 주어진 순간에 선택한 최선의 것이다. 그러나 이러한 선택으로 욕구충족이 이루어지지 않을 때, 정신질환$^{mental\ illness}$이 발생한다. 그러므로 정신병은 특정 시기에 개인의 현실을 다루기 위한 최선의 선택된 행동인 셈이다. 정신병이 있는 사람들은 자신의 욕구충족을 위한 행동을 잘 알지 못해 왜곡된 삶을 이어 간다. 즉, 자신이 지각하는 세계에서 겪는 고통 감소를 위해 정신병적 방식을 채택·적용한다.

그러나 모든 정신적 문제나 정서장애를 책임 없는 행동으로만 여겨서는 안 된다.

정신의학적 질환은 엄연히 존재하므로 정신의학적 장애와 무책임한 행동은 명백히 구분되어야 한다. 정신신체 질환으로 고통을 겪는 사람들의 특징은 분노같이 통제하고 있는 감정으로 인해 속이 끓어오르면서도 입을 굳게 다물고 있다는 점이다. 이들은 때로 정신장애를 이용하여 타인을 통제하는 방법을 터득하기도 한다. 이들은 자신만이 알고 있다는 이유로 자신의 생활을 통제할 수 없음을 인식하지 않으려 할 뿐 아니라, 자신의 좌절감 해소를 위한 감정과 행동을 선택하지 않으려 한다.

정신화첩

넷째, **정신화첩**^{mental picture album}이란 개인마다 자신의 욕구충족을 위한 구체적이고 분명한 이미지를 담고 있는 독특한 내면세계를 말한다('정신앨범'으로도 불림). 사람들은 실제 세상의 범위 내에서 살지 않는다. 이들은 각자 현실에 대해 지각할 뿐, 현실 그 자체는 알 수 없다(Glasser, 2000). 즉, 세상에 대해 각자 주관적으로 지각하여 세상이라는 그림을 그려 왔고, 또 그리고 있다. 따라서 각 개인의 정신화첩에는 마음속에 새겨져 내면의 욕구를 만족시킬 수 있다고 믿는 독특한 그림들이 담겨 있다. 각자 그려낸 그림들은 개인의 정신화첩에 모여 **질적 세계**^{quality world}에 간직된다('좋은 세계'로도 불림). 예를 들어, 나약한 아버지에 비해 강한 어머니의 영향을 받아 성공경험을 한 사람은 크고 진한 색채의 어머니에 대한 그림을 정신화첩에 담아 질적세계에 간직할 것이다.

개인이 경험하는 현실세계는 감각체계와 지각체계를 거치면서 지각세계에 전달된다. **지식여과기**('일차 지각체계')는 낮은 수준의 여과장치로, 모든 현실을 있는 그대로 받아들여, 지각된 것을 인식·분류하는 작업을 하는 반면, **가치여과기**('이차 지각체계')는 지각적 현실을 긍정적, 부정적 혹은 가치중립적으로 평가하는 기능을 담당한다. 각 개인은 이렇게 분류한 것 중에서 자신이 이상적으로 여기고, 욕구를 즉시 채워줄 수 있는 수단들을 자신에게 맞는 최상의 그림으로 질적세계에 보관한다. 예를 들어, 의자에 앉아 이 책을 읽고 있다는 것은 누구도 부정할 수 없는 현실의 지각이다. 그러나 이것조차 지각에 불과하다. 사람들의 현실지각은 서로 다르다. 만일 누군가에게 "왜 현실을 직시하지 않으세요?"라고 묻는다면, 이는 곧 "왜 당신의 현실지각은 나와 같지 않나요?"라고 묻는 것과 같다. 자신의 그림을 바꾸기도 어렵지만, 상대방의 그림을 바꾸도록 설득하기는 더 어렵다. 누구도 동일한 그림을 가지고 있지 않기 때문이다. 정신화첩 속의 그림이 더 이상 만족스럽지 않을 때 이를 대체할 새로운 그림을 찾게 되는데, 이 그림은 비합리적인 것일 수 있다.

기본욕구

다섯째, **기본욕구**basic needs는 개인을 움직이는 생래적인 강력한 힘이다. 인간의 기본 욕구는 ① 생존 욕구를 비롯하여 심리적 욕구인 ② 소속 욕구, ③ 힘 욕구, ④ 자유 욕구, ⑤ 즐거움 욕구가 있다.

생존 욕구.　첫째, **생존 욕구**survival need는 살고자 하고, 생식을 통해 자기를 확장하고자 하는 속성이다. 이 욕구는 척추 바로 위에 위치한 구뇌에서 생성되는데, 호흡, 소화, 땀, 혈압 등을 조절하고, 신체구조를 움직여 건강을 유지하는 역할을 한다. 구뇌는 생존의 필수요소이지만, 일상생활에는 지배적인 힘을 직접적으로 발휘하지는 못한다.

소속 욕구.　둘째, **소속 욕구**belonging need는 사랑하고, 나누고, 협력하고자 하는 속성이다. 예를 들어 교우관계, 가족, 사랑, 결혼, 또래 집단 혹은 계 모임에 참여하고 싶어 하는 것 등이다.

힘 욕구.　셋째, **힘 욕구**power need는 경쟁하고, 성취하고, 중요한 존재가 되고 싶은 속성이다('권력욕구'로도 불림). 사람들은 소속 욕구를 만족시키기 위해 결혼을 하지만, 힘 욕구의 충족을 위해 부부간에 서로 통제하고자 하다가 관계를 악화시키기도 한다.

자유 욕구.　넷째, **자유 욕구**freedom need는 이동과 선택을 마음대로 하고 싶어 하는 속성이다. 이는 각자 원하는 곳에서 살고, 대인관계와 종교활동 등과 같은 삶의 영역에서 생활방식을 택하고 마음대로 표현하고 싶어 하는 욕구를 말한다. 그러나 욕구충족에 있어서 다른 사람들의 자유를 침범하지 않도록 적절한 타협과 양보를 통해 주위 사람들과 더불어 살아갈 수 있는 절충안을 찾아야 한다.

즐거움 욕구.　다섯째, **즐거움 욕구**fun need는 새로운 것을 배우고, 놀이를 통해 즐거움을 만끽하고자 하는 속성이다. 이 욕구는 기본적이고 유전적인 지시다. 사람들은 즐거움 욕구충족을 위해 때로 생명의 위협도 감수하거나 자신의 생활양식에 과감히 변화를 주기도 한다. 생명을 건 암벽 타기, 자동차 경주와 같이 위험한 활동을 즐기는 것이 그 예다.

WDEP 모형

끝으로, **WDEP 모형**은 우볼딩이 창안한 것으로, 내담자가 욕구충족에 필요한 행동 변화 촉진을 위해 사용된다(Wubbolding, 2011). 이 모형에서 상담자는 질문을 통해 내담자가 ① **원하는 것**^{Wants}(W)을 인식하고('욕구와 바람 탐색'), 현재 어떤 방향으로 어떤 ② **행동**$^{Do/Direction}$(D)을 하고 있으며('행동탐색'), 그 행동이 욕구를 충족시키고 있는지 ③ **평가**^{Evaluation}(E)하게 하고, 개선을 위한 ④ **계획**^{Plan}(P)을 세우도록 돕는다. WDEP 모형 적용을 위한 질문 목록은 글상자 6-18과 같다.

로버트 우볼딩
(Robert E. Wubbolding,
1936~현재)

글상자 6-18. WDEP 모델 적용을 위한 질문 목록

○ W: "무엇을 원하나요?" "진정으로 원하는 것이 무엇인가요?"
○ D: "지금 무엇을 하고 있나요?"
○ E: "지금 하고 있는 행동이 당신이 원하는 것을 얻게 하고 있나요?"
○ P: "원하는 것을 얻기 위해 무엇을, 어떻게 할 계획(장 · 단기)인가요?"

바람(W).   **바람**^{Want} 탐색은 내담자의 행동 변화과정의 시작이다. 이 과정에서 내담자가 원하는 것을 얻기 위해 무엇을, 어떻게 해 왔었는지를 탐색한다. 이때 상담자가 내담자에게 주로 던지는 질문과 기대효과는 글상자 6-19와 같다.

글상자 6-19. WDEP 모형의 바람^{want} 탐색을 위한 질문과 기대효과

1. **"무엇을 원하나요?"** ☞ 내담자가 자신의 질적 세계를 탐색하여 자신의 바람을 명료하게 밝힌다. 마음속의 그림들이 분명할수록 원하는 것을 얻게 될 가능성은 커진다. 이 질문은 내담자에게 원하는 것을 얻는 방법과 방해물에 대해 상세히 탐색하여 자신의 행동체계 내의 효과적인 행동을 확인하거나 재조직해 낼 수 있도록 돕는다.
2. **"진정으로 원하는 것이 무엇인가요?"** ☞ 내담자 안의 비현실적인 그림을 성취 가능한 현실적인 그림으로 대체할 수 있도록 돕는 질문이다. 이 질문을 내담자에게 반복적으로 던져 내담자가 좌절을 극복하는 한편, 주위 환경에서 원하는 것과 경험하고 있다고 지각하는 것 사이의 간격을 좁힘으로써, 충족되지 못한 욕구를 구분해 낼 수 있도록 돕는다.

3. **"주위 사람들이 당신에게 원하는 것이 뭐라고 생각하나요?"** ☞ 내담자가 자신에게 영향을 미치고 있다고 믿는 세상에 대한 관점을 파악하기 위한 질문이다. 주위 사람들과 내담자가 원하는 것의 일치 정도를 알아봄으로써, 내담자 마음속의 그림, 즉 바람want에 내포된 근본적인 욕구를 확인한다.

4. **"어떤 시각으로 사물과 환경을 보나요?"** ☞ 내담자의 지각체계 탐색, 즉 외부세계로부터 여과된 것을 점검하기 위한 질문이다. 이 질문으로 내담자가 1차 수준의 지각(지식여과기)으로 현실 상황을 보는지 혹은 2차 수준의 지각(가치여과기)으로 보는지를 확인할 수 있다. 동시에, 내담자가 자기 삶의 방향을 바꿀 것인지에 관한 탐색이 가능하다.

5. **"상담자에게 바라는 것이 무엇인가요?"** ☞ 내담자가 어떤 도움을 받고 싶은지, 주위 사람들에게서 무엇을 원하는지 또는 내담자의 상담에 대한 태도를 탐색하기 위한 질문이다. 상담 초기에 현실치료에 대한 간략한 설명과 함께 최선의 노력을 다하겠다는 내담자의 동의가 있어야 그의 행동 변화를 도울 수 있다는 사실을 연습한다.

6. **"문제해결을 위해 기꺼이 노력하겠습니까?" "당신이 원하는 것을 얻고 행동 변화를 위해 얼마만큼의 노력과 에너지를 쏟을 수 있나요?"** ☞ 상담에 대해 확실한 약속을 하기 위한 질문이다.

방향 · 행하기(D). **방향**direction **· 행하기**doing는 상담 초기에 상담의 전반적인 방향, 즉 내담자가 어디로 가고 있는가를 파악하고 실행하도록 돕는 절차다. 여기서는 주로 내담자의 전행동 중 활동하기 측면이 탐색된다. 이 과정에서 내담자는 스스로 통제 가능한 활동을 탐색한다. 이는 내담자의 전행동, 즉 활동하기 요소에 변화를 주어 사고하기와 느끼기 요소, 그리고 생리적 반응 현상까지 변화유발을 꾀한다.

평가(E). **평가**evaluation는 내담자의 행동과 욕구 · 바람과의 관계, 그리고 계획을 점검하는 것이다. 이 단계는 현실치료의 핵심단계로, 내담자는 상담자의 질문을 통해 자신의 행동과 수행력을 면밀히 평가하여 자신의 욕구와 바람 충족에 도움이 되지 않는 행동을 구분한다. 내담자는 평가를 통해 욕구충족을 위한 생산적 · 비생산적 행동을 구분할 수 있게 됨으로써 자신의 행동 변화에 대한 동기수준을 높이게 된다. 내담자의 행동과 수행평가를 위한 질문의 예는 글상자 6-20과 같다.

글상자 6-20. 내담자의 행동과 수행평가를 위한 질문 예시

1. "현재 행하는 것이 당신에게 도움이 되나요?"
2. "현재 행하는 것이 당신이 원하는 것을 얻는 데 도움이 되나요?"

3. "현재 행하는 것이 당신이 설정한 규칙에 어긋나나요?"
4. "당신이 원하는 것은 현실적인가요? 실현 가능한 것인가요?"
5. "그런 식으로 보는 것이 당신에게 도움이 되나요?"
6. "상담의 진행과 당신 삶의 변화에 대해 어떻게 약속하실건가요?"
7. "당신이 세운 계획은 당신의 욕구나 바람 충족에 도움이 되나요?"

계획하기(P).   **계획하기**^{planning}는 내담자의 욕구와 바람 충족에 비생산적 행동으로 평가된 행동은 배제하는 한편, 생산적 행동으로 평가된 행동으로의 변화를 위해 수립하는 계획이다. 즉, 계획은 내담자가 제거해야 할 행동보다는 선택해야 할 행동을 강조한다. 상담자는 계획서를 문서로 작성하고, 질문을 통해 내담자에게 계획내용을 구두로 재확인하도록 한다. 계획내용 확인을 위한 질문의 예는 글상자 6-21과 같다.

글상자 6-21. 계획내용 확인을 위한 질문의 예

○ "이 계획을 기꺼이 실천해 보시겠어요?"
○ "지금 당신이 실행하기로 약속한 것을 다시 말씀해 주시겠어요?"
○ "실행하겠다고 한 대로 여기 용지에 서명해 주시겠어요?"
○ "마음이 변하거나 계획대로 하지 않게 되면 어떻게 될 것 같나요?"

　　상담자는 내담자가 스스로 계획을 수립할 수 있도록 돕는 한편, 행동계획이 실패했을 때 절대 변명은 받아들여지지 않는다는 점을 재확인시킨다. 단, 상담자는 실패에 대해 내담자를 비난하거나 벌을 주지는 않는다. 내담자가 실패에 대한 책임이 전적으로 자신에게 있다는 사실을 깨닫고, 실패에 따른 고통체험의 기회를 제공하기 위해서다. 내담자가 계획수립에 실패하더라도 상담자는 결코 내담자를 포기하지 않는다. 오히려 내담자가 새로운 계획을 세워서 과거의 것을 대체하도록 격려한다. 내담자들이 목표를 달성할 수 없었을 때마다 중요한 타인들로부터 무시당하거나 포기되는 것에 익숙하다는 사실을 깨달은 글래서는 실패의 악순환 고리를 끊기 위한 계획수립의 기준을 마련했다. 글상자 6-22는 바람직한 행동계획 수립을 위한 체크리스트다.

글상자 6-22. 바람직한 행동계획 수립을 위한 체크리스트

1. 인간의 다섯 가지 욕구가 충족되는가?
2. 단순한가?
3. 달성 가능한가?
4. 권장할 만한 특정 행위가 명시되어 있는가?
5. 행위자 중심으로 이루어져 있는가?
6. 구체적인가?
7. 측정 가능한가?
8. 반복될 수 있는가?
9. 즉각적인가?
10. 현실적인가?
11. 과정 중심적인가?
12. 평가될 수 있는가?
13. 확고한가?
14. 강화될 수 있는가?

WDEP 모형은 상담자들이 사용하기에 편리하고 이론 적용과 개념화에 유용하여, 현실치료의 임상영역을 크게 확장했다는 평가를 받고 있다(Wubbolding, 2011). 이 모형은 사람들에게 역경에 대처하고, 개인적으로 성장하며, 더 효과적인 삶의 선택을 돕기 위해 고안된 자조적 도구selp-help tool로 널리 활용되고 있다.

치료기법과 과정

현실치료(RT)의 목표는 내담자가 스스로 책임지고 선택한 방법으로 각자의 기본욕구(소속감, 힘, 자유, 즐거움) 충족을 위한 전행동 선택을 돕는 것이다. 즉, 내담자가 자신의 질적 세계에서 선택한 사람들과의 관계형성 또는 재형성을 돕는 것이다. 이를 위해 현실치료자는 ① 심리적으로 강하고 합리적으로 되기, ② 목표의 명료화, ③ 행동에 초점을 맞춘 현실적 목표수립, ④ 의미 있는 관계형성, ⑤ 행동과 현재에 초점, ⑥ 책임수용 및 변명수용 거부, ⑦ 새로운 계획수립 같은 상담목표를 설정한다. 치료목표 달성을 위해 현실치료자는 따스하고, 우호적이며, 개인적이고, 낙천적이며, 정직함을 추구한다(Bassin, 1993, p. 4). 상담자의 이러한 특성은 상담자에 대한 신뢰감 형성에 도움을 준다. 이는 치료적 관계를 촉진하는 소속욕구를 충족시키기 때문이다. 상담자는 ① 교사·모델, ② 적극적·지시적·실제적·교육적 조력자, ③ 협력적 동반자 역할을 한다.

치료기법

현실치료는 기법을 중시하지 않는다. 그렇지만 치료과정에서 주로 사용되는 기법으로는 ① 질문, ② 긍정적 태도, ③ 은유, ④ 유머, ⑤ 직면, ⑥ 계약, ⑦ 역할연기, ⑧ 지지, ⑨ 숙제, ⑩ 토의 · 논쟁, ⑪ 역설적 기법이 있다.

질문.   첫째, **질문**questioning은 정보수집, 정보제공, 내담자의 메시지를 명료화하기 위해 사용된다. 질문은 내담자가 원하는 것에 대해 생각하고 자신의 행동이 옳은 방향으로 나아가고 있는지에 대한 평가에 유용한 기법이다. 치료과정에서 질문은 내담자의 바람 탐색, 현재 행동 검토, 자기 평가를 통해 구체적인 계획수립을 촉진한다. 현실치료자에게 질문은 네 가지 측면, 즉 ① 내담자의 내면세계에 들어가고, ② 정보를 수집하며, ③ 정보를 제공하고, ④ 내담자가 더 효과적으로 통제할 수 있도록 돕는 데 유용하다(Wubbolding, 2011).

긍정적 태도.   둘째, **긍정적 태도**being positive는 내담자가 할 수 있는 것에 초점을 두고, 기회가 있을 때마다 내담자의 긍정적인 행동실행과 건설적인 계획수립을 강화해 주는 기법이다. 현실치료는 가르치는 것을 중시해서 내담자가 실행할 수 있는 것에 초점을 둔다. 긍정적인 진술은 내담자의 고통과 불평이 섞인 진술에도 적용된다. 예를 들어, 내담자가 "저는 오늘 과장님이 제게 말한 것에 대해 몹시 화가 나요."라고 말한다면, 상담자는 "직장 상사에게 화가 나는 선택을 하지 않기 위해 무엇을 하시겠어요?"라는 반응을 통해 긍정적인 행동 실천을 강조한다. 상담자는 '**긍정성**positiveness'을 토대로 사건이나 사람들에 대한 반응이 내담자의 선택에 달려 있다는 사실을 인식시키는 데 초점을 맞춘다. 즉, 통제의 주체는 바로 내담자 자신이라는 사실을 깨닫게 하는 행동지향적 기법을 적용한다.

은유.   셋째, **은유**metaphors는 내담자가 암시적으로 나타내는 언어적 표현에 주의를 기울이면서 그 언어를 사용함으로써, 이해하고 있음을 전달하는 기법이다. 이 기법은 상담자가 내담자의 이야기를 깊이 이해하고 있음을 전달하는 데 유용하다(Wubbolding & Brickell, 1998). 예를 들어, 내담자가 "그 사람이 갑자기 제 곁을 떠났을 땐 온 세상이 내려앉은 것 같았어요."라고 말한다면, 상담자는 "온 세상이 내려앉았을 때 어떤 느낌이 들까요?"라고 반응하는 것이다. 이는 곧 상담자가 내담자의 개인적 지각과 일치된 방식으로 말하고 있음을 의미한다.

유머. 넷째, **유머**humor는 웃음을 자아내는 말이나 행동으로, 내담자의 상황이 생각보다 심각하지 않음을 깨닫도록 돕기 위해 사용되는 기법이다. 이 기법은 비합리적 행동, 책임감 결여 같은 문제에 대한 직면에 효과적이다. 심각하다고 여기는 상황에서 웃을 수 있다는 것 자체는 문제 통찰, 해법 탐색, 변화 능력을 촉진하는 효과가 있다. 이처럼 유머는 내담자가 자신을 웃음거리로 만들 수 있는 건강한 능력 개발에 도움을 준다. 유머에 담긴 메시지는 삶이 더 나아질 수 있고, 그 속에 희망이 있음을 암시하기 때문이다. 반면, 유머는 자칫 냉소적으로 무시하는 의미로 와전될 수 있다는 점에서 조심스럽게 사용해야 한다. 냉소적 유머는 상담관계에 부정적 영향을 주고, 내담자와의 신뢰관계를 무너뜨릴 수 있기 때문이다.

직면. 다섯째, **직면**confronting or challenging은 내담자의 행위에 대한 책임수용을 촉진하기 위해 특정 행동에 대해 도전하는 기법이다. 이 기법은 질문이나 논쟁·토의 중에 내담자의 현실적 책임과 관련된 모순이 보일 때, 내담자에게 행동의 실천을 요구하기 위해 사용된다. 이러한 절차를 통해 내담자는 자신의 행동에 영향을 미치는 비생산적인 사고나 신념을 파악하고, 비생산적 행동의 대안을 찾는 한편, 새로운 계획을 세우게 된다. 직면을 적용한 예는 대화상자 6-12와 같다.

대화상자 6-12. 직면을 적용하는 대화의 예

> **내담자:** 경영학을 전공으로 선택하게 된 것도 순전히 아빠 때문이에요. 앞으로 전망이 좋다고 해서 택했거든요.
> **상담자:** 다른 모든 일도 아빠가 시키는 대로 했나요?
> **내담자:** 아니요. 그렇지는 않은데요.
> **상담자:** 다른 일은 아빠가 시키는 대로 하지 않았는데, 학과 선택은 어떻게 아빠 말씀대로 하셨군요.

대화상자 6-12에 제시된 대화의 예에서 전공학과가 싫어서 학교를 그만두고 싶은 내담자가 그 책임을 아버지에게 돌리자, 상담자는 직면을 통해 내담자가 현재 소속된 학과는 내담자 자신의 선택이라는 사실을 인식시킴으로써 선택에 대한 책임을 질 수 있도록 돕고 있다. 이처럼 직면은 내담자가 자기가 선택한 행동에 대한 책임을 받아들이도록 하는 데 효과가 있다. 이러한 점에서 직면은 타 이론에서 사용되는 기법과 크게 다르지 않다.

계약. 여섯째, **계약**^{contracting}은 내담자의 행동 변화에 대한 내담자와의 약속을 문서로 작성하는 기법이다. 이 기법은 내담자에게 행동 변화를 구체적으로 인식시키는 한편, 구속력과 함께 가시적인 증거물로 활용된다. 문서화된 계약은 내담자가 상담자와의 약속에 대한 책임을 지고 행동 변화를 성공적으로 이루어낼 수 있게 하는 효과가 있다. 계약은 "철이는 금요일까지 새로운 친구에게 말을 걸 것이다." 같은 한 문장으로, 또는 구체적이고 세분화하여 작성할 수 있다. 문서화된 계약서는 상담자와 내담자가 서명한 후, 사본을 한 부씩 나누어 각자 보관한다.

역할연기. 일곱째, **역할연기**^{role-playing}는 치료를 목적으로 다른 사람의 역할 또는 이상적으로 되고 싶은 사람의 행동을 직접 해 보게 하는 기법이다. 이 기법은 내담자가 대인관계에 어려움을 겪고 있거나 새로운 행동을 실천하고자 할 때 활용된다. 역할연기 역시 타 이론에서 적용되는 것과 유사하다. 그러나 현실치료에서 역할연기는 내담자의 과거나 미래를 현재로 가져와서 행동을 다르게 할 경우, 삶이 어떻게 달라질 것인가를 평가할 수 있도록 돕는다는 점에서 차이가 있다. 역할연기를 마치면, 내담자의 긍정적 측면에 대한 격려와 특히 비언어적 행동에 초점을 맞춘 피드백, 그리고 역할연기를 통한 경험에 대한 토의가 이어진다.

지지. 여덟째, **지지**^{supporting}는 긍정적인 결과에 대한 내담자의 자각, 예상, 기대를 높이기 위한 기법이다. 이 기법은 특히 실패 정체감을 지닌 내담자가 계획을 실행에 옮길 때 사용된다. 이들은 실패기대가 학습되었고, 새로운 행동시도 같은 위험감수를 원치 않는 경향이 있기 때문이다. 따라서 지지는 ① 내담자의 견해 묻기, ② 내담자에게 자신의 행동평가 요구하기, ③ 계획완수 칭찬하기, ④ 내담자의 변화 가능성과 능력에 대한 확신 표현하기 등으로 수행된다.

숙제. 아홉째, **숙제**^{homework assignment}는 상담 회기와 회기 사이의 연속성을 유지하고, 회기 간의 문제를 해결하도록 내담자를 격려하는 것으로, 상담성과를 촉진하기 위해 사용된다. 숙제는 보통 새로운 행동 시도, 현 행동의 감소 혹은 중단, 현 행동의 기록 또는 구체적인 문제해결 방안 모색 등을 포함한다.

토의 · 논쟁. 열 번째, **토의**^{discussing} · **논쟁**^{arguing}은 상담자의 질문에 대한 내담자의 답변에 현실성이 없거나 합리적이지 않을 때 사용되는 기법이다. 현실치료는 주로 질문을 통해 상담이 이루어진다. 이렇게 질문을 주고받는 가운데 내담자의 답변이나 어떤 현실성이 없는 등 합리적이지 못할 때, 상담자는 이론에서 강조하는 욕구, 그리고 욕구충족을 위한 방법이 현실성이 있는지와 그 책임성에 초점을 두고 내담자와 토의 또는 논쟁한다.

역설적 기법. 끝으로, **역설적 기법**paradoxical technique은 내담자에게 계획실행 중단을 요구하거나, 천천히 수행하게 하거나, 계속해서 계획에 어긋나게 하도록 요구하는 기법이다. 이 기법은 우볼딩(Wubbolding, 1988)이 처음 현실치료에 도입한 기법으로, 주로 실행되지 못한 계획에 대한 강한 저항을 논박하기 위해 사용된다. 역설적 기법은 계획실행에 저항하는 내담자에게 모순된 제안을 함으로써, 내담자가 기꺼이 실수하면, 내담자의 문제 통제가 이루어지고 있음을 확인하는 효과가 있다. 예를 들어, 일 처리를 실수하지 않으려고 강박행동을 발달시킨 내담자에게 의도적으로 실수하게 하는 것이다. 치료자의 제안에 따라 내담자가 기꺼이 실수하면, 내담자의 문제 통제가 이루어지고 있는 것으로 간주한다.

치료과정

현실치료(RT)는 크게 **상담 사이클**counseling cycle(① 상담환경 조성, ② 행동 변화로 이어지는 구체적 절차 수행)로 개념화된다(Wubbolding, 2015). 이를 위해 상담자는 내담자가 삶에 가치를 부여하고, 효과적인 방향으로 나아가도록 이 두 가지 요소의 통합을 촉진하는 상담기술을 사용한다. 상담 사이클의 진행절차는 글상자 6-23과 같다.

글상자 6-23. 상담 사이클의 진행절차

1. 내담자와 우호적 · 지지적 환경 조성을 통해 작업관계를 형성한다.
2. 내담자에게 자신의 욕구와 지각을 비롯한 전행동을 탐색하게 한다.
3. 원하는 것을 얻기 위해 선택한 행동의 효과를 스스로 평가하게 한다.
4. 내담자가 새로운 행동을 시도해 보기로 결정하면, 그 행동을 성취할 계획을 수립한다.
5. 내담자와 함께 수립한 계획을 실행한다.
6. 변화된 행동을 유지하도록 추수지도하고, 필요한 경우 자문해 준다.

상담 사이클 절차는 단순해 보이지만, 이를 효과적으로 실행하기 위해서는 상당한 기술과 창조력이 동반되어야 한다(Wubbolding, 2011b). 현실치료의 원리는 같지만, 이 원리는 상담자의 특성과 경험, 내담자의 상황에 따라 달리 적용된다. 글상자 6-23

에 제시된 상담 사이클을 정리하면, 현실치료는 ① 우호적·지지적 환경 조성, ② 전 행동 탐색, ③ 행동평가, ④ 계획수립, ⑤ 계획실행 순으로 진행된다.

1단계: 우호적·지지적 환경 조성. **우호적·지지적 환경 조성 단계**에서 상담자는 친 근한 경청을 통해 내담자의 욕구충족을 위한 방법 탐색에 도움을 줄 수 있는 사람이 라는 신뢰감을 형성한다. 이에 상담자는 지금·여기에 초점을 두고 논쟁, 공격, 비난, 비판, 비하, 남 탓, 조종, 위협, 결점 지적, 훈계, 지시, 강요, 설득, 진단, 변명·적대 감·두려움·조기 포기 조장, 강압적인 행동을 피하는 대신 수용, 지지, 공감, 격려, 온정적인 태도로 안전한 치료환경을 조성한다(Wubbolding, 2011, 2015). 우호적 개입 의 전제조건인 지지적인 환경 조성을 위해 상담자는 글상자 6–24에 제시된 원리를 일관성 있게 실천한다.

글상자 6–24. 우호적 개입을 위한 현실치료의 원리

> 1. 친근한 경청으로 내담자의 욕구충족을 위한 방법 탐색에 도움을 줄 사람으로 인식시 킨다.
> 2. 과거사 언급은 현재 상황 설명에 도움이 되지 않는 한 허용하지 않는다.
> 3. 감정 또는 신체 현상을 전행동과 분리하여 이야기하는 것을 금한다.
> 4. 무책임한 행동에 대한 변명을 허용하지 않는다.
> 5. 벌·비판 없이도 행동 선택에 대한 필연적인 결과를 깨닫도록 돕는다.

이 단계에서 상담자는 내담자를 수용적·온정적 환경을 조성하는 교사와 모델 역 할을 하고, 내담자는 학생 역할을 한다. 이를 기반으로 내담자가 자신의 행동에 대해 옳거나 그름의 도덕적 판단 또는 가치 판단을 통해 현실적인 욕구충족을 하도록 돕는 다. 이처럼 돌봄이 수반되는 환경에서 내담자는 관계 형성을 촉진하는 환경을 조성 하는 법을 배운다. 이를 바탕으로 내담자는 창조적으로 변화하게 되고, 새로운 행동 을 시도하게 된다. 지지적인 상담환경 조성을 위한 권장사항은 표 6–6과 같다.

표 6–6. 지지적 상담환경 조성을 위한 권장사항

권장사항	내용
1. 주의 기울이기	○ 얼굴표정, 수용, 언어적·비언어적 행동, 재진술 등을 통해 내담자에게 주의를 기울여 신뢰관계를 증진시킨다.

2. AB-CDEFG 실시	○ Always Be Calm and Courteous, Determined, Enthusiastic, Firm, and Genuine(항상 침착하고 예의바르고, 결정되어 있고, 열정적이고, 확고하고, 진실한 태도를 취하라).
3. 판단 보류	○ 내담자의 행동을 욕구충족을 위한 최선의 선택으로 간주하는 한편, 내담자의 행동을 판단·비난하지 않고 일차 수준의 지각을 통해 이해한다.
4. 예상치 않은 행동하기	○ 내담자는 좌절과 갈등으로 정신화첩 혹은 질적 세계가 부정적인 그림들로 채워져 있을 수 있으므로, 잠시나마 고통스런 상황에서 벗어나 있게 한다.
5. 유머 사용	○ 웃음은 인간의 고통 치유에 묘약이라는 점에서 유머를 적극 활용한다.
6. 자신이 되기	○ 상담자 역할의 가면을 쓰기보다 가장 자기답고 진실한 태도로 내담자의 이야기를 적극 경청한다.
7. 자기 공유	○ 진지하고도 개방적인 태도로 내담자가 자신의 질적 세계로 상담자를 초대할 뿐 아니라 상담자에 대한 내담자의 신뢰를 증진시키도록 한다.
8. 은유적 표현 경청	○ 내담자의 간접적인 표현을 적극 경청하여 내담자가 이미 알고 있는 것의 이해를 촉진하고, 불분명했던 것을 깨닫게 하며, 심미적·정서적 경험의 표현을 돕는다.
9. 주제 경청	○ 적극적 경청으로 내담자의 바람과 지각을 연계하여 내담자가 주제에서 벗어나지 않게 하여 상담 방향을 유지·심화시킨다.
10. 요약·초점 사용	○ 내담자의 이야기를 요약·정리해 줌으로써 진실로 원하는 것에 초점을 맞출 수 있도록 돕는다.
11. 결과 허용·부과	○ 내담자 행동의 결과를 통해 바람직하지 않은 행동에 대해 책임지게 한다.
12. 침묵 허용	○ 내담자의 침묵을 허용하여 생각을 모으고 내면의 정신적 그림과 지각을 명료하게 하는 한편, 문제해결을 위한 행동계획을 세울 수 있도록 돕는다.
13. 윤리적 태도	○ 내담자의 안녕과 복지를 도모하기 위해 상담자 윤리강령을 준수한다.

우호적·지지적 상담환경 조성을 위해 금지사항으로는 ① 변명수용 금지, ② 벌·비판·논쟁 금지 및 결과 허용, ③ 중도포기 금지가 있다.

□ 변명수용 금지. 첫째, 상담자는 내담자가 과거 실패에 대해 변명을 늘어놓을 때, '왜'라는 질문을 하지 않는다. 이 질문은 흔히 내담자의 변명으로 이어지게 되어 그 책임이 상담자에게로 옮겨질 수 있기 때문이다. '왜'로 시작되는 질문은 변명을 초대

하는 것과 같다. 따라서 상담과정에서 변명은 무시되는 반면, 다른 계획의 실행에 초점을 맞춘다. 이는 조만간 변화할 수 있을 거라는 내담자에 대한 자신감의 표현으로, 내담자의 변화를 촉진하는 효과가 있다. 내담자가 원했던 변화를 유발하지 못한 이유에 대해 논의하는 것은 오히려 내담자의 삶에 대한 내담자의 통제로부터 초점이 이동될 수 있기 때문이다.

☐ **벌·비판·논쟁 금지 및 결과 허용.** 둘째, 내담자가 계획을 실행하지 않는다면, 상담자는 내담자에게 벌을 주거나 비판하지 않고, 다만 그 결과에 대해 책임지게 한다. 내담자를 비판하거나 벌을 주거나 논쟁하는 것은 치료적 관계에 손상을 줄 수 있기 때문이다. 이러한 입장은 교육과 심리치료에 대한 현실치료의 견해와 일치하는 중요한 부분으로, 현실치료자들은 비판이 전반적인 교육과 치료과정에 파괴적인 효과를 지니고 있다고 믿는다. 상담과정에서 비판이 필요한 경우, 내담자의 됨됨이에 관한 부정적 의견의 형태보다는 관대하면서도 내담자의 잘못된 행동에 초점을 맞추어 이루어져야 한다. 글래서는 잘못된 행동에 대한 결과와 굴욕감을 주는 벌을 구분한다. 예를 들어, 내담자가 계획을 완수할 수 없었다면, 그로 인해 발생하는 결과가 무엇인지에 대해 탐색한다. 내담자는 계획을 재평가하여 새로운 계획을 수립한다.

☐ **중도포기 금지.** 셋째, 내담자가 아무리 수동적이고 비협조적이며 화를 잘 내는 등 다루기 어렵더라도 내담자를 절대로 포기하지 않고 그의 행동 변화를 위해 최선을 다한다. 이는 유능한 상담자의 이미지를 내담자의 질적 세계에 간직하게 하여 내담자가 필요할 때마다 꺼내 쓰게 하기 위해서다. 아무리 어려운 내담자라고 하더라도 현실치료자는 내담자를 결코 포기하지 않는다. 행동탐색, 행동평가, 계획수립, 계획실행 과정은 재순환되고, 내담자와 상담자는 재평가한다. 내담자가 계획실행을 성공적으로 완수하는 경우, 상담자는 내담자를 칭찬, 격려, 또는 보상해 준다. 이 외에도 강압 금지, 공포 분위기 조성 금지, 무시 금지(아무리 작은 일이라도 지지·강화해 줌) 등과 같은 금지사항들이 있다. 대화상자 6-13은 상담의 첫 회기에 현실치료자와 내담자 사이에 이루어진 대화내용의 일부를 발췌한 것이다. 상담자는 내담자의 두려움과 무기력함에 대해 언급하는 것을 조심스럽게 경청하면서 우호적인 관계 형성을 꾀하고 있다.

대화상자 6-13. 현실치료에서 우호적 관계 형성을 위한 대화의 예

> **내담자**: 이젠 더 이상 아무 일도 할 수 없을 것 같아요. 수렁에 빠진 것처럼 꼼짝도 못하겠어요. 도저히 빠져나갈 수 없을 것 같아요.
>
> **상담자**: 수렁에서 빠져나오고 싶다는 말처럼 들려요. 지수 씨를 끄집어낼 수 있도록 강력한 견인차량을 불러야겠네요. 저는 견인차량은 아니지만, 지수 씨가 수렁에서 빠져나올 수 있도록 도울 수 있어요.
>
> **내담자**: 제 삶이 나아질 수 있을까요?
>
> **상담자**: 그럼요. 지수 씨가 하고 싶은 일이 많은 것 같은데, 어떻게 하면 그 일들을 이룰 수 있을까에 대해 함께 노력해 볼 수 있지요.

상담자는 내담자에게 유머를 사용하여 내담자를 곤경에서 빠져나올 수 있도록 기꺼이 돕겠다는 뜻을 밝히고 있다. 이때 상담자는 수렁에 빠진 것 같다는 은유적 표현을 재진술함으로써 우호적인 관계 형성을 꾀하고 있다.

2단계: 전행동 탐색 **전행동 탐색**exploring total behavior **단계**에서 상담자는 내담자를 평가하기보다 자신의 전행동을 검토하도록 돕는다. 현실치료에서는 삶의 변화 또는 삶에 대한 통제는 활동하기를 통해 가능하나, 전행동이 기본욕구를 충족시키지 못하기 때문에 내담자가 삶에 만족감을 느끼지 못한다고 가정한다. 또한 사람들은 ① 현재 행동으로는 원하는 것을 획득하지 못한다는 확신이 들 때, ② 원하는 것을 얻을 수 있게 하는 다른 행동을 선택할 수 있다고 믿을 때, 변화를 위한 동기가 생긴다고 본다. 이에 상담자는 상담과정에서 신비와 불확실성을 조장하지 않는 대신, 상담을 통해 얻고자 하는 바와 대인관계에서 어떤 선택을 하고 있는지에 관해 질문한다. 또한 내담자가 원하는 것을 탐색·정의하고, 중요한 인물과의 불만족스러운 관계를 탐색한다(예 "누구의 행동을 통제할 수 있나요?"). 이후에도 이 질문을 반복함으로써 내담자가 자신이 통제할 수 있는 것에 집중하도록 격려한다.

내담자가 자신의 행동을 통제할 수 있음을 인식하게 되면, 상담의 진행이 촉진된다. 이후, 상담은 내담자의 더 나은 선택을 위한 방법에 초점을 둔다. 중요한 인물이 변하지 않더라도 내담자는 변화를 선택할 수 있고, 타인에 의해 좌지우지되는 희생자가 아니며, 내적 통제감을 지니고 있어서 자유롭게 선택할 수 있는 존재이기 때문이다(Wubbolding, 2011). 이 과정을 통해 내담자는 더 나은 미래에 대한 희망을 갖게 된다. 상담자는 내담자가 자신의 기본욕구를 인식하고, 질적 세계 발견, 그리고 증상/

행동을 스스로 선택하고 있고, 내담자의 변화는 그의 선택의 결과로 이루어진다는 사실을 깨닫도록 돕는다. 이 외에도, 상담자는 내담자가 자신이 원하는 것의 탐색을 돕기 위해 글상자 6-25에 제시된 질문을 사용한다.

글상자 6-25. 원하는 것의 탐색 · 확인을 돕기 위한 질문 예시

> ○ "진정으로 삶을 변화시키기를 원하나요?"
> ○ "원하지만 삶에서 얻지 못하는 것이 무엇인가요?"
> ○ "원하는 변화를 가로막고 있는 것은 무엇인가요?"
> ○ "되고 싶었던 사람이 된다면, 어떤 사람이 될 것 같나요?"
> ○ "당신과 가족들이 원하는 것이 같았다면, 당신의 가정은 현재 어떤 모습일까요?"
> ○ "당신이 원하는 방식대로 살고 있었다면, 당신은 지금 무엇을 하고 있을까요?"

글상자 6-25에 제시된 질문들은 내담자가 외적통제에서 내적통제로 옮겨가도록 돕는다. 이러한 질문은 준비단계에서 사용된다. 현실치료에서 상담자가 언제, 무엇을, 어떻게 질문할지 아는 것은 상담자의 역량에 달려 있다. 일련의 적절한 질문을 통해 내담자는 통찰 · 계획 · 해결에 도달하게 된다. 따라서 시의적절한 개방질문은 내담자의 목표성취를 촉진하는 반면, 과도한 질문은 내담자의 저항과 방어로 이어질 수 있다. 이 과정에서 상담자는 과거사 언급은 현재 상황 설명에 도움이 되지 않는 한 허용하지 않고, 감정 또는 신체 현상을 전행동과 분리하여 말하는 것을 금한다. 또 무책임한 행동에 대한 변명을 허용하지 않되, 벌이나 비판 없이도 행동 선택에 대한 필연적인 결과를 깨닫도록 돕는다. 내담자의 전행동 탐색을 위한 예는 대화상자 6-14와 같다.

대화상자 6-14. 전행동 탐색을 위한 대화의 예

> **내담자**: 저는 보통 7시 30분에 집을 나서서 버스로 학교에 가요.
> **상담자**: 등교는 주로 혼자 하나요?
> **내담자**: 아니요. 어제는 자인이라는 친구와 함께 갔어요. 목요일에 같이 듣는 강의가 있어서 목요일에만 함께 가죠.
> **상담자**: 버스에서는 보통 뭘 하죠?
> **내담자**: 우리 둘 다 책을 읽어요. 보통 서로 이야기는 잘 하지 않는 편이에요.
> **상담자**: 그러면 다음에는 뭘 하나요?

> **내담자:** 1교시에 심리학을 듣는데, 강의를 마치면 점심을 먹어요.
> **상담자:** 점심은 어디서 누구와 함께 먹나요?
> **내담자:** 점심은 보통 심리학 강의가 있는 강의실에서 가까운 학생식당에서 먹는데, 저는 항상 집에서 점심을 싸오거든요. 약 15분 동안 점심을 먹으면, 1시에 있는 영어 강의 예습을 해요.

대화상자 6-14에 제시된 대화의 예에서, 상담자는 내담자가 언제, 어디서, 무엇을, 누구와 하고 있는지에 대해 탐색·경청하고 있다. 그러면서 내담자의 행동들이 소속, 힘 혹은 즐거움 욕구를 충족시키지 못하기 때문에 내담자가 삶에 만족감을 느끼지 못하고 있다고 가정한다. 상담자는 내담자의 삶에 있어서 다른 부분들에 관해 이야기를 계속하면서 그의 활동을 탐색하고 있다. 혼자 활동하는 것에 관한 탐색은 상담과정에서 계속되고 있다.

3단계: 행동평가. **행동평가**^{evaluating behavior} **단계**에서 상담자는 질문을 통해 내담자가 자신의 행동 방향, 구체적인 활동, 욕구, 지각, 관여수준, 새로운 방향의 가능성, 활동계획의 평가를 돕는다. 평가라는 말에는 가치라는 의미가 함축되어 있다. 이 단계에서 상담자는 탐색질문을 능숙하게 던짐으로써, 내담자가 자신의 행동에 관한 가치판단과 자기평가를 할 수 있도록 돕는다. 내담자의 행동에 대한 면밀한 사정과 행동 결과에 대한 평가는 내담자와 상담자 모두에게 유용하다. 상담자는 표 6-7에 제시된 일련의 질문을 통해 내담자의 행동평가를 촉진할 수 있다(Wubbolding, 1988, pp. 50-56).

표 6-7. 행동평가 촉진을 위한 질문의 예

질문	효과
○ "당신의 행동은 당신에게 도움이 되나요? 아니면 해가 되나요?"	☛ 다양한 상황에서 자신의 행위 효과를 사정하는 데 도움이 된다.
○ "당신이 하고 있는 것을 행함으로써 원하는 것을 얻고 있나요?"	☛ 행동을 구체적으로 평가하고, 실제로 가치가 있는지 파악하는 데 도움이 된다.
○ "당신은 규칙을 위반하고 있나요?"	☛ 욕구·바람을 타인의 것과 비교·검토할 수 있게 하고, 규칙을 위반하는 사람에게는 자신이 무엇을 하고 있는지 깨닫게 하는 효과가 있다.

○ "당신이 원하는 것들은 현실적이고 달성 가능한가요?"	☛ 특정 행동의 지속 여부를 결정하는 데 도움을 준다.
○ "그것을 그렇게 보는 것이 얼마나 도움이 되나요?"	☛ 행동을 다른 방식으로 조망할 수 있게 한다.

　표 6-7에 제시된 일련의 질문들은 내담자가 자신의 현재 행동의 효율성을 사정하는 데 도움을 준다. 상담자가 내담자에게 이러한 질문을 통해 진실한 관심을 나타낼 때, 내담자는 자신의 행동에 대해 깊이 평가해 보는 기회가 될 수 있다. 왜냐하면 이러한 질문들은 내담자가 자신의 선택에 대한 책임을 질 수 있도록 도울 수 있기 때문이다. 대화상자 6-15에는 행동평가 촉진을 위한 질문을 적용한 대화내용의 일부다.

대화상자 6-15. 행동평가 촉진을 위한 질문을 적용한 대화의 예

> **상담자**: 혼자 점심 먹는 것에 만족하시나요?
> **내담자**: 아니요. 외로워요. 그래서 그런지 점심시간이 두려울 때가 있어요.
> **상담자**: 점심시간을 주로 어떻게 보내시죠?
> **내담자**: 점심을 먹고 나면, 영어 예습을 해요. 미리 읽고 들어가면 훨씬 도움이 되거든요.
> **상담자**: 현재 원하는 것을 얻고 있나요?
> **내담자**: 아니요. 점심시간에 다른 친구들과 좀 더 대화를 나누고 싶어요. 그게 좀 더 즐거울 것 같아요.

　행동평가를 마치면, 내담자의 더 나은 대인관계, 행복 증진, 삶에 대한 내적 통제감 증진을 위해 변화 목표를 정하고, 변화 촉진을 위한 계획을 세운다(Wubbolding, 2011). 이 과정에서 상담자는 내담자에게 상황과 관계없이 희망을 불어넣어 준다. 이처럼 상담자가 내담자의 편에 선 옹호자 역할을 함으로써 내담자는 더 이상 혼자가 아니고 변화의 가능성을 느끼게 된다.

4단계: 계획수립. **계획수립 단계**에서 상담자는 내담자가 자신이 원하는 것을 얻기 위한 계획수립을 돕는다. 내담자의 문제는 현재 또는 미래의 계획을 통해 해결할 수 있다. 계획수립과 실천과정은 삶을 효과적으로 통제할 수 있게 한다. 계획은 생리적 욕구(생존)와 심리적 욕구(소속, 힘, 자유, 즐거움) 충족을 위한 구체적인 행동을 실행하기 위한 것으로, 구체적이고 단순하며 성취 가능한 것을 중심으로 수립한다. 이에 상

담자는 "당신의 계획은 무엇인가요?"라는 질문을 시작으로 내담자가 원하는 것의 우선순위를 정하고, 자신에게 가장 중요한 것을 드러내도록 돕는다(Wubbolding, 2011). 계획수립은 '내담자에게 어떤 도움을 줄 수 있는가'와 '내담자의 삶에서 다른 사람에게 어떻게 영향을 줄 것인가'의 관점에서 이루어진다. 효과적인 계획수립을 위한 지침으로는 'SAMIC', 즉 ① 단순하고Simple, ② 달성할 수 있고Attainable, ③ 측정할 수 있고Measurable, ④ 즉각적이며Immediate, ⑤ 설계자에 의해 조정되고 지속적으로 수행되는 Controlled by the planner, and consistently done 것이어야 한다. 효과적인 계획의 특징은 글상자 6-26과 같다.

글상자 6-26. 효과적인 계획의 특징

1. 내담자의 동기 또는 능력의 범위 내에 있다.
2. 단순하고 이해하기 쉽다.
3. 긍정적인 행동을 포함하고 있다.
4. 다른 사람의 행동과 무관하게 실행이 가능하다.
5. 반복적으로 매일 할 수 있다.
6. 즉각적으로 실천할 수 있다.
7. 과정중심 활동으로 구성되어 있다.
8. 계획의 현실성, 실현 가능성, 필요성, 원하는 것과의 상관성에 대해 상담자와 함께 검토한 것이다.
9. 서면으로 작성된 것이다.

아무리 좋은 계획이라도 실행이 뒤따르지 않으면 쓸모가 없다. 계획의 실천 여부는 내담자에게 달려 있다. 이에 내담자가 자기 행동에 대한 통제력을 갖게 할 필요가 있다. 내담자의 자기주도적이고 책임 있는 계획실행은 변화의 촉매제가 된다. 따라서 상담자는 내담자가 성취할 수 있는 계획수립을 돕되, 계획에 대한 책임은 전적으로 내담자 각자에게 달려 있음을 강조한다. 그러나 만일 계획이 제대로 진행되지 않으면, 내담자는 상담자의 도움을 받아 계획을 수정한다. 계획은 새로운 출발점을 제공하는 동시에, 필요에 따라 수정할 수 있다.

5단계: 계획실행. **계획실행 단계**에서 상담자는 구두 또는 문서로 작성된 계약을 통해 내담자의 계획실행을 공고히 한다. 특히, 문서로 작성된 계약서는 무엇을 성취해야 하는지 구체적으로 명시할 수 있다는 이점이 있다. 계약서에는 계약서의 내용대로 이행하지 않는 경우에 대한 결과 또는 조치를 명시한다. 문서화된 계약서는 자칫 법적 문서처럼 여겨질 수 있다. 그러나 현실치료에서의 계약서는 법적 문서와는 달리 한 장의 종이에 상담을 통해 성취하고자 하는 목표행동을 문장으로 남기는 것이다. 이 단계에서 내담자는 원하는 것을 더 효과적으로 얻을 수 있는 방법과 문제를 현재에서 다루는 법을 학습한다.

교류분석 / Transactional Analysis

교류분석(TA)은 1957년 캐나다 출신 미국의 정신의학자 에릭 번이 창시한 인간행동에 관한 이론체계이자 심리치료이론이다. **교류분석**이란 사람들 사이에서 이루어지는 상호작용을 분석하여 치료적으로 활용하는 일련의 과정을 말한다. 여기서 **교류**^{transaction}는 단순히 표면적인 대화에서부터 마음속 깊이 전해지는 미묘한 의미, 숨겨진 의도, 감추어진 느낌에 이르기까지 다양한 측면을 포함하는 깊은 수준의 의사소통을 의미한다. 이러한 점에서 교류분

에릭 번
(Eric Berne,
1910~1970)

석은 정신분석과 연결고리가 있는 인지이론으로 분류되기도 한다. 교류분석은 낙관적·반결정론적 관점의 인간관에 기초한다. 즉, 인간은 긍정적·자율적이고, 자유로우며, 사고·결정·선택·책임질 수 있는 존재로 간주한다. 교류분석에 의하면, 인간은 어려서부터 중요한 타인의 기대나 요구의 영향을 받아 타인 의존적 초기결정을 내리게 된다. 그러나 언제든지 초기결정을 검토·도전하여, 재결정할 수 있다. 사람은 누구나 스스로 선택하고, 새로운 결정을 내릴 수 있으며, 실천할 수 있다. 이에 교류분석에서는 변명이나 핑계를 인정하지 않는다. 개인의 안녕과 복지에 도움이 되지 않기 때문이다. 개인은 이러한 결단을 통해 삶을 새롭게 재설계할 수 있다.

인간관

교류분석(TA)은 정신분석적 접근을 기반으로 구축되었음에도 반결정론적^{antideterministic} 철학을 토대로 인간을 조망한다. 교류분석의 관점에서 인간은 ① 긍정적 존재, ② 사고능력이 있는 존재, ③ 결정능력이 있는 존재, ④ 자율적 존재, ⑤ 자유로운 존재, ⑥ 선택능력이 있는 존재, ⑦ 책임능력이 있는 존재다.

첫째, 인간은 **긍정적인 존재**로, 과거의 불행한 사건이 있었다고 하더라도 변화 가능한 존재로 본다. 당신과 나, 모두 인간으로서 존재의 가치가 있고 존엄성이 있다. 그러므로 삶과 주변 세계에 대한 재결정을 통해 사고·감정·행동 방식을 재구조화할 수 있다. 둘째, 뇌손상이 심한 사람을 제외하면, 모든 사람은 **사고능력이 있는 존재**다. 이에 일상생활에서 필요에 따라 결정을 내리는 것은 온전히 개인의 책임이다. 셋째, 인간은 **결정능력이 있는 존재**로, 결정은 변화를 가능하게 한다. 사람들은 세상에서 원하는 것을 얻고 생존하기 위해 결정을 내리지만, 결과가 비생산적이거나 고통스러우면 다시 결정하면 된다. 이처럼 적극적 결정을 통해 개인은 실질적이면서도, 영속적으로 변화할 수 있다. 넷째, 인간은 **자율적 존재**다. 현실세계에 대한 인식, 게임을 통하지 않고도 정서 표현이 가능한 자발성, 그리고 다른 사람들과 사랑을 나누고 친근한 관계를 형성·유지할 수 있는 친밀감을 통해 인간은 자율적 존재다. 다섯째, 인간은 **자유로운 존재**다. 사회의 영향에서 완전히 벗어날 수는 없는, 완전한 자유는 아니더라도 많은 자유가 있다. 여섯째, 인간은 **선택능력이 있는 존재**로, 역기능적 습관의 고리를 깨고 새로운 목표를 설정하고, 생산적인 행동을 선택할 수 있다. 끝으로 인간은 **책임능력이 있는 존재**다. 어릴 때는 부모를 비롯한 중요한 타인들의 영향을 받지만, 삶에 책임질 수 있는 존재다.

핵심개념

교류분석(TA)의 핵심개념으로는 ① 자아상태, ② 금지령·초기결정, ③ 스트로크, ④ 시간 구조화, ⑤ 게임, ⑥ 라켓, ⑦ 생활자세, ⑧ 생활각본이 있다.

자아상태

첫째, **자아상태**^{ego state}란 특정 순간에 서로 관련된 일련의 행동 유형에 따른 감정체계를 말한다. 이 체계는 ① 부모자아상태(P), ② 성인자아상태(A), ③ 아동자아상태(C)로 구성되는데, 각각의 자아상태는 개인의 독특한 행동의 원천으로 작용한다.

부모자아상태. 부모자아상태^{Parent ego state}(P)는 부모에게서 직접 받아들인 부분으로, 성격에서 금지령(Dont's)과 명령(Do's)에 관한 성격의 부분이다(정신분석의 '초자아'에 해당하며, '어버이 자아상태'로도 불림). 이러한 메시지는 부모가 사용했거나 현재 사용하고 있는 것과 똑같은 말투 · 생각 · 몸짓으로, 외견상 비판적(CP)/양육적(NP) 행동으로 표출된다. 부모의 메시지는 개인의 생애 내내 나타난다. 부모자아상태(P)는 기능상 ① 비판적 부모자아상태(CP)와 ② 양육적 부모자아상태(NP)로 나뉜다.

☐ 비판적 부모자아상태. **비판적 부모자아상태**^{Critical Parent ego state}(CP)는 개인의 가치관이나 생각을 바른 것으로 여기고 양보하지 않는 성격의 한 부분이다. 이 부분은 **양심**^{conscience}과 관련된 것으로, 주로 생활에 필요한 규칙을 가르치며, 동시에 비판 · 비난하는 특징이 있다. 흔히 일인자처럼 거만하고 지배적인 태도, 명령하는 말투, 질책하는 경향을 보인다. 비판적 부모자아상태(CP)의 메시지 예시는 글상자 6-27과 같다.

글상자 6-27. 비판적 부모자아상태(CP)의 메시지 예시

○ "어른 가시는데 앉아 있으면 되니? 일어서서 인사드려야지!"
○ "학생들은 학년 초에 엄하게 다뤄 꽉 잡아놓지 않으면 1년을 고생해야 해!"
○ "잘못을 저지른 학생을 교칙대로 처벌하는 것은 당연하지 않나요?"
○ "내가 지시한 대로 하지 않으면 그 문제는 절대로 해결할 수 없어!"

비판적 부모자아상태(CP)는 사실 중심인 성인자아상태의 평가를 받지 않는다. 또 종교, 정치, 전통, 성별 등에 대해서도 자기 생각에 기반한 행동기준을 설정하는 것이 특징이다.

☐ 양육적 부모자아상태. **양육적 부모자아상태**^{Nurturing Parent ego state}(NP)는 친절, 동정, 관용적인 태도를 나타내는 성격의 한 부분이다. 이 부분은 북돋아 주고 격려하고 보살피는 양육적 · 보호적인 부모의 태도로, 벌보다는 용서와 칭찬으로, 남의 고통도 자신의 것으로 받아들이려는 따뜻한 면을 갖추고 있다. 이러한 부모에게 양육되는 아

이는 주로 양육적 언사나 몸짓이 수반된 자아상태가 발달한다. 양육적 부모자아상태 (NP)의 메시지 예시는 글상자 6-28와 같다.

글상자 6-28. 양육적 부모자아상태(NP)의 메시지 예시

○ "기분은 좀 어떠세요? 오늘 컨디션이 좋아 보이는데….”
○ "그만하길 다행이다. 더 큰 일이 생겼으면 어쩔 뻔했니?”
○ "네가 잘못될까 봐 염려되어 그런 거니까 달리 생각하지 마라.”
○ "건강 좀 챙기세요. 건강에 문제가 생기면 어쩌려고 그러세요.”
○ "피곤하겠구나. 늦게까지 공부하느라 수고 많았다. 간식 먹고 일찍 자도록 해라.”

성인자아상태. 성인자아상태$^{Adult\ ego\ state}$(A)는 객관적 사실에 의해 사물을 판단하는 기능으로 컴퓨터에 비유되는 성격의 한 부분이다(정신분석의 '자아'에 해당하며, '어른자 아상태'로도 불림). 이 부분은 개인의 나이와는 무관한 것으로, 감정에 지배되지 않고 지성·이성과 관련되어 있어서 사고를 기반으로 합리적·조직적·생산적·적응적 기능을 한다("이해합니다.” "~하려 합니다.” 같은 메시지로 표현됨). 성인자아상태(A)는 주로 객관적인 자료를 수집하여 현실을 합리적으로 판단하고, 주위 사람들과 'give-and-take' 관계를 유지한다. 지나치면, 정서가 결핍된 '기계 인간' 같은 모습으로 비춰 질 수 있다. 성인자아상태(A)의 메시지 예시는 글상자 6-29와 같다.

글상자 6-29. 성인자아상태(A)의 메시지 예시

○ "상대 팀의 진의가 무엇인지 좀 더 자세히 확인해 봅시다.”
○ "반대하는 사람들의 의향을 좀 더 살펴보고 나서 결정하도록 합시다.”

아동자아상태. 아동자아상태$^{Child\ ego\ state}$(C)는 어린 시절에 실제로 경험한 감정, 행동 또는 그와 비슷한 느낌이나 행동에 관한 성격의 한 부분이다(정신분석의 '원초아'에 해 당하며, '어린이 자아상태'로도 불림). 성격의 부분 중 가장 먼저 발달하고, 어린아이 같 은 감정과 행동(호기심 많고, 다정하며, 이기적이고, 상스럽고, 놀기 좋아하며, 짜증 내기 등)이 특징이다. 아동자아상태(C)는 내면에서 생득적으로 일어나는 모든 충동과 감 정, 그리고 만 5세 이전에 경험한 외적 상태다. 이는 부모를 비롯한 중요한 타인과의 관계에서 경험한 감정과 그에 대한 반응양식이 내면화된 것으로, 기능적 측면에서

① 자유분방한 아동자아상태(FC), ② 어린 교수 자아상태(LP), ③ 순응적 아동자아상태(AC)로 구분된다.

☐ 자유분방한 아동자아상태. **자유분방한 아동자아상태**^Free Child ego state^(FC)는 부모의 습관화된 영향을 받지 않고 본능적·자발적·충동적·감정지향적·자기중심적·적극적인 성격의 부분이다('자연스러운^natural^ 아동자아상태'로도 불림). 이 부분은 도덕이나 규범 등의 현실을 생각하지 않고 즉각적인 쾌락을 추구하는 반면, 불쾌감이나 고통은 피한다. 또 직관적이고, 창의적이며, 비언어적 메시지에 반응적이고, 상상이나 공상을 즐기는 특징이 있다. 반면, 지나치면 스스로 삶을 제어하지 못하고, 천진난만함이 경솔한 행동으로 돌출되기도 한다. 자유분방한 아동자아상태(FC)의 메시지 예시는 글상자 6-30과 같다.

글상자 6-30. 자유분방한 아동자아상태(FC)의 예

○ "우와!""야아!""너무 좋다!""난 하기 싫어!""어머나 너무 예쁘다!"
○ "우와 피자다. 너무 맛있겠다!"
○ "아이 피곤해! 난 피곤해서 하기 싫으니까 다른 사람을 찾아보세요!"

☐ 어린 교수 자아상태. **어린 교수 자아상태**^Little Professor ego state^(LP)는 성인자아상태(A)의 축소판으로, 꾀가 많고, 자기중심적·탐구적·창의적·직관적이며, 조정 기능을 갖춘 선천적 지혜다. 이 부분은 순간적인 천재적 발상, 그리고 성인자아상태와 연합하여 의도적인 창조성을 발휘하곤 한다는 특징이 있다.

☐ 순응적 아동자아상태. **순응적 아동자아상태**^Adaptive Child ego state,^(AC)는 감정이나 욕구는 억누르고 부모나 교사의 기대에 순응하려는 성격의 부분이다('적응적 아동자아상태'로도 불림). 이 부분은 부모의 영향을 비롯하여 트라우마, 삶의 경험, 훈련으로 형성된다. 순응적 아동자아상태(AC)는 싫어도 싫은 내색 없이 타협하거나, 자연스러운 감정을 나타내지 않거나, 자발성이 없어 타인에게 의지하는 특징이 있다. 이로써 평상시는 온순해 보이지만, 예기치 않게 반항 또는 격한 분노를 나타내기도 한다. 교류분석에서는 순응적 아동자아상태(AC)에 주목한다. 그 이유는 감정이나 욕구를 극도로 억압하고 어른 노릇에만 치중하게 되어, 스트레스로 인한 신체 증상 또는 평소와 다른 행동을 나타내는 등 주위 사람을 곤경에 빠뜨리곤 하기 때문이다. 순응적 아동자

아상태(AC)의 메시지 예시는 글상자 6-31과 같다.

글상자 6-31. 순응적 아동자아상태(AC)의 메시지 예시

○ "자기가 좋은 대로 알아서 해!" ☛ "난 책임지기 싫어!"
○ "죄송합니다. 보고서 제출이 늦어졌네요." ☛ "내용이 부실해요."
○ "제 의견은 특별한 것은 없습니다." ☛ "어차피 말해 봤자 별 도움이 안 되니까요!"

금지령 · 초기결정

둘째, **금지령**^{injunction}은 아동이 인정받기 위해 할 일을 부모가 규정하는 내용이다. 금지령은 언어로 직접 전달되기도 하지만, 행동처럼 비언어적 · 간접적으로 주어지는 경우가 더 많다. 아동은 부모의 메시지를 수용할 것인지 대항할 것인지 결정한다. 수용하는 경우, 아동은 메시지의 수용방식을 결정하는데, 이를 토대로 **초기결정**^{early} ^{decision}이 이루어져서 성격의 기반이 된다. 금지령은 때로 위험방지 또는 생존을 위해 아동 스스로 자신에게 내려지기도 한다. 이는 내담자의 부적절한 금지령 인식을 통해 문제해결을 돕는다. 일반적인 금지령과 이에 따른 결정양식은 표 6-8과 같다.

표 6-8. 금지령에 따른 초기결정

금지령	부모의 금지령	자녀의 초기결정
☐ 하지 마라 Don't do	○ 자녀가 위험한 상황에 직면하는 행동을 하지 못하게 하는 메시지 (예 "그런 곳에 가지 마라!" "그런 일은 하지 마라!")	☛ "난 결코 혼자 결정할 수 없어!" "내가 하는 일마다 확신할 수 없어!" "날 보호해 주고, 대신 결정해 주는 사람의 도움이 꼭 필요해!"
☐ 되지 마라 Don't be	○ 부모의 비언어 행동을 통해 받는 메시지(예 "네가 태어나지 않았다면, 내가 이런 고생은 하지 않아도 될 텐데." [가장 치명적인 메시지])	☛ "목숨을 걸고라도 부모님이 날 사랑하게 만들고야 말겠어!" "엄마 아빠가 원하면, 내가 이 집에 없는 것처럼 행동하겠어!"
☐ 가까이하지 마라 Don't be close	○ 부모의 신체접촉 거부 혹은 부모의 사망 · 이혼	☛ "누구와도 가까이하지 않겠어! 결국 다 떠날 테니까." "사람들과 가깝게 지내지 않으면 상처받는 일도 없을 거야."
☐ 중요하게 되지 마라 Don't be important	○ 부모에게 무시당하며 자란 자녀가 받게 되는 메시지	☛ "난 결코 중요한 사람이 아냐!" "난 결코 중요한 인물이 되지 않을래."

☐ 아이가 되지 마라 Don't be a child	○ 동생을 돌봐야 하는 책임 때문에 재미 추구 또는 나이에 걸맞은 욕구를 억제·부정하게 됨(주로 장남·장녀에게 주어짐)	☛ "난 늘 어른처럼 행동해야 해!" "어린애처럼 굴어선 안 돼!" "난 남을 돌봐야 할 책임이 있어."
☐ 성장하지 마라 Don't grow	○ 자녀가 성장하면서 통제권에서 벗어나는 것이 두려운 부모의 메시지("내 곁을 떠나지 마라."[주로 막내들이 받음])	☛ "어린아이로 남아 있을 테야. 그러면 엄마 아빠가 좋은 것을 주실 거야."
☐ 성공하지 마라 Don't succeed	○ 비판·꾸중을 들으며 자란 자녀에게 실패의 두려움을 갖게 하는 메시지("넌 결코 해낼 수 없어!")	☛ "아무리 노력하더라도 성공할 수 없을 거야." "난 행동이 굼떠서 항상 실패할 거야."
☐ 네가 되지 마라 Don't be you	○ 자녀에게 반대 성 역할/행동을 부추기는 부모의 메시지("네가 아들로 태어났어야 하는데.")	☛ "엄마 아빠가 원하면 남자처럼 행동해야지."
☐ 건강하지 마라 Don't be sane	○ 질병 혹은 비정상적 행동으로 부모의 스트로크를 받아온 자녀가 스트로크를 계속 받기 위해 특정 행동을 보임	☛ "내가 아프면 관심을 기울여 주겠지." "내가 우울해하면 내게 관심을 보일 거야."
☐ 소속되지 마라 Don't belong	○ 공동체를 비롯하여 다른 어떤 집단에도 소속되지 않을 때 주어지는 메시지	☛ "어떤 곳이라도 집에서처럼 편안함을 느낄 수 없을 거야."

스트로크

셋째, **스트로크**stroke란 사회적 행동의 동기를 제공하는 요인으로, 평생 지속되는 인정자극이다. 이 개념은 1971년 클로드 슈타이너(Claude M. Steiner, 1935~2017)가 창안한 것으로, 서로 주기도 하고 받기도 하는 주의attention 또는 관심을 의미한다. 생애 최초의 스트로크는 산모가 자신의 배를 두드리는 것이다(Dusay, 1977). 스트로크는 생의 초기에는 주로 신체접촉(포옹, 머리 쓰다듬기 등)을 통해 제공되지만, 이후에는 심리적 스트로크(언어, 표정, 관심 등)로 대체된다. 스트로크는 ① 정적 스트로크와 ② 부적 스트로크로 나뉘고, 이는 다시 ① 조건 스트로크와 ② 무조건 스트로크로 나뉜다.

정적 스트로크.   **정적 스트로크**positive strokes는 쾌적한 스트로크를 말한다(예 포옹, 칭찬, 긍정적 평가 등). 이는 표면적인 것(가벼운 인사)으로부터 친밀도가 짙은 성적 표현에 이르기까지의 행동이 포함된다. 정적 스트로크는 건강한 자아 형성에 필수요건으로,

정적 스트로크를 충분히 받으며 자라난 아동은 타인의 칭찬이나 인정을 기꺼이 받아들이고, 자기가 속한 집단에 대한 칭찬도 자신의 기쁨으로 여기게 된다. 정적 스트로크는 다시 ① 정적 무조건 스트로크와 ② 정적 조건 스트로크로 나뉜다.

☐ **정적 무조건 스트로크.** **정적 무조건 스트로크**^{positive unconditional strokes}(PUS)는 아무런 보상을 기대하지 않고 제공하는 긍정적인 인정자극을 말한다. "당신은 이 세상에서 누구와도 바꿀 수 없는 귀중한 사람이야." "당신 정말 멋져!"라는 말과 같이 행동보다는 인격에 주어지는 스트로크를 말한다. 적절하고 순수한 정적 무조건 스트로크는 개인의 성장에 촉진제 역할을 한다.

☐ **정적 조건 스트로크.** **정적 조건 스트로크**^{positive conditional strokes}(PCS)는 무언가를 기대하거나 행동에 대해 제공하는 긍정적인 인정자극을 말한다(예 "이번에 성적이 많이 올라서 엄마가 너무 기쁘구나."). 이 자극은 정적 행동이 더 자주 나타날 것에 대한 기대를 내포한다.

부적 스트로크. **부적 스트로크**^{negative strokes}는 정적 스트로크를 충분히 받지 못해 상대방을 노하게 하거나 걱정·곤란하게 하거나 상처를 입히면서 애정을 얻으려는 것을 말한다. 부적 스트로크는 자아 형성에 부정적인 영향을 주지만, 스트로크가 전혀 없는 경우보다는 낫다. 정적 스트로크를 받지 못하면 사람들은 부적 스트로크라도 받고자 하므로 부적 스트로크에 안주하는 경향이 있다. 예를 들어, 아동이 교사의 관심을 받기 위해 말썽을 피우고 숙제를 안 하거나, 부모의 관심을 받기 위해 집안을 어지럽히는 경우다.

☐ **부적 무조건 스트로크.** **부적 무조건 스트로크**^{negative unconditional strokes}(NUS)는 이유 없이 상대방에게 상처를 입히거나 관심을 박탈하며 상대방을 괴롭히는 행위를 말한다(예 "넌 정말 주는 것 없이 미워." "무조건 네가 싫어!").

☐ **부적 조건 스트로크.** **부적 조건 스트로크**^{negative conditional strokes}(NCS)는 행동수정 혹은 교육목적으로 의도성을 가지고 제공하는 부정적인 언어적·비언어적 행동을 말한다(예 "넌 지저분해서 가까이하기 싫어." "공부 못하는 사람과는 상대하기 싫어!"). NCS는 계속해서 제공되면 바람직하지 못한 결과를 초래한다.

시간 구조화

넷째, **시간 구조화**^{time structuring}란 외부환경 세계를 구조화하려는 인간의 기본욕구로, 대인교류를 위해 일상의 시간을 프로그램화하는 것을 말한다. 인간은 서로 스트로크를 주고받으며 사회생활을 한다. 이에 사람들은 자신이 원하는 스트로크를 얻기 위해 다양한 방법을 고안하여, 상대방 또는 환경을 조작하고자 한다. 즉, 스트로크를 주고받기 위해 시간을 보낼 방법을 궁리한다. "이번 주말에는 어디에 갈까?" "다가오는 여자친구 생일에는 어떤 세리머니를 준비할까?" 등에 관한 계획을 구상한다. 시간을 보내는 방법에 따라 어떤 스트로크를 어떻게 채우고 있는지 파악할 수 있다. 사람들은 대체로 ① 철수, ② 의식, ③ 활동, ④ 소일거리, ⑤ 게임, ⑥ 친밀성 같은 방법으로 시간 구조화를 한다.

☐ 철수.   첫째, **철수**^{withdrawal}는 타인과 멀리하고 대부분의 시간을 공상이나 상상을 하며 보내는 것을 말한다. 철수는 어린 시절 부모나 주위 사람에게서 필요한 최소한의 스트로크를 얻지 못할 때 나타나는 현상이다. 현실을 무시하고 상상 속에서 얻으려는 시도로, 백일몽이나 공상이 대표적인 예에 속한다. 타인과의 교류가 적기 때문에 상처받는 일이 없으므로 어떤 의미에서 가장 안전한 구조화다. 우울 상태가 되면 폐쇄를 많이 사용하고, 직면보다는 술로 달래는 경우도 이에 해당한다.

☐ 의식.   둘째, **의식**^{ritual}은 결혼식, 제사, 동창회 등의 전통이나 습관에 따름으로써 스트로크를 유지하는 것이다. 폐쇄와 달리 외부 대상이나 관례를 통해 스트로크를 구한다. 보통 대상은 특정인보다는 동질집단으로, 낮은 수준의 친밀관계를 유지하므로 이에 의존하기도 한다.

☐ 활동.   셋째, **활동**^{activity}은 친밀과 소극적인 인간관계의 중간에 위치하는 것으로, 공부, 일 등의 도구를 사용하는 것이 특징이다. 일이나 목표가 뚜렷한 사람들의 시간 구조 형식이며, 도구에 지나치게 의존해 부정적인 문제가 발생하기도 한다.

☐ 소일거리.   넷째, **소일거리**^{pastime}는 연예, 일, 취미 등의 무난한 화제를 대상으로 즐거운 스트로크를 교환하는 것을 말한다. 활동보다 직접적이고, 같이 있고 싶은 사람에게 접근하는 방법이다. 감정을 포함한 대화보다는 정보교환을 중심으로 가벼운 접촉이 이루어진다.

☐ **게임.** 다섯째, **게임**game은 표면상의 행동과는 달리 숨은 의도를 가진 시간구조 양식을 말한다. 부정적 생활자세나 신뢰·애정의 결핍으로 대인관계에서 친밀감 형성이 어려운 사람들이 흔히 사용하는 방식이다. 흔히 분노, 우울, 죄책감과 같은 부정적 정서가 수반된다.

☐ **친밀성.** 여섯째, **친밀성**intimacy은 수용적 태도에 근거한 감정의 자연스런 표현과 상호 교환이 가능한 시간 구조화 양식이다. 가장 이상적이면서 가장 위험부담이 큰 교류다.

게임

다섯째, **게임**game은 이면적으로 동기화된 것으로, 결국 불쾌한 감정으로 끝을 맺게 되는 교류를 말한다. 이는 예측 가능하고 정형화된 함정 또는 속임수를 감추어 놓은 일련의 술수gimmick로, 보통 파괴적인 결말로 이어진다. 게임은 겉으로는 친밀감을 주는 것처럼 보이지만, 결국 누군가는 좋지 않은 감정을 갖게 되는 교류다. 따라서 대인 간 친밀감 형성·유지를 방해하고 거리감을 조성한다. 심리적 게임을 이해하기 위해 카프먼(Karpman, 1968)은 삼각구도, 즉 ① 박해자persecutor, ② 구원자rescuer, ③ 희생자victim 로 된 '**드라마 삼각형**Drama Triangle'을 고안했다. 이는 마치 무대에서 연기자들이 교체되는 것처럼 게임에서도 연기자들 간에 극적인 역할 교대를 하고 있음을 보여 준다. 드라마 삼각형은 자기 또는 타인이 게임할 때, 어떤 역할을 하고 있는지 감지하고, 자기나 타인이 지금·여기에서 무엇을 하고 있는지 인식하여 더 이상 게임을 하지 않게 하는 데 도움을 준다.

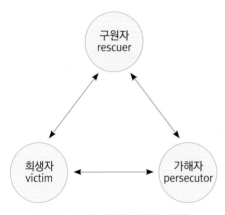

그림 6-5. 카프먼의 드라마 삼각형

라켓

여섯째, **라켓**racket은 게임을 통해 경험하게 되는 불쾌감이다. 이 개념은 1972년 파니타 잉글리쉬(Fanita English, 1916~2022)가 창안한 것으로, 어릴 적부터 긴장 상황에 놓일 때마다 사용하는 보편적인 감정을 의미한다. 사람들은 보통 라켓 감정(슬픔, 두려움, 분노 등)을 선택한다. 이 감정은 적절성 여부와 상관없이 되풀이해서 사용된다는 특징이 있다. 라켓 역시 생활각본의 기본요소로, 초기결정 강화를 목적으로 사용된다. 예를 들어, 어린 시절 '가까이하지 마라'는 금지령을 받아, 사람들과 거리를 두려는 초기결정을 내린 사람은 자신의 결정을 정당화하기 위해 불쾌감을 축적한다. 이에 이 사람은 누군가와 가까워지게 되는 경우, 상대방의 분노를 자극하는 행동이나 특성을 찾아내어 스스로 타인과 가까워지지 않게 한다. 이 과정이 계속되면서 자신의 초기결정을 정당화하고, 초기결정을 더욱 강화한다. 라켓의 예화는 글상자 6-32와 같다.

글상자 6-32. 라켓의 예화

> 경리 일을 하며 과거 10년 동안 20차례 이상 회사를 그만둔 내담자는 일자리를 찾기가 어렵다고 불평을 털어놓았다. 내담자는 한 회사에서 오랫동안 근무하고 싶지만, 그렇게 하지 못해 상담을 통해 이러한 문제를 해결하고 싶다고 말했다. 상담자는 내담자의 목표를 인정하고 목표달성을 위해 함께 노력하기로 했다. 접수면접 동안 내담자는 상담자의 넥타이에 대해 꼬투리를 잡기 시작했다. 그리고는 상담실 의자와 집기를 정돈하기 시작했다. 그러다가 결국 상담자가 아끼는 전기스탠드를 떨어뜨렸다. 내담자는 얼른 사과를 하더니 전기스탠드를 집어올리려고 몸을 구부려 상담자가 발로 걷어찰 수 있는 자세를 취했다. 상담자는 직감적으로 미소를 지으며 자신의 노여움과 발에 대해 언급했다. 내담자는 순간 자신이 '차 주세요(Kick me)' 게임을 하고 있다는 사실을 깨달았다.

글상자 6-32에 제시된 예화에서처럼, 라켓 감정은 개인이 어릴 때부터 긴장상황에 처할 때마다 사용하는 보편적인 감정이다. 사람들은 보통 슬프거나, 무섭거나, 화나는 라켓 감정을 선택한다. 이는 적절성 여부와 상관없이 되풀이해서 사용되는 동일한 감정이다.

생활자세

일곱째, **생활자세**^{life position or Ok position}는 어린 시절 중요한 타인(부모 등)과의 스트로크를 토대로 조성되는 자기, 타인, 세계에 대한 기본 반응태도 혹은 이에 기인하는 자기상 또는 타인상이다('인생태도' '생활태도'로도 불림). 이는 1971년 프랭크 에른스트^{Frank Ernst}가 '오케이 목장^{OK ranch}' 개념으로 소개한 것으로, 자신과 타인에 대한 신뢰(기본 신뢰감 또는 기본 안정감)의 토대가 되는 체험이다. 예를 들어, 아이는 어머니와의 상보

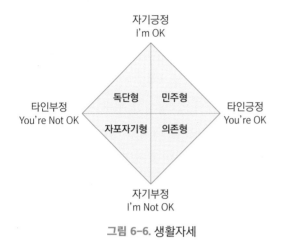

그림 6-6. 생활자세

교류를 통해 자기와 사회에 대한 태도를 체득한다. 생활자세^{OK positions}는 ① 자기부정·타인긍정형, ② 자기부정·타인부정형, ③ 자기긍정·타인부정형, ④ 자기긍정·타인긍정형으로 나뉜다.

자기부정·타인긍정형. **자기부정·타인긍정형**(I'm Not OK, You're OK)은 일종의 '피해적 인간관계'로, 출생 시의 생활자세다('의존형'). 어릴 때 부모의 무조건적 스트로크(You're OK)를 경험하게 되면서 어린아이는 자신은 무능하므로 타인의 도움이 없이는 생존할 수 없다는 의식(I'm Not OK)을 갖게 된다. 이러한 자세는 보통 성장·발달하면서 점차 자기긍정·타인긍정으로 바뀐다. 그러나 그렇지 못한 경우, 성인이 되어서도 타인과 친밀한 관계를 맺기 어려워하고 열등감, 죄의식, 우울감을 느끼거나 타인 불신에 빠지기도 하며 심하면 자살하기도 한다.

자기부정·타인부정형. **자기부정·타인부정형**(I'm Not OK, You're Not OK)은 '파괴적 인간관계'로, 생후 1년을 전후하여 형성하는 생활자세다('자포자기형'). 이 시기에 아이는 몸을 움직여 다양한 행동을 시도하지만, 넘어져 다치는 등의 잦은 시행착오를 범한다('I'm Not OK'). 그러나 부모도 예전처럼 잘 도와주지 않고 오히려 벌을 주게 된다('You're Not OK'). 이렇게 성장한 사람들은 "나를 비롯하여 이 세상에 믿을 사람은 아무도 없다."라는 의식을 갖게 된다. 따라서 이들은 무가치함, 허무감, 조현병, 자살/타살 충동 등으로 병원 신세를 지게 된다.

자기긍정·타인부정형. **자기긍정·타인부정형**(I'm OK, You're Not OK)은 '공격적 인간관계'로, 주로 만 2~3세 때 경험한다('독단형'). 이는 외부의 자극 없이 생존할 수 있는 자신감(I'm OK)으로, 외부 자극을 전적으로 거부(You're Not OK)하는 생활자세다. 이렇게 성장한 사람들은 대체로 '세상에 믿을 건 내 주먹뿐'이라는 의식을 갖게 된다. 이러한 생활자세는 지배감, 우월감, 양심 부재, 타인 불신이 지배적인 독재자 또는 범죄자에게서 흔히 볼 수 있다. 이들은 자신의 범죄행위가 다른 피해자에게 미친 해악을 생각하기보다는 자기의 잘못을 타인이나 사회의 탓으로 돌려, 자신을 사회나 가족의 희생양 또는 박해받는 사람으로 여긴다.

자기긍정·타인긍정형. **자기긍정·타인긍정형**(I'm OK, You're OK)은 가장 바람직하고 생산적인 인간관계로, 보통 만 3세 이후에 형성된다('민주형'). 이 유형은 성인자아상태(A)가 기능하기 시작하면서 형성되는 생활자세다. 그렇지만 누구나 자연스럽게 형성하는 것은 아니다. 이러한 생활자세를 지닌 사람들은 대체로 정신적·신체적으로 건강하고, 사물을 건설적으로 대하며, 다른 존재의 의미를 충분히 인정하는 건설적인 인생관을 지닌 사람으로 성장한다.

생활각본

끝으로, **생활각본**[life script]은 생애 초기에 주로 부모에 의해 주어지는 **금지령**[injunctions]과 그에 대한 반응양식이다. 이 양식은 초기결정, 초기결정을 유지하기 위한 게임, 초기결정의 정당화에 의해 경험하는 라켓, 삶에 대한 기대 등으로 구성된다. 생활각본은 ① 성공자 각본, ② 평범한 각본, ③ 파괴적 각본으로 나뉜다.

성공자 각본. **성공자 각본**은 삶의 목표를 스스로 결정하고, 목표를 향해 전력을 다해 나아가는 자기실현 각본이다('승자각본'으로도 불림). 이 각본의 연출자는 다시 태어나도 똑같은 일을 할 만큼 삶에 만족한다.

평범한 각본. **평범한 각본**은 특별히 눈에 띌 만한 일 없이 삶을 영위하는 각본이다. 이 각본의 연출자는 근면·성실한 태도로 살아가지만, 자신의 우수한 잠재력을 충분히 발휘하지 못한다.

파괴적 각본. **파괴적 각본**은 목표를 달성할 수 없거나 마음먹은 대로 되지 않으면, 그 책임을 타인에게 전가하거나 과거의 실패에 연연하는 자세다('패자각본'으로도 불림). 이 각본은 어릴 때 부모의 비건설적인 메시지에 따르겠다는 결심으로 완성된 것으로, 지금·여기에서 유연한 자세로 살아가려고 하지 않는 특징이 있다. 이 각본의 원인은 자기파괴적인 게임을 연기하려는 경향에서 찾을 수 있다. 파괴적 각본은 주로 과도한 흡연, 알코올 중독, 물질사용, 과식에 의한 비만, 반복적 성범죄, 부주의한 사고, 자살, 타살 등에 자신을 몰아넣는 사람이 연기하는 각본이다.

치료기법과 과정

교류분석(TA)의 목표는 ① 내담자의 변형, ② 건강과 자율성 증진, ③ 인식·게임으로부터의 자유·자기수용 증진이다. 특히, **내담자의 변형**은 교류분석의 가장 중요한 목표로, 내담자를 '동화 속 개구리'를 '왕자'로 변형시키는 것이다. 이를 위해 상담자는 내담자의 왜곡 또는 손상된 자아상태의 확인·회복을 돕는다. 또 모든 자아상태를 사용할 수 있고, 추론의 힘을 지닌 성인자아상태를 사용하며, 부적절한 생활각본을 바꾸고, 자기긍정·타인긍정의 생활자세의 체득을 돕는다. 이는 자연스럽게 내담자의 **건강과 자율성 증진**, 즉 내담자가 삶을 책임지고 이끌어 나갈 수 있는 자율성을 갖추는 데 도움을 준다. 자율성은 개인이 속한 세계를 이해·인식하고, 심리적 게임을 하지 않고도 감정을 표현하며, 타인과의 친밀성 회복을 통해 실현될 수 있다고 가정한다. 셋째, **인식·게임으로부터의 자유·자기수용 증진**이란 자율성이 증진되면서 내담자가 높은 인식, 친밀성, 자발성을 나타내고, 게임에서 벗어나 자기패배적 각본을 제거하게 되는 것을 말한다.

치료목표 달성을 위해 교류분석가는 ① 교사와 ② 변화 계약자 역할을 한다. **교사**^{teacher} 역할은 적어도 상담 초기에 수행하는데, 이는 내담자에게 교류분석의 언어와 개념, 그리고 자기에 관한 새로운 사고방식에 관해 설명해 주는 것을 가리킨다. 이때 상담자는 ① 허용^{permission}, ② 보호^{protection}, ③ 역량^{potency}을 활용하여 치료적 분위기를 조성한다. 또한 **변화 계약자**^{contractor of change}로서, 내담자의 변화를 위해 계약을 체결하고 변화를 돕는다.

치료기법

교류분석(TA)의 주요 기법으로는 ① 계약(상담자와 내담자는 서로에 대해 공동책임이 있음을 강조함), ② 구조분석(개인의 내면에서 일어나는 현상에 대한 이해), ③ 교류분석(2인 이상의 사람들 사이에 일어나는 현상에 대한 기술), ④ 게임분석(나쁜 감정으로 이어지는 교류의 이해), ⑤ 각본분석(개인의 생활계획 이해)이 있다. 특히, **계약**은 상담목표가 설정되었음을 의미한다. 그리고 구조분석, 교류분석, 게임분석, 각본분석은 순차적으로 이루어진다(이들 기법에 관해서는 장의 '치료과정'에 설명되어 있음). 이들 기법 외에 교류분석에서 주로 사용되는 기법으로는 ① 질문, ② 구체화, ③ 직면, ④ 설명, ⑤ 실례, ⑥ 확인, ⑦ 해석, ⑧ 결정화가 있다.

질문.   첫째, **질문**은 내담자의 행동에서 성인자아상태가 제대로 기능하지 못한다고 판단될 때, 이 자아상태의 반응을 유발할 때까지 말을 거는 기법이다. 이 기법은 직면적이고 내담자의 저항을 불러일으킬 수 있고 단순히 생애사에 관한 자료만을 수집할 수 있으므로 사용에 유의해야 한다. 교류분석에서 흔히 사용되는 질문의 예는 글상자 6-33과 같다.

글상자 6-33. 교류분석에서 흔히 사용되는 질문의 예

1. "부모님은 어떤 분들이셨나요?"
2. "초기 기억으로 생각나는 것이 있다면, 무엇인가요?"
3. "당신의 출생에 관한 가족의 이야기는 어떤 것이 있나요?"
4. "당신이 가장 좋아하는 동화, 이야기, 노래는 무엇인가요?"
5. "부모님께서 당신에게 하신 말씀 중에 가장 좋았던 것과 싫었던 것은 무엇인가요?"
6. "당신은 얼마나 오래 살 것으로 기대하나요?"

구체화.   둘째, **구체화**specification는 내담자에 대한 어떤 정보를 분류 또는 유목화하는 기법이다. 이 기법은 교류를 시작하는 자아상태를 확인하기 위한 기법으로, 성인자아상태 대 성인자아상태 수준에서 일어난다.

직면.   셋째, **직면**confrontation은 내담자의 말 또는 행동에서 모순되거나 일관성이 없는 부분을 드러내어 주는 기법이다. 이 기법은 내담자가 자신의 문제를 파악하여 대안적 방법을 고려해 볼 기회를 제공한다.

설명.   넷째, **설명**explanation은 내담자에게 교류분석의 특정 측면에 관해 가르치는 것이다. 이 기법은 주로 성인자아상태 대 성인자아상태 수준에서 실행된다.

실례.   다섯째, **실례**illustration는 상담 과정에서의 긍정적인 효과를 강화시킬 목적으로 성공적인 기술 일화episode, 미소, 비교 등의 방법을 이용하는 기술을 이용하여 내담자를 깨우치거나 어떤 점에 대해 부연 설명하는 것을 말한다. 이는 주로 아동자아상태와 성인자아상태에 대해 사용된다.

확인.   여섯째, **확인**confirmation은 이전에 수정된 행동의 재발을 지적하는 것이다. 이 기법은 내담자의 행동이 상담에 의해 일시적으로 변화되었다가 다시 원래 행동으로 되돌아가는 경우를 방지하기 위해 사용된다. 확인 기법은 내담자가 확실하게 성인자아

상태에서 교류가 이루어질 수 있을 때 한하여 효과적이다.

해석.　일곱째, **해석**^{interpretation}은 내담자 행동의 원인을 내담자의 아동자아상태에게 설명하는 것이다. 해석은 정신분석의 것과 유사하다. 이 기법은 내담자가 기능을 잘 하는 성인자아상태 사이의 교류가 가능할 때 효과적이다.

결정화.　여덟째, **결정화**^{crystallization}는 두 성인자아상태의 교류로, 내담자가 스트로크를 받기 위해 사용해 왔던 게임을 그만두고, 자유로워져서, 교류분석 과정을 완결지을 수 있다는 사실을 깨닫게 되었음을 인정하는 기법이다. 상담자가 내담자에게 "이제 당신은 게임에 의존하지 않고서도 당신이 필요로 하는 스트로크를 얻을 수 있는 보다 좋은 방법을 갖게 되었습니다."라고 말하는 것이 그 예다.

치료과정

교류분석은 6단계, 즉 ① **계약**으로 시작해서 일련의 분석절차(② **구조분석**, ③ **교류분석**, ④ **게임분석**, ⑤ **각본분석**)를 거쳐 ⑥ **재결정** 순으로 진행된다.

1단계: 계약.　**계약**^{contract}은 상담자와 내담자가 준수해야 할 사항과 구체적인 치료목표 등에 관하여 양자의 합의사항을 구두나 서면으로 진술하는 것이다. 이는 치료의 방향 제시와 작업 초점을 명시함으로써, 치료 과정과 성과에 대한 평가의 근거를 제공한다. 계약은 상담자와 내담자의 성인자아상태 간의 교류를 기반으로 이루어진다는 점에서 내담자의 성인자아상태의 기능수준을 평가할 수 있는 기회가 되기도 한다.

2단계: 구조분석.　**구조분석**^{structural analysis}은 개인의 감정, 사고, 행동을 세 가지 기능적 자아상태(부모, 성인, 아동)를 토대로 이해하고자 하는 방법이다. 여기서 자아상태란 "상응하는 행동의 지속적 패턴과 직접 관련된 감정과 경험 패턴"(Berne, 1964, p. 364)을 말한다. 구조분석의 목적은 내담자를 객관적으로 관찰하여 성격 불균형의 발견·회복을 돕는 것이다. 교류분석에서는 내담자가 사용하는 자아상태 결정을 중시한다. 그렇다고 해서 특정 자아상태만을 중시하기보다는 필요에 따라 반응의 균형유지 능력을 중시한다. 따라서 특정 자아상태만을 지속적으로 나타내는 사람은 효과적으로 기능하는 사람으로 간주되지 않는다. 구조분석은 주로 ① 자기대화, ② 자아상태의 편재, ③ 자아경계(오염·배타), ④ 에고그램을 통해 이루어진다.

☐ 자기대화. **자기대화**^{Self-dialogue}는 개인의 내면에서 서로 다른 자아상태들 사이에 이루어지는 의사소통이다. 이는 자아상태의 기능을 객관적으로 파악하기 위한 것으로, 개인의 내면에서 자아상태 사이에서 은밀히 주고받는 대화의 내용을 파악하는 것이다. 한 직장 여성이 매력적인 신입사원을 바라보면서 하는 자기대화 내용을 구조분석한 것의 예는 대화상자 6-16과 같다.

대화상자 **6-16.** 자기대화 구조분석의 예

> **예 1**
> 저 남자 정말 잘생겼다. 말도 잘하고(A), 근데 좀 건방진 것 아냐?(CP), 내가 듣기로는 참 세련되고 괜찮은 사람이라던데(NP)···. 그나저나 어떻게 해야 내가 저 사람 마음에 들 수 있을까?(FC). 어머! 이제 그만 쳐다보고 일에 집중해야지. 부장님이 뭐라고 한 말씀 하시겠네(AC).
>
> **예 2**
> P: 그렇게 불만이라면 네 의견을 당당히 말하면 되지.
> C: 그렇지만 내 의견을 말한다면 다들 어떻게 생각할지 걱정이야.
> P: 남들의 반응을 걱정할 필요는 없잖아?
> C: 평소에 말이 없던 내가 입을 열면 모두들 이상한 표정을 지을 거야.

☐ 자아상태의 편재. **자아상태의 편재**란 세 가지 자아상태가 균형을 이루지 못하고, 특정 자아상태의 기능에 과도하게 편중되는 현상을 말한다. 이 현상은 성격적 왜곡을 초래하여 스트레스 수준을 증가시켜 신경증 또는 심리신체장애를 유발한다. 내담자의 자아구조나 편재된 반응양식을 파악하는 것은 조력방식 결정 또는 상담전략 수립을 위한 자료로 활용된다. 자아상태의 편재에 따른 특징은 표 6-9와 같다.

표 **6-9.** 자아상태의 편재에 따른 특징

도식	유형	특징
(P) (A) (C)	P 비대형	○ '~ 해야 한다'와 '~ 해서는 안 된다'에 관심이 집중됨 ○ 양심 과잉 · 강박적 특성이 있음 ○ 우울, 위궤양, 편두통 같은 증상이 나타날 수 있음
(P) (A) (C)	A 비대형	○ 타인 배려가 부족하고 지적인 면에 편중되어 감성적 기능이 부족함 ○ 사회적응은 좋은 편이나 감정 억압으로 마음의 균형을 잃을 수 있음

P A C	C 비대형	○ 자기애적이고 남의 시선을 너무 의식하거나 주의를 끌고 싶어 함 ○ 유치하고 의존적 특성이 있으며, 신체화 증상이 나타나기 쉬움

☐ **자아경계.** **자아경계**^{ego boundary}란 주관적으로 자기 자신으로 느껴지는 부분과 그렇지 않는 부분, 즉 자아와 외계, 자아와 본능 충동을 나누는 임의의 선을 말한다. 개인의 정신건강은 자아경계의 성질과 기능의 영향을 받는다. 교류분석에서 자아경계는 세 가지 자아상태를 독립적으로 구분되는 선을 의미한다. 자아경계가 지나치게 경직되거나 약화되면, 자아 에너지의 왕래에 지장이 생겨 오염 또는 배타가 발생한다. 이에 비해, **오염**^{contamination}은 자아경계가 약화 또는 파괴되어 특정 자아상태의 에너지가 자아경계를 침범하여 다른 자아상태에 자유롭게 흘러드는 현상이다. 자아경계의 오염에 따른 유형별 특징은 표 6-10과 같다.

표 6-10. 자아경계의 오염에 따른 유형별 특징

도식	유형	특징
P A C	☐ A의 P에 의한 오염	○ 편견 · 맹신이 나타남 ○ 부모나 사회의 가치관과 규범을 현실적 검토 없이 받아들임
P A C	☐ A의 C에 의한 오염	○ 어려서의 경험 또는나 감정이 심신의 혼란을 초래함 ○ 불안, 공포, 망상, 환각 증상 발현 또는 정신장애로 이어짐
P A C	☐ A의 이중 오염	○ 언행 불일치(⑩ 지킬박사와 하이드 원초아)가 나타남 ○ 지나치게 감정을 억제한 나머지 감정폭발로 이어질 수 있음

배타^{exclusion}는 하나 또는 2개의 자아상태가 독자적으로 사용되는 반면, 나머지 자아상태는 폐쇄되어 전체 기능에서 배제되는 상태를 말한다. 이 경우, 특정 자아상태가 장기간 독자적으로 기능하게 되면서 개인은 세 가지 자아상태 사이의 심적 에너지 이동이 불가능하게 된다. 이는 전체적으로 균형 잡힌 삶의 영위에 걸림돌이 되어, 대인간 갈등 초래 또는 정신적인 문제의 원인이 된다.

☐ **에고그램.** **에고그램**^{Egogram}은 1972년 에릭 번의 제자이자 동료인 존 듀세이가 창안한 것으로, 자아상태 개념을 기능별 자아상태 에너지의 양을 직관으로 측정하여 막대

그래프로 나타내는 검사다('자아구조검사'로도 불림). 이 검사는 1970년 번의 사망 후, 효과적인 치료법을 위해 성격을 5개 영역으로 구분·분석할 수 있도록 고안한 것이다. 비판적인 마음(CP), 용서하는 마음(NP), 이성적인 어른의 마음(A), 자유로운 어린이의 마음(FC), 순응하는 마음(AC)의 에너지 비율이 개인의 성격을 결정한다는 것이 듀세이의 핵심 이론이다.

존 듀세이
(John M. Dusay)

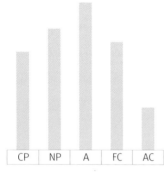

그림 6-7. 에고그램 예시

에고그램을 통해 상담자는 내담자가 주로 어떤 자아상태에 있는지 확인할 수 있다. 또한 세 가지 성격구조를 기초로 내담자의 성격 불균형의 발견·개선할 수 있다. 개인이 직접 에너지 전이를 통해 타인과의 관계와 균형 상태를 적극적으로 변화시키지 않는 한, 에고그램의 에너지 체계는 고정된다. 1970년 이래 교류분석가들은 여러 자아상태에서 에너지 수준을 높이기 위해 다양한 기법을 개발했다.

일례로, 성인자아상태(A)에서 반응하는 사람의 에고그램은 그림 6-7과 같다. 이처럼 에고그램은 성격의 좋고 나쁨의 판단이 아니라, 개인의 특성을 파악하기 위한 도구다.

3단계: 교류분석. **교류분석**transaction analysis은 대인관계에서 자아상태 간에 이루어지는 사회적 상호작용의 관찰·추론을 통해 개인의 행동을 이해·예측하는 방법이다. 구조분석이 개인내적intrapersonal 측면에 초점을 둔다면, 교류분석은 개인과 개인 사이interpersonal에 초점을 맞춘다. 여기서 **교류**란 자아상태 간에 발생하는 사회적 상호작용의 단위를 말한다('의사교류' '의사거래'라고도 함). 즉, 2인 이상의 사람이 각자의 자아상태에 따라 자극을 보내기도 하고 반응도 하는 것이다. 교류분석은 대인 간 교류에서 관여·작용하는 자아상태와 교류유형 파악에 사용된다. 상담자는 교류가 내담자의 의사소통 또는 관계에 일으키고 있는 문제를 파악하여 그 해결을 돕는다. 교류는 ① 상보교류, ② 교차교류, ③ 이면교류로 나뉜다.

☐ 상보교류. **상보교류**complementary transaction는 두 사람이 동일한 자아상태(예 성인 대 성인, 아동 대 아동)에서 작동되거나 상호 보완적 자아상태(예 부모 대 아동, 아동 대 성인)에서 자극과 반응을 주고받는 것이다. 이는 특정 자아상태에서 보내는 메시지에 대해 예상대로의 반응이 되돌아오는 것으로, 자극과 반응이 상호 평행선으로 표시된다.

화살표가 평행선이면 특정 주제에 관한 의사소통이 지속된다. 상보교류의 반응은 예측 가능하고 적절한 것이 특징이다. 상보교류의 예시는 대화상자 6-17과 같다.

대화상자 6-17. 상보교류의 예시

> ☐ 성인자아상태(A) vs. 성인자아상태(A) 교류의 예
>   **남편**: 여보, 지금 몇 시나 됐지?
>   **아내**: 9시예요.
>
> ☐ 아동자아상태(C) vs. 아동자아상태(C) 교류의 예
>   **남편**: 자기야, 이번 주말에 상철이 녀석 부부도 불러서 저녁 한번 먹으면 좋을 것 같지 않아?
>   **아내**: 그럴까? 와, 상철 씨 부부가 오면 재밌겠다.
>
> ☐ 부모자아상태(P) vs. 부모자아상태(P) 교류의 예
>   **남편**: 난 당신이 집안일을 제대로 하는 걸 한 번도 본 적이 없어.
>   **아내**: 문제는 그게 아니라, 당신이 내가 한 일에 대해 항상 꼬투리를 잡는다는 것이에요.

☐ **교차교류.** **교차교류**^crossed transaction 는 상대방에게서 기대하는 반응과는 다른 자아상태의 반응이 활성화되어 되돌아오는 것이다. 예를 들어, 상보적 아동자아상태(C)의 반응을 기대하며 부모자아상태(P)에서 활성화된 자극이 상대방에게 전달되는 경우 또는 기대와는 달리 상대방의 부모자아상태(P)로부터의 반응이 나타나는 것이다. 즉, 교차교류에서는 교류를 나타내는 화살표가 서로 교차하여 평행선이 되지 않으므로, 소통이 제대로 이루어지지 않는 느낌이 들게 하여 흔히 대화 단절 또는 관계에 부정적인 영향을 미친다.

☐ **이면교류.** **이면교류**^ulterior transaction 는 두 가지 자아상태가 동시에 활성화되어, 한 메시지가 다른 메시지를 위장하는 복잡한 상호작용이다('암시교류'로도 불림). 이는 언뜻 상보적이고 사회적으로 용납할 수 있는 것처럼 보이지만, 실상은 그렇지 않다. 예를 들어, 남성이 데이트 중이던 여성에게 "제 방에서 잠시 한잔하면서 음악이나 들으실래요?"라고 제안했다고 하자. 표면적으로 이 제의는 성인자아상태(A)로부터 활성화된 것으로 보일 수 있지만, 실제로는 "들어와서 함께 즐거운 시간을 보내실래요?"라는 아동자아상태(C)의 메시지를 위장하고 있는 것일 수 있다. 이면교류는 다시 ① 각적교

류와 ② 이중교류로 나뉜다. **각적교류**^{angular transaction}는 한 사람의 자아상태에서 상대방의 두 자아상태에게 보내지는 교류의 양상이다. 반면, **이중교류**^{duplex transaction}는 개인마다 두 자아상태가 상대방의 두 자아상태와 서로 관련되어 모두 네 가지의 자아상태가 상호작용하는 양상이다.

4단계: 게임분석.   게임은 예측 가능하고 정형화된 행동으로, 표면적으로는 상보교류로 보이지만, 결국 파괴적인 결말로 인해 나쁜 감정으로 이어지는 이면적으로 동기화된 교류다. **게임분석**^{game analysis}은 내담자가 다른 사람들과 어떻게 교류하는가를 이해할 수 있는 중요한 도구다. 사람들은 게임을 통해 시간을 구조화하고, 시선을 끌기도 하며, 다른 사람들을 예측 가능하게 하고, 친밀감 형성을 꾀하기도 한다. 보통 친밀감에는 모험이 따른다. 그러므로 게임을 하는 사람은 생각과 감정 노출을 최대한 억제하여 안전을 확보하고자 한다. 앞서 소개한 것처럼, 게임을 하는 사람은 ① 희생자^{victim}, ② 가해자^{persecutor}, ③ 구원자^{rescuer} 중 하나로 기능한다(Karpman, 1968). 번이 분석한 최초의 게임은 '이렇게 해 보시죠/네, 그렇지만^{Why Don't You/Yes But}' 게임으로 집단치료 도중에 발생했다. 이 희생자 역할 게임을 하는 집단원과 다른 집단원들이 나눈 대화의 예는 대화상자 6-18과 같다.

대화상자 6-18. 희생자 역할 게임의 예

> **희 생 자**: 우리 집 지붕이 새는데 어떻게 막아야 할지 모르겠어요.
> **구원자 A**: 남편에게 해 달라고 하시지 그러세요?
> **희 생 자**: 그것 참 좋은 생각이네요. 그렇지만 그이는 항상 바쁘거든요.
> **구원자 B**: 그러면 직접 해 보시지 그러세요?
> **희 생 자**: 그렇지 않아도 해 보려고 했는데, 연장이 없더라고요.
> **구원자 C**: 연장을 사시면 되잖아요?
> **희 생 자**: 네, 그런데 요즘 경제 사정이 좋지 않거든요.

대화상자 6-18에 소개된 게임에서 집단원들은 "~ 하게 해 보시죠?"라는 말로 구원자 역할을 하면서 희생자 역할을 하는 집단원의 불평에 반응하고 있다. 희생자 역할을 하는 집단원은 문제해결을 위한 도움 요청으로 성인자아상태(A)의 자극을 제공하고, 다른 집단원들은 성인자아상태(A)의 조언 형식으로 연신 반응하고 있다. 희생자는 다른 집단원들의 제안에 대해 계속해서 "예, 그렇지만 ~."이라는 형식으로 답하고 있다. 잠재적·심리적 측면에서 이 집단원은 아동·부모자아상태 수준에서 교류하고 있지만, 마음속에서는 "내가 그런 식으로 생각하지 못했던 것을 당신들이 제의했을 뿐이야!"라고 반응하고 있다. 집단원들은 다양한 반응으로 도움을 주려고 노력하지만, 결국 좌절하게 된다. 이에 도움을 청한 집단원은 승리의 미소를 띠게 된다. 이 게임이 지루해지면, 구원자 행세를 하던 집단원들은 이 역할을 그만둔다. 그리고 가해자 역할로 전환해서 "끔찍하지 않나요Ain't it awful?"라는 희생자의 불평에 대해 빈정대는 투로 반응을 보일 수 있다. 사람들이 하는 게임의 수는 셀 수 없을 정도로 다양하다. 그만큼 사람들은 게임에 빠지기 쉽다. 그러나 게임은 의미 있고 건강한 인간관계 형성을 가로막는다. 그렇다면 사람들이 같은 게임을 되풀이하는 이유는 무엇일까? 그 이유는 부모에 의해 강화되고, 이후 사건에 의해 정당화되어 양자택일로 선택하게 된 유년기에 내린 결단에 바탕을 둔 각본에 따르기 때문이다(Berne, 1972). 이러한 각본을 이해하기 위해서는 각본분석이 요구된다.

5단계: 각본분석. **각본분석**script analysis은 누구나 만 5세 정도까지 생활각본 또는 생활계획을 수립한다는 가정하에, 그 각본 혹은 계획을 탐색하여 개인을 이해하려는 기법이다. **각본**script은 개인이 타인과 상호작용하는 법을 결정하며, 외부 사건에 대한 해석을 기반으로 작성된다. 아동에게 주어지는 정적 메시지는 허락으로 기능하고 어떤 방법으로든 아동을 제한하지 않는다. 반면, 부적 메시지 혹은 금지령은 강력하고 파괴적 각본의 기초가 된다. 부모의 금지령은 대개 "하지 마라." "묻지 마라." "반박하지 마라." "걔들과 놀지 마라."라는 말로 시작된다. 이러한 금지령 극복을 위해 의식적인 노력을 기울이지 않으면, 사람들은 부정적인 결과를 경험하게 된다. 즉, 각본은 아동자아상태(C)에 새겨지고 고착되어 환상이나 꿈을 통해 추후의 현실을 강화하게 된다.

생활각본의 대부분은 스트로크(예 언어적 혹은 신체적 인식)를 주고받는 것에 집중된다. 부적 스트로크나 벌은 오히려 스트로크가 없는 것, 즉 무관심보다 낫다. 스트로크는 **스탬프**stamps라고 불리는 좋은 감정 혹은 나쁜 감정들이 축적되는 결과를 초래한다. 사람들이 충분한 스탬프를 모으면, 특정 행동에 대해 현금화한다. 예를 들어, 학업성적이 부진한 학생이 나쁜 감정을 모아 학업을 중단하거나, 반대로 공부를 열심히 해서 좋은 감정을 모아 이성 친구들과의 만남을 정당화하는 것이다. 이처럼 건강한 사람들은 주로 정적 스트로크를 주고받는다. 번(Berne, 1972)은 『안녕이라고 말한 뒤에 뭐라고 말하나요?(What Do You Say After You Say Hello?)』에서 부적 각본을 소개했다(표 6-11 참조).

표 6-11. 부적 각본의 예

각본	내용
1. '되풀이' 각본 Over and Over script	○ 그리스 신화의 시지푸스^{Sisyphus}(신을 기만한 죄로 영원히 커다란 바위를 산꼭대기로 밀어올리는 벌에 처해진 인물)처럼 끝없이 되풀이되는 각본
2. '결코 안 돼' 각본 Never script	○ 원하는 것을 결코 얻을 수 없다는 각본(예 "결혼은 나쁘다. 그러니까 결혼하지 마라!")
3. '그때까지' 각본 Until script	○ 원하는 것이 성취될 때까지 불행한 일이 있어도 참고 기다려야 한다는 각본(예 "네 일을 다 끝내야 놀 수 있어!")
4. '언제나' 각본 Always scripts	○ 해 오던 일을 계속해야 한다고 자신에게 말하면서 끝없이 고통을 감수하는 각본(예 "일단 시작했으면 그 일을 지속해야 해!")
5. '그 후' 각본 After script	○ 특정 사건 다음에는 어려움이 있을 것으로 예상하고, 주변의 일부터 완수한 후에 즐길 거라는 각본(예 "나이 40 넘으면 내리막일 거야.")
6. '무계획성' 각본 Open-ended scripts	○ 늙으면 열정과 생명력이 사라질 거라고 단언하면서 시간이 지나면 뭘 해야 하는지 잘 알지 못하는 각본(예 "젊을 때는 적극적이어야 해!")

　　각본에서 요구되는 사항에는 부모로부터의 명령, 이에 상응하는 성격발달, 자신과 삶을 확인하는 유년기 결단, 성공 · 실패에 대한 경향성, 행동을 납득하는 방식이 포함된다. 상담자는 개인의 각본 내용과 이에 상응하는 신화나 동화가 어떤 식으로 사용되는지에 관심을 기울인다. 각본분석의 예화는 글상자 6-34와 같다.

글상자 6-34. 각본분석의 예화

> 　　모자 달린 연한 빨간 색깔의 옷을 입은 내담자가 상담실에 와서 불평을 털어놓았다. 늑대 같은 남자친구가 자기를 찼다는 것이다. 내담자는 한숨을 내쉬며 말했다. "왜 이런 일이 나한테만 일어나죠? 내가 먹이로 보이는 걸까요?" 내담자가 가장 좋아하는 동화는 어려서 잠자리에 들 때, 엄마가 들려 주던 『빨간 두건의 아가씨(*Little Red Riding Hood*)』였다. 내담자 어머니의 아동자아상태(CP)가 늑대는 힘이 약한 희생자를 먹이로 삼는다는 것을 강조한 결과, 동화 속 신화가 내담자의 현재 삶에 나타나고 있었던 것이었다.

　　생활각본은 생활자세와 함께 개인의 생활양식을 결정한다. 생활각본 분석의 목적은 내담자가 자신의 생활양식을 깊이 인식하여 현재의 생활각본을 재결정할 수 있도록 돕는 것이다. 각본은 개인의 초기결정에 바탕을 두고 있고, 성공 · 실패, 비극적이거나 평범하다는 특징이 있다. 그리고 각본마다 구체적인 역할이 포함되어 있다. 주인공으로 삶을 헤쳐 나가는 사람이 있는가 하면, 악당, 구원자, 희생자, 학대자 또는 악의 없는 방관자 역할을 하는 사람들도 있다. 아동은 부모로부터 받은 초기 메시지를 통합한 뒤, 자신의 각본을 강력한 신념체계로 발전시킨다. 그러므로 내담자는 각본분석을 통해 지금까지 숙명·운명이라고 체념하고 있던 것이 실제로는 자기 스스로가 무의식중에 강박적으로 연기하고 있던 한 편의 드라마라는 사실을 깨닫게 된다. 이로써 내담자는 자신의 성격형성 과정뿐 아니라, 생애 초기에 형성된 생활자세에 대해서도 알 수 있게 된다. 이를 토대로 내담자는 자신이 연출하고 있는 각본을 파악하여 비생산적인 각본을 고쳐 씀으로써, 건강하고 생산적인 삶을 영위할 수 있게 된다.

6단계: 재결정.　끝으로, **재결정**redecision은 초기결정이 내려진 과거로 돌아가서 그 감정을 재경험한 후, 그 상황에 대해 자신을 위한 결정을 다시 내리는 것이다('재결단'으로도 불림). 이를 위해 상담자는 일련의 분석과정을 통해 내담자의 자아상태를 강화하고 인지적·정서적으로 새로운 결정을 내리도록 돕는다. 재결정 과정은 끝이라기보다 시작이다. 재결정 후, 내담자는 새로운 방식으로 생각하고 행동하며 느끼게 된다. 그러나 재결정이 이루어진 후라도 곧 원래대로 되돌아갈 가능성이 있으므로, 확인 같은 기법이나 계약을 통해 재결정이 지속될 수 있도록 한다.

🔍 다음 밑줄 친 부분에 들어갈 말을 쓰시오.

1. _____ 접근은 조건형성 이론에 근거한 _____ 와/과 인지적 접근을 하는 _____ 을/를 통합한 치료법으로, 인간의 행동과 그에 따른 인지적 변화를 강조하는 치료적 사조다.

2. REBT의 핵심개념 중에는 부적절하고 자기패배적 정서를 일으키는 생각 또는 믿음, 즉 _____ 신념, 그리고 이러한 사고와 정서장해의 원인이 되는 '~해야 한다'는 표현을 습관적으로 사용하는 것, 즉 _____ 이/가 포함되어 있다.

3. REBT의 기본목표는 내담자에게 _____ 정서와 행동을 건강한 정서와 행동으로 변화시키는 법을 가르치는 것이다. 즉, 내담자의 무조건적 자기수용, 무조건적 타인수용, _____ 을/를 돕는 것이다.

4. 인지치료의 창시자 아론 벡(A. Beck)의 주요 업적으로는 _____ 의 발생 원인을 구체적으로 알지 못하더라도 _____, 즉 ① 자신(자기비난), ② 세상(비관주의), ③ _____ (무망감)에 대해 부정적 관점을 가지고 있을 거라고 예측할 수 있게 한 것이다.

5. _____ (이)란 정보처리 과정에서 생활사건의 의미를 자의적으로 해석하여 자동사고를 생성해 내는 인지과정으로, _____ (이)라고도 불린다. 이러한 인지과정의 하나인 _____ 은/는 적절한 근거 없이 또는 정반대의 근거로 '파국' 또는 극단적 시나리오를 생각하는 현상을 말한다.

6. 벡은 지난 50여 년간 자산의 경험적 연구와 임상경험을 토대로 인지치료 원리를 통한 정신병, 물질사용, 우울증, 불안장애 치료모형인 _____ 모형을 개발했는데, 이 모형의 주요원리 중에는 인지치료의 핵심이 _____ 의 변화가 행동과 _____ 변화를 수반한다는 경험적 연구 결과라는 사실이 포함되어 있다.

7. 글래서(W. Glasser)는 개인의 욕구충족을 위한 구체적이고 선명한 이미지를 담고 있는 독특한 내면세계를 _____ (이)라고 명명했다. 여기에는 개인이 내면의 욕구를 충족시킬 수 있다고 믿는 특수한 그림들이 담겨 있다. 이러한 그림들은 개인의 _____ 에 간직된다.

8. 현실치료에 의하면, _____ 은/는 활동하기, 생각하기, 느끼기, 생리적 반응으로 구성되어, 통합적으로 기능하는 행동체계인데, 이 네 가지 구성요소 중 _____ 을/를 가장 중시한다.

9. 교류분석에 의하면, 아동자아상태는 세 가지로 구분되는데, 이 중에서 _____ 아동 자아상태는 부모의 습관화된 영향을 받지 않고 본능적 · 자발적 · 충동적 · 감정지향적 · 자기 중심적 · 적극적인 성격의 부분으로, _____ 아동자아상태로도 불린다. 이와는 달리, _____ 아동자아상태는 감정이나 욕구는 억누르고 부모나 교사의 기대에 순응하려는 성 격의 부분으로, _____ 아동자아상태로도 불린다.

10. 교류분석의 핵심개념에는 사회적 행동의 동기를 제공하는 요인으로, 평생 지속되는 인정 자극 을 의미하는 _____ 와/과 이면적으로 동기화된 것으로, 결국 불쾌한 감정으로 끝을 맺 게 되는 교류를 뜻하는 _____ 이/가 포함되어 있다.

소집단 활동

1. 5인 1조로 나누어, <표 6-2>을 참조하여 각자의 삶에 영향을 주었던 비합리적 신념을 조사해 보고, 그 결과와 소감을 나누어 보자.

내가 경험한 비합리적 신념

○ _____

○ _____

○ _____

○ _____

○ _____

2. <표 6-2>를 참조하여 <글상자 6-3>에 제시된 '정서장해를 초래하는 아동 · 청소년들 의 비합리적 신념'을 합리적 신념으로 바꾸어 보자. 그런 다음, 다른 사람들과 소감을 나누어 보자.

① _____

② _____

③ _____

④ _____

⑤ _____

⑥ _____

⑦ _____

⑧ _____

⑨ _____

⑩ _____

⑪ _____

⑫ _____

⑬ _____

⑭ _____

⑮ _____

⑯ _____

⑰ _____

⑱ _____

3. 둘씩 짝을 지어 각자의 삶에서 ① 가장 중요하게 여겨지는 욕구는 무엇이고, ② 네 가지 심리적 욕구, 즉 소속, 힘, 자유, 즐거움 욕구를 어떻게 충족하고 있는지 이야기해 보자. 그런 다음, 소집단 또는 전체 집단에서 소감을 나누어 보자.

○ 소속 욕구: _____

○ 힘 욕구: _____

○ 자유 욕구: _____

○ 즐거움 욕구: _____

소감

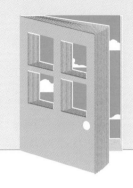

CHAPTER

07

포스트모던 접근

☐ 해결중심단기치료
☐ 이야기치료

Counseling and Psychotherapy: Theory and Practice

포스트모던 접근^{postmodern approach}은 여러 사람의 집단적 노력에 의해 탄생했다. 이 접근에서는 '세상에 유일한 진리는 없고, 개인이 자기 자신이라는 실체를 만들어간다'고 전제한다. 전통적인 심리치료 이론에서는 객관적인 실체를 정확하게 기술할 수 있고, 과학적 방법을 통해 조망하여 체계적으로 이해할 수 있다고 본다. 또 객관적 준거에서 벗어난 사람이 자신의 문제에 대해 상담 또는 심리치료를 신청한다고 전제한다. 반면, 포스트모던 접근에서는 실체는 관찰과정, 그리고 언어체계와는 별개의 것이며, 존재하지 않는다고 전제한다. 이 접근에 의하면, 사람은 본래 건강하고 탄력적이며, 각자의 자원이 있고, 삶의 방향을 바꿀 능력이 있으며, 자신과 세계를 이해할 이야기를 지니고 있다. 이 이야기에서 사람들은 언어의 형식과 사용법을 통해 의미를 창조한다. 의미는 이야기하는 사람 수만큼 많고, 각각의 이야기는 이를 말하는 사람에게는 진실이다. 심지어 과학조차 사회구성 과정의 영향을 벗어나지 못한다. 이에 포스트모던 접근에서 상담자는 '**알지 못함**^{not-knowing}'의 입장을 취하는 한편, 내담자가 삶의 진정한 전문가 역할을 하게 한다. 또 개인적 경험의 긍정적인 면을 강조하면서 내담자가 문제해결에 적극 관여하게 한다. 그리고 이해와 수용적 분위기 조성을 통해 내담자가 자신의 자원을 활용하여 건설적으로 변화하도록 돕는다. 포스트모던 접근의 대표적인 이론으로는 ① 해결중심단기치료, ② 이야기치료가 있다.

해결중심단기치료 / Solution-Focused Brief Therapy

해결중심단기치료(SFBT)는 1980년대 초 미국 밀워키의 단기 가족치료센터에서 스티브 드셰이저와 김인수가 포스트모더니즘과 사회구성주의 관점에서 창안한 미래지향적·목표지향적인 이론이다. SFBT는 실용적·낙관적·반결정론적 접근으로, 내담자의 변화 가능성에 대한 낙관적·희망적 가정에 기반을 두고 있다("사람들은 삶의

스티브 드셰이저   김인수
(Steve de Shazer,   (Insoo Kim Berg,
1940~2005)   1934~2007)

문제를 해결할 능력을 이미 갖추고 있지만, 때로 방향감각을 잃어버리고 자신에게 능력이 있다는 사실을 망각할 뿐이다."). 이에 표준과 정신병리에 대한 진단을 거부하는 한편, 내

담자의 결핍, 단점, 약점, 문제보다는 해결책과 강점을 중시한다(de Shazer & Dolan, 2007).

SFBT에서는 내담자 문제의 예외상황과 문제에 대한 내담자의 개념화에 초점을 두는 한편, 내담자의 강점과 회복탄력성^{resilience}을 중시한다. 이 접근에 의하면, 사람들은 신속하게 변화할 능력이 있다. 새로운 현실을 위해 노력할 때, 변화는 문제에서 벗어난 언어로의 대체를 통해 발생 가능하다. 이에 모든 문제에는 예외가 있다는 전제하에 내담자는 자신의 문제뿐 아니라, 해결에 관한 이야기를 통해 해결책을 모색한다. SFBT의 기본가정과 변화원리는 표 7-1과 같다.

표 7-1. SFBT의 기본가정과 변화원리

기본가정	변화원리
1. 변화는 필연적 · 지속적이다.	☞ 변화를 기회로 인식하라.
2. 못 쓸 정도가 아니면 그대로 써라.	☞ 내담자가 문제로 여기지 않는 행동은 변화시키려 하지 말라.
3. 잘 작동하는 부분이 있다면, 그 부분을 더 활용하라.	☞ 무엇이 작동하고 있고 더 잘 기능할 것 같은가?
4. 작동하지 않으면, 다른 방법을 모색 · 사용하라.	☞ 내담자에게 맞는 방법을 찾을 때까지 다른 행동을 시도하라.
5. 내담자는 우리에게 자신의 자원과 강점을 알려 준다.	☞ 내담자는 자신의 삶에서 어떤 것이 효과적이고, 어떤 것이 그렇지 않은지 알고 있다.
6. 작은 진척이 큰 변화를 이끈다.	☞ 충분히 좋은 상태로 불릴 수 있을 정도로 점진적으로 나아가라.
7. 해결책과 문제 사이에 논리적인 관계가 있을 필요는 없다.	☞ 바람 빠진 타이어를 고칠 때 왜 바람이 빠졌는지 아는 것보다는 고치는 것이 더 중요하다.
8. 해결책 마련과 관련된 언어는 문제를 설명하는 데 필요한 언어와 다르다.	☞ 결핍, 병리, 부정적 언어를 사용하는 문제중심 접근보다는 해결에 초점을 맞춰라.
9. 문제는 항상 일어나는 것이 아니고, 항상 활용할 예외상황이 있다.	☞ 문제에 대한 예외상황을 탐색하여 새로운 해결책을 도출하라.
10. 미래는 창조되며 절충이 가능하다.	☞ 내담자는 자기 운명의 '건축가'다. 대화를 통해 새로운 미래를 재창조하라.

핵심개념

해결중심단기치료(SFBT)의 주요 개념으로는 ① 사회구성주의, ② 해결중심 · 미래지향, ③ 예외상황, ④ 저항이 아닌 준비상태가 있다.

사회구성주의

첫째, **사회구성주의**^{social constructionism}는 포스트모던 세계관을 심리학적으로 기술한 것으로, 지식과 진리는 사회적 과정과 대화를 통해 구성된다는 입장의 철학 사조다 (Gergen, 1999). 즉, 사람들이 진리라고 여기는 것은 일상생활에서 타인들과 상호작용한 결과이므로, 삶 또는 세상을 이해하는데 유일하게 '옳은' 방법은 존재하지 않는다는 것이다. 이에 이 이론에서는 정확성과 합리성을 따지지 않고 내담자의 실제를 있는 그대로 존중한다(Gergen, 1985, 1991, 1999). 사회구성주의는 미국의 사회심리학자 케네스 거겐(Kenneth J. Gergen, 1935~현재)을 중심으로 사회적 관계에서 의미를 만드는 방법에 관심을 기울이면서 시작되었다. 이 이론에 의하면, 실제의 이해는 언어 사용에 기반을 두고 있고, 사람들은 생활환경의 영향을 받는다. 예를 들어, 자신이 우울한 사람이라는 정의를 사용하면 우울한 사람이 되는 것이다. 이처럼 자신에 대한 정의를 받아들이면, 이에 반대되는 행동을 지각하기가 매우 어렵다. 우울로 고통을 겪는 사람은 삶에서 좋았던 시절을 가치 있게 생각하지 못하는 것이 그 예다.

해결중심 · 미래지향

둘째, **해결중심 · 미래지향**은 ① 포스트모더니즘과 사회구성주의에 내재된 철학적 전제를 바탕으로, ② 내담자는 빨리 변할 수 있고, ③ 자신에 대한 전문가이며, ④ 강화 가능한 강점이 있다고 믿고, ⑤ 문제가 아닌 해결에 초점을 두며, ⑥ 해결책 탐색은 미래에 초점을 두고, ⑦ 상담자와의 대화에서 내담자가 새로운 현실을 창조함으로써, ⑧ 문제에서 벗어나는 새로운 언어를 창조할 수 있다고 믿는 것을 말한다. 따라서 SFBT 상담자는 현실은 보는 사람의 시각 안에 있으므로, 올바른 행동방식에 대한 정해진 규범은 없다고 보고, 내담자의 행위를 다른 사람들의 것과 비교하지 않으며, 내담자가 그들처럼 행동하도록 요청하지 않는다. 그뿐 아니라, 전통적으로 병리적 증상으로 분류되는 행동을 나타내는 내담자의 문제도 병리적 관점에서 조망하지 않는다.

왜냐하면 그것을 전문적인 '집단적 사고'의 결과로 간주하기 때문이다.

예외상황

셋째, **예외상황**은 내담자의 삶에서 효과적이었던 시기를 가리키는 것으로, 내담자의 강점을 부각시키고자 하는 목적이 있다. 내담자는 흔히 문제중심 상태로 상담을 찾는다는 점에서 이들이 생각하는 해결책 역시 문제중심인 경향이 있다. 이에 상담자는 성취 가능한 목표에 대한 믿음의 중요성을 강조하는 낙관적인 대화로 내담자의 부정적인 이야기에 대처한다. 이를 위해 상담자는 내담자의 **문제중심의 이야기**problem-saturated story를 재구조화하여 내담자의 인식을 전환한다. 이는 내담자가 자신의 삶에 문제만 있는 것이 아닌 것으로 인식하게 하는 효과가 있다.

저항이 아닌 준비상태

넷째, **저항이 아닌 준비상태**란 내담자에게 저항적이라고 낙인찍기보다 변화하지 않은 내담자는 아직 변화할 수 있는 메커니즘을 찾지 못한 것일 뿐이라고 여기는 것을 말한다. 내담자의 적극적인 참여, 상담자와의 긍정적 관계 경험, 그리고 내담자의 이야기를 존중하고 중요하게 다루어 주는 것은 상담효과의 필수요소다(Murphy, 2015). SFBT를 찾는 내담자들은 종종 세 가지 유형(① 고객형customers, ② 불평형complainants, ③ 방문자형visitors)으로 나뉘는데, 유형별 특징은 표 7-2와 같다(de Shazer, 1988).

표 7-2. 내담자의 세 가지 유형과 특징

유형	특징
1. 고객형	○ 목적이 분명하고, 문제해결을 위한 작업 준비가 되어 있음 ○ 앞으로 다룰 문제와 해결방안을 함께 모색하게 됨 ○ 목표 달성을 위해 스스로 노력해야 한다는 것을 알고 있음
2. 불평형	○ 문제와 작업할 것을 인식하고 있지만, 해결책 발견에 어려움이 있음 ○ 문제해결은 타인에게 달려 있다고 여기고 문제에 관해 이야기만 할 뿐, 해결방안을 모색하지는 않음 ○ 자신이 문제라고 지목한 사람을 상담자가 변화시켜 주기를 기대함
3. 방문자형	○ 상담자를 시험하듯이 이곳저곳을 기웃거림 ○ 타인(교사, 배우자, 연인, 보호관찰관 등)에 의한 의뢰로 상담을 받게 됨 ○ 자신이 문제라고 여기지 않고 상담에서 탐색할 것을 정하기 힘들어 함

　표 7-2는 상담자가 내담자를 분류하기 위한 것이 아니라, 불평형과 방문형 내담자도 고객형 내담자가 될 가능성이 충분히 있음을 강조하기 위해 마련된 것이다. 따라서 상담자는 내담자를 고정된 상태로 보지 않도록 유의해야 한다(de Jong & Berg, 2013).

치료기법과 과정

해결중심단기치료(SFBT)에서는 내담자는 의미 있는 목표를 정의하는 능력과 자신의 문제해결을 위한 자원을 지니고 있다고 가정한다. 따라서 치료목표는 내담자마다 고유하고 더 풍성한 미래를 위해 내담자에 의해 설정된다(Prochaska & Norcross, 2018). 상담자는 내담자와 함께 내담자의 미래, 그리고 삶에서 달라지기를 원하는 것에 관한 이야기를 나눈다. 상담자는 규모가 작고 현실적이며, 분명하고 구체적이면서, 관찰·성취 가능한 변화에 중점을 둠으로써 긍정적인 결과로 이어지도록 돕는다. 이는 궁극적인 목표 성취는 작은 규모의 성공경험에서 시작될 수 있다는 가정에 기초한 것이다(de Shazer & Dolan, 2007). 치료목표 성취를 위한 SFBT 상담자의 태도와 역할은 글상자 7-1과 같다.

글상자 7-1. SFBT 상담자의 태도와 역할

1. 문제[problem]보다는 해결[solution]에 초점을 두고, 이에 대한 논의방식을 중시한다.
2. 내담자가 자신의 삶에 대해 가장 잘 알고 있다고 가정한다.
3. 진단, 평가, 처치의 전문가로 보지 않으며, 이런 의미의 단어를 사용하지 않는다.
4. 문제 개념화에서 어휘 선택을 중시한다.
5. 돌봄, 관심, 존중하는 태도를 지닌 호기심, 개방성, 공감, 접촉, 매력 등의 개념을 관계의 필수요소로 간주한다.
6. 상호존중, 대화, 탐색, 지지 분위기를 조성하여 내담자가 새로운 이야기를 자유롭게 재작성하도록 돕는다.
7. 내담자를 치료한다기보다 그와 함께 치료하고자 한다.
8. 내담자의 건설적인 변화에 영향을 주는 자원활동을 위한 이해·수용 분위기를 조성하고자 한다.
9. 치료과정에서 평가 또는 기법보다 공감과 협력적 동반자관계를 더 중시한다.

SFBT 상담자는 상담 분위기에 주의를 기울이는 한편, 상담에서의 대화가 원칙과 일치하는지 수시로 확인한다. 상담자는 내담자가 협력과 해결책에 집중하게 하여, 내담자가 과거 또는 통찰에 초점을 맞추는 대신, 가능한 해결책과 기회를 발견할 수 있도록 돕는다. SFBT의 적용원칙은 글상자 7−2와 같다.

글상자 7−2. SFBT의 적용원칙

1. 상담에서의 대화가 비병리적인 내용으로 계속되는 것에 초점을 맞춘다.
2. 가능성이 열려 있는 방식으로 문제를 변화시킨다.
3. 문제의 예외상황에 초점을 맞춘다.
4. 내담자의 강점과 대처방안에 대한 논평을 제공한다.
5. 문제에 대한 통찰에 초점을 맞추는 경향성을 피한다.
6. 긍정적인 대처행동에 초점을 맞춘다.
7. 내담자는 문제에 압도된 것이 아니라 삶에 대한 호소내용이 있는 존재로 본다.
8. 내담자가 더 단순한 해결책을 찾도록 돕는다.
9. 내담자가 점차 해결책에 친숙해지도록 격려한다.

치료기법

해결중심단기치료(SFBT)의 기법은 주로 예외발견질문, 척도질문, 기적질문 등을 통해 내담자가 다르게 행동할 것에 대한 탐색을 돕는 데 사용된다. 아무리 유용한 기법이라도 내담자와의 협력적 작업동맹이 제대로 형성되지 않은 채 기계적으로 사용되면 효과적인 결과를 얻을 수 없다(Murphy, 2015). SFBT 상담자는 상담 초기에 내담자의 문제를 공감적으로 경청함으로써, 관계 형성과 문제의 이해를 촉진한다. 이는 내담자를 존중하는 행위로, 해결과 관련된 대화보다는 짧게 하도록 한다. SFBT에서 흔히 사용되는 기법으로는 ① 첫 회기 전 변화에 관한 질문, ② 대사 역할, ③ 가설적 태도, ④ 확장, ⑤ 재구성, ⑥ 예외발견질문, ⑦ 기적질문, ⑧ 척도질문, ⑨ 요약 피드백이 있다. 이 기법들은 내담자에 맞게 유연하게 다듬어서 사용된다.

첫 회기 전 변화에 관한 질문. 첫째, **첫 회기 전 변화에 관한 질문**은 상담자가 내담자에게 첫 회기를 예약하고 오기 전까지 어떤 변화가 있었는지 확인하는 기법이다. SFBT에서는 상담 약속만 잡았는데도 내담자의 행동이 긍정적으로 변화되기도 한다. 이에 상담자는 첫 회기에 다음과 같은 질문을 한다(예 "상담 약속을 잡으신 후 문제에 변화를 가져

온 어떤 행동을 했나요?" "문제에 변화를 가져오기 위해 상담을 신청한 이후로 무엇을 해 왔나요?")(de Shazer, 1985, 1988). 이러한 질문은 내담자의 목표성취에 있어서 치료자보다는 자신의 강점과 자원에 의지하도록 격려하기 위한 것이다. 문제의 변화는 상담과정을 통해 유발되는 것이 아니므로, 변화에 관한 질문은 내담자가 상담목표를 성취하려면 상담자보다 자신의 자원을 더 의지하게 하는 효과가 있다. 변화에 관한 질문은 내담자가 긍정적 변화를 가져오는 방향으로 이미 한 행동을 추출·동기화·확장한다.

대사 역할.　둘째, **대사**ambassador **역할**은 외국에 상주하는 대사처럼 다른 문화에 속한 사람들에게 존경과 호기심을 보이며, 수용적 태도로 접근하여 그들을 이해하려는 태도를 보이는 것을 말한다. 상담자가 내담자에게 '전문가'로 접근하는 기존의 치료 모델과 달리, SFBT 상담자는 겸손한 태도로 내담자를 대하고, 내담자의 어려움에 관심을 기울이며, 그들의 존재방식을 존중하고 이야기를 수용함으로써, 그들에 관한 정보수집과 치료동맹을 공고히 한다.

가설적 태도.　셋째, **가설적 태도**는 내담자를 전문가로 여기고 내담자가 어려움을 겪는 이유에 대해 가정 또는 해석을 조심스럽게 하는 자세를 말한다. 가설적 태도를 보여 주기 위해 상담자는 전문가 행세를 하지 않고, 대신 내담자에게 겸손과 존중, 호기심 어린 자세를 유지하면서 다음과 같은 형식으로 말한다(예 "~일 수 있을까요?" "~라고 가정하는 게 맞을까요?" "저는 ~라고 생각하는데, 그렇지 않다면 수정해 주세요." "~라고 추측해 봅니다.").

확장.　넷째, **확장**은 격려를 통해 내담자에게 효과적이었던 해결책에 대한 논의를 활성화하여, 내담자가 문제 중심 대화에서 벗어나도록 도와서 성공의 범위를 넓히는 기법이다. 확장의 예는 다음과 같다(예 "다시 운동을 시작한 것이 기분 변화와 생활에 활력을 되찾는 데 도움이 된 것으로 들리네요. 운동이 어떤 점에서 도움이 되었는지 좀 더 구체적으로 말씀해 주실래요?").

재구성.　다섯째, **재구성**이란 자신이 뭔가 잘못되었거나 결핍되었거나 정신장애가 있다고 여기는 내담자의 관점에 새로운 방식을 제공함으로써, 자신의 문제를 이해하는 방식에 변화를 주는 것을 말한다. 이 기법은 사회구성주의의 관점을 반영하고 있다.

예외발견질문.　여섯째, **예외발견질문**exception-finding question(EFQ)은 내담자의 삶에서 현재 문제로 지목되는 일이 문제가 되지 않았던 때에 관해 탐색하기 위한 기법이다. 이

기법의 예는 다음과 같다(⑩ "문제가 해결되었다면 그것을 어떻게 알 수 있을까요?" "최근 들어 문제가 일어나지 않은 때는 언제였나요?"). 예외발견질문은 내담자에게 현재 문제가 존재하지 않았거나, 이처럼 심각하지 않았을 때로 거슬러 올라가게 한다. 여기서 예외는 문제가 일어날 수도 있었지만, 무엇인가를 해서 문제가 발생하지 않았던 내담자의 지난 생활경험(de Shazer, 1985; Murphy, 2015)이다. 이러한 경험을 검토해 보는 것은 해결을 위해 노력할 가능성을 높인다(Guterman, 2013). 이 과정을 통해 성공사례를 찾아내면, 내담자는 앞으로 변화를 위해 유용하게 사용할 것이다. 이런 방식의 탐색을 통해 내담자는 문제가 절대적이지 않고, 영원히 존재하는 것도 아니라는 사실을 깨닫게 된다. 또 자기 내면의 자원을 활성화하고 강점을 활용하여 가능한 해결방안을 모색하게 된다. 이에 상담자는 이런 예외가 더 자주 일어나게 하려면 무엇을 어떻게 해야 할지 내담자에게 질문한다.

기적질문.   일곱째, **기적질문**miracle question은 내담자를 만족스럽게 하는 미래의 모습을 상상하게 하는 질문기법이다. 이 기법은 구체적·현실적이고 성취 가능한 목표설정을 힘들어하는 내담자를 돕기 위해 드세이저가 처음 활용했다(⑩ "어느 날 밤 당신이 잠든 사이에 기적이 일어나 이 문제가 해결되었다면, 그것을 어떻게 알 수 있을까요? 무엇이 달라질까요?" "만일 기적이 일어난다면, 당신의 삶이 어떻게 바뀔 것 같나요?" "당신이 아내에게 기적에 대해 아무 말도 하지 않았는데, 아내는 그것을 어떻게 알까요?"). 이 질문을 하고 나면, 내담자에게 문제가 아직 있는 것은 알지만, '달라질 것'을 실행해 보게 한다. 만일 내담자가 마음이 편안해질 것이라고 말한다면, 상담자는 "오늘 상담실 문을 나서서 마음이 편안하게 행동한다고 생각해 보세요. 무엇을 다르게 행동할까요?"라고 묻는다. 이렇게 가설적인 해결을 생각해 보게 하는 과정은 인식된 문제에 대한 행동과 관점이 변하면, 문제가 변한다는 가정에 기초한 것이다(O'Hanlon & Weiner-Davis, 2003). 이처럼 기적질문은 내담자에게 기적이 일어날 것을 생각해 보게 함으로써 다양한 미래의 가능성을 열게 하는 효과가 있다(de Jong & Berg, 2013).

척도질문.   여덟째, **척도질문**scaling question은 내담자가 자신의 문제와 관련된 상황을 0부터 10까지의 척도로 평정해 보도록 고안된 기법이다. 이 기법은 내담자가 감정, 자신감, 의사소통, 대인관계 등 자신의 문제를 단순히 말로 표현하는 것이 모호하거나 쉽게 관찰되지 않는 문제 또는 경험의 변화 정도를 가늠하기 어려워할 때, 그 정도를 구체적으로 파악하는 데 도움이 된다(de Jong & Berg, 2013). 변화에 대한 내담자의 생각을 명확하게 정리하는 데 도움이 되는 척도질문의 예는 글상자 7-3과 같다.

글상자 7-3. 척도질문의 예

○ "0에서 10점 척도에서 10점이 가장 바람직한 상태라면, 당신이 변화하길 바라는 정도는 몇 점인가요?"

○ "0에서 3까지 척도점수를 올리려면, 앞으로 2주 이내에 어떤 변화가 필요할까요?"

○ "0에서 10점 척도에서 10점이 가장 자신 있는 상태라면, 당신이 앞으로 2주 동안 성공할 것에 대한 자신감은 몇 점이나 되나요?"

○ "0에서 10점 척도에서 10점이 가장 자신 있는 상태라면, 당신이 성공할 가능성에 대해 당신의 친구들이 확신하는 정도는 몇 점이나 될까요?"

만일 척도질문에 대해 내담자가 1점이라도 상승했다고 말한다면, 그것은 나아진 것이다. 그러므로 상담자는 이러한 반응에 대해 척도질문을 통해 내담자가 원하는 방향으로 더 나아가도록 돕는다(예 "1점을 올리기 위해 무엇을 했나요?" "척도에서 1점이 더 올라가려면, 무엇을 할 필요가 있나요?"). 척도질문은 내담자가 자신의 현재 행동과 자신이 바라는 변화의 방향으로 나아가기 위해 어떤 조치가 필요한지 살펴보게 하는 효과가 있다. 척도질문은 내담자가 측정을 통해 자신의 변화 가능성을 구체적으로 이해하는 데 도움을 준다. 이처럼 질문은 SFBT의 핵심기법으로, 정보수집보다는 주로 내담자의 경험 이해와 가장 효과적인 문제해결 방법 탐색을 돕기 위한 목적으로 사용된다. 예외질문, 기적질문, 척도질문 외에 ① 목표선택질문, ② 평가질문, ③ 대처질문coping question, ④ 해결지향질문, ⑤ 악몽질문이 있다. 이러한 질문기법에 관한 설명은 표 7-3과 같다.

표 7-3. SFBT에서 주로 사용되는 질문

질문	설명
1. 목표선택질문	○ 목표를 구체화하도록 돕기 위한 질문(예 "당신의 미래가 어떻게 되기를 원하나요?")
2. 평가질문	○ 목표 달성에 도움이 되는 행동과 그렇지 않은 행동 구분을 돕는 질문(예 "당신은 현재 무엇을 하고 있고, 그것은 효과가 있나요?")
3. 대처질문	○ 내담자가 문제해결에 도움이 되었던 과거 행동에 초점을 맞추도록 하는 질문(예 "당신은 과거에 그 문제에 어떻게 대처했나요?")

4. 해결지향질문	○ 미래지향적이고, 목표 달성을 돕는 새롭고 긍정적인 방법을 개발할 기회를 제공하는 질문(**예** "문제가 없다면, 내담자의 삶은 어떻게 달라질까요?")
5. 악몽질문	○ 면담 전 변화에 관한 질문, 기적질문, 예외발견질문이 효과가 없다고 판단될 때, 주로 사용됨 ○ SFBT에서 유일하게 부정적인 문제중심적 질문으로, 내담자가 자신의 상황이 더 악화되어야 문제에서 벗어나려는 의지를 보일 때 유용함(**예** "오늘밤 잠들었는데, 악몽을 꾸었어요. 그런데 오늘 가져온 모든 문제가 갑자기 훨씬 더 악화되었어요. 내일 아침에 무엇을 보면 악몽 같은 삶을 살고 있다는 사실을 알 수 있을까요?")

요약 피드백.   끝으로, **요약 피드백**^summary feedback^은 한 회기 동안 상담자가 관찰한 내담자의 강점, 희망의 단서, 문제의 예외에 대한 설명, 현재 행동 중 내담자가 원하는 방향으로 나아가는 데 유용한 행동 등을 글로 적어 내담자에게 주는 기법이다. 이를 위해 상담자는 각 회기 종료 전에 5~10분 정도의 휴식시간에 요약 피드백을 작성한다. 요약 피드백은 ① 칭찬, ② 다리, ③ 과제제안의 세 부분으로 구성된다. **칭찬**은 내담자가 효과적인 해결방안 실행을 인정해 줌으로써 이를 지속해 나가도록 진술하게 독려하는 기법이다(**예** "어떻게 그런 변화가 일어나게 했나요?" "이전과 비교할 때, 친구들이 당신을 어떻게 다르게 대해 주었나요?" "이런 변화를 통해 당신이 알게 된 것은 무엇인가요?" "운동을 시작하면서 기분이 나아졌다니, 참 잘한 일이라는 생각이 들어요."). **다리**는 칭찬을 과제 제안과 연결해 주는, 과제의 근거를 제공하는 진술이다. **과제제안**은 상담자가 생각하기에 내담자가 해결방안 모색에 도움이 될 행동에 대한 의견을 제시하는 것이다. 이러한 질문은 발생한 변화에 대해 내담자가 기여한 점을 스스로에게서 찾을 수 있도록 하는 지지 · 격려하는 효과가 있다. 그뿐 아니라, 내담자가 상담을 통한 학습을 일상생활에서 실행에 옮기도록 돕는다.

치료과정

해결중심단기치료(SFBT)의 치료과정은 내담자의 목표 인식, 자원, 피드백에 의해 가장 효과적으로 진행된다. SFBT는 ⓪ 면담 전 변화확인, ① 협력관계 형성, ② 문제 규정, ③ 목표설정, ④ 문제에서 해결로의 초점이동, ⑤ 목표성취, ⑥ 종결 단계 순으로 진행된다.

0단계: 면담 전 변화확인.　**면담 전 변화확인 단계**에서는 첫 회기 전에 약속 시간을 정하면서 내담자에게 첫 회기 전까지 어떤 변화가 있었는지 파악하도록 요청한다['첫 회기 전 변화에 관한 질문 기법'(p. 322) 참조]. 이때 내담자에게 자기 삶에 대한 전문가라는 지위를 부여한다. 상담자는 내담자의 행동과 경험의 의미를 당연히 알 수 있다고 생각하지 않는다. 대신, 내담자가 자기 삶의 진정한 전문가임을 실제로 믿는다. 특히 내담자가 일상생활과 상담에서 원하는 것이 무엇인지, 무엇을 변화하고 싶은지를 다룰 때 그렇다. 상담자는 내담자의 변화에 초점을 두다가 신뢰관계 형성에 충분히 주의를 기울이지 않는 실수를 범하지 않도록 해야 한다.

1단계: 협력관계 형성.　**협력관계 형성 단계**에서 상담자는 내담자와의 사이에서 잠재적 권력 차이를 줄이고, 대사 역할(호기심, 존중, 수용적 태도)을 통해 경청, 공감, 가설적 태도로 내담자가 자신의 힘과 자원을 찾도록 돕는다. SFBT에서는 상담자와 내담자 관계의 질이 중시된다. 상담자의 태도는 상담성과의 결정요인으로, 두 사람 사이의 신뢰감 형성은 내담자가 다음 회기에 오게 하고, 기꺼이 과제를 수행하게 한다. 이 단계에서 상담자는 내담자에게 변화되어야 할 것을 지시하기보다 변화의 방향을 알려 준다(George et al., 2015; Guterman, 2013). 또 내담자가 자신의 진화를 위한 이야기를 자유롭게 창조·탐색하여 공동으로 집필할 수 있는 상호존중, 대화, 지지적인 분위기를 조성한다. 이를 위해 상담자는 '문제를 이야기하면 문제가 계속되고, 변화를 이야기하면 변화가 일어난다'는 전제를 토대로 자신의 언어에 주목하고 내담자의 희망과 낙관성을 높이며 가능성과 변화에 대해 열린 자세로 경청한다.

2단계: 문제규정.　**문제규정 단계**에서 상담자는 전 단계에서 사용했던 기법을 사용하여, 해결에 초점을 맞추기 전 약 15분간 내담자의 문제를 경청한다(de Jong & Berg, 2012). 이를 통해 내담자가 첫 회기 동안 편안함을 느끼도록 돕는 한편, 되도록 신속하게 다른 기법을 사용하여 내담자가 목표설정에 관심을 기울이도록 돕는다. 이 단계에서 상담자는 내담자가 삶이 어떻게 달라지기를 원하는지와 이런 변화를 가져오려면 무엇을 해야 할지 상상하도록 돕는다. 이를 위해 상담자는 질문을 하고, 내담자의 대답을 기초로 다른 질문을 한다(예 "상담을 통해 무엇을 얻고 싶은가요?" "당신이 원하는 변화를 얻는다면, 삶이 어떻게 달라질까요?" "변화를 이루기 위해 지금 무엇을 할 수 있나요?"). 의미 있는 개인적 목표를 수립하기 전에 내담자는 자신의 관심사를 상담자가 잘 들었고 이해했다고 느낄 수 있어야 한다.

3단계: 목표설정. **목표설정 단계**에서 상담자는 내담자가 원하는 미래에 관한 질문에 답하게 한다. 상담자는 진실한 호기심과 관심, 존중, 개방적 태도로 개방적 질문을 하고, 내담자는 경험을 자신의 말로 기술한다. 이는 내담자가 자신의 목소리를 내게하는 한편, 미래의 가능성에 대해 생각해 볼 기회를 제공함으로써 건설적인 해결책 마련을 위한 목표를 설정하도록 돕기 위함이다. 상담자는 ① 상황에 대한 관점 또는 참조틀 변화, ② 문제상황에서의 행동 변화, ③ 내담자의 강점과 자원 활용의 세 가지 형태의 목표를 설정한다(O'Hanlon & Weiner-Davis, 2003). 내담자의 목표설정을 돕기 위한 지침은 글상자 7-4와 같다(Murphy, 2015).

글상자 7-4. 내담자의 목표설정을 돕기 위한 지침

1. 내담자의 언어로 긍정적으로 기술한다.
2. 행동 중심의 언어로 기술한다.
3. 지금ㆍ여기에서 구성한다.
4. 성취 가능하고, 구체적이며, 개별적이고, 측정 가능한 목표를 세운다.
5. 내담자가 통제하도록 한다.

4단계: 문제에서 해결로의 초점이동. **문제에서 해결로의 초점이동 단계**는 일련의 질문을 통해 내담자가 문제보다 해결에 초점을 맞추도록 돕는다. SFBT 상담자는 내담자가 자신의 문제에 대한 평가 없이도 문제의 해결책을 찾아낼 수 있다고 믿는다(de Shazer, 1991). 이에 상담자는 다양한 방법을 통해 내담자가 새로운 해결책을 찾도록 돕는다. 상담자는 추가적인 긍정적 성과를 일구어 낼 규모가 작고 현실적이며 성취 가능한 변화에 집중한다(⑩ "지난 상담 이후에 무엇을 했고, 어떤 변화가 있었나요? 어떤 점이 좋아졌나요?")(Bubenzer & West, 1993).

5단계: 목표성취. **목표성취 단계**에서는 첫 회기 이후 다음 회기에 참여할 때까지 세부목표를 실행하고, 목표성취를 위해 노력함으로써 맞이하는 단계다. 이 단계에서 상담자는 척도질문을 통해 내담자가 사용했던 새로운 방법의 효과성 평가를 돕고, 변화 촉진을 위해 내담자에게 효과적인 것을 고려하여 다음 회기의 목표를 수정하기도 한다. 상담자는 경청과 공감, 내담자의 새로운 시도 또는 노력에 대한 칭찬을 통해 목표성취를 촉진한다.

6단계: 종결. **종결 단계**는 설정한 목표를 성취하게 되면서 다다르게 된다. SFBT의 궁극적인 목표는 상담을 마치는 것이다(Guterman, 2013). "상담자가 계획에 의해 상담을 짧게 하려고 적극적으로 노력하지 않아도, 많은 경우 상담이 짧게 끝나게 된다"(p. 104). SFBT 상담자는 첫 회기부터 종결을 염두에 둔다. 내담자가 만족스러운 해결방안을 마련한다면, 상담을 종결할 수 있기 때문이다. 상담자는 목표설정을 위해 "저와 만나는 것이 가치 있다고 말하려면, 여기 온 결과로 당신의 생활에서 무엇이 달라져야 할까요?"라는 질문을 한다. 또 척도질문을 통해 내담자가 언제 상담에 다시 오지 않아도 되는 시점의 상황을 결정하게 할 수 있다(de Jong & Berg, 2013).

상담 시작부터 명확한 목표설정은 효과적인 종결의 기초가 된다(Murphy, 2015). 상담 종결에 앞서, 상담자는 내담자가 이미 이룬 변화가 미래에도 이어지도록 무엇을 할지를 내담자가 정하게 한다. 또 변화유지의 걸림돌이 될 만한 것을 생각해 보게 한다. 상담자는 내담자에게 삶을 되돌리거나 이야기를 새롭게 할 필요가 있을 때면 언제든지 다시 상담을 신청할 수 있음을 알려 준다. SFBT는 단기치료로, 현재에 집중하며, 특정한 불평에 초점을 둔다는 점에서 내담자는 추후에 다른 발달상의 문제를 겪을 수 있다. 후속 회기는 내담자가 해결중심 지향적 삶의 지속 여부를 점검하기 위해 갖는다. 이 단계에서는 주로 경청과 공감, 칭찬, 척도질문이 사용된다.

이야기치료 / Narrative Therapy

이야기치료(NT)는 오스트레일리아의 마이클 화이트와 뉴질랜드의 데이비드 엡스턴이 창시한 이론이다('내러티브 치료'로도 불림). 이야기치료는 포스트모더니즘과 사회구성주의에 내재된 원리와 철학적 가설에 토대를 두고 있다. 이러한 원리와 가설에 의하면, 세상을 이해하는 데에는 여러 방법이 있고, 자신이 누구인지에 대한 정의는 기

마이클 화이트
(Michael White,
1948~2008)

데이비드 엡스턴
(David Epston,
1944~현재)

본규칙이 없으며, 타인을 더 잘 이해하는 데에도 한 가지 방법만이 유효한 것이 아니라는 것이다. 또 권력자들의 가치는 개인이 자신을 비교하는 표준이 될 뿐 아니라, 이

표준은 개인이 사용하는 언어에 의해 재강화된다는 것이다. 사회구성주의와 포스트 모더니즘의 관점에서 보면, 권력, 지식, 진실이 가족, 사회, 문화의 맥락에서 어떻게 생성되는지 알 수 있다(Freedman & Combs, 1996).

　이야기치료에 의하면, 사람들은 해석적인 이야기로 삶의 의미를 구성하고, 그것을 '진실'이라고 생각한다(White, 1992). 문화를 지배하는 이야기의 힘 때문에 사람들은 자기 삶의 기회와는 상반되는 지배적 담론을 내면화하는 경향이 있다. 이 치료적 접 근에서는 사회적 환경의 언어 사용이 어떻게 지배적인 현실을 만들어 내는지에 초점 을 둔다. 왜냐하면 사람들은 사회환경(가족, 문화, 사회 등)에서 만나는 타인과의 지속 적인 담론 속에 있고, 이러한 상호작용을 통해 자신에 대한 개념을 만든다고 보기 때 문이다. 따라서 이 접근에서는 내담자의 이야기/내러티브를 이해하고, 문제로 가득 찬 이야기를 해체하며, 내담자가 자신을 이해하는 방식으로 이야기를 재구성하도록 돕는다(White & Epston, 1990). 이처럼 이야기치료는 내담자가 자신을 힘 있고, 자신이 원하는 삶을 사는 존재로 인식하도록 돕기 위해 상담자와 내담자의 협력을 강조하는 강점기반 접근이다.

핵심개념

이야기치료(NT)는 다른 전통적인 이론들과는 다른 부분에 초점을 둔다. 이 접근의 기 본개념으로는 ① 포스트구조주의, ② 사회구성주의, ③ 이야기/내러티브, ④ 지배적 이야기/문제로 가득 찬 이야기, ⑤ 해체, ⑥ 상대주의, ⑦ 재저술, ⑧ 중립성 결여를 들 수 있다.

포스트구조주의

첫째, **포스트구조주의**post-structuralism는 구조주의structuralism(사물의 의미는 개별이 아니라 전체 체계 안에서 다른 사물들과의 관계에 따라 규정된다는 관점의 철학 사상)에 대한 반동 으로 태동한 철학 사조다. 이야기치료에서는 진실에 대한 믿음은 앎knowing에 대한 시 각을 좁힌다고 본다. 또 구조주의적 사고에서의 '진실'은 사회의 언어에 의해 재강화 되고, 이러한 진실을 받아들이지 않는 사람들은 흔히 심리적으로 문제가 있고, 어리 석고 방어적이며, 부도덕하고 반항적인 성향이 있는 것으로 간주된다고 본다.

사회구성주의

둘째, **사회구성주의**social structuralism는 언어와 담론이 정신개념을 형성하고, 개인이 진실이라고 믿는 것들의 근간이 된다고 보는 철학 사조다. 사회구성주의자들은 지식은 언제나 변하고, 역사적 · 문화적 환경의 기능을 하며, 언어에 의해 문화와 개인에게 전수되고(Winslade & Geroski, 2008), 개인은 타인과의 교류를 통해 평생 끊임없이 변하는 존재로 간주한다. 이들은 사회적 환경의 언어 사용이 어떻게 지배적인 현실을 만들어 내는지에 관심을 갖는다[해결중심단기치료의 '사회구성주의'(p. 319) 참조].

이야기/내러티브

셋째, **이야기/내러티브**narrative는 내담자가 누구인지를 정의하고, 평생에 걸친 그의 삶에 관한 묘사다. 이는 가족, 문화, 사회의 가치와 개념에 의해 생명력을 얻어 내담자에게 내재화된 것(Freedman & Combs, 1996)으로, 다층적으로 이루어져 있고, 그를 강하게 만드는 데에 도움이 되는 것과 그렇지 않은 것이 있다(Brown, 2007). 따라서 상담자는 내담자의 삶에 문제를 일으키는, 문제로 가득 찬 이야기와 반대되는, 도움이 되는 이야기를 찾아내고자 한다.

지배적 이야기/문제로 가득 찬 이야기

넷째, **지배적 이야기/문제로 가득 찬 이야기**란 개인의 삶에서 그의 정체성에 속하는 것으로 여겨지는 다층적 이야기를 말한다. 이러한 이야기는 흔히 생활, 문화, 공동체, 사회에서 만나는 중요한 타인들에게서 전수되는데, 이 이야기에서 제시되는 표준에서 벗어나는 선택을 하는 경우, 개인은 때로 무언가 잘못되었다고 믿게 된다는 특징이 있다.

해체

다섯째, **해체**deconstruction는 당연하게 여겼던 신념, 가치, 개념, 사회적 담론이 지배적 이야기를 뒷받침해 왔다는 것을 이해하고, 지배적 이야기를 분해하는 과정이다. 이를 통해 상담자는 내담자가 자신의 이야기가 어떻게 발전해 왔는지 알 수 있도록 돕는다.

상대주의

여섯째, **상대주의**relativism는 모든 진리, 태도, 신념이 동등하게 유효하다는 입장의 철학적 사조다(Freedman & Combs, 1996). 이에 상담자는 내담자의 세계에 대한 지각은 그의 진실의 기반이 되는 한두 가지 이야기에 지배되고 있다고 가정한다.

재저술

일곱째, **재저술**re-authoring은 내담자의 삶에 관한 이야기를 발전시키고 말하게 할 뿐 아니라, 지배적인 이야기에서 벗어나 있던 내용과 잠재적으로 중요한 경험을 삶의 이야기에 포함하도록 돕는 것이다(White, 2007).

중립성 결여

여덟째, **중립성 결여**는 치료자는 절대 중립적 입장을 취할 수 없다는 것이다(Winslade & Geroski, 2008). 왜냐하면 치료자가 지식을 습득하는 방법으로 삶에 스며든 이론 또는 문화적 추정은 타인을 조망하는 렌즈가 되고, 내담자와 관계 형성을 돕는 도구가 되기 때문이다. 즉, 치료자의 타인에 대한 이해는 이러한 이론을 통해 걸러지고, 타인과의 대화 내용을 만들어 내며, 미처 깨닫지 못하는 사이에 작업에 영향을 미치기 때문이다.

치료기법과 과정

이야기치료(NT)의 일반목표는 내담자가 새롭고 신선한 언어로 자신의 경험을 말하도록 돕는 것이다. 이를 통해 내담자는 가능성에 대한 새로운 전망을 갖게 된다. 또 새로운 언어를 통해 내담자는 문제 많은 생각, 감정, 행동을 대체할 새로운 의미를 개발하게 된다(Freedman & Combs, 1996). 이야기치료는 지배적 문화의 다양한 측면이 인간 생활에 미치는 영향을 염두에 둔다. 상담자는 관점을 확대하고, 내담자에게 고유한 새로운 선택을 발견하거나 만들어 주기 위해 노력한다. 이야기치료에서 상담자는 돌봄, 관심, 정중한 호기심, 개방성, 공감, 접촉, 매력 등을 통한 적극적인 촉진자다. 상담자는 참여자, 관찰자, 과정촉진자로서, '**알지 못함**not-knowing'**의 자세**, 즉 내담자의 이야기를 따라가며 인정해 주고, 이야기의 안내를 받는다. 상담자의 주요임무는 내담자가 선호하는 이야기를 구성하도록 돕는 것이다. 상담자는 정중한 호기심으로 내담자와 함께 문제의 영향력과 그 영향력을 줄이기 위해 필요한 일을 탐색한다 (Winslade & Monk, 2007). 이를 위해 상담자는 주로 내담자에게 질문하고, 질문에 대한 대답에 기초하여 더 질문한다. 이야기치료자의 역할을 간추리면 글상자 7-5와 같다(Freedman & Combs, 1996).

글상자 7-5. 이야기치료자의 역할

1. 호기심과 끈기, 체계적이고 존중하는 방식으로 내담자의 이야기를 주의 깊게 경청한다.
2. 내담자와 협력관계를 형성한다.
3. 내담자의 삶에서 자원이 풍부했던 시절을 탐색한다.
4. 질문을 통해 문제가 내담자에게 미치는 영향과 그 영향 감소를 위한 조치를 함께 탐색한다.
5. 내담자를 진단 또는 분류하지 않는다.
6. 문제를 중심으로 내담자를 설명하지 않는다.
7. 문제가 내담자의 삶에 미치는 영향을 내담자가 그려 보도록 돕는다.
8. 내담자가 문제와 자신을 분리시켜 대안적인 이야기 생성을 돕는다.

치료기법

이야기치료(NT)에서 주로 사용되는 기법으로는 ① 존중 어린 호기심 · 신비감 · 경외심, ② 질문, ③ 협력 · 성찰, ④ 반영 · 공감 · 말한 그대로 반응, ⑤ 문제 외재화, ⑥ 외재화 대화, ⑦ 이중 경청, ⑧ 회원 재구성 대화, ⑨ 정예의식, ⑩ 진술 · 재진술, ⑪ 대안적 이야기 저술, ⑫ 증거 문서화가 있다.

존중 어린 호기심 · 신비감 · 경외심. 첫째, **존중 어린 호기심**respectful curiosity · **신비감**mystery · **경외심**awe은 내담자와의 치료관계를 시작하면서 이들의 이야기를 경청하는 상담자의 기본자세인 동시에 기법이다. 이는 내담자 스스로 자신의 문제를 감소할 수 있는 존재로 가정하면서, 그의 상황에서 잘못을 찾아내지 않는 것이다(Morgan, 2000).

질문. 둘째, **질문**은 이야기치료자에게 중요한 도구의 하나로, 문제의 외재화와 그 효과, 그리고 재저술 작업의 체계화에 집중적으로 사용되는 기법이다. 질문은 독특한 대화, 이전 대화에 관한 대화, 독특한 사건의 발견, 지배적 문화과정과 주장에 대한 탐색에 속한다. 목적에 상관없이 질문은 순환적·관계적이고, 새로운 방법으로 내담자를 격려한다. 이는 차이를 만들 수 있는 차이를 찾기 위한 시도다(Bateson, 1972). 상담자는 정보수집이 아니라 경험을 만들어 내기 위해 질문한다.

질문의 목적은 내담자가 선호하는 방향이 무엇인지 알 수 있도록 내담자의 경험을 점진적으로 발견 또는 구성하는 것이다. 질문은 알지 못함의 자세에서 존중, 호기심, 개방성 자세를 바탕으로 이루어진다. 이는 이미 답을 알고 있다고 생각하는 질문은 하지 않는다는 의미다. 질문을 통해 상담자는 내담자가 생활상황의 다양한 영역을 탐색하여 문제가 처음에 어떻게 시작되었고, 내담자의 자신에 대한 관점에 어떤 영향을 주었는지 파악한다(Monk, 1997). 이 과정을 통해 상담자는 내담자의 문제중심적 이야기를 해체하는 한편, 선호하는 방향을 정하고, 그 방향을 지지하는 대안적 이야기를 만들도록 돕는다.

협력·성찰.   셋째, **협력**^{collaboration}은 상담자와 내담자의 권력 차이를 줄이는 동시에, 내담자에게 도움이 되는 방향으로 나아가게 하기 위한 점검과정으로, 보통 특정 질문(**예** "이야기를 계속할까요? 아니면 관심 있는 다른 주제가 있나요?" "현재 대화가 잘 진행되고 있나요?")을 통해 이루어진다(Morgan, 2000). 반면, **성찰**은 내담자가 상담과정에 대해 의견을 제시할 기회를 제공함으로써, 상담자가 상담과정에서 행한 것의 영향력을 확인하기 위한 기법이다.

반영·공감·말한 그대로 반응.   넷째, **반영·공감·말한 그대로 반응**은 상담자와 내담자 간의 신뢰관계 형성과 연결을 촉진하고, 내담자가 자신의 이야기를 하도록 하며, 새로운 이야기의 발전을 돕는 강력한 도구다. 특히, 반영과 공감은 상담자의 신념과 편견을 피할 수 없다는 점에서 중립적이지 않기 때문에, 상담자는 내담자의 말을 그대로 따라 한다. 이 기법은 내담자가 문제로 가득 찬 이야기가 아닌 새로운 이야기의 재저술을 돕는다.

문제 외재화.   다섯째, **문제 외재화**^{externalizing}는 내담자가 문제를 자신으로부터 분리하여 문제를 새로운 방식으로 조망할 수 있도록 돕는 기법이다. 이 기법은 '사람이 문제가 아니라 문제가 문제'(White, 2007)라는 전제에 기초한다. 이 문제는 문화적 세계의 산물 또는 권력관계의 산물이다. 외재화는 이야기의 힘을 해체하는 과정이다. 이 과정은 문제와 동일시하는 것에서 내담자를 분리한다(**예** '나는 알코올 중독자다' → '알코올이 나의 삶을 침범했다'). 내담자가 자신을 문제로 보면, 문제를 효과적으로 다룰 방법이 제한되기 때문이다. 내담자가 문제를 자기 외부에 있다고 인식하면, 문제와 관계를 맺기 시작한다. 문제와 사람을 분리하면, 희망이 촉진되고 내담자는 비로소 자기비난 같은 특정한 이야기에 맞설 수 있게 된다. 자기를 비난하도록 조장하는 문화의 영향을 이해하게 되면, 내담자는 이러한 이야기를 해체하고, 긍정적 · 치유적 이야기를 생성할 수 있게 된다.

외재화 대화.   여섯째, **외재화 대화**externalizing conversation는 내담자를 문제로부터 분리시키는 방법이다. 이 방법은 억압적인 문제중심적 이야기를 거부하고, 내담자가 직면한 문제를 다룰 수 있는 능력이 있다고 느끼도록 힘을 부여한다. 외재화 대화는 두 단계, 즉 ① 문제가 개인의 삶에 미친 영향 탐색, ② 개인의 삶이 다시 문제에 미친 영향 탐색을 거쳐 이루어진다(McKenzie & Monk, 1997). 문제가 개인에게 미친 영향을 그려 보는 과정은 유용한 정보를 제공하는 동시에, 수치심과 비난을 덜 느끼게 해 준다. 이 과정에서 내담자는 경청과 이해를 경험하게 된다.

이때 상담자는 내담자에게 "이 문제가 언제 처음 당신의 삶에 나타났나요?"라고 질문한다. 이 탐색이 잘 이루어지면, 내담자의 새로운 이야기에 대한 공동 저술의 기초가 마련된다. 상담자는 내담자가 처음 문제가 일어난 때로부터 지금까지 문제를 추적하도록 돕는다. 또한 다음과 같은 질문으로 뒤틀린 미래를 제시한다(⑩ "이 문제가 한 달 동안 계속된다면, 당신은 어떻겠어요?" "이 문제가 당신 삶의 어느 영역까지 영향을 미쳤나요?" "이 문제가 당신의 삶에 얼마나 깊이 영향을 미쳤나요?").

이중 경청.   일곱째, **이중 경청**double listening은 내담자의 이야기를 듣고 반응하면서 마음속에서 내담자를 문제로부터 분리하는 것을 말한다(Winslade & Monk, 2007). 이 기법은 내담자의 다층구조의 이야기, 즉 내담자가 이야기하는 내용뿐 아니라, 명확하지 않거나 말하고 있지 않지만 함축된 내용을 듣는 것으로써 질문이 수반된다. 이중 경청은 내담자가 문제로 가득 찬 이야기에서 다른 것을 발견하여 자신의 삶에 대해 좀 더 풍부한 설명을 할 기회를 제공하기 위해 사용된다.

회원 재구성 대화.   여덟째, **회원 재구성**re-membering 대화는 삶이라는 클럽의 회원을 다시 새롭게 구성하는 기법이다. 이 기법은 삶의 클럽에서 대안적 이야기로 새롭게 구조화된 삶을 위해서는 클럽 회원도 새롭게 구성해야 한다는 전제에 기초한다. 내담자는 회원 재구성 대화를 통해 자신의 삶에서 여러 가지 부정적인 영향을 주고받던 관계를 긍정적으로 재구조화하여 자신의 정체성을 재구성한다.

정예의식.   아홉째, **정예의식**definitional ceremonies은 내담자가 자신에 관한 생각을 다시 만드는 새롭고 풍부한 이야기를 발전시킨 경우, 선택된 친구 또는 배우자/동반자가 지켜보는 앞에서 행하는 의식을 말한다(White, 2007). 이는 내담자에게 자신이 발전하고 있다는 확신을 하게 하는 효과가 있다. 이때 유의할 점은 지켜보는 사람들이 박수, 동의, 축하, 또는 내담자의 이야기를 해석하지 않도록 하는 것이다.

진술 · 재진술.   열 번째, **진술**telling **· 재진술**retelling은 외부 증인들(상담자 외의 사람들)에게 내담자가 새로 생성한 이야기를 들려 주는 기법이다. 이 기법은 새로운 이야기를 격식에 얽매이지 않고, 타인과의 논의, 내담자 자신 또는 타인에게 편지 쓰기, 자서전, 창조적 작품 제작(예 그림, 조각 등), 동영상 제작, 블로그 제작, 외부 증인 세우기, 정예의식 등을 활용하기도 한다.

대안적 이야기 저술.   열한 번째, **대안적 이야기 저술**은 해체와 함께 이루어진다. 상담자는 경청과 질문을 통해 내담자가 고유한 성과를 통해 대안적 이야기 저술을 돕는다(예 "당신은 문제의 영향에서 벗어나 본 적이 있었나요?"). 상담자는 문제에 관한 이야기에서 내담자 능력의 단서를 탐색하고, 이 단서를 중심으로 능력의 이야기 구성을 돕는다. 이야기치료의 전환점은 내담자가 문제중심적 이야기를 따라 살 것인가, 아니면 대안적 이야기가 더 좋다고 말할 것인가를 선택하는 시기다(Winslade & Monk, 2007). 고유한 가능성 질문을 통해 상담자는 상담의 초점을 미래로 옮긴다(예 "당신이 당신 자신에 대해 배운 것에 따르면, 이제 무엇을 해야 할까요?" "당신이 좋아하는 정체성에 따라 행동한다면, 어떤 행동을 더 많이 하게 될까요?"). 이러한 질문은 지금까지 무엇을 성취했고, 다음 단계에서는 무엇을 성취해야 할지를 생각하게 한다.

증거 문서화.   열두 번째, **증거 문서화**란 내담자가 새로 생성한 이야기/내러티브를 기록으로 남기는 것을 말한다. 새로 생성한 이야기는 이를 들어 주고 지지해 줄 청중이 있을 때 지속된다. 내담자가 이룬 성과를 공고히 하는 방법으로는 상담자가 그에게 편지를 쓰는 것이다('치료적 편지 쓰기'). 치료적 편지에는 회기의 기록, 문제에 대한 외재화 설명, 내담자에 대한 문제의 영향, 상담과정에서 발견한 내담자의 강점과 능력에 대한 설명 등이 담겨 있다. 편지는 여러 상황에서 다시 읽어 볼 수 있고, 편지에 있는 이야기가 다시 발생할 수 있다. 편지는 내담자가 그동안 문제를 다뤄 온 노력을 부각시키고, 문제중심적 이야기와 선호하는 새로운 이야기를 구분해 준다(McKenzie & Monk, 1997). 이야기 편지는 상담실에서 습득한 내용을 일상생활에서 실천하는 것이 중요하다는 점을 강조한다.

치료과정

이야기치료(NT)는 일반적으로 4단계로 진행된다. 각 단계에 관한 간단한 설명은 표 7-4와 같다(White, 2007).

표 7-4. 이야기치료의 진행단계

단계	활동 · 작업
1. 도입	○ 상담자와 내담자가 만나 관계가 시작되고, 내담자가 문제로 가득 찬 이야기를 나눈다.
2. 패턴 점검	○ 내담자가 문제로 가득 찬 이야기에 모순 · 반대되는 이야기를 찾아낸다.
3. 재저술	○ 내담자가 새롭고 더 긍정적인 이야기를 만들어 낸다.
4. 변화	○ 삶에 대해 더 새롭고 긍정적으로 전망하고, 상담종결을 준비한다.

이야기치료에서는 문제 외재화를 통해 내담자가 문제에서 자신을 분리하여, 문제를 좀 더 명확하게 조망할 수 있도록 돕는다. 또한 균형 잡힌 경청과 질문을 통해 내담자의 지배적 이야기에 모순 또는 반대되는 이야기를 되살려 낸다. 특정 문제가 어떻게 내담자의 삶을 저해하고 지배하며 낙담시켜 왔는지에 관한 이야기를 점검 · 이해하기 위한 논의를 한다. 그뿐 아니라, 내담자의 지배적인 이야기를 이해하고, 반대되는 이야기를 만들도록 도움으로써, 더 만족스러운 삶을 영위할 수 있도록 돕는다. 이에 내담자는 자신의 이야기를 점검 · 이해하고, 내면에 깊숙이 침투해 있는 이야기를 해체하여, 새로운 이야기를 재저술한다. 내담자는 자신의 지배적 이야기가 지닌 큰 영향력을 깨닫게 되면서, 지배적 이야기의 힘은 약화 · 해체 · 분리된다. 내담자의 이야기 재저술은 자신이 누구인지에 대한 새로운 시각을 갖게 하고, 더 만족스러운 삶으로 이끌게 하는 효과가 있다.

복습문제

다음 밑줄 친 부분에 들어갈 말을 쓰시오.

1. 해결중심단기치료(SFBT)에서는 내담자 문제의 예외상황과 문제에 대한 내담자의 _____ 에 초점을 두는 한편, 내담자의 _____ 와/과 _____ 을 중시한다.

2. SFBT 상담자는 문제보다는 _____ 에 초점을 둔 논의방식을 중시하고, 상담에서의 대화가 _____ 내용으로 계속되는 것과 문제의 _____ 에 초점을 둔다. 또한 문제에 대한 _____ 에 초점을 맞추는 경향성을 피하는 한편, 긍정적인 _____ 에 초점을 맞춘다.

3. SFBT의 기법 중에는 내담자의 삶에서 현재 문제로 지목되는 일이 문제가 되지 않았던 때에 관해 탐색하기 위한 기법인 _____ 와/과 내담자를 만족스럽게 하는 미래의 모습을 상상하게 하는 질문 기법인 _____ 이/가 포함되어 있다.

4. SFBT에서 _____ 은/는 면담 전 변화에 관한 질문, 기적질문, 예외발견질문이 효과가 없다고 판단될 때, 주로 사용되는 기법이다. 이 기법은 SFBT에서 유일하게 부정적인 문제중심적 질문으로, 내담자가 자신의 상황이 더 악화되어야 문제에서 벗어나려는 의지를 보일 때 유용한 기법이다.

5. _____ 은/는 한 회기 동안 SFBT 상담자가 관찰한 내담자의 강점, 희망의 단서, 문제의 예외에 대한 설명, 현재 행동 중 내담자가 원하는 방향으로 나아가는 데 유용한 행동 등을 글로 적어서 내담자에게 주는 기법으로, _____ , 다리, _____ 의 세 부분으로 구성되며, 보통 각 회기 종료 전, 5~10분 정도의 휴식시간에 작성한다.

6. _____ 은/는 내담자가 누구인지를 정의하고, 평생에 걸친 그의 삶에 관한 묘사다. 이는 가족, 문화, 사회의 가치와 개념에 의해 생명력을 얻어 내담자에게 내재화된 것으로, _____ (으)로 이루어져 있고, 그를 강하게 만드는 데에 도움이 되는 것과 그렇지 않은 것이 있다. 따라서 상담자는 내담자의 삶에 문제를 일으키는, _____ 이야기와 반대되는, 도움이 되는 이야기를 찾아내고자 한다.

7. 이야기치료에서는 진실에 대한 믿음은 _____ 에 대한 시각을 좁힌다고 본다. 또 _____ 적 사고에서의 진실은 사회의 _____ 에 의해 재강화되고, 이러한 진실을 받아들이지 않는 사람들은 흔히 심리적으로 문제가 있고, 어리석고 방어적이며, 부도덕하고 반항적인 성향이 있는 것으로 간주된다고 본다.

8. _____은/는 사물의 의미는 개별이 아니라 전체 체계 안에서 다른 사물들과의 관계에 따라 규정된다는 관점의 철학 사상인 구조주의에 대한 반동으로 태동한 철학 사조인 반면, _____은/는 언어와 담론이 정신개념을 형성하고, 개인이 진실이라고 믿는 것들의 근간이 된다고 보는 철학 사조다. 이에 비해 _____은/는 모든 진리, 태도, 신념이 동등하게 유효하다는 입장의 철학적 사조다.

9. 이야기치료에서 상담자는 돌봄, 관심, 정중한 호기심, 개방성, 공감, 접촉, 매력 등을 통한 적극적인 촉진자다. 상담자는 참여자, 관찰자, 과정촉진자로서, _____의 자세, 즉 내담자의 이야기를 따라가며 인정해 주고, 이야기의 안내를 받는다.

10. _____은/는 내담자가 문제를 자신으로부터 분리하여 문제를 새로운 방식으로 조망할 수 있도록 돕는 기법이다. 이 기법은 '_____이/가 문제가 아니라 _____이/가 문제'라는 전제에 기초한다.

소집단 활동

🔲 소집단으로 나누어 각자 어떻게 성역할을 습득했고, 반대 성에 대해 어떤 생각과 느낌이 드는지 이야기해 보고, 소집단 또는 전체 집단에서 각자의 소감을 나누어 보자.

○ 나는 어떻게 성역할을 습득했는가? _____

_____

_____

○ 나는 반대 성에 대해 어떤 생각과 느낌이 드는가? _____

_____

_____

소감

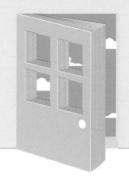

CHAPTER

08
활동중심적 접근

Counseling and Psychotherapy: Theory and Practice

활동중심적 접근^{activity-oriented approach}(AOA)이란 언어로 감정 또는 경험을 표현하기 어려워하는 내담자에게 놀이, 미술, 음악, 연극, 춤, 시문학 등으로 내면세계를 표현할 수 있도록 돕는 일련의 치료적 방법을 말한다. 이 접근을 치료적으로 활용한 선례는 선사시대로 거슬러 올라간다. 일례로, 선사시대의 동굴벽화에는 인간이 춤, 음악, 미술 등의 활동을 통해 자기를 표현하던 활동이 담겨 있다. 또한 당시 사람들의 소망과 현재·미래에 대한 두려움으로부터의 보호 등의 주술적 목적으로 다양한 매개체를 통한 예술적 표현의 흔적들이 세계 곳곳에 남아 있다. 그러나 20세기에 들어서서 인간의 심리적 문제를 해결하려는 노력이 더해지면서 놀이, 미술, 음악, 연극, 영화, 독서 등 다양한 매개체가 상담과 심리치료에 도입되었다. 동시에, 예술 활동을 통한 심리치료의 체계적 연구·검증도 활발하게 이루어지기 시작했다. 오늘날 임상 장면에서 주로 적용되고 있는 활동중심적 접근으로는 ① 놀이치료, ② 미술치료, ③ 음악치료, ④ 독서치료가 있다.

놀이치료 / Play Therapy

놀이치료(PT)는 놀이를 아동의 심리적 갈등 해소·치료를 목적으로 사용하는 심리치료다('유희치료'로도 불림). 이는 아동이 호의적이고 최적의 조건에서 성장할 수 있는 경험을 제공하는 치료법이다(Axline, 1969). 일찍이 네덜란드의 문화사학자 요한 하위징아(Johan Huizinga, 1872~1945)는 『호모 루덴스』(1938)에서 인간이 **호모 루덴스**^{homo ludens}, 즉 '유희하는 존재'임을 강조했다. 그에 의하면, 인간은 놀이를 통해 성장·발달하고, 삶의 활력을 얻는다. 특히, 아이들은 생활 자체가 놀이이고, 놀이를 통해 의사를 표출한다. 이러한 경향성은 자연스럽게 정서·행동 문제를 겪는 아이를 치료하는 방법으로 이어졌다.

헤르미네 후크-헬무트(Hermine Hug-Hellmuth, 1871~1924)

놀이치료는 1921년 오스트리아의 정신의학자·정신분석가 헤르미네 후크-헬무트가 만 7세 이하의 아동 분석에서 놀이가 효과가 있음을 주장하며, 놀이를 치료에 사용하면서부터 시작되었다. 1920년대 말, 놀이치료의 발달에 크게 기여한 대표적인 인물은 안나 프로이트와 멜라니 클라인이다. 지그문트 프로이트의 막내딸 안나 프로이트는 놀이를 아동과의 라포형성, 관찰, 진단에 활용함으로써, 고전적인 정신분석을 기반으로 **아동분석**을 위한 체계를 세웠다. 놀이가 아동의 반응, 공격적 성향, 공감받고자 하는 욕구 등의 파악과 친밀한 관계 형성에 유용하다는 사실을 인식했기 때문이었다. 그러나 그녀는 놀이에 상징적 의미가 결여되어 있고, 아동이 일상적으로 겪는 경험의 단순 반복에 불과하다고 여겨 놀이에 대한 해석의 중요성은 강조하지 않았다.

안나 프로이트
(Anna Freud,
1895~1982)

  이에 비해, 멜라니 클라인Melanie Klein은 아동의 초자아가 이미 발달한 것으로 보고, 아동에게 놀이에 대한 즉각적인 해석의 중요성을 강조했다. 그녀는 놀이치료를 아동의 무의식 탐색을 위한 수단으로 보았고, 아동의 자발적 놀이는 성인의 자유연상을 대체할 치료기법으로 여겼다. 그녀의 치료법은 오늘날 아동 보호·양육에 큰 영향을 미치고 있다. 자유롭게 뛰어노는 아이들을 보면서 그들의 무의식적 환상의 삶을 보았던 클라인은 아동의 놀이를 언어화verbalization의 직접적인 대체물로 간주하여 아동에 대한 **놀이분석**play analysis을 함으로써, 구조화된 놀이치료 기법의 발달을 촉진했다.

놀이의 치료적 가치

놀이play는 아이들이 편안하게 참여하고, 자연스럽게 내재된 감정을 표출하며, 의사를 교환하는 활동이다. 이러한 활동을 통해 아이들은 새로운 사고와 행동에 필요한 안전감과 자신감을 얻는다. 성인에 비해 아이들은 언어를 통해 정

서상의 갈등을 표현하는 능력이 제한되어 있다. 이러한 점에서 놀이는 아이들이 과거에 경험한 사건에 수반된 내적 긴장, 불안, 두려움, 공격성의 표현·해소에 매우 유용하다. 임상장면에서조차 아이들은 대체로 장난감을 비롯한 다양한 놀이도구에 관심을 보이고, 일단 놀이를 시작하면 치료자와 아동 간에 있을 법한 긴장이 이내 감소한다. 놀이치료를 통해 아동은 중요한 대상과의 관계를 형성하고, 발달수준에 따른 행동과 사고의 특성과 갈등을 적절하게 처리할 수 있게 된다.

  정신분석적 관점에서 놀이는 아동의 무의식적 갈등이 자발적으로 표현되는 도구다. 놀이는 아이들에게 가르쳐 줄 필요가 없다. 이에 스스로 놀고 싶은 대로 놀게 하

는 것이 놀이치료의 전제조건이다. 이러한 조건에 따라, 놀이치료는 아동이 좋아하고, 가지고 놀고 싶어 하는 장난감, 게임, 꼭두각시 인형 등을 활용한다. 놀이를 통해 치료자와의 관계에서 있을 법한 아동의 긴장과 불안이 낮아진다. 그뿐 아니라, 아동은 놀이를 통해 상상력을 발휘하고, 감정과 행동 표출을 통해 이완되며, 문제를 해결한다. 아동들이 좋아하는 놀이의 특징은 글상자 8-1과 같다.

글상자 8-1. 놀이의 특징

1. 놀이는 본래 자발적 행동이다. ☞ 많은 요구와 규칙이 있는 세상에서 놀이는 새롭고 신나는 것이며, 일상생활의 긴장해소에 도움을 준다.
2. 놀이는 어른들의 평가와 판단에서 자유롭다. ☞ 아이들은 실패의 두려움 또는 어른들의 조롱에 대한 두려움 없이 실수를 즐길 수 있다.
3. 놀이는 환상과 상상력을 높인다. ☞ 아이들은 가상의 세계에서 경쟁심 없이 통제의 필요성을 경험할 수 있다.
4. 놀이는 흥미와 참여를 높인다. ☞ 아이들은 때로 집중시간이 짧다. 이들은 흥미가 적고 별로 매력적이지 않은 활동에 참여하는 것을 꺼린다.
5. 놀이는 신체적·정신적 자아발달을 촉진한다.

　글상자 8-1에 제시된 놀이의 특징을 고려하면, 아이들은 적극적인 학습자다. 이들은 놀이를 통해 다양한 정보와 기술을 획득하고, 유아기의 감각운동 경험에서 아동기 초기의 상징적·환상적인 경험으로 옮겨간다. 또한 만 4~5세부터 상징적 놀이는 점차 사회적 놀이로 바뀐다. 사회적 놀이를 통해 아이들은 정해진 규칙 내에서 자신의 역할수행, 협동과 협력, 공유, 통솔에 따르는 법을 습득한다(Piaget, 1954).

　그렇다면 놀이치료는 가정, 유치원, 학교에서의 놀이와 무엇이 다른가? 놀이치료에는 전문가가 함께한다는 차이가 있다. 치료자는 아동이 놀이를 통해 자신의 감정을 안전하고 자유롭게 표현하도록 돕는다. 또한 수용적·치료적 상호작용을 통해 놀이로 표출되는 아동의 내면세계를 이해하여 아동이 겪고 있는 어려움을 극복하고, 정서·행동적으로 건강하게 살아갈 수 있도록 돕는다. 치료적 관점에서 놀이의 가치와 효과는 글상자 8-2와 같다.

글상자 8-2. 놀이의 치료적 가치와 효과

1. 치료적 관계 형성에 유용하다.
2. 아동 이해를 위한 진단 도구로 활용될 수 있다.
3. 아동의 이완을 돕고, 불안과 방어적 태도를 감소시켜 치료의 효과를 높일 수 있다.
4. 치료를 꺼리거나 말이 없는 아동의 치료 참여를 돕는다.
5. 안전한 환경에서 아동의 고통스러운 감정 표출을 돕는다.
6. 아동이 일상생활에 일반화할 수 있는 사회적 기술 발달을 돕는다.

놀이치료의 기법

놀이치료(PT)의 기법은 치료자의 성향과 이론적 접근, 아동의 성향, 문제, 발달수준에 따라 선택한다. 또 환경적 조건에 따라 ① 모래, ② 미술, ③ 게임, ④ 집단을 활용한 방법을 적용한다.

모래 놀이치료

첫째, 모래 놀이치료는 아동의 깊은 수준에서 이루어지는 비언어적 치료법이다. 이 기법은 1929년 영국의 소아과 의사 마가렛 로웬펠드(Margaret Lowenfeld, 1890~1973)가 아동의 내적 세계 표현을 돕기 위해 창안한 치료법이다. 그녀는 아동을 성인과 다른 복잡한 정신적 요소가 얽힌 존재로 보았고, 시각, 촉각 같은 감각 요소를 포함한 기법이 효과적이라고 주장했다(Lowenfeld, 1939). 모래 놀이치료는 그 후, 융의 개성화 과정 이론을 도입한 스위스의 도라 칼프에 의해 모래상자를 이용한 심리치료 기법으로 체계화되었다. 그녀는 정신도 신체와 마찬가지로 전체성과 치유를 향한 동기를 지니고 있다는 융의 분석 심리치료 방법을 모래놀이에 적용했다.

칼프(Kalff, 1966)는 로웬펠드의 기법에 치료적 의미를 부여하면서, 모래 놀이치료를 아동뿐 아니라 성인들에게도 적용함으로써 이 치료법이 전 연령층에 적용될 수 있음을 강조했다.

그림 8-1. 모래상자

도라 칼프
(Dora M. Kalff,
1904~1990)

모래 놀이치료에서는 내담 아동

그림 8-2. 장난감 선반

이 일어선 자세에서 상자 전체가 한 눈에 들어오도록 57×72×7cm 크기로 제작된 모래상자가 제공된다. 모래상자는 일반적으로 방수 처리가 되어 있고, 바닥은 하늘, 강, 바다를 연상시키는 파란색으로 처리되어 있다. 이 상자에는 땅의 이미지를 상징하는 모래가 상자 높이의 2/3 정도로 채워져 있다. 모래 놀이치료에서는 모래상자에 모래와 실물과 닮은 소품들을 매개로, 아동의 무의식적 사고와 감정 표출, 즉 의식화를 통해 치료적 효과를 산출한다. 모래놀이는 무의식의 언어화보다는 주로 감각과 직관을 사용하는 치료법으로, 아동뿐 아니라 청소년과 성인에게도 확대 사용되고 있다.

미술 놀이치료

둘째, 미술 놀이치료는 치료자와의 치료동맹을 토대로 미술작업을 통해 내담자의 심리적 갈등과 고통을 완화하는 방법이다. 이 방법은 창작활동 자체가 지니는 치유효과를 활용한 것으로, 미술활동을 통해 내담자의 저항을 줄여 치료동맹 구축에 유용할 뿐 아니라, 심리역동의 구조를 재건할 수 있는 치료효과가 있다. 미술 놀이치료에 주로 사용되는 도구로는 ① 집-나무-사람 검사House-Tree-Person Test(HTP), ② 한 사람 그리기Draw A Person Test(DAP), ③ 동적 가족화 검사Kinetic Family Drawing(KFD), ④ 난화 상호 이야기Mutual Scribble Story Making(MSSM), ⑤ 풍경구성기법Landscape Montage Technique(LMT), ⑥ 핑거페인팅Finger Painting(FP), ⑦ 콜라주collage가 있다. 이 기법에 관한 설명은 표 8-1과 같다.

표 8-1. 미술 놀이치료 기법

도구	개발자	설명
1. HTP	J. Buck	○ 집·나무·사람을 각각 그리게 하여 피검자의 성격, 행동양식, 대인관계를 파악할 수 있는 진단적 투사검사
2. DAP	Goodenough	○ 인물의 전신상을 그리게 하여 지적발달수준, 성격성향, 내면세계를 분석하는 검사
3. KFD	Burns & Kaufman	○ 가족의 일상적 태도 또는 감정을 그리게 하여 피검자의 가족에 대한 지각을 이해하기 위한 검사
4. MDDM	야마나카山中	○ 치료자와 내담자가 각각의 종이에 휘갈겨 그린 그림을 서로 교환하여 이미지를 찾고 이야기를 나누는 검사

5. LMT	나카이 히사오中井久夫	○ 종이에 10개 요소(강, 산, 밭, 길, 집, 나무, 사람, 꽃, 동물, 돌)와 추 가로 풍경을 그리게 하여 개인의 특성을 파악하기 위한 기법
6. FP	Shaw	○ 물감 등의 재료를 손가락 또는 손바닥에 묻혀 종이에 자유롭 게 그림을 그리게 하여 긴장·불안·저항 완화, 억압된 감정 정화, 무의식 표출을 돕는 기법
7. 콜라주	Picasso	○ 사진 또는 그림에서 필요한 형상의 요소를 오려 붙여 재구성 하여 개인의 내면 이해를 돕는 기법

게임 놀이치료

셋째, 게임놀이는 개인에게 즐거움을 제공할 뿐 아니라, 신체·인지·언어·사회성·정서발달을 촉진한다. 놀이치료에서 게임활동은 자기표현을 꺼리거나 서툰 아동과 초기 치료관계 형성 촉진을 위한 중요한 도구이기도 하다. 게임활동을 통해 치료자는 아동의 동작과 언어 표현의 관찰을 통해 아동의 발달수준과 특성을 파악할 수 있다. 게임 놀이치료의 목적은 아동의 무의식적 갈등을 게임활동 상황에서 자연스럽게 행동과 언어로 표출('의식화')할 수 있도록 하여 아동이 자신의 갈등을 자각할 수 있도록 돕는 것이다.

집단 놀이치료

넷째, 집단 놀이치료는 아동이 다른 아이들과 자연스러운 상호작용을 통해 사회생활을 이해·적응할 수 있도록 고안된 활동이다. 집단놀이를 통해 아동 개개인은 자신과 타인, 그리고 그 관계의 의미와 중요성을 이해하게 되고, 사회성을 발달시키게 된다. 일반적으로, 집단 놀이치료는 개인 놀이치료를 경험한 아동들에게 제공된다. 즉, 개인 놀이치료를 통해 아동의 공격성 또는 소극적 행동이 어느 정도 해소되고 나서, 집단 놀이치료에 참여하게 하는 것이 또래들과의 적응에 어려움을 겪는 아동에게 더 효과적이기 때문이다.

집단 놀이치료를 위해서는 아동의 특성에 맞게 집단크기를 조절해야 한다. 즉, 초기에는 2~4명 정도의 집단에서 시작해서 아동이 집단놀이에 잘 적응하면 다른 집단으로 배치한다. 아동은 또래들과의 상호작용을 통해 이들과의  관계에서 자신의 행동에 책임지는 법뿐 아니라, 다른 아동을 돕는 이타적 행동을 습득하게 된다. 집단 놀이치료를 통해 습득된 행동은 점차 집단장면 밖에서도 자연스럽게 나타나게 된다. 일반적인 집단상담과는 달리, 집단 놀이치료에서는 집단경험을 통해 사회적 기술 습득을 통해 집단 적응력 증진에 중점을 둔다. 놀이치료는 치료자의 이론적 배경에 따라 다양한 접근방법이 있는데, 이를 정리하면 표 8-2와 같다.

표 8-2. 놀이치료의 접근방법

유형	특징
1. 정신분석 놀이치료	○ 놀이를 아동의 무의식을 표현하는 도구로 보고, 놀이의 내용 및 치료자와의 전이관계를 다루는 치료법
2. 아동중심 놀이치료	○ 액슬린(Virginia Axline)이 창안한 방법으로, 치료자의 개입을 최소화하고, 놀이를 통해 아동 스스로 문제를 인식·극복하도록 돕는 비지시적 치료법
3. 가족 놀이치료	○ 부모와 아이가 놀이를 진행하며, 치료자는 과정 관찰을 통해 치료적 개입을 함
4. 인지행동 놀이치료	○ 넬(Susan M. Knell) 등이 창안한 것으로, 아동의 부적응 행동에 영향을 주는 인지의 변화에 초점을 둠
5. 발달 놀이치료	○ 브로디(Viola Brody)가 창안한 것으로, 아동의 발달에 필요한 놀이(신체 접촉 등)를 선정하여 진행되는 치료법
6. 아들러 놀이치료	○ 모든 사람은 경험과 지식을 바탕으로 외부세계를 경험한다는 가정하에 놀이를 통해 아동의 잘못된 믿음을 교정해 주는 치료법
7. 모래상자 놀이치료	○ 로웬펠드(Victor Lowenfeld)가 창안한 것으로, 모래상자 안에서 여러 상황의 놀이를 통해 아동 스스로 문제를 해결하도록 돕는 치료법
8. 집단 놀이치료	○ 놀이치료와 집단치료를 통합한 것으로, 집단에서의 상호작용과 적응 등을 통해 아동의 문제행동을 교정하는 치료법

놀이치료의 과정

놀이치료(PT)는 일반적으로 세 단계, 즉 ① 도입, ② 작업, ③ 종결 단계로 진행된다.

1단계: 도입

놀이치료의 **도입 단계**에서 치료자는 내담자와의 신뢰관계 형성과 문제이해에 필요한 정보수집에 집중한다. 이 단계에서 치료자는 아동이 진정으로 원하는 변화가 무엇이고, 아동이 느끼고 있는 어려움이 무엇인지에 관한 이야기를 나눔으로써, 치료목표 설정을 위한 자료로 삼는다. 초기단계에서 아동은 일반적으로 놀이에 대한 호기심을 나타내는 한편, 창조적인 놀이를 하면서 다행감과 불안감을 동시에 나타내는 특징이 있다.

치료가 진행되면서 아동은 점차 공격적인 놀이와 자발적 표현을 동반한 놀이의 빈도가 증가한다. 또한 자기 자신 또는 가족에 관한 이야기를 하기 시작한다. 그리고 치료자에게 인정받으려는 반응 또는 행동을 보이기도 한다. 그러나 만일 치료자가 아동의 긍정적인 행동에 선택적으로 인정하는 반응을 한다면, 아동은 자신의 부정적 감정 또는 심리적 갈등에 대한 탐색·표출 기회를 상실하게 된다. 그러므로 치료자는 아동이 인정받기 위해 상담실에 온 것이 아니라, 치료자와 협력하여 자신의 문제를 해결하기 위해 치료에 참여하고 있다는 사실을 인식해야 한다.

2단계: 작업

작업 단계는 이전 단계에서 잘 형성된 신뢰관계를 바탕으로 아동이 치료자가 자신의 변화를 위한 존재라는 사실을 인식하고, 부정적인 감정을 표출하기 시작하는 단계다. 이를 통해 아동은 자연스럽게 과거에 불쾌 또는 고통스러웠던 경험을 재현하게 된다. 이때 치료자는 아동이 어려움을 겪었던 때가 발달단계의 어떤 시기였는지 이해한다. 또한 아동의 자존감과 통찰력 증진을 위해 놀이를 통해 성취감을 느낄 수 있도록 돕는다. 작업단계에서 아동은 치료자와의 신뢰관계를 바탕으로 부모와의 관계에서 결핍 또는 왜곡된 경험을 교정할 수 있게 되고, 자신의 문제를 새로운 관점에서 이해할 수 있게 됨으로써, 문제의 완화 또는 감소 효과를 얻게 된다.

3단계: 종결

종결 단계는 치료 초기에 내담자와 함께 수립했던 치료목표가 달성되면서 맞이하게 된다. 이 단계에서 내담자는 자존감이 높아져 자신의 문제를 있는 그대로 수용하고, 강점을 인식하며, 일상생활에서의 문제를 해결·대처할 수 있게 된다. 치료의 종결은 사전에 내담자에게 알려, 이 사실을 잘 받아들일 수 있도록 한다. 예를 들어, 만일 아동과 3회기 후에 종결하기로 합의되었다면, 상담실에 아동이 좋아하는 캔디 세 개를 마련해 놓고, 치료 회기마다 캔디를 하나씩 가져가게 하여, 캔디가 모두 없어지면 치료가 성공적으로 완수한 것에 대해 축하 파티를 하자고 약속할 수 있다.

미술치료 / Art Therapy

미술치료(AT)는 미술활동(회화, 조소, 디자인, 공예 등)을 통해 심리적인 어려움이나 마음의 문제를 표현하고 완화할 수 있도록 하는 치료법이다. 즉, 그림, 점토, 세공 같은 활동을 심리치료나 재활치료에 적용하는 심리적 조력활동이다. 미술치료란 말은 다양한 분야의 전문가들이 수행하는 활동을 아우르는 포괄적인 용어다. 미술치료에서 내담자는 미술작품을 만들고, 상담자는 치료목표에 따라 내담자의 작업과정에 개입하고, 이를 매개로 내담자의 심리적 갈등 해결을 돕는다. 이때 작품의 질 또는 수준보다는 즐겁고 자유롭게 내담자 자신을 표현하는 것에 초점을 둔다.

역사적으로, 미술치료가 체계를 갖추고 전문적인 치료도구로 활용되기 시작한 것은 20세기에 들어서서다. 특히, 20세기 초 정신의학이 인간의 감정, 무의식, 정신적 이미지 등에 관심을 갖게 되면서, 정신과 병동 환자들을 대상으로 미술활동이 적용되었다. 그러나 현대적인 의미에서 미술치료의 효시는 1940년대 초, 정신분석적 미술치료 모형을 정립한 미국의 **마가렛 나움버그**로 보고 있다. 당시 뉴욕정신분석학교에서 행동장애 아동들에게 미술치료를 시행한 그녀는 정신분석에 입각하여 아동들에게 꿈, 환상, 내적 경험 등 무의식적 사고와 감정을 그림에 표현하게 했다.

마가렛 나움버그
(Margaret Naumburg, 1890~1983)

나움버그는 그림의 상징성을 중시했고, 그림 해석을 아동치료의 발판으로 삼았다. 그녀는 미술치료를 정신분석에서 파생된 심리치료의 개념과 밀접하게 연결되어 있다고 보았다. 그녀는 미술활동을 통해 환자의 무의식 세계를 드러내는 것을 중시했다. 나움버그에 의하면, 심리치료에 미술을 사용하는 것은 정신분석적 해석의 연장이고, 환자와의 집중적인 일대일 관계에 초점을 맞추는 것이다. 그녀는 언어보다 그림으로 전이 문제가 더 쉽게 해결된다고 보았다. 이로써 그는 미술치료를 심리치료의 보조적인 치료법이 아니라. 기본적인 치료방법으로 여겼다.

에디트 크라머
(Edith Kramer,
1916~2014)

1950년대에 들어서자, 치료로서의 미술을 주창한 오스트리아 비엔나의 미술치료자 **에디트 크라머**는 상징성을 통한 해석을 강조한 나움버그의 견해를 반박하면서, 내담자의 창조성과 자기성장을 강조하는 독자적인 이론을 구축했다. 그녀의 견해 역시 정신분석에 기반을 두고 있지만, 미국으로 이주한 그녀는 미술치료에서 치료보다 미술을 중시하는 입장에서 창의적인 미술활동 과정에 내포된 내재적 치료 기능을 중시했다. 그녀는 미술작품 제작에서 승화를 중요한 치료적 요소로 간주하면서 창작행위 자체를 치료적이라고 보았다. 크라머는 미술활동을 환자의 방어기제를 제거하지 않고도 무의식 세계의 방출·표현을 촉진하는, 심리치료의 보조도구로 보았다. 이런 상징적 경험을 통해 내담자는 안전한 환경에서 보호받는 방법으로 행동 변화를 시도해 볼 수 있게 된다. 크라머는 이처럼 미술품 창작과정 자체가 지니는 치유적 속성과 통합력을 토대로, 내담자가 창조적 작업을 통해 만족감과 성취감을 느낄 수 있게 하는 것이 미술치료자의 가장 중요한 임무라고 믿었다.

1960년대에 들어서면서 미술치료가 독립적인 분야로 발달하도록 주도한 인물은 미국의 **엘리너 울만**이다. 울만은 한때 미술가로 활동한 경험을 바탕으로 미술치료 활동을 전개했다. 그녀는 '미술치료'라는 말을 1961년 『*Bulletin of Art Therapy*』 창간호에서 처음 사용한 인물이다. 여기서 그녀는 미술치료를 '교육, 재활, 정신치료 등 다양한 분야에서 널리 사용되고 있고, 어떤 영역에서 활용되든 공통적으

엘리너 울만
(Elinor Ulman,
1910~1991)

로 시각예술$^{visual\ art}$이라는 수단을 통해 인격의 통합 또는 재통합을 돕기 위한 시도'로 정의했다. 울만은 '치료에서의 미술$^{art\ in\ therapy}$'로 치료를 중시하는 나움버그의 입장과 '치료로서의 미술$^{art\ as\ therapy}$'로 미술을 중시하는 크라머의 입장을 통합하는 입장을 취했다. 즉, 미술치료는 미술과 치료 모두 충실해야 하고, 양측의 입장을 결합하여 치료와 창조성이라는 통합된 견해를 표방했다.

오늘날 미술치료는 미술과 치료를 아우르는 광범위한 활동으로 인식되고 있다. 미술치료자들은 미술치료를 성공적으로 완수하려면 치료과정과 미술활동 과정이 서로 조화를 이루어야 한다는 점에서는 이의를 제기하지 않는다. 미술치료는 치료자의 이론적 배경에 따라 다양한 접근방법이 있는데, 이를 정리하면 표 8-3과 같다.

표 8-3. 미술치료의 유형

유형	특징
1. 정신분석 미술치료	○ 정신분석 이론을 토대로 치료를 진행하며, 미술활동을 아동의 무의식을 표현하는 도구로 보고, 자유롭게 떠오르는 대로 그리거나(자유연상) 만든 이후 무의식적 내용에 대해 탐색하는 치료법
2. 인간중심 미술치료	○ 단지 질환이 있는 환자로서가 아니라 삶의 적응과정에서 괴로워하는 사람이라는 시각으로 미술치료를 진행하는 치료법
3. 가족 미술치료	○ 가족 전체가 어려움에 빠진 상황을 도와주기 위한 치료로 가족원 간의 관계, 소통의 어려움 등을 다루고 가족의 다양한 모습을 알 수 있는 치료방법 ○ 가족원은 서로의 미술작업이 관계가 있음을 치료를 통해 배우게 되고 서로에 대해 갈등을 해결할 수 있게 됨 ○ 전 가족이 치료의 대상이 되므로 개인치료에 비해 단기간에 진행이 되지만 변화의 효과가 오래 지속되는 이점이 있음
4. 행동주의 미술치료	○ 행동치료 기법을 미술치료에 적용하여 모델링 등을 활용함 ○ 색을 섞으면서 색상에 대한 개념을 알게 하거나 모양 꾸미기를 통해 공간/순서 등의 개념을 더욱 명확하게 하는 경우가 포함됨
5. 게슈탈트 미술치료	○ 통합을 중시하고 '지금·여기'에서의 경험을 강조함 ○ 워크샵 형태로 치료가 진행되기도 하고 점토 작업으로 하는 게임이나 느낌에 대한 그림 그리기 등을 사용하기도 함
6. 아들러 미술치료	○ 모든 사람은 경험과 지식을 바탕으로 외부세계를 경험한다는 가정하에 미술을 통해 아동의 잘못된 믿음을 교정해 주는 치료법
7. 모래상자 미술치료	○ 로웬펠드(Victor Lowenfeld)가 창안한 것으로, 모래상자 안에서 여러 상황의 미술을 통해 아동 스스로 문제를 해결하도록 돕는 치료법
8. 집단 미술치료	○ 집단원 사이의 상호작용을 통해 집단이 가지고 있는 치료적 힘을 이용함 ○ 집단 안에서의 관계 형성, 공감 능력이 향상되고, 사회적 기술을 키우며 다양한 시각에서 자신을 이해하는 능력이 증가하게 됨(보통 6~12명으로 구성됨)

　우리나라의 경우, 미국과 마찬가지로, 초기에는 정신병원과 종합병원의 신경정신과 환자들을 대상으로 한 미술활동이 치료적 목적으로 활용되었다. 그러나 본격적으로 체계를 갖추게 된 계기는 1992년 한국미술치료학회가 창립된 시점이라고 하겠다. 그 후, 국내 대학과 대학원 과정에 미술치료 강좌가 개설되었고, 미술치료사 양성과정이 우후죽순처럼 생겨났다. 현재 미술치료사는 다양한 교육기관, 사회복지기관, 상담센터, 소아정신과, 특수학교, 노인병원 등 다양한 장면에서 활동하고 있다.

미술의 치료적 가치

미술은 누구나 감상할 수 있고, 미술을 통해 자기를 표현할 수 있다. 이러한 점에서 미술은 모든 사람이 비교적 쉽게 접근할 수 있다. 그림을 그리거나 만드는 활동은 전형적인 창작활동으로, 내면세계를 표현하고 기분의 이완과 감정적 스트레스를 감소시키는 효과가 있

다. 말로 표현하기 힘든 감정과 생각을 미술활동을 통해 표현하는 것은 안도감과 감정 정화를 경험하게 할 뿐 아니라, 내면세계를 성찰할 수 있게 한다. 이러한 특징으로 인해 말로 감정이나 경험을 표현하기 어려워하는 아동은 미술이라는 방법으로 정서를 표현할 수 있다. 미술의 치료적 가치를 요약·정리하면 글상자 8-3과 같다.

글상자 8-3. 미술의 치료적 가치

1. 정신과 감각을 사용할 수 있게 한다.
2. 과거 또는 현재의 사건과 관련된 생각 또는 감정뿐 아니라, 미래에 대한 생각 또는 감정까지 표현할 수 있게 한다.
3. 사회적으로 수용되는 방식으로 감정(특히 부적 감정)을 해소할 수 있게 한다('정화').
4. 아동 스스로 주도·조절할 수 있게 한다.
5. 재료 선택, 활동 전개, 작품 완성 등의 과정을 통해 성취감, 만족감, 가치감을 느낄 수 있게 한다.
6. 치료자가 아동의 마음이 다치지 않고, 방어기제를 허물어뜨리지 않으면서 아동의 무의식 세계를 탐색할 수 있게 해 준다.
7. 아동에 관한 다양한 정보와 함께 보충자료로 활용할 수 있어서 아동 이해(진단)에 도움을 준다.

미술활동은 심리적 충격을 안겨 주는 사건들을 경험한 아동들에게 큰 도움이 될 수 있다. 고통스러운 일을 겪은 아이들은 그림을 그리거나 만들기를 통해 심리적인 안정을 얻을 수 있다. 학대 또는 폭력 피해 경험은 이를 말로 표현하는 것 자체가 큰 공포나 불안을 일으킬 수 있다. 그러나 미술활동은 이러한 불안 없이 감정을 표현할 수 있게 한다. 이에 미술치료는 불안, 우울, 외상 후 스트레스장애(PTSD), 적응상의 어려움을 겪는 아동의 심리적 안정에 치료적 효과가 뛰어나다.

미술치료의 기법

미술치료(AT)는 심리진단과 치료가 동시에 이루어진다는 특징이 있다. 그림 그리기를 활용하여 진단과 치료에 유용하게 활용되는 미술치료의 주요기법으로는 ① 집-나무-사람 검사, ② 동적 가족화 검사, ③ 테두리기법, ④ 풍경구성기법, ⑤ 난화 상호 이야기, ⑥ 자유화 · 주제화, ⑦ 콜라주, ⑧ 협동화, ⑨ 감정차트 만들기가 있다.

집-나무-사람 검사

첫째, **집-나무-사람 검사**^{House-Tree-Person Test}(HTP)는 1948년 미국의 존 벅^{John Buck}이 개발한 것으로, 피검자에게 종이와 연필로 집, 나무, 사람을 그리게 하여 성격 발달과 관련된 정서적 · 역동적 측면을 파악 · 진단하는 투사검사다. 이 검사는 총 4장의 종이에 집, 나무, 남자, 여자를 그리거나 한 장에 모두 그리게 한 다음, 일련의 탐색질문을 통해 피검자에 대한 직관적이고 상호작용적인 이해를

위한 도구로 사용된다. HTP는 피검자의 저항이 비교적 적고, 시간 경과에 따라 내담자의 그림을 배열 · 비교함으로써 치료효과를 파악할 수 있다. 특히, 운동성이 추가된 **동적 HTP**(K-HTP)는 각 그림에서 나타나지 않은 역동성과 더 깊은 내면세계를 잘 반영한다는 이점이 있다.

그림 8-3. HTP 예시
출처: 네이버 지식백과.

동적 가족화 검사

둘째, **동적 가족화 검사**^{Kinetic Family Drawing}(KFD)는 1972년 미국의 번스^{Burns}와 카우프만^{Kaufman}이 개발한 것으로, 가족그림을 통해 가족원의 관계와 역동에 대한 피검자의 지각, 자기개념, 대인관계 갈등 등을 파악하는 투사검사다. 이 검사에서 검사자는 피검자에게 가족 모두가 무언가를 하고 있는 그림을 그리게 한다. 그림이 완성되면, 각각의 인물이 누구인지, 몇 살인지, 무엇을 하고 있는지 등에 관해 질문한다. KFD는 가족 그림을 통해 피검자의 눈에 비친 가족의 일상적 태

그림 8-4. KFO 예시
출처: 신민섭 외. (2003).

도 또는 감정을 파악할 수 있다. 또한 가족 상황으로부터 파생된 부정적인 효과를 감

소시키기 위한 유용한 도구로 활용될 수 있다.

테두리기법

셋째, **테두리기법**^{Fence Technique}(FT)은 피검자가 보는 앞에서 종이에 테두리를 그린 다음, 건네 주어 그림을 그리게 하는 검사다. 이 검사는 피검자에게 그림 그리기를 자극하고, 그림 그리기에 대한 두려움을 줄여 주기 때문에 자아가 약한 피검자에게 유용하게 사용할 수 있다. 필요한 경우, 원을 그려 주어 원 안에 그리게 하거나 채색하게 함으로써 과잉행동 또는 주의산만을 통제할 수 있다.

풍경구성기법

넷째, **풍경구성기법**^{Landscape Montage Technique}(LMT)은 1969년 일본의 나카이 히사오_{中井久夫}가 개발한 것으로, 피검자에게 종이에 10개 요소(강, 산, 밭, 길, 집, 나무, 사람, 꽃, 동물, 돌)와 부가적 요소로 풍경을 그리게 하여, 개인의 특성을 파악하기 위한 진단ㆍ치료기법이다. 이 검사는 검사자가

각 요소를 순차적으로 불러 주고, 피검자가 풍경화를 구성해 나가는 방식으로 진행된다. 이 작업은 치료자와 내담자가 상호관계를 통해 이루어지고, 이러한 관계성에서 피검자의 심리적 특징을 파악하고, 이를 치료에 활용할 수 있다.

그림 8-5. LMT 예시
출처: 정현희, 이은지. (2007).

난화 상호 이야기

다섯째, **난화 상호 이야기**^{Mutual Scribble Story Making}(MSSM)는 일본의 야마나카_{山中}가 난화 그리기와 테두리기법을 응용하여 개발한 것으로, 치료자와 내담자가 각자의 종이에 테두리를 그려서 교환한 다음, 상호 교환을 통해 난화를 완

성하고 그 난화에 관해 이야기를 나누는 기법이다. 이 기법은 치료자와 내담자가 역할교환을 통해 치료관계를 형성하고, 내담자가 난화에 자신의 무의식을 투사하여 형상화함으로써, 무의식을 의식화하여 내담자 스스로 문제를 인식하게 하는 데 유용하다.

그림 8-6. 난화 예시
출처: 정현희, 이은지. (2007).

자유화 · 주제화

여섯째, **자유화**^{free drawing}는 특정 주제 없이 피검자가 원하는 대로 그리게 하는 기법이다. 이 기법은 주로 피검자의 현재 생각, 욕구, 감정 등을 파악하고, 미술활동을 통하여 감정 이완을 돕기 위한 목적으로 사용된다. 피검자가 그림을 완성하면, 치료자는 피검자와 함께 그림을 보면서 그림과 관련된 질문과 이야기를 나눔으로써, 문제상황 또는 갈등의 의식화를 돕는다. 반면, **주제화**^{thematic drawing}는 검사자가 피검자에게 특정 주제(가족, 인물, 동물 등)를 지정하여 그리게 하는 기법이다. 이 기법은 특정 주제 또는 쟁점에 관한 피검자의 내면욕구와 압력을 파악하는 데 사용된다.

콜라주

일곱째, **콜라주**^{collage}는 1972년 미국의 벌크^{Burk}와 프로반처^{Provancher}가 저널에 진단 도구로 처음 소개한 것으로, 사진 또는 그림에서 필요한 형상의 요소를 종이에 오려 붙여 재구성하게 함으로써, 피검자의 내면 이해를 돕는 기법이다. 이 기법은 간편하게 적용할 수 있고, 작품 보존이 쉽다. 또한 사진이나 그림 조각만으로도 감정을 쉽게 표현할 수 있어서 피검자의 심상 발견 · 계발이 가능하다는 장점이 있다. 또한 부적절한 감정이나 욕구불만 등의 내면욕구 또는 퇴행 표현에 효과가 있다.

그림 8-7. 콜라주 예시

협동화

여덟째, **협동화**^{joint drawing}는 가족 또는 2인 이상의 내담자들이 집단을 이루어 한 장의 종이에 협동하여 그림을 그리는 기법이다. 이 기법은 자발성 정도, 경험 표출, 협동성, 그림의 위치와 내용, 그림 순서, 주의력 등을 관찰 · 분석하기 위한 것으로, 집단상담에 유용하다. 협동화는 주제를 제시하거나 그렇지 않은 상태로 실시되는데, 집단상담의 장점을 활용하면 효과적이다.

감정차트 만들기

아홉째, **감정차트 만들기**^{feeling charts making}는 한 장의 종이를 여러 칸으로 구분하여 최근의 감정을 그리거나 색종이로 나타내게 하는 기법이다. 치료자는 내담자에게 감정을 표현하게 한 다음, 모든 인간이 불편한 감정을 지니고 있음을 설명한다. 감정차트는 칸 없이 종이 전체에 표현하거나, 스펙트럼 형태의 띠로도 나타내게 할 수도 있다. 이 외에도, 조소활동기법, 난화그리기 등의 기법들이 있다.

🚪 미술치료의 과정

미술치료(AT)는 일반적으로 세 단계, 즉 ① 도입, ② 활동, ③ 토론 단계로 진행된다.

1단계: 도입

도입 단계에서 치료자는 내담자와 신뢰관계를 형성하기 위해 편안하고 수용적인 분위기를 조성한다. 이러한 분위기 조성을 위해 조용한 음악을 틀거나 긴장 이완을 위한 호흡법 또는 근육 이완법을 사용한다. 이 단계에서 치료자는 내담자와 협의하여 치료목표를 설정하고, 미술치료에 관해 설명해 주며, 목표성취에 필요한 규칙을 함께 정한다.

2단계: 활동

활동 단계에서는 내담자가 본격적으로 미술활동에 참여한다. 이 단계에서는 내담자가 미술창작 활동에 집중하여 치료적 경험을 할 수 있도록 불필요한 대화를 자제한다. 치료자의 개입 또는 질문은 내담자가 미술활동을 통해 자신의 의식과 무의식 세계를 오가는 흐름을 끊을 수 있기 때문이다.

3단계: 토론

끝으로, **토론 단계**에서는 내담자가 완성한 미술작품을 살펴보며 이야기를 나눈다. 이 과정에서 치료자와 내담자, 내담자와 미술작품 사이에 역동이 일어난다. 이 경우, 둘 사이에 신뢰관계가 형성된 정도에 따라 내담자가 완성한 미술작품으로부터 많은 정보와 느낌을 경험할 수 있다. 작품에 관한 토론 시 유의할 점은 작품에 대한 진단 또는 분석을 삼가야 한다는 것이다. 물론 진단과 분석은 내담자의 호기심과 흥미를 유발할 수 있다. 그러나 진단 또는 분석은 내담자가 다음 작품을 위한 작업을 할 때, 부담을 주고 불안을 유발함으로써 자유로운 표현을 저해할 수 있다. 미술치료의 토론 단계에서 치료자가 사용할 수 있는 질문은 글상자 8-4와 같다.

글상자 8-4. 토론 단계에서 사용할 탐색질문 예시

> ○ "미술작품을 시작 · 중간 · 완성했을 때, 어떤 느낌이 들었나요?"
> ○ "자신이 완성한 미술작품에서 어떤 부분이 마음에 드나요? 그 이유는 무엇인가요?"
> ○ "미술작품을 수정할 수 있다면, 어떤 부분을 수정하고 싶나요?"
> ○ "미술작품의 각 요소 간에는 어떤 관계가 있나요?"

음악치료 / Music Therapy

음악치료(MT)는 인간의 심리와 신체에 미치는 음악의 긍정적인 효과를 치료적 목적으로 활용하는 방법이다. 음악은 인류의 역사와 함께 치료적 수단으로 활용되었다. 음악의 치료적 가치는 그리스 신화와 구약성서에도 언급되어 있다. 플라톤, 아리스토텔레스, 피타고라스 같은 고대 그리스 철학자들과 의사들은 음악이 인간의 기분, 에너지 수준, 정서 등에 영향을 미침으로써 육체와 영혼에 스며든 병마를 쫓아낼 수 있다고 믿었다. 이러한 믿음은 세계 각처에서 찾아볼 수 있 다. 음악치료가 체계를 갖추기 시작한 것은 20세기에 들어서면서 제1, 2차 세계대전을 거치면서, 전쟁의 충격으로 고통을 겪는 병사들을 치료하는 과정에서 비롯되었다.

음악을 통해 사람의 마음을 치유하려는 체계적 · 과학적 시도의 중심에는 미국의 에버렛 개스턴이 있었다. 그는 음악이라는 미학적 경험은 인간의 건강과 발달의 필수조건이라고 주장하면서, 음악에 심리학을 통합하여 음악치료의 기반을 다진 인물이다. 그는 고대 그리스 철학과 의학, 그리고 행동주의 심리학의 과학적 접근을 기반으로 음악치료의 이론적 토대를 구축했다는 평가를 받고 있다. 이러한 일련의 공로를 인정받아 오늘날 그는 '음악치료의 아버지'라 불리고 있다.

에버렛 개스턴
(Everett T. Gaston,
1901~1970)

음악치료에서는 치료자가 내담자의 행동을 바람직한 방향으로의 변화를 촉진하기 위해 음악을 체계적으로 사용한다. 내담자는

음악치료를 통해 자신과 주변 세계를 깊이 있게 이해하고, 사회에 더 잘 적응하게 된다. 음악치료에서의 음악은 단순히 즐거움을 위해 듣는 음악과는 달리, 치료목표 성취를 위해 체계적으로 적용된다는 특징이 있다. 이때 사용되는 음악은 치료자 또는 내담자의 선호도가 배제된 객관적인 기준에 의해 선정된다. 음악치료는 음악을 매개로 개인의 심리, 사회, 신체와 관련된 생활기술의 습득을 목적으로 한다. 따라서 개인의 음악적 능력이나 지식은 음악치료에서는 중요하게 취급되지 않는다. 음악치료는 즐거움이나 건강에 도움을 준다는 단순한 개념과는 차이가 있다. 음악치료는 제한된 인원을 대상으로 구체적인 목적을 가지고 특정 문제에 관한 진단을 내리고 그 문제해결을 목적으로 하여 단계적 과정을 적용한다.

음악의 치료적 가치

음악은 문화를 초월하여 감상하거나 감정을 표현할 수 있는 수단인 동시에 언어를 필요로 하지 않는다는 점에서 비언어적 소통을 위한 도구다. 이러한 특징으로 인해 음악은 소리를 매개체로 몸과 마음에 직접적·순간적으로 작용함으로써, 개인의 지능 수준에 상관없이 생리적 반응을 유발한다. 이로써 음악은 개인의 자기성찰을 돕고, 개인과 집단 간의 조화를 이루게 하며, 음악적 행동을 통해 비음악적 행동을 유발할 수 있다. 게다가 음악은 개인의 학습과 새로운 기술 습득을 촉진한다는 점에서 개인의 변화를 위한 심리치료 도구로 사용되고 있다. 음악의 치료적 가치를 좀 더 구체적으로 정리하면, ① 생리적, ② 심리적, ③ 사회적 측면으로 구분할 수 있다.

생리적 측면

첫째, 음악은 생리적 반응(혈압, 심장박동, 호흡, 뇌파, 피부 반응 등)을 유발한다. 그렇다고 해서 누구에게나 동일한 생리적 반응을 유발한다고 예측할 수는 없다. 음악에 대한 자율신경의 반응은 개인의 특성, 음악에 대한 취향, 선호도에 따라 다르기 때문이다. 그렇지만 신체 반응을 유발하는 음악은 대체로 스타카토^{staccato}(음을 하나하나 짧게 끊어서 연주하는 연주법['끊음표'로도 불림]), 싱코페이션^{syncopation}(선율진행과정에서 센박과 여린박의 순서가 바뀌는 것['당김음'으로도 불림]), 악센트/강약^{accent}(강세, 고저, 길이, 리듬

패턴 등을 이용하여 특정한 음 또는 화음이 강조되는 것)가 많고, 조성^{tonality}(소리의 고저와 장단을 고름)의 변화가 급격하며, 음역의 폭이 넓고, 예측하기 힘든 흐름을 지니고 있다. 반면, 안정감을 주는 음악은 레가토^{legato}적(음을 끊지 않고 부드럽게 이어서) 멜로디^{melody}(가락 또는 선율)에, 조성의 변화가 거의 없고, 관계조^{related keys}(특정 키[조]에 가깝게 느껴지는 몇몇 키의 관계)의 자연스러운 변화가 나타나며, 음역의 폭이 좁고, 급격한 멜로디의 변화가 거의 없으며, 대체로 반복을 동반하여 음악의 흐름이 예측 가능하다는 특징이 있다. 신체 반응을 유발하는 음악은 교감신경을 자극하여 근육운동 체제를 활성화하지만, 침체시키는 음악은 부교감 신경을 자극하여 안정감을 주고 심신을 편안하게 한다.

심리적 측면

둘째, 음악은 심리적 반응을 유발한다. 심리적 측면에서 음악이 어떻게 개인의 정서·행동에 영향을 미치는지는 음악의 미학적 관점에서 조망할 수 있다. 언어 사용 능력이 제한적인 사람이라도 음악을 통해 감정을 표현·전달할 수 있다. 심리적 발달의 측면에서 볼 때, 음악은 개인의 본능적 욕구를 자극하거나 표현하며, 때로 이를 감소 또는 해소한다. 음악은 감정을 발산 또는 통제하게 하여 자아에 영향을 주고, 초자아에 적응하게 하며, 감정을 순화시키고, 수준 높은 지적 경험과 풍부한 심미적 경험을 하게 해 준다.

일찍이 개스턴(Gaston, 1968)은 사람은 미적 구조를 벗어날 수 없고, 미적 경험은 인류의 환경 적응과 자기조절을 위한 최고의 장치라고 했다. 그는 평생을 음악의 기능에 관한 연구를 수행하면서 정서적 어려움을 겪는 아이들을  위한 음악치료와 교육을 위한 세부지침을 제공한 것을 비롯하여, 음악이 심리학과 심리치료에 유용한 매개체가 될 수 있음을 과학적·경험적으로 입증했다.

사회적 측면

셋째, 음악은 개인을 집단에 통합하고 집단의 감성을 이해할 수 있게 하며, 구성원 간에 서로 긍정적인 감정을 전달할 수 있게 하는 기능이 있다. 이런 기능을 토대로 음악은 역사적으로 사회, 문화, 종교와 긴밀하게 연결되어 있고, 개인 간 또는 집단 간 소통의 도구로 사용되었다. 또한 사람들의 섬세한 감정을 자극하고, 만족감을 제공하며, 공동체를 하나로 묶는 기능이 있다. 게다가, 말로 표현하기 힘든 감정과 생각을 쉽게 표현하게 해 주고, 미적 즐거움을 더해 주며, 오락을 위한 수단으로 활용되었고, 사회기관과 종교의식을 강화함으로써, 사회와 문화의 영속성에 기여했다. 사람들은 자신이 속한 문화에 기반을 둔 음악에 반응하면서 소속감을 확인하고, 결속력을 다지기도 한다. 음악의 치료적 가치를 요약 · 정리하면 글상자 8-5와 같다(Gaston, 1968).

글상자 8-5. 음악의 치료적 가치

1. 비언어적 의사소통 수단이다.
2. 다양한 상황(개인, 집단 등)에서 활용 가능한 예술 장르다.
3. 참여와 청취를 통해 부적 정서를 감소시킬 수 있게 한다.
4. 좋은 감정을 끌어내어 타인과 공유할 수 있게 한다.
5. 비언어적 특성으로 인해 위협감 없이 접근하기 쉽다.
6. 대부분 두려움 없이 경험할 수 있는 소리다.
7. 음악적 경험을 공유하면서 치료자와 내담자가 신뢰관계를 형성할 수 있게 한다.
8. 청취자와 연주자가 음악적 경험을 할 때마다 반응 도출을 통해 치료효과를 산출한다.
9. 음악을 준비하고 연주하는 것만으로도 성취감과 만족감을 느낄 수 있게 한다.

음악의 치료적 요소

음악은 개인의 감정 변화에 영향을 줌으로써 의식 · 무의식을 표출하게 하는 촉매 역할을 한다. 음악을 구성하는 소리의 높낮이, 강도, 음색, 화성, 리듬 등의 요소는 음향적 부분으로, 모든 유기체가 이에 대해 반응한다. 이러한 요소들은 상징적 또는 지적인 의미를 지니고 있지 않지만, 음악 자체는 정서적 감동을 준다. 이러한 음악 고유의 성질은 곧 음악의 치료적 요소가 된다. 음악의 치료적 요소로는 ① 음고, ② 음정, ③ 강약, ④ 음색, ⑤ 리듬, ⑥ 화성, ⑦ 가사가 있다.

음고

첫째, **음고**[pitch]란 음의 높고 낮음을 의미한다. 즉, 낮은 소리부터 높은 소리까지 소리의 높이를 가리키는 말로, 음조의 1초간의 진동에 의한 주파수와 밀접한 관련이 있다. 음고의 대조를 나타내는 음악은 청각의 분별력, 주의집중력, 방향감각 향상에 도움을 준다. 또한 음고에 단어를 적용하는 것은 뇌 손상 또는 자폐증 환자의 치료에 유용하다. 일반적으로, 고음은 자극적이고, 저음은 이완 효과가 있다. 음정의 이런 특성을 이용하여 신경의 긴장과 이완을 유도할 수 있다. 이에 부드러운 음색으로 연주된 곡이라 하더라도, 고음으로 이어지는 곡을 계속 들려 주면, 과민 또는 신경증적인 사람에게 부정적인 영향을 줄 수 있다.

음정

둘째, **음정**interval은 두 음이 가지는 높이의 차이다. 즉, 두 음을 동시에(화성적 음정) 또는 연이어(선율적 음정) 소리 낼 때 나타나는 두 음의 높이차를 말한다. 음정은 진동수에 의해 생기며, **도수**degree라는 단위로 표시된다. 예컨대, 긴장으로 불편을 호소하는 사람에게 진동수가 적은 저음의 음악을 들려 주면 이완 효과를 얻을 수 있고, 생활에 활력이 없고 무력감을 호소하는 사람에게는 고음이 주를 이루는 곡을 활용하면 삶의 활력을 되찾는 데 도움을 줄 수 있다.

강약

셋째, **강약**accent은 소리의 진폭의 차이를 말한다. 진폭이 크면 음량이 늘고 소리의 전달력도 높아진다. 음의 세기는 조작이 가능하다는 점에서 음악의 효과를 내는 데 큰 역할을 하고, 이것만으로도 내담자에게 만족감을 주기도 한다. 부드러운 음향은 친밀감과 안정적인 분위기를 조성한다. 그러나 경우에 따라 부드러운 음향은 강한 감각을 원하는 사람에게는 초조감을 불러일으킬 수 있다. 그러므로 치료자는 내담자의 특성에 따라 선곡 또는 악기 선택을 해야 할 필요가 있다.

음색

넷째, **음색**tone은 소리의 질을 의미한다. 이는 악기의 특성을 구별하게 해 준다. 같은 곡이 같은 수준의 서로 다른 가수 또는 연주자에 의해 불리거나 연주되는 경우, 음색의 차이로 인해 다른 효과를 나타낸다. 음색은 소리의 강도 또는 음정처럼 문자로 표시될 수 있는 단위가 없다는 점에서 이에 대한 묘사는 사람들의 주관적 설명에 의존해야 한다는 특징이 있다.

리듬

다섯째, **리듬**^{rhythm}은 연속적인 음 또는 소리 사이에 산재 또는 일정한 규칙에 따라 반복되는 움직임 또는 패턴을 말한다. 이러한 패턴은 음악에서 각 음가의 특성으로 형성된 조직체이며, 음악을 구성하는 핵심요소다. 리듬은 멜로디, 화성과 함께 음악의 3요소로 불린다. 리듬은 연속 진행되는 상태 내의 특정한 시간적 질서로서, 운동 또는 공간예술에도 적용된다. 또한 음악에서는 박자, 악센트 등으로 이어지는 흐름이나 움직임을 뜻한다.

화성

여섯째, **화성**^{harmony}은 주파수가 다른 2개 이상의 음이 소리를 낼 때 음 사이에 맺어지는 관계를 의미한다. 화성은 화음과 선율 사이의 관계를 통해 음악의 짜임새를 제공한다. 동시에 울리는 2개 이상의 음이 잘 어울리면 **협화음**^{consonance}, 각각의 음이 서로 어울리지 않아 불안정한 느낌을 주는 상태를 **불협화음**^{dissonance}이라 한다. 불협화음이 협화음에 비해 초조한 심리적 상태를 나타내지만, 능동적·역동적인 내담자의 에너지를 나타낸다. 협화음은 안정적이면서 휴식감을 주는 동시에 수동적인 내담자 상태를 반영하기도 한다. 화성의 진행을 통해 사람은 긴장 또는 이완하게 되는데, 협화음과 불협화음의 결합은 시간 속에서 긴장과 이완의 역동적 드라마를 만들어 낸다. 음악은 아무리 불협화음이 많아도 종국에는 협화음으로 끝나게 되는데, 이는 청중과 연주가 모두에게 정서적 만족감과 안정감을 선사한다.

가사

일곱째, **가사**^{text}는 노래의 내용이 되는 말 또는 시를 의미한다('노랫말'로도 불림). 노래 가사는 경험과 감정을 표현하는 수단인 동시에, 정서를 이완하고 상상력을 자극한다. 가사는 노래가 중심이 되는 치료에서 분리될 수 없는 부분이라는 점에서 음악의 중요한 요소다. 음악치료에서는 기존의 노래 가사를 그대로 사용하거나, 즉흥적으로 작사하여 사용하기도 한다. 그러나 언어 사용이 가능한 내담자에게는 즉흥적인 가사를 붙이게 하는 것이 그의 내면세계를 투사하는 치료적 수단이 된다. 이러한 점에서 내담자에게 자신이 작사한 가사에 대해 어떻게 생각하는지, 작사 이유에 관한 토론은 중요한 치료적 과정이 된다. 이러한 점에서 음악은 일종의 감정 언어로, 개인 자신, 타인, 그리고 주변 환경과 소통하는 수단이다. 언어는 직접적 · 직선적이어서 때로 위협적으로 작용하는 반면, 음악은 간접적 · 추상적이라는 점에서 개인의 감정을 표현할 수 있는 안전한 치료적 매개체로 사용될 수 있다.

음악치료의 기법

음악치료(MT)의 주요기법으로는 ① 리듬밴드, ② 악기연주, ③ 창작/작곡 · 작사, ④ 즉흥연주, ⑤ 심상유도 음악치료가 있다.

리듬밴드

첫째, **리듬밴드**rhythm band는 리듬악기 중심의 합주 또는 합주단을 의미한다. **리듬악기**로는 큰북, 작은북, 탬버린, 심벌즈, 방울, 트라이앵글, 캐스터네츠, 우드블록 등이 있다. **선율부**는 피아노, 실로폰, 철금, 그리고 기타 선율악기로 구성된다. 리듬밴드는 증상이 심해 악기를 다루기 힘든 내담자도 리듬악기 또는 타악기를 활용할 수 있다는 점에서 대상적용 범위에 제한이 없다는 장점이 있다. 심지어 인식수준이 낮거나 지능에 제약이 있는 내담자의 경우, 북을 치거나 탬버린을 흔드는 활동만으로도 과거에는 불가능했던 타인과의 의사소통이 가능해질 수 있기 때문이다.

그림 8-8. 리듬밴드 예시

악기연주

둘째, **악기연주**는 음악치료의 중요한 활동의 하나로, 음악과 비음악적 요소를 자극하는 음악적 개입수단이다. 악기연주는 음악치료 과정에서 악기를 활용하는 방법으로, 내담자의 인식과 기능의 모든 수준에서 음악적 · 비음악적 소통, 인지발달, 자기표현 욕구를 자극함으로써,

그림 8-9. 전통악기 연주 장면

정서상태에 영향을 주고 감정표현의 출구를 제공하는 효과가 있다. 기능수준이 높은 내담자는 악기연주를 통해 구체적 의미를 구현할 수 있는 음악적 대화, 논쟁, 메시지 교환과 같은 효과를 기대할 수 있다. 또한 다양한 형식의 상호작용, 상호 관련성, 대인관계 기술을 향한 통로개척 등의 기회가 되기도 한다.

설령 기능수준이 높지 않다고 하더라도, 악기연주는 정신운동성 기술(자발적 행동, 근육운동 감각적 경험, 협응, 지각 등)의 활성화에 도움을 준다. 또한 악기 선택과정에서 내담자의 흥미와 관심을 인정해 주고, 스스로 선택할 수 있게 함으로써, 자신을 독립적 존재로 인식할 수 있게 한다. 특히, 아동은 악기연주 이후 정리ㆍ정돈 같은 사회적 기술도 함께 습득할 수 있다. 악기연주의 긍정적인 효과로는 ① 에너지 집중력 향상, ② 적응행동 학습, ③ 개인과 집단 관계성 향상, ④ 참여도ㆍ주의 집중력 증진, ⑤ 즉각적인 성취감 고취, ⑥ 음악적 행동의 구조화를 들 수 있다.

창작 / 작곡ㆍ작사

셋째, **작곡**^{composition}은 음악의 주선율을 만드는 작업이고, **작사**^{lyric writing}는 노랫말을 만드는 것이다. 특히, 작사는 가창(보컬)이 있는 음악 작품에 존재하는 작업이다. 이때 가창자가 부르는 멜로디를 만드는 작업은 작곡, 반주를 만드는 작업은 편곡이다.

즉흥연주

넷째, **즉흥연주**^{improvisation}란 특정 환경에서 주어진 자극에 대한 반응과 내적 감정을 음악적 표현으로 나타내는 활동을 말한다. 즉, 악곡의 전체 또는 일부를 주어진 악보에 의존하지 않고 즉석에서 연주자가 자발적으로 연주를 병행하는 행위다. 음악치료 장면에서 수행되는 즉흥연주는 치료자의 음악역량을 사용하여 내담자가 다른 사람의 작품에 맞춰 악기 연주로 자신을 표현하게 하는 것이다. 치료자는 내담자의 음악을 모방하거나, 내담자의 감정을 반영하는 연주를 한다.

그림 8-10. 즉흥연주 예시

심상유도 음악치료

다섯째, **심상유도 음악치료**^{Guided Imagery and Music}(GIM)은 미국의 음악치료자 헬렌 보니가 창안한 것으로, 클래식 음악을 매개로 개인의 삶에서 중요한 문제에 관한 답을 찾아가는 치료법이다(흔히 'GIM'으로 불림). 이 치료법은 종종 '치료자의 인도에 따라 떠나는 인간 내면으로의 여행'으로 불린다. 음악의 연상작용을 활용하여 내담자는 자신의 상태, 무의식, 욕구 등을 알아차릴 수 있기 때문이다. GIM에서는 잘 알려진 클래식 음악은 사용하지 않는다. 사람들은 내부에서 유도되는 이미지보다는 연주되는 모습이나 연주가에 대한 고정된 이미지에서 벗어나지 못할 수 있기 때문이다. 이 기법은 전통적 심리치료에 비해 쉽게 개인

헬렌 보니
(Helen L. Bonny,
1921~2010)

의 무의식 세계에 접근할 수 있다는 것이 특징이다. 음악은 개인의 무의식에 직접적으로 작용하여 방어기제를 약화시켜 무의식의 표출을 돕기 때문이다.

음악치료의 과정

음악치료(MT)는 일반적으로 ① 진단평가, ② 치료목표 설정, ③ 활동계획 수립과 실행, ④ 평가 · 종결 단계로 진행된다.

1단계: 진단평가

음악치료의 초기단계에서 치료자는 내담자의 현재 상태와 그가 필요로 하는 것을 탐색 · 파악한다. 진단평가를 위해서는 먼저 내담자의 발달력, 개인력, 사회력, 병력을 검토하고, 다른 치료팀원과 의견을 교환하며, 음악 활동을 통해 내담자의 청력, 의사소통 기술 수준, 발달수준, 사회성, 운동력 등을 확인한다. 이 단계에서 내담자에 대한 진단평가를 마치고 나면, 치료목표를 수립한다.

2단계: 치료목표 설정

치료목표treatment goal란 음악치료를 통해 변화시키고자 하는 구체적인 표적행동target behavior을 말한다. 이 단계에서는 진단평가를 통해 파악한 내담자의 문제를 음악치료를 통해 해결할 수 있는 목표를 수립한다.

3단계: 활동계획 수립과 실행

치료목표를 수립하게 되면, 목표성취를 위해 매 회기 수행할 음악활동을 구체적으로

설정한다. 이때 유의할 점은 회기별로 몇 가지 음악활동을 하고자 하는 경우, 시간별 운영계획을 수립해야 한다는 것이다. 세부적인 치료계획이 수립되면, 목표달성을 위한 활동을 수행한다.

4단계: 평가 · 종결

치료목표 성취를 위한 음악치료 활동에 대한 평가는 매 회기와 전체 치료과정에 대해 수행한다. 회기별 평가는 매 회기를 시작 · 중간 · 종결 국면으로 구분하여 계획된 음악활동에 대해 내담자가 나타내는 반응을 면밀히 관찰 · 평가한다. 이를 통해 자신의 치료작업이 올바른 방향으로 진행되고 있는지, 그리고 계획된 음악활동 처치가 내담자의 기능수준에 적합한지를 확인한다. 또한 전체 회기에 대한 평가는 치료의 종결단계에서 실시한다. 필요한 경우, 심리검사를 활용하여 사전 · 사후 검사를 통해 음악치료의 목표성취 여부와 객관적인 성과를 확인할 수 있다.

독서치료 / Bibliotherapy

독서치료(BT)는 개인의 심리적 문제, 진단, 처치 등을 이해하는 데 도서를 매개체로 이루어지는 심리치료를 말한다('문학치료'로도 불림). 이 치료법은 개인의 심리적 성장과 치유를 목적으로 하는 모든 독서와 관련된 행위를 뜻한다. 독서치료는 전쟁 중에 마을 도서관을 통해 부상자들에게 심리적 안정을 주기 위해 책을 읽게 하는 시도에서 시작되었다. 1930년대에 들어서면서 미국에서 독서가 심리치료의 수단이 될 수 있다는 의식이 싹트면서, 개인의 심리적 문제해결을 위한 방법으로 널리 활용되기 시작했다. 특히, 제2차 세계대전 당시 참전용사들이 독서를 통해 치유와 심리적 도움을 많이 받았던 것을 계기로, 독립적인 치료 분야로 발전할 기반이 형성되었다.

체계를 갖춘 독서치료는 이후, 정신의학 시설에서 독서치료 집단이 시험적으로 운영되었다. 1940년대부터는 독서치료 기법의 심리적 가치를 다룬 논문이 등장하기 시작했다. 다양한 연구를 통해 독서치료가 정신적 외상으로 인해 자신의 문제를 직접적으로 언급하기 힘들어하거나, 자신의 사고와 경험 표현을 위한 언어능력이 부족한

사람들에게 효과적이라는 사실이 밝혀지게 되었다. 이로써 독서치료는 치료 대상과 연령에 따라 점차 다양한 자료를 활용하는 형태로 분화되었다. 오늘날 독서치료는 사용되는 자료에 따라 시치료, 글쓰기 치료, 저널치료 등으로, 그리고 목적에 따라 정보제공형 독서치료, 대화형 독서치료, 자조형 독서치료, 글쓰기치료, 통합형 독서치료 등 다양한 형태로 분류되고 있다.

독서의 치료적 가치

책은 독자의 성격을 측정하고, 적응과 성장, 정신건강에 이로움을 준다. 이러한 책과 독자 사이의 상호작용이 독서치료다. 또한 선정된 도서에 내재된 생각이 독자의 정신적·심리적 질병에 영향을 줄 수 있는 개념이다(Doll & Doll, 1997). 책을 읽거나 그 내용을 들은 후에 계획된 활동(토론, 역할연습, 창의적 문제해결 등)의 전개는 개인의 문제해결을 위한 통찰력을 도출할 수 있다. 즉, 책을 읽는 활동에 구조화된 활동이 수반된다면, 개인의 심리적 문제해결을 촉진하는 치료적 효과가 산출될 수 있다는 것이다. 독서치료는 인간을 자율적 의지를 가진 존재로 인식하는 데서 출발하고, 참여자의 자발적 독서가 중요한 요소로 작용한다. 이에 내담자는 **문해력**literacy(글을 읽고, 이해하고, 쓸 수 있는 능력)이 있어야 하고, 자신을 책의 등장인물과 동일시할 수 있어야 한다.

그림 8-11.
조선 후기 화가
이명기의
송하독서도
출처: 한국민족
문화대백과.

독서치료자의 역할

독서치료(BT)의 3요소로는 치료자, 내담자, 그리고 책이다. 이에 치료자는 독서치료에 사용할 책에 서적에 관한 정보와 지식을 갖추어야 한다. 독서치료자는 ① 독서자료 선정, ② 치료적 개입, ③ 독후활동 진행 역할을 한다.

독서자료 선정

첫째, 내담자와 그의 문제해결에 적합한 책을 선정한다. 독서치료에 사용되는 자료의 범주에는 일상생활에서 접할 수 있는 서적, 잡지, 신문, 시 등 읽을 수 있는 모든 자료가 포함된다. 만일 내담자가 글을 읽을 수 없다면, 시청각 자료

(녹음 또는 영상 자료)를 사용할 수 있다. 독서치료에 필요한 자료를 선정하기 위한 기준은 글상자 8-6과 같다.

글상자 8-6. 독서치료에 필요한 자료 선정 기준

> 1. 내담자에게 친숙한 자료이어야 한다.
> 2. 내담자의 호소문제 해결에 적합해야 한다.
> 3. 내담자의 문해력, 생활 · 감정 연령, 자료의 길이 등이 적절해야 한다.

치료적 개입

둘째, 책과 내담자 사이에 치료적으로 개입한다. 독서치료에서 치료적 개입은 내담자가 단순히 글을 읽고 감상하는 것이 아니라, 자신의 문제와 연결할 수 있도록 질문, 토론 등의 활동을 통해 책과 내담자를 연결하는 것이다. 그러므로 효과적인 독서치료자가 되려면 책의 내용을 분석할 수 있고, 이를 토대로 적절한 치료적 개입을 할 수 있는 능력을 갖추어야 한다.

독후활동 진행

셋째, 독후활동을 진행한다. 독서치료의 핵심과정은 독서와 독서 후의 토론이다. 치료자의 역할은 단순히 독서치료를 진행하는 사람이 아니라, 내담자가 책을 읽고 책과 상호작용하여 치료효과를 얻을 수 있도록 돕는 촉진자다. 치료자는 내담자가 책의 내용을 충분히 소화하고 이해할 수 있도록 돕는다. 그런 다음, 책의 내용에 관한 토론, 글쓰기, 그림 그리기, 역할극 등의 다양한 상호작용 방법을 사용하여 내담자의 내면화와 자기성찰을 촉진한다.

이를 위해 치료자는 자신에 적합한 독서치료 방법을 개발해야 한다.

독서치료의 목표

독서치료(BT)의 목표는 치료가 필요한 특정 문제에 대한 내담자의 자기이해의 폭과 넓이를 증대시키는 것이다. 책이라는 매개체를 통해 참여자는 자신의 문제를 인식하고 치료에 적극 참여하여 치료에 대한 책임감을 더 강하게 느낄 수도 있다. 책 속의 등장인물을 통해 내담자는 새로운 역할로 흡수되고, 자신의 고정되고 편협한 시각에서 벗어나 새로운 관점과 시선으로 다양한 삶과 생활양식을 관찰·탐색·인식할 기회를 얻는다.

  독서치료의 목표에는 책 읽기를 통해 내담자의 정신적·정서적·사회적 갈등을 파악하고, 더 현실적인 사고력을 계발시켜 건설적인 문제해결 방법을 모색하게 하는 예방적 기능이 포함된다. 즉, 참여자가 자신을 더 잘 이해하고, 자신이 처한 상황이나 문제를 올바르게 인식할 수 있는 사고능력을 신장시켜 사회적응력을 키우고 안정적인 관계 증진 및 사회성 촉진을 유발하는 것이다. 또 정서문제 또는 정신질환이 있는 사람들에게 적합한 독서자료를 제공하여 마음의 상처를 치유하고 감정과 행동을 변화시켜 건강한 삶을 영위하도록 돕는 것 역시 독서치료의 목표에 해당한다. 이를 더욱 세분하여 통찰력 신장, 정서적 카타르시스 경험, 타인과의 상호작용 및 긍정적 관계 증진, 일상의 문제해결, 특정 문제에 대한 유용한 정보 획득, 책 읽는 즐거움 등을 목적으로 보는 견해도 있다.

독서치료의 원리

독서치료(BT)를 통해 내담자에게서 변화를 유발하는 힘, 즉 치료적 원리는 ① 동일시, ② 카타르시스, ③ 통찰을 들 수 있다.

동일시

첫째, **동일시**identification는 자신이 아닌 다른 대상, 즉 텍스트 내 등장인물에게 자신을 투사·일치시키는 자아 자각과정이다. 동일시에서는 투사와 흡입을 사용한다. **투사**projection는 자기감정, 사고, 성격, 태도 등을 대상에게 투영시키는 것, **흡입**ingestion은 대상의 감정, 사고, 성격, 태도 등을 자기 내면으로 받아들이는 것을 말한다. 텍스트 내 등장인물의 성격, 감정, 행동, 태도 등에 자신을 투사하거나, 그것을 자기 것으로 흡입하여 동일시가 일어난다.

카타르시스

둘째, **카타르시스**^{catharsis}는 아리스토텔레스가 『시학』에서 제시한 비극의 효과로, 억압되어 있던 심리적 갈등 또는 욕구가 언어적 · 비언어적 행동으로 표출되어 충동적 정서와 억압된 감정이 발산되는 현상이다. 텍스트 내 등장인물을 통해 내담자가 간접 경험 또는 대리만족을 일으키는 과정이 카타르시스다. 이 경우, 등장인물이 매개체가 되므로, 자신의 문제나 감정을 직접 드러내지 않아도 된다는 안전감이 저항을 줄이거나 없애 준다.

그림 8-12.
아리스토텔레스의
『시학』

통찰

셋째, **통찰**^{insight}은 자기 또는 자신의 문제에 대해 바람직하고 객관적인 인식을 체득하는 것이다. 이는 카타르시스를 경험한 이후에 나타난다. 독서치료 과정에서 등장인물은 계속해서 내담자가 자신의 문제 또는 자기인식의 기회를 제공하고, 자기성찰과 카타르시스를 경험하게 하여 자신과 자기 문제에 대해 적당한 거리를 두고 정확하게 조망할 수 있게 한다. 이때 자신이 가지고 있던 관점이나 시각에서 벗어나 다른 관점이나 시각을 가질 수 있게 되고, 그렇게 바뀐 시선이 자신의 문제를 객관화시킨다.

📖 독서치료의 과정

독서치료(BT)는 치료에 적합한 자료를 선정하고, 그 자료에 대한 내담자의 이해를 도우며, 독서 후에 치료자가 개입하여 활동하는 순서로 진행된다. 독서치료의 과정은 그 대상과 목적에 따라 다양하지만, 여기서는 ① 준비, ② 읽을자료 선정, ③ 이해촉진, ④ 추수활동과 평가 단계로 구분한다(Doll & Doll, 1997).

1단계: 준비

독서치료의 **준비 단계**에서는 치료 시작에 앞서, 내담자와 라포/신뢰관계를 형성하고, 내담자의 문제를 명료화한다. 이 단계에서 내담자의 상태에 대한 객관적인 정보가 필요한 경우, 심리검사를 비롯한 부가적인 사정작업을 수행한다.

2단계: 읽을자료 선정

읽을자료 선정 단계에서는 내담자의 문해력에 적합하고, 자료에 대한 내담자의 흥미와 관심이 높으며, 자료의 문학적·예술적 수준이 높고, 이전 단계에서 파악한 내담자 문제의 성격에 걸맞으며, 내담자의 문제해결에 도움을 주는 자료를 선정한다. 선정된 서적은 내담자의 관심을 고조시키는 방법으로 제시한다.

3단계: 이해 촉진

이해촉진 단계에서 치료자는 내담자가 책의 등장인물과 주요문제를 탐색하는 활동을 통해 이들이 문제를 해결하도록 하는 동기에 대해 함께 탐색한다. 책에서 시도되는 문제의 해결책, 그리고 대안을 찾아내도록 도우며, 책의 등장인물과 내담자, 그리고 주변 인물들 사이의 유사한 점을 발견할 수 있도록 돕는다. 만일 내담자의 나이가 어리거나 책의 내용 이해에 어려움을 겪는다면, 독서 후에 다양한 활동(질문, 토론, 쓰기, 말하기, 미술활동, 역할연기 등)을 통해 자료와 내담자 자신에 대한 이해를 촉진한다.

4단계: 추수활동과 평가

끝으로, **추수활동과 평가 단계**에서는 내담자가 이전의 세 단계를 거치면서 깨달은 내용을 실제 행동으로 실행할 수 있도록 지지·격려하고, 성공적인 수행을 위한 합리적·체계적인 계획수립을 돕는다. 또한 내담자가 스스로 결심한 것을 실제 행동으로 옮겼는지 확인하고, 그 결과를 함께 검토하며, 행동실행의 효과가 나타날 때까지 반복해서 실행에 옮겨 보도록 돕는다.

복습문제

Q 다음 밑줄 친 부분에 들어갈 말을 쓰시오.

1. _____ 접근이란 언어로 감정 또는 경험을 표현하기 어려워하는 내담자에게 놀이, 미술, 음악, 연극, 춤, 시문학 등으로 내면세계를 표현할 수 있도록 돕는 일련의 치료적 방법들을 말한다.

2. 멜라니 클라인은 아동의 초자아가 이미 발달한 것으로 보고, 아동에게 놀이에 대한 즉각적인 _____ 의 중요성을 강조했다. 그녀는 놀이치료를 아동의 _____ 탐색을 위한 수단으로 보았고, 아동의 자발적 놀이는 성인의 _____ 을/를 대체할 치료기법으로 여겼다.

3. _____ 놀이치료는 액슬린(V. Axline)이 창안한 방법으로, 치료자의 개입을 최소화하고, 놀이를 통해 아동 스스로 문제를 인식·극복하도록 돕는 비지시적 치료법인데 비해, _____ _____ 놀이치료는 넬(S. Knell) 등이 창안한 것으로, 아동의 부적응 행동에 영향을 주는 인지의 변화에 초점을 두는 치료법이다.

4. 미술 놀이치료에 주로 사용되는 도구의 하나인 _____ 검사는 가족의 일상적 태도 또는 감정을 그리게 하여 피검자의 가족에 대한 지각을 이해하기 위한 검사인 반면, _____ 은/는 인물의 전신상을 그리게 하여 지적발달수준, 성격성향, 내면세계를 분석하는 검사다.

5. 음악치료에서 _____ 은/는 연속적인 음 또는 소리 사이에 산재 또는 일정한 규칙에 따라 반복되는 움직임 또는 패턴을 말하는 반면, _____ 은/는 주파수가 다른 2개 이상의 음이 소리를 낼 때 음 사이에 맺어지는 관계를 의미한다. 특히 동시에 울리는 2개 이상의 음이 잘 어울리면 _____ , 각각의 음이 서로 어울리지 않아 불안정한 느낌을 주는 상태를 _____ (이)라 한다.

6. 음악치료의 주요기법으로는 리듬악기 중심의 합주 또는 합주단을 의미하는 _____ 와/과 특정 환경에서 주어진 자극에 대한 반응과 내적 감정을 음악적 표현으로 나타내는 활동을 말하는 _____ 이/가 포함된다.

7. _____ 은/는 미국의 음악치료자 보니(H. Bonny)가 창안한 것으로, 클래식 음악을 매개로 개인의 삶에서 중요한 문제에 관한 답을 찾아가는 치료법으로, 흔히 영문의 첫 글자를 따서 _____ (이)라고도 한다.

8. 독서치료에서 치료자는 세 가지 역할, 즉 ① 독서자료 선정, ② 치료적 개입, 그리고 ③ _____

_____ 진행을 담당한다. 이때 내담자는 _____이/가 있어야 하고, 자신을 책의 등장인물 과 _____할 수 있어야 한다.

9. 독서치료의 치료적 원리로는 _____이/가 있다. 이는 자신이 아닌 다른 대상, 즉 텍스트 내 등장인물에게 자신을 투사·일치시키는 자아 자각과정으로, 자기감정, 사고, 성격, 태도 등 을 대상에게 투영시키는 것인 _____와/과 대상의 감정, 사고, 성격, 태도 등을 자기 내면으 로 받아들이는 것인 _____을/를 사용한다.

10. 독서치료에서는 억압되어 있던 심리적 갈등 또는 욕구가 언어적·비언어적 행동으로 표출되 어 충동적 정서와 억압된 감정이 발산되는 현상인 _____와/과 _____, 즉 자기 또 는 자신의 문제에 대해 바람직하고 객관적인 인식 체득 같은 치료적 원리를 활용한다.

소집단 활동

콜라주

Q 다양한 색채의 그림이 들어 있는 잡지책과 다양한 크기의 종이(8절지, 16절지, A3용지, A4 용지, B5용지, B4용지) 그리고 가위와 풀을 준비한다. 5인 1조로 나누어 각자 마음 가는 대로 잡지책의 그림 또는 사진을 가위로 오리거나 손으로 찢어서 준비된 종이 위에 풀 로 붙여 각자의 작품을 완성한다. 그런 다음, 각자의 작품에 제목을 붙이고, 내용에 관 해 이야기한다. 이때 다른 집단원의 작품에 대해 해석하는 것은 삼가고, 단지 작품에 대 한 느낌 또는 소감만 말한다. 소집단별 발표를 모두 마치면, 전체 집단에서 소감을 나누 어 보자.

소감

_____

_____

_____

_____

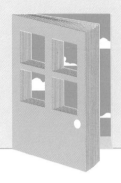

CHAPTER

09
통합적 접근

Counseling and Psychotherapy: Theory and Practice

상담과 심리치료 이론들은 공통의 목표가 있지만, 목표성취를 위한 최상의 방법에는 다양한 접근이 있다. 상담자의 적극적·지시적인 역할을 중시하는 이론이 있는가 하면, 내담자의 적극적·주도적인 역할을 강조하는 이론도 있다. 또 감정 체험에 초점을 두는 이론이 있는가 하면, 사고/인지 또는 행동 변화를 강조하는 이론도 있다. 상담과 심리치료의 초기 역사는 이론에 관한 논쟁이 큰 부분을 차지하고 있다. 특히, 성격 변화를 유발하는 최상의 방법에 관해 서로 다른 이론적 지향성을 추구하는 연구자들 사이에 격렬한 논쟁이 있었다. 수십 년에 걸쳐, 서로 다른 이론적 지향성을 추구하는 상담자들은 다른 이론의 타당성과 효과성을 부인·무시함으로써 통합에 저항했다(Corey, 2016). 이러한 역사적 배경을 뒤로 하고, 통합적 접근은 1980년대 초부터 서서히 그 모습을 드러냈다. 1983년 통합적 심리치료 개발을 위한 국제적인 모임이 결성된 이후, 서로 다른 이론적 성향에서 최상의 것들의 조합을 통해 더 완벽한 이론적 모형과 치료법 개발에 박차를 가했다. 이러한 움직임은 점차 통합적 접근이 상담과 심리치료 분야의 대세로 부각되었다(Norcross & Beutler, 2014).

오늘날 상담자와 심리치료자의 상당수는 자신을 절충주의자 또는 통합적 접근을 하는 임상가로 분류한다(Corey, 2016). **절충주의적**^eclectic **접근**에서는 이론에 관한 포괄적인 기준 없이 즉흥적으로 기법을 선택·적용한다('혼합주의'). 이 접근에서는 상담자가 치료적 개입을 위한 지식과 기법이 없고, 다만 효과가 있을 것 같은 것들을 취사 선택하되, 실제로 효과가 있을지는 확인하지 않는다. 이처럼 타당한 근거 없이 무비판적·비체계적으로 기법들을 발췌하는 것은 이론 간의 혼란을 초래하고, 성공적인 상담의 걸림돌이 된다(Corey, 2016; Neukrug, 2016; Norcross & Beutler, 2014)는 지적이 있어 왔다. 오늘날 다수의 상담자는 특정 치료적 접근만을 고수하기보다 통합된 형태를 선호한다(Norcross, 2005; Norcross & Beutler, 2014). 2007년 조사연구에서 오직 4.2%의 응답자만이 한 가지 치료모델만 적용하고 있었고, 나머지 95.8%가 자신을 통합적 접근을 한다고 응답했다. 이는 상담에서 여러 방법과 접근을 조합·적용하고 있음을 의미한다(Psychotherapy networker, 2007). 통합적 접근에 대한 선호도는 향후 더욱 높아질 것으로 전망된다. 이에 이 장에서는 통합적 접근에 관해 구체적으로 살펴보기로 한다.

🚪 통합적 접근의 정의

통합적 접근^{integrational approach}(IA)이란 상담 또는 심리치료에서 한 가지 치료모델을 임상작업의 기반으로 사용하되, 다양한 이론의 기법과 개념을 차용하여 내담자의 욕구충족을 돕기 위한 방법으로 가공하는 방식을 말한다. 반면, **절충적 접근**^{eclectic approach}(EA)은 특정한 이론을 기반으로 삼지 않고, 필요에 따라 다양한 이론적 접근의 개념과 기법을 선택·적용하는 접근법이다(Neukrug & Schwitzer, 2006). 통합적 접근의 궁극적인 목표는 상담/심리치료의 효율성과 적용 가능성을 극대화하는 것이다. 심리치료의 통합적 접근을 효과적으로 적용할 수 있으려면, 상담자는 현존하는 상담/심리치료 이론에 대한 해박한 전문지식을 갖춰야 하는 한편, 자신의 성격, 삶의 경험, 세계관에 대한 이해가 선행되어야 한다. 상담과정에서 언제, 어떤 상황에서, 어떤 개념 또는 기법을, 어떻게 적용할 것인지는 이러한 이론적 접근을 적용하는 상담자의 전문성, 임상경험, 예술적 감각에 달려 있다. 1980년대 이후에는 심리치료의 다양한 이론을 비롯하여 치료기법과 양식의 통합을 위한 다양한 시도가 이루어졌다. 특히 셰이드링거(Scheidlinger, 1991)는 다양한 심리치료 모델에 관해 경험이 풍부한 임상가들의 합의점을 글상자 9-1과 같이 정리했다.

글상자 9-1. 심리치료에 관한 전문 임상가들의 합의점

> 1. 단일 이론과 기법 중심의 치료적 접근은 확실하게 임상적 한계가 있다.
> 2. 서로 다른 이론적 접근에 따라 숙련된 치료자들이 발표한 연구 결과가 유사하다.
> 3. 여러 접근의 심리치료들은 매우 인상적인 공통점이 있다.
> 4. 경험이 풍부한 심리치료자들 대부분은 통합적 접근을 지향한다고 밝히고 있다.

이러한 시류는 1990년대에 들어서면서 더욱 확대되어, 상담/심리치료 분야는 정신분석을 비롯하여 게슈탈트치료, 인간중심치료, 인지행동치료, 실존치료, 현실치료, 교류분석, 사이코드라마 등을 포함하는 다원주의^{pluralism} 경향을 띠기 시작했다. 이러한 경향성은 더욱 확대·심화되었고, 오늘날 대다수의 임상가들은 종전과는 달리 특정 이론에만 한정하지 않고, 필요에 따라 다양한 이론과 기법을 임상에 적용하는 실용적인 통합적 접근을 사용하기에 이르렀다(Corey & Corey, 2017). 상담에 통합적 접근을 적용하는 경우, 상담자가 스스로에게 던져 볼 필요가 있는 질문의 예는 글상자 9-2와 같다.

글상자 9-2. 상담자의 자기탐색질문의 예

○ "상담에서 순간순간 어떤 일이 일어나는가?"

○ "나는 어떤 상담자의 역할을 하고자 하는가?"

○ "나는 내담자 개개인과 어떤 형태의 관계를 발달시키고자 하는가?"

○ "나는 상담에서 어떤 이론적 접근, 개념, 또는 기법의 적용에 관심이 있는가?"

○ "내가 택한 상담자의 역할은 상담과정에 어떤 영향을 미칠 것으로 생각하는가?"

○ "나는 내담자의 강점과 자원 평가, 문제해결 방법, 그리고 기대하는 결과가 어떤 방식
   에 의해 나타나기를 원하는가?"

통합적 접근의 유형

상담 또는 심리치료의 통합적 접근의 유형은 크게 네 가지, 즉 ① 기술적 통합, ② 이론적 통합, ③ 동화적 통합, ④ 공통요인 접근, ⑤ 범이론 모형으로 나눌 수 있다 (Norcross & Beutler, 2014).

기술적 통합

첫째, **기술적 통합**technical integration은 개인의 문제를 위한 최상의 상담기법 선택에 중점을 둔다. 즉, 차이점에 초점을 두고, 여러 접근에서 선택하며, 기법을 채택한다. 이 방법은 모체가 되는 이론의 특성에 구애받지 않고, 개념적 토대와 기법 사이에 아무런 연관이 없으며, 상이한 접근의 기법을 사용한다. 기술적 통합의 형태로 잘 알려진 치료적 접근으로는 라자러스의 중다양식치료Multimodal Therapy(MMT)를 꼽을 수 있다. 이 접근에서는 다양한 치료모형으로부터 특정한 임상적 문제를 다루는 데 효과적인 것으로 입증된 기법들을 발췌하여 적용한다.

이론적 통합

둘째, **이론적 통합**theoretical integration은 단순히 기법의 혼합을 넘어 개념적·이론적 창조를 제안한다. 이 방법은 단일 이론보다 결과가 좋다는 가정하에 둘 또는 그 이상의 이론적 접근들의 최상의 것들을 종합하는 개념적 틀을 창안하고자 한다. 이 접근은 토대가 되는 이론과 기법의 통합에 중점을 둔다. 이론적 통합의 예로는 ① 변증법적 행

동치료$^{Dialectical Behavior Therapy}$(DBT), ② 수용전념치료$^{Acceptance and Commitment Therapy}$(ACT), ③ 정서중심치료$^{Emotion-Focused Therapy}$(EFT)가 있다.

동화적 통합

셋째, **동화적 통합**$^{assimilative integration}$이란 특정 이론적 접근에 근거를 두고, 다양한 치료적 접근들의 실제를 선택적으로 결합·적용하는 방법을 말한다. 이 방법에서는 한 가지 일관적인 이론이 갖는 장점과 여러 이론의 다양한 개입방법이 지닌 유연성을 결합·적용한다. 동화적 통합의 대표적인 예로는 마음챙김 기반 인지치료$^{Mindfulness-Based}$ $^{Cognitive Therapy}$(MBCT)가 있다. MBCT는 우울증 치료를 위한 마음챙김 원리와 기술이 포괄적으로 통합된 접근이다(Segal et al., 2013).

공통요인 접근

공통요인 접근$^{common factors approach}$에서는 다양한 이론들로부터 공통 요인을 찾아내어 상담의 실제에 적용한다. 이론 간에는 현저한 차이가 있어 보이지만, 상담의 실제에서 치료적 성과에 유의한 영향을 주는 변인들은 공통적인 측면이 있다. 공통요인으로는 공감적 경청, 지지, 온정, 작업동맹, 카타르시스, 새로운 행동 실험, 피드백, 내담자의 긍정적 기대, 개인적 갈등의 훈습, 대인관계 역동 이해, 상담실 밖에서의 변화, 내담자 요인, 치료 효과, 상담 수행에 대한 성찰을 통한 학습 등이 있다(Norcross & Beutler, 2014; Prochaska & Norcross, 2018).

공통요인 중에서 촉진적 상담관계, 즉, **치료동맹**은 효과적인 치료의 핵심요소라는 사실이 거듭 확인되었다(Lambert, 2011). 즉, 상담자와 내담자의 관계는 치료적 변화의 핵심이고, 상담 결과의 효과성과 상담 기간의 예측변수로 작용한다는 사실이 입증되었다(Elkins, 2016; Miller et al., 2015). 공통요인들은 각 이론을 구분하는 고유한 요인들보다 훨씬 더 치료 결과에 영향을 주는 것으로 나타났고, 일부 상담기법들은 공통요인, 특히 인간적 요소와 비교할 때, 상담성과에서 거의 차이를 보이지 않았다(Elkins, 2016). 또한 실증적 연구 결과, 공통요인 접근은 통합적 심리치료를 위한 접근 중에서 가장 강력한 효과가 있음이 입증되었다(Duncan et al., 2010). 따라서 공통요인 접근에서는 이러한 공통요인들이 통합적 심리치료의 기본이 될 수 있다고 본다(Lambert, 2011).

범이론 모형

끝으로, **범이론 모형**transtheoretical model(TTM)은 프로차스카(J. Prochaska)와 노어크로스(J. Norcross)가 창안한 것으로, 심리치료의 주요체제들로부터 추출한 변화를 위한 공통요소들로 구성된 치료모형이다(Prochaska & Norcross, 2018). 범이론 변화 모형은 사람들이 문제행동의 변화를 시도할 때 사용하는 자연스러운 과정에 기초하고 있다. 이 모형은 ① 숙고 전precontemplation, ② 숙고contemplation, ③ 준비preparation, ④ 실행action, ⑤ 유지maintenance, ⑥ 종결termination 단계로 구성되어 있는데, 그 내용은 표 9−1과 같다.

표 9−1. 범이론 모형의 6단계

단계	내담자의 진술
1. 숙고 전	○ "난 변화할 필요성을 느끼지 않아요."
2. 숙고	○ "난 변화할 필요성에 대해 생각하게 되었답니다. 조만간 어떤 조치를 취할 수 있겠지요."
3. 준비	○ "난 변화를 시도해 보기로 작정했어요. 곧 어떤 조치를 취할 작정이랍니다."
4. 실행	○ "난 진정으로 변화를 시도하고 있습니다. 이미 내 문제해결을 위해 어떤 조치를 취하고 있습니다."
5. 유지	○ "변화를 시도한 결과 내 문제는 이미 해결되었습니다."
6. 종결	○ "난 변화를 시도하기 전에 대해 거의 생각하지 않습니다. 나의 이전 행동은 더 이상 문제가 되지 않으니까요."

범이론 변화 모형의 장점은 상담자가 각 문제영역의 전문가가 아니더라도 내담자를 위해 작업할 수 있다는 점이다. 이 외에도 변화의 단계를 증상·상황적 문제, 부적응적 인지, 현재의 대인간 갈등, 가족·체계 갈등, 그리고 개인내적 갈등의 5단계로 분류하기도 한다. "범이론적 관점의 상담은 단순히 개인적 적응보다는 폭넓고 종합적인 이론의 틀을 포함하는 거시적 접근macroscopic approach으로서 결정적이고, 논리적이며, 적절하고, 과학적인 생각을 포함하는 개인적 적응personal adaptation을 가능하게 한다"(Petrocelli, 2002, p. 25). 단, 이 접근의 한계는 다소 포괄적이고 복잡하며, 중독자 집단과 같이 제한된 집단에 대해서만 검증되었다는 점이다.

통합적 접근의 장점

통합적 접근(IA)은 상담자가 선호하는 특정한 이론적 접근의 기본철학에 충실하면서도 다양한 접근들로부터 도출된 개념과 다양한 기법들을 상담목적 성취를 위해 통합·활용할 수 있다는 이점이 있다. 이 접근은 상담과정의 제반 측면에 대한 이해를 돕는 일반적인 틀과 함께 상담자의 할 일과 할 말에 대한 안내도를 제공한다(Corey, 2016). 통합적 접근에 대한 관심이 높아진 이유는 복잡한 인간의 행동을 포괄적으로 충분히 설명할 수 있는 단일 이론이 없다는 인식 때문이다. 특히, 내담자의 유형과 구체적인 호소 문제를 고려할 때 더더욱 그렇다. 이 세상에는 진실로만 된 이론은 존재하지 않고, 다양한 내담자들에 대해 항상 효과적인 상담기법은 없다는 점에서 이러한 한계를 보완하여 상담성과를 극대화하려는 통합적 접근의 전망은 그만큼 밝다. 왜냐면 효과적인 상담은 개별 내담자의 독특한 욕구와 맥락에 맞도록 유연하고 통합적인 관점이 필요하고, 모든 내담자에게 똑같은 상담관계 양식과 방법을 사용하는 것은 부적절하고 비윤리적일 수 있기 때문이다(Norcross & Wampold, 2011).

통합적 접근의 전망

오늘날 다양한 접근을 통합할 때, 최상의 상담/심리치료 서비스를 제공할 수 있다는 인식이 점차 늘고 있다. 최근까지 여러 통합적 접근이 이론과 실제에 기반을 두었지만, 갈수록 단기치료와 **증거기반실천**evidence-based practice(EBP)에 대한 요구가 통합적 접근의 강력한 동인이 될 것으로 전망된다(Goldfried et al., 2011). 다만, 상담자들이 직면하게 될 도전에는 상담을 간략히, 포괄적·효과적으로 유연하게 제공하는 것이다. 통합적 접근을 선호하게 하는 움직임을 가속화하는 요인으로는 단기치료의 증가와 6~20회기 정도의 제한된 기간 내에서 다양한 내담자 집단을 위해 더 많은 서비스를 제공해야 한다는 압력이다. 이러한 분위기에 편승하여 단기치료와 초단기치료가 증가하고 있다(Norcross et al., 2013). 시간제한 단기치료time-limited brief therapy(TLBT)는 시간에 민감하고, 목표지향적이며, 효율성을 중시하는 방법으로, 여러 이론들의 결합이 가능하다(Hoyt, 2015).

상담과 심리치료에는 공통적인 철학이 없다. 다만, 이론마다 각기 다른 철학과 인간관을 지니고 있다. 그러므로 인간 본성에 관한 특정 이론의 견해를 맹목적으로 추종하는 것은 경계해야 한다. 대신, 상담자는 개방적인 자세로 자신의 성격과 신념체계와 일치하는 상담 틀을 선택적으로 받아들여야 할 것이다. 각각의 이론은 독특한 공헌점이 있고 특유의 전문영역이 있다. 그러나 다양한 이론들을 깊이 학습하기에는 상당한 시간이 요구된다. 이에 모든 이론을 통합할 수 있을 것으로 기대하는 것은 현실적이지 않다. 대신, 일부 특정 측면을 통합하고자 하는 것이 더 현실적이다. 통합적 접근을 적용하기 위해서는 임상경험, 반성적 검토, 독서, 전문가 논의 등이 뒷받침되어야 할 것이다.

향후 단일 이론에 의한 상담 감소와 통합적 접근의 성장, 단기 및 시간제한 집단상담의 증가(Lambert, 2011), 상담자들의 통합적 접근에 대한 선호도가 증가 현상이 가속화될 것으로 전망된다. 특히, 마음챙김이론, 인지행동치료, 다문화적 접근, 통합적 접근에 대한 인지도가 상승할 것으로 보인다(Norcross et al., 2013). 그러나 통합적 접근은 보편적인 방법들의 체계적 통합이 요구된다. 체계적 통합의 장점은 배우고, 복제하며, 평가가 가능하다는 점이다(Norcross & Beutler, 2014). 통합적 접근을 상담의 실제에 효과적으로 적용하려면 여러 이론에 관해 해박한 지식을 갖춰야 하고, 이론들이 어떤 방식으로든 연결될 수 있다는 개방적인 자세가 요구되며, 가설에 대한 평가를 통해 이론들의 작동상태에 대한 지속적인 확인이 요구된다.

다음 밑줄 친 부분에 들어갈 말을 쓰시오.

1. 한 가지 치료모델을 임상작업의 기반으로 사용하면서 다양한 이론의 기법과 개념을 차용하여 내담자의 욕구충족을 돕기 위한 방법으로 가공하는 방식을 _____ 접근이라고 하는 반면, 특정한 이론을 기반으로 삼지 않고, 필요에 따라 다양한 이론적 접근의 개념과 기법을 선택 · 적용하는 접근법을 _____ 접근이라고 한다.

2. 1990년대에 들어서면서 상담 또는 심리치료 분야는 정신분석을 비롯하여 게슈탈트치료, 인간중심치료, 인지행동치료, 실존치료, 현실치료, 교류분석, 사이코드라마 등을 포함하는 _____ 경향을 띠기 시작했다.

3. 오늘날 다수의 상담자는 특정 치료적 접근만 고수하기보다 _____ 접근의 치료법을 선호한다. 2007년 조사연구에서 오직 4.2%의 응답자만이 한 가지 치료모델만 적용하고 있었고, 나머지 95.8%가 바로 이 접근을 적용하고 있다고 응답했다.

4. 상담 또는 심리치료의 통합적 접근의 유형에는 개인의 문제를 위한 최상의 상담기법 선택에 중점을 두는 _____ 이/가 있다. 이 방법은 모체가 되는 이론의 특성에 구애받지 않고, 개념적 토대와 기법 사이에 아무런 연관이 없으며, 상이한 접근의 기법을 사용한다. 이 유형으로 잘 알려진 치료적 접근으로는 라자러스의 _____ 치료를 꼽을 수 있다.

5. _____ 은/는 단순히 기법의 혼합을 넘어 개념적 · 이론적 창조를 제안한다. 이 접근은 토대가 되는 이론과 기법의 통합에 중점을 두는데, 예로는 DBT, 즉 _____ 치료, ACT, 즉 _____ 치료, 그리고 EFT, 즉 _____ 치료가 있다.

6. 특정 이론적 접근에 근거를 두고, 다양한 치료적 접근들의 실제를 선택적으로 결합 · 적용하는 방법을 _____ (이)라고 한다. 이 방법의 대표적인 예로는 MBCT, 즉 _____ 치료가 있다. 이는 _____ 치료를 위한 마음챙김 원리와 기술이 포괄적으로 통합된 접근이다.

7. 통합적 접근은 특정한 이론적 접근의 기본철학에 충실하면서도 다양한 접근들로부터 도출된 _____ 와/과 다양한 _____ 을/를 상담목적 성취를 위해 통합 · 활용할 수 있다는 이점이 있다.

8. 오늘날 갈수록 _____ 치료와 _____ 실천(EBP)에 대한 요구가 통합적 접근의 강력한 동인이 될 것으로 전망된다. 이러한 분위기에 편승하여 단기치료와 _____ 치료가 증가하

고 있다.

9. 공통요인 접근에서는 다양한 _____ 들로부터 공통요소를 찾아내어 상담의 실제에 적용한다. 공통요인 중에서도 촉진적 상담관계, 즉 _____ 은/는 효과적인 치료의 핵심요소라는 사실이 거듭 확인되었다.

10. 상담과 심리치료에는 공통적인 철학이 없고, 다만 이론마다 각기 다른 철학과 _____ 을/를 지니고 있다. 그러므로 상담자는 개방적인 자세로 자신의 _____ 와/과 _____ 체계와 일치하는 상담 틀을 선택적으로 받아들여야 할 것이다.

소집단 활동

 상담자의 유형을 크게 4가지로 나눠 본다면, 각자 어떤 유형에 해당할 것인지 알아보자. 이 검사를 완성한 후, 검사 결과를 토대로 소감을 적어보거나 소집단으로 나누어 소감을 나누어 보자.

상담유형	특징
1. 경청형	○ 내담자의 말에 느낌을 통해 귀 기울임으로써 그의 관점을 이해하고 공감을 보여 주는 것을 좋아하거나 중시한다.
2. 분석형	○ 특정 상황에 대해 탐색 · 조사하여 분석함으로써 내담자의 어려움을 이해하는 지적 과정에 참여하기를 좋아하거나 중시한다.
3. 문제해결형	○ 내담자의 문제를 정의하고, 목표를 세우며, 해결을 위해 실행하는 것을 좋아하거나 중시한다.
4. 직면형	○ 내담자를 밀어붙이고 도전하여 세상을 다르게 볼 수 있게 하는 것을 좋아하거나 중시한다.

※ 각자 자신이 가장 잘할 수 있다고 생각하는 조력방식과 임상적으로 가장 중요하고 도움이 된다고 믿고 있는 조력방식을 10점 척도로 평정해 보세요(1점 = 전혀 중요하지 않음, 10점 = 매우 중요함). 그런 다음, 조력방식의 점수와 순위를 적어 보세요.

상담유형	□ 임상적으로 유용한 상담방식		□ 내가 좋아하는 상담방식	
	점수	순위	점수	순위
1. 경청형	점		점	
2. 분석형	점		점	
3. 문제해결형	점		점	
4. 직면형	점		점	

소감

PART 3
상담과 심리치료의 실제

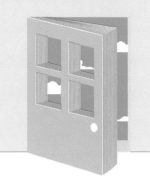

CHAPTER

10
상담 과정과 절차

☐ 상담 전 절차
☐ 상담과정
☐ 상담 후 절차

Counseling and Psychotherapy: Theory and Practice

상담은 상담자, 내담자, 그리고 두 사람의 치료적 관계('상담의 3요소')를 토대로 내담자의 변화와 성장을 도모하는 예술과학art science이다. 사람들은 흔히 '기능적 불변성functional fixity', 즉 자신의 경험을 고정된 관점에서 해석하거나 특정 상황 또는 속성이 문제라는 생각에 고착된 상태로 상담자를 찾는다. 이들을 돕기 위한 상담에는 독특한 과정과 절차가 있다. **상담과정**counseling process은 상담자와 내담자의 관계가 시작해서 종결에 이르기까지 발달하는 역동의 경로로, 상담자의 이론적 지향성에 따라 차이가 있다면, **상담절차**counseling procedure는 상담준비(내담자의 상담신청·접수, 상담면접 준비, 상담실의 물리적 환경조성 등), 상담과정의 행정적 지원과 사례관리, 그리고 상담 후 면담과 후속 관리를 포함하는 개념이다. 이 장에서는 ① 상담 전 절차, ② 상담과정, ③ 상담 후 절차에 관해 살펴보기로 한다.

상담 전 절차

상담 전 절차는 본 상담에 앞서 필요한 일련의 과업으로, 일반적으로 ① 상담 신청과 접수, ② 접수면접, ③ 상담자 배정, ④ 심리검사 및 해석상담 실시가 포함된다.

상담 신청과 접수

첫째, 내담자가 상담을 신청하면 접수자는 이를 접수한다. 접수자의 태도는 종종 기관 또는 상담에 대한 방문자의 인상, 그리고 이후에 진행되는 상담과정에도 영향을 미친다. 접수자는 내담자 또는 대리인이 기관을 방문하기까지 용기를 내서 방문하게 되었음을 인정해 준다. 접수자의 주된 임무는 내담자 또는 대리인에게 상담을 권유하는 일과 내담자의 상담실 방문 일정 또는 시간을 정하는 일이다. 그러나 상담 신청과 접수 절차는 기관에 따라 차이가 있다. 규모가 작은 상담실의 경우, 내담자의 방문과 함께 본 상담으로 들어간다. 상담신청서 작성 시, 접수자는 내담자에게 항목별로 작성방법을 친절하게 안내한다. 또 작성하다가 궁금한 점이 있으면 언제라도 문의하라고 말해 준다. 상담 신청과 접수가 이루어지면, 접수자는 내담자의 문의내용과 접수자의 답변내용 등 접수과정에 관한 내용을 기록으로 남긴다. 내담자의 신청서 작성 시, 접수자는 내담자의 행동특성(예 인상, 표정, 몸짓, 자세, 걸음걸이 등)에 특이사항이 있으면 상세히 기록한다. 내담자가 상담신청서 작성을 마치면, 접수자는 신청서에 이상이 없는지 확인한다. 그런 다음, 접수면접이 이루어진다.

접수면접

둘째, **접수면접**^{intake interview}은 본 상담에 앞서 면대면 상태에서 내담자의 인적사항, 호소문제/방문사유, 현재의 기능 상태, 심리사회적 스트레스, 병력, 과거력, 발달력, 가족관계, 이전의 상담경험 등에 관한 정보를 수집하는 작업을 말한다. 이 작업은 보통 면접자 소개/인사와 함께 접수면접 구조화로 시작된다. **접수면접 구조화**^{intake interview structuring}란 면접자가 내담자에게 접수면접의 목적, 절차, 소요시간, 역할, 규범 등에 관해 설명하는 것을 말하는데, 그 예는 글상자 10-1과 같다.

글상자 10-1. 접수면접 구조화 예시

> 저는 접수면접을 맡고 있는 김○○입니다. 저는 접수면접을 통해 내담자를 다른 상담자와 연결해 주는 역할을 하고 있어요. 저희 상담실에서는 상담을 신청하는 분들께 상담에 앞서 접수면접을 해요. 접수면접에서는 본 상담에 도움이 되도록 내담자에 관한 기본사항과 상담목적을 알아보고, 혹시 상담에 대해 궁금하신 점에 관해 설명해 드려요. 접수면접은 보통 20~30분 정도 진행되는데, 심리검사가 필요한 경우에는 시간이 늘어날 수 있고, 또 검사해석 상담이 이어지게 된답니다. 혹시 시작하기 전에 접수면접에 관해서 궁금하신 점이 있나요?

접수면접에서 면접자는 내담자에게 **상담동의서**^{informed consent form}를 받는다. 상담동의서에는 보통 비밀보장 원칙과 예외, 자료 보호와 보관 등 상담과 관련된 내용이 수록되어 있다. 접수면접 시 유의사항은 접수면접자와 본 상담자의 역할을 구분하는 것이다. 접수면접의 목적은 본 상담에 필요한 내담자에 관한 정보수집이다. 이에 접수면접자는 내담자의 문제를 깊이 탐색하기보다 포괄적인 정보수집에 초점을 둔다. 그러므로 내담자가 자신의 문제를 상세히 언급하려고 한다면, 접수면접자는 자신의 역할을 설명해 주고, 자세한 사항은 본 상담에서 이야기하도록 안내한다. 또 내담자가 접수면접자에게 본 상담을 받고 싶다는 뜻을 밝힌다면, 상담자는 사례배정회의를 거쳐 정해지는 기관의 방침을 설명해 주고 양해를 구한다. 접수면접을 마치면, 접수면접자는 내담자의 인적사항, 면접내용, 가능한/원하는 상담시간 등이 담긴 접수면접 요약서를 작성한다. 접수면접의 기능에는 내담자에 관한 정보수집 외에도 상담에 부적합한 잠재적 내담자를 선별^{screening}하여 대안적 서비스를 받도록 돕는 절차가 포함

된다.

상담자 배정

셋째, 접수면접이 완료되면, **사례배정회의**를 통해 내담자의 상담을 맡게 될 상담자를 배정한다. 사례배정회의의 진행방식은 기관에 따라 다양하다. 그러나 이 회의는 일반적으로 내담자의 인적사항, 발달적 특성, 호소문제, 상담 방향/방법 등에 관한 소개로 시작한다. **상담자 배정**은 내담자 변인(호소문제, 성별, 연령, 발달수준, 문화적 배경, 원하는 상담자와 상담시간, 사회경제적 지위 등)을 고려한다. 그런 다음, 상담자들의 전문영역, 내담자의 선호, 상담자의 가능한 상담시간, 배정순위, 담당 사례수 등으로 고려하여 본 상담자 배정이 이루어진다.

심리검사 및 해석상담 실시

넷째, **심리검사**는 주로 상담 초기에 내담자 이해를 위해 실시된다. 그러나 필요한 경우 상담 중반에 투입되거나, 종결을 앞두고 내담자의 증상, 상태, 행동 변화 또는 상담 성과를 측정·평가하기 위해 사용된다. 심리검사 사용은 상담자의 이론적 지향성 또는 기관의 방침에 따라 결정된다. 예컨대, 인간중심치료를 적용하는 상담자는 적어도 상담관계 초기에 심리검사 사용을 자제할 것이다. 심리검사는 보통 ① 내담자 또는 호소내용 이해를 위해 적절한 검사 선택, ② 선택한 검사에 대한 사전설명과 내담자 동의, ③ 검사실시, ④ 검사결과에 대한 해석 순으로 진행된다. 심리검사 결과에 대한 해석상담을 마치면, 내담자는 지정된 시간에 상담실을 방문하여 본 상담을 위해 배정된 상담자를 처음 대면하게 된다. 이로써 새로운 상담관계와 과정이 시작된다.

상담과정

상담은 상담자와 내담자 사이에 독특하게 발달하는 관계를 기반으로 과정적·치료적 변화가 유발되는 과정이다. 이 과정을 중점적인 작업을 중심으로 나누면 6단계, 즉 ① 라포형성, ② 문제 확인, ③ 치료목표 설정 및 계획, ④ 작업, ⑤ 종결 단계로 나눌 수 있다. 상담과정은 상담자가 내담자를 처음 대면하는 순간부터 시작된다.

1단계: 라포형성

라포형성 단계에서는 상호존중을 바탕으로 내담자와 신뢰를 바탕으로 상담관계를 시작하는 동시에 치료적 개입에 필요한 정보를 수집한다. **라포**rapport란 두 사람 또는 그 이상의 사람들 사이에서 발생하는 조화로운 일치감 또는 친밀

관계를 의미한다. 이는 서로 반응적·공감적이고, 마음이 통하며, 감정교류가 잘 되는 상태로, 신뢰감을 주는 상담관계의 토대가 된다. 상담자와 내담자 사이에 형성된 라포는 사적 개방에 대한 내담자의 두려움과 저항행동을 감소시키는 기능이 있다. 라포는 내담자에게 안전감과 신뢰감을 동시에 제공하는 중요한 치료적 요소이기도 하다. '라포가 형성되었다'는 말은 내담자가 자신의 사적인 경험에 관한 내용을 상담자에게 드러내도 안전하다고 느끼고, 상담자가 자신을 이해하고 도울 수 있는 능력이 있는 존재로 생각하게 되었음을 의미한다.

　여기서 **상담관계**란 상담자와 내담자가 상담목표 성취를 위해 함께 협력하여 치료적 상호작용을 하는 관계를 말한다. 이는 상담자가 내담자에게 필요한 전문적인 상담 서비스 제공에 관해 합의된 사회적 계약을 토대로 형성·유지된다. 상담관계가 일상적인 관계와 다른 점은 두 가지다. 하나는 상담목표 성취를 위해 실증적 연구에 의한 메커니즘에 기초하고 있다는 점이고, 다른 하나는 상담자와 내담자 사이에 경계 또는 한계가 설정된 독특한 치료적 관계가 구축된다는 점이다. 라포형성 단계에서 상담자의 과업은 상담관계 구축과 정보수집에 집중된다. 상담관계는 일반적으로 구조화로 시작한다.

구조화. **구조화**structuring란 상담진행에 필요한 사항(상담의 방향, 목표, 원리, 과정, 절차, 방법, 역할, 시간, 한계, 규범, 비밀보장, 기대 등)을 내담자에게 설명해 주는 것을 말한다. 이는 내담자가 상담에 참여할 때 유념해야 할 기본지침에 관한 교육이다. 구조화의 목적은 내담자가 상담관계에 효과적으로 적응하도록 돕는 것이다. 구조화는 목표 성취에 필요한 명시적·암묵적 틀 또는 구조를 구축하는 내용으로 구성된다. 구조화를 하고 나면, 상담자는 내담자가 상담에 대해 어떻게 인식하고 어떤 태도를 지니고 있는지 확인한다. 그런 다음, 상담방식, 상담약속, 상담료 등에 대한 합의사항이 명시된 상담동의서에 내담자의 서명을 받는다. 상담자는 구조화의 내용대로 상담을 진행하고, 내담자의 역할을 요구하는 한편, 내담자의 적절한 행동은 적극 강화하고 부적절

하거나 부적응적 행동은 소거하면서 꾸준히 상담구조를 견고하게 구축해 나간다. 만일 구조화를 소홀히 한다면, 내담자는 효과적인 상담에 필요한 규범 또는 규칙을 어기거나 상담에 대해 잘못된 기대를 할 수 있기 때문이다. 상담 초기에는 구조화와 상담관계 형성 외에도 정보수집이 요구된다.

정보수집. 　정보수집은 내담자의 문제진단과 상황이해를 위한 큰 그림을 그리는 데 필수적이다. 또 상담자의 책무성이 강조되는 이 시대에는 진단적 인상에 기초하여 내담자에 관한 정보를 수집하여 신속한 치료계획 수립이 요구된다. 이에 상담자에게는 구조화된 면접 수행과 유연한 탐색 능력이 필수로 요구된다. 그러나 작업동맹 구축과 정보수집을 동시에 수행하는 일은 서로 상충될 수 있다는 점에서 상담자에게는 쉽지 않은 작업이 될 수 있다. 따라서 상담자는 내담자와의 협력과 자발적 참여를 위한 동기부여와 격려를 아끼지 않아야 할 것이다.

2단계: 문제 확인

문제 확인 Problem Identification 단계에서는 내담자의 호소문제를 확인한다. **호소문제**presenting problems란 내담자가 상담을 통해 해결하기를 원하는 사안의 특징, 촉발 시점과 요인, 관련된 내담자의 패턴(인지, 정서, 행동, 대인관계 등)을 말한다. 상담자는 내담자가 제시하는 문제를 경청하면서 어떤 문제를 먼저 다룰 것인지 내담자와 협의하여 결정한다. 이를 위해서는 공감적·수용적 태도로 내담자의 이야기를 주의 깊게 경청해야 한다. 문제 확인 단계에서는 ① 문제 탐색, ② 문제 명료화, ③ 진단, ④ 문제 선정을 한다.

문제 탐색. 　**문제 탐색**problem exploration은 내담자의 문제를 촉발한 것으로 추정되는 행동, 사고, 감정, 대인관계, 전반적인 기능 상태 등을 확인하는 작업이다. 이를 위해 상담자는 내담자의 **외현적**extrinsic **행동**(역기능적인 언어적·비언어적 행동, 반복 행동, 또는 습관적 행동)과 **내재적**intrinsic **행동**(생각, 감정, 신념, 환상 등)을 탐색한다. 또 특정 행동을 유발하는 상황, 내담자의 반응, 내적 경험, 외부 반응을 탐색한다. 동시에, 문제해결을 위한 내담자의 강점과 자원을 확인한다. 이때 필요한 경우, 탐색질문을 활용한다. 탐색질문은 내담자의 문제를 이해하기 위해 구체적인 정보수집을 위해 사용되는 기법이다. 탐색질문의 예는 글상자 10-2와 같다.

글상자 10-2. 문제 확인을 위한 탐색질문의 예

○ "최근의 문제 상황과 비슷한 문제 또는 상황이 과거에도 있었나요?"

○ "특정 문제가 특히 현재 문제가 되는 이유는 무엇인가요?"

○ "전에는 어려움을 느끼지 않았거나 견딜 만했다면, 현재는 그렇지 않은 이유는 무엇인가요?"

○ "최근에 스트레스를 받을 만한 다른 사건 또는 상황이 있었나요?"

○ "만일 있다면, 어떤 사건 또는 상황이 어떤 식으로 어려움을 주고 있나요?"

문제 명료화. **문제 명료화**^problem clarification는 내담자의 문제를 탐색·분류하는 작업이다. 상담은 보통 내담자의 호소문제에 관한 이야기로 시작된다. 내담자들은 보통 당면한 어려움, 고통, 아픔, 갈등, 좌절, 고민, 걱정, 상담실에 오게 된 계기, 동기, 기대, 소망, 목적, 목표, 또는 이와 관련된 사건 또는 경험을 호소한다. 그런가 하면, 동시에 다수의 문제를 제시하거나, 상담에서 다룰 수 없는 문제(예 신체적 질병, 신경생리적 정신질환)를 호소하거나 기관의 규정에 어긋나는 요구(예 특이한 형태의 상담 요청, 장기상담 요청)를 하기도 한다. 전자의 경우, 내담자와 협의하여 우선순위를 정해야 하고, 후자의 경우에는 조정이 요구된다. 또 진단이 필수로 요구되는 기관의 경우, 상담자는 확인된 내담자의 문제와 수집된 정보를 토대로 진단을 고려한다.

진단. **진단**^diagnosis은 라포·신뢰구축 단계에서 잠정적으로 시작되어 문제 확인 단계에서 공식적으로 다루어진다. 진단은 주로 정신장애 진단·통계편람(DSM)이 활용된다. 진단은 내담자의 문제를 기술하고, 치료계획의 방향을 정하며, 내담자의 문제해결을 위해 다른 임상가들과 소통하는 데 사용된다. 내담자의 문제 또는 상태가 확인되면서 다른 자원으로의 의뢰가 필요하게 될 수 있기 때문이다. 따라서 상담자는 내담자를 ① 의학적 문제 배제를 위한 신체검진, ② 정확한 진단을 위한 검사, ③ 약물치료를 위한 정신의학적 평가, 또는 ④ 확인된 문제가 자신의 역량을 초과하는 것 같은 상황을 위해 내담자 의뢰에 관한 방침을 숙지하고 있어야 한다(제12장 '진단' 참조).

문제 선정. **문제 선정**^problem selection이란 상담자와 내담자가 협의하여 개입의 우선순위를 정하는 작업을 말한다. 이 작업에는 상담에서 다룰 수 없는 문제를 배제 또는 의뢰하는 일이 포함된다. 문제 선정에서 우선시해야 할 문제는 ① 내담자의 호소문제, ② 내담자가 선택 또는 동의한 문제, ③ 당면한 문제, ④ 고통이 큰 문제, ⑤ 비교적 해결이 용이한 문제다. 만일 내담자의 상담에 대한 동기가 낮아 문제 선정이 어렵다면, 대리인(부모, 법원, 행형기관 등)과의 면담을 통해 내담자의 문제가 무엇인지, 상담에서 어떤 문제를 우선적으로 다뤄야한다고 생각하는지 알아본다. 그런 다음, 내담자에게 대리인과의 면담내용을 알림으로써 상담에서 초점을 맞출 문제를 선정한다.

3단계: 치료목표 설정 및 계획

치료목표 설정^{Treatment Goal Setting}과 **계획**^{Planning} 단계에서는 상담목표를 설정하고 치료계획을 세운다. 즉, 내담자의 호소문제를 토대로 개입의 우선순위를 정하고, 기대되는 성과를 구체화하며, 실행계획을 수립하는 것으로 마무리된다.

치료목표 설정. **치료목표**^{treatment goal}는 내담자가 상담을 통해 성취하고자 하는 긍정적 결과 또는 성과를 말한다. 이는 사례개념화를 바탕으로 치료적 개입을 조직화한 일련의 계획을 실행함으로써 성취된다. 상담목표는 내담자의 흥미와 욕구, 상담자의 이론적 지향성, 기관의 방침에 따라 달라질 수 있다. 목표설정에는 상담자의 인지적 복합성과 임상적 역량이 요구된다. 이 작업에는 목표성취를 위한 대안적 방법을 고려해야 하고, 치료계획을 수립해야 하며, 다양한 기술, 기법, 전략의 레퍼토리가 요구되기 때문이다. 치료목표 설정을 위한 지침은 글상자 10-3과 같다.

글상자 10-3. 치료목표 설정을 위한 지침

1. 내담자의 호소문제에 따라 정한다.
2. 내담자와 협력하여 설정한다.
3. 관찰 가능한 구체적 · 행동적 용어로 기술한다.
4. 측정 가능하고 현실적으로 성취 가능해야 한다.
5. 긍정적인 어조로 기술한다(예 '지각/결석하지 않기'보다는 'O시까지 교실에 도착하기'로, '늦잠 자지 않기'보다는 '7시에 일어나기'로, '증상/문제행동 감소'보다는 '대체행동 증가/형성'으로).
6. 주어진 상담 기간, 내담자의 지적 능력, 증상의 심각도, 사회경제적 수준, 기능 상태 등 다양한 요소들을 고려한다.
7. 목표성취 시기 또는 기간을 명시한다.
8. 목표성취를 위해 사용할 전략을 기술한다.
9. 내담자에 대한 종합적인 이해에 바탕을 둔다.
10. 수정이 가능하여 새로운 것으로 대체하거나 더 적절한 목표를 추가할 수 있게 한다.

치료계획 수립.   **치료계획**^{treatment plan}은 상담자의 이론적 지향성에 기초하여 수립한다. 치료계획은 수행될 작업이 명시된 로드맵으로, 내담자의 욕구충족을 위해 개별화되어야 한다. 치료계획에는 실행계획이 포함되어야 한다. **실행계획**^{action plan}이란 상담목표 성취를 위한 과정목표와 세부목표를 추진 일정별로 정리한 것을 말한다. 이는 보통 과정목표와 세부목표를 설정하고 나서 목표성취를 위해 실천할 일련의 행동 또는 활동으로 구성된다. 실행계획 수립은 상담자의 이론적 지향성에 따라 다르다. 만일 인지행동적 접근을 예로 들면, 실행계획에는 행동변화 원리(① 동기화 전략[유발자극 포함], ② 자기관리 전략, ③ 강화전략[상벌 포함])와 수행과정에 대한 관찰과 기록, 성과평가 방법이 포함된다. 이 계획에는 내담자의 진척상황을 기록하기 위한 차트가 포함되어야 한다(Jongsma & Peterson, 2003).

　목표설정과 치료계획 수립 시, 상담자는 사례일지 작성, 업무 관련 쟁점 확인, 그리고 필요한 경우 수퍼바이저, 보험사, 또는 재정지원 기관에 제출할 문서를 작성한다. 상담자는 상담횟수, 총 상담시간, 합리적인 목표를 설정할 책임이 있다. 만일 내담자의 욕구를 충족시켜 줄 수 없다고 판단된다면, 상담자에게는 목표성취에 더 적절한 외부 전문가에게 의뢰함으로써 내담자가 최상의 서비스를 받도록 도울 의무가 있다.

4단계: 작업

작업^{Work} **단계**에서는 상담목표 성취를 위한 본격적인 작업이 이루어진다. 물론 치료적 작업은 내담자와 접촉하는 순간부터 이미 다양한 방식으로 시작된다. 이 시기를 작업단계로 명명한 이유는 치료목표 성취를 위한 시도가 공식적으로 시작되기 때문이다. 작업단계에서의 치료적 작업은 상담자의 이론적 지향성에 따라 차이가 있으나, 이론적 접근에 상관없이 ① 정서, ② 인지, ③ 행동 작업을 중심으로 살펴보기로 한다.

정서작업.   **정서작업**은 감정의 인식 → 표현 → 방출을 통한 억압되었던 감정의 해소 또는 정화^{catharsis}에 초점을 두는 치료적 개입이다. 이 과정은 환자들이 최면상태에서 증상의 원인이 되는 과거 사건을 떠올려 재경험하고 그 사건과 관련된 감정을 언어적으로 상세히 표현하면 이내 증상이 사라진다는 사실을 발견한 지그문트 프로이트의 임상적 관찰에서 유래한다. 프로이트에 의하면, 과거의 성적 외상과 관련된 사건으로 유발된 부정적 감정의 억압이 증상으로 나타난다. 특히 증상의 원인이 되는 과거의 성적 외상과 관련된 억압된 감정을 언어적 표현을 통해 밖으로 배출시키면 증상이 사라진다는 것이다.

　오늘날 이론적 접근과 상관없이 정서에 대한 작업은 내담자의 감정을 언어적 · 비언어적 행동 또는 상징적인 수단을 통해 표출하도록 하여 해소하는 치료적 메커니즘으로 자리 잡았다. 정서작업은 라포와 신뢰관계가 뒷받침되어야 한다. 이러한 관계는 내담자에 대한 수용적 존중을 바탕으로 상담자의 인간적 자질과 공감적 이해, 그리고 주의 깊은 경청을 통해 형성된다. 라포는 내담자가 정서작업을 할 준비가 되었음을 알리는 신호다. 정서작업을 위한 전제와 원리는 글상자 10-4와 같다.

글상자 10-4. 정서작업의 전제와 원리

> 1. 감정 억압은 심리적 고통의 원인이 된다.
> 2. 증상/문제를 야기한 사건에 수반된 감정의 재경험은 증상 해소에 도움을 준다.
> 3. 감정 재경험 없이 외상적 사건만을 회상하는 것은 증상 해소에 도움이 되지 않는다.
> 4. 심리적 고통의 원인이 되는 억압된 감정을 방출하면 정화 효과가 나타난다.

　정서작업은 상담의 전체 과정에서 이루어진다고 해도 과언이 아니다. 그러나 상담과정의 시점에 따라 작업의 정도와 강도는 차이가 있다. 작업단계에서의 정서작업을 도식으로 나타내면 그림 10-1과 같다.

그림 10-1. 정서작업의 흐름도

　첫째, **라포형성**은 내담자가 사적인 경험을 상담자에게 개방해도 안전할 뿐 아니라, 자신을 이해하고 도울 수 있는 역량이 상담자에게 있다고 믿는 상태를 의미한다. 정서작업에서 라포형성이 중요한 이유는 억압된 경험 개방에 대한 불안과 두려움을 감소시키고 안전감과 신뢰감을 줌으로써, 작업의 진행과 내담자의 기억 인출을 촉진하기 때문이다.

　둘째, **기억인출**, 즉 증상/문제와 관련된 사건에 대한 인상이나 경험을 지금 · 여기에서 이야기하도록 돕는다. 기억인출에 유용한 기법으로는 역할연습이 있다.

　셋째, **재경험**, 즉 증상/문제와 관련된 감정을 다시 느끼게 된다. 감정의 재경험은 생리적 반응과 감각적 재경험을 유발한다.

넷째, **감정표현**, 즉 과거에 겪은 일에 대한 기억 인출로 재경험하는 감정을 표현한다. 이 작업은 보통 ① 언어화, ② 행동화, ③ 상징화로 이루어진다. **언어화**^{verbalization}는 사건 회상과 재경험하는 감정을 말로 표현하는 것이다. 이때 상담자는 내담자가 자기개방 또는 글쓰기를 통해 자신의 감정을 상세히 표현하도록 돕는다. **행동화**^{acting-out}는 회상된 사건과 재경험하는 감정을 행동으로 표현하는 것이다. 이는 말로 표현하는 것을 어려워하거나 표현에 한계가 있는 내담자, 행동화를 선호하거나, 재경험된 감정으로 인해 행동화 충동을 보이는 내담자에게 적합하다. 행동화를 위한 기법으로는 역할연습과 빈 의자 기법이 있다. 단, 행동화가 습관화되거나 일상생활로 전이되어 대인관계의 갈등으로 번지지 않도록 행동화 작업을 마치면 소감을 나누거나 피드백으로 마무리한다. **상징화**^{symbolization}는 회상된 사건과 재경험한 감정을 상징적으로 표현하게 하는 방법이다. 이 방법은 언어화나 행동화를 어려워하거나, 상징화를 선호하거나, 재경험된 감정에 상징화 충동이 있는 내담자에게 적합하다. 상징화를 위한 기법으로는 가계도, 가족조각, 놀이치료, 미술치료, 음악치료, 그림검사 등이 있다. 이러한 기법 사용 시, 활동 자체보다는 문제와 관련된 사건과 재경험되는 감정을 언어적으로 상세히 묘사하는 작업이 중시되어야 한다.

다섯째, **일치경험**, 즉 지금·여기에서 하는 경험을 왜곡/부인 없이 있는 그대로 알아차리고, 수용하여 그 경험에 들어맞는 방식으로 선택·행동하게 된다.

끝으로, **수용경험**, 즉 스스로 있는 그대로 받아들여지는 경험을 한다. 이러한 경험은 내담자가 과거 사건의 회상, 수반된 감정 재경험, 그리고 사건 회상과 재경험되는 감정의 방출을 통해 일치된 경험을 할 때, 상담자가 내담자의 일치경험을 있는 그대로 받아들여줌으로써 일어난다. 내담자의 수용 경험은 정서작업이 완수되었음을 의미한다. 수용경험은 상담자의 관심 기울이기, 공감, 타당화/긍정화, 자기개방, 긍정적 피드백 등을 통해 성취된다.

인지작업. **인지작업**은 내담자의 생각, 사고, 신념, 믿음에 초점을 맞춤으로써 이해경험을 촉진하기 위한 치료적 개입이다. 이러한 개입을 통해 변화를 유발하는 요소는 의식화, 자각, 알아차림, 통찰, 인식, 깨달음, 이해 등의 개념으로 불린다. 오늘날 인지작업 역시 거의 모든 이론에서 치료적 개입의 주요영역으로 인식되고 있다. 인지작업은 내담자가 자신의 문제와 그 원인을 이해하고, 대안을 모색·확인을 돕는 일련의 과정이다. 즉, 인지작업을 통한 통찰은 내담자가 자신의 정신세계에서 일어났던 일들에 대해 이전에는 잘 몰랐거나 불명확했던 부분들이 명확해지고 이해되는 것을 말한다. 예를 들면, 우울증을 호소하는 내담자의 경우, 중상의 원인이 되는 내현적 반응(예 회상, 표상, 사고, 신념, 충동, 소망, 방어 메커니즘)과 외현적 반응(예 언어적 · 비언어적 행동, 반복행동, 습관, 대인관계)을 새로운 각도에서 조망하게 하여 이를 새롭게 인식 · 이해할 수 있도록 도울 수 있다.

　이처럼 문제에 대한 새로운 인식과 이해는 종전에는 받아들이지 않았거나 차단되었던 경험을 의식적 인지도식에의 통합을 가능하게 한다. 사람들은 힘든 일을 겪게 되면 그 일에 대해 생각하지 않으려 하거나, 그 사건에 수반되는 고통이 가치와 존엄성에 위협을 받게 됨으로써 특정 감정을 외면 또는 부인하게 되면서 인지왜곡cognitive distortion 또는 인지오류cognitive error가 발생하기도 한다. 이 경우, 인지수정cognitive modification을 통해 합리적이고 생산적인 사고로 대체하도록 돕는다. 인지작업은 행동작업과 마찬가지로 정서작업을 제한한다.

행동작업.　**행동작업**은 역기능적 행동을 감소/제거하고 기능적 행동으로 대체하는 치료적 개입이다. 이 작업은 내담자가 상담실 안팎에서 문제행동을 감소/제거하거나, 대체행동을 증가/형성하는 것이다. 문제행동은 크게 ① 외현적 행동과 ② 내현적 행동으로 구분된다. **외현적 행동**extrinsic behavior은 외부로 드러나는 행동으로, 역기능적인 언어적 · 비언어적 행동, 반복적인 부적응 행동 또는 습관을 포함한다. 반면, **내현적 행동**intrinsic behavior은 겉으로 드러나지 않는 내적 반응으로, 신경생리적 반응 또는 기능(감각, 주의, 인지도식, 표상, 기억, 상상/환상, 감정, 추리 · 가치 판단, 신념/믿음, 욕구, 기대, 선택, 계획, 의지, 자기방어 · 조절)을 포함한다. 상담을 통해 내담자의 인지와 정서가 변했다고 해서 반드시 행동 변화로 이어지는 것은 아니다. 행동 변화가 수반되지 않는 정서와 인지 변화는 진정한 의미에서 변화로 보기 어렵다. 행동에 대한 치료적 개입을 위한 지침은 글상자 10-5와 같다.

글상자 10-5. 행동에 대한 치료적 개입을 위한 지침

1. 내담자에게 의미 있는 행동목표를 설정하게 한다.
2. 행동목표는 'SMART', 즉 ① 구체적이고specific(S), ② 측정 가능하며measurable(M), ③ 성취 가능하고achievable(A), ④ 현실적realistic(R)이며, ⑤ 시간제한적time-limited(T)이어야 한다.
3. 내담자가 이해할 수 있는 말로 행동변화를 위한 간결하고 명확한 지시와 제안을 한다.

4. 실행에 앞서 행동실연을 한다.
5. 새로운 행동은 성공확률이 높은 것부터 점진적으로 실행한다.
6. 새로운 행동 시도의 결과에 대한 논의를 통해 행동목표를 수정 또는 보완한다.

5단계: 종결

상담과정은 종결로 마무리된다. 종결은 상담목표가 성취되어 더 이상 상담자의 도움이 필요하지 않거나 상담을 지속할 수 없는 상황에서 이루어진다. 이 단계에서 상담자는 상담의 전체 과정을 요약해 주고, 상담의 성과를 정리해 줌으로써 내담자가 일상생활에 잘 적응하도록 돕는다. 종결단계에서의 쟁점은 ① 평가, ② 미해결과제, ③ 향후 계획 논의, ④ 종결 감정처리, ⑤ 조기종결이 있다.

평가.   첫째, 종결단계에서는 평가evaluation, 즉 상담의 목표성취 여부 또는 정도를 확인한다. 이는 치료적 개입의 결과로 내담자에게 일어난 모든 형태의 긍정적인 변화를 가리킨다. 성과에 대한 평가는 회기별로 실시되는 형성평가와 종결 시에 실시되는 총괄평가로 구분된다. **형성평가**formative evaluation는 회기별로 내담자가 어떤 경험을 했고, 어떤 변화가 있었는지를 평정하는 것이다. 이는 상담목표를 달성하는 방향으로 진행되고 있는지 확인할 수 있게 해 준다. 형성평가는 한 회기를 마치면서 실시되는데, 이를 위한 진술의 예는 글상자 10-6과 같다.

글상자 10-6. 형성평가를 위한 진술의 예

> 이제 상담을 마칠 시간이 되었네요. 잠시 오늘 상담이 ○○ 씨에게 어땠는지 생각해 보기 바랍니다. 마음에 떠오르는 것이 있으면, 간단히 말씀해 주시면 됩니다. 예를 들어, 가장 도움이 되었거나 도움이 되지 않은 것이 있다면, 어떤 것이 있을까요?

상담회기에 대한 형성평가는 흔히 리커트 척도를 사용한 간단한 질문지를 활용한다(방금 마친 상담시간이 쉽게, 힘들게, 피상적으로, 깊이 있게, 편안하게, 또는 불편하게 느껴졌는지를 체크할 수 있음). 한 회기를 마치면서 실시되는 형성평가는 내담자에게 회기에서의 경험을 되돌아볼 기회를 제공하고, 이를 상담자와 소통함으로써 상담의 방향을 확인할 수 있다는 이점이 있다. 종결 시에 실시되는 **총괄평가**summative evaluation는 상담 초기에 설정된 상담목표 또는 종결 시점에서 달성하고자 했던 목표의 성취 정도에 대한 종합적인 평가를 말한다. 이를 통해 상담의 전반적인 성과를 확인할 수 있다.

미해결과제.   둘째, 종결단계에서는 미해결과제를 확인·처리한다. **미해결과제** unfinished work란 ① 상황적 제약(시간 또는 비용 부족, 내담자의 준비도, 상담자의 전문성 한계)으로 인해 다루지 못한 문제, ② 상담에서 어느 정도 다뤘고 의미 있는 성과도 있음에도 여전히 충분하지 않다는 느낌이 들게 하는 문제를 말한다. 이처럼 미진하다는 느낌이 들게 하는 문제가 무엇인지 알아보는 것은 내담자가 종결 후의 삶을 예측·준비하는 데 도움이 된다. 미해결과제에 대한 전반적인 점검은 한 차례의 상담으로 모든 문제가 해결되는 것이 아니라는 사실, 그리고 미해결과제가 내담자의 삶과 성장에 계속해서 영향을 주는 경우, 언제든 다시 상담을 신청할 수 있음을 인식시키는 계기가 될 수 있다.

향후 계획 논의.   셋째, 종결단계에서는 향후 계획을 논의한다. 종결은 또 다른 시작인 동시에 또 다른 목표를 세우는 과정이다. 종결과정에서 상담자와 내담자는 종결 후 발생 가능한 상황을 함께 예상해보고, 대처방안을 논의하며, 상담에서 터득한 것을 실생활에 적용할 방법에 대해 논의한다. 또 내담자에게 취약한 상황 또는 심한 스트레스 상황에서 과거의 반응방식이 재활성화될 수 있음을 미리 알려 줌으로써 당황하지 않게 한다. 만일 증상 또는 문제가 다시 발생한다면, 상담자는 내담자에게 그 원인을 생각하게 하고 상담에서 터득한 방법을 잘 적용할 수 있도록 돕는다.

종결 감정처리.   넷째, 종결단계에서는 종결에 따른 감정을 다룬다. 종결 시기가 다가오면, 내담자는 복잡한 감정으로 힘들어할 수 있다. 즉, 증상 또는 문제가 다시 발생할 수 있다는 불안감, 상담자에게 도움받을 수 없게 되는 상황에 대한 염려, 또 다른 이별에 대한 슬픔 등의 복잡하게 혼재된 감정을 경험할 수 있다. 이에 상담자는 종결에 따른 감정은 자연스러운 감정임을 확인해 주고, 변화를 주도할 사람이 내담자 자신이라는 사실을 재확인함으로써, 홀로 감당할 수 있음에 대한 자신감을 심어 준다. 또 증상이나 문제 재발 가능성도 논의함으로써, 이에 대한 대처방법도 상기시켜 준다. 만일 부가적인 도움이 필요하다면, 상담자는 추가 면담을 해 줄 수 있음을 내담자에게 알려 주는 한편, 종결 후 3~6개월 이내에 후속상담follow-up을 갖는 것에 대해 논의한다. 이때 경과를 묻는 이메일, 전화 통화 등을 제안할 수 있다.

조기종결.   다섯째, 조기 종결premature termination, 즉 상담의 종결이 목표를 성취하기 전에 이루어지는 경우, 이에 따른 쟁점을 다룬다. 조기종결 사유의 예는 글상자 10-7과 같다.

글상자 10-7. 조기종결 사유의 예

1. 상담자의 이직, 전직, 또는 내담자의 이사 등의 환경적 사유 발생
2. 내담자와 상담자의 목표 불일치
3. 상담 도중에 내담자의 더 큰 어려움이 드러나거나 직면하는 것이 어려워 종결을 원함
4. 내담자가 상담자에게 이해받지 못한다고 느낌
5. 자신의 모습을 상담자에게 드러내기 어려워 내담자가 원치 않는 목표가 수립됨

내담자가 일방적으로 상담을 중단하고 싶다고 통보한 경우라 하더라도, 곧바로 상담을 종결하는 것은 바람직하지 않다. 이 경우, 상담자는 이메일, 문자, 전화 등을 통해 종결작업을 위한 면담 기회를 마련하여 내담자가 종결을 제안한 이유를 경청하는 한편, 원인을 확인한다. 이때 상담자는 내담자가 종결을 원하는 이유를 경청하면서 상담의 방향 전환의 가능성을 알아볼 수 있다. 설령 내담자가 일방적으로 상담을 중단하기로 결정했다고 하더라도, 상담자는 자신의 의견을 제시하되, 내담자의 결정을 존중함으로써 상담의 종결을 또 다른 실패로 여기지 않도록 도울 필요가 있다.

상담 후 절차

상담이 종결되었다고 해서 상담자와 내담자의 관계가 완전히 종지부를 찍은 것은 아니다. 또 다른 문제가 발생하는 경우, 내담자들은 종종 동일한 상담자에게 다시 상담을 신청할 수 있기 때문이다(Neukrug et al., 2001). 이들은 과거의 문제를 재작업하거나, 새로운 문제를 다루거나, 생애 전환기에 적응과 발달을 위해 상담자를 다시 찾는다. 상담이 종결된 후의 절차로는 ① 후속면담과 ② 사례관리가 있다.

후속면담follow-up은 상담효과의 지속 여부 확인과 적절한 활용 가능성 유지가 목적이다. 후속면담에서 상담자는 상담의 성과와 내담자의 독립성과 적응력을 강화할 뿐 아니라, 필요한 경우 상담자를 다시 찾을 수 있도록 문을 열어놓는다. 또한 **사례관리** 역시 상담관계가 종료된 이후에도 지속된다. 상담종결 후의 사례관리에는 파일과 기

록의 저장과 보호, 필요한 모니터링 또는 후속 접촉, 필요한 경우의 후속 사정, 상담료 청구 또는 업무 문제 마무리, 그리고 의뢰 자원과 향후 내담자가 만날 수 있는 상담자로부터의 정보요청에 대한 반응 등이 포함된다.

복습문제

🔍 다음 밑줄 친 부분에 들어갈 말을 쓰시오.

1. 사람들은 흔히 _____, 즉 자신의 경험을 고정된 관점에서 해석하거나 특정 상황 또는 속성이 문제라는 생각에 고착된 상태로 상담자를 찾는다.

2. _____ 은/는 상담 준비(내담자의 상담 신청·접수, 상담 면접 준비, 상담실의 물리적 환경조성 등), 상담과정의 행정적 지원과 _____, 그리고 상담 후 면담과 후속 관리를 포함하는 개념이다.

3. 본 상담에 앞서 면대면 상태에서 내담자의 인적사항, 호소문제/방문사유, 현재의 기능 상태, 심리사회적 스트레스, 병력, 과거력, 발달력, 가족관계, 이전의 상담 경험 등에 관한 정보를 수집하는 작업을 _____(이)라고 한다. 이 작업은 보통 면접자 소개/인사와 함께 _____(으)로 시작되는데, 이는 면접자가 내담자에게 이 작업의 목적, 절차, 소요시간, 역할, 규범 등에 관해 설명하는 것을 말한다.

4. 본 상담을 시작하기에 앞서, 면접자는 내담자에게 _____ 을/를 받는데, 이 문서에는 보통 비밀보장 원칙과 예외, 자료 보호와 보관 등 상담과 관련된 내용이 수록되어 있다.

5. _____ 은/는 내담자의 상담을 맡게 될 상담자를 배정하기 위한 것으로, 상담자 배정은 내담자 변인, 즉 호소문제, 성별, 연령, 발달수준, 문화적 배경, 원하는 상담자와 상담시간, 사회경제적 지위 등을 고려한다.

6. 상담은 상담자와 내담자 사이에 독특하게 발달하는 _____ 을/를 기반으로 과정적·치료적 변화가 유발되는 과정이다. 이 과정은 일반적으로 ① 라포 형성, ② _____, ③ 치료목표 설정 및 계획, ④ _____, ⑤ 종결 단계로 나뉜다.

7. _____(이)란 상담진행에 필요한 사항(상담의 방향, 목표, 원리, 과정, 절차, 방법, 역할, 시간, 한계, 규범, 비밀보장, 기대 등)을 내담자에게 설명해 주는 것을 말한다. 이 작업의 목적은 내담자가 상담관계에 효과적으로 적응하도록 돕는 것이다.

8. 내담자가 상담을 통해 해결하기를 원하는 사안의 특징, 촉발 시점과 요인, 관련된 내담자의 패턴(인지, 정서, 행동, 대인관계 등)을 _____(이)라고 한다.

9. _____ 은/는 수행될 작업이 명시된 로드맵으로, 내담자의 욕구충족을 위해 개별화되어야 하고, _____ 이/가 포함되어야 한다. 이는 상담목표 성취를 위한 과정목표와 세부목표를 추진 일정별로 정리한 것으로, 보통 목표성취를 위해 실천할 일련의 행동 또는 활동으로 구성된다.

10. 작업단계에서의 정서작업은 일반적으로 ① 라포형성, ② 기억인출, ③ _____, ④ 감정표현, ⑤ _____, ⑥ 경험수용 순으로 진행된다.

소집단 활동

 다음을 읽고 당신이 생각하는 당신의 특성을 가장 잘 나타내는 번호에 O표 하시오. 1과 2는 자신의 특성을 좌측에 제시된 형용사에 더 가깝다고 생각하는 것을 의미하고, 4와 5는 자신을 우측 형용사에 더 가깝다고 생각하는 것을 의미합니다. 3은 두 형용사의 중간으로 본다는 것을 뜻합니다. 모든 문항에 답하고 나면, 소집단으로 나누어 각자 작성한 결과를 발표한 다음, 서로의 소감을 나누어 보자. 그런 다음, 전체 집단으로 모여서 각 소집단에서 나누었던 특이사항과 소감을 나누어 보자.

개인으로서의 나

1. 좋아하지 않는다	1	2	3	4	5	좋아한다
2. 비판적이다	1	2	3	4	5	수용적이다
3. 약하다	1	2	3	4	5	강하다
4. 배타적이다	1	2	3	4	5	우호적이다
5. 열등하다	1	2	3	4	5	우수하다
6. 고립적이다	1	2	3	4	5	친화적이다
7. 인기가 없다	1	2	3	4	5	인기가 많다
8. 수줍어한다	1	2	3	4	5	자랑스러워한다
9. 내성적이다	1	2	3	4	5	외향적이다
10. 이해심이 없다	1	2	3	4	5	이해심이 많다

O 개인으로서의 나의 특성:

_____

_____

_____

_____

상담자로서의 나

1. 불안정적이다	1	2	3	4	5	안정적이다
2. 솔직하지 않다	1	2	3	4	5	솔직하다
3. 둔감하다	1	2	3	4	5	민감하다
4. 끈기가 없다	1	2	3	4	5	끈기가 있다
5. 우호적이지 않다	1	2	3	4	5	우호적이다
6. 거부적이다	1	2	3	4	5	수용적이다
7. 자신감이 없다	1	2	3	4	5	자신만만하다
8. 무능하다	1	2	3	4	5	유능하다
9. 에너지가 약하다	1	2	3	4	5	에너지가 넘친다
10. 분석적이다	1	2	3	4	5	공감적이다

○ 상담자로서의 나의 특성:

_____

_____

_____

_____

소감

_____

_____

_____

_____

_____

_____

_____

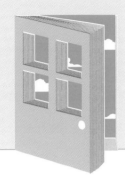

CHAPTER

11
상담기술

Counseling and Psychotherapy: Theory and Practice

상담은 내담자의 문제와 관련된 이야기와 소통으로 이루어진다. 내담자가 말을 하지 않거나 상담자가 경청하지 않으면 상담이 이루어질 수 없다. 이러한 점에서 상담자가 꾸준한 연습과 실습을 통해 주의 깊은 경청기술을 체득하는 것은 매우 중요하다. 경청훈련을 받지 않은 사람들이 경청을 실행에 옮기는 일은 결코 쉽지 않다. 왜냐하면 일반 사람들은 경청하는 법을 배울 기회가 거의 없기 때문이다. 실제로 경청 훈련을 받지 않은 사람에게 다른 사람의 말을 경청해 보라고 하면, 결국 상대방의 말을 끊고 조언 또는 충고하는 것으로 대화를 마치게 되기 쉽다. 그런가 하면, 대화가 끊기거나 어떻게 반응해야 할지 모를 때 조급하게 질문으로 대화를 이어 가고자 하기도 한다. 이것이 상담자 훈련 프로그램에서 예비상담자들에게 상담의 기본기술을 강조하는 이유다. 이 장에서는 일련의 경험적 연구를 통해 상담작업의 촉매 또는 치료적 효과가 있음이 실증된 상담의 기본기술을 중심으로 살펴보기로 한다.

🚪 상담기술과 경청

상담기술counseling skill이란 치료적 목적으로 사용되는 일련의 독특한 의사소통 방법을 말한다. 반면, **상담기법**counseling technique은 상담목표 성취를 위해 상담과정에서 사고, 정서, 및/또는 행동 변화를 위해 사용되는 사전에 계획된 활동이다. 상담은 경청을 기반으로 이루어진다. 주의 깊은 경청attentive listening은 내담자가 이해받고 있다는 느낌이 들게 하고, 방금 이야기한 것에 대한 성찰의 기회를 제공하며, 이야기의 내용을 확인시켜 주고, 질문으로 인한 부작용이 없이 내담자와의 신뢰관계 구축과 정보수집에 유용한 방법이다. 그런데 왜 사람들은 상대방의 말에 경청하기 힘들어할까? 그 이유는 선입견, 반응예측, 인지적 주의산만, 개인적 쟁점, 정서반응, 주의산만 때문이다(Gladding, 2017).

혼히 경청은 상대방과 유사한 경험이 있어야 가능하다고 생각할 수 있다. 그러나 인간이라면 누구나 가질 수 있는 보편적 욕구, 가치, 그리고 원하는 바가 있다(⑩ 사랑 또는 인정받고 싶은 마음, 도움이 되고 싶은 마음, 이루고 싶은 마음 등). 내담자의 경험에 따른 욕구는 상담자가 굳이 똑같은 경험을 하지 않아도 인간으로서 보편적으로 경험하는 욕구라는 점에서 공감이 가능하다. 상담과정에서 내담자의 메시지를 적극적으로 경청하기 위한 지침은 글상자 11-1과 같다(Egan & Reese, 2019).

글상자 11-1. 효과적인 경청을 위한 지침

1. 마음을 가라앉힌다. ☞ 내담자 면담에 앞서, 내면의 자기를 가라앉힌다.
2. 말을 멈추고 방해하지 않는다. ☞ 말하고 있는 동안은 들을 수 없다.
3. 관심을 보인다. ☞ 신체 언어와 어조로, 상대방의 말에 관심이 있음을 보인다.
4. 함부로 결론짓지 않는다. ☞ 상대방이 말하는 모든 것을 받아들이되, 그가 자신에 대해 이해하는 것 이상으로 그를 이해하고 있는 척하지 않는다.
5. 적극적으로 경청한다. ☞ 많은 사람은 경청에 깊은 집중력이 요구된다는 사실을 모른다. 만일 마음이 맴돌고 있다면, 당신은 경청하지 않는 것이다.
6. 감정에 집중한다. ☞ 듣고, 확인하고, 상대방의 감정을 인정해 준다.
7. 내용에 집중한다. ☞ 듣고, 확인하고, 상대방이 말하고 있는 것을 인정해 준다.
8. 적절한 시선 접촉을 유지한다. ☞ 상대방에게 눈으로 잘 듣고 있음을 보여 준다. 단, 시선 접촉의 정도에 있어서 문화적 차이에 관심을 보인다.
9. 개방된 신체 자세를 유지한다. ☞ 상대방을 마주 보고 신체 언어를 통해 들을 준비가 되어 있음을 보이되, 문화적 차이에 관심을 보인다.
10. 사적 공간을 유지한다. ☞ 들을 준비가 되어 있음을 보일 만큼 충분히 내담자와 가깝게 앉되, 내담자에게 편안한 사적 공간에 관심을 보인다.
11. 질문하지 않는다. ☞ 질문은 흔히 듣지 않고 있음을 나타내는 지표다. 명료하게 하기 위한 것이 아니라면 질문을 피한다(예 그것에 대해 좀 더 말씀해 주시겠어요?).

그런데 상담자의 치유력이 있는 경청^{curative listening}, 즉 적극적 경청은 단순히 상대방의 말을 귀 기울여 듣는 것 이상을 의미한다.

적극적 경청

적극적 경청^{active listening}은 상대방의 언어적·비언어적 메시지, 그리고 그 메시지 속에 담긴 의미까지 듣고 핵심메시지를 상담자의 말로 내담자에게 되돌려 주는 것을 말한다. 의사소통에서 상대방에게 전달되는 메시지의 실제 의미는 단순히 언어적·표면적 내용에 의해서만 결정되지 않는다. 의사소통에는 표면적으로 드러나지 않는 이면적 내용과 의미가 담겨 있기 때문이다. 상담자의 적극적 경청은 내담자의 표면적인 메시지뿐 아니라, 내담자에게 그 메시지의 이면적 의미를 탐색할 기회를 제공한다.

내담자가 언어를 통해 묘사하는 현상은 객관적인 사실이라기보다는 그의 주관적 관점을 토대로 그려낸 것이다. 그러므로 적극적 경청을 위해서는 ① 내담자의 언어적 메시지를 듣고 이해하고, ② 내담자의 자세, 얼굴 표정, 몸의 움직임, 목소리 등의 비언어 행동을 관찰해야 하며, ③ 내담자가 처한 사회환경이라는 상황에서 내담자의 호소내용을 조망하고, ④ 내담자가 언젠가는 깨닫고 변화시켜야 할 문제까지도 들어봐야 한다. 치료적·적극적 경청에 능숙한 숙련된 상담자의 특징은 글상자 11-2와 같다(Egan & Reese, 2019).

글상자 11-2. 숙련된 상담자의 특징

> 1. 최소로 말한다.
> 2. 상대의 말에 집중한다.
> 3. 상대의 말을 방해하지 않는다.
> 4. 조언하지 않는다.
> 5. 주되, 받을 것을 기대하지 않는다.
> 6. 내담자가 전달하고자 하는 내용을 정확하게 듣는다.
> 7. 내담자가 전달하고자 하는 감정을 정확하게 듣는다.
> 8. 들은 것을 비언어적으로 소통한다(예 머리 끄덕이기, 음흠, 신체언어 등).
> 9. 명료하게 이해하기 위해 다시 말해 줄 것을 요청하되(예 "모든 내용을 듣지 못했어요. 제가 당신을 이해할 수 있는 다른 방식으로 설명해 줄 수 있나요?"), 다른 유형의 질문은 하지 않는다.

글상자 11-2에 제시된 숙련된 상담자의 특징은 자신의 말을 줄이는 대신 내담자가 전달하려는 메시지를 온몸과 마음을 다해 귀 기울여 듣고 이를 소통하는 것이다. 적극적 경청에 기초한 상담의 기본기술은 다양하다. 여기서는 상담기술의 고유 기능에 따라 ① 공감적 이해기술, ② 정보수집기술, ③ 통찰촉진기술, ④ 문제초점기술로 구분하여 살펴보기로 한다.

공감적 이해기술

공감empathy은 내담자를 판단하지 않고, 그의 지각 세계로 들어가 그가 경험하는 모든 것에 민감하게 귀 기울이는 것이다(Rogers, 1980). 공감한다는 것은 내담자 경험의 주관적 의미와 감정의 세계에 대한 깊은 관심에서 비롯된다. 공감은 기술이나 기법이라기보다는 내담자를 한 사람으로 조건 없이 존중하려는 태도다. 따라서 공감은 효과적인 상담의 전제조건이다. 이러한 태도를 언어적·비언어적으로 표출하는 것이 공감 반응이다. 공감 반응은 재진술 또는 반영적·적극적 경청으로 알려진 방법 등 다양한 방법으로 실행된다. 효과적인 공감반응은 내담자의 감정과 메시지 내용에 정확하게 일치할 뿐 아니라, 내담자가 받아들일 수 있는 순간에 감정을 반영하는 것이다.

상담자의 무비판적·비판단적·수용적·공감적 분위기는 내담자가 자신의 경험을 온전히 바라볼 수 있게 한다. 이를 통해 내담자는 자신을 탐색·이해하며, 잠재된 해결책을 찾고, 나아가 자신을 존중하고 돌보는 태도를 갖게 된다. 그 결과, 내담자는 자신을 새로운 경험에 개방하게 되고, 새로운 경험을 자기개념에 통합할 수 있게 된다(Rogers, 1980). 다른 사람들에 비해 공감능력이 타고난 것처럼 보이는 사람들이 있지만, 공감 역시 체계적으로 습득될 수 있다. 공감반응 습득에 도움을 주는 지침은 글상자 11-3과 같다.

글상자 11-3. 공감반응 습득을 위한 지침

1. 경청한다. ☞ 기본 경청기술 사용에 집중한다.
2. 잠시 말을 멈춘다. ☞ 반응에 앞서, 잠시 자연스럽게 말을 멈추고 잠시 기다린다.
3. 요약한다. ☞ 내담자가 길게 말했다면 가장 중요하다고 생각되는 내용에 초점을 둔다.
4. 질문하지 않는다. ☞ 질문의 형태로 반응하지 않는다.
5. 짧게 반응한다. ☞ 1~2 문장 이상으로 반응하지 않는다.
6. 내용을 재진술한다. ☞ 메시지의 내용 부분을 정확하게 말해 준다.
7. 감정을 반영해 준다. ☞ 내담자가 표현한 감정을 정확하게 말해 준다.
8. 구체적으로 반응한다. ☞ 가외적인 반응(⑩ 해석)은 자제하고, 제시하지 않은 감정은 말하지 않는다.
9. 3수준 반응을 한다. ☞ 칼크허프의 3수준(어떤 사건, 상황, 대상 또는 생각에 대한 느낌 표현)으로 반응하되, 더 높은 수준의 반응은 유보한다. 3수준으로 반응하면, 더 높은 수준으로 반응할 기회가 올 것이다.
10. 피드백을 경청한다. ☞ 내담자는 상담자의 반응이 정확한지를 알려 주는 최적의 사람이다. 상담자의 반응이 정확하지 않다면, 내담자는 이 사실을 직접적 또는 간접적으로 알려 줄 것이다.

공감적 이해기술의 범주에는 ① 재진술, ② 반영, ③ 긍정화, ④ 격려, ⑤ 요약, ⑥ 침묵, ⑦ 자기개방이 있다.

재진술

첫째, **재진술**^{paraphrasing}은 어떤 상황, 사건, 대상, 또는 생각을 기술하는 내담자의 진술 중 핵심내용을 상담자가 다른 참신한 의미의 말로 되돌려 주는 기술이다. 이 기술은 내담자의 메시지 중 의미 있다고 생각되는 내용을 함축적으로 상담자의 말로 되돌려 줌으로써, 내담자가 자신의 욕구와 상태를 이해할 수 있도록 돕는다. 또 내담자의 언어적·비언어적 메시지를 경청하고 있음을 확인해 주는 것으로, 내담자의 느낌이 모호하거나 느낌에 대한 반응이 다소 이르거나 자기파괴적인 말을 할 때 사용한다. 재진술은 자칫 단순히 내담자의 말을 반복하는 것처럼 들릴 수 있으므로 핵심메시지뿐 아니라 다음 이야기의 단서를 제공해 줄 수 있도록 한다. 또 1~2개 문장 정도로 반응하되 질문이나 해석의 형태를 취하지 않는다. 재진술의 예는 대화상자 11-1과 같다.

대화상자 11-1. 재진술의 예

> **내담자**: 태우가 자꾸 저를 괴롭혀요. 맨날 나한테 화만 내고 막 욕하면서 소리 질러요. 태우랑은 초등학교 때부터 친했어요. 전에도 이런 적이 있었지만 이렇게 심한 적은 없었거든요. 저를 때린 적은 없지만, 이젠 걔만 보면 무서워요. 그래도 좋은 친구라고 생각해요.
>
> **상담자**: 수오가 보기에 요즘 태우가 많이 화가 나 있는 것 같고 나쁜 말까지 하는구나.
> (사람 초점)

반영

둘째, **반영**^{reflection}은 내담자의 느낌 또는 진술의 정의적인 부분을 상담자가 다른 참신한 말로 되돌려 주는 기술이다. 이 기술은 내담자의 메시지 속에 담긴 사건, 상황, 대상, 또는 생각에 대한 느낌을 거울처럼 비추어 주는 것이다. 반영을 통해 내담자는 이해와 존중을 받고 있고 자신의 관심사가 중요하게 다루어지고 있다는 경험을 하게 된다. 반영은 내담자가 자신의 독특한 자기 인식을 계속해서 탐색하고 논의할 수 있도록 격려하는 치료적으로 강력한 기술이다. 반영은 "(어떤 사건, 상황, 대상 또는 생각) 때문에 ~한 느낌이 드는군요." 같은 형태로 이루어진다. 반영의 예는 대화상자 11-2와 같다.

대화상자 11-2. 반영의 예

> **내담자**: 저는 엄마가 말끝마다 공부가 세상에서 제일 중요한 것처럼 말하는 게 너무 싫어요.
>
> **상담자**: 엄마가 너무 공부만 중요하다고 하시는 것 같아서 속상하구나.

긍정화

셋째, **긍정화**affirmation-giving는 내담자의 행동, 경험, 또는 객관적 사실에 대해 긍정적인 의미를 부여하면서 언어 및/또는 비언어 행동으로 인정해 주는 기술이다. 이 기술은 내담자의 경험 또는 반응에 대해 '충분히 그럴 만하다' '~한 느낌이 들 만하다'라는 형식의 반응으로 정서적·사회적으로 인정해 주는 것이다. 긍정화는 내담자가 스스로 인정하는 법을 습득하는 데 도움을 준다. 자신에 대한 긍정화는 종종 타인에 대한 긍정적 인정의 토대가 된다. 상담자는 내담자들에게 이러한 긍정적 인정을 가져다 주는 중요한 인물이 될 수 있다. "정말 멋지게 마무리하셨군요!" "처음에는 어려워하셨는데, 결국 용기 있게 실행하셨군요." 같은 진술 또는 힘 있는 악수는 긍정화의 예다.

긍정화는 내담자에게 특정 행동에 대한 동기를 부여하는 효과가 있다. 한때 긍정화 같이 내담자를 인정해주는 반응은 전통적인 상담 또는 심리치료에서는 부정적으로 인식되었다. 외적 통제소재를 강화할 수 있다는 것이 그 이유였다(Benjamin, 1987). 그러나 최근 들어 긍정화는 내담자의 상담 참여를 독려하는 상담자의 진실하고 배려심 있는 반응으로 인식되어 적극적인 적용이 권장되고 있다. 긍정화의 예는 대화상자 11-3과 같다.

대화상자 11-3. 긍정화의 예

> **내담자**: 남들은 한 번에 붙기도 하던데, 저는… 음, 그러니까 네 번 떨어지고 다섯 번째 됐네요. 제가 어려서부터 그닥 머리도 좋지 않았고 잘하는 것도 없던 것 같아요.
>
> **상담자**: 참 잘됐네요. 어려움이 있었지만, 결국 목표를 이루신 걸 보니 수빈 씨의 목표성취에 대한 집념과 꾸준함의 결과라는 생각이 들어요.

격려

넷째, **격려**encouragement는 내담자에게 용기 또는 의욕을 북돋아 주는 언어·비언어 행동이다. 격려는 긍정화와 유사하지만, 내담자가 특정 목표를 성취할 수 있도록 돕는

데 더 초점을 두고 있다는 점에서 차이가 있다. 사람은 누구나 가치감을 필요로 한다. **가치감**^sense of worth^은 소속감의 일부로, 결핍되면 자기패배적 행동에 빠지거나 무가치 감으로 인해 철수행동을 보이게 된다(Glasser, 2000). 상담자의 진정성이 담긴 격려는 내담자가 사랑과 존중을 받아 마땅한 가치 있는 인격체임을 느끼게 한다. 격려 역시 종전에는 상담에서 강조되지 않았으나, 오늘날 격려는 긍정적인 개입기술로 인식되고 있다(Orlinsky et al., 2004). 격려는 상담의 종결 시기와 내담자 스스로 새로운 행동을 시도할 때 특히 유용하며, 언어적 행동과 비언어적 행동으로 실행할 수 있다. 내담자가 새로운 행동을 시도하는 경우, 상담자의 격려는 내담자에게 자신감을 불어 넣어준다. 격려를 위한 지침은 글상자 11-4와 같다.

글상자 11-4. 상담과정에서 활용 가능한 격려행동

> 1. 강점에 초점을 맞춘다.
> 2. 노력과 향상을 인정해 준다.
> 3. 과거의 실패보다는 현재의 능력, 가능성, 조건에 집중한다.
> 4. 역량과 능력에 대한 믿음을 보여 준다.
> 5. 진척과 안녕에 관심을 보여 준다.
> 6. 흥미 유발 또는 즐겁게 하는 것에 초점을 맞춘다.
> 7. 수행능력을 다른 기준과 비교하기보다 내담자에게 맡긴다.
> 8. 개별성과 독특성에 대한 존중을 보여 준다.
> 9. 솔직한 자기개방을 통해 자기를 연관시킨다.
> 10. 상담과정에서 동등한 협력자로서 도움을 제공한다.
> 11. 유머를 사용한다.
> 12. 성격보다는 행동에 대해 정확한 피드백을 제공한다.
> 13. 믿음을 저버리는 행위에는 직면한다.
> 14. 열정을 불어넣고 목표를 완수하도록 요구한다.

"정말 잘됐네요." "저도 기뻐요." "잘 해낼 줄 알았어요." 같은 진술이나 환한 미소, 따스한 포옹, 힘 있는 악수 등은 내담자에 대한 간단한 격려의 예다. 또 상담자는 내담자가 상담목표 중 하나인 알코올의존자 익명모임^Alcoholics Anonymous^(AA)에의 참여를 독려하기 위해 다음과 같은 말로 격려할 수 있다(예 "AA 모임에 참여하는 것이 당신을 긴장하게 할 수 있다는 것을 잘 알아요. 그렇지만 저는 당신이 할 수 있을 거라고 알고 있어요.”). 이처럼 격려는 내담자의 진척 또는 성과에 대한 강화반응으로 작용하여 내담자의 자존감을 높이고 자신감을 북돋아 준다. 그러나 다른 한편으로 내담자의 의존성을 높일 수 있다는 점에서 상담자는 자신의 격려가 내담자의 의존성을 낮추고, 변화에 대해 내적으로 귀인하도록 도와야 한다.

요약

다섯째, **요약**summarization은 내담자가 표출한 두 가지 이상의 메시지를 서로 묶어서 참신한 줄임말로 되돌려 주는 재진술과 반영이 확대된 기술이다. 이 기술은 내담자의 진술을 관련 있는 요소별로 엮어서 공통 주제, 유형, 패턴 등을 밝히거나, 두서 없는 이야기를 간명하게 정리해 주며, 상담의 진척 정도를 확인해 줌으로써 내담자의 통찰을 촉진한다. 요약을 하고 나면, 내담자에게 요약에 대한 동의, 거부, 또는 누락된 부분을 보충할 기회를 준다. 요약은 내담자의 행동, 사고, 감정, 경험의 패턴 인식에 도움이 된다. 요약의 예는 대화상자 11-4와 같다.

대화상자 11-4. 요약의 예

> **내담자**: 어제는 집에서 자전거 때문에 형하고 싸웠어요. 아빠는 “형 자전거에 신경 끄고 네 방에 들어가 공부나 해!”라고 소리를 질렀어요. 〈중략〉 아침에 교실에 들어가는데, 담임선생님이 나한테 빨리 자리에 앉지 뭐 하냐고 소리치시더라고요. 제가 지각한 것도 아닌데 큰소리로 말씀하시니까 화가 많이 나더라고요.
>
> **상담자**: 어제는 아빠가 공부하라고 하셨고, 오늘은 선생님이 자리에 앉으라고 소리치셨구나. 형주는 누군가가 큰 소리로 지시하면 감정이 상하나 보구나.

침묵

여섯째, **침묵**silence은 내담자의 진술에 대해 잠시 아무런 말을 하지 않고 경청하는 것이다. 침묵은 상담관계에서 내담자의 성장을 위해 유익하게 사용될 수 있는 강력한 도구다(Neukrug, 2016). 상담과정에서 잠시 말을 멈추고 내담자와 시선의 접촉을 유지한 채 언어적으로 반응하지 않거나 단지 고개만 끄덕이는 반응을 보이는 것은 내담자의 성장을 촉진한다(Sommers-Flanagan & Sommers-Flanagan, 2016). 이는 내담자의 말이 너무 중요해서 질문, 해석 또는 섣부른 해결책 제시로 방해하지 않겠다는 의사를 내담자에게 전달하는 것이기 때문이다. 치료적 개입이 항상 말로 가득 차 있어야 하는 것은 아니다. 반응하기 전에 잠시 기다리는 것은 상담자에게 자신이 말한 것을 되돌아보고, 다음 반응을 생각할 시간을 준다. 침묵의 암묵적 의미는 글상자 11-5와 같다.

글상자 11-5. 침묵의 암묵적 메시지

○ "원하시면 여기서는 말을 하지 않아도 됩니다."
○ "방금 말한 것에 대해 좀 더 생각하고 있는 것 같아서 당신의 질문에 답하지 않았어요."
○ "지금 하고 계신 생각을 방해하고 싶지 않아서 잠시 말을 멈추었습니다."

일시적 침묵의 효과는 강력하다. 침묵은 상담분위기를 전환하기도 하지만, 분위기를 압도하여 불안을 야기할 수 있다. 이러한 불안은 내담자가 특정 주제에 관해 더 이야기하도록 압력으로 작용할 수 있지만, 다른 한편으로는 치료를 중도에 포기하게 할 수도 있다. 침묵이 흐른 뒤, 내담자와 침묵의 의미를 탐색하는 작업은 치료적으로 유익하다.

자기개방

일곱째, **자기개방**self-disclosure은 상담자가 자신의 사적인 경험의 일부를 드러내는 것이다. 상담자의 자기개방은 상담관계를 강화하고, 내담자가 자기개방에 대해 편안한 느낌이 들게 하는 효과가 있다. 적절하게만 활용된다면, 이는 내담자의 변화와 성장에 유용하게 작용한다(Corey & Corey, 2017). 또 상담자의 기법 레퍼토리에 추가되어 긍정적인 상담의 성과로 이어질 수 있다. 자기개방은 내용과 과정에 대한 것으로 구분된다(Kleinke, 1994). 전자가 상담자 자신에 관한 정보를 드러내는 것이라면, 후자는 상담자가 지금·여기에서 내담자에 대해 어떤 느낌이 드는지를 드러내는 기술이다.

첫째, **내용 자기개방**content self-disclosure은 상담관계 증진을 위해 필요하다고 판단되는 시기에 대한 상담자의 의도적인 결정이 요구된다. 적절한 내용 자기개방은 내담자에게 모델링의 기회를 제공함으로써 내담자의 더 깊은 수준의 자기개방을 강화하는 효과가 있다. 내용 자기개방의 예는 대화상자 11-5와 같다.

대화상자 11-5. 내용 자기개방을 위한 진술의 예

> **상담자**: 음, 저도 어렸을 때 공황발작을 겪었어요. 그땐 너무 무서웠지만, 치료를 통해 공황발작이 제 삶에 변화가 필요하다는 메시지였음을 깨달을 수 있었답니다. 이것이 당신의 공황발작 사례가 될 수 있지 않을까요?

대화상자 11-5에 제시된 예에서 상담자는 자기개방을 잠정적 질문의 형태로 마침으로써, 내담자에게 자신에 대한 새로운 이해를 위한 메커니즘을 제공하고 있다. 그러나 이러한 자기개방은 조심스럽게 이루어져야 한다. 왜냐하면 이로 인해 상담자를 하찮은 존재로 보면서 상담자부터 자신의 문제부터 해결해야 한다고 생각하는 내담자가 있을 수 있는가 하면, 상담자가 일시적으로 자신에 대해 초점을 맞춤으로 인해 방해받았다고 느끼는 내담자들이 있을 수 있기 때문이다.

둘째, **과정 자기개방**process self-disclosure 은 내담자와의 관계에서 상담자가 순간순간 경험하는 것을 공유하는 것을 말한다. 이러한 점에서 과정 자기개방은 즉시성immediacy 기술과 유사하다. 과정 자기개방을 통한 과정논평process comment 은 내담자가 자신이 상담자에게 미친 영향을 알 수 있게 할 뿐 아니라, 궁극적으로 내담자의 삶에서 중요한 인물들에 대한 영향 인식에도 도움을 준다. 또 순간순간의 소통이 어떻게 관계를 증진하는지 깨닫게 된다. 이처럼 과정 자기개방은 내담자의 삶에서 중요한 관계에 일반화될 수 있는 새로운 종류의 의사소통을 위한 모델링의 기회로 활용된다. 그러나 순간순간의 감정을 내담자와 공유하는 것은 신중해야 한다. 내담자가 깊은 수준의 자신을 드러내면서 급속히 변화함에 따라 상담자의 감정도 변할 것이므로, 오히려 장기간 지녀온 감정의 공유가 더 도움이 되고 내담자와의 관계에도 더 큰 의미를 주기 때문이다(Rogers, 1957).

그러나 상담자의 자기개방에 대해서는 찬반이 엇갈리고 있다(Orlinsky et al., 2004). 반대의 주요 이유는 내담자가 타인의 경험을 통해 배우는 것보다 자신에 관한 이야기를 통한 자기이해가 치료적으로 더 의미가 있다는 견해와 상담자가 상담을 자신의 미해결 과제 해소를 위한 시도가 되어서는 안 된다는 우려에 따른 것이다. 그러므로 자기개방은 상담자의 욕구충족이 아니라, 오로지 내담자의 성장을 위한 수단으로만 드물게 사용될 필요가 있다. 자기개방을 위한 원칙은 자기개방에 대해 상담자의 느낌이 좋으면 하지 않는 것이다. 이는 내담자의 욕구보다 상담자 자신의 욕구를 더 충족

시키고 있을 것이기 때문이다. 칸(Kahn, 1991)은 상담자의 자기개방에 관한 의견을 글상자 11-6과 같이 피력하고 있다.

글상자 11-6. 상담자의 자기개방에 관한 칸^{Kahn}의 견해

> 나는 나 자신에 관한 이야기를 하지 않음으로써 바보스런 집착을 하지 않기 위해 노력한다. 만일 내담자가 상담실을 나서면서 우호적이고 자연스럽게 "이번 휴가는 어디로 가세요?"라고 내게 묻는다면, 나는 어디로 갈 것인지 말할 것이다. 그러면 내담자는 이어 "누구랑 가세요? 결혼은 하셨나요?"라고 물을 것이다. 그러면 "아, 그것에 관해서는 다음에 이야기하는 것이 좋을 것 같네요."라고 답할 것이다."(p. 138)

정보수집기술

과거에 상담자들이 내담자와의 관계 형성과 정보수집을 시간적으로 여유 있게 하던 때가 있었다. 그러나 상황이 바뀌어 재정지원기관이나 보험사 등에 제출해야 할 정보와 자료를 신속하게 수집하여 보고서를 작성·제출해야 하는 시대로 진입하고 있다. 이러한 시대 변화로 인해 상담자들은 짧은 시간 내에 내담자가 목표를 성취하고 상담을 종결할 수 있도록 돕는 한편, 이를 위해 담당 사례수를 줄여야 하는 압력을 받고 있다. 이러한 상황에서는 시간이 제한된 상담의 효과성이 쟁점의 초점이 될 수 있지만, 내담자의 변화 촉진을 위해 필요한 정보수집이 상담자의 주요 임무가 되고 있음은 명백하다. 정보수집을 위한 대표적인 상담기술로는 질문이 있다.

질문

질문^{question}은 내담자에 관한 정보를 수집하거나 생각 또는 감정 탐색을 위한 상담기술이다. 이론적 접근과 관계없이 이 기술은 ① 정보수집, ② 초점 유지, ③ 탐색 촉진, ④ 자각과 이해 심화, ⑤ 자기표현 촉진 기능이 있다. 또 내담자의 자기탐색을 유도하고, 변화를 촉구하며, 목표성취를 위한 방향으로 이동하도록 돕는다. 특히, 단시간에 정보를 수집해야 한다면, 단연코 질문이 그 효과를 발휘한다. 질문은 내담자의 생애 패턴 탐색, 기저의 쟁점 확인, 내담자의 변화를 위한 도전, 내담자의 자기탐색 심화 격려 등 다양한 목적으로 사용된다(Kleinke, 1994). 질문의 기능은 표 11-1과 같다.

표 11-1. 질문의 기능

기능	예시
1. 조사	○ "수면제를 복용해야 잠을 잘 수 있는 날이 일주일에 며칠인가요?"
2. 탐색	○ "상담이 당신의 삶에 변화를 주고 있다는 것을 어떻게 알 수 있나요?"
3. 교정	○ "상담목표를 달성하기 위해 가장 먼저 할 수 있는 일이 무엇일까요?"
4. 평가	○ "지난 회기에 연습했던 행동이 남편과의 소통에 효과가 있었나요?"

그러나 이러한 강점에도 불구하고, 질문은 상담자 훈련 프로그램에서는 부정적인 시각으로 보는 경향이 있다. 질문이 내담자와의 신뢰구축과 목표성취를 저해할 수 있고(Kleinke, 1994), 내담자에게 조사받는 느낌을 줄 수 있으며, 상담자가 해결책을 제시해 주기를 기대하게 되고, 권위적인 분위기를 조성하여 모욕적·의존적인 느낌이 들게 한다(Sommers-Flanagan & Sommers-Flanagan, 2016)는 이유에서다. 게다가 질문은 대체로 내담자가 자신만의 답을 발견하는 데 힘을 제공하는 공감반응보다 덜 촉진적(Neukrug & Schwitzer, 2006)이라는 이유도 있다.

특정 상황에 놓인 내담자들은 질문을 통해 혜택을 받을 수 있는 반면, 질문으로 인해 방어, 도전, 변명, 오해받는 느낌이 들 수 있다(Cormier & Nurius, 2003). 이러한 점을 고려할 때, 질문은 내담자가 자신을 충분히 표현할 수 있게 하는 것이어야 한다. 그렇지 않으면, 두 사람의 관계는 쉽게 질문자와 응답자 관계로 변질될 수 있기 때문이다. 따라서 질문에는 반드시 목적이 있어야 한다. 또 질문이 상담관계에 미치는 영향이 고려되어야 한다. 이를 위해 질문에 앞서 확인할 사항은 글상자 11-7과 같다.

글상자 11-7. 질문 전 확인사항

1. 어떤 정보를 얻고자 하는가?
2. 그 정보가 상담과정에 어떻게 기여할 것이라고 생각하는가?
3. 질문을 통해 다루고 싶은 점은 무엇인가?
4. 어떤 상담분위기를 조성하기를 원하는가?

질문의 유형. 질문 사용이 필요한 경우, 상담자는 질문의 효과를 극대화할 수 있는 유형을 사용할 필요가 있다. 질문은 ① 직접질문, ② 간접질문, ③ 폐쇄질문, ④ 개방질문, ⑤ 왜 질문으로 나눌 수 있다.

☐ 직접질문.   첫째, **직접질문**^{direct question}은 상담자가 특정 주제에 관한 정보수집을 위한 의문문 형태의 기술이다. 직접질문의 예로는 "문제를 해결하기 위해 어떤 시도를 해 보셨나요?" 또는 "증상은 주로 어떤 상황에서 나타나게 되나요?" 같은 것들이 있다. 이처럼 직접질문은 특정 주제에 관해 표적이 되는 정보에 초점을 맞춘다. 이론적 접근에 따라 차이가 있으나, 직접질문은 일반적으로 접수면접 같이 짧은 시간에 가급적 많은 정보를 수집해야 하는 경우에 주로 사용된다. 이 경우, 상담자는 공감적 이해기술도 함께 사용함으로써 상담관계 구축과 균형을 유지할 필요가 있다.

☐ 간접질문.   둘째, **간접질문**^{indirect question}은 완곡한 어조의 반응을 통해 내담자가 말하도록 초대하는 방식의 평서문 형태의 질문이다. 간접질문은 공감반응이 내포된 탐색질문의 성격이 있어서 내담자들이 더 잘 받아들이고, 대답하기 쉬우며, 회기 진행을 촉진하고, 개방적 분위기 조성에 도움을 준다(Neukrug, 2016). 또 내담자에게 방어적인 느낌이 들지 않게 하면서 자기탐색을 돕는 효과가 있다. 내담자들은 직접질문보다 간접질문에 대해 더 자기를 개방하는 경향이 있다(Benjamin, 2001). 간접질문은 좀 더 완곡하고 덜 평가적인 느낌을 주기 때문이다. 간접질문의 예로는 "문제해결을 위해 어떤 시도를 해보셨는지 궁금하네요." "증상이 주로 나타나는 상황이 있을 것 같은데."가 있다. 만일 정보수집이 시급한 상황이라면, 간접질문보다는 직접질문이 더 효과적이다. 그러나 내담자의 자기탐색을 돕고자 할 때는 간접질문이 더 강력한 효과가 있다.

☐ 폐쇄질문.   셋째, **폐쇄질문**^{closed question}은 알고자 하는 바를 '예' 또는 '아니오'로 답하게 하는 형식의 질문이다. 이 기술은 아주 신속하게 정보를 수집하기를 원하고, 내담자의 반응이 상담자가 제공하는 표현 중 하나일 거라고 확신하는 경우에 유용하다. 그러나 내담자를 특정 사안에 관해 말하도록 제한하거나 주어진 질문의 선택사항 중 하나를 택하도록 압력을 넣게 되는 위험을 감수해야 한다. 또 폐쇄질문은 단답형 반응을 유발하게 되어 내담자의 내용 또는 정동반응을 제한할 수 있고, 추가 질문이 없으면 쉽게 대화가 단절된다는 한계가 있다. 예를 들어, **내용에 대한 폐쇄질문**(⑩ "아이들이 친척들로부터 돈이나 장난감을 받았나요?")은 내담자에게 가능한 반응의 선택을 제한한다. 마찬가지로, **정동에 대한 폐쇄질문**(⑩ "여자친구와 헤어질 때 슬펐나요?")은 상담자가 미처 헤아리지 못한 내담자의 다른 감정들(⑩ 분노, 짜증, 실망, 기쁨 등)이 많이 있을 수 있지만, 가능한 내담자의 반응을 제한한다.

☐ 개방질문.   넷째, **개방질문**^{open-ended question}은 육하원칙(누가, 언제, 어디서, 무엇을, 어떻게, 또는 왜)에 의거하여 알고자 하는 바를 묻는 기술이다. 이 기술은 내담자에게 폭넓은 탐색과 답변을 가능하게 한다는 점에서 더 내담자 중심의 기술로 간주되고, 내담자의 관점을 상세히 기술하거나 관점을 바꿀 때 사용된다(예 "지금 어떤 느낌이 드나요?"). 반면, 신속하게 정보를 수집해야 할 상황이라면, 내담자에게 부담이 될 수 있다.

☐ 왜 질문.   다섯째, **왜 질문**^{why-question}은 육하원칙의 왜로 시작하는 질문이다. 왜 질문은 내담자에게 특정 사건 또는 상황에 대한 이유를 말하게 하거나 추궁하는 것 같은 뉘앙스를 풍긴다는 특징이 있다(예 "왜 회사에 출근하지 않으셨나요?" "왜 남자친구에게 전화하지 않으셨나요?"). 이로 인해 왜 질문은 내담자에게 방어적 태도를 나타내게 하는 경향이 있다는 점에서 다른 유형의 질문 또는 공감반응이 권장된다(Benjamin, 2001). 만일 내담자의 정확하고 솔직한 답변을 끌어낼 수 있다면, 왜 질문은 강력한 치료도구가 될 것이다. 사람들은 흔히 '왜' 질문에 대한 답을 찾기 위해 상담자를 찾기 때문이다. 내담자가 왜 질문에 대한 답을 알고 있다면, 굳이 상담자에게 도움을 청하지 않아도 될 것이다. 그러나 사람들은 '왜'에 대한 답을 얻기 위해 상담관계를 시작한다.

█ 통찰촉진기술

상담과정에서 내담자의 통찰을 촉진하기 위한 상담기술로는 ① 명료화, ② 직면, ③ 해석, ④ 즉시성이 있다.

명료화

첫째, **명료화**^{clarification}는 내담자의 모호한 진술 다음에 사용되는 질문형식의 상담기술이다. 이 기술은 내담자의 핵심메시지를 상담자의 말로 되돌려 주면서 "~라는 것은 ~라는 뜻인가요?" 또는 "~라는 것은 ~라는 말인가요?"의 형식으로 이루어진다. 명료화는 내담자의 진술에서 누락^{deletion}, 왜곡^{distortion}, 일반화^{generalization}하는 부분을 탐색 또는 도전하는 기술로, 내담자의 진정한 사고, 감정, 행동, 경험을 명확하게 하는 효과가 있다. 내담자의 진술에서 누락, 왜곡, 일반화하는 부분은 내담자의 심층의식에 존재하는 '있는 그대로의 경험'이 표층의식으로 인식되는 과정에서, 그리고 표층언어로 표출되는 과정에서 일어난다(Lowther, 2012). 이에 명료화는 내담자의 명확한 의사표현을 돕는 한편, 사고, 감정, 행동, 경험패턴, 방어기제에의 직면에 유용하게 활용된다. 명료화는 해석과는 달리 내담자의 진술에 추가적인 의미를 부여하지 않고 단지 내담자가 이미 표출한 진술과 관련된 내용을 서로 엮어 주고자 하는 상담기술이다. 명료화의 예는 대화상자 11-6과 같다.

대화상자 11-6. 명료화를 사용한 대화의 예

> **수 인**: 저는 이미 저 혼자 감당하기 힘든 상처를 받았어요.
> **상담자**: 혼자 감당하기 힘든 상처를 받았다는 것은 남자친구의 일방적인 이별 통보로 인해 일상생활에 영향을 받고 있다는 뜻인가요? ('누락'에 대한 명료화)
> **수 인**: 네. 바로 그거예요. 더 이해할 수 없었던 것은 제가 아무 말도 못하고 눈물만 흘리고 있었던 거예요. 물론 그 상황이 닥치면 누구나 그렇겠지만요.
> **상담자**: 누구나 그렇다는 것은 다른 여성들도 수인 씨처럼 예기치 않은 상황에 처하게 되면, 아무 말도 못 하고 눈물을 흘리게 될거라고 생각한다는 뜻인가요? ('일반화'에 대한 명료화)

직면

둘째, **직면**confrontation은 내담자의 언어적 진술과 비언어적 행동 또는 언어적 진술이 불일치 또는 상충되는 부분을 상담자의 말로 되돌려 주는 기술이다('도전challenge'으로도 불림). 이 기술은 내담자가 자신의 불일치, 비일관성, 부조화, 또는 모순행동을 직시하여 깨닫도록 돕기 위해 사용된다. 직면을 통해 내담자는 자신이 표출한 행동, 사고, 감정 사이의 불일치에 책임을 지는 한편, 지각을 확대·탐색하여 자신의 현재 상황에 대한 대안적 관점을 모색할 수 있다. 그러나 직면은 상담자의 분노표현 수단으로 사용되어서는 안 된다. 이에 직면기술을 사용하려면, 상담자는 우선 자신의 감정상태를 확인해야 한다. 직면이 내담자에게 해를 입힐 가능성을 최소화하고 효과적으로 이루어지려면, 신뢰와 돌봄이 선행되어야 한다(Egan & Reese, 2019; Neukrug & Schwitzer, 2006). 직면의 형식과 그 예는 글상자 11-8과 같다.

글상자 11-8. 직면의 형식과 예

○ "당신은 ~(이)라고 말했는데, ~(하)게 행동하고 있군요."
○ "당신은 ~(이)라고 말했는데, ~(이)라고도 말하고 있군요."
○ "당신은 ~ 행동을 하고 있으면서 또 ~ 행동도 하고 있군요."
○ "당신은 ~(이)라고 말했는데, 내 눈에는 ~(하)게 보이는군요."
　㉑ "모든 일이 잘 진행되고 있다고 말하는데, 목소리가 작아지고 떨리는 것처럼 들리네요."

　직면은 내담자에게 피드백을 제공하고, 그의 현재 상황에 대한 대안적 이해를 할 수 있도록 초대하는 것이다. 따라서 직면은 ① 내담자에게 고함을 지르는 것, ② 내담자에게 할 일을 말해 주는 것, ③ 마치 답을 알고 있는 권위 있는 사람처럼 행세하는 것, ④ 내담자에게 빈정대는 행위를 하고 내담자를 가치 없는 것처럼 취급하는 것이 아니다. 직면은 우선 흔히 상담 기술의 사용을 통해 신뢰와 배려 관계 구축이 전제되어야 한다. 이러한 관계 구축은 변화를 위한 방향으로 내담자에게 조심스럽게 압력을 가하는 부드러운 촉구로 이어진다. 이러한 경미한 정도의 직면은 내담자에게 심리적 피해가 발생할 가능성을 줄여 준다(Egan & Reese, 2019). 이러한 지지 후 도전은 내담자가 자신에 관한 피드백에 귀 기울이게 할 수 있는 최선의 잠재력을 제공하여 결국 현실에 대한 지각의 변화를 촉진한다.

해석

　셋째, **해석**interpretation은 내담자의 특정 행동 또는 사건의 의미를 상담자가 잠정적인 어조로 설명해 주는 기술이다. 이 기술은 내담자가 새로운 관점에서 문제를 조망할 수 있도록 돕기 위해 사용된다. 해석의 목적은 내담자의 특정 감정이나 행동에 대해 대안적인 관점을 제공함으로써, 내담자의 행동, 사고, 감정, 대인관계 패턴에 대한 통찰을 얻도록 돕는 것이다. 단, 어떤 부분이 해석되고 어떻게 활용되는가는 상담자의 이론적 지향성에 따라 차이가 있다. 예컨대, 정신분석에서는 해석이 치료적 개입으로 사용된다. 정신분석에 의하면, 꿈은 심리성적발달과정에서 비롯된 해결되지 않은 갈등의 상징으로, 내담자가 자신의 발달을 이해하는 데 도움을 준다. 해석은 **직감**hunch 또는 **최적의 추측**best guesses의 형태로 잠정적인 분석 또는 가설의 형태를 취한다. 해석은 행동의 목적 또는 현재 기능 수준의 원인을 이해하는 데 유용하다. 상담에서 적절한 해석은 내담자의 변화를 촉진한다.

그러나 이러한 유용성에도 불구하고, 해석에는 다음 두 가지 위험이 따른다. 하나는 상담자를 '권위 있는 전문가'로 설정함으로써, 관계의 현실성을 악화시킬 수 있다는 점이다. 다른 하나는 상담자와 내담자가 해석에 대해 논의하게 되면서 주지적인 대화의 양이 느는 한편, 지금·여기 중심의 치료적 작업이 손상될 수 있다는 것이다. 해석이 내담자에게 얼마나 도움이 되는지에 대한 경험적 연구 결과는 일관적이지 않다(Orlinsky et al., 2004). 일찍이 로저스(Rogers, 1970)는 해석이 상담과정의 흐름을 저해할 뿐 아니라, 내담자에게 위협이 될 수 있다고 보았다. 해석에 대해 로저스가 피력한 견해는 글상자 11-9와 같다.

글상자 11-9. 해석에 대한 로저스의 견해

> 나에게는 해석이 행동의 원인에 대한 높은 수준의 추측에 불과합니다. 상담자는 때로 자신의 권위를 사용하여 해석을 통해 내담자에게 영향을 줍니다. 하지만 나는 이런 종류의 권위에 의지하고 싶지 않습니다. 나는 "약자를 괴롭히는 당신의 행위는 남자로서 부적절하다고 느꼈기 때문이라고 생각합니다." 같은 말은 하지 않을 겁니다(pp. 55-58).

해석의 가치는 언제, 무엇을 대상으로 사용되는지, 그리고 내담자가 해석을 통해 얻을 수 있는 것에 달려 있다. 해석의 사용에 있어서 상담자는 이 기술을 사용하는 이유에 대해 생각해 봐야 한다. 왜냐면 내담자의 말을 새로운 관점으로 전환해야 한다는 점에서 오류의 가능성이 항시 존재하기 때문이다. 이에 해석은 잠정적인 어조('아마도' '~하지 않을까요?' 등)로 가능성을 제안하는 방식으로 제시되어야 한다.

즉시성

끝으로, **즉시성**immediacy은 내담자와 함께 있는 지금·여기에서 상담자의 생각과 느낌을 언어적으로 전달하는 기술이다. 이 기술은 내담자에게 판단 또는 비판처럼 전달되지 않도록 유의해야 한다. 그러나 내담자와의 관계에서 지속적으로 경험하게 되는 상담자의 반응이 시의적절하게 공유된다면, 이는 치료적 효과가 있고 상담관계의 질을 높일 것이다.

문제초점기술

문제초점기술Problem-Focused Skills은 상담목표에 도달하는 방향으로 내담자를 안내하거나 단기간에 문제의 해결책을 찾도록 돕는 데 사용되는 일련의 기술이다. 이러한 상담 기술들은 실제로 내담자의 문제해결에 효과가 있는 것으로 밝혀졌다(Kleinke, 1994). 그러나 다른 한편으로, 문제초점기술은 내담자의 상담자에 대한 과잉의존을 부추기고(Benjamin, 2001), 과도한 사용은 상담관계를 저해한다(Kleinke, 1994). 이러한 점에서 대안제시, 정보제공, 조언 등이 경험적 연구를 통해 별로 효과적이지 않다고 밝혀진 것은 그리 놀라운 일이 아니다(Orlinsky et al., 2004). 그러므로 문제초점기술은 위기상담, 단기상담, 또는 단회상담 같이 특수한 상황에 한하여 목적성 있게 사용되어야 할 것이다. 문제에 초점을 맞추고 해결을 촉진하기 위한 상담기술로는 ① 정보제공, ② 대안제시, ③ 조언제공이 있다.

정보제공

첫째, **정보제공**information-giving은 특정한 주제에 관한 객관적 자료 또는 사실적 정보에 관해 구두로 설명해 주는 상담기술이다. 이는 내담자에게 의사결정을 위한 대안을 제공하고, 내담자가 처한 상황을 다른 각도에서 볼 수 있게 하며, 내담자의 생각 또는 행동 변화의 계기로 삼도록 돕는 상담자 중심의 기술이다. 그러나 정보제공의 핵심은 정보 자체보다는 내담자가 그 정보를 어떻게 인식하고 활용하는가에 있다. 내담자의 질문이나 정보요청은 표면적인 내용 이상의 의미가 담겨 있을 수 있고, 때로 자신의 심각한 문제를 은폐하기 위해 상담실 방문 사유를 정보를 얻기 위함이라고 내세우는 내담자가 있을 수 있기 때문이다. 이러한 점을 고려할 때, 정보제공은 내담자에게 외부 지향적·의존적 태도를 강화할 수 있으므로 전형적인 상담기술로 보기 어렵다(Sommers-Flanagan & Sommers-Flanagan, 2014)는 주장도 있다. 정보제공의 잠재적 역기능은 글상자 11-10과 같다.

글상자 11-10. 정보제공의 잠재적 역기능

1. 내담자의 질문이나 정보요청은 표면적인 내용 이상의 의미가 담겨 있을 수 있다. ☞ 자신의 심각한 문제를 은폐하기 위한 수단으로 삼을 수 있다.

2. 내담자는 이미 특정 주제에 관해 상담자가 제공하는 정보보다 더 많은 정보를 가지고 있을 수 있다. ☛ 자신이 겪고 있는 문제에 관해 더 많이 알아봤을 수 있다.
3. 상담자를 특정 주제에 관한 전문가의 위치에 가져다 놓을 수 있다. ☛ 상담자를 전문가인 체할 수 있다.
4. 내담자를 마치 상담자의 가치에 따라야 할 것 같은 분위기가 조성될 수 있다. ☛ 내담자를 상담관계에 의존적으로 만들 수 있다.
5. 내담자에게 상담이 정보를 제공하는 과정이라는 인식을 줄 수 있다. ☛ 상담의 목적은 내담자가 스스로 문제의 해결방안을 탐색·결정하고 이를 실행에 옮길 수 있도록 돕는 것이다.

정보제공의 순기능은 내담자가 실제로 알지 못했고 자신의 이익을 위해 사용할 가능성이 있는 유용한 정보를 제공하는 것이다. 정보제공은 내담자가 필요로 하는 정보를 상담자가 잘 알고 있다는 가정에 기초한다. 따라서 상담자는 사전에 자신이 정보를 제공하려는 의도와 내담자의 정보제공 요청의 의도를 헤아려 봐야 한다. 또 상담자는 정보제공에 앞서 내담자에게 제공할 정보가 상담목표 성취에 꼭 필요한 것인지, 상담관계에 어떤 영향을 미칠 것인지 등을 확인해야 한다. 그리고 정보제공 후에는 내담자의 반응을 점검한다. 그러면 정보제공 기술을 적용해도 좋은 시기는 언제일까? 그 시기는 글상자 11-11과 같다.

글상자 11-11. 정보제공의 시기

1. 내담자가 동의한 경우
2. 제공되어야 할 정보가 치료계획에 부합되는 경우
3. 내담자의 자해 또는 타해가 임박했다고 판단되는 경우
4. 단회/단기상담에서 내담자가 어떻게 행동해야 할지에 대한 제안을 요청하는 경우
5. 내담자가 제공되어야 할 기법/전략에 관한 정보를 가지고 있지 않다고 판단되는 경우
6. 내담자가 기꺼이 작업할 준비가 되어 있어서 기법/개입에 관한 정보를 제공하는 경우

대안제시

둘째, **대안제시**^{Offering Alternatives}는 상담목표 성취를 위해 현실적 선택 확장에 도움이 될 만한 방안들을 제안하는 기술이다. 이 기술은 문제해결을 위한 방법은 다양할 수 있으므로, 내담자에게 다양한 대안을 제시함으로써 자신에게 가장 효과적이라고 판단되는 대안을 택하도록 돕는 것이 상담자의 역할이라는 가정에 기초한다. 정보 또는

조언 제공과 비교할 때, 대안제시의 이점은 다음 세 가지다. 첫째, 상담자가 제시하는 대안이 유일한 문제해결책임을 전제하지 않는다는 점에서 내담자에게 해를 입힐 가능성이 적다는 점이다. 둘째, 상담자를 최후의 전문가로 간주할 개연성이 적고, 내담자가 상담회기를 주도하고 있다고 인식하게 하면서도 합리적인 선택을 도울 수 있다는 점이다. 셋째, 문제중심기술 중에서 판단적인 의미가 가장 적다는 점이다. 대안제시의 사용 시기는 글상자 11-12와 같다.

글상자 11-12. 대안제시의 시기

1. 내담자가 제공되어야 할 것에 대한 대안을 고려해 보지 않았다고 생각하는 경우,
2. 내담자가 제공되어야 할 것에 관한 대안에 대해 작업할 준비가 되어 있고, 기꺼이 실행할 것이라고 확신하는 경우
3. 제공되어야 할 것에 관한 대안들이 치료계획에 부합한다고 생각하는 경우

조언제공

셋째, **조언제공**^Advice-giving^은 내담자가 자신의 제안을 따를 것을 바라는 마음으로 상담자의 전문적 의견을 제공하는 것을 말한다. 이러한 반응은 신속하게 해결책을 찾을 수 있도록 도울 수 있는 잠재력이 있다. 그러나 이러한 반응은 의존적 관계를 조장하여 결국 내담자가 문제해결을 위해 상담자에게 의존하게 될 개연성이 있다. 또 내담자의 원가족으로부터의 통제와 관련된 쟁점(예 부모의 조언 또는 자녀에게 해야 할 일을 말해 주는 것)과 유사할 수 있다. 조언은 가치 판단적인 반응이다. 사람에 따라서는 조언을 반드시 피해야 할 반응으로 간주하기도 한다(Benjamin, 2001). 게다가 조언제공에는 많은 방법이 있다. 예를 들면, 상담자는 조언을 제공하는 동안 독재자처럼 행동할 필요는 없다. 조언제공의 시기는 글상자 11-13과 같다.

글상자 11-13. 조언제공의 시기

1. 제공되어야 할 것에 관한 조언이 내담자에 의해 고려된 적이 없다고 믿을 때
2. 제공되어야 할 것에 관한 조건을 받아들일 준비가 되어 있고, 기꺼이 조언에 따라 작업할 의향이 있다는 확신이 들 때
3. 제공되어야 할 것에 관한 조언이 본래의 치료계획에 부합된다고 믿을 때
4. 내담자가 깊이 뿌리내린 비판과 통제와 관련된 원가족 쟁점에 대해 작업을 하고 있지 않다는 생각이 들 때

복습문제

 다음 밑줄 친 부분에 들어갈 말을 쓰시오.

1. ＿＿＿＿＿＿은/는 치료적 목적으로 사용되는 일련의 독특한 의사소통 방법을 말하는 반면, ＿＿＿＿＿＿은/는 상담목표 성취를 위해 상담 과정에서 사고, 정서, 및/또는 행동 변화를 위해 사용되는 사전에 계획된 활동이다.

2. ＿＿＿＿＿은/는 어떤 상황, 사건, 대상, 또는 생각을 기술하는 내담자의 진술 중 핵심내용을 상담자가 다른 참신한 의미의 말로 되돌려 주는 기술인 반면, ＿＿＿＿＿은/는 내담자의 느낌 또는 진술의 정의적인 부분을 상담자의 참신한 말로 되돌려 주는 기술이다.

3. 내담자의 행동, 경험, 또는 객관적 사실에 대해 긍정적인 의미를 부여하면서 인정해 주는 기술을 ＿＿＿＿＿(이)라고 한다. 이 기술은 전통적인 상담 또는 심리치료에서는 부정적으로 인식되었다. ＿＿＿＿＿＿＿을/를 강화할 수 있다는 것이 그 이유였다.

4. ＿＿＿＿은/는 내담자에게 용기 또는 의욕을 북돋아 주는 언어적 · 비언어적 행동이다. 이 상담기술은 종전에는 일부 이론에서만 상담기법으로 사용되었으나, 오늘날에는 내담자에게 자신감을 불어넣어 준다는 점에서 긍정적인 개입기술로 인식되고 있다.

5. 내담자가 표출한 두 가지 이상의 메시지를 서로 묶어서 다른 동일한 의미의 말로 되돌려 주는 재진술과 반영이 확대된 상담기술을 ＿＿＿＿＿(이)라고 한다. 이 기술은 내담자의 진술을 관련 있는 요소별로 엮어서 공통 주제, 유형, 패턴 등을 밝히거나, 두서 없는 이야기를 간명하게 정리해주며, 상담의 진척 정도를 확인해 줌으로써 내담자의 통찰을 촉진하는 기능이 있다.

6. ＿＿＿＿＿＿은/는 상담자가 자신의 사적인 경험의 일부를 드러내는 것으로, 상담관계를 강화하고, 내담자가 자기개방에 대해 편안한 느낌이 들게 하는 효과가 있다. 이 기술은 내용과 ＿＿＿＿＿(으)로 구분된다.

7. 질문의 유형에서 ＿＿＿＿＿질문은 상담자가 특정 주제에 관한 정보수집을 위한 의문문 형태의 기술로, "문제를 해결하기 위해 어떤 시도를 해 보셨나요?" 또는 "증상은 주로 어떤 상황에서 나타나게 되나요?" 같은 것들이 그 예다. 이에 비해 ＿＿＿＿＿질문은 완곡한 어조의 반응을 통해 내담자가 말하도록 초대하는 방식의 평서문 형태의 기술로, "문제해결을 위해 어떤 시도를 해보셨는지 궁금하네요." "증상이 주로 나타나는 상황이 있을 것 같은데."가 그 예다.

8. 내담자의 모호한 진술 다음에 사용되는 질문 형식의 상담기술을 ＿＿＿＿＿(이)라고 한다. 이 기술은 내담자의 진술에서 ＿＿＿＿, 왜곡, ＿＿＿＿하는 부분을 탐색 또는 도전하는 기술로, 내담자의 진정한 사고, 감정, 행동, 경험을 명확하게 하는 효과가 있다.

9. _____은/는 내담자의 언어적 진술과 비언어적 행동 또는 언어적 진술이 불일치 또는 상충되는 부분을 상담자의 말로 되돌려 주는 기술인 반면, _____은/는 내담자의 특정 행동 또는 사건의 의미를 상담자가 잠정적인 어조로 설명해 주는 기술이다.

10. 특정한 주제에 관한 객관적 자료 또는 사실적 정보에 관해 구두로 설명해 주는 상담기술을 _____(이)라고 한다면, 내담자와 함께 있는 지금 · 여기에서 상담자의 생각과 느낌을 언어적으로 전달하는 기술은 _____(이)라고 한다. 특히, 이 기술은 내담자에게 판단 또는 비판처럼 전달되지 않도록 유의해야 한다.

소집단 활동

나의 소중한 보물찾기

🔍 8~12인 1조로 나눈다. 각 조의 리더 한 사람을 뽑는다. 리더는 다음의 지침에 따라 소집단 활동을 진행한다.

> A4용지를 세 번 접어서 잘라 8장의 쪽지를 만든다. 8장의 쪽지에 각각 소중하게 여기는 보물 한 가지씩 적는다. 보물은 꿈, 돈, 건강 등 여러 가지가 될 수 있다. 모두 적었으면 돌아가면서 종이에 쓴 여덟 가지 보물에 대해 발표한다. 주어진 시간에 따라 일부만 발표하게 할 수 있다. 발표를 마치면, 네 가지만 남기고 다른 네 가지는 옆 사람이 버리게 한다. 그런 다음, 네 가지 보물을 남긴 이유와 다른 네 가지 보물을 버린 이유를 이야기 나눈다. 이때 시간 절약을 위해 전에 발표하지 않은 사람들에게 발표의 기회를 줄 수 있다. 그리고 나서 다시 두 개를 남기고 나머지 두 개를 버리게 하고, 그 이유를 발표한다. 최종적으로는 한 가지만을 남기게 하고는 그 이유를 이야기 나눈다. 발표를 마치면, 돌아가면서 보물을 버리면서 느낀 감정, 최종적으로 한 가지 보물만을 남겨 놓았을 때의 느낌, 상대방이 소중하게 생각하는 보물을 버리면서 느낀 감정 등에 대해 서로 소감을 나눈다.

소감

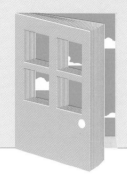

CHAPTER

12
진단

Counseling and Psychotherapy: Theory and Practice

진 단이라고 하면, 언뜻 의사가 환자의 상태를 살펴서 치료 여부와 방법을 판정하는 일을 떠올릴 수 있다. 이처럼 진단이라는 말은 상담자들에게조차 낯설게 느껴질 수 있다. 그러나 오늘날 진단은 더 이상 의학분야에 종사하는 전문가들만을 위한 용어가 아니다. 오늘날 상담분야에도 **증거기반실천**^{evidence-based practice}(EBP), 즉 공식적인 진단을 바탕으로 내담자에 대한 행동적 방식으로 상담목표와 계획을 수립하고, 목표성취 여부 또는 상담의 성과를 객관적으로 입증해야 하는 시대가 도래했기 때문이다. 1980년대부터 상담자 면허제를 시행하고 있는 미국의 경우에는 이미 **의료관리체계**^{managed care system}가 상담자들에게도 적용되어 재정지원기관 또는 보험회사에 상담료를 청구할 때마다 진단명을 비롯하여 치료목표와 계획 등이 명시된 치료계획서를 제출하게 하고 있다. 이 외에도 진단은 내담자의 문제와 성격을 이해하고 적절한 개입전략을 선정·계획하는 데 유용하고, 전문가들 사이의 소통 수단으로 활용되어 협력적 서비스를 제공할 수 있다는 이점이 있다. 따라서 이 장에서는 ① 진단의 이해, ② 진단의 의의, ③ 진단도구, ④ 진단절차, ⑤ 진단원칙, ⑥ 진단에 관한 쟁점에 관해 살펴보기로 한다.

진단의 이해

진단^{diagnosis}은 내담자의 문제를 임상 면접, 관찰, 검사 결과 등의 자료를 바탕으로 분류체계에 따라 명명하여 문제의 실체를 객관화하는 일이다. 이는 개인의 상태에 관한 기술이지, 개인의 가치를 판단하는 것이 아니다(Rueth et al., 1998). 진단을 의미하는 영어의 'diagnosis'는 그리스어 'dia(떨어져서)'와 'gnosis(인식)'에서 유래된 것으로, 객관적인 관점에서 개인을 사정^{assessment}한다는 의미가 있다(Harper, 2014). 즉, 진단은 사람들의 행동, 사고, 정서 상태를 정상과 이상으로 구분하여, 정상을 벗어나는 경우를 특정하여 정신장애^{mental disorder}라 규정한 다음, 징후, 증상, 또는 증후군의 특징에 따라 개념화·공식화·명명화한 분류체계를 토대로 이루어진다. 그러면 정상과 비정상/이상을 구분하는 기준은 무엇인가?

정상 vs. 비정상/이상

정상을 의미하는 영어의 'normal'은 '목수의 작업틀'이라는 의미의 라틴어 'norma'에서 유래되었다. 정상^{normality}이라는 말은 흔히 평균적인^{average}, 건강한^{healthy}, 일반적인^{usual}, 이상적인^{ideal} 등의 의미가 있다. 이에 비해 비정상/이상^{abnormality}이라고 하면, 흔히 기괴하거나 위험한 행동을 떠올릴 수 있으나, 이를 한마디로 정의하기는 쉽지 않다. 이상행동을 정의할 단일기준이나 기술적 특성이 없을 뿐 아니라, 정상과 비정상/이상을 구분하는 경계 또한 명확하지 않기 때문이다. 정상과 비정상/이상을 구분하는 기준으로는 ① 규범 동조성, ② 주관적 불편감 또는 고통, ③ 무능성과 기능이상을 들 수 있다(강진령, 2020).

첫째, **규범 동조성**^{norm-conformity} **기준**은 개인의 행동이 사회규범을 명백하게 벗어날 때 이상 범주로 분류되는 것을 말한다. 이는 **통계적 규준**^{statistical norm}, 즉 통계적 회귀성 또는 사회규범 이탈 여부로 정상과 이상을 구분하는 것으로, 다음 두 가지 이점이 있다. 하나는 양적 절단점^{cutoff point}을 설정할 수 있다는 점이다. 이러한 특성 때문에 통계적 이탈 기준은 심리검사 해석에 자주 사용된다. 즉, 검사 개발자가 정상 표본에서 얻은 평균점수로부터의 통계적 이탈에 근거하여 검사 요강에 절단점을 설정한다. 그런 다음, 절단점 이상의 점수는 임상적으로 유의한 이상행동으로 간주한다. 다른 하나는 직관에 호소하는 것으로, 일부 사람들이 정상이 아닌 것으로 평가하는 행동은 다른 사람들도 동일하게 평가하는 경향이 있다는 것이다. 이 기준은 개인의 평가에 중요한 역할을 한다. 규범 동조성 기준에서 임상가는 내담자의 비동조적 행동을 반사적으로 정신건강 문제의 증거 또는 증상으로 범주화하는 잘못을 범하지 않아야 한다. 규범 동조성 기준의 한계점은 글상자 12-1과 같다.

글상자 12-1. 규범 동조성 기준의 한계

> 1. 모두가 동의하는 절단점을 설정하기 어렵다.
> 2. 얼마나 많은 행동을 일탈의 증거로 볼 것인가에 관한 문제가 있다.
> 3. 문화적 상대성, 즉 일탈행동은 개인이 속해 있는 문화권에 따라 다르게 평가될 수 있다.

둘째, **주관적 불편감**^{subjective discomfort} 또는 **고통**^{distress} **기준**은 관찰 가능한 행동이 사회규범을 벗어나지 않는 것으로 판단되지만, 개인은 심각한 정도의 고통이나 불편감을 경험한다면 이상으로 봐야 한다는 것이다. 예컨대, 불안을 호소하는 내담자를 불안감으로 인해 사회규범에서 벗어나는 행동을 나타내지 않더라도 부적응 상태로 간주하는 것이다. 이 기준은 개인이 정서 또는 행동에 문제를 겪고 있음을 스스로 평가할 수 있고, 이를 표출할 수 있을 것으로 기대할 수 있다. 이러한 이유로 여러 평가방법은 피험자가 자신의 내적 상태를 인식할 수 있고, 개인적 고통 또는 불편감에 대해 솔직하게 반응할 수 있다고 가정한다. 이러한 가정은 내담자의 부적응 정도를 절대적으로 판단해야 하는 임상가의 부담을 덜어 준다. 그렇지만 임상가가 장애가 있는 것으로 추정하는 모든 사람이 주관적 고통을 호소하지는 않는다. 달리 말하면, 이 기준에 의거하여 내담자에게 주관적 고통을 겪고 있는지를 알려면 임상가는 질문을 통해 탐색해야 하지만, 여기에는 앞서 언급한 바와 같은 함정이 있다는 사실을 염두에 두어야 한다.

셋째, **무능성**disability과 **기능이상**malfunctioning **기준**은 특정 행동이 일정한 정도의 사회적('대인관계') 또는 직업적 문제를 초래한다면 이상행동으로 간주해야 한다는 것이다. 즉, 다른 사람들과의 접촉 결여로 대인관계에 문제가 있다면 사회적 부적응을, 정서문제로 실직한다면 직업적 기능이상이 있는 것으로 간주한다. 이 기준의 이점은 비교적 작은 추론이 요구된다는 점이다. 사회적/직업적 문제는 종종 상담의 동기가 된다. 사람들은 자신의 문제가 가족이나 사회관계에 영향을 미치거나, 학업이나 직무에 영향을 주게 되면서 문제의 심각성을 인식하게 된다. 무능성/기능이상에 대한 판단은 절대적이기보다는 상대적·가치 지향적이다. 즉, 특정 행동이 적절한 기능수준 이내에 있다는 것이 구체적으로 어떤 것으로 구성되는지는 개인 간 또는 집단 간의 차이가 있다. 또한 이에 대한 사회구성원들 간의 합의를 끌어내기 어렵다는 한계가 있다. 정상과 이상을 구분하는 기준들이 사용되고 있지만, 각 기준은 장단점이 있어서 한 가지 기준만을 적용하기 어렵다. 또 어떤 기준을 적용하든 간에 주관적인 판단은 완전히 배제할 수 없다. 더욱이, 이상행동이 곧 정신질환을 의미하는 것은 아니다. 대신, 정신질환은 특정한 이상행동 또는 특성을 포함하여 흔히 관찰되는 증후군의 집합을 의미한다. 그렇다면 정신질환과 정신장애란 무엇인가?

정신질환 vs. 정신장애

정신기능 이상으로 정신능력에 결함이 생긴 상태를 '정신질환' 또는 '정신장애'라고 한다. 이 두 용어는 흔히 혼용된다. 그러나 일반적으로 정신질환은 좁은 의미로, 정신장애는 넓은 의미로 사용된다. 즉, **정신질환**mental illness은 사고, 감정, 행동에 영향을 미치는 병적인 정신상태로, 정신병psychosis를 비롯하여 성격장애('인격장애' '정신병질'로도 불림), 지적장애('정신지체' '정신박약'으로도 불림)를 포함한다. 반면, **정신장애**mental disorder는 이러한 정신질환 외에도 ADHD, 자폐스펙트럼 장애, 틱(신경발달장애), 신경성 식욕부진증(급식 및 섭식장애), 유뇨증(배설장애), 치매(신경인지장애), 관음증(변태성욕장애) 등 훨씬 더 폭넓은 장애들을 포함한다. 미국정신의학회(APA, 2013)는 정신장애를 글상자 12-2와 같이 정의했다.

글상자 12-2. 정신장애의 정의

> 정신장애는 정신기능의 기초를 이루는 심리적 · 생물학적 또는 발달과정에서의 기능이상을 반영하는 개인의 인지, 정서조절, 또는 행동에서 임상적으로 현저한 장해가 특징인 증후군이다. 정신장애는 보통 사회적, 직업적, 또는 기타 중요한 활동에 있어서 현저한 고통 또는 장애와 연관이 있다. 흔한 스트레스 요인 또는 상실(예 사랑하는 이의 죽음)에 대한 예측이 가능하거나 문화적으로 용인되는 반응은 정신장애가 아니다. 사회적으로 일탈된(예 정치적, 종교적, 또는 성적) 행동과 주로 개인과 사회의 갈등은, 앞서 기술한 바와 같이 일탈 또는 갈등이 개인에게 있어서의 기능 이상으로 인한 것이 아닌 경우에는 정신장애가 아니다(p. 20).

국내 「정신보건법」에서는 종전까지만 해도 정신병자, 정신박약자, 정신병질자를 정신질환자로 규정했다. 그러나 개정된 법률 제3조 1항에는 비정신병성 정신장애를 정신질환의 범주에 포함했다. 이 법에서 **정신병질**psychopathy이란 비정상적인 성격으로 말미암아 건전한 사회적응에 곤란을 일으키는 성격, 즉 '성격장애'를 말한다('성격이상' '정신병적 성격' '정신병증'으로도 불림). **정신박약**은 지능발달이 불충분하여 환경의 요구에 대응하여 독립된 사회생활을 할 수 있는 지적 능력이 부족한 상태, 즉 '지적장애' 또는 '지적발달장애'를 뜻한다('정신지체'로도 불림). 「형법」 제10조 1항과 2항에 의하면, 심신장애로 인해 사물을 변별할 능력이 없거나 의사를 결정할 능력이 없거나 미약한 자의 행위는 벌하지 않거나 형을 감경할 수 있다.

증상 · 징후 · 증후군

증상symptom은 임상가의 관찰보다는 주로 환자에 의해 주관적으로 표현되는 병리적 상태를 말한다. 즉, 증상은 내담자(또는 정보제공자)가 호소하는 주관적 감각, 불편감, 또는 기능상의 변화다. 우울감, 주의집중 곤란, 공포, 수면곤란, 식욕저하, 자살생각, 환각, 망상 등이 그 예다. 증상의 결정은 상황과 정도가 지표 역할을 한다는 점에서 다소 주관적이다. 증상과 징후의 차이점에 주목해야 하는 이유는 징후가 더 객관적

이어서, 징후가 증상보다 우세하므로 징후를 더 신뢰할 수 있기 때문이다. 예를 들어, 자신이 우울하다고 생각하지 않는 내담자의 울먹임과 축 처진 어깨는 우울 징후가 있음을 암시한다. 징후는 무언가 잘못되었다는 신호다. 자살생각, 식욕저하, 이상한 목소리를 듣거나 이상한 것이 보이는 것은 정신과적 평가가 필요함을 나타낸다.

징후sign는 임상가에 의해 관찰되는 병리적 상태의 객관적인 표현이다('증후'로도 불림). 징후가 임상가가 듣고 봐서 알게 된 것이라면, 증상은 내담자가 호소하는 것이다. 징후는 질병을 가리키는 비교적 객관적인 단서다. 따라서 내담자나 정보제공자는 징후를 호소하지 않는다. 대신, 임상가가 내담자의 외모, 행동 등을 통해 징후를 확인한다. 징후의 예로는 심박수 증가, 혈압 변동, 쓰러질 것 같은 걸음걸이가 있다. 증상과 징후는 때로 중복되기도 한다. 반면, **증후군**syndrome은 질병, 질환, 또는 장애의 증상이 단일화되어 있지 않고, 그 원인이 불분명한 상태를 말한다. 즉, 특정 질병이 두 가지 이상의 징후를 나타내는 경우, 이런 징후의 모임을 증후군이라고 한다. 증후군에는 발병연령, 발병속도, 촉발요인, 이전 삽화 과거력, 현재 삽화의 지속기간, 직업적 · 사회적 기능손상 정도 등과 같은 특징이 포함된다. 내과의 경우, 질병을 원인에 따라 분류하지만, 안타깝게도 정신의학psychiatrics은 원인을 밝힐 수 있는 진단은 거의 없다.

진단의 의의

진단은 정신건강 전문가 또는 임상가들 사이의 중요한 소통을 위한 통일된 언어제공, 사례개념화, 치료계획의 방향을 제공한다는 점에서 의의가 있다. 그러나 진단은 타당하고 신뢰할 수 있는 경우에 유용하다. 상담자는 포괄적인 교육과 훈련을 통해 DSM 진단범주와 기준, 진단명, 진단적 특징 등에 대해 잘 알고 있어야 하고, 이를 토대로 정확한 진단을 내릴 수 있어야 한다. 상담에서 진단은 글상자 12-3에 제시된 기능을 한다.

글상자 12-3. 진단의 기능

> 1. 개인의 현재 심리적 · 정신적 기능상태와 수준을 기술한다.
> 2. 내담자에 관한 논의에서 정신건강 전문가들을 위한 공통 언어를 제공한다.

3. 일관성 있고 지속적인 돌봄으로 이어진다.
4. 상담의 방향을 제공하고 초점 설정에 도움을 준다.
5. 상담자가 치료의 범위 내에서 내담자와 작업할 수 있도록 돕는다.
6. 특정 문제에 효과적인 이론적 접근을 확인할 수 있게 해 준다.
7. 이상행동과 정신병리와 그 원인에 관한 연구를 촉진한다.

　진단의 목적은 내담자의 문제를 세부적 · 포괄적으로 이해하여 정의를 내림으로써
상담의 방향을 정하는 것이다. 상담에서 진단이라는 개념은 생소할 수 있다. 그러나
이미 상담자 면허제가 시행되고 있고 의료관리체제가 상담분야에까지 확대 · 실시되
고 있는 미국의 경우, 상담자들도 필수로 정신장애 진단 · 통계편람(DSM)에 의거한
진단을 제시하도록 요구하고 있다. 이로써 대학원 과정을 비롯한 대부분의 상담자
교육기관에서는 진단에 관한 교육과정을 편성 · 운영하고 있다. 이에 정확한 진단 능
력은 더 이상 정신건강 전문의뿐 아니라, 상담자들에게도 필수로 요구되는 기술이 되
었다(Seligman, 2004). 상담에서 진단 사용의 이점과 한계는 표 12-1과 같다.

표 **12-1.** 상담장면에서 진단 사용의 장단점

이점	한계
1. 정확한 평가를 위한 과정에서 내담자를 깊이 이해할 수 있다.	1. 사람을 대상화 · 비인격화하여, 냉정한 시각으로 보게 할 수 있다.
2. 진단명 이해 및 관련 연구 검토를 통해 더 나은 치료계획과 치료약물 사용으로 치료효과를 높일 수 있다.	2. 낙인을 통해 자기 충족적 예언으로 작용할 수 있고, 사람을 진단명으로 보거나 진단에 따른 치료로 인해 진단적 꼬리표가 강화될 수 있다.
3. 정신건강 전문가들에게 공통언어를 제공하여 내담자에 대한 논의를 돕고, 효과적인 치료법 결정을 가능하게 한다.	3. 환자를 인격체로보다 진단명으로 비인간적인 논의대상으로 삼을 수 있다.
4. 정확한 진단범주를 제공하여, 이를 바탕으로 연구계획 · 실행 및 치료법 개발에 도움을 준다.	4. 인위적인 범주를 생성하여, 마치 그 진단이 실재하는 것으로 믿게 될 수 있다.

진단도구

진단, 특히 정신장애 진단을 위한 도구로는 정신장애 진단・통계편람(DSM)이 있다. DSM은 정신장애를 신뢰할 수 있게 진단할 수 있도록 고안된, 일련의 진단기준들로 구성된 정신장애 분류체계다. 이 분류체계는 세계보건기구World Health Organization(WHO)의 국제질병분류체계International Classification of Diseases(ICD)와 호환되도록 제작되어, 진단명과 코드에 따라 정신장애와 진단기준이 설정되어 있다. DSM은 1952년 초판이 출간된 이래, 주기적인 개정을 거치면서 정신건강 분야에서 임상수행을 위한 표준 참고문헌으로 자리매김해 왔다. DSM의 개정과정은 표 12-2와 같다(Black & Grant, 2018).

표 12-2. DSM-I에서 DSM-5까지의 개정과정

판	출판연도	장애 수	전체 페이지 수	다축체계 유무
☐ DSM-I	1952	106	132	×
☐ DSM-II	1968	182	119	×
☐ DSM-III	1980	265	494	○
☐ DSM-III-R	1987	292	567	○
☐ DSM-IV	1994	297	886	○
☐ DSM-IV-TR	2000	297	943	○
☐ DSM-5	2013	*157	947	×

주. * '달리 명시된' 및 '명시되지 않는' 장애는 포함되지 않음.

DSM-5

DSM-5는 '정신장애 진단・통계편람, 제5판Diagnostic and Statistical Manual of Mental Disorders, 5th edition'의 약자다. 이 편람은 정신건강 전문가들 사이에 진단, 치료, 경과, 예후 등에 관한 소통 수단으로 사용되고 있다. DSM-5는 정신장애 분류체계와 진단의 타당도와 신뢰도를 높이기 위한 여러 전문가의 노력의 결과다(APA, 2013). 즉, DSM-5가 서로 다른 정신장애나 심리적 증상을 제대로 잘 분류할 수 있도록 했고('타당도'), 서로 다른 임상가들이 이 분류체계를 적용하여 특정 진단을 동일한 환자

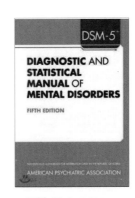

그림 12-1. DSM-5

에게 적용할 것으로 예측될 확실성('신뢰도')을 높이고자 했다. DSM-5에는 총 250여 가지의 진단명이 수록되어 있는데, 그 체계는 표 12-3과 같다.

표 12-3. DSM-5의 구성체계

구분	내용
☐ I편/DSM-5 기본요소	○ 편람의 역사 ○ 편람 사용법과 유의사항 ○ 정신장애의 정의
☐ II편/진단기준과 부호	○ 정신장애에 관한 20개 장
☐ III편/새로 개발된 측정치와 모델	○ 최근에 개발된 측정치와 모델 ○ 문화적 개념화 ○ 성격장애 대안모델 ○ 후속 연구가 필요한 진단적 상태
☐ 부록	○ DSM-IV에서 DSM-5로의 주요 변경사항 ○ 기술적 용어 해설 ○ 고통의 문화적 개념 용어 해설 ○ DSM-5 진단과 부호의 알파벳순, 숫자순 목록(ICD-9-CM, ICD-10-CM)

DSM의 진단체계는 자기보고식 검사문항뿐 아니라, **구조화된 진단면담**Structured Diagnostic Interview(SDI) 같은 도구 개발에도 큰 영향을 주었다. SDI는 DSM-5에 수록된 정신장애의 진단기준에 따른 표준질문 목록으로 구성되어 있다. DSM-5에는 글상자 12-4에 제시된 것과 같이 진단에 관한 유용한 정보가 수록되어 있다.

글상자 12-4. DSM-5에 수록된 진단에 관한 유용한 정보

○ 기록절차   ○ 문화와 관련된 진단적 쟁점
○ 아형·명시자   ○ 성별과 관련된 진단적 쟁점
○ 진단적 특징   ○ 진단적 표지자
○ 진단을 뒷받침하는 부수적 특징   ○ 자살위험
○ 유병률   ○ 기능적 결과
○ 발달 및 경고   ○ 감별진단
○ 위험 및 예후 요인   ○ 동반이환

상담과정에서 DSM 사용의 이점과 한계는 표 12-4와 같다(Neukrug, 2016).

표 12-4. 상담과정에서 DSM 사용의 이점과 한계점

이점	한계
1. 사례개념화에 도움이 된다.	1. 상담 결과를 예측할 수 없다.
2. 적절한 진단을 통해 적절한 치료계획 수립에 도움이 된다.	2. 병인을 조사할 수 없다.
3. 상담자를 비롯한 임상가들 간의 소통을 용이하게 한다.	3. 상담자가 치료의 의학적 모델 사용 경향을 강화할 수 있다
4. 진단범주의 조사·연구를 가능하게 한다.	4. 전후 사정과 사회적 요인을 충분히 확인하지 않는다.
5. 치료결과에 관한 가설점검을 위한 모델을 제공한다.	5. 내담자에게 꼬리표를 붙이거나, 낙인을 찍음으로써 내담자를 비인간화할 수 있다.
6. 대부분의 사람들에게 무엇이 정상인지에 대한 감각을 제공한다.	6. 내담자에 대해 대상물의 관점을 조성하고 상담관계를 축소한다.
7. 임상가들에게 명명법과 치료에 대한 논의의 장을 제공한다.	7. 과학적 증거가 없는 문제들의 진단 범주화를 옹호한다.

DSM-5의 특징.　DSM-5는 이전 판인 DSM-IV와 비교해서 몇 가지 중요한 변화가 있었다. 첫째, 우선적으로 눈에 띄는 변화는 로마 숫자로 판수를 나타내던 표기법(예 DSM-IV)이 아라비아 숫자 표기법으로 변경되었다(예 DSM-5). 판수 표기법 개정 이유는 향후 개정판 출간을 더 용이하게 하기 위함이었다. 첨단 디지털 기술은 DSM-5.1, DSM-5.2 같이 업데이트된 편람 출판을 가능하게 할 것이다. 또한 향후 상담자는 점점 더 자주 DSM-5를 사용하게 될 것으로 전망된다.

둘째, 다축체계를 폐지하고 단축체계로 변경했다. **다축체계**^{multiaxial system}란 5개 축(축 I[제반 임상적 장애], 축 II[정신지체, 성격장애], 축 III[의학적 상태], 축 IV[심리사회적 스트레스 요인], 축 V[전반적 기능평가])으로 진단할 수 있도록 고안되어 DSM-III(1980)에서부터 DSM-IV-TR(2000)까지 사용되었던 진단체계다. 다축체계 폐지는 임상가들이 이 체계가 도움이 되지 않고 오히려 부담만 가중시킨다고 여기거나, 단순히 이 체계를 무시한다는 이유에서였다.

셋째, 기존의 범주적 분류 방법의 한계를 보완하기 위해 차원적 분류방법을 함께

사용하는 **혼합모형**^{hybrid model}이 적용되었다. **범주적 분류**^{categorical classification}는 현재의 증상 또는 증상의 과거력을 바탕으로 개인을 특정 범주에 속하는 것으로 분류한다는 점에서 '유목적 분류'라고도 한다. 이는 특정 증상의 유무에 관한 질문을 통해 '예' 또는 '아니오'로 답할 수 있을 뿐, 심각도는 평정할 수 없는 질적 분류방법이다. 반면, **차원적 분류**^{dimensional classification}는 분류 대상 또는 실체에 대한 양적 평정이 가능하도록 고안된 분류 방법이다. DSM-5에는 차원적 분류방법을 도입함으로써, 증상의 **심각도**^{severity}(경도^{mild}, 중등도^{moderate}, 고도^{severe}, 최고도^{profound}, 극도^{extreme})를 평정할 수 있게 되었다. 또한 '~스펙트럼' '~관련' 같은 명칭의 사용이 가능하게 되었다. 이로써 '조현병 스펙트럼 및 기타 정신병적 장애' 또는 '자폐스펙트럼장애' 같은 진단군 명칭과 '양극성 및 관련 장애' '강박 및 관련 장애' '외상 및 스트레스 관련 장애' '물질관련 및 중독 장애' 같은 명칭이 등장하게 되었다.

넷째, 20개 진단범주가 II편에 일괄 배치되었다. 이는 이미 알려진 장애의 발병 원인, 근본적인 취약 요인, 진단적 특징, 공통적인 환경적 요인에 따라 유사한 장애들끼리 재구성된 것이었다. 이렇게 재구성한 의도는 통합된 진단과 치료적 접근을 용이하게 하고, 관련 장애들 간의 연구를 용이하게 하기 위함이었다(APA, 2013). DSM-5의 II편에 수록된 진단범주는 12-5와 같다.

글상자 12-5. DSM-5의 II편에 수록된 20개 진단범주

1. 신경발달장애	11. 배설장애
2. 조현병 스펙트럼 및 기타 정신병적 장애	12. 수면-각성장애
3. 양극성 및 관련 장애	13. 성기능부전
4. 우울장애	14. 성별 불쾌감
5. 불안장애	15. 파괴적, 충동조절 및 품행 장애
6. 강박 및 관련 장애	16. 물질관련 및 중독 장애
7. 외상 및 스트레스 관련 장애	17. 신경인지장애
8. 해리장애	18. 성격장애
9. 신체증상 및 관련 장애	19. 변태성욕장애
10. 급식 및 섭식 장애	20. 기타 정신장애

다섯째, 새로운 정신장애와 추가 연구가 필요한 진단명들이 대거 추가되었다. 또 치료 초점의 조건과 흔히 심리사회적·환경적 주제를 반영하는 비장애적 조건으로

간주되는 V 부호의 수(⑩ 학대, 이혼, 주거 문제, 노숙 등)도 늘었다. DSM-5에 새로 추가된 진단명은 글상자 12-5와 같다.

표 12-5. DSM-5에 새로 추가된 진단명

진단범주	추가된 진단명	추가 연구가 필요한 진단명
1. 신경발달장애	• 사회적(실용적) 의사소통장애	
2. 조현병 스펙트럼 및 기타 정신병적 장애	–	• 악화된 정신병 증후군
4. 우울장애	• 파괴적 기분조절부전장애 • 지속성 우울장애(기분저하증) • 월경전불쾌감장애	• 단기 경조증 동반 우울 삽화 • 지속성 복합 사별장애 • 자살행동장애 • 비자살성 자해
6. 강박 및 관련 장애	• 수집장애 • 피부뜯기장애	–
10. 급식 및 섭식 장애	• 회피적/제한적 음식섭취장애 • 폭식장애	–
12. 수면-각성장애	• 하지불안 증후군	
16. 물질관련 및 중독 장애	–	• 카페인사용장애 • 인터넷게임장애 • 태아기 알코올 노출과 연관된 신경행동장애

끝으로, 정신장애가 생애발달 순으로 배열되었다. 즉, 아동기에 흔히 진단되는 장애(⑩ 신경발달장애)는 앞부분에, 생애 후반부와 관련된 정신장애(⑩ 신경인지장애)는 뒷부분에 군집형태로 수록되었다.

📖 진단절차

진단은 초기 면담에서 내담자가 제공하는 정보에서 시작된다. 내담자의 진술 또는 이야기에는 단순히 기술하는 것 이상으로 많은 것들이 포함되어 있다. 또한 주변 사람들(⑩ 친구, 동료, 부모, 교사, 친인척 등)의 2차 정보는 내담자에 대한 큰 그림을 그리는 데 중요한 역할을 한다. 대체로 임상적 과거력은 내담자의 임상적 주의를 기울이게 하는 데 직접적 원인이 된 사건 또는 문제에서 시작한다. 이는 현재 내담자가 겪고 있는 정신장애 또는 정신적인 어려움의 **과거력**past history이 된다. 모든 내담자에게는 배경이 되는 이야기가 있는데, 이는 그의 **개인력**personal history과 **사회력**social history을 구성하게 된다. 특히, 어린 시절의 경험, 생활환경, 가족과의 관계, 가족의 정신과적 병력('**가족력**family history') 등에 관한 이야기와 **의학력**medical history은 진단평가에 중요한 요소에 속한다.

정확한 진단을 위해서는 우선 내담자 증상의 징후 관찰, 호소내용 경청, 그리고 기능 이상 여부를 확인해야 한다(Lopez et al., 2006). 이 과정에서 내담자의 대처기술, 스트레스 요인, 학습된 행동뿐 아니라 문화적 · 발달적 · 사회경제적 · 영성적 측면을 고려해야 한다(Rueth et al., 1998). 때로 증상으로 보이는 내담자의 행동에는 상담자가 이해하지 못하는 생활상의 상황적 문제가 뒤섞여 있을 수 있다. 심리적 문제는 시간의 연속선상에서 가장 잘 드러나므로, 상담자는 내담자의 특정 행동 또는 문제를 과다 또는 과소 진단하지 않아야 한다. 진단을 위한 로드맵은 표 12-6과 같다(Morrison, 2014).

표 12-6. 진단을 위한 로드맵

단계	과업 내용
1. 자료수집	○ 내담자 및/또는 다른 정보제공자와의 면담 등을 통해 최대한 완벽한 데이터를 수집한다(예 현재 병력, 정신과적 과거력, 개인적 · 사회적 배경, 가족력, 의학력, 정신상태검사 결과 등).
2. 증후군 파악	○ 증후군(함께 발현되어 확인 가능한 질환을 만들어 내는 증상들의 집합)을 파악한다(예 우울증, 알코올 중독).
3. 감별진단	○ 폭넓은 감별진단(임상가가 내담자에게 있을 수 있다고 생각하는 모든 장애)을 구성한다.
4. 잠정진단	○ 의사결정 흐름도를 통해 심층평가와 치료를 위해 가능성이 큰 잠정적 진단provisional diagnosis을 택한다.
5. 주진단	○ 주진단과 동반이환(공존)될 수 있는 다른 진단을 파악한다. ○ 치료의 필요성이 긴급한 정도에 따라 다수의 진단을 열거한다.
6. 사례공식화	○ 평가 점검을 위해 임상가의 소견과 결론이 포함된 사례공식화case formulation를 작성한다.
7. 진단 재평가	○ 새로운 자료를 수집하게 되면, 진단을 재평가한다.

진단원칙

사정, 평가, 치료를 위한 전통적인 방식으로는 **생물심리사회모형**^{biopsychosocial model}이 있다. 이 모형에서 현재의 증상에 영향을 주는 요소들은 세 영역으로 구분된다. 이 세 영역이 상호작용하여 정신질환이 발생한다는 점에서 이들 영역에 대한 탐색이 이루어진다. 생물심리사회모형의 세 영역에 대한 설명은 표 12-7과 같다.

표 12-7. 생물심리사회 모형의 3영역

영역	탐색내용
1. 생물	○ 유전자 유전, 신체발달, 소아기 질환, 과거의 신체적 손상 또는 질환, 수술, 환경의 독성 요소
2. 심리	○ 인지, 정서, 행동, 의사소통, 대인관계, 스트레스 대처방법
3. 사회	○ 개인의 가족, 문화적 집단, 기관(예 학교, 종교기관, 행정체계 등)과의 상호작용 방식과 네트워크 활용 가능성 및 활용 능력

출처가 다른 정보들이 뒤엉켜 있는 경우에 적용할 진단원칙은 글상자 12-6과 같다.

글상자 12-6. 진단원칙

1. 현재의 상태보다 과거력을 우선시한다.
2. 먼 옛날의 과거력보다 최근의 과거력을 우선시한다.
3. 때로 환자의 보고내용보다 주변 사람들의 부수적인 과거력을 우선시한다.
4. 증상보다 징후를 우선시한다.
5. 위기로 인해 발생한 정보는 주의한다.
6. 주관적 판단보다 객관적 자료를 우선시한다.
7. 가족력을 고려한다.
8. 오캄의 면도날('절약원칙')로 단순화한다.
9. 얼룩말과 말의 비유를 기억한다.

글상자 12-6에 제시된 내용 중에서, **오캄의 면도날**^{Occam's razor}의 비유는 어떤 것에 대해 두 가지 설명이 가능하다면 더 단순한 설명을 택하라는 권고에 관한 것이다. 즉, 불필요한 개념을 깎아내라는 의미로, **절약원칙**^{principle of parsimony}으로도 불린다. 이는

14세기 영국의 철학자 윌리엄 오캄^{William Occam}이 창안한 것으로 다양한 분야에 적용되는 경제성 법칙에서 유래된 개념이다. 또한 **'얼룩말과 말'의 비유**는 '말발굽 소리가 들리면 얼룩말이 아닌 말을 떠올려라'는 격언이다. 즉, 정신장애 진단 시, 흔치 않은 장애보다 흔한 장애를 만날 확률이 더 높으므로 진단적 사고를 이에 맞게 조정하라는 의미다(강진령, 2020).

오용의 가능성을 완전히 배제할 수 없다는 점에서 임상가는 다른 가능성을 무시하지 않는 선에서 더 흔한 진단을 고려해야 할 것이다. 임상가에게는 환자가 진단을 위한 기준에 부합할 것이라고 믿는 경향이 강하지만, 확진을 위한 충분한 정보가 없다면, **잠정진단**^{provisional diagnosis}을 내린다. 잠정진단은 추후 확진되면, 주진단으로 대체된다. 이는 흔히 환자가 적절한 인적사항 또는 필요한 부가적인 정보를 확보할 수 없을 때 사용된다. 임상가들이 잠정진단을 내려야 할 이유는 글상자 12-7과 같다.

글상자 12-7. 임상가들이 잠정진단을 내려야 할 이유

1. 진단받는 사람의 입장을 고려하지 않은 채 객관적 절차를 수행해야 하기 때문
2. 개인의 독특성을 박탈하는 경향이 있기 때문
3. 환자와 임상가 둘 다 자기충족적 예언으로 이어질 수 있기 때문
4. 모든 문제를 특정 진단범주에 맞추려는 터널비전으로 이끌 수 있기 때문
5. 개인을 전후관계의 관점이 아닌 개인적 관점에서 관찰하는 경향이 있어서, 가족과 사회체계의 영향을 최소화할 수 있기 때문
6. 때로 다문화적 배경에 대해 편향적일 수 있기 때문
7. 환자의 강점을 도외시하고 병리적 증상에 주목하게 될 수 있기 때문

 진단에 관한 쟁점

정신장애 진단의 필요성과 가치에 관해 이미 오래전부터 학자들 사이에 논쟁이 있었다. 오늘날 진단 사용에 대한 논쟁은 과거에 비해 잦아들기는 했지만, 여전히 불씨는 남아있다. 진단에 관한 쟁점은 ① 진단명 사용과 낙인효과, ② 전문적 쟁점, ③ 문화적 쟁점으로 구분하여 살펴보기로 한다.

진단명 사용과 낙인효과

정신장애 분류체계가 처음 세상에 모습을 드러냈을 때, 진단이 인간을 비하하고 낙인을 찍으며 개인차를 무시하는 것으로 여겨진 때가 있었다. 진단은 특정 시점에 국한된 측정치일 뿐, 고정된 특성을 나타내는 것은 아니다. 즉, 진단은 개인의 상태에 관한 기술이지, 개인의 가치에 대한 판단이 아니다. 이런 이유로, DSM-5에서는 정신장애가 있는 사람들에게 지적장애아 또는 조현병 환자 같은 용어보다는 '지적장애가 있는 아동' '조현병이 있는 사람' 같이 특정 유형의 정신장애가 있는 사람으로 명명하도록 권장하고 있다. 이런 명명법을 권장하는 이유는 정신장애가 개인의 한 가지 특성에 불과할 뿐, 개인의 전체를 나타내는 것이 아님을 강조하기 위해서다.

미국상담학회(ACA, 2014)는 윤리강령에서 진단이 내담자에게 해가 될 가능성이 있는 경우, 진단하지 않도록 규정하고 있다. 진단이 개인에 대한 편견, 부정적 기대, 행동에 대한 파괴적인 해석, 사회적 배척 등의 2차 피해를 유발하고, 심지어 정신장애 또는 문제행동을 유지·강화할 수도 있기 때문이다. 그러므로 상담자는 항상 확실한 근거를 기반으로 진단을 위해 추론할 필요가 있다. 왜냐면 통계적 자료보다는 직관적 예측을 함으로써 오류를 범할 수 있기 때문이다. 임상가들의 해석과정과 관련된 오류를 유형별로 나누어 보면 표 12-8과 같다(Meehl, 1973).

표 12-8. 임상가의 해석과정과 관련된 오류

해석상의 오류	설명
1. 병자-병자 오류 Sick-sick fallacy	○ 자기와 매우 다른 사람을 병리적인 사람으로 지각하는 경향성 ○ 자신의 행동과 매우 다른 행동은 부적응적인 것으로 보는 경향성 ○ 이런 행동을 보이는 내담자들에게서 더 병리가 있는 것으로 보는 경향성
2. 미투 오류 Me-too fallacy	○ 자신에게도 일어날 수 있다는 점에서 내담자의 삶에서 일어난 사건의 진단적 의미를 부인하는 경향성 ○ 자신이 마치 정신건강의 모범인 것처럼 여기면서 내담자가 자신과 유사할수록 문제를 덜 찾는 경향성
3. 조지 삼촌 팬케이크 오류 Uncle George's pancakes fallacy	○ "그건 아무런 문제가 안 돼요. 우리 조지 삼촌도 먹다 남은 팬케이크를 버리는 걸 좋아하지 않았거든요."라는 진술처럼, 자기(또는 가까운 사람)가 하는 것은 부적응적인 것이 아니라고 믿는 경향성

| 4. 다수 나폴레옹 오류
Multiple Napoleons fallacy | ○ 정신질환자가 자신을 나폴레옹이라고 확신한다면, 이 주장이 현실적이라고 믿어줄 것인가? 나폴레옹은 한 명뿐이고, 이 주장을 내담자의 입장에서 이해·인정한다면 병리적인 것은 아무것도 없다. |
| 5. 이해되면 정상 오류
Understanding it makes it
normal fallacy | ○ 이해할 수 있는 내담자의 신념 또는 행동에는 병리적 의미가 없다고 여기는 경향성

○ 이상하고 의심스러운 행동조차 발생 이유가 확실하면, 그 행동을 받아들일 만한 것으로 여기는 경향성(임상가가 빠지기 쉬운 함정임) |

전문적 쟁점

역사적으로, 상담전문가들은 내담자에 대한 진단이 필요하지 않거나 향정신제 사용을 반대하기도 했다(Erikson & Kress, 2006; Hansen, 2006). 이는 발달 이상의 개념, 진단의 역할, 약물치료를 경시하던 인본주의 접근의 영향을 받은 결과였다. 특히 로저스(Rogers, 1957)는 진단이 상담자를 치료에 책임을 맡은 전문가로 격상시킴으로써, 내담자와의 진실한 관계 형성, 치료과정, 그리고 내담자의 자기실현을 저해한다는 점에서 심리치료에 불필요하다고 보았다. 인본주의적 관점에서 진단에 대한 비판의 요지는 글상자 12-8과 같다.

글상자 12-8. 인본주의적 관점에서의 진단에 대한 비판

1. 개인에 대한 전체적인 존재로 이해하기보다 역기능적인 별개의 부분으로 분해함으로써 개성이 상실된다.
2. 평가와 진단체계는 내담자의 내적 과정보다는 임상가의 세계관으로부터 도출된다는 점에서 인위적이다.
3. 상담자와 내담자의 관계가 회기 내에서 내담자에게 미치는 영향과 회기 밖 행동에 대한 보고가 고려되지 않는다는 점에서 관계가 무시된다.
4. 상담자가 내담자를 판단하게 함으로써, 무조건적인 긍정적 존중 원칙에 부합하지 않는다.
5. 개인의 문제를 자발성, 진정성, 그리고 내담자 고통의 실존적 본질을 깨닫는 위치에서보다는 지성적으로 처리하게 된다.

　　인본주의 심리학자들은 치료자가 정상인들을 대상으로 예방과 정신건강 증진을 위해 일해야 한다고 믿으면서 진단이 내담자에게 낙인찍는 일로 여겼다. 즉, 치료자는

정신병리에 관한 지식을 기반으로 내담자를 진단하기보다 인간 본성의 긍정적인 면에 초점을 두고 인간적 성장과 발달 촉진에 중점을 두어야 한다고 믿었다. 그러나 이러한 시대적 분위기는 달라졌다. 대학·대학원의 상담관련 전공에 정신병리, 진단, 및/또는 정신약리학에 초점을 두는 교육과정이 포함되었는데, 그 이유는 글상자 12-9와 같다.

글상자 12-9. 상담심리학 전공에 정신병리와 진단 관련 교육과정이 포함된 이유

> 1. 점차 많은 상담자가 심각한 정신장애가 있는 사람들을 상담하고 있다.
> 2. 점차 많은 학교 상담자가 심각한 정서·행동 장애가 있는 학생들을 상담하고 있다.
> 3. 상담 관련 학회에서 자격시험에 이상심리와 정신병리에 관한 지식을 요구하고 있다.
> 4. 정서 문제와 정신장애가 있는 사람에 대한 사회의 인식이 달라지고 있다.
> 5. 진단이 치료계획 수립에 도움을 준다.
> 6. 사람들의 치료약물 사용에 대한 인식이 달라졌다.

문화적 쟁점

끝으로, 진단에 대한 문화적 쟁점의 초점은 진단이 문화의 영향을 받을 수 있고, 특정 문화권에 속한 사람들에 대해 편향된 판단을 할 가능성에 모아진다. 즉, 진단이 특정 집단에게 편향된 시각에서 내려질 수 있다는 것이다. 사람들은 서로 다른 방식으로 자신을 표현한다. 자기표현 방식은 문화적 배경의 영향을 받는다. **증상론**symptomatology 역시 문화의 영향에서 완전히 자유로울 수 없다. 이에 문화적 압력에 노출된 집단의 구성원들에 대한 진단은 오진 가능성에 대해 논란이 있었다(Caetano, 2011). 예를 들어, 사회적 소수집단의 구성원들(예 동성애자, 트랜스젠더, 여성 등)은 임상가들에 의해 비정상으로 특징지어질 수 있다(Eriksen & Kress, 2006). 그러므로 임상가는 이들에 대한 자신의 편견에 주의를 기울임으로써, 과잉병리화 되지 않도록 유의해야 한다.

　이러한 이유로, 미국정신의학회(APA, 2013)는 임상적 평가와 진단 시 문화적 다양성을 고려할 수 있도록 DSM-5에 문화를 고려한 면담계획서와 문화적 개념화를 수록했다. **문화적 개념화**cultural formulation는 상담자가 내담자의 문화적 맥락에서 내담자의 문제 또는 분명한 문제가 어떻게 이해되는지에 대해 내담자로부터 한 발짝 물러서서 배우고, 관련된 사회정치적·사회적 정의에 관한 쟁점을 고려할 수 있게 한다. 사회에서 외면당하고, 하찮은 존재로 여겨지거나 학대받는 상황에서 살아가는 사람들은

흔히 내재된 정신적 상처, 굴욕감, 사회적 압력 등으로 인해 비정상적/병리적으로 보이는 행동을 나타내기도 한다. 이에 미국정신의학회(APA, 2013)는 사회적 소수집단에 속한 환자들에 대한 진단오류를 줄이기 위해 임상가들에게 종합적 증상 측면에서 문화적 차이를 이해할 것을 권장하고 있다. 그러므로 임상가들은 내담자의 문화특이적 증상을 염두에 두어야 한다. 또한, DSM-5에는 '문화적 공식면담(CFI)' 장에서 임상가들이 내담자의 세계관을 구성하는 가치, 경험, 영향 등을 이해하고, 다문화 배경의 내담자들에 대한 적절한 면담지침을 제공하고 있다.

복습문제

🔍 다음 밑줄 친 부분에 들어갈 말을 쓰시오.

1. 오늘날 상담분야에도 _____, 즉 공식적인 진단을 바탕으로 내담자에 대한 행동적
   방식으로 상담목표와 계획을 수립하고, 목표성취 여부 또는 상담의 성과를 객관적으로 입증해
   야 한다는 인식이 높아지고 있다.

2. 1980년대부터 상담자 면허제를 시행하고 있는 미국의 경우, 이미 _____이/가 상
   담자들에게도 적용되어 재정지원기관 또는 보험회사에 상담료를 청구할 때마다 진단명을 비
   롯하여 치료목표와 계획 등이 명시된 치료계획서를 제출하게 하고 있다.

3. 내담자의 문제를 임상 면접, 관찰, 검사 결과 등의 자료를 바탕으로 분류체계에 따라 명명하여
   문제의 실체를 객관화하는 일을 _____(이)라고 한다. 이는 개인의 상태에 관한 기술이지,
   개인의 가치를 판단하는 것이 아니다.

4. 정상과 비정상/이상을 구분하는 기준의 하나인 _____ 기준은 개인의 행동이 사회규
   범을 명백하게 벗어날 때 이상 범주로 분류되는 것으로, 이는 _____ 규준, 즉 통계적 희
   귀성 또는 사회규범 이탈 여부로 정상과 이상을 구분하는 것을 말한다.

5. _____은/는 정신기능의 기초를 이루는 심리적·생물학적 또는 발달과정에서의 _____
   _____을 반영하는 개인의 인지, _____, 또는 행동에서 임상적으로 현저한 장해가 특
   징인 증후군인 반면, _____은/는 사람의 사고, 감정, 행동 따위에 영향을 미치는 병적
   인 정신상태를 말한다.

6. _____이/가 임상가의 관찰보다는 주로 환자에 의해 주관적으로 표현되는 병리적 상태라면,
   _____은/는 임상가에 의해 관찰되는 병리적 상태의 객관적인 표현이다. 반면,
   _____은/는 식별 가능한 패턴으로 발생하여 특정 장애의 존재를 의미하는 증상, 징후, 사건을 말한다.

7. 정신장애를 신뢰할 수 있게 진단할 수 있도록 고안된, 일련의 진단기준들로 구성된 정신장애
   분류체계로는 _____이/가 있다. 이 분류체계는 세계보건기구(WHO)
   의 _____(ICD)와 호환되도록 제작되어, 진단명과 코드에 따라 정신장애와 진
   단기준이 설정되어 있다.

8. DSM-IV와 비교할 때, DSM-5의 중요한 특징으로는 _____을/를 폐지했다는 점이다.
   이는 5개 축으로 진단할 수 있도록 고안되어 DSM-III에서부터 DSM-IV-TR까지 사용되었던
   진단체계다.

9. DSM—5에는 기존의 분류방법과 새로운 분류방법을 함께 사용하는 _____ 모델이 적용되었다. 기존의 분류방법은 현재의 증상 또는 증상의 과거력을 바탕으로 개인을 특정 범주에 속하게 하는 _____ 분류인 반면, 새로운 분류 방법은 분류 대상 또는 실체에 대한 양적 평정이 가능하도록 고안된 _____ 분류다.

10. 사정 · 평가와 치료를 위한 전통적인 방식으로는 _____ 모델이 있다. 이 모델에서 현재의 증상에 영향을 주는 요소들은 세 영역으로 구분되는데, 이 세 영역이 상호작용하여 정신질환이 발생한다는 점에서 이들 영역에 대한 탐색이 이루어진다.

소집단 활동

우울증 자가진단 체크리스트

다음 문항을 읽고, 해당하지 않으면 '0', 조금 그렇다면 '1', 심하면 '2', 매우 심하면 '3'에 ○표 하시오.

문항	아니다	조금 그렇다	심하다	매우 심하다
1. 슬픈 기분이 든다.	0	1	2	3
2. 앞날에 대해 용기가 나지 않는다.	0	1	2	3
3. 괜히 울음이 나온다.	0	1	2	3
4. 지난 일들이 실패했다고 생각한다.	0	1	2	3
5. 전과 같이 일상생활이 즐겁지 않다.	0	1	2	3
6. 종종 죄책감을 느낀다.	0	1	2	3
7. 벌을 받고 있다고 생각한다.	0	1	2	3
8. 나 자신에 대해 실망하고 있다.	0	1	2	3
9. 내 약점이나 실수에 대해 나 자신을 비판하는 편이다.	0	1	2	3
10. 자살 생각이 있지만, 행동으로 옮기려 하지는 않는다.	0	1	2	3
11. 전보다 더 신경질적이고 짜증이 난다.	0	1	2	3
12. 다른 사람에 대한 관심이 줄었다.	0	1	2	3

13. 전에 비해 결정을 잘 내리지 못하고 미룬다.	0	1	2	3
14. 내가 전보다 못생겨졌다고 생각한다.	0	1	2	3´
15. 어떤 일을 시작하려면 더 힘이 든다.	0	1	2	3
16. 잠을 잘 못 잔다.	0	1	2	3
17. 더 쉽게 피곤하다.	0	1	2	3
18. 입맛이 없다.	0	1	2	3
19. 몸무게가 줄었다.	0	1	2	3
20. 몸에 이상이 있을까 봐 걱정이 된다.	0	1	2	3
21. 전보다 성생활에 흥미가 없다.	0	1	2	3
	계			
	총점			

○ 해석: 각 항목의 점수를 더해 총점이 11점 이상이면, 우울증에 걸렸을 가능성이 크다.

출처: 대한우울조울병학회

소감

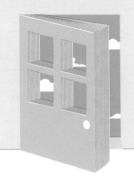

CHAPTER

13
사례개념화

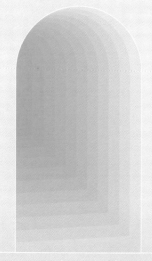

Counseling and Psychotherapy: Theory and Practice

상담자는 이야기를 잘 들어 주는 일반인과 어떤 차이가 있을까? 이 질문에 대한 답변은 들은 이야기로 무엇을 하는가가 다르다는 것이다. 일반인들은 상대방이 호소하는 사적인 이야기를 들으면 보통 동조하거나, 조언하거나, 아니면 자신의 경험을 이야기한다. 반면, 상담자는 공감적 이해와 수용적 경청을 통해 상담관계를 형성하고, 수집된 정보와 관찰을 토대로 사례개념화를 한다. 이렇게 작성된 사례개념화는 치료목표와 계획수립의 근거가 된다. 사례개념화 능력은 상담자의 치료적 개입을 위한 근거가 되고(Seligman, 2004), 질 높은 정신건강 서비스 제공을 위한 필수 역량에 속한다.

오늘날 상담자들은 상담 초기에 내담자의 문제 정의, 정확한 사례개념화 작성, 구체적인 치료목표 설정, 상세한 치료계획 수립에 대한 압력을 받고 있다(Corey, 2016; Neukrug, 2017). 단기상담의 절충적 모델에 대한 비중이 높아지고 있는 시대적 상황에서 신속한 내담자 사정·진단, 개념화, 치료목표 설정, 계획수립은 상담자들에게는 피할 수 없는 필수적인 생존전략으로 자리 잡고 있다. 더욱이, 상담 관련 학회의 윤리강령에서도 상담자들이 갖춰야 할 전문적 역량임을 강조하게 되면서, 사례개념화는 임상 수련의 필수요소로 인식되고 있다. 따라서 이 장에서는 ① 사례개념화의 정의, ② 사례개념화의 구성요소, ③ 사례개념화의 작성지침, ④ 사례개념화의 단계를 중심으로 살펴보기로 한다.

사례개념화의 정의

사례개념화^{case conceptualization}는 상담자의 이론적 지향성과 임상경험에서 오는 직관을 기반으로 내담자의 인지, 정서, 행동, 대인관계 등에 관한 정보를 종합적으로 분석하여 문제, 발생원인, 해결방안, 기대효과 등에 관한 가설적 설명을 글로 기록한 것이다. 다시 말해서, 사례개념화는 서로 무관한 것처럼 보이는 내담자에 관한 다양한 형태의 정보를 이론적 관점을 통해 마치 퍼즐 맞추기처럼 흩어져 있는 조각들을 의미 있는 형태로 조직화하여 상담의 방향, 목표, 치료계획에 일관성을 부여하는 작업이다. 이 작업은 개인의 욕구 사정·평정·이해를 위한 타당하고 논리적인 틀에 기초한다. 사례개념화에는 객관적인 정보(예 상담신청서, 접수면접, 행동관찰, 심리검사, 자기보고식 질문지 등)와 상담자가 파악한 내담자 문제의 원인에 관한 기술적·처방적 가설이 포함된다.

　사례개념화에서 호소문제에 관한 기술은 내담자가 현 시점에서 상담을 신청하게 된 계기, 고통을 촉발한 사건, 증상 유형과 심각도, 기능상태와 손상 정도, 병력과 경과 등에 관한 내용에 초점을 둔다. 이러한 요소들에 관해 육하원칙에 따라 기술한 내용은 사례개념화의 일부에 포함된다. 사례개념화를 기록으로 남기는 이유는 효과적인 상담 서비스 제공 여부를 확인할 수 있는 가장 손쉬운 방법이기 때문이다. 글쓰기는 생각을 명확하고 자세히 들여다보게 함으로써 분석력과 추리력을 높여준다(Flateby, 2011; Preiss et al., 2013). 이는 내담자들이 일기 쓰기를 통해 자신을 성찰하게 함으로써 상담의 성과를 촉진하는 이치와 같다.

　글쓰기가 상담자에게 선사하는 특별한 선물은 훈련과정에서 상담회기 경험을 이론, 연구, 상담지식과 연결 짓는 것이다(Gehart, 2016). 이는 곧 **셀프 수퍼비전**^self-supervision 이 되면서 임상 수퍼바이저로부터 제공받을 수 있는 숙고, 성찰, 통찰의 과정으로 연결될 수 있다(Morrissette, 2001). 상담자가 사례개념화를 제대로 할 수 있게 된다면, 그의 임상역량 향상은 속도를 낼 것이다. 그러면 사례개념화는 어떤 요소로 구성되는가?

사례개념화의 구성요소

사례개념화는 내담자에 관해 수집된 정보 분석, 문제 확인과 분류, 문제 원인 추론, 개입 방향과 방법 설명으로 구성된 임상적 사고·사정 과정이다. 즉, 내담자의 행동, 사고, 감정, 생리적 양상을 관찰·사정·측정한 자료를 토대로 내담자의 문제에서 일정한 패턴과 주제를 발견하여 이론적 관점에서 내담자의 문제와 관련된 병인학적 요인(기저의 뿌리가 되는 원인)과 유지요인에 관한 해석, 설명, 또는 임상적 판단을 하는 일련의 과정이다. 상담자는 사례개념화를 통해 문제를 해소할 계획을 수립하거나 병인학적 요인과 유지요인에 대한 개입을 통해 내담자의 문제 또는 증상을 감소·해소·관리한다. 이러한 일련의 작업은 일반적으로 ① 문제 확인·분류·명명, ② 문제 원인 추론, ③ 개입 방향과 방법 제시로 구성된다.

문제 확인 · 분류 · 명명

첫째, 사례개념화에는 내담자의 ① 문제 확인(내담자의 문제가 무엇인가?), ② 분류(어떤 범주로 나눌 수 있는가?), ③ 명명(각 범주는 어떤 개념적 명칭을 붙일 수 있는가?)하는 작업이 포함된다. 이는 개입의 초점이 되어야 할 내담자의 문제가 무엇인지를 확인하고, 이를 주제별로 분류하여 개념적 명칭을 붙이는 작업이다. 여기에는 내담자의 호소문제, 상담자가 파악한 내담자의 문제, 두 사람이 합의한 문제가 포함된다. 이러한 점에서 사례개념화는 내담자가 누구이고, 그가 왜 그렇게 행동하고 생각하고 느끼는지에 대한 가설적인 이론이다. 사례개념화를 위한 자료는 표 13-1과 같다.

표 13-1. 사례개념화를 위한 자료

자료	내용
1. 인구통계학적 자료	○ 내담자와 중요한 타인들의 유의미한 인구통계학적 특성(예 연령, 결혼상태, 직업, 직위 등)
2. 호소문제	○ 내담자의 문제에 대한 주변 사람들(예 가족, 친구, 학교, 직장, 법 체계, 지역사회 등)의 정의
3. 배경정보	○ 촉발사건을 비롯한 다양한 문제와 관련된 역사적 배경을 포함한 최근의 변화
4. 강점·다양성	○ 다양한 주제와 관련된 자원과 한계 및 개인적·관계적·영적 강점 확인
5. 이론적 개념화	○ 내담자의 개인적·관계적 역동에 대한 초기의 이론적 이해

사례개념화에는 이론적 관점을 통해 내담자의 문제가 발달하는 과정에 대한 가설적 설명을 토대로 현재의 문제를 조망하는 내용이 담겨 있다. 여기에는 내담자에 관한 이전의 상담기록, 접수면접 보고서, 사정보고서, 중요한 타인의 부수적 보고 같은 정보가 포함된다. 확인과 분류가 필요한 가치 있는 정보로는 내담자의 감정상태, 욕구/충동, 소망, 긍정적/부정적 평가 또는 판단, 가치관과 신념 표출, 자신과 상담자에 대한 표현, 모순된 반응, 과잉/과소반응, 특이한 반응, 반복적 행동, 회피반응 등이 있다. 이러한 정보에 대해 상담자의 임상경험을 토대로 직관적·직감적 분석이 요구된다.

분석. **분석**^analysis^은 수집된 정보를 작은 단위로 나누어 단위별 요소를 확인하고, 요소의 형태 및/또는 기능을 규명하여 추리·판단하는 일련의 작업이다. 분석의 사전적 의미는 얽혀 있거나 복잡한 것을 풀어서 개별 요소 또는 성질로 나누어 구체적으로 이해하는 것이다. 이 개념은 종합 또는 통합과 상대되는 것으로 대상, 표상, 개념 등을 부분 또는 요소로 나누어 다양한 측면 또는 요소를 추출하여 이들 간의 상호관계를 파악하는 작업이다. 분석에는 사실 확인과 확인된 사실에 대한 추리와 판단 작업이 포함된다.

예를 들어, 취업 준비를 위해 상담을 신청한 대학생이 접수면접에서 상담자와 시선접촉을 피하고, 알아듣기 힘들 정도로 목소리가 작으며, 손톱을 물어뜯고 있다면('사실 확인'), 내담자가 상담자와의 시선접촉을 불편해하고 있고, 위축되어 있으며, 불안한 상태에 있다고 추측할 수 있다('추리·판단'). 상담자는 내담자의 이러한 행동특성이 취업면접에 부정적인 영향을 미칠 수 있으므로, 대인관계에서 시선접촉 유지, 태도와 자세 변화, 목소리 크기를 높이기 위한 발성 교정, 손톱을 물어뜯는 습관을 소거할 필요가 있다는 분석 결과를 내놓을 수 있다. 반면, 정신분석에서의 분석은 내담자의 무의식적 경험에 대한 탐색과 설명 과정을 가리킨다. 이는 꿈과 자유연상을 적용하여 개인의 무의식을 이해하는 방법 또는 절차를 지칭하는 말로, 원초아, 자아, 초자아의 파생물, 갈등, 그리고 이에 따른 절충형성을 탐색하는 과정이다. 또 상담에서 다룰 문제 또는 핵심문제를 중심으로 문제 발생 원인에 대한 설명이 추가된다.

임상 공식화.　**임상 공식화**^{clinical formulation}란 내담자의 호소문제의 발생 원인에 대한 진단과 이론적 설명을 말한다('임상제제'로도 불림). 예를 들면, 정신역동적 접근에서는 개인의 무의식적 동기 또는 심적 에너지의 역학을 적용하여 이해하려고 한다. 이에 비해, 인지행동적 접근에서는 부적응 행동은 학습된 결과인 동시에 신념의 영향을 받는다고 간주한다. 이처럼 이론적 접근마다 개인의 문제를 보는 관점이 조금씩 다르지만, 공통적으로 문제행동에는 ① 촉발요인과 ② 유지요인이 작용하는 것으로 간주된다. 일반적으로, **촉발요인**^{triggering factor}에는 내담자의 발달력, 사회적 배경, 건강력, 가족관계 등이 포함된다. 반면, **유지요인**^{sustaining factor}이란 내담자의 패턴이 유지·강화되고 견고해지게 하는 일련의 환경적·발달적 요소들을 말한다. 이러한 요소들은 특정 패턴을 유지시켜 내담자를 보호하는 기능을 하지만, 내담자가 적응적 패턴을 학습하여 대체하는 것을 저해하는 역할을 한다.

문제 원인 추론

사례개념화의 두 번째 요소는 내담자 문제의 원인을 추론하는 것이다. 원인에 대한 추론은 '내담자의 문제가 왜 발생했는가?'에 대한 답을 찾는 과정이다. 내담자 문제의 원인에 대한 잠정적 · 개념적 · 가설적 설명은 이미 검증된 준거, 즉 상담과 심리치료 이론을 토대로 이루어지는 고도의 전문적 작업이다. 이는 개입과 작업을 위한 핵심문제를 대상으로 한다. 그러나 심리적 문제의 인과관계를 명확하게 규명하는 일은 쉽지 않다. 유전적 · 생리적 · 심리적 · 사회환경적 요인들이 복잡한 양상으로 서로 얽혀 있기 때문이다. 반면, 상관관계 측면에서는 비교적 서로 밀접하고 통제 가능한 요인들을 확인할 수 있다. 이에 사례개념화를 위한 내담자 문제의 원인 또는 관련 요인에 대한 설명은 인과론적 측면보다는 상관관계 측면에서 서로 밀접하고 통제 가능한 요인들을 확인하는 작업이다. 사례개념화에서 문제의 원인에 대한 개념적 설명은 ① 주 요인과 부수 요인, ② 내적 요인과 외적 요인, ③ 촉발요인과 유지요인, ④ 통제요인과 비통제요인으로 구분하여 구성한다.

주 요인과 부수 요인.   첫째, **주 요인**$^{main\ factor}$은 문제에 관련된 여러 요인 중 문제와 가장 밀접한 것을 말한다('핵심요인$^{core\ factor}$'으로도 불림). 이는 내담자의 문제 촉발 · 유지에 가장 핵심적인 역할을 하는 원인을 말한다. 반면, **부수 요인**$^{subordinate\ factor}$은 주요인을 제외한 나머지 요인이다. 문제의 원인에 대한 개념화는 주요인을 중심으로 이루어지고, 이는 상담의 초점이 된다.

내적 요인과 외적 요인.   둘째, **내적 요인**$^{internal\ factor}$이란 연령, 성별, 유전, 신경생리, 심리 등을 말한다('소인' '내인'으로도 불림). 반면, **외적 요인**$^{external\ factor}$은 촉발자극, 강화, 처벌, 신체 손상, 전염/감염, 또래 · 가족 관계, 학교 · 직장 문제, 경제 · 재정 문제, 지역사회 · 자연환경 등이 있다. 문제는 보통 개인의 내적 · 외적 요인의 상호작용으로 발생한다. 일반적으로 내적 요인이 많으면, 외적 요인이 적더라도 문제가 발생하는 한편, 내적 요인이 적더라도 외적 요인이 많으면 문제가 발생한다. 내담자 문제의 원인에 대한 개념화는 내적 요인에 더 큰 비중을 두는 경향이 있지만, 외적 요인 역시 충분히 고려되어야 한다.

촉발 요인과 유지 요인.   셋째, **촉발 요인**$^{triggering\ factor}$이란 문제 발생과 관련된 조건이 되는 요소다(예 유전적 결함, 외상적 경험과 학습, 신체손상, 전염/감염 등). 반면, **유지 요인**$^{sustaining\ factor}$은 촉발된 문제 유지와 관련된 조건이 되는 요소다(예 현재의 신경생리학적 구조와 기능, 선행사건과 촉발자극, 후속사건과 강화/벌, 동기/욕구, 이차 이득, 지각, 자기개념, 인지도식, 방어기제, 감정패턴, 행동패턴, 상호작용 패턴, 자기관리 행동, 대인관계 구조와 기능, 지역사회 구조와 기능 등). 이론적 접근에 따라 개념화의 초점은 다를 수 있다. 그러나 원인에 대한 개념화를 위해서는 이 두 가지 요인을 고려해야 한다.

통제 요인과 비통제 요인.   넷째, **통제 요인**^{controllable factor}은 조작이 가능한 조건이 되는 요소다. 반면, **비통제 요인**^{uncontrollable factor}은 통제 또는 조작이 어렵거나 불가능한 조건이 되는 요소다. 예컨대, 유전적 소인은 통제 또는 조작이 어렵지만, 인지적 요인은 통제나 조작이 용이하다. 따라서 문제 원인에 대한 개념화는 주로 통제요인을 중심으로 이루어진다.

개입 방향과 방법 제시

사례개념화의 세 번째 요소는 **개입 방향과 방법 제시**다. 이는 상담전략, 즉 상담목표에 도달하는 방법 또는 책략에 관해 기술하는 것이다. 이러한 점에서 사례개념화는 상담자가 논리적 근거를 바탕으로 주관적으로 파악한 내담자의 문제, 문제의 원인, 상담 개입과 작업의 방향 및 방법에 대한 가설적 추론이다. 상담에서 내담자의 문제해결을 위한 개입전략의 준거는 이론이다. 준거는 사물의 특성을 판단하는 논리적 근거다. 내담자 문제의 원인에 대한 상담자의 개념적 이해는 상담 개입과 작업의 방향과 방법을 결정하는 토대를 제공한다.

  예컨대, 내담자의 불안문제가 부모-자녀 간의 소통 부재에 기인한다고 생각하는 상담자는 가족 내 의사소통 방법을 개선함으로써, 내담자의 불안문제를 해소하고자 할 것이다. 내담자의 불안문제를 비합리적 신념 때문이라고 믿는 상담자는 비합리적 신념을 합리적인 것으로 대체하려고 할 것이다. 또 불안문제가 생애 초기의 외상 경험과 관련된 미해결 과제로 인한 것으로 생각하는 상담자는 과거 외상을 재경험할 기회를 제공함으로써, 미해결 과제를 해소하고자 할 것이다. 그런가 하면, 불안문제가 이 문제를 촉발 또는 강화하는 선행자극이나 후속자극으로 인한 것으로 생각하는 상담자는 선행자극이나 후속자극의 변화를 통해 문제행동을 감소시키는 한편, 대안 행동 습득을 도우려고 할 것이다. 이처럼 내담자 문제의 원인에 대한 상담자의 잠정적 · 개념적 · 가설적 설명은 상담 개입과 작업의 방향과 방법을 결정하는 중요한 요소로 작용한다. 상담자는 이론적 관점에서 내담자의 문제를 조망하고 해결전략을 수립하게 된다. 사례개념화의 요소에 따른 작성형식은 표 13-2와 같다.

표 13-2. 사례개념화의 구성요소와 작성형식

구성요소	작성형식
1. 문제분류와 명명화	○ 내담자의 주된 문제는 _____ 이다. ○ 이 문제는 _____ 증상 또는 _____ 행동으로 나타나고 있다.
2. 문제의 원인 설명	○ 문제의 원인은 _____ 에 의한 것으로 추정된다. ○ 문제의 촉발요인은 _____ 으로 판단된다.
3. 개입 방향과 방법	○ 상담은 _____ 방향으로 진행되어 _____ 목표를 성취해야 한다. ○ 목표성취를 위해서는 ____ 기술, ____ 기법, ____ 전략이 요구된다.

　정확한 사례개념화는 상담의 목표성취를 촉진한다. 상담자는 사례개념화의 정확성을 판단하기 위해 자신의 가설과 그에 따른 개입방법을 수시로 점검할 필요가 있다. 사례개념화는 개입의 방향과 방법에 관한 일관성 있고 효과적인 계획수립의 근거가 되기 때문이다. 사례개념화는 상담자의 전문적 역량을 확인해 볼 수 있는 지표다. 상담자의 전문역량을 확인하려면, 상담장면을 촬영한 동영상보다는 사례개념화를 살펴보는 것이 더 효과적이다. 사례개념화의 근거가 되는 자료로는 임상평가, 치료계획, 회기보고서가 있다. 회기보고서, 상담계획, 임상평가 등의 문서들은 상담자가 응당한 대가를 받을 가치가 있는 일을 하고 있다는 증거 제시에도 사용된다. 한편, 상담과정을 문서로 만들어 보관하는 이유는 법적·윤리적 필요성 때문이기도 하다(Wiger, 2009).

사례개념화의 작성지침

사례개념화는 내담자의 문제에 대한 가설인 동시에 지도다. 잘 작성된 사례개념화는 상담목표 성취를 위한 작업에 적합하다. 이는 지도가 사용자의 용도에 적합해야 하는 것과 같다. 일반적으로 정확하게 그려진 지도는 유용하지만, 지나치게 세세하게 그려진 지도는 오히려 길을 찾는 데 방해될 수 있다. 때로 세부적인 부분은 적절히 생략하고 중요한 부분을 중심으로 그려진 지도가 더 유용할 수 있다. 사례개념화도 이와 같아서 타당하고 유용한 가설을 바탕으로 작성하여 상담작업에 유용해야 한다. 사례개념화 작성을 위해 고려할 점은 ① 일관성, ② 구체성, ③ 설명력과 예측력이다.

일관성. 첫째, **일관성**^{consistency}, 즉 내담자의 상담 신청 계기, 호소문제, 이론적 설명 또는 해석에 이르기까지 논리적으로 타당하고 일관성이 있어야 한다. 특정 이론을 적용하는 경우, 사례개념화는 이론의 관점에서 일관성 있게 기술되어야 한다. 이론마다 상담자의 태도, 기법, 전략, 기대효과 등에서 차이가 있기 때문이다.

구체성. 둘째, **구체성**^{concreteness}, 즉 내담자의 진술 내용, 부가적인 정보와 자료, 심리검사 결과 등 구체적인 내용으로 구성되어야 한다. 사례개념화는 내담자의 문제에 대한 잠정적 가설이다. 이 가설에는 반드시 근거가 있어야 한다. 그러므로 사례개념화는 내담자의 구체적인 삽화, 관찰된 언어적 · 비언어적 행동 특성, 심리검사, 검사실 검사 결과 등에 근거하여 구체적으로 기술되어야 한다.

설명력과 예측력. 셋째, 설명력과 예측력이 있어야 한다. **설명력**^{explainability}이 내담자의 문제를 타당하고, 정확하며, 논리적으로 일관성 있게 기술된 정도라면, **예측력**^{predictability}은 상담과정에서 관찰되는 내담자의 행동, 사고, 감정을 미리 헤아려 짐작할 수 있는 정도를 말한다. 이에 사례개념화는 내담자의 행동 패턴을 명확하게 설명하고, 향후 나타날 행동을 예측할 수 있게 작성되어야 한다. 그러면 사례개념화는 어떤 과정과 단계로 작성되는가?

사례개념화의 단계

사례개념화는 내담자와의 첫 대면에서 시작된다. 상담회기가 거듭되면서 그 과정에서 관찰한 내용과 세부사항이 계속 추가된다. 내담자의 호소문제에 관한 이야기를 들으며 상담자는 내담자의 경험과 내면세계의 지도를 그리기 시작한다. 이 과정을 통해 상담자가 완성한 지도가 바로 사례개념화다(Gehart, 2016). 사례개념화는 일반적으로 4단계, 즉 ① 문제 확인, ② 주제별 문제 분류, ③ 이론적 추론, ④ 추론 심화 순으로 진행된다.

1단계: 문제 확인

사례개념화는 내담자의 **문제 확인과 목록 작성**으로 시작한다. 이 단계에서는 문제 외에도 문제와 관련된 쟁점과 적응 · 발달 · 기능 수준을 확인하되, 굳이 상담이론을 적용할 필요는 없다. **문제 확인 단계**에서는 개념화에 필요한 폭넓은 정보수집을 위해 '넓은 그물'을 던진다(Dummont, 1993). 이렇게 수집된 정보를 토대로 내담자의 문제 (예 불안, 우울)를 이해하고, 문제와 관련된 쟁점(예 진로미결정, 가족갈등)을 파악한다. 이를 위해 상담자는 ① 주 호소문제 탐색, ② 추가 문제 탐색, ③ 가족관계 조사, ④ 회기 내 관찰, ⑤ 건강문제 확인, 및/또는 ⑥ 심리상태를 사정·평가·진단한다. 먼저, 상담자는 상담 초기에 내담자의 접수면접 보고서를 토대로 내담자가 상담실을 찾게 된 이유를 확인한다. 이를 통해 네 가지 범주(행동, 사고, 정동, 생리)를 중심으로 내담자의 문제에 관한 정보를 수집하는데, 그 내용은 표 13-3과 같다.

표 13-3. 접수면접 또는 초기면접에서 수집되어야 할 정보의 네 가지 측면

범주	내용
1. 행동	○ 갈등관계, 섭식장해, 학교문제, 회피행동
2. 사고	○ 자존감, 반추/되새김, 환상/상상
3. 정동	○ 기분저하, 불안, 짜증, 분노, 죄책감
4. 생리	○ 수면, 식욕, 성행동, 충동조절, 피로, 불안반응

둘째, 내담자의 주 호소문제 외에도 확대된 영역에서의 내담자의 기능상태를 탐색한다. 이를 위한 영역과 기능 범주에 관한 설명은 글상자 13-1과 같다(Baker & Siryk, 1984).

글상자 13-1. 탐색이 필요한 영역에서의 개인의 기능

1. 학교, 직장, 또는 기타 주요 생애역할/기능영역에의 적응 ☞ 대학의 학업적 요구 관리, 직무수행 수준 등
2. 사회적 적응 ☞ 가족에서의 역할과 관계, 애정관계, 직장과 여가생활 집단의 상호작용 등
3. 개인적·정서적 적응 ☞ 호소문제 외의 영역에서의 행동, 사고, 정동, 생리 등

셋째, 부모와 가족 관계, 그리고 간단한 발달력(예 학교와 직장에서의 경험, 또래/사회적 관계, 가족, 기분, 사고 등)에 관한 정보를 수집한다. 넷째, 상담회기에서 내담자의 사고, 감정, 행동에 관한 정보를 수집한다. 이러한 정보는 내담자가 세계를 어떻게 이해하고 있고, 어떻게 감정을 표현하며, 상담회기 내에서 어떤 행동패턴을 나타내는지

와 관련이 있다. 이 단계에서 상담자가 확인해야 할 내담자에 관한 탐색 영역과 구성
요소는 표 13-4와 같다.

표 13-4. 사례개념화 첫 단계에서 상담자가 확인해야 할 내담자 관심사 영역

영역	요소	
1. 호소문제	○ 행동, 사고, 감정, 생리적 반응	
2. 추가 관심영역	○ 직장, 학교, 기타 주요 생애역할 또는 기능영역	
	○ 이전의 학교 및 직장 경험	○ 이전의 또래 및 사회적 경험
3. 가족력 · 발달력	○ 부모 · 가족 관계 및 과거력	○ 이전의 학교 및 직장 경험
	○ 이전의 또래 및 사회적 경험	
4. 회기 내 관찰	○ 행동, 사고, 감정 등	
5. 임상적 탐색	○ 의학적 문제	○ 의학적 · 정신의학적 약물 처방
	○ 과거의 심리치료 및 입원 경력	○ 물질사용
	○ 자살경향성 및 기타 유해한 사고, 감정, 충동	
6. 심리상태 사정	○ 일반 성격검사 결과	○ 문제 체크리스트
	○ 특수한 임상 문제 측정	○ 정신상태검사

　　다섯째, 내담자의 의학적 문제, 처방, 이전에 치료받은 경험, 물질사용, 자살/살해
사고, 또는 자해/타해 과거력에 관한 정보를 수집한다. 끝으로, 내담자에게 실시한
심리검사 결과를 해석 · 분석한다. 이때 흔히 사용되는 도구로는 문제 체크리스트, 성
격검사(옐 MMPI), 또는 특수한 임상적 문제를 측정하는 도구(옐 벡우울검사, 섭식장애
검사[EDI])가 있다. 이 외에도 내담자의 적응수준에 관한 판단을 돕기 위해 정신상태
검사(내담자의 외모와 행동, 정서상태, 사고의 구성요소, 인지기능을 사정함)가 사용된다
(Polanski & Hinkle, 2000).

2단계: 주제별 문제 분류

사례개념화의 두 번째 단계에서는 이전 단계에서 확인된 내담자의 문제와 증상을 직
관적 · 논리적 범주별로 나누어 조직화한다. 즉, 내담자의 삶에서 유사한 기능을 하는
문제들끼리 범주화한다. 이 단계에서는 이론에 얽매이기보다는 내담자의 문제가 삶
에 영향을 미치는 방식과 의미, 그리고 문제의 기능을 중심으로 내담자에 관한 정보
의 공통분모 또는 패턴을 확인한다. 주제별 문제 분류 단계에서 상담자는 임상적 ·

직관적 판단에 따라 가장 잘 이해되는 방식으로 내담자의 문제를 조직화한다. 이는 개념화 과정의 중요한 부분이다. 왜냐하면 이는 상담의 초점이 되어야 할 문제와 치료계획의 요소에 관한 판단에 영향을 줄 것이기 때문이다. 내담자 문제의 범주화를 위한 논리적·직관적 사고를 위한 접근에 따른 상담자의 과업은 표 13-5와 같다 (Neukrug & Schwitzer, 2006).

표 13-5. 상담자의 논리적·직관적인 임상적 사고의 기초가 되는 4개 영역

접근	상담자의 과업
1. 기술·진단 접근	○ 정신장애 여부를 탐색함 ○ 내담자의 적응, 발달, 고통, 기능 이상에 관한 정보를 함께 분류하여 진단을 통해 반영된 보다 큰 임상문제를 제시함
2. 임상 표적 접근	○ 사고, 감정, 행동, 생리적 반응을 탐색함 ○ 내담자의 적응, 발달, 고통, 또는 기능 이상을 4개 영역(① 비합리적 사고[사고], ② 고통스러운 기분[감정], ③ 역기능적·부적응적 실행[행동], ④ 문제가 되는 신체적 측면[생리])으로 조직화함
3. 기능이상 영역 접근	○ 생애역할과 주제를 탐색함 ○ 기능이상 영역들을 중요한 생애상황, 생애주제, 또는 생애역할과 기술에 따라 함께 분류함
4. 심리내적 접근	○ 개인내적 생애주제를 탐색함 ○ 내담자의 적응, 발달, 고통, 기능 이상에 관한 정보들을 함께 분류하여 생활사건이 개인의 경험과 정체성과 연관된 방식으로 임상 패턴을 제시함

표 13-5에 제시된 상담자의 논리적·직관적인 임상적 사고의 기초가 되는 4개 영역에 관한 설명은 다음과 같다.

기술·진단 접근.   첫째, **기술·진단 접근**에서는 내담자의 적응, 발달, 고통 또는 기능이상을 다양한 증상들이 동일한 장애 또는 진단에 속하는 방식에 따라 조직화한다(예 주요우울장애같이 우울장애를 나타내는 증상들을 함께 묶음). 여기서 상담자의 논리적·직관적인 임상적 사고는 궁극적인 진단 또는 확인된 장애를 토대로 추론, 해석, 치료초점, 그리고 치료계획으로 옮겨간다(Schwitzer & Everett, 1997). 상담자는 이 접근을 적용할 때 DSM-5를 사용할 수 있다.

임상 표적 접근.   둘째, **임상 표적 접근**에서는 내담자의 적응, 발달, 고통, 또는 기능

이상을 네 가지 영역, 즉 ① 비합리적 사고[사고], ② 고통스러운 기분[감정], ③ 역기능적·부적응적 실행[행동], ④ 문제가 되는 신체적 측면[생리]으로 조직화한다.

기능이상 영역 접근.　셋째, **기능이상 영역 접근**에서는 내담자의 일상생활에 미치는 효과에 따라 증상군을 조직화한다. 예를 들면, 상담자는 ① 중요한 생활상황(예 직장, 결혼, 주거지역 또는 사회조직에서의 문제), ② 중요한 생애주제(예 타인들과의 관계 문제, 의사결정 문제, 또는 분노조절 문제), ③ 중요한 생애역할 또는 기술(예 자녀양육, 진로결정, 또는 성인기로의 이동 문제)에 따라 공통분모를 탐색할 수 있다. 내담자의 쟁점을 조직화를 위한 이러한 접근은 문제가 되는 일상생활의 주제에 따른 공통분모에 의해 내담자의 적응, 발달, 고통, 또는 기능이상을 점검한다.

심리내적 접근.　넷째, 외적 생활기능 영역에 따라 공통분모를 탐색하는 기능이상 접근 영역과 비교할 때, **심리내적 접근**에서는 내적 또는 개인내적 기능에 대한 효과에 따라 문제를 범주별로 조직화한다. 내담자의 쟁점을 조직화하기 위한 이 접근은 내담자의 적응, 발달, 고통, 또는 기능이상에 관한 정보들을 이들의 심리내적 역할에 따른 공통분모로 나눈다. 이는 보통 1단계에서 확인된 자료를 ① 내담자에게 내적으로 어떻게 도움을 주고 있고, ② 어떻게 자존감/자기감을 유지하게 하며, ③ 성격을 온전한 상태로 유지하게 하고, ④ 심리적 안녕에 대한 심리·정서적 위협을 어떻게 다루고 있는지에 따라 배열하는 것이다. 여기서 상담자의 논리적·직관적인 임상적 사고는 외적으로 지장을 초래하는 생활사건들이 개인의 경험, 정체성, 실행, 그리고 기능에 영향을 주는 방식을 이해·해결하게 될 추론, 해석, 치료초점, 그리고 치료계획의 방향으로 이동하고 있다(May, 1988).

3단계. 이론적 추론

사례개념화의 세 번째 단계에서는 이론적으로 추론한다. 이 단계에서는 내담자 문제를 주제별로 구분된 범주들을 추론된 장애영역과 맞추는 작업이 이루어진다. 상담자가 직관적·논리적인 임상적 사고를 사용하여 내담자의 관심사를 확인하고 조직화하는 1, 2단계와는 달리, 3, 4단계에서는 내담자에 관한 정보에 대해 이론적 관점에서 조망한다. 3단계에서는 이전 단계에서 구성된 문제의 주제별 범주를 이론적 관점에 따른 문제영역과 잠정적으로 맞추는 시도가 이루어진다. 이전 단계에서 확인된 증상 범주들은 이 단계에서 내담자 문제의 깊은 측면 또는 인과관계적 뿌리에 관한 추론을

반영하기 위해 정의된다. 이렇게 정리된 주제들은 상담서비스 제공에 있어서 이론적
으로 의미가 부여되고, 치료의 초점이 된다.

예를 들어, 정신분석에서 방어기제는 내담자가 불안과 외부 스트레스 요인을 피하
는데 적용하는 무의식적 심리과정으로, 문제를 다루기 위해 주로 사용한 심리적 책략
이다. 일반적으로, 자신의 방어기제를 인식하는 사람은 그렇지 않은 사람보다 기능수
준이 높다(Gehart, 2016). 또 어떤 방어기제를 주로 사용하는지에 따라 개인별 기능수
준이 다르다. 예컨대, 승화와 억제는 심상 왜곡 또는 부정이 특징인 부인과 투사보다
더 기능적이다. 방어기제를 확인하는 목적은 내담자의 내면 역동을 이해하고, 문제
발생의 원인이 되는 요소를 확인하기 위함이다. 사례개념화를 위한 이론별 구성요소
에 관한 설명은 표 13-6과 같다.

표 13-6. 이론적 개념화 요소

이론	구성요소
☐ 정신역동적 접근	
☐ 정신분석	○ 성격구조(원초아, 자아, 초자아), 의식수준(무의식, 전의식, 의식), 불안, 심리 성적발달(오이디푸스/일렉트라 콤플렉스, 거세불안, 방어기제, 자아강도
☐ 분석심리치료	○ 정신세계(의식, 개인무의식, 집단무의식), 원형(페르소나, 그림자, 아니마 · 아 니무스, 자기, 콤플렉스), 개성화, 상징, 동시성, 성격발달
☐ 아들러치료	○ 신경증, 열등 콤플렉스, 우월성 추구, 생활양식, 사회적 관심, 가족구도, 출생순위, 허구적 목적론, 기본 실수
☐ 인본주의적 접근	
☐ 실존치료	○ 자유, 책임, 선택, 불안, 의미와 무의미, 삶과 죽음, 시간과 존재, 고독과 사랑, 자기초월, 진정성 추구
☐ 인간중심치료	○ 자기, 자기개념, 실현경향성, 현상적 장, 가치조건, 완전히 기능하는 사 람, 이상자기 vs. 실제자기
☐ 게슈탈트치료	○ 지금 · 여기, 게슈탈트, 전경 vs. 배경, 미해결과제, 알아차림, 접촉, 신 경증 5개층, 접촉경계, 접촉경계장해
☐ 행동주의적 접근	
☐ 행동치료	○ 고전적 조건화/자극-반응 조건화(연합, 일반화, 변별, 소거), 조작적 조건화/ 반응-자극 조건화(정적/부적 강화, 벌), 사회학습(모델링), 인지학습(통찰)

인지행동적 접근	
□ 합리정서 행동치료	○ 정서, 정서장해, 비합리적 신념, 성격의 ABC 이론, ABCDEF 모델
□ 인지치료	○ 자동사고, 인지도식, 인지왜곡
□ 현실치료	○ 선택이론, 통제, 행동체계, 전행동, 정신화첩/질적세계, 기본욕구, WDEP모델
□ 교류분석	○ 자아상태, 금지령·초기결정, 스트로크, 시간 구조화, 게임, 라켓, 생활 자세, 생활각본

한편, 사례개념화를 위한 이론적 접근별로 심리적 증상의 원인에 관한 설명은 표 13-7과 같다.

표 13-7. 이론적 접근별 심리적 증상 원인론

이론	증상 발생 원인
□ 정신역동적 접근	
□ 정신분석	○ 자아의 기능이 약하면 원초아와 초자아의 요구를 적절히 해소하지 못 해 무의식적 갈등과 불안이 초래된다. ○ 불안은 자아가 방어기제를 동원하게 한다. ○ 미숙한 방어기제의 과도한 의존은 부적응 심화로 정신장애가 발생한다. ○ 성격특성과 정신장애는 생애 초기의 경험에 기인한다.
□ 분석심리치료	○ 사람은 충분히 기능할 수 있도록 모든 필요한 요소를 갖추고 태어난다. ○ 심리기능의 균형이 깨지면서 콤플렉스가 발생한다. ○ 외상경험을 억압하게 되면서 정신이 손상 또는 분열되고, 기능이 분리 된 것처럼 행동하는 무의식적 인격이 발달한다. ○ 증상은 억압되어 있거나, 의식에 드러나지 않은 부분을 포함해서 잃어 버린 자기를 되찾으려는 열망의 표현이다.
□ 아들러치료	○ 인간의 모든 행동은 목적이 있다. ○ 증상이 어떤 목표를 위해 어떤 기능을 하고 있고, 어떤 유용성이 있는지 살핀다. ○ 증상은 자기이해(생애목표, 생활양식 등)의 부족에 기인한다. ○ 공동체 의식과 사회적 관심의 결여는 정신병리를 유발할 수 있다. ○ 불안은 자존감 보호를 위해 생애 과제와 거리를 두려는 보호기제다.

☐ 인본주의적 접근		
☐ 실존치료	○ 정신병리는 실존적 조건의 직면으로 생기는 실존적 불안에 대한 방어에 기인한다.	
	○ 죽음은 실존적 불안의 핵심이다.	
	○ 자유는 불확실성 속에서 선택의 불안을 유발하고 선택에 대한 책임을 초래한다.	
	○ 무의미는 허무감과 공허감을 유발하며 다양한 부적응 행동을 초래한다.	
☐ 인간중심치료	○ 심리적 부적응의 핵심은 유기체의 전체 경험과 자기개념의 불일치다.	
	○ 경험과 자기개념 간의 불일치가 클수록, 행동은 더 혼란스러워진다.	
	○ 실현경향성이 억제되는 주된 이유는 부모를 비롯한 사회적 환경에 의해 개인의 특성과 경험이 조건적으로 수용·존중되기 때문이다.	
	○ 부모의 가치조건이 유기체적 욕구와 괴리되면, 사람은 유기체로서의 경험과 자기개념 간에 불일치를 경험하게 된다.	
☐ 게슈탈트치료	○ 정신병리는 게슈탈트의 자연스러운 형성과 해소가 이루어지지 못하는 접촉경계에 장해가 생길 때 발생한다.	

☐ 행동주의적 접근		
☐ 행동치료	○ 객관적으로 관찰·측정 가능한 행동만을 치료대상으로 삼는다.	
	○ 부적응 행동이 어떤 환경적 요인에 의해 학습·지속·강화되는지에 초점을 둔다.	
	○ 고전적 조건화, 조작적 조건화, 사회인지이론으로 부적응 행동의 학습과정을 설명한다.	

☐ 인지행동적 접근		
☐ 합리정서 행동치료	○ 개인의 고통은 외부사건이 아니라, 그 사건에 대한 생각으로 인해 발생한다.	
	○ 심리적 부적응과 정신장애의 원인은 비합리적 신념(① 절대적인 강요와 당위, ② 파국화, ③ 좌절에 대한 낮은 인내력, ④ 자신과 타인에 대한 비난)에 있다.	
☐ 인지치료	○ 대부분의 정신장애는 정상적인 심리적 반응이 과장된 것이다.	
	○ 정신병리는 현실을 정확하게 인식하지 못하고 과장/왜곡할 때 발생한다.	
	○ 우울증 환자들은 자기, 미래, 세상에 대해 부정적인 사고와 심상('인지삼제[cognitive triad]')을 보유하고 있다.	
	○ 우울증이 과거의 사건을 실패와 상실로 과장되게 해석한 결과라면, 불안증은 미래의 사건을 위험과 위협으로 과장되게 예상한 결과다.	

□ 현실치료	○ 사람들이 불행해하는 이유는 기본욕구를 책임감 있고 효과적인 방식으로 충족하지 못하기 때문이다.
	○ 불행의 주된 근원은 중요한 사람들과의 관계다.
	○ 정신적으로 건강한 사람은 다섯 가지 기본욕구를 성공적으로 충족한다.
□ 교류분석	○ 개인은 어려서부터 중요한 타인의 기대나 요구의 영향을 받아 타인 의존적 초기결정을 내리게 된다.
	○ 부모에게서 직접 받아들인 메시지는 개인의 생애 내내 나타난다.
□ 포스트모던 접근	
□ 해결중심 단기치료	○ 과학조차 사회구성 과정의 영향을 벗어나지 못한다.
	○ 상담자는 '알지 못함'의 자세를 취하는 한편, 내담자가 삶의 진정한 전문가 역할을 하게 한다.
□ 이야기 치료	○ 실제는 과정과 언어체계와는 별개의 것이며, 존재하지 않는다고 전제한다.
	○ 사람들은 이야기에서 언어의 형식과 사용법이 의미를 창조하고, 의미는 이야기하는 사람 수만큼 많으며, 각각의 이야기는 이를 말하는 사람에게는 진실이다.

4단계. 추론 심화

사례개념화의 네 번째 단계는 3단계에서 적용된 이론을 토대로 더 깊고, 포괄적이며, 중심적·인과관계적인 주제들을 형성한다. 이러한 주제들은 죽음(자살사고와 삶의 의미에 관한 쟁점), 뿌리 깊은 수치감 또는 분노, 극도의 정체성 상실, 취약한 성격구조, 또는 기타 깊은 관심사와 관련된 실존적, 본질적, 또는 기저의 질문으로 압축된다. 이러한 작업은 위협적이고, 두려우며, 어둡고, 와해되어 절망에 빠진 내담자의 고통에 대해 이론적 틀을 체계적으로 적용하는 데 도움을 준다. 이론은 계속해서 상담자가 심화된 쟁점을 다루는 데 사용된다.

상담자는 이론을 적용하여 관찰된 내담자의 증상과 주제를 추론, 해석, 및/또는 설명한다. 기저의 어려움과 근본 원인, 그리고 더 깊은 뿌리와 가장 깊은 어려움에 관한 추론을 위해 상담자는 사례에 적용할 이론을 정하여 적용한다. 가장 좋은 이론은 내담자의 특성과 잘 맞고, 증상 또는 문제해결에 효과가 있는 것으로 검증된 것이다. 또 상담자가 편안하고, 가장 자신 있으며, 능숙하게 사용할 수 있는 이론(들)을 치료적 레퍼토리로 비축해야 할 것이다. 가장 좋은 이론은 상담자의 특성, 태도, 기술, 신념과 잘 맞는 것이다.

복습문제

Q 다음 밑줄 친 부분에 들어갈 말을 쓰시오.

1. 상담자의 이론적 지향성과 임상경험에서 오는 직관을 기반으로 내담자의 인지, 정서, 행동, 대인관계 등에 관한 정보를 종합적으로 분석하여 문제, 발생원인, 해결방안, 기대효과 등에 관한 가설적 설명을 글로 기록한 것을 _____(이)라고 한다.

2. 사례개념화에서 _____ 에 관한 기술은 내담자가 현 시점에서 상담을 신청하게 된 계기, 고통을 촉발한 사건, 증상 유형과 심각도, 기능상태와 손상 정도, 병력과 경과 등에 관한 내용에 초점을 둔다.

3. 사례개념화에는 내담자의 ① _____(내담자의 문제가 무엇인가?), ② 분류(어떤 범주로 나눌 수 있는가?), ③ _____(각 범주는 어떤 개념적 명칭을 붙일 수 있는가?)하는 작업이 포함된다.

4. 사례개념화에는 이론적 관점을 통해 내담자의 문제가 발달하는 과정에 대한 _____ 설명을 토대로 현재의 문제를 조망하는 내용이 담겨 있다.

5. 수집된 정보를 작은 단위로 나누어 단위별 요소를 확인하고, 요소의 형태 및/또는 기능을 규명하여 추리ㆍ판단하는 일련의 작업을 _____(이)라고 하고, 내담자의 호소문제의 발생 원인에 대한 진단과 이론적 설명을 _____(이)라고 한다.

6. 사례개념화에서 문제의 원인에 대한 개념적 설명은 ① 주 요인과 부수적 요인, ② 내적 요인과 외적 요인, ③ 촉발요인과 _____ 요인, ④ 통제요인과 _____ 요인으로 구분하여 구성한다.

7. 사례개념화 작성에는 일관성과 구체성 외에도, 내담자의 문제를 타당하고, 정확하며, 논리적으로 일관성 있게 기술된 정도를 나타내는 _____ 와/과 상담과정에서 관찰되는 내담자의 행동, 사고, 감정을 미리 헤아려 짐작할 수 있는 정도를 말하는 _____ 이/가 요구된다.

8. 사례개념화는 일반적으로 4단계, 즉 ① _____ 단계, ② 주제별 문제 분류 단계, ③ _____ 단계, ④ 추론 심화 단계 순으로 진행된다.

9. 주제별 문제 분류를 위한 _____ 접근에서는 내담자의 적응, 발달, 고통 또는 기능 이상을 다양한 증상들이 동일한 장애 또는 진단에 속하는 방식에 따라 조직화한다.

10. 사례개념화를 위한 자료에는 내담자의 연령, 성별, 인종, 민족, 결혼상태, 학력, 직업, 지위 등의 특성과 중요한 타인들의 특성을 나타내는 _____ 자료가 포함된다.

소집단 활동

그림으로 마음 나누기

 8~12인 1조로 나눈다. 각자 A4용지 한 장을 준비한다. 뒷면에는 이름을 쓰고, 앞면에는 1분 동안 그리고 싶은 그림을 그린 뒤, 옆 사람에게 건네준다. 종이를 받은 사람은 말없이 1분 정도 그 종이에 그림을 그린다. 다시 옆 친구에게 종이를 건네준다. 이렇게 학급 또는 모둠 전체를 돌아 원래 소유자에게 돌아오면 활동을 멈춘다. 각자 자신의 그림을 보고 처음에 생각했던 그림과 어떻게 달라졌는지, 새롭게 변한 그림과 어떻게 달라졌는지, 새롭게 변한 그림을 보고 어떤 느낌이 드는지 뒷면에 정리한다. 다른 친구들의 그림에 덧붙여 그림을 그리면서 생각한 것이나 알게 된 점을 정리한다. 그림을 소개하고 소감을 나눈다. 그림을 완성해 준 동료들에게 고마운 마음을 가지고 그림을 모아서 전시한다.

소감

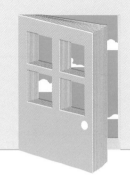

CHAPTER

14

치료계획

Counseling and Psychotherapy: Theory and Practice

주의 깊은 경청, 정보수집, 진단을 통해 내담자의 문제를 확인하고, 정확한 사례개념화를 작성하고 나면, 상담자는 이를 토대로 치료계획을 수립한다. 치료계획은 내담자의 능력을 저해하는 행동 감소 또는 제거를 위한 전략을 제공하여 긍정적인 정신건강에 도달하고, 내담자가 건강 또는 수용할 만한 대처기술에 도달하는 것을 돕기 위해 거쳐야 할 과업을 체계적으로 기술한 것이다. 치료계획 수립 역시 상담자의 전문적 역량이 요구된다. 역량을 갖춘 상담자는 조직적·체계적으로 사정과 개념화 작업을 거쳐 치료계획을 공식화하여 실행에 옮길 수 있는 전문가다(Jongsma & Peterson, 2003; Schwitzer & Everett, 1997). 그러나 치료목표 설정과 마찬가지로 계획수립을 위한 보편적인 공식은 없다. 이에 상담자는 소속기관의 규정 또는 외부의 재정지원기관(ⓔ 정부기관, 보험사, 교육지원청 등)에서 요구하는 형식에 따라 행동적 용어로 구체적으로 작성된 사례개념화와 치료계획서를 작성·제출해야 할 것이다.

치료계획은 내담자 또는 제3자/이해당사자가 이해할 수 있고, 간단명료한 표현으로 내담자가 목표성취 의욕을 높일 수 있는 방식으로 작성되어야 한다. 상담목표 역시 내담자의 기대, 바람, 가치관에 부합되어 상담에의 참여동기를 높일 수 있어야 하고(Egan & Reese, 2019), 내담자의 강점과 자원을 활용할 수 있도록 수립되어야 한다. 이를 통해 예상되는 상담의 기대효과는 구체적이면서 측정 가능한 세부목표들이 단계적으로 성취되는 과정별로 문서화되어야 한다. 문서화된 기록은 필요한 경우 외부기관에 제출하는 공식문서인 동시에 내담자에게는 희망을 주는 자원으로 활용될 수 있다. 이 장에서는 ① 치료계획의 정의, ② 치료계획의 구성요소, ③ 치료계획의 수립과정, ④ 치료계획의 예시에 관해 살펴보기로 한다.

치료계획의 정의

치료계획treatment plan은 상담이론에 기초한 사례개념화를 토대로 설정된 치료적 개입의 목표와 방향, 그리고 목표성취를 위한 방법과 전략으로 구성된 일종의 로드맵road map이다. 이는 내담자의 변화를 돕기 위한 실행중심·목표지향적 전략과 일련의 활동목록이다. 치료계획 수립은 내담자의 문제가 무엇인지를 아는 것에서 시작되어, 변화를 위해 무엇을 어떻게 할 것인지 결정하는 작업으로 이어진다. 이 작업은 상담자가 사례개념화와 이론적 관점을 실행하기 위한 수단으로, 임상적 성과에 도달하기 위한 로드맵을 제공한다. 치료계획은 내담자의 독특성을 반영하여 설계되고, 내담자의 강점과 자원을 활용하는 것일 때 더 나은 성과를 얻을 수 있다. 그러면 치료계획은 어떤 요소들로 구성되어야 할까?

치료계획의 구성요소

치료계획은 전문적 지식과 임상경험을 토대로 수립되어야 하고('**전문성**'), 각 내담자에게 특화되어야 하며('**개별성**'), 상황의 변화에 따라 유연하게 점검 · 조정할 수 있고('**유연성**'), 과정이 쉽고 간단하여 쉽게 적용할 수 있어야 한다('**실용성**'). 치료계획에는 ① 대상, ② 수단, ③ 소요 시간, ④ 공간, ⑤ 절차가 포함되어야 한다.

대상

치료계획의 첫 번째 구성요소는 **대상**^{object}이다. 치료계획에는 변화가 필요한 대상 또는 표적^{target}이 선정 · 기술되어야 한다. 이는 치료대상과 상담자의 이론적 지향성에 따라 달라진다. 예컨대, 내담자의 문제가 우울증으로 확인되는 경우, 정신역동적 접근에서는 정서적 억압 또는 성격 재구성을 치료 대상으로 삼겠지만, 인지행동적 접근에서는 회피행동을 대상으로 삼을 것이다. 대상 선정은 내담자의 개인차를 고려한다. 대상이 선정되면, 대상은 통제 가능한 단위로 세분화한다(예 우울증 > 심리적 요인 > 인지적 요인 > 비합리적 사고와 신념). 단, 지나치게 세분화하면, 통제는 용이하나 전반적인 변화에 미치는 영향이 미미할 수 있다. 예를 들어, 시선회피 행동을 시선접촉 행동으로 대체하는 변화는 비교적 용이하지만, 이 행동의 변화가 불안 해결에 미치는 영향은 크지 않을 수 있다. 오히려 이보다는 위축행동을 주장행동으로 대체하는 시도가 더 효과적일 수 있다. 일단 개입을 위한 대상이 정해지면, 대상의 변화를 유발할 수단을 결정한다.

수단

치료계획의 두 번째 구성요소는 수단이다. 치료계획에는 내담자의 변화를 유발할 수단이 제시되어야 한다. 여기서 **수단**^{means}이란 상담목표를 성취하기 위해 상담자가 사용하는 방법을 말한다. 이 방법은 상담전략의 틀이라는 점에서 대상의 변화에 효력이 있어야 하고('타당성'), 구체적이어야 하며('구체성'), 명확해야 한다('명확성'). 만일 대상의 변화에 도움이 되지 않는다면, 유연하게 수정될 수 있어야 한다('유연성'). 내담자의 변화를 유발하기 위한 대표적인 수단은 상담과 심리치료 이론이다(제3장 '정신역동적 접근', 제4장 '행동주의적 접근', 제5장 '인본주의적 접근', 제6장 '인지행동적 접근', 제7장 '포스트모던 접근', 제8장 '활동중심적 접근', 제9장 '통합적 접근' 참조). 이론 선정을 위한 네 가지 조건과 이에 관한 설명은 표 14-1과 같다.

표 14-1. 이론 선정을 위한 조건

조건	설명
1. 타당성	○ 대상을 변화시킬 효력이 있다는 과학적 · 경험적 증거가 있어야 한다.
2. 구체성	○ 일반적이거나 모호하지 않고, 구체적이어야 한다.
3. 유연성	○ 기대되는 효과가 나타나지 않을 경우, 상황에 따라 조정이 가능할 정도로 융통성이 있어야 한다.
4. 측정 가능성	○ 성과 또는 효과에 대한 정량적 측정 · 평가가 가능해야 한다.

소요 시간

치료계획의 세 번째 구성요소는 소요 시간이다. 치료계획에는 목표성취에 필요한 시간이 포함되어야 한다. 시간은 ① 회기당 소요 시간, ② 상담 빈도, ③ 상담 기간에 대한 일정을 가리킨다.

회기당 소요 시간.　첫째, 치료계획에는 **회기당 소요 시간**이 명시되어야 한다. 회기당 소요 시간은 내담자의 발달수준, 문제유형, 상담이론 등에 따라 다르게 정할 수 있다. 일반적으로 상담의 한 회기는 50분을 기준으로 한다. 그러나 이는 성인 기준이고, 유아나 아동, 또는 기능수준이 낮아 주의집중 시간에 한계가 있는 성인은 그 수준에 따라 20~30분을 기준으로 시간을 구성할 수 있다. 이외에도 용도에 따라 시간이 달라질 수 있는데, 표준화된 심리검사는 1.5~2시간 정도, 신청접수는 5분 내외, 접수면접은 20분 내외로 구성한다.

상담 빈도.　둘째, 치료계획에는 **상담 빈도**가 명시되어야 한다. 이 역시 대상, 내담자의 호소문제 유형 또는 특성, 그리고 상담의 주제에 따라 달라진다. 일반적으로 상담 빈도는 유아 또는 아동은 주당 1~5회, 성인은 주당 1~2회기 정도로 정한다. 호소문제의 유형 또는 특성을 고려할 때, 고위험군에 속하거나 위기/응급상담을 받는 내담자들은 2~3시간씩 집중적으로 하거나 매일 또는 격일로 빈도를 정할 수 있다. 진로문제의 경우에는 주 1회 또는 격주로 만나는 것으로 정할 수 있다. 그런가 하면 진행과정에 따라서도 빈도가 달라질 수 있다. 예컨대, 초기 또는 중기에는 주 1~2회 정도로 하다가 종결이 다가오면 격주 1회 또는 월 1회로 빈도를 구성할 수 있다.

상담 기간.   셋째, 치료계획에는 **상담 기간**이 명시되어야 한다. 상담 기간은 상담의 시작에서부터 종결까지의 기간이다. 이 기간은 내담자의 문제유형, 성격/행동 특성, 상담자의 이론적 지향성, 그리고 기타 상황에 따라 단 회기부터 수십 회기에 이르기까지 다양하게 구성된다. 만일 전반적인 기능수준이 낮거나 심각한 정신병리 증상이 있는 내담자에 대한 상담 기간은 가벼운 정도의 생활 문제 또는 의사결정 문제가 있는 내담자들보다 더 긴 기간이 필요할 것이다.

공간

치료계획의 네 번째 구성요소는 **공간**이다. 치료계획에는 개입 장소가 명시되어야 한다. 이는 지정된 개인상담실에서 상담이 진행될 것인지, 아니면 상담실 이외의 장소에서 진행될 것인지에 관한 사항이다. 일반적으로 상담은 상담자가 소속된 기관의 개인상담실에서 이루어지지만, 상황에 따라서는 상담자가 다른 기관, 시설(예 교정시설, 보육시설), 또는 내담자의 가정을 직접 방문하여 상담서비스를 제공하기도 한다. 방문상담의 경우, 상담자는 사전에 상담장소를 확보해 놓고 이를 계획서에 명시해야 할 것이다. 그뿐 아니라, 개입방법에 따라 필요한 도구, 가구, 시설(예 조명, 카우치, 테이블, 온 · 냉방장치, 놀이치료를 위한 도구, 방음시설) 확보를 위한 계획을 마련해야 할 것이다.

절차

끝으로, 치료계획에는 **절차**가 명시되어야 한다. 즉, 개입방법의 적용순서 또는 지침이 마련되어야 한다. 개입 절차가 상담자가 개입을 진행하는 순서라면, 지침은 개입과정에서의 참조사항이다. 절차와 지침은 내담자 문제의 특성, 상담자의 전문성, 개입 방향과 목표, 개입전략, 상담과정에 대한 이해를 토대로 마련되어야 한다. 절차와 지침 이해를 위한 사례 예시는 글상자 14-1과 같다.

글상자 14-1. 절차와 지침 이해를 위한 사례 예시

> 내담자(여, 대학 2년생)는 친구들과 함께 귀가하던 길에 지하철역 입구에서 호흡곤란, 가슴이 두근거림, 그리고 곧 죽을 것 같은 극도의 불안을 경험했다고 한다. 내담자는 다음 날 병원에서 종합검진을 받았지만, 의사로부터 의학적으로 아무 이상이 없다는 통보를 받았다. 그러나 그로부터 내담자는 혼자 외출할 수 없었고, 누군가와 동행해야 외출을 하곤 했다고 한다. 내담자는 친구의 권유로 대학상담센터를 찾았다. 접수면접자는 접수면접요약서에 내담자가 공황장애가 의심된다고 소견을 기록했다. 본 상담 첫 회기에 상담자는 내담자의 증상이 DSM-5의 공황장애 진단기준에 부합됨을 확인했다. 이 내담자를 위한 상담은 크게 ① 공황장애에 관한 심리교육, ② 이완훈련, ③ 인지 탐색 및 수정, ④ 정서적 자유 기법^{Emotional Freedom Techniques}(EFT, 미국의 게리 크레이그[Gary Craig]가 창안한 심리치료법으로 동양의 경락이론, 즉 특정 경혈을 두드림으로써 신체에너지시스템의 혼란을 해소하여 치유하는 기법) 교육과 훈련, ⑤ 노출훈련, ⑥ 성과평가(약물치료가 필요한 경우, 정신건강 전문의의 자문 요청) 순으로 진행될 예정이다.

치료계획의 수립단계

치료계획 수립은 벽돌을 하나씩 쌓아 올려 집을 짓는 것 같은 일련의 논리적 과정을 거친다. 이 과정에는 내담자 문제 사정, 평정, 개념화를 토대로 성취 가능한 변화를 위한 목표 선택이 포함된다. **치료목표**^{treatment goal}란 치료적 개입 또는 작업을 통해 얻을 수 있는 구체적인 기대효과 또는 성과^{outcome}를 말한다. 치료목표가 수립되면, 내담자와 협의하여 개입방법을 정한다. 그런 다음, 변화 여부 또는 정도를 측정·평가할 도구를 정한다. 측정도구를 통한 성과평가는 내담자뿐 아니라 제3자 또는 이해당사자들(예 부모/보호자, 보호기관, 재정지원기관, 보험사 등)이 치료목표가 성공적으로 성취되었는지 확인하는 절차다. 이러한 점에서 치료계획은 주기적으로 검토되고 업데이트될 필요가 있다.

상담자는 주기적으로 치료적 개입의 적절성과 효과성 점검을 통해 필요한 경우 치료계획을 수정한다. 이러한 점에서 상담의 성과를 극대화하기 위해서는 경험적 연구를 통해 효과가 입증된 방법을 토대로 면밀하게 수립된 치료계획이 요구된다(Seligman, 2004). 이를 위한 치료계획은 3단계, 즉 ① 성취 가능한 목표설정, ② 치료

방법 결정, ③ 변화측정 방법 설정, ④ 치료계획의 문서화 순으로 수립된다.

1단계: 성취 가능한 목표설정

치료계획 수립의 첫 단계에서는 성취 가능한 목표를 설정한다. 상담에서 목표설정은 상담자와 내담자가 함께 무엇을 향해 갈 것인지 정하는 작업으로, 조직적·체계적인 상담 진행을 촉진한다. 성취 가능한 목표설정을 위해서는 ① 문제 선정, ② 긴급성·기능이상 정도 파악, ③ 사례개념화, ④ 내담자의 동기수준 확인, ⑤ 현실성 고려, ⑥ 조작적·행동적 용어로 정의해야 한다.

문제 선정. 첫째, 상담목표 설정을 위한 문제 선정은 내담자가 도움을 구하고 있는 문제들의 우선순위를 정하여 기간 내에 다룰 수 있는 것을 대상으로 한다. 즉, 상담 초기에 상담자는 내담자의 호소 문제들을 분류하여 가장 먼저 다룰 문제를 중심으로 치료목표를 설정한다. 이때 주요 문제는 다른 이차적인 문제들과 함께 검토하되, 치료계획에는 주요 문제들만을 포함한다(Jongsma & Peterson, 2003).

긴급성·기능이상 정도 파악. 둘째, 상담목표 설정을 위한 문제 선정을 위해서는 내담자가 겪고 있는 문제의 긴급성과 기능이상 정도를 파악하는 작업이 선행되어야 한다. 즉, 심각한 심리적·정서적 고통 또는 일상 기능을 저해하는 문제에 대해서는 즉각적인 관심이 요구되는데, 그 예는 글상자 14-2와 같다.

글상자 14-2. 즉각적인 주의와 관심이 요구되는 내담자의 문제

> 1. 자해(자살경향성, 신경성 식욕부진증, 또는 강박적 자해) 또는 타해
> 2. 신경인지장애(섬망, 치매 등)
> 3. 일반적인 의학적 상태로 인한 정신장애
> 4. 조현병 스펙트럼 및 기타 정신병적 장애
> 5. 물질중독 및 관련장애
> 6. 기타 상당한 정도의 고통 또는 기능이상을 초래하는 문제

사례개념화. 셋째, 상담목표 설정을 위한 문제 선정을 위해서는 사례개념화, 상담자의 이론적 지향성과 전문적 역량이 고려되어야 한다. 만일 상담에서 다룰 내담자의 문제가 상담자의 전문적 역량 범위 내에 있다면, 상담자는 임상적 판단을 토대로 치료목표와 계획에 포함해야 할 것을 정한다. 여기에는 ① 증상 또는 문제(예 수면문제,

집중력 문제), ② 증상 범주(예 PTSD 진단기준을 충족하는 증상) 또는 자료(예 가정, 직장, 또는 기타 장소에서 내담자의 분노관리 문제), ③ 추론된 문제(추론된 낮은 자존감 또는 비합리적 사고)가 포함된다. 이러한 모든 요소(증상, 증상군, 추론된 문제)는 변화가 필요한 문제로 치료계획에 기록되어야 한다.

내담자의 동기수준 확인.   넷째, 상담에 대한 **내담자의 동기수준**, 즉 내담자가 상담을 통해 자신의 문제가 해결될 것으로 믿고 있는 정도를 확인한다. 치료계획에는 상담자의 잘 훈련된 전문적 역량이 요구되지만, 동시에 내담자가 변화과정에 전념할 수 있는 상담의 초점이 설정될 필요가 있다. 내담자들은 자기의뢰 외에도 가족, 가까운 지인, 교사/학교당국, 또는 법정이나 다른 형태의 강제집행에 의해 상담에 의뢰된다. 상담 참여에 대한 내담자의 동기수준은 상담에서 자신의 욕구가 효과적으로 다루어져서 문제가 해결될 것이라는 믿음에 달려 있다. 이러한 점에서 치료계획의 초점이 될 문제의 결정은 내담자의 협력이 필수로 요구된다.

현실성 고려.   다섯째, **현실성**, 즉 설정된 목표 또는 선택된 문제들이 상담회기의 한계 내에서 성취 가능한지 또는 기관이나 상담장면에 적절한지가 고려되어야 한다. 치료계획에 기술된 상담목표와 초점으로 설정된 문제들은 상담의 한계 내에서 현실적이고 합리적인 성취 가능한 목표로 이어질 수 있어야 하고, 기관이나 상담장면에 적절해야 한다. 예를 들어, 학교상담자는 전형적으로 집중적인 치료적 개입이 요구되는 목표를 설정해서는 안 된다. 내담자와 상담자는 치료의 초점이 될 문제를 결정할 경우, 관계에 있어서 현실세계의 제약을 확인해야 한다.

조작적·행동적 용어로 정의.   끝으로, 변화를 위해 설정된 목표는 조작적^{operational}·행동적 용어로 정의되어야 한다. **행동적 언어**란 외부로 표출되어 관찰 또는 측정이 가능한 행동을 서술하는 방식을 말한다. 지각, 무단결석, 분노폭발 횟수의 증가 또는 감소가 그 예다. 행동적 언어로 기술된 목표는 상담 종료 시 기대된 변화가 얼마나 성취되었는지에 대한 평가를 가능하게 한다는 이점이 있다.

2단계: 치료방법 결정

치료계획 수립의 두 번째 단계에서는 치료방법을 결정한다. 치료방법을 결정하기 위해서는 글상자 14-3에 제시된 세 가지 사항을 확인한다.

글상자 14-3. 치료방법 결정을 위한 확인사항

> 1. 누가 서비스 제공자가 될 것인가? (**예** 서비스 장면, 특수 분야 전문가 등),
> 2. 어떤 치료형식을 택할 것인가? (**예** 개인, 집단, 커플, 가족, 약물치료 등).
> 3. 어떤 개입 방법과 전략을 적용될 것인가? (**예** 정신분석, 인간중심치료, 실존치료, REBT, 게슈탈트치료, 통합적 접근 등).

서비스 제공자 선정.   첫째, 서비스 제공자 선정은 일반적으로 개입방식의 선정과 함께 이루어진다. 내담자와의 작업에 사용될 개입방식은 다양하다. 그러므로 치료목표 성취에 가장 효과적인 방식이 선택되어야 한다. 개입방식의 결정은 대체로 서비스 제공자 선정과 함께 이루어진다. 흔히 선정되는 개입방식으로는 ① 개인상담/심리치료, ② 구조화된 지지집단, 특화된 상담집단, 또는 집단치료, ③ 커플·결혼·가족상담, ④ 위기/응급 서비스 또는 기타 지지 서비스가 있다. 내담자에 따라서는 기타 특화된 상담방식(**예** 진로 또는 학업상담), 심리사정, 정신의학적 개입, 및/또는 약물치료가 필요할 수 있다. 물질관련장애나 심각한 정신장애처럼 입원치료가 요구되는 경우에는 ① 개인·가족·집단치료, ② 사정, ③ 약물치료 개입, 및/또는 ④ 환경치료(입원 환경 내에서 다른 접근들과 결합)가 적용된다.

개입방법 명시.   둘째, 치료계획에는 개입방법이 명확하게 제시되어야 한다. 개입방법은 내담자의 독특성, 치료목표, 이론에 적합하고 현실성이 있어야 한다. 개입방법 선정을 위한 지침은 글상자 14-4와 같다.

글상자 14-4. 개입방법 선정을 위한 지침

> 1. 내담자의 독특성(**예** 연령, 발달수준, 지적능력, 성격 등)에 적합해야 한다.
> 2. 내담자의 참여 의욕을 북돋우고 동기를 높일 수 있어야 한다.
> 3. 치료목표에 부합되어야 한다.
> 4. 사례개념화를 토대로 적용할 상담이론과 부합되어야 한다.

3단계: 변화측정 방법 선정

완성된 치료계획에는 내담자에게서 일어난 변화를 어떻게 측정될 것인지 명시되어야 한다. 또 어떤 진척이 진술된 목표를 성취하는 쪽으로 진행되었다고 판단할 근거

가 제시되어야 한다. 상담에서 변화를 측정하는 일은 쉽지 않다. 그러나 변화를 측정하는 목적은 통제된 연구수행이 아니라, 내담자의 진척, 즉 나아지고 있는지를 정확하게 문서로 기록하는 것이다. 내담자의 변화는 주관적·객관적 측정이 결합된 방법으로 측정될 수 있다(Jongsma & Peterson, 2003; Seligman, 2004). 흔히 사용되는 측정방법으로는 ① 내담자 기록과 자기보고, ② 회기 내 관찰, ③ 내담자 문제의 사전·사후측정, ④ 주기적 성과측정이 있다.

내담자 기록과 자기보고.   첫째, 내담자 기록과 내담자의 자기보고에 의한 방법이다. **내담자 기록**^{client records}은 변화를 문서로 남기는 일종의 거래장부다. 내담자 기록에 필요한 장부로는 일정한 간격을 두고 기록하는 내담자의 자기성찰 노트, 일기, 구조화된 일지, 그리고 체크리스트(예 내담자에게 특정 시간 또는 매일 사고, 감정, 행동, 심리적반응을 기록하도록 요청함), 또는 회기와 회기 사이에 내담자가 작성하는 다른 형태의 보고서가 있다. 이에 비해 **내담자 자기보고**^{self-report}는 상담 회기와 회기 사이에 내담자가 자신의 기능에 관한 내용 또는 결과를 상담자에게 말이나 글로 알리는 것이다. 이를 위해 상담자는 개방면접 또는 구조화된 질문을 통해 변화가 어떻게 성취되었는지에 관한 내담자의 피드백을 요청한다. 예를 들면, 상담자는 증상 또는 고통 감소, 기능 또는 적응 개선, 상담작업을 통해 습득된 새로운 정보의 활용과 행동에 관한 정보를 요청할 수 있다. 이러한 점에서 치료계획에는 ① 내담자 기록 또는 ② 내담자의 자기보고를 변화 측정치로 사용될 시기가 명확하게 명시되어야 한다. 이처럼 내담자기록과 자기보고는 주로 회기와 회기 사이의 변화에 관한 정보를 제공한다.

회기 내 관찰.   둘째, **회기 내 관찰**에 의한 방법이다. 개인상담 외에도 집단, 커플, 또는 가족 상담에서도 상담 회기 내에서 상담자는 내담자의 사고, 감정, 행동, 심리적반응에 대한 직접적인 관찰을 통해 기능 상태 변화에 관한 정보를 얻을 수 있다. 이론적 모델에 따라 회기 내에서의 관찰은 내담자 기능의 다른 측면들이 강조될 수 있다. 예를 들면, REBT는 부정적 자기진술 또는 비합리적인 두려움 표출 감소 정도를, 정신분석은 내담자와 치료자의 관계 개선을, 인간중심치료는 내담자의 정동과 자존감을 강조할 수 있다. 이론적 접근과 관계없이 상담회기는 진술된 목표의 방향으로 내담자의 변화에 관한 관찰 및 기타 정보를 수집할 기회를 제공한다. 이로써 치료계획에는 변화의 측정치로서 회기 동안 내담자의 어떤 변화가 관찰될 것인지 명시되어야한다.

내담자 문제의 사전·사후측정.   셋째, **내담자 문제의 사전·사후측정**에 의한 방법이다. 이 방법은 접수면접 또는 상담 초기('사전측정')와 종결 시기 또는 직후('사후측정')에 문제 체크리스트 또는 문제 평정척도를 사용하여 내담자의 반응을 비교하는 것이다. 또 치료의 시작과 종결 시에 표준화된 검사결과를 비교함으로써 객관적인 변화를 확인할 수 있는 자료를 확보한다. 예를 들어, MMPI-2를 통해 전반적인 기능 상태의 변화를 알아보거나 벡우울검사, 섭식장애검사, 자존감검사, 진로결정검사 등을 측정하는 심리검사를 사용할 수 있다. 문제 체크리스트 또는 심리검사 결과에 의한 내담자 반응의 변화를 상담성과의 측정치로 사용할 것인지에 대해서는 치료계획에 명시해야 한다.

주기적 성과측정.   넷째, 상담과정에서 주기적으로 내담자의 진척 정도를 확인하기 위한 구체적인 일정을 치료계획에 포함시킨다(⑩ 매주, 3회기 이후, 또는 매월).

4단계: 치료계획의 문서화

치료계획에는 치료과정을 문서화하고, 치료 후 평가를 통해 목표성취를 입증할 자료가 포함되어야 한다. 치료계획을 문서화하는 것은 성과평가와 사례관리를 위한 중요한 절차다. 치료계획을 문서화하는 이유는 다음 두 가지다.

첫째, 정신건강 전문가로서의 책무성 완수 여부를 입증할 수 있는 자료가 되기 때문이다. 특히 유료상담의 경우, 상담자는 고객인 내담자 또는 상담료를 지불해야 하는 제3자(⑩ 미성년자의 부모/보호자 또는 보호/수용시설, 재정지원기관, 보험회사 등)에게 어떤 목표가 설정되었고, 어떤 개입이 사용되었으며, 어떤 치료적 과정을 거쳤고, 어떤 이정표에 도달되었는지, 그리고 목표성취 여부 또는 정도를 입증할 자료가 되기 때문이다.

둘째, 상담의 효과 또는 성과와 관련된 법적 분쟁이 발생하는 경우, 임상가로서 본연의 임무를 수행했고, 합의된 상담목표를 성취했음을 입증하는 자료로 활용될 수 있기 때문이다. 이는 내담자의 상담자에 대한 법적 소송이 점차 증가하는 현재의 추세에서 법적 책임 공방이 상담자의 중요한 현안이라는 점에서 특히 의미가 있다. 게다가 내담자와의 작업과 진척 상황이 문서로 기록된 치료계획은 과장되거나 거짓된 주장, 또는 다른 유형의 직무상 과실 소송에 대비한 거의 유일하고 확고한 근거자료가 될 수 있기 때문이다(Jongsma & Peterson, 2003; Seligman, 2004).

그러면 치료계획을 문서화하기 위한 중요한 지침은 무엇일까? 치료계획은 어떤 작업이 실행될 것인지 행동적 언어로 명확하게 기술되어야 한다는 점이다. 예를 들면, 인지행동적 접근을 사용하여 내담자의 분노관리 문제를 치료하는 경우, 치료계획에 명확하게 기술된 개입의 예시는 글상자 14-5와 같다.

글상자 14-5. 명확하게 기술된 개입 예시

- ○ 8주간 진행되는 주장성 훈련집단에 참여하게 한다.
- ○ 집단과 개별 회기에서 집단원들과 리더에게 내담자의 분노폭발을 다루게 한다.
- ○ 역할연습을 통해 내담자의 심기를 자극하는 요소와 내담자가 분노를 조절하는 자기패배적 방식을 더 효과적으로 처리하는 방법을 가르친다.
- ○ 내담자에게 분노폭발 발생과 강도를 차트에 기록하게 하고, 2개월에 걸쳐 분노폭발의 강도와 발생 빈도를 낮추게 한다. 차트는 매주 검토될 것이다.

치료계획의 예시

치료계획을 어떻게 설정해야 하는지에 대한 이해를 돕기 위해 사례예시를 통해 알아보기로 하자. 내담자(여, 23세, 대학 2년생)는 자발적으로 대학상담센터를 방문하여 우울증을 호소한다. 상담이 진행되면서 내담자는 상담자에게 어머니, 남자친구, 기숙사 룸메이트와의 갈등 상황을 털어놓았고, 타인에 대한 과잉 의존, 그리고 성인으로서의 독립성과 정체성 문제에 관해 이야기를 나누고 싶어 한다.

글상자 14-6. 치료계획 예시

☐ **성취 가능한 목표설정**

내담자는 우울 감소를 위해 상담을 신청했다. 내담자의 문제영역을 탐색한 결과, 다음 세 가지 주제가 개념화되었다.

1. 우울기분, 걱정, 수면곤란, 식욕저하, 집중력 저하, 기력저하
2. 중요한 관계(어머니, 남자친구, 기숙사 룸메이트)에서의 의존 문제와 갈등
3. 정체성 혼란: 이 문제는 부분적으로 발달적 문제로 보였고, 이는 1, 2번 목표를 다룸으로써 완화될 수 있을 것으로 보인다. 그러나 만일 완화되지 않는다면, 정체성 혼란 문제는 향후 치료계획에 추가할 수 있다.

☐ 치료방법 결정

내담자의 주제들은 낮은 자존감, 미발달된 자기가치감, 정체성 혼란에 뿌리를 두고 있는 것으로 보인다. 이에 인간중심치료를 통한 개인상담이 적용될 것이다. 치료계획은 자존감 및 자기가치감 증진에 초점을 두고 수립될 것이다. 이는 우울증상 완화, 중요한 관계에서 의존성 완화, 그리고 정체감 향상(자신이 누구인지를 아는 것)으로 이어질 것이다. 이를 위해 필요한 작업은 다음과 같다.

1. 매주 50분간 인간중심치료를 적용한 개인상담
2. 자유롭고 솔직하게 자신의 현재 기능수준을 사정할 수 있는 지지적 환경 조성
3. 공감, 무조건적인 긍정적 존중, 진실성을 통한 통찰 증진
4. 내담자 스스로 자신의 사고, 감정, 행동을 기록하고, 중요한 타인과의 관계에서 자신의 역할을 검토해볼 수 있도록 격려를 통한 조력

☐ 목표성취의 문서화

치료목표(우울증상 완화, 관계의존 완화, 그리고 정체감 증진으로 이어질 건강한 자기가치감과 정확한 자기지각 발달)에 대한 측정 수단은 다음과 같다.

1. 낮은 자존감이 긍정적 자존감으로 대체된 것에 대한 내담자의 자기보고
2. 성공적으로 우울증상이 완화된 것에 대한 내담자의 자기보고
3. 의존 욕구와 갈등 감소에 대한 내담자의 자기보고
4. 우울검사 점수 감소 및 자존감 검사 점수 증가
5. 내담자의 보고와 상담자의 관찰로 확인된 전반적인 개선

글상자 14-6에 제시된 치료계획은 내담자의 우울증상과 관계의존 문제를 다루는 것에 초점이 맞추어졌다. 치료계획에서 문서화된 목표는 ① 우울증상 감소와 종전의 기능 수준으로의 회복, ② 남자친구와의 관계에서 의존 및 갈등 수준 감소로 설정되었다. 상담 초기에 내담자는 우울증상, 관계의존, 정체성 혼란을 호소하고 있다. 상담자는 상담목표를 우울증상 감소/제거와 관계 갈등과 의존 감소/제거로 설정하는 한편, 정체성 혼란에 관한 쟁점은 직접적으로 다루지 않기로 했다. 다음으로, 상담자는 특정 이론과 사례개념화를 토대로 취약한 자존감을 다루기 위해 인간중심치료를 적용하기로 결정했고, 미발달된 자기가치감은 우울증의 원인을 제공하고 내담자의 관계의존 문제를 유지하고 있다고 추론하고 있다. 그런 다음, 상담자는 변화는 상담 회기에서 두 사람이 함께 내담자에 대한 관찰, 내담자 기록과 자기보고, 그리고 심리검사 결과를 통한 사전·사후의 기분 변화를 통해 사정하기로 했다.

복습문제

🔍 다음 밑줄 친 부분에 들어갈 말을 쓰시오.

1. 상담이론에 기초한 사례개념화를 토대로 설정된 치료적 개입의 목표와 방향, 그리고 목표성취를 위한 방법과 전략으로 구성된 일종의 로드맵을 _____(이)라고 한다.

2. 치료계획의 구성요소로는 ① 전문적 지식과 임상경험을 토대로 수립되어야 하는 전문성, ② 각 내담자에게 특화되어야 하는 _____, ③ 상황의 변화에 따라 유연하게 점검 · 조정할 수 있는 유연성, 과정이 쉽고 간단하여 쉽게 적용할 수 있는 _____이/가 있어야 한다.

3. 치료계획에는 다섯 가지 구성요소, 즉 ① 대상, ② _____, ③ 소요 시간, ④ 공간, ⑤ _____이/가 포함되어야 한다.

4. 치료계획 과정에서 이론 선정을 위한 네 가지 조건에는 대상을 변화시킬 효력이 있다는 과학적이고 경험적인 증거, 즉 _____이/가 포함된다.

5. 치료계획에는 목표성취에 필요한 시간이 포함되어야 하는데, 시간은 ① 회기당 소요 시간, ② _____, 그리고 ③ 상담 기간에 대한 일정을 가리킨다.

6. 치료계획에는 _____와/과 _____이/가 명시되어야 한다. 전자가 개입을 진행하는 순서라면, 후자는 개입과정에서의 참조사항이다.

7. 게리 크레이그(G. Craig)가 창안한 심리치료법으로 동양의 경락이론, 즉 특정 경혈을 두드림으로써 신체에너지시스템의 혼란을 해소하여 치유하는 방법을 _____(이)라고 한다.

8. 상담목표 설정을 위한 문제 선정을 위해서는 내담자가 겪고 있는 문제의 _____와/과 _____ 정도를 파악하는 작업이 선행되어야 한다. 즉, 심각한 심리적 · 정서적 고통 또는 일상 기능을 저해하는 문제에 대해서는 즉각적인 관심이 요구된다.

9. 치료계획에는 상담에 대한 내담자의 _____, 즉 내담자가 상담을 통해 자신의 문제가 해결될 것으로 믿고 있는 정도를 파악한다. 치료계획에는 상담자의 잘 훈련된 전문적 역량이 요구되지만, 동시에 내담자가 변화과정에 전념할 수 있는 상담의 _____이/가 설정될 필요가 있다.

10. _____은/는 변화를 문서로 남기는 일종의 거래장부인데 비해, 내담자 _____은/는 상담 회기와 회기 사이에 내담자가 자신의 기능에 관한 내용 또는 결과를 상담자에게 말이나 글로 알리는 것이다.

소집단 활동

강점폭격

강점폭격 활동은 다른 집단원에 대한 강점 목록을 작성하여 구두로 전해 주는 활동이다. 진행 방법은 다음과 같다.

8~12인 1조로 된 소집단을 편성한다. 각 집단원에 대한 강점 목록 작성이 완료되면, 돌아가면서 한 사람씩 대상으로 시선 접촉을 유지한 상태에서 "(상대의 이름) 씨, 내가 ○○ 씨에 대해 정말 좋아하는 점은 ＿＿＿＿＿ 입니다." 또는 "내가 ○○ 씨에게 감사드리고 싶은 점은 ＿＿＿＿＿ 입니다." 이 진술에 대해 초점의 대상이 되는 참여자는 미소를 지으며 "감사합니다!"라고만 대답한다.

소감

＿＿

＿＿

＿＿

＿＿

＿＿

＿＿

＿＿

＿＿

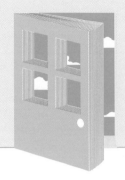

CHAPTER

15
사례관리

15
시리즈

Counseling and Psychotherapy: Theory and Practice

상담자는 사례관리 역량을 갖추어야 한다. 이는 상담에서 어떤 생각을 하고, 어떻게 말하며, 실천할 수 있어야 할 뿐 아니라 상담과정과 내용을 기록으로 남기는 등 내담자의 안녕과 복지를 도모할 수 있어야 함을 의미한다. 상담이란 치료적 개입은 경청, 관계 형성, 기법과 전략을 적용한 개입 등 회기 내 상담기술과 밀접한 관련이 있으면서도, 일련의 개입과정과 내용에 관한 기록을 문서로 작성·보관하는 사례관리를 위한 작업이 요구된다. 그렇지만 상담하기에도 부족한 시간을 쪼개어 상담과정과 내용을 기록하는 일은 상담자에게는 큰 부담이 될 수 있다. 이러한 이유로 상담자들은 때로 상담과 관련된 업무활동을 일일이 기록으로 남기는 일에 시간을 들이느니, 차라리 상담에 더 많은 시간을 투자하는 것이 더 나을 거라는 생각이 들 수도 있다. 그러나 상담과 문서화는 떼려야 뗄 수 없는 관계에 있다.

상담자는 문서화가 내담자와 상담자 자신을 보호하는 기능이 있으며, 상담작업에 시너지 효과를 낼 수 있음을 기억해야 할 것이다. 즉, 상담의 제반과정을 명확하게 문서화할수록 상담에서 상담자의 전문적 언행은 대외적으로도 더 명확해지고, 상담 작업에서 유능성과 효능성을 발휘할수록 문서화를 더 잘 할 수 있다. 따라서 이 장에서는 사례관리를 ① 사례관리의 정의, ② 문서화, ③ 전문가 협력, ④ 제3자와의 소통, ⑤ 행정업무 활동, ⑥ 시간 및 담당사례수 관리를 중심으로 살펴보기로 한다.

사례관리의 정의

사례관리는 일반적으로 지역 내 공공·민간자원에 대한 관리·지원체계를 토대로 복합적이고 다양한 욕구를 가진 대상자에게 복지·보건·고용·주거·교육·신용·법률 등 필요한 서비스를 통합적으로 연계·제공하고, 이를 지속적으로 모니터하는 사업이라고 정의된다. 이 사업은 「사회보장급여의 이용·제공 및 수급권자 발굴에 관한 법률」 제42조의2에 의거한다. 그러나 상담에서의 **사례관리**case management란 상담자의 내담자에 대한 상담서비스를 비롯하여 이와 관련된 제반 과정과 내용을 문서로 남겨 내담자의 안녕과 복지를 지속적으로 도모하는 활동을 말한다. 이러한 점에서 사례관리는 사전면접에서 시작되고, 임상적 개입의 전체과정에서 이루어지며, 후속상담 이후에도 계속된다는 특징이 있다. 이를 위해 사례관리는 전문적 조력 관계를 위해 필요한 전문적 활동으로 구성되어 있고(Sullivan et al., 1992; Woodside &

McClam, 2003), 다양한 형태의 서류작업과 많은 시간이 소요된다. 이러한 이유로 상담자들에게 사례관리는 때로 과도하다는 느낌이 들게 할 수 있다. 그럼에도 불구하고 사례관리는 상담자와 내담자를 보호하는, 상담자에게서 분리할 수 없는 필수적인 업무다. 그러면 효과적인 사례관리를 위해서는 어떤 과업이 요구되는가? 효과적인 사례관리를 위한 상담자의 과업은 무엇보다도 상담기록의 문서화를 꼽을 수 있다.

📖 문서화

사례관리에는 상담기록, 즉 문서화가 요구된다. **문서화**documentation란 상담과 관련된 모든 내용을 문서로 기록하여 보관하는 작업을 말한다. **문서**document는 종이 위에 문자나 기호로 남겨 두어야 할 내용을 기록한 자료를 말한다. 오늘날 테크놀로지의 발달로 종이가 아니더라도 컴퓨터 파일 등을 통해 남겨 두어야 할 내용을 기록·보존한다면 모두 문서로 볼 수 있다. 이에 비해, **기록**records은 현재 사용되고 있거나 보존가치가 인정되어 보존되고 있는 자료에 대한 통칭(ISO 15489-1, 2007)이다. 이 용어는 인간이 개인 또는 조직 차원에서 활동을 수행하는 과정에서 생산하거나 입수한 데이터나 정보를 특정 매체에 고정시킨 것이다(한국기록관리학회, 2010). 기록이 가치를 인정받기 위해서는 네 가지 조건(① 진본성authenticity, ② 신뢰성reliability, ③ 무결성integrity, ④ 이용가능성usability)이 충족되어야 하는데, 이들 조건에 관한 설명은 표 15-1과 같다(ISO 15489-1, 2007).

표 15-1. 기록이 본연의 가치를 인정받기 위한 4가지 조건

조건	설명
1. 진본성	○ 위조 또는 훼손되지 않은 원본이어야 한다.
2. 신뢰성	○ 기록의 내용이 입증하고 있는 것이 업무처리나 활동, 또는 사실을 완전하고 정확하게 표현하고 있다고 믿을 수 있어야 한다.
3. 무결성	○ 완전하게 보존되어 변경되지 않은 상태여야 한다.
4. 이용가능성	○ 기록의 위치 확인, 검색, 재현, 해석할 수 있는 상태여야 한다.

기록은 업무와 활동의 결과물인 동시에 증거물이다. 기록을 의미하는 영문의 'records'는 현재 진행 중인 업무의 기록 또는 빈번히 참조되는 기록이라면, 'archives'는 영구

보존되는 기록을 뜻한다. 이에 **상담기록**은 사례관리, 성과 제고, 교육, 연구, 행정업무 등을 목적으로 작성 또는 접수된 일체의 기록물(**예** 그림, 영상물 포함)을 가리킨다. 따라서 디스켓, USB, 마이크로필름, 녹음/녹화 자료 등도 상담기록에 해당한다. 상담기록의 여섯 가지 요건은 글상자 15-1과 같다(Luepker, 2003).

글상자 15-1. 상담기록의 요건

1. 가독성: 읽기 쉬워야 한다.
2. 유용성: 필수정보를 담고 있어야 한다.
3. 신뢰성: 믿을 수 있어야 한다.
4. 논리성: 논리적으로 기술되어야 한다.
5. 정확성: 정확해야 한다.
6. 연속성: 시간 순서대로 배열되어야 한다.

문서의 기능

상담자가 작성하는 내담자의 문제, 상담의 경과, 최종 처리 결과, 그리고 기타 상담 관련 파일 같은 문서는 상담자의 도구이자 소속기관의 자산이 된다(Neukrug & Schwitzer, 2006). 이러한 문서는 기록·보존, 의사전달, 자료제공, 사무연결의 기능이 있다(신경식, 2005). 말은 이내 사라지고 기억은 쉽게 잊힐 수 있으나, 문서에 의한 기록은 반영구적이다. 특히, 상담 관련 업무의 문서화는 ① 임상적 자원 확보와 ② 전문가로서 책무성을 보여 주는 기능이 있다.

미국의 경우, 1996년 「건강보험양도·책임에 관한 법률Health Insurance Portability and Accountability Act(HIPAA)」이 제정되면서 내담자에게 상담기록을 볼 수 있는 권리가 인정되었다. 그 후, 상담기록 열람을 신청하는 사례가 증가해 왔다(Neukrug, 2016). 이러한 현상은 우리나라에서도 크게 다르지 않다. '공공기관의 기록물 관리에 관한 법률' '공공기관의 정보공개에 관한 법률' '개인정보 보호법' 등이 제정되면서 상담기록 관리와 공개에 관한 상담자의 의미와 내담자의 권리에 많은 변화가 생겼기 때문이다. 이러한 점에서 효과적인 문서화와 기록관리는 상담의 진척 상황을 파악하기 위한 도구인 동시에, 상담자의 책무성을 입증하는 수단이 되고 있다.

이로써 상담업무는 문서로 시작해서 문서로 마친다고 해도 과언이 아닌 시대가 되었다. 상담실무의 과정을 능률적으로 운영·관리될 필요가 있는 이유가 바로 여기에 있다. 효율적인 상담기록과 문서작성은 정확한 의사소통뿐 아니라 문서 자체의 품격을 높이고, 기관의 대외적 권위와 신뢰를 높여 주는 효과가 있다. 효율적이고 공신력 있는 상담문서를 작성하려면, 네 가지 조건(① 정확성, ② 용이성, ③ 성실성, ④ 경제성)을 고려해야 한다. 이러한 조건이 충족된 상담문서를 작성하기 위한 지침은 표 15-2와 같다.

표 15-2. 공신력 있는 상담문서 작성을 위한 지침

☐ 정확성
1. 육하원칙에 따라 작성하되, 누락된 내용이 없도록 한다.
2. 오·탈자 또는 잘못된 표현이 없도록 한다.
3. 정확한 용어를 사용하고, 어법에 맞게 작성한다.
4. 모호하거나 과장된 표현을 지양하여 의미를 명확하게 전달한다.

☐ 용이성
1. 열람자(내담자, 대리인, 또는 이해당사자)가 이해하기 쉽게 작성한다.
2. 문장은 되도록 단문으로 작성한다.
3. 복잡한 내용은 먼저 결론을 쓴 다음 그 이유를 설명한다.
4. 추상적·일반적인 용어보다는 구체적인 용어를 사용한다.
5. 외국어, 전문용어, 약자보다는 읽기 쉽고 이해하기 쉬운 용어를 사용한다.
6. 일반적이지 않은 용어 사용이 필요하다면 소괄호에 용어해설을 병기한다.

☐ 성실성
1. 성의 있고 진실하게 작성한다.
2. 불쾌감을 주거나 낙인찍는 표현보다는 적절하고 품위 있는 어휘를 사용한다.
3. 열람자가 객관적 보고서라는 느낌이 들도록 작성한다.
4. 감정적·위압적인 표현보다는 내담자를 존중하는 표현을 사용한다.

☐ 경제성
1. 통일된 규정 서식을 사용한다.
2. 일상적·반복적인 업무에 관한 문서는 표준 기안문을 활용한다.
3. 내용을 한눈에 파악하고 다루기 쉽게 1건 1매로 작성한다.
4. 5쪽이 초과하는 경우 목차를 추가한다.

상담문서의 종류

상담문서의 종류는 상담자가 소속된 기관의 유형, 기록관리 규정, 그리고 임무와 지침에 따라 다르다. 상담기관에서 일반적으로 사용되는 상담문서로는 ① 상담기록부,

② 상담신청서, ③ 접수면접요약서, ④ 사례일지, ⑤ 경과일지, ⑥ 과정일지, ⑦ 축어록, ⑧ 종결요약서 등이 있다.

상담기록부.   첫째, **상담기록부**는 상담이 시작되면서 생성되는 기록으로, 내담자의 이름과 일련번호가 기록된다. 이 파일의 목적은 상담관리를 위해 기록과 자료를 한 곳에 보관하기 위한 것이다. 상담기록부는 상담이 진행되는 동안 상담자의 책임하에 관리된다. 상담기록이 전산화되기 전에는 상담기록부 파일이 공식적인 기록으로 등록되어 보존되었다.

상담신청서.   둘째, **상담신청서**는 내담자의 상담 신청과 함께 생산되는 기록이다. 이 서식에는 내담자에 관한 최소한의 정보가 수록되며, 이는 추후에 상담자에게 제공된다. 상담신청서는 크게 ① 개인식별정보, ② 개인배경정보, ③ 상담정보, ④ 상담진행정보에 관한 영역으로 구분되는데, 각 영역별 구성요소는 표 15-3과 같다.

표 **15-3.** 상담신청서의 영역별 구성요소

영역	구성요소
1. 개인식별정보	○ 내담자의 가장 기본적인 정보(이름, 성별, 나이)
2. 개인배경정보	○ 내담자의 현재 상황을 알 수 있는 정보(직업, 종교, 가족 사항 등)
3. 상담정보	○ 타인에게 설명하기 어려운 내용을 쉽게 표시할 수 있도록 체크리스트 형식으로 된 정보(상담을 받아 본 이력, 최근의 어려움, 상담받고 싶은 문제)
4. 상담진행정보	○ 원활한 상담 진행을 위한 정보(상담 가능한 시간)

접수면접요약서.   셋째, **접수면접요약서**는 내담자가 상담실과의 접촉 시에 수집되는 짧막하면서도 상세한 기본정보를 제공한다. 이 보고서에는 상담자 배정, 내담자의 호소문제, 상담의 위급성 등의 판정을 위한 접수면접의 핵심내용이 기록된다. 접수면접요약서 형식은 몇 개의 단락으로 된 것이 있는가 하면, 여러 개의 하위요소로 구분하여 작성된 보고서가 있는데, 이는 상담장면의 기능에 따라 다르다. 그러나 접수면접요약서의 구성요소는 일반적으로 표 15-4와 같다.

표 15-4. 접수면접요약서의 구성요소

항목	구성요소
1. 인적사항	○ 주소, 전화번호, 이메일 주소, 연령, 국적 등
2. 호소문제	○ 상담 신청 사유, 검사 결과를 뒷받침하는 내용, 내담자의 고통, 기능이상, 자해/타해/방치 위험, 위기/응급상황 등
3. 배경, 가족, 과거력	○ 내담자의 원가족 및/또는 현재의 가족 상황, 발달력에 관한 중요 정보, 기타 중요한 과거력이 압축된 자료
4. 문제 및 상담 경험	○ 내담자의 정신건강 과거력, 상담문제, 이전의 치료·치료약물·입원에 관한 압축 자료

표 15-4에서 인적사항은 일반적으로 내담자의 인구통계학적 정보를 2~3개의 단문으로 기술한다. 기관에 따라서는 단순히 내담자에 관한 기본정보만 목록으로 작성하거나 정신상태검사^{mental status examination}(MSE), 상담목표, 최근까지의 상담/치료 경과를 기록하도록 요구하기도 한다.

사례일지. 넷째, **사례일지**^{case notes}는 상담회기 내에서의 작업, 처치, 진행상황, 기타 내담자와의 접촉(예 서신, 이메일, 전화 통화 등)을 기록하는 문서다('경과일지^{progress notes}'로도 불림). 이 문서는 치료계획과 연결되어 있어서 상담자에게는 임상적 참고자료가 되고, 대외적으로는 상담자의 책무성을 입증하는 근거가 된다. 따라서 이 문서는 외부의 요청으로 공개될 수 있는 기록이라는 점에서 상담자는 공개를 전제로 작성·관리해야 한다. 이러한 점에서 사례일지는 면밀하고 공신력 있는 전문적인 문서에 걸맞은 방식으로 작성되어야 한다. 내담자 외에도 때로 내담자와 연관이 있는 제3자 또는 이해당사자들(예 미성년자의 부모/보호자, 학교의 장, 법원, 재정지원기관, 보호관찰관, 보험사 등)도 상담기록의 열람 요청을 할 수 있기 때문이다. 이러한 상황을 고려할 때, 보고서는 비전문가도 쉽게 이해할 수 있도록 작성되어야 한다. 사례일지 작성을 위한 지침은 글상자 15-2와 같다.

글상자 15-2. 사례일지 작성지침

1. 문장의 길이를 간결하게 작성한다.
2. 어려운 단어의 수를 최소화한다.
3. 전문용어와 약어의 사용을 줄인다.

4. 수동태 동사 사용을 지양한다.

5. 부제를 적극적으로 사용한다.

6. 판단적인 표현을 삼간다.

7. 필요한 경우와 내담자의 안녕에 유익한 경우에만 진단명을 사용한다.

8. 내담자의 문제 이해에 도움이 될 만한 행동만을 기술한다.

9. 정보가 뒷받침하고 있다는 느낌이 든다면, 이를 기록으로 남기는 것을 주저하지 않는 다(예 내담자에게 자해위험이 있음을 확신하게 하는 정보).

10. 내담자의 강점과 약점 모두 기술한다.

글상자 15-2와 같은 유용한 지침이 있음에도 불구하고, 상담과정과 내용의 기록을 신속·정확하게 기록하는 것은 많은 시간과 노력이 든다. 사례일지 작성에 도움이 되는 모델로는 ① DAP와 ② SOAP가 있다(Hodges, 2019). **DAP**는 **D(R)AP**로도 불리는데, 이는 기술description(D), 반응response(R), 사정assessment(A), 치료계획treatment Plan(P)의 첫 글자를 딴 용어로, 상담기록의 핵심요소를 의미한다. D(R)AP에 관한 설명은 표 15-5와 같다.

표 15-5. DRAP 모형

구성요소	기록할 내용
☐ D/기술	○ 육하원칙 중 누가, 언제, 어디서, 무엇을 했는지에 관한 요소로, 내담자의 경험, 현재 문제 등
☐ R/반응	○ 내담자의 문제 또는 상황에 관해 상담자가 보고, 듣고, 생각한 내용 ○ 내담자의 문제 또는 증상에 대해 공감 또는 지지, 가설 설정 또는 분석 등의 상담자 반응
☐ A/사정	○ 내담자의 신체·정서 상태, 문제/증상의 심각도, 위기 수준, 자살가능성 등에 대한 상담자의 판단 또는 판정에 관한 내용
☐ P/치료계획	○ 향후 상담 일정, 부과할 과제 또는 주제, 일정 기한까지 실행하려는 행동목록 등에 관한 내용

이에 비해, **SOAP**는 주관적subjective(S), 객관적objective(O), 사정assessment(A), 치료계획plan(P)의 첫 글자를 딴 용어다. SOAP에 관한 설명은 표 15-6과 같다.

표 15-6. SOAP 모형

구성요소	기록할 내용
☐ S/주관적	○ 내담자의 주관적 보고내용(예 내담자의 호소내용, 감정, 기분, 관심사, 욕구, 가치관, 사고방식, 내담자가 느끼는 문제의 심각도 등)
☐ O/객관적	○ 상담자 또는 다른 전문가의 관찰로, 검사 결과, 지표, 상담회기에서 관찰된 내담자의 특이 행동, 셀 수 있거나 측정 가능한 내용 ○ 상담자 외에 다른 상담자 또는 다른 구성원들의 관찰내용도 포함 가능
☐ A/사정	○ 내담자에 관한 주관적·객관적 정보를 토대로 내담자 문제, 증상, 상황의 종합적 분석·해석을 통한 개념화 내용 ○ 사정은 상담자가 내담자에 대해 내리는 진단을 뜻하며, 특정 진단을 내린 이유, 다른 진단('감별진단')을 내리지 않은 근거를 제시해야 함 ○ 근거를 논의할 때, 다른 전문가들도 납득할 수 있도록 내담자에 관한 충분한 자료가 뒷받침되어야 함
☐ P/실행계획	○ 개입 또는 처치가 이루어질 날짜와 다음 상담시간, 개입방법, 교육방법, 진행과정, 다음 회기의 실행계획 등

경과일지. 다섯째, **경과일지**progress notes는 상담기관이 요구하는 공식기록으로, 제3자 또는 이해당사자(예 법원, 사회복지기관, 행형기관, 보험사 등)에게 제출할 수 있는 문서다. 이 문서는 매 회기 상담의 최종적·종합적인 기록으로, 기관에 제출·수집·관리되어야 하는 공식기록이라는 점에서 사례일지, 종결보고서와 유사하다. 경과일지에는 날짜, 상담 횟수와 빈도수, 치료약물 투여상황, 사례요약(예 진단, 현재의 기능수준, 증상, 예후, 진료과정, 호전 상황, 자살사고, 내담일정 등)이 기록되어야 한다. 또한 모호한 표현을 지양하고, 상담과정에서 일어난 중요한 사안을 행동적 언어로 구체적으로 기록되어야 한다. 경과일지는 제3자에게 공개될 수 있다는 점에서 내담자에 대한 상담자의 개인적 의견이나 반응은 배제하고 필수적인 사항만 기록한다. 미국의 경우, 경과일지는 구별해서 보관·처리한다.

과정일지. 여섯째, **과정일지**process notes는 경과일지와는 별도로 작성·보관되고, 특별한 요청이 없는 한 공개되지 않는 상담자의 개인적인 기록물이다('심리치료 일지psychotherapy notes' '회기일지session notes'로도 불림). 이 일지는 공식적인 기록관리 체계에 포함되지 않고, 내담자의 상담기록부 파일에 첨부되지 않는다. 이 일지는 상담자가 원하는 방식으로 작성할 수 있고, 상담자의 개인적 소견 또는 상담과정의 세부사항을 기록할 수 있으며, 상담자가 개인적으로 일정 기간 동안 보관·이용할 수 있다. 이에 비해, **심리치료 일지**에는 잠재적 진단, 치료 경과 또는 진전 가능성, 치료적 대안, 가능성 있는 증상·징후·예후, 상담 회기에서 발생한 세세한 사건, 특정 상황에서의 내담자에 대한 상담자의 주관적 느낌(역전이), 내담자에 관한 민감한 정보, 내담자에 대한 치료적 가설, 비공식적인 치료계획 등이 기록된다.

축어록.   일곱째, **축어록**^{verbatim}이란 상담자와 내담자가 상담과정에서 나눈 대화의 내용을 최대한 있는 그대로 글로 옮긴 문서를 말한다('녹취록' '전사자료'라고도 함). 축어록 작성은 녹음/녹화가 선행되어야 하고, 있는 그대로 가공하지 않고 글로 옮겨 적는 과정이 요구된다. 이때 상담과정에서 내담자의 행동을 이해하기 위해 비언어 행동(예 표정, 말투, 어조, 침묵, 제스처, 자세, 태도 등)을 기록한다. 축어록을 작성하는 목적은 임상 수퍼비전, 교육, 연구, 분석 등을 위한 자료로 활용하기 위해서다. 상담내용을 녹음/녹화하려면 사전에 내담자의 서면동의를 받아야 한다. 또한 축어록에는 개인의 사적인 정보 또는 개인의 신분을 유추할 수 있는 정보가 포함되어 있지 않아야 한다.

종결요약서.   여덟째, **종결요약서**^{termination summary}는 상담이 종결된 후에 상담자가 치료계획 실행으로 성취된 내용과 상담목표를 향한 진척내용을 기록하는 문서다. 이 문서는 상담 과정이 끝을 맺게 되면서 하나의 완결된 기록철로 만들어지는 최종 단계에서 생산되는 기록이다. 종결요약서는 보통 ① 상담 초기에 제시된 내담자의 문제행동 또는 진단, ② 상담목표와 계획, ③ 상담목표 성취를 위한 상담의 진행과정 요약, ④ 상담의 성과를 평가한 내용, ⑤ 종결사유, ⑥ 종결 후의 계획에 관한 내용으로 구성된다. 종결요약서 예시는 글상자 15-3과 같다.

글상자 15-3. 종결요약서 예시

종결은 상담 초기에 명시된 목표 도달로 인해 계획대로 이루어졌다. 내담자는 총 11회기의 단기상담을 매주 1회 받았고, 이 중 한 회기에는 인지행동치료의 기법과 과제가 부과된 인간중심치료의 통합적 접근이 적용되었다. 내담자는 상담에 대한 동기가 높았고, 매주 정시에 출석했으며, 치료계획에 대해 매우 협조적이었다. 현저한 진척 상황으로는 거의 매일 하루종일 우울 기분, 걱정, 불면, 식욕 저하, 집중력 저하 증상이 완화된 것이다. 또 건강한 자기진술 인식과 사용이 증가했고, 부정적 자기진술은 간헐적으로만 재현된다고 한다. 전반적으로 우울증의 잔여 증상은 상당히 간헐적이고 경미하며, 종결 시 자살사고는 없었다. 종결 후의 계획은 내담자가 계속해서 상담센터에서 하는 반구조화된 집단상담에 참석함으로써, 이번 상담을 통해 습득한 효과를 공고히 하고, 어머니와의 관계에서 목표를 향한 진척을 계속하는 것이다. 내담자는 향후 지지가 필요할 때 동일한 상담자와 접촉하고 싶다는 의사를 밝혔다.

상담문서 관리

상담에서 **문서관리**^{document management}란 상담업무와 관련된 문서를 작성, 보관, 발송, 접수, 보존, 폐기 등 행정업무의 질서유지를 위한 제반 활동을 말한다. 이 활동은 문서관리 규정에 의한다. 문서관리 규정이란 기관의 기록관리 목표와 정책을 명문화한 것이다. 이 규정은 상담기관에 속한 모든 사람의 업무 활동과 그로부터 산출되는 상담기록에 대한 기본규제로 작용한다. 상담기록은 개인정보 보호와 정보이용 활성화를 위해 과학적·체계적으로 관리되어야 한다. 이를 위해서는 상담기록의 생성에서 폐기에 이르기까지의 원칙 또는 방침이 요구된다. 그러나 지금까지 상담기록은 내담자에게 최상의 상담 서비스를 제공하려는 목적으로 작성·보관되었다. 이러한 이유로 상담자들은 상담기록의 비밀보호에만 주의를 기울이다 보니 교육, 연구, 평가 등을 겨냥한 활용의 가능성을 간과해 온 실정이다.

상담자에게 상담과 관련된 사항을 정확하게 기록·관리하는 일은 매우 중요하다. 의학계에서는 이미 오래전부터 환자의 치료과정을 기록한 의무기록을 관리해 오고 있다. **의무기록**^{medical record}은 환자의 질병과 관련된 제반 사항(예 병력, 치료기록, 가족병력 등)과 병원이 치료를 위해 처치한 모든 사항이 기록된 문서다. 이 문서는 환자의 사적인 정보를 담고 있다는 점에서 상담기록과 공통점이 있다. 의료문제 관련 법적 분쟁과 보험(예 의료보험, 생명보험, 자동차보험 등) 가입 또는 처리를 목적으로 환자 본인을 포함하여 이해당사자들에 의한 의무기록 사본 발급 신청이 급증하고 있다.

이에 의료기관에서는 의료기록사를 고용하여 전문적으로 의무기록을 관리하게 하고 있는 실정이다. 이러한 현상은 이미 미국에서 벌어지고 있고, 머잖아 우리나라의 상담 분야에서도 일어날 것으로 예견된다. 국내 상담 관련 학회에서는 상담자의 기록에 관한 의무를 부과하고 있고, 비밀보장과 비밀보장의 한계, 고용 상황 및 상담기관 운영에서 상담자가 지켜야 할 기록 관련 기준을 제시하고 있다. 이와 관련된 내용을 요약·정리하면, 글상자 15-4와 같다.

글상자 15-4. 상담자가 지켜야 할 기록 관련 기준

> 1. 상담자는 상담기록을 작성해야 할 의무가 있다.
> 2. 상담기관은 상담의 기록화와 보관에 관한 규정을 마련해야 한다.
> 3. 상담자는 상담기록 관리에 있어서 개인의 비밀을 보호해야 한다.
> 4. 내담자의 상담기록을 공개하려면 내담자의 직접적인 동의가 있어야 한다.
> 5. 내담자가 자신의 상담기록을 열람 또는 요구할 때, 상담자와 상담기관은 이 요청에 응해야 한다.
> 6. 상담기록은 교육, 연구, 자문, 출판을 목적으로 사용될 수 있으나, 반드시 내담자의 동의를 구해야 하고, 익명성이 보장되도록 자료를 변형 또는 삭제해야 한다.

상담문서 보관

상담과정에서 내담자에 관한 문서는 비밀이 유지된 상태에서 안전하게 보관되어야 한다. 만일 상담이 종결되어 종결요약서 작성 및 후속 면담까지 종료되었다면, 상담기록은 규정에 따라 보관되어야 한다. 사례에 대한 최종조치는 상담기록의 안전한 보관과 보호다. 모든 기관은 일정 기간 제반 기록을 보관한다. 기관에 따라서는 내담자의 모든 파일을 보관하거나, 파일의 일부를 파기하고 주요 정보만 보관하기도 한다. 오직 일부 자료만 보관하는 경우, 이는 윤리지침과 법령에 따른 것이어야 한다. 또 내담자의 자료는 기관에 따라 지류 또는 컴퓨터 파일의 형태로 보관된다. 어떤 형태로 보관되든지 간에 기관과 상담자는 내담자의 정보를 안전하게 보관해야 할 의무와 책임이 있다. 만일 유한보존 기간이 만료되어 상담기록을 폐기하려면, 글상자 15-5의 지침을 고려한다.

글상자 15-5. 상담기록 폐기를 위한 지침

> 1. 상담자의 결정에 의해서는 폐기할 수 없고, 기관 승인체계에 의해서만 폐기한다.
> 2. 현재 진행 중이거나 계류 중인 소송 또는 조사와 관련된 기록은 폐기할 수 없다.
> 3. 기록에 포함된 기밀정보는 노출되지 않은 채 폐기한다.
> 4. 폐기 승인을 받은 기록은 모든 사본과 함께 폐기한다.

🚪 전문가 협력

사례관리의 두 번째 영역은 전문가 협력이다. 내담자를 돕기 위해 다른 전문가들과 협력하는 일은 사례관리의 또 다른 측면이다. 전문가들과의 협력은 내담자들에게 양질의 서비스 제공을 보장하기 위한 메커니즘으로, ① 임상 수퍼비전, ② 자문, ③ 협력이 있다.

임상 수퍼비전

첫째, 사례관리를 위한 전문가 협력에는 임상 수퍼비전이 포함된다. **임상 수퍼비전** clinical supervision 은 상담자의 훈련 욕구, 기술, 경험, 그리고 내담자를 효과적으로 돕기 위한 개인적·전문적 발달 욕구를 충족시켜 주기 위한 작업이다('수련감독'으로도 불림). 이 작업은 정신건강 전문가('수퍼바이저 supervisor')가 상담자 또는 수련생('수퍼바이지 supervisee')의 치료적 역량발달을 위해 집중적인 상호관계에 초점이 맞추어진 관계를 기반으로 이루어진다. 본래 '임상臨床'이란 '병상에 임한다.'는 뜻의 의학용어지만, 여기서 임상 수퍼비전은 도움이 필요한 내담자와 마주하는 상담자의 수련을 지도·감독한다는 뜻으로 사용된다.

임상 수퍼비전을 받는다는 것은 필요한 문서를 관리하고, 사례를 검토하며, 녹음/녹화 자료를 확인하고, 상담자의 발달과 사례에 관한 전문적 대화에 참여하며, 수퍼비전에서 드러나는 내담자에게 부정적인 영향을 미치는 상담자의 작업과 관련된 갈등 해소를 위해 전문적 도움을 받는 것을 의미한다. 임상 수퍼비전에서는 임상도구(예 진단, 사례개념화, 치료계획, 사례관리)의 활용, 상담기술과 기법, 상담작업에 영향을 주는 개인적 기능 등에 초점을 둔다.

임상 수퍼비전은 보통 훈련 초기에는 상담기술의 적용과 발달, 그리고 사례내용에 초점을 두다가, 점차 전문적 발달로 이동해 간다. 자격증을 소지하고 있거나 다른 더 경험이 풍부한 상담자들조차 전문적인 도움을 받기 위해 계속해서 수퍼비전을 받으면서 특수한 상황에 놓인 내담자들을 돕기 위한 새로운 접근을 학습하고, 전문적 작업에 영향을 미치는 개인적 역동을 다룬다. 임상경험이 풍부한 상담자가 자신이 익숙하지 않은 문화적 배경을 지닌 내담자와의 작업을 위해 이 분야의 전문성을 지닌 다른 동료 전문가에게 수퍼비전을 받는 것이 그 예다. 임상 수퍼비전은 치료적 속성이 있지만, 치료 자체는 아니다. 만일 임상 수퍼비전이 지나치게 치료 쪽으로 흐른다면, 수퍼바이저는 수퍼바이지에게 개인상담을 권해야 할 것이다.

자문

둘째, 사례관리를 위한 전문가 협력에는 자문이 포함된다. **자문**consultation은 ① 임상 자문, ② 의학적 자문, ③ 정신의학적 자문으로 구분된다.

임상 자문.   **임상 자문**clinical consultation은 상담자가 특정 내담자의 요구에 관해 다른 전문가의 지지, 전문적 의견, 또는 조언을 구하는 일시적인 관계다. 임상 자문은 치료자가 내담자의 요구에 관한 논의, 치료적 대안 탐색, 치료적 관계의 역동을 더 잘 이해하기 위해 다른 정신건강 전문가의 전문적 도움을 얻는 과정이다. 임상 자문의 한 가지 유형은 상담자가 사례에 관한 논의를 위해 자문자를 만나는 것이다. 또 다른 유형은 내담자가 자문자를 직접 만나 도움을 받는 것이다. 이 경우, 자문자는 내담자와의 만남을 토대로 상담자에게 조언과 피드백을 제공한다.

의학 자문.   **의학 자문**medical consultation은 상담자가 내담자를 의사에게 신체검진 또는 의학적 사정·평가를 의뢰하는 것이다. 의료전문가는 내담자의 신체건강에 관한 피드백을 내담자 또는 상담자에게 제공한다.

정신의학 자문.   **정신의학 자문**psychiatric consultation은 보통 진단 확정 또는 약리학적 치료의 가능성에 관해 정신건강 전문의와 직접 논의하거나, 내담자에 대한 사정·진단 또는 의학적 평가를 의뢰하는 것을 말한다.

협력

셋째, 사례관리를 위한 전문가 협력에는 양질의 서비스 제공을 위해 다른 전문가와 협력하는 ① 공동치료와 ② 합동치료가 있다.

공동치료.   **공동치료**cotherapy는 둘 또는 그 이상의 정신건강 전문가들이 함께 작업하는 것을 말한다(예 집단상담, 커플치료, 가족치료). 이들은 때로 한 내담자(예 입원환자)를 위해 함께 작업하기도 한다.

합동치료.   **합동치료**conjoint therapy는 내담자가 한 가지 이상의 치료양식에 참여하는 것을 말한다. 예를 들면, 한 내담자가 개인상담 외에도 집단상담, 커플상담, 또는 가족 상담에 참여하는 것이다. 또 다른 예는 개인 또는 집단상담뿐 아니라 특화된 조력활동에 참여하는 것이다(⑩ 진로상담, 학업상담, 스트레스 관리훈련, 분노관리훈련, 또는 자녀양육 기술 프로그램). 약물치료를 제공하고 투여량 관리를 위해 지속적인 정신의학적 자문과 결합된 형태의 개인상담은 또 다른 합동치료의 유형에 속한다. 합동치료에 대한 사례관리를 위해서는 내담자의 욕구충족을 위해 작업 중인 다른 전문가들과 협력적 작업, 그리고 목표, 계획실행, 경계, 그리고 참여 중인 각 전문가의 역할이 명확히 구분되어야 한다. 여기에는 발생 가능한 전문가들 간의 갈등을 해소하여 내담자에게 부정적인 영향을 미치지 않도록 하는 것, 내담자의 예약 및 후속 일정 조정, 그리고 임상작업량의 균등한 배분이 포함된다.

📖 제3자와의 소통

사례관리의 세 번째 영역은 제3자와의 소통이다. 여기서 **제3자**[third party]란 내담자의 문제에 관해 상담자와 접촉·협의하는 비전문가를 가리킨다(① 가족, 친구, 기타 이해당사자, ② 부모 또는 법적 보호자, ③ 정부기관, 교육기관, 기타 단체, ④ 법원 또는 배경조사 기관 등).

가족 · 친구 · 기타 이해당사자

첫째, 사례관리에서 내담자의 상담기록을 요청할 제3자로는 성인 내담자의 상황에 관심이 있는 가족, 친구, 임상 수퍼바이저, 동료 상담자, 이웃 등이 있다. 이들은 내담자가 합당한 도움을 잘 받고 있는지 확인하고 싶거나, 내담자의 치료에 중요하다고 생각하는 정보를 제공하기도 한다. 또 상담자에게 전화, 서신, 이메일을 보내거나 직접 방문하여 내담자를 어떻게 대해야 하는지 묻거나, 내담자에 대한 책임 또는 정서적 부담을 전문가와 공유하고 싶어 할 수 있다. 이러한 접촉은 상담자에게는 때로 이들과 내담자에게 도움이 되어야 한다는 압력으로 작용한다.

접촉과 압력의 이유와 상관없이 **비밀유지**[confidentiality]는 상담자의 책임이다. 상담자는 제3자와 함부로 내담자의 상황에 관해 말해서는 안 된다. 비밀유지에는 내담자가 상담을 받고 있다는 사실의 인정도 포함된다. 단, 내담자가 자해/타해 또는 아동/노인 방치나 학대 가능성, 또는 일상적인 기능 유지가 어려운 경우에는 비밀유지 원칙을 파기할 수 있다. 또 내담자가 정보방출에 서면 동의한 경우 역시 제3자와의 소통이 허용된다. 사례관리를 잘한다는 것은 비밀유지 원칙을 준수하는 동시에 이해당사자들과의 상호작용 시 전문적이고 정중한 태도를 보이는 것을 의미한다.

사례관리에는 제3자와의 접촉을 문서로 남기는 한편, 이러한 접촉에 대해 내담자와 논의할 것인지, 또 어떻게 논의할 것인지에 관한 결정이 포함된다. 이러한 의사소통을 허용하는 결정이 내려졌다는 것은 내담자가 결정내용을 이해하고 있고, 동의서에 서명을 받아 내담자의 기록에 추가되었으며, 소통에 대해 문서화된 것이 내담자의 기록에 남겨졌음을 의미한다.

부모 / 법적 보호자

둘째, 사례관리에서 미성년자의 상담기록을 요청할 제3자로는 부모 또는 법적 보호자가 있다. 미성년자의 비밀유지에 관한 권리는 부모나 법적 보호자에게 있다. 이러한 상황은 법적 보호자가 있는 성인 내담자(예 지적장애, 정신질환자)의 경우에도 적용될 수 있다. 그러므로 부모나 보호자의 요청이 있을 때, 상담자는 내담자와 그의 임상적 상황에 관한 제반 정보를 공유할 의무가 있다. 사전면접 또는 관계의 라포 및 신뢰구축 단계에서 상담자는 발달적으로 이해할 능력이 있는 내담자와 비밀유지의 한계에 관해 설명해 주어야 한다.

일반적인 처리방법은 사전에 상담관계 밖에서 공유될 수 있는 것과 사적인 비밀로 유지할 것에 관해 부모와 내담자의 서면동의를 받는 것이다. 예를 들면, 물질사용 문제로 상담을 받는 고등학생 내담자에게 상담에서 나눈 대화내용에 대해서는 비밀을 지켜주지만, 상담 약속을 지키지 않는 경우에는 부모에게 통보할 것임에 대해 동의를 받는 것이다. 그러나 이는 편의상 합의한 것일 뿐, 상담자는 상담이 진행되는 도중이라도 부모의 마음은 언제라도 변할 수 있음을 알고 있어야 한다. 또한 부모와 보호자들이 선뜻 동의하지 않을 수 있다는 점에서 내담자는 비밀유지의 한계를 잘 이해하고 있어야 한다. 적절한 사례관리에는 미성년자와 부모의 비밀유지에 관한 권리와 한계에 관한 설명이 포함된다. 내담자의 상담에 관한 정보공개 요청이 있을 때, 상담자는 부모 또는 보호자와 내담자에 관해 이해할 수 있는 방식으로 소통하고, 그 내용을 문서로 남긴다.

정부기관 · 교육기관 · 기타 단체

셋째, 사례관리에서 내담자의 상담기록을 요청할 제3자로는 정부기관, 교육기관, 기타 단체가 있다. 내담자의 상담기록을 요청할 수 있는 정부기관의 관리로는 보호관찰관, 사회복지사, 사회복지기관의 직원, 공중위생 관리관, 공공주택 담당관 등이 있다. 또 내담자에 관한 정보를 요청할 수 있는 교육기관의 담당자는 유치원에서 고등학교에 이르기까지 학교의 장, 상담자, 교사, 그리고 대학의 장, 입학처 교직원, 상담자와 보건 관련 직원 또는 대학교수를 꼽을 수 있다. 기타 단체에는 내담자의 상황에 관심 있는 비영리 및 영리 목적의 사회복지 제공자(⑩ 노인 또는 장애인 보호시설, 노숙자 쉼터, 위기대응센터 등)가 포함된다.

　이러한 기관에서는 단순히 내담자가 상담을 받고 있는지 확인해 달라고 요청할 수 있다. 그런가 하면, 내담자의 배경, 현재 기능상태, 세부적인 사정·평가에 관해 정보, 내담자의 현재 적응상태 및 예후에 관한 전문적 판단을 요청할 수 있다. 상담자 또는 상담기관은 내담자의 허락을 받은 상태에서만 내담자에 관한 정보를 이러한 외부 기관과 공유할 수 있다. 만일 내담자의 허락이 없다면, 내담자가 상담을 받는 사실조차 알려서는 안 된다. 그러므로 정보공유에 관한 사례관리의 중요한 요소에는 ① 내담자와의 비밀유지에 관한 권리와 이 원칙이 파기될 수 있는 상황에 관한 논의, ② 비밀이 유지되어야 할 정보가 다른 사람들과 공유될 수 있는 상황에 대한 문서화된 정보방출 양식에 서명되었는지의 확인, 그리고 ③ 외부 기관과의 정보공유 허용 시기를 잘 결정하도록 내담자를 돕는 것이 포함된다.

법원과 행형기관의 권한

넷째, 사례관리에서 내담자의 상담기록을 요청할 제3자로는 법원과 행형기관(⑩ 교도소, 소년원 등)이 있다. 비밀유지 원칙의 예외사항으로는 법정 또는 행형기관으로부터의 내담자에 관한 **정보공개 요청**이다. 법원은 내담자의 배경, 현재의 기능, 치료 이행 여부, 내담자의 상태에 대한 상담자의 사정·평가·진단, 또는 기타 관련 사항에 관한 정보를 요구할 수 있다. 법원의 요청은 ① 민사/형사소송, 법정소송 사건, 공판에서 판사(또는 담당 직원), ② 법정소송 사건의 변호를 맡은 변호사, ③ 내담자의 안전, 역량, 입원에 관한 결정을 맡은 판사나 기타 인사, 또는 ④ 기타 법적 문제를 맡은 법원 직원에 의해 이루어질 수 있다. 법원은 상담자에게 문서화된 정보, 구두 접촉, 또는 법원 출석을 요청할 수 있다. 요청된 정보에는 내담자에 관한 일반적인 피드백에서부터 특수한 사례일지와 개입에 관한 문서가 포함된다.

　법원의 상담기록 요청은 비밀보장 원칙을 파기해야 하는 사안이라는 점에서 사례관리의 중요한 쟁점이 된다. 이에 상담자는 제한된 정보만을 제공하거나, 법원의 요청을 거부하거나, 소환장을 청구할 수 있다. 그러나 상담자는 법원의 정보 요구에 응해야 할 법적 의무가 있다. 게다가 법원은 내담자의 상담기록을 다른 기관(예 행형기관, 사회복지시설 등)의 구성원에게 보내도록 요구할 수 있는 권한도 가지고 있다. 예를 들면, 법원은 상담자에게 특정인의 상담기록을 보호관찰관에게 보내도록 명령할 수도 있다. 내담자의 상담기록에 대한 법원의 요청에 따른 사례관리에는 철저한 기록 유지와 문서화, 관련 법률 숙지, 그리고 법적 자문이 요구된다. 상담자는 요청에 대해 적절한 후속 조치를 하고, 법원 출석 요구에 응하며, 내담자와 이 사안을 논의하고, 소통 내용을 내담자의 기록에 문서로 남긴다.

고용 관련 배경조사

끝으로, 사례관리에서 내담자의 상담기록을 요청할 제3자로는 고용 관련 기관이다. 상담자는 때로 고용, 승진, 또는 배치 절차의 하나로, 구성원 또는 지원자의 배경을 조사하는 사업장, 정부기관, 군대, 법집행기관 등에서 이전 또는 현재 내담자에 관한 정보요청을 받기도 한다. 이러한 요청은 흔히 상담이 종결된 이후에 이루어진다. 이 경우, 내담자의 서면동의를 받은 후에 이해당사자에게 정보를 방출한다. 이는 상담기록의 방출이 내담자에게 유리하게 작용할 때도 동일한 절차를 밟는다. 내담자가 정보를 요구한 고용주에 대해 상담기록 방출에 동의하는 문서에 서명했다면, 상담자는 고용주로부터 요청서 사본을 받아 보관해야 한다. 상담자는 사례관리를 위해 철저한 문서관리와 관련 법률에 관한 지식이 필수로 요구된다. 또 내담자의 상담기록 요청에서 요구하는 질문에 대해서만 답해야 하고, 소통한 내용을 내담자의 기록에 문서로 남겨야 한다.

🚪 행정업무 활동

사례관리의 네 번째 영역은 행정업무 활동이다. 사례에 관한 업무처리 역시 사례관리에 해당한다. 여기에는 ① 원활한 상담실 운영, ② 상담료 청구와 징수, ③ 내담자 관련 사항의 문서화가 포함된다. 이러한 업무에는 정확성과 숙련된 업무관리 기술이 요구된다.

원활한 상담실 운영

모든 상담자가 상담실의 일상 업무와 관련된 제반 문제에 대해 염려해야 할 것은 아니지만, 상담실이 매끄럽고 유연하게 운영되는 모습은 내담자들이 안전하고 환영받는 느낌이 들게 하는 데 매우 중요하다. 이와 관련된 쟁점으로는 ① 물리적 환경 조성, ② 상담료 청구와 징수 관련 문제, ③ 상담자 고용과 해고 문제, ④ 상담료 수납방법의 편의성 등이 포함된다. 특히, 상담실의 물리적 환경 조성에는 사생활권 보호와 방해받지 않아야 한다는 것이 포함된다. 전화벨 또는 노크소리는 효과적인 상담 진행을 저해하는 요소다. 이러한 요소들이 내담자에게 암묵적으로 전해지는 메시지, 즉 내담자 또는 내담자의 문제가 최우선이 아니고 중요하지도 않다는 메시지는 두 사람 간의 관계에 부정적으로 작용할 수 있다.

상담기관의 방침 또는 상담자의 확고한 요청이 있었다면, 이런 일이 발생하지는 않을 것이다. 사생활권 보호는 방음시설이 완비된 공간에서 상담을 진행함으로써 가능하다. 복도나 옆방에서 들려오는 잡음이 상담 진행을 방해한다면, 내담자들은 자신들의 소리도 밖에서 들을 수 있을 것으로 여길 것이다. 상담실의 내부 장식과 가구 배치 역시 외부로부터의 소음 못지않게 내담자의 주의를 분산시킬 수 있다. 이에 관해서는 정해진 법칙은 없고 상담자 개인의 취향에 달려 있지만, 상담실의 내부 장식과 가구가 내담자의 주의를 끌거나 불필요하게 평가하게 만드는 것은 바람직하지 않다.

상담료 청구와 징수

상담자는 금전문제 처리에 필요한 에티켓을 알고 있어야 한다. 만일 상담자가 직접 상담료를 징수해야 하는 상황이라면, 상담료와 상담료 청구 문제에 관한 논의는 조기에 이루어져야 한다. 상담자는 전문적 실천의 이러한 측면에 관해 분명하고 직접적이어서 내담자가 이에 따라 치료 결정을 할 수 있어야 한다. 내담자와 금전적인 문제를 논의하게 될 때, 상담자는 때로 양가감정 또는 개인적인 갈등을 경험할 수 있다. 그러나 사례관리를 잘하는 것에는 상담자의 개인적 문제를 훈습·해결하는 것이 필수로 요구된다. 이러한 문제를 해결하지 않는 것은 내담자의 상담료 납부 불이행을 초래할 수 있고, 미처 알려 주지 않은 상담료 액수 또는 회기에 대해 갑자기 비용을 청구할 때 내담자의 분노를 정당화해 주는 빌미가 될 수 있기 때문이다. 끝으로, 상담자는 필요한 경우 제3자 지급인과 어떤 정보를 공유해도 좋은지에 대해 명확하게 논의해야 한다. 오늘날 제3자 지급인이 내담자에 대한 진단뿐 아니라, 치료계획과 이에 대한 진척 상황을 검토하는 것이 일상화되었다고 하더라도 내담자는 여전히 자신의 사적인 정보가 외부 기관에 유출될 것인지 알고 있어야 한다.

내담자 관련 사항의 문서화

상담료 징수 및 책무성 완수를 위해 상담자는 내담자와 접촉이 있을 때마다 문서로 남겨야 한다. 상담목표를 향한 진척 상황은 사례일지 또는 경과일지에 기록되지만, 내담자 방문과 상담료 입금 상황은 오늘날 대부분 컴퓨터 프로그램을 통해 확인할 수 있다. 관리자는 상담자가 내담자와 함께 한 시간을 알고 싶어 할 것이다. 또 보험사 변제가 가능한 경우, 보험사는 상담료 납부와 내담자 방문 횟수 상황을 모니터하기를 원할 것이다. 따라서 상담자는 이러한 문서화가 자신을 평가·감독·재정지원을 하는 사람들에게 쉽게 이용 가능한지 확인해야 한다. 예를 들면, 일선 학교의 경우, 관리자는 학교상담자 업무시간의 일정 비율을 주기적인 개인상담, 집단상담, 대집단 생활지도 활동에 할애하고, 그 결과를 문서로 남길 것을 요구할 수 있다. 이 경우, 학교 상담자는 자신의 업무활동을 기록으로 남기기 위한 양식 또는 메커니즘을 갖춰야 할 것이다. 그렇지 않으면, 이 작업을 위해 매일같이 학교상담실에 남아야 하는 상황에 놓이게 될 수 있다.

📖 시간 및 사례수 관리

끝으로, 업무시간과 담당 사례수 관리 역시 상담자의 중요한 사례관리 업무에 해당한다.

시간관리

시간관리^{time management}란 정시에 상담을 시작·종료하고 배정된 시간 동안 상담실에 머무르는 것을 의미한다. 이는 상담과 관련된 업무를 포함한 제반 임상적 의무(예 개인 및 집단상담뿐 아니라 접수면접, 응급상담을 위한 당직근무, 전화상담 등)와 관련된 시간에 나타나고, 적절하며, 양심적인 태도가 요구된다. 또 시간관리에는 임상적으로 관련된 활동(⑩ 수퍼비전, 자문회의, 사례배정회의, 직원회의 등)에 정시에 참석하고, 시의적절하며, 적극적인 태도가 포함된다. 이는 기록관리와 문서화, 전문적 관계(⑩ 공동치료자, 집단의 공동리더, 수퍼바이저와의 임상 회의), 의사소통에 대한 반응, 상담료 청구, 보고서, 그리고 기타 업무에 대해 시간을 할애하는 것을 의미한다.

시간관리는 일정상의 약속과 과업, 그리고 예기치 않은 응급 또는 위기상황 사이에 균형을 유지하는 것을 의미한다. 시간관리를 잘하는 것은 어떤 기관에서도 구성원의 기본이지만, 줄지어 상담예약이 진행되고, 처리해야 할 많은 서류작업과 문서화, 그리고 응급 및 위기상황이 일상적인 활동의 흐름을 방해하곤 하는 전문적인 상담실에서는 더 큰 의미가 있다. 예정된 시간에 내담자를 만나고, 정시에 내담자의 요구에 부응하는 보고서와 서류작업을 완료하며, 예기치 않은 내담자의 응급 요구를 다루기 위한 명확한 계획을 수립하는 일은 상담기관의 구성원으로서 효과적인 시간관리에 중요한 요소들이다.

담당사례수 관리

담당사례수^{caseload}란 상담자 1인이 일정 기간 상담서비스를 제공해야 하는 내담자 수를 말한다. 담당사례수 관리를 위해서는 내담자의 상담경험에 대한 모니터링, 치료계획의 이행 정도, 그리고 내담자의 진척 상황을 고려한다. 상담자는 자신이 담당하는 사례 수, 주당 상담 횟수, 그리고 심리적·정서적 요구에 대해 관리가 가능한 상태인지 확인해야 한다. 담당사례수 관리는 내담자에 대한 후속 서비스 제공을 위한 필수요소다. 내담자에 대한 사후관리에는 상담 시간에 오지 않은 내담자 확인(⑩ 전화, 문자, 메일, 또는 이메일) 또는 일정 조정, 내담자의 동의하에 상담회기 사이에 주기적인 확인, 그리고 타 기관에 의뢰된 내담자에 대한 사후 모니터링이 포함된다.

담당사례수는 때로 과도하게 많아지거나, 내담자들과 너무 잦은 접촉이 요구되거나, 정서적 에너지를 소모하거나, 다른 상담자들 사이에 과도한 경쟁을 부추길 수 있다. 자신의 담당사례수를 감당하기 힘들어하는 상담자는 담당사례수를 감소 또는 변화를 줄 방법을 모색하거나, 수퍼비전 또는 임상 자문을 받거나, 관리자와 논의해야한다. 즉, 상담자는 자신의 상담시간, 전문적 책임, 상담실 업무 수행, 내담자에게 일어난 일을 면밀하게 후속 조치하여 내담자의 안녕에 지속적인 관심을 가져야 한다.

복습문제

🔲 다음 밑줄 친 부분에 들어갈 말을 쓰시오.

1. 종이 위에 문자나 기호로 남겨 두어야 할 내용을 기록한 자료는 _____, 상담과 관련된 모든 내용을 문서로 기록하여 보관하는 작업은 _____, 그리고 상담업무와 관련된 문서를 작성, 보관, 발송, 접수, 보존, 폐기 등 행정업무의 질서유지를 위한 제반 활동은 _____(이)라고 한다.

2. 상담기록이 가치를 인정받기 위해서는 네 가지 조건, 즉 ① _____, ② 신뢰성, ③ 무결성, ④ _____이/가 충족되어야 한다. 미국의 경우, 1996년 _____ _____이 제정되면서 내담자에게 상담기록을 볼 수 있는 권리가 인정되었다.

3. 효율적이고 공신력 있는 상담문서를 작성하려면, 네 가지 조건, 즉 ① _____, ② 용이성, ③ 성실성, ④ _____을/를 고려해야 한다.

4. _____은/는 상담이 시작되면서 생성되는 기록으로, 내담자의 이름과 일련번호가 기록된다. 이에 비해, _____은/는 내담자의 상담 신청과 함께 생산되는 기록이다. 이 서식에는 내담자에 관한 최소한의 정보가 수록되며, 이는 추후에 상담자에게 제공된다.

5. 상담자 배정, 내담자의 호소문제, 상담의 위급성 등의 판정을 위한 접수면접의 핵심내용이 기록된 서식을 _____(이)라고 한다. 이 서식은 내담자가 상담실과의 접촉 시에 수집되는 짤막하면서도 상세한 기본정보를 제공한다.

6. _____은/는 상담회기 내에서의 작업, 처치, 진행 상황, 기타 내담자와의 접촉(예 서신, 이메일, 전화 통화 등)을 기록하는 문서로, _____(이)라고도 불린다.

7. 사례일지 작성에 도움이 되는 모델로는 DAP와 SOAP가 있다. 전자는 _____(D), 사정(A), 치료계획(P), 후자는 주관적(S), _____(O), 사정(A), 치료계획(P)의 첫 글자를 딴 용어로, 상담기록의 핵심요소를 의미한다.

8. _____은/는 경과일지와는 별도로 작성·보관되고, 특별한 요청이 없는 한 공개되지 않는 상담자의 개인적인 기록물이다. 이에 비해, _____은/는 상담자와 내담자가 상담과정에서 나눈 대화의 내용을 최대한 있는 그대로 글로 옮긴 문서로, _____ 또는 '전사자료'라고도 한다.

9. 사례관리를 위한 전문가 협력에는 상담자의 훈련 욕구, 기술, 경험, 그리고 내담자를 효과적으

로 돕기 위한 개인적 · 전문적 발달 욕구를 충족시켜 주기 위한 작업, 즉 _____이/가 포함되는데, 이 작업을 _____(이)라고도 한다.

10. _____은/는 둘 또는 그 이상의 정신건강 전문가들이 함께 작업하는 것을 말하는 반면, _____은/는 내담자가 한 가지 이상의 치료양식에 참여하는 것을 말한다.

소집단 활동

사랑의 밀어

🔍 8~12인 1조로 소집단을 편성한다. 각 집단원 앞에는 미리 준비된 사랑의 바구니와 예쁜 종이를 놓는다. 집단원들은 예쁜 종이에 다른 집단원 개개인에 대한 칭찬, 감사, 또는 격려의 글을 적어, 해당 집단원의 바구니에 선물로 담게 한다. 이때 잔잔한 음악을 틀면, 집단원들이 각자에 대한 생각을 정리하게 하는 데 도움을 준다. 각 집단원에 대한 칭찬, 감사, 또는 격려의 글이 담긴 쪽지 투입이 모두 끝나면, 한 사람씩 돌아가면서 쪽지를 펼쳐, 그 내용을 읽는다. 그런 다음, 서로의 소감을 나눈다.

소감

_____

_____

_____

_____

_____

_____

_____

_____

복습문제 해답

PART 1 상담과 심리치료의 기초

Chapter 01 상담과 심리치료의 이해

번호	정답
1	칼 로저스
2	산도르 페렌치
3	한스 아이젱크, 증거기반
4	공감
5	진실성, 정서
6	무조건적인 긍정적 존중
7	인지적 복합성
8	작업동맹
9	교정적 정서체험
10	사례개념화

Chapter 02 상담자 윤리와 법

번호	정답
1	자기통제, 자율성
2	양심, 책임
3	숨겨진 문제
4	이론, 연구
5	비밀유지, 다중관계
6	자율성 존중, 무해성, 충실성
7	비밀유지
8	경고의무
9	사전동의, 설명동의, 자기결정권
10	업무상 과실, 직무상 과실

PART 2 상담과 심리치료의 이론적 접근

Chapter 03 정신역동적 접근

번호	정답
1	삼원구조, 현실원리, 자아
2	자아방어기제 또는 방어기제, 도피, 투사
3	분석틀, 빈 화면
4	자유연상, 자아, 원초아
5	콤플렉스, 외상 경험, 무의식적, 증상
6	자아, 개인무의식, 그림자, 아니무스, 집단무의식, 자기
7	개성화, 자기실현
8	성, 사회적 관심
9	열등 콤플렉스, 무능감, 과잉보호
10	평등, 격려

Chapter 04 행동주의적 접근

번호	정답
1	고전적 조건형성, 연합, 반응적 조건형성
2	공포조건형성, 고전적 조건형성
3	조작적 조건형성, 강화물, 혐오
4	정적 강화, 부적 강화
5	마음챙김 명상, 하타요가
6	사회인지, 사회학습, 환경
7	주장훈련, 자기표현훈련
8	행동치료의 다양한 스펙트럼
9	홍수법, 실제노출, 기능분석
10	체계적 둔감법, 상호제지, 점진적 근육이완, 불안위계

Chapter 05 인본주의적 접근

번호	정답
1	의미감, 무의미성, 실존적
2	실존적 공허, 회피
3	실존적, 신경증적
4	의미, 관습적인, 책임감, 의무감
5	자기, 현상적 장
6	가치조건, 실현경향성
7	태도적 자질, 일치성·진실성, 무조건적인 긍정적 존중
8	장이론, 전경, 배경, 알아차림
9	접촉수준, 피상/가짜, 외파
10	접촉경계, 접촉경계장해, 내사

Chapter 06 인지행동적 접근

번호	정답
1	인지행동적, 행동수정, 인지치료
2	비합리적, 당위적 신념
3	역기능적, 무조건적 생애수용
4	우울증, 부정적 인지삼제, 미래
5	인지왜곡, 인지오류, 임의적 추론
6	포괄적 인지, 신념, 정서
7	정신화첩, 질적 세계
8	전행동, 활동하기
9	자유분방한, 자연스러운, 순응적, 적응적
10	스트로크, 게임

Chapter 07 포스트모던 접근

번호	정답
1	개념화, 강점, 회복탄력성
2	해결, 비병리적인, 예외상황, 통찰, 대처행동
3	예외발견질문, 기적질문
4	악몽질문
5	요약 피드백, 칭찬, 과제 제안
6	이야기 내러티브, 다층적, 문제로 가득 찬
7	앎, 구조주의, 언어
8	포스트구조주의, 사회구성주의, 상대주의
9	알지 못함
10	문제의 외재화, 사람, 문제

Chapter 08 활동중심적 접근

번호	정답
1	활동중심적
2	해석, 무의식, 자유연상
3	아동중심, 인지행동
4	동적 가족화 검사, 한 사람 그리기
5	리듬, 화성, 협화음, 불협화음
6	리듬밴드, 즉흥연주
7	심상유도 음악치료, GIM
8	독후활동, 문해력, 동일시
9	동일시, 투사, 흡입
10	카타르시스, 통찰

Chapter 09 통합적 접근

번호	정답
1	통합적, 절충적
2	다원주의
3	통합적
4	기술적 통합, 중다양식
5	이론적 통합, 변증법적 행동, 수용전념, 정서중심
6	동화적 통합, 마음챙김 기반 인지, 우울증
7	개념, 기법
8	단기, 증거기반, 초단기
9	이론, 치료동맹
10	인간관, 성격, 신념

PART 3 상담과 심리치료의 실제

Chapter 10 상담과정과 절차

번호	정답
1	기능적 불변성
2	상담절차, 사례관리
3	접수면접, 접수면접 구조화
4	사전동의서
5	사례배정회의
6	관계, 문제 확인, 작업
7	구조화
8	호소문제 또는 주요 호소문제
9	치료계획, 실행계획
10	재경험, 일치경험

Chapter 11 상담기술

번호	정답
1	상담기술, 상담기법
2	재진술, 반영
3	긍정화, 외적 통제소재
4	격려
5	요약
6	자기개방, 과정
7	직접, 간접
8	명료화, 누락, 일반화
9	직면, 해석
10	정보제공, 즉시성

Chapter 12 진단

번호	정답
1	증거기반실천
2	의료관리체계
3	진단
4	규범 동조성, 통계적
5	정신장애, 기능이상, 정서조절, 정신질환
6	증상, 징후, 증후군
7	정신장애 진단·통계편람, 국제질병분류체계
8	다축체계
9	혼합, 범주적, 차원적
10	생물심리사회

Chapter 13 사례개념화

번호	정답
1	사례개념화
2	호소문제
3	문제 확인, 명명
4	가설적
5	분석, 임상적 공식화
6	유지, 비통제
7	설명력, 예측력
8	문제 확인, 이론적 추론
9	기술적 진단
10	인구통계학적

Chapter 14 치료계획

번호	정답
1	치료계획
2	개별성, 실용성
3	수단, 절차
4	타당성
5	상담 빈도
6	절차, 지침
7	정서적 자유 기법
8	긴급성, 기능이상
9	동기수준, 초점
10	내담자 기록, 내담자 자기보고

Chapter 15 사례관리

번호	정답
1	문서, 문서화, 문서관리
2	진본성, 이용가능성, 건강보험양도 및 책임에 관한 법률 또는 HIPAA
3	정확성, 경제성
4	상담기록부, 상담신청서
5	접수면접요약서
6	사례일지, 경과일지
7	기술, 객관적
8	과정일지, 축어록, 녹취록
9	임상 수퍼비전, 수련감독
10	공동치료, 합동치료

참고문헌

강진령. (2008). 상담심리 용어사전. 양서원.

강진령. (2019). 집단상담의 실제(3판). 학지사.

강진령. (2020). 상담심리학. 학지사.

강진령, 이종연, 유형근, 손현동. (2009). 상담자 윤리. 학지사.

신경식. (2005). 문서 관리론. 대영문화사.

신민섭, 김수경, 김용희, 김주현, 김향숙, 김진영, 류명은, 박혜근, 서승연, 이순희, 이혜란, 전선영, 한수정. (2003). 그림을 통한 아동의 진단과 이해. 학지사.

정보와 도큐멘테이션 기술위원회 산하 보존 기록/기록관리분과위원회. (2007). KS X ISO 15489-1: 2007 문헌정보-기록관리-제1부: 지침.

정현희, 이은지. (2007). 실제 적용 중심의 노인미술치료. 학지사.

한국기록관리학회. (2010). 기록관리론: 증거와 기억의 과학. 아세아문화사.

American Counseling Association. (2014). *2014 ACA code of ethics*. Author.

American Psychiatric Association. (2013). *Diagnostic and statistical manual of mental disorders* (5th ed.). Author.

Antony, M. M. (2014). Behavior therapy. In D. Wedding & R. J. Corsini (Eds.), *Current psychotherapies* (10th ed., pp. 193-229). Brooks/Cole, Cengage Learning.

Antony, M. M., & Roemer, L. (2011). Behavior therapy: Traditional approaches. In S. B. Messer & A. S. Gurman (Eds.), *Essential psychotherapies: Theory and practice* (3rd ed., pp. 107-142). Guilford Press.

Austin, L. (1999). *The counseling primer*. Accelerated Development.

Axline, V. A. (1969). *Play therapy*. Ballantine Books.

Baker, R., & Siryk, B. (1984). Measuring adjustment to college. *Journal of Counseling Psychology, 31*, 179-189.

Bandura, A. (1977). *Social learning theory*. Prentice-Hall.

Bassin, A. (1993). The reality therapy paradigm. *Journal of Reality Therapy, 12*, 3-13.

Bateson, G. (1972). *Steps to an ecology of mind*. Ballantine

Batten, S. V., & Cairrochi, J. V. (2015). Acceptance and commitment therapy. In E.

Neukrug (Ed.), *The Sage encyclopedia of theory in counseling and psychotherapy*, (Vol. 1., pp. 7−10). Sage.

Beck, A. T. (1967). *Depression: Clinical, experimental, and theoretical aspects*. Harper & Row. (Republished as Depression: Causes and treatment. University of Pennsylvania Press, 1972).

Beck, A. T., & Haigh, E. A. P. (2014). Advances in cognitive theory and therapy: The generic cognitive model. *Annual Review of Clinical Psychology, 10*, 1−24.

Beck, A. T., & Weishaar, M. E. (2014). Cognitive therapy. In D. Wedding & R. J. Corsini (Eds.), *Current psychotherapies* (10th ed., pp. 231−264). Brooks/Cole, Cengage Learning.

Beck, A. T., Rush, A. J., Shaw, B. F., & Emery, G. (1979). *Cognitive therapy of depression*. Guilford.

Belkin, G. S. (1988). *Introduction to counseling* (3rd ed.). William C. Brown.

Bellows-Blakely, K. F. (2000). Psychotherapists' personal psychotherapy and its perceived influence on clinical practice. *Dissertation Abstracts International, 60*(9−A), 3525. (University Microfilms International 95005−062)

Benjamin, A. (2001). *The helping interview with case illustrations* (Rev. ed.). Houghton Mifflin.

Benjamin, P., & Looby, J. (1998). Defining the nature of spirituality in the context of Maslow's and Rogers's theories. *Counseling and Values, 42*, 92−100.

Bernard, J. M. (1986). Laura Perls: From ground to figure. *Journal of Counseling and Development, 64*, 367−373.

Berne, E. (1964). *Games people play*. Grove press.

Berne, E. (1972). *What do you say after you say hello?* Grove Press.

Beutler, L. E., Malik, M., Alimohamed, S., Harwood, T. M., Talebi, H., Noble, S., & Wong, E. (2004). Therapist variable. In M. J. Lambert (Ed.), *Bergin and Garfield's handbook of psychotherapy and behavior change* (5th ed.) (pp. 227−306). Wiley.

Bieling, P. J., McCabe, R. E., & Antony, M. M. (2006). *Cognitive-behavioral therapy in groups*. The Guilford Press.

Black, D. W., & Grant, J. E. (2018). *DSM-5 Guidebook*. DSM-5 가이드북(강진령 역). 학지사(원전은 2014년 출판).

Bohart, A., & Tallman, K. (2010). Clients: The neglected common factor in psychotherapy.

In B. L. Duncan, S. D. Miller, B. E. Wampold, & M. E. Hubble (Eds.), *The heart and soul of change* (2nd ed., pp. 83–111). American Psychological Association.

Brown, C. (2007). Situating knowledge and power in the therapeutic alliance. In C. Brown & T. Augusta-Scott (Eds.), *Narrative therapy: Making meaning, making lives* (pp. 3–22). Sage Publications.

Brownell, P. (2016). Gestalt therapy. In I. Marini & M. A. Stebnicki (Eds.), *The professional counselor's desk reference* (2nd ed., pp. 241–245). Springer.

Bubenzer, D. L., & West, J. D. (1993). William Hudson O'Hanlon: On seeking possibilities and solutions in therapy. *The Family Journal: Counseling and Therapy for Couples and Families, 1*(4), 365–379.

Buber, M. (1970). *I and thou* (W. Kaufman, Trans.). Scribner's.

Caetano, R. (2011). There is potential for cultural and social bias in DSM–V. *Addiction, 106*(5), 885–887. doi:10.1002/da.20753

Cain, D. J. (2013). Person-centered therapy. In J. Frew & M. D. Spiegler (Eds.), *Contemporary psychotherapies for a diverse world* (pp. 165–213). Routledge.

Chandler, C. K., Holden, J. M., & Kolander, C. A. (1992). Counseling for spiritual wellness: Theory and practice. *Journal of Counseling & Development, 71*, 168–176.

Clark, A. (2002). *Early recollections: Theory and practice in counseling and psychotherapy*. Brunner Routledge.

Conyne, R. K. (2015). Gestalt group therapy. In E. Neukrug (Ed.), *The Sage encyclopedia of theory in counseling and psychotherapy* (Vol. 1, pp. 452–456). Sage.

Cooper, J. O., Heron, T. E., & Heward, W. L. (2019). *Applied behavior analysis* (3rd ed.). Pearson Publication.

Corey, G. (2016). *Theory and practice of group counseling* (9th ed.). Cengage Learning.

Corey, M. S., & Corey, G. (2017). *Groups: Process and practice* (10th ed.). Cengage Learning.

Corey, M. S., Corey, G., & Callanan, (2011). *Issues and ethics in the helping professions* (8th ed.). Brooks/Cole, Cengage Learning.

Cormier, S., & Nurius, P. S. (2003). *Interviewing and change strategies for helpers: Fundamental skills and cognitive behavior interventions* (5th ed.). Brooks/Cole.

Curtis, R. C., & Hirsch, I. (2011). Relational psychoanalytic psychotherapy. In S. B. Messer & A. S. Gurman (Eds.), *Essential psychotherapies: Theory and practice* (3rd ed., pp.

72-104). Guilford Press.

de Jong, P., & Berg, I. K. (2013). *Interviewing for solutions* (4th ed.). Brooks/Cole, Cengage Learning.

de Shazer, S. (1985). *Keys to solutions in brief therapy*. Norton.

de Shazer, S. (1988). *Clues: Investigating solutions in brief therapy*. Norton.

de Shazer, S. (1991). *Putting difference to work*. Norton.

de Shazer, S., & Dolan, Y. M. (with Korman, H., Trepper, T., McCullom, E., & Berg, I. K.). (2007). *More than miracles: The state of the art of solution-focused brief therapy*. Haworth Press.

Deurzen, E. van, & Adams, M. (2011). *Skills in existential counselling and psychotherapy*. Sage.

Dimidjian, S., & Linehan, M. M. (2008). Mindfulness practice. In W. O'Donohue & J. E. Fisher (Eds.), *Cognitive behavior therapy: Applying empirically supported techniques in your practice* (2nd ed., pp. 327-336). Wiley.

Doll, B., & Doll, C. (1997). *Bibliotherapy with young people: Liberation and mental health professional working together*. Libraries Unlimited, Inc.

Dummont, F. (1993). Inferential heuristics in clinical problem formulation: Selective review of their strengths and weaknesses. *Professional Psychology: Research and Practice, 24*, 196-205.

Duncan, B. L., Miller, S. D., Wampold, B. E., & Hubble, M. A. (Eds.). (2010). *The heart and soul of change: Delivering what works in therapy* (2nd ed.). American Psychological Association.

Dusay, J. M. (1977). *Egograms: how I See you and You see me*. Harper Collins.

Duys, D. K., & Hedstorm, S. M. (2000). Basic counselor skills training and counselor cognitive complexity. *Counselor Education and Supervision, 40*(1), 8-18.

Egan, G., & Reese, R. J. (2019). *The skilled helper: A problem-management and opportunity-development approach to helping* (11th ed.). Cengage Learning, Inc.

Ekstrom, S. R. (1988). Jung's typology and DSM-III personality disorders: A comparison of two systems of classification. *Journal of Analytical Psychology, 33*(4), 329-344.

Elkins, D. N. (2016). *The human elements of psychotherapy: A nonmedical model of emotional healing*. American Psychological Association.

Ellis, A. (1980). Foreword. In S. R. Walen, R. DiGiuseppe, & R. L. Wessler, *A practitioner's guide to rational-emotive therapy* (pp. vii−xii). Oxford University Press.

Ellis, A. (1991). Rational-emotive treatment of simple phobias. *Psychotherapy, 28*, 452−456.

Ellis, A. (1996). The humanism of rational emotive behavior therapy and other cognitive behavior therapies. *Journal of Humanistic Education and Development, 35*, 69−88.

Ellis, A. (2001). *Overcoming destructive beliefs, feelings, and behaviors.* Prometheus Books.

Ellis, A. (2004). *Rational emotive behavior therapy: It works for me—It can work for you.* Prometheus.

Ellis, A., & Ellis, D. J. (2011). Rational emotive behavior therapy. American Psychological Association.

Eriksen, K., & Kress, V. E. (2006). The DSM and the professional counseling identity: Bridging the gap. *Journal of Mental Health Counseling, 28*, 202−217.

Eysenck, H. J. (1952). The effects of psychotherapy: An evaluation. *Journal of Consulting Psychology, 16*, 319−324.

Feder, B., & Frew. J. (2008). *Beyond the hot seat revisited: Gestalt approaches to groups.* Ravenwood Press.

Flateby, T. L. (2011). *Improving writing and thinking through assessment.* IAP Information Age Publishing.

Follette, W. C., & Callaghan, G. M. (2011). Behavior therapy: Functionalcontextual approaches. In S. B. Messer & A. S. Gurman, (Eds.), *Essential psychotherapies: Theory and practice* (3rd ed., pp. 184−220). Guilford Press.

Frankl, V. (1963). *Man's search for meaning.* Beacon.

Frankl, V. (1988). *The will to meaning: Foundations and applications of logotherapy.* Meridian Printing.

Frankl, V. (1997). *Victor Frankl-Recollection: An autobiography.* Plenum.

Freedman, J., & Combs, G. (1996). *Narrative therapy: The social construction of preferred realities.* Norton

Freeman, A., Pretzer, J., Fleming, B., & Simon, K. M. (2004). *Clinical applications of cognitive therapy* (2nd ed.). Plenum.

Frew, J. (2013). Gestalt therapy. In J. Frew & M. D. Spiegler (Eds.), *Contemporary psychotherapies for a diverse world* (pp. 215−257). Routledge (Taylor & Francis).

Gaston, E. T. (1968). *Music in Therapy*. Macmillan.

Gehart, D. R. (2016). *Case documentation in counseling and psychotherapy: A theory-informed, competency-based approach*. Cengage Learning.

Gelso, C. J., & Carter, J. A. (1985). The relationship in counseling and psychotherapy: Components, consequences and theoretical antecedents. Counseling Psychologist, 13, 155–243.

Gelso, J. C., Williams, E. N., & Fretz, B. R. (2014). *Counseling psychology* (3rd ed.). American Psychological Association.

George, E., Iveson, C., & Ratner, H. (2015). Solution-focused brief therapy. In E. Neukrug (Ed.), *The Sage encyclopedia of theory in counseling and psychotherapy* (Vol. 2, pp. 946–950). Sage.

Gergen, K. (1985). The social constructionist movement in modern psychology. *American Psychologist, 40*, 266–275.

Gergen, K. (1991). *The saturated self*. Basic Books.

Gergen, K. (1999). *An invitation to social construction*. Sage.

Germer, C. K., Siegel, R. D., & Fulton, P. R. (Eds.). (2013). *Mindfulness and psychotherapy* (2nd ed.). New York: Guilford Press.

Gershoff, E. T. (2002). Corporal punishment by parents and associated child behaviors and experiences: A meta-analytic and theoretical review. *Psychological Bulletin, 128*(4), 539–579.

Gilroy, P. J., Carroll, L., & Murra, J. (2002). A preliminary survey of counseling psychologists' personal experiences with depression and treatment. *Professional Psychology: Research and Practice, 33*(4), 402–407.

Gladding, S. T. (2017). *Counseling: A comprehensive profession* (8th ed.). Pearson Education, Inc.

Glasser, W. (2000). *Reality therapy in action*. HarperCollins.

Goldried, M. R., Glass, C. R., & Arnkoff, D. B. (2011). Integrative approaches to psychotherapy. In J. C. Norcross, G. R. Vandenbos, & D. K. Freedheim (Eds.), *History of psychotherapy* (2nd ed., pp. 269–296). American Psychological Association.

Gompertz, K. (1960). The relation of empathy to effective communication. *Journalism Quarterly, 37*, 535–546.

Greenberger, D., & Padesky, C. A. (2016). *Mind over mood: Change how you feel by changing the way you think* (2nd ed.). Guilford Press.

Guterman, J. T. (2013). *Mastering the art of solution-focused counseling* (2nd ed.). American Counseling Association.

Hansen, J. T. (2006). Counseling theories within postmodernist epistemology: New roles for theories in counseling practice. *Journal of Counseling and Development, 84*, 291–297.

Harper, D. (2014). *Online etymology dictionary: Diagnosis*. Retrieved from http://www.etymonline.com/index.php?term-diagnosis

Hayes, J. A., Gelso, C. J., & Hummel, A. M. (2011). Management of countertransference. In J. C. Norcross (Ed.), *Psychotherapy relationships that work: Evidence-based responsiveness* (2nd ed., pp. 239–258). Oxford University Press.

Hayes, S. C., Follette, V. M., & Linehan, M. M. (Eds.). (2004). *Mindfulness and acceptance: Expanding the cognitive-behavioral tradition*. Guilford Press.

Hazlett-Stevens, H., & Craske, M. G. (2008). Live (in vivo) exposure. In W. O'Donohue & J. E. Fisher (Eds.), *Cognitive behavior therapy: Applying empirically supported techniques in your practice* (2nd ed., pp. 309–316). Wiley.

Head, L. S., & Gross, A. M. (2003). Systematic desensitization. In W. O'Donohue, U. J. Fisher, & S. C. Hayes (Eds.), *Cognitive behavior therapy: Applying empirically supported techniques in your practice* (pp. 417–422). John Wiley & Sons.

Henderson, D. A., & Thompson, C. (2015). *Counseling children* (9th ed.). Cengage Learning.

Herbert, J. D., & Forman, E. M. (2011). *Acceptance and mindfulness in cognitive behavior therapy: Understanding and applying the new therapies*. Wiley.

Hodges, S. (2019). *The counseling practicum and internship manual: A resource for graduate counseling student* (3rd ed.). Springer Publishing Company.

Hoyt, M. F. (2015). Brief therapy. In E. Neukrug (Ed.), *The Sage encyclopedia of theory in counseling and psychotherapy* (Vol. 1, pp. 144–147). Sage.

Jacobson, E. (1938). *Progressive relaxation*. University of Chicago Press.

James, R. K., & Gilliland, B. E. (2003). *Theories and strategies in counseling and psychotherapy* (5th ed.). Allyn & Bacon.

Jones, M. C. (1924). The elimination of children's fears. *Journal of Experimental Psychology, 7*, 383–390.

Jongsma, A. E., Jr., & Peterson, L. M. (2003). *The complete adult psychotherapy treatment planner* (3rd ed.). Wiley.

Jung, C. G. (1954). Problems of modern psychotherapy in the practice of psychotherapy. *Collected works* (Vol. 16, pp. 53−75). Princeton University Press.

Jung, C. G. (1971). *The collected works of C. G. Jung: Psychological types* (vol. 6). (H. G. Baynes, Trans.). Princeton University Press.

Kabat-Zinn, J. (2003). Mindfulness-based interventions in context: Past, present and future. *Clinical Psychology: Science and Practice, 10*(2), 144−156.

Kahn, M. (1991). *Between therapist and client: The new relationship.* Freeman.

Kalff, D. (1966). *Sandspiel.* Rascher Verlag.

Karpman, S. (1968). Script drama analysis. *Transactional Analysis Bulletin, 26*, 16−22.

Kirschenbaum, H. (2009). *The life and work of Carl Rogers.* American Counseling Association.

Kitchner, K. S. (1986). Teaching applied ethics in counselor education: An integration of psychological processes and philosophical analysis. *Journal of Counseling and Development, 64*, 306−310.

Kleinke, C. L. (1994). *Common principles of psychotherapy.* Brooks/Cole.

Krop, H., & Burgess, D. (1993). The use of covert modeling in the treatment of a sexual abuse victim. In J. R. Cautela & A. J. Kearney (Eds.), Covert conditioning casebook (pp. 153−158). Brooks/Cole.

Kuo, J. R., & Fitzpatrick, S. (2015). Dialectical behavior therapy. In E. Neukrug (Ed.), *The Sage encyclopedia of theory in counseling and psychotherapy* (Vol. 1, pp 292−297). Thousand Oaks, CA: Sage.

Lambert, M. J. (2011). Psychotherapy research and its achievements. In J. C. Norcross, G. R. Vandenbos, & D. K. Freedheim (Eds.), *History of psychotherapy* (2nd ed., pp. 299−332). American Psychological Association.

Lazarus, A. A. (1981). *The practice of multimodal therapy.* McGraw-Hill.

Libert, R. M., & Spiegler, M. D. (1997). *Personality: Strategies and issues* (8th ed.) Brooks/ Cole.

Lopez, S. J., Edwards, L. M., Pedrotti, J. T., Prosser, E. C., LaRue, S., Spalimo, S. V., et al. (2006). Beyond the DSM−IV: Assumptions, alternatives, and alterations. *Journal of Counseling and Development, 84*, 259−267.

Lowenfeld, M. (1939). A new approach to the problem of psychoneurosis in childhood. *British Journal of Medical Pschology, 11*, 194–227.

Lowther, D. (2012). *Neurolinguistic programming (NLP) for work: A practical guide*. Icon Books Ltd.

Luborsky, E. B., O'Reilly-Landry, M., & Arlow, J. A. (2011). Psychoanalysis. In R. J. Corsini & D. Wedding (Eds.), *Current psychotherapies* (9th ed., pp. 15–66). Brooks/Cole, Cengage Learning.

Luepker, E. T. (2003). *Record keeping in psychotherapy and counseling: Protecting confidentiality and the professional relationship* (2nd ed.). Routledge.

Mackay, B. (2002). Effects of Gestalt therapy two-chair dialogue on divorce decision making. *Gestalt Review, 6*, 220–235.

Maniacci, M. P., Sackett-Maniacci, L., & Mosak, H. H. (2014). Adlerian psychotherapy. In D. Wedding & R. J. Corsini (Eds.), *Current psychotherapies* (10th ed., pp. 55–94). Cengage Learning.

May, R. (1969). *Love and will*. Norton.

May, R. (1981). *Freedom and destiny*. Norton.

May, R. (1988). *Psychoanalytic psychotherapy in a college content*. Praeger.

May, R., & Yalom, I. D. (2000). Existential psychotherapy. In R. J. Corsini & D. Wedding (Eds.), Current psychotherapies (6th ed.) (pp. 273–302). Itasca, IL: Peacock.

McAuliffe, G., Eriksen, K., & Associates. (2000). *Preparing counselors and therapists: Creating constructivist and developmental programs*. The Donning Company.

McKenzie, W., & Monk, G. (1997). Learning and teaching narrative ideas. In G. Monk, J. Winslade, K. Crocket, & D. Epston (Eds.), *Narrative therapy in practice: The archaeology of hope* (pp. 82–117). Jossey-Bass.

McWilliams, N. (2014). Psychodynamic therapy. In L. S. Greenberg, N. McWilliams, & A. Wenzel, *Exploring three approaches to psychotherapy* (pp. 71–127). American Psychological Association.

Meehle, P. (1973). *Psychodiagnosis: Selected papers*. Norton.

Miller, S. D., Hubble, M. A., & Seidel, J. (2015). Feedback-informed treatment. In E. Neukrug (Ed.), *The Sage encyclopedia of theory in counseling and psychotherapy* (Vol. 1, pp. 401–403). Sage.

Minuchin, S. (1974). *Families and family therapy*. Harvard University Press.

Monk, G. (1997). How narrative therapy works. In G. Monk, J. Winslade, K. Crocket, & D. Epston (Eds.), *Narrative therapy in practice: The archaeology of hope* (pp. 3–31). Jossey-Bass.

Morgan, A. (2000). *What is narrative therapy? An easy-to-read introduction.* Dulwich Centre Publications.

Morrison, J. (2014). *Diagnosis made easier* (2nd ed.). The Guilford Press.

Morrissette, P. J. (2001). *Self-supervision: A primer for counselors and helping professionals.* Brunner-Routledge.

Mosak, H. H. (2000). Adlerian psychotherapy. In R. J. Corsini & D. Wedding (Eds.), Current psychotherapies (6th ed.) (pp. 54–98). Itasca, IL: Peacock.

Mosak, H. H., & Di Pietro, R. (2006). *Early recollections: Interpretative method and application.* Routledge.

Mosak, H. H., & Maniacci, M. (2010). Adlerian psychotherapy. In R. J. Corsini & D. Wedding (Eds.), *Current psychotherapies* (9th ed., pp. 67–107). Thomson Brooks/Cole.

Mowrer, O. H., & Mowrer, W. M. (July, 1938). Enuresis: A method for its study and treatment. *American Journal of Orthopsychiatry, 8*(3). 436–459. doi:10.1111/j.1939-0025.1938.tb06395.x

Murphy, J. (2015). *Solution-focused counseling in schools* (3rd ed.). American Counseling Association.

Naugle, A. E., & Maher, S. (2003). Modeling and behavioral rehearsal. In W. O'Donahue, U. J., Fisher, & S. C. Hayes (Eds.), *Cognitive behavior therapy: Applying empirically supported techniques in your practice* (pp. 238–246). John Wiley & Sons.

Neukrug, E. (2016). *The world of the counselor: An introduction to the counseling profession* (5th ed.). Cengage Learning.

Neukrug, E. (2017). *Counseling theory and practice* (2nd ed.). Brooks/Cole Cengage Learning.

Neukrug, E., & & Fawcett, R. C. (2010). *Essentials of testing and assessment: A practical guide for counselors, social workers, and psychologists* (2nd ed.). Brooks/Cole.

Neukrug, E., & Schwitzer, A. M. (2006). *Skills and tools for today's counselors and psychotherapists: From natural helping to professional counseling.* Brooks/Cole, Cengage Learning.

Neukrug, E., Milliken, T., & Shoemaker, J. (2001). Counseling seeking behavior of NOHSE practitioners, educators, and trainees. *Human Service Education, 21*, 45–48.

Neukug, E., & McAuliffe, G. (1993). Cognitive development and human service education. *Human Service Education, 13*(1), 13–26.

Norcross, J. C. (2005). A primer on psychotherapy integration. In J. C. Norcross & M. R. Goldfried (Eds.), *Handbook of psychotherapy integration* (2nd ed., pp. 3–23). Oxford University Press.

Norcross, J. C., & Beutler, L. E. (2014). Integrative psychotherapies. In D. Wedding & R. J. Corsini (Eds.), *Current psychotherapies* (10th ed., pp. 499–532). Brooks/Cole, Cengage Learning.

Norcross, J. C., & Wampold, J. C. (2011). What works for whom: Tailoring psychotherapy to the person. *Journal of Clinical Psychology, 67*(2), 127–132.

Norcross, J. C., Karpiak, C. P., & Lister, K. M. (2005). What's an integrationist? A study of self-identified integrative and (occasionally) eclectic psychologists. *Journal of Clinical Psychology, 61*, 1587–1594.

Norcross, J. C., Pfund, R. A., & Prochaska, J. O. (2013). Psychotherapy in 2022: A Delphi poll on its future. *Professional Psychology: Research and Practice, 44*(5), 363–370.

Nye, R. D. (2000). *Three psychologies: Perspectives from Freud, Skinner, and Rogers* (6th ed.). Brooks/Cole.

O'Donohue, W., & Fisher, J. E. (Eds.). (2012). *Core principles for practice.* Wiley.

O'Hanlon, W. H., & Weiner-Davis, M. (2003). *In search of solutions: A new direction in psychotherapy* (Rev. ed.). Norton.

Orlinsky, D. E., Ronnestad, M. H., & Willutzki, U. (2004). Fifty years of psychotherapy process-outcome research: Continuity and change. In M. J. Lambert (Ed.), *Bergin and Garfield's handbook of psychotherapy and behavior change* (5th ed., 139–193). Wiley.

Orza, J. L. (1996). Understanding the power of empathy: A qualitative study. *Dissertation Abstracts International, 56*(8–A), 3006. (University Microfilms International (95004–133)

Pascal, E. (1992). *Jung to live by.* Warner Books.

Passons, W. R. (1975). *Gestalt approaches to counseling.* Holt, Rinehart, & Winston.

Patterson, C. H. (1973). *Theories of counseling and psychotherapy* (2nd ed.). Harper &

Row.

Paul, G. L. (1967). Outcome research in psychotherapy. *Journal of Consulting Psychology, 31*, 109–188.

Pennebaker, J. W. (1990). *Opening up: The healing power of confiding in others*. Avon.

Perls, F. (1969a). *Ego, hunger, and aggression*. Vintage Books.

Perls, F. (1969b). *Gestalt therapy verbatim*. Real People Press

Petrocelli, J. V. (2002). Processes and stages of change: Counseling with the transtheoretical model of change. *Journal of Counseling and Development, 80*, 22–30.

Piaget, J. (1954). *The construction of reality in the child*. Basic Books.

Polanski, P. J., & Hinkle, J. S. (2000). The mental status examination: Its use by professional counselors. *Journal of Counseling and Development, 78*, 357–364.

Polster, E., & Polster, M. (1973). *Gestalt therapy integrated: Contours of theory and practice*. runner/Mazel.

Polster, M. (1987). Gestalt therapy: Evolution and application. In J. K. Zeig (Ed.), *The evolution of psychotherapy* (pp. 312–325). Brunner/Mazel.

Ponton, R., & Duba, J. (2009). The "ACA Code of Ethics": Articulating counseling's professional covenant. *Journal of Counseling & Development, 87*, 117–121. doi: 10.1002/j.1556–6678.2009.tb00557.x

Pope, K. S., & Vetter, V. A. (1992). Ethical dilemmas encountered by members of the American Psychological Association: A national survey. *American Psychologist, 47*, 397–411.

Preiss, D. D., Castillo, J., Flotts, P., & Martin, E. (2013). Assessment of argumentative writing and critical thinking in higher education: Educational correlates and gender differences. *Learning and Individual Differences, 28*, 193–203. doi:10.1016/j.lindif.2013.06.004

Prochaska, J. O., & Norcross, J. C. (2018). *Systems of psychotherapy: A transtheoretical analysis* (9th ed.). Oxford University Press.

Psychotherapy Networker. (2007). The top 10: The most influential therapists of the past quarter-century. *Psychotherapy Networker, 31*(2), 24–37.

Rachman, A. (1996). *Sandor Ferenczi, the psychotherapist of tenderness and passion*. Jason Aronson.

Remley, T. P., & Herlihy, B. (2014). *Ethical, legal, and professional issues in counseling* (4th ed.). Pearson

Robins, C. J., & Rosenthal, M. Z. (2011). Dialectical behavior therapy. In J. D. Hebert & E. M. Forman (Eds.), *Acceptance and mindfulness in cognitive behavior theapy: Understanding and applying the new therapies* (pp. 164–209). Hoboken, NJ: Wiley.

Rogers, C. R. (1957). The necessary and sufficient conditions of therapeutic personality change. *Journal of Counseling Psychology, 21*(2), 95–103.

Rogers, C. R. (1961). *On becoming a person.* Houghton Mifflin.

Rogers, C. R. (1966). Client-centered therapy. In S. Arieti (Ed.), *American handbook of psychiatry* (Vol. 3) (pp. 183–200). Basic Books.

Rogers, C. R. (1970). *Carl Rogers on encounter groups.* Harper & Row.

Rogers, C. R. (1975). Empathic understanding: An unappreciated way of being. *Counseling Psychology, 5*, 2–10.

Rogers, C. R. (1980). *A way of being.* Houghton Mifflin.

Rogers, C. R. (1989). Reinhold Niebuhr's The self and the dramas of history: Review by Carl Rogers. In H. Kirschenbaum (Ed.), *Carl Rogers: Dialogues* (pp. 208–211). Houghton Mifflin. (Original work published 1956)

Rokeach, M. (1960). *The open and closed mind.* Basic Books.

Rubin, S., & Lichtanski, K. (2015). Existential therapy. In E. Neukrug (Ed.), *The Sage encyclopedia of theory in counseling and psychotherapy*, (Vol. 1, pp. 368–373). Sage.

Rueth, T., Demmitt, A., & Burger, S. (1998, March). *Counselors and the DSM-IV: Intentional and unintentional consequences of diagnosis.* Paper presented at the American Counseling Association Convention, Indianapolis, IN.

Russell, J. M. (1978). Sartre, therapy, and expanding the concept of responsibility. *American Journal of Psychoanalysis, 38*, 259–269.

Russell, J. M. (2007). Existential psychotherapy. In A. B. Rochlen (Ed.), *Applying counseling theories: An online casebased approach* (pp. 107–125). Pearson Prentice-Hall.

Rutan, J. (2003). Sandor Ferenczi's contributions to psychodynamic group therapy. *International Journal of Group Psychotherapy, 53*, 375–384.

Rutan, J. S., Stone, W. N., & Shay, J. J. (2014). *Psychodynamic group psychotherapy* (5th ed.). New York: Guilford Press.

Scheidlinger, S. (1991). Conceptual pluralism: AGPA's shift from oxodoxy organization. *International Journal of Group Psychotherapy, 41*, 217.

Schwitzer, A. M., & Everett, A. (1997). Reintroducing the DSM-IV: Responses to ten counselor reservations about diagnosis. *The Virginia Counselors Journal, 25*, 54−64.

Segal, Z. V., Williams, J. M. G., & Teasdale, J. D. (2013). *Mindfulness-based cognitive therapy for depression* (2nd ed.). Guilford Press.

Seligman, M. E. P. (2004). Can happiness be taught? *Daedalus, 133*(2), 80−87.

Shertzer, B., & Stone, S. C. (1980). *Foundations of counseling* (3rd ed.). Houghton Mifflin.

Skinner, B. F. (1953). *Science and human behavior*. Macmillan.

Sommers-Flanagan, J., & Sommers-Flanagan, R. (2016). *Clinical interviewing* (6th ed.). John Wiley & Sons.

Spiegel, D., & Classen, C. (2000). *Group therapy for cancer patients*. Basic Books.

Spiegler, M. D. (2016). *Contemporary behavior therapy* (6th ed.). Cengage Learning.

Spiegler, M. D., & Guevremont, D. C. (2015). *Contemporary behavior therapy* (6th ed.), Cengage Learning.

Sullivan, W., Wolk, J., & Hartmann, D. (1992). Case management in alcohol and drug treatment: Improving client outcome. *Families in Society: The Journal of Contemporary Human Services, 73*, 195−204.

Sweeney, T. (2019). *Adlerian counseling and psychotherapy: A practitioner's approach*. Routledge.

Vahihinger, H. (1911). *The philosophy of "as if."* Harcourt, Brace, & World.

Vontress, C. E. (2013). Existential therapy. In J. Frew & M. D. Spiegler (Eds.), *Contemporary psychotherapies for a diverse world* (pp. 131−164). Routledge.

Vujanovic, A. A., Niles, B., Pietrefesa, A., Schmertz, S. K., & Potter, c. M. (2011). Mindfulness in the treatment of posttraumatic stress disorder among military veterans. *Professional Psychology: Research and Practice, 42*(1), 24−31.

Watson, J. B, & Rayner, R. (1920). Conditioned emotional reactions. *Journal of Experimental Psychology, 3*, 1−14.

Weaver, K. M. (2000). The use of the California Psychological Inventory in identifying personal characteristics of effective beginning counselors. *Dissertation Abstracts International, 60*(12−A), 4334. (University Microfilms International 95011−031).

Wedding, D., & Corsini, R. J. (Eds.). (2019). *Current psychotherapies* (11th ed.). Cengage.

Wheeler, A. M. N., & Bertram, B. (2012). *The counselor and the law: A guide to legal and ethical practice* (6th ed.). American Counseling Association.

White, M. (1992). Deconstruction and therapy. In *Experience, contradiction, narrative, and imagination: Selected papers of David Epston and Michael White, 1989-1991* (pp. 109–151). Dulwich Centre.

White, M. (2007). *Maps of narrative practice*. Norton.

White, M., & Epston, D. (1990). *Narrative means to therapeutic ends*. Norton. (Original title Linguistic means to therapeutic ends)

Wiger, D. E. (2009). *The clinical documentation sourcebook: The complete paperwork resource for your mental health practice* (4th ed). John Wiley & Sons.

Williams, S. C. (1999). Counselor trainee effectiveness: An examination of the relationship between personality characteristics, family of origin functioning, and trainee effectiveness. *Dissertation Abstracts International: Section B: The Sciences and Engineering, 59*(8–B), 4494.

Winslade, J., & Geroski, A. (2008). A social constructionist view of development. In K. Kraus (Ed.), *Lenses: Applying lifespan development theories in counseling* (pp. 88–113). Lahaska Press.

Winslade, J., & Monk, G. (2007). *Narrative counseling in schools* (2nd ed.). Corwin Press (Sage).

Wolitzky, D. L. (2011). Contemporary Freudian psychoanalytic psychotherapy. In S. B. Messer & A. S. Gurman (Eds.), *Essential psychotherapies: Theory and practice* (3rd ed., pp. 33–71). Guilford Press.

Wolpe, J. (1958). *Psychotherapy by reciprocal inhibition building*. Stanford University Press.

Wolpe, J. (1990). *The practice of behavior therapy* (4th ed.). Pergamon.

Woodside, M., & McClam, T. (2003). *Generalist case management: A method of human service delivery* (2nd ed.). Brooks/Cole.

Wubbolding, R. E. (1988). *Using reality therapy*. Harper & Row.

Wubbolding, R. E. (2011). *Reality therapy*. American Psychological Association.

Wubbolding, R. E. (2015). *Cycle of psychotherapy, counseling, coaching, managing and supervising* (chart, 18th revision). Center for Reality Therapy.

Wubbolding, R. E., & Brickell, J. (1998). Qualities of the reality therapy. *Journal of Reality Therapy, 16*, 122–127.

Yalom, I. D. (1980). *Existential psychotherapy*. Basic Books.

Yalom, I. D. (1989). *Lover's executioner*. Basic Books.

Yalom, I. D. (2003). *The gift of therapy: An open letter to a new generation of therapists and their patients.* Harper Collins (Perennial).

Yalom, I. D., & Leszcz, M. (2020). *The theory and practice of group psychotherapy* (6th ed.). Basic Books.

Yontef, G., & Schulz, F. (2013). *Dialogic relationship and creative techniques: Are they on the same team?* Pacific Gestalt Institute.

Zinker, J. (1978). *Creative process in Gestalt therapy.* Brunner/Mazel.

Zur, O. (2007). *Boundaries in psychotherapy: Ethical and clinical explorations.* American Psychological Association.

찾아보기

내용

강진령(姜鎭靈 / Jin-ryung Kang, Ph.D. in Counseling Psychology)

미국 인디애나 대학교 상담심리학 석사(M.S.) · 박사(Ph.D.)
미국 일리노이 주립대학교 임상인턴
한국청소년상담원 상담교수
미국 플로리다 대학교 초빙교수 역임
현 경희대학교 교수

〈주요 저서〉
학생 생활지도와 상담(학지사, 2022)
상담연습: 치료적 대화 기술(2판, 학지사, 2022)
심리학개론(마인드포럼, 2022)
상담과 심리치료: 이론과 실제(학지사, 2021)
상담이론과 실제의 이해(마인드포럼, 2021)
상담심리학(학지사, 2020)
집단상담과 치료: 이론과 실제(학지사, 2019)
집단상담의 실제(3판, 학지사, 2019)
상담연습: 치료적 의사소통 기술(학지사, 2016)
학교상담과 생활지도: 이론과 실제(학지사, 2015)
학교 집단상담(학지사, 2012)
상담자 윤리(공저, 학지사, 2009)
상담심리 용어사전(양서원, 2008) 외 다수

〈주요 역서〉
APA 논문작성법(7판, 학지사, 2022)
DSM-5 아동 · 청소년 정신건강 가이드북(학지사, 2018)
DSM-5 노인 정신건강 가이드북(학지사, 2018)
DSM-5 진단사례집(학지사, 2018)
DSM-5 가이드북(학지사, 2018)
학교상담 핸드북(학지사, 2017)
상담 · 심리치료 수퍼비전(학지사, 2017)
DSM-5 Selections(전 6권, 학지사, 2017)
학교에서의 DSM-5 진단(시그마프레스, 2017)
DSM-5 임상사례집(학지사, 2016)
APA 논문작성법(6판, 학지사, 2013)
간편 정신장애진단통계편람/DSM-IV-TR: Mini-D(학지사, 2008) 외 다수

상담과 심리치료 2판
-이론과 실제-

Counseling and Psychotherapy
: Theory and Practice (2nd ed.)

2021년 1월 15일 1판 1쇄 발행
2022년 10월 15일 2판 1쇄 발행

지은이 • 강진령
펴낸이 • 김진환
펴낸곳 • (주) **학지사**
　　　　04031 서울특별시 마포구 양화로 15길 20 마인드월드빌딩
대표전화 • 02)330-5114　　팩스 • 02)324-2345
등록번호 • 제313-2006-000265호

홈페이지 • http://www.hakjisa.co.kr
페이스북 • https://www.facebook.com/hakjisabook

ISBN 978-89-997-2769-6 93180

정가 24,000원

출판미디어기업 **학지사**

간호보건의학출판 **학지사메디컬** www.hakjisamd.co.kr
심리검사연구소 **인싸이트** www.inpsyt.co.kr
학술논문서비스 **뉴논문** www.newnonmun.com
교육연수원 **카운피아** www.counpia.com